吉林旧石器时代考古

王春雪 赵海龙 徐廷
陈全家 魏天旭 王家琪
/ 著

上海古籍出版社

图书在版编目(CIP)数据

吉林旧石器时代考古 / 王春雪等著. —上海: 上海古籍出版社, 2023.11
ISBN 978-7-5732-0961-0

Ⅰ.①吉… Ⅱ.①王… Ⅲ.①旧石器时代考古—研究—吉林 Ⅳ.①K871.114

中国国家版本馆 CIP 数据核字(2023)第 204716 号

吉林旧石器时代考古

王春雪 赵海龙 徐 廷
陈全家 魏天旭 王家琪 著

上海古籍出版社出版发行

(上海市闵行区号景路 159 弄 1—5 号 A 座 5F 邮政编码 201101)
(1) 网址: www.guji.com.cn
(2) E-mail: guji1@guji.com.cn
(3) 易文网网址: www.ewen.co

苏州市越洋印刷有限公司印刷

开本 710×1000 1/16 印张 30.5 插页 2 字数 462,000
2023 年 11 月第 1 版 2023 年 11 月第 1 次印刷
ISBN 978-7-5732-0961-0
K·3513 定价: 148.00 元
如有质量问题,请与承印公司联系

本书研究工作得到吉林省教育厅社会科学研究项目
"长春地区旧石器时代晚期遗存综合研究"（JJKH20211258SK）
国家文物局"吉林东部长白山地区古人类遗址考察与研究（2021—2025）"
考古中国重大项目的资助

前　言

　　吉林省位于日本、俄罗斯、朝鲜、韩国、蒙古与中国东北部组成的东北亚几何中心地带。地跨北纬40°50′—46°19′、东经121°38′—131°19′之间。东西长769.62千米，南北宽606.57千米，土地面积18.74万平方千米，占中国国土面积的2%。北接黑龙江省，南邻辽宁省，西接内蒙古自治区，东与俄罗斯联邦接壤，东南部与朝鲜隔江相望。吉林省地处边境近海，边境线总长1 438.7千米，其中，中朝边境线1 206千米，中俄边境线232.7千米。最东端的珲春市最近处距日本海仅15千米，距俄罗斯的波谢特湾仅4千米。其地理位置、文化地位十分重要。

　　吉林省地貌形态差异明显。地势由东南向西北倾斜，呈现明显的东南高、西北低的特征。以中部大黑山为界，可分为东部山地和中西部平原两大地貌区。东部山地分为长白山中山低山区和低山丘陵区，中西部平原分为中部台地平原区和西部草甸、湖泊、湿地、沙地区。地貌类型种类主要由火山地貌、侵蚀剥蚀地貌、冲洪积地貌和冲积平原地貌构成。主要山脉有大黑山、张广才岭、吉林哈达岭、老岭、牡丹岭等。主要平原以松辽分水岭为界，以北为松嫩平原，以南为辽河平原。吉林省地貌形成的外应力以冰川、流水、风和其他气候气象因素的作用为主。第四纪冰川在长白山的冰川剥蚀遗迹至今仍然可见。独特的地理位置以及多样的地形地貌都使得吉林成为旧石器时代古人类较为理想的活动区域。

　　吉林属于东北亚地区旧石器时代遗址分布较广的区域之一。截至2022年，吉林省发现的旧石器时代遗址或地点数百处，主要分布在吉林中东部地区，涵盖了旧石器时代早期、中期、晚期。其中，桦甸仙人洞遗址、抚松新屯子西山遗址、和龙大洞遗址、和龙石人沟遗址先后被列入全国重点文物保护单位。

　　1931年，尹赞勋在哈尔滨顾乡屯发现了包括披毛犀和猛犸象在内的19种哺乳动物化石,命名为"顾乡屯动物群",并于同年在《中国地质学会志》上以法文发表报告《哈尔滨附近第四纪哺乳类动物化石群之发现》,记述内容包括地层、化石地点,详细描述了哺乳动物化石,对动物群时代也进行了讨论。顾乡屯动物群代表了东北地区晚更新世的河湖相沉积,与华北的萨拉乌苏动物群属同期异地同向沉积。这是我国学者对东北地区第四纪哺乳动物化石地点进行的第一次研究考察,也是我国学者建国前在东北地区取得的最主要成就,奠定了我国东北地区第四纪哺乳动物研究以及旧石器考古研究的基础。20世纪30年代中期,日本古生物学家德永重康和直良信夫报导了吉林延边汪清地区发现的一些动物化石标本。与东北其他地区相比,吉林开展旧石器考古调查和发掘相对较晚,建国后,省内外相关科研机构陆续开展了一系列调查和发掘工作。1951年,东北工学院地质系师生在赴吉林省榆树县进行野外实习时,于周家油坊村附近发现了数个哺乳动物化石地点;1956年,中国科学院古脊椎动物研究室(中国科学院古脊椎动物与古人类研究所前身)组成工作队前往吉林省北部,开展石器时代文化考古及第四纪古人类和动物化石地点调查工作,由裴文中先生带队,在沿途各地进行采集和小规模试掘的同时,还从榆树县有关单位征集到大量动物化石,其中从这批材料中发现1枚人类幼儿臼齿以及骨制品等,古人类化石曾被命名为"榆树人";1977年10月,吉林省地质研究所的孙建中和王雨灼以及吉林省文物工作队的姜鹏等组成的野外调查队,开始在周家油坊村附近进行了一些小规模发掘,先后清理出7个动物化石或石制品地点;1991年和1993年,吉林大学考古学系与吉林省文物考古研究所等单位开展区域旧石器考古专项调查,发现并发掘了桦甸仙人洞遗址;2000年以来,吉林大学边疆考古研究中心会同吉林省文物考古研究所和遗址所在各区、县的文物保护管理所等单位又对吉林省进行了数次系统的旧石器遗址调查、试掘及发掘工作,发现了一批旧石器时代遗址或地点,同时也极大丰富了东北亚地区旧石器时代文化序列。根据吉林旧石器时代考古工作的阶段性特点,本书将吉林旧石器时代考古分为1980年以前、1980—2000年以及2000年以来三个阶段。

1980年以前,这一阶段可视为吉林旧石器时代考古的萌芽期,该阶段以榆树周家油坊哺乳动物化石地点群的发现为标志,工作重心主要以厘清"榆树人"及榆树动物群的地层和时代以及古人类活动遗迹为主,主要开展工作的为古生物学者、地质学者,这些发现也为后来吉林旧石器时代考古和古人类学的发展奠定了坚实的基础;1980—2000年属于吉林旧石器时代考古的发展期,该阶段以白城前郭青山头古人类化石、乾安大布苏、抚松仙人洞、桦甸仙人洞等旧石器时代遗址或地点的发现与研究为代表。关于这些重要遗址的年代学、地层学、古环境学、古人类学研究也全面展开,极大丰富了吉林地区乃至东北亚地区旧石器时代文化遗存的内涵,初步建立起了该地区旧石器时代文化发展序列,也使得吉林地区旧石器考古工作者逐渐成长起来;2000年以来,吉林的旧石器时代遗址或地点日益增多,该阶段可作为吉林旧石器时代考古的繁荣期。该阶段主要以抚松新屯子西山、抚松枫林、和龙石人沟、和龙大洞等重要遗址的发现与深入研究为代表,研究重心也从遗址个案研究转移到区域性宏观研究上来,主要包括晚更新世东北亚旧石器技术扩散与人群交流、以东北亚黑曜岩溯源研究为基础的史前交换网络与人群迁徙、石器技术与古环境变化之间的相互影响、东北亚地区旧、新石器时代过渡等。此外,新的旧石器遗址发掘理念和研究视角,也使得旧石器时代遗存相关信息的提取越来越全面,文化内涵的阐释愈发地清晰与深入,为该区域旧石器时代遗址的深入研究提供了保障,也使得吉林旧石器时代文化发展序列越来越完善。

转眼间,21世纪的前20年已经过去,从建国初最早的学者踏足吉林开始,吉林旧石器时代考古也经历了70余年的发展。吉林旧石器时代考古从无到有,从最初的以古生物学者、地质学者为主,慢慢发展成为以旧石器考古学者为主导的研究局面,且旧石器时代考古研究越来越呈现出多学科交叉合作的研究趋势。所有的这些成绩都与老一辈学者在吉林的辛勤耕耘密不可分。裴文中、周明镇、吕遵谔、张森水、姜鹏等先生在吉林地区开展了大量工作,这为吉林旧石器时代考古带来了新的发展契机,特别是张森水先生还在吉林大学考古学系联合培养旧石器方向的研究生;改革开放后,吉林省内的陈全家等学者迅速成长起来,加快学科队伍建设,进而培养了大批旧石器方向的专业人才,这也是吉林地区的旧石器考古工作持续开展并获得丰硕成果的原因之一。

由于吉林旧石器工作在分布区域上存在不平衡性,主要集中在吉林东部地区,且遗址或地点的时代以旧石器时代晚期为主,故本书主要按照旧石器时代遗址或地点发现的时间,按照三个阶段来进行梳理,并对吉林旧石器时代考古研究工作进行较为粗略的总结,以此提出未来工作的方向。1920年,桑志华在甘肃陇东赵家岔的黄土地层发现了两枚石英岩石片,这是中国第一批正式发掘的、有明确出土地层的旧石器,拉开了中国旧石器时代考古的序幕;2021年为中国考古学诞生100周年,2022年恰逢吉林大学考古学科创建50周年,谨以此书祝愿吉林大学考古学科越来越好,吉林旧石器时代考古更上一层楼,中国旧石器时代考古继续繁荣发展!

作　者

2022 年 5 月

目 录

第一章 1980 年以前的吉林旧石器时代考古 ……………………………… 1
- 第一节　榆树县周家油坊遗址群 ……………………………………… 1
- 第二节　吉林延边汪清动物群 ………………………………………… 25
- 第三节　安图明月石门山村东大洞遗址 ……………………………… 26

第二章 1980—1999 年的吉林旧石器时代考古 …………………………… 33
- 第一节　白城地区前郭县青山头遗址 ………………………………… 33
- 第二节　乾安大布苏遗址 ……………………………………………… 43
- 第三节　长春市南郊红嘴子遗址 ……………………………………… 51
- 第四节　榆树刘家乡大桥屯遗址 ……………………………………… 55
- 第五节　扶余市小窑屯遗址 …………………………………………… 64
- 第六节　蛟河拉法新乡砖场遗址 ……………………………………… 67
- 第七节　吉林九站西山遗址 …………………………………………… 73
- 第八节　抚松仙人洞遗址 ……………………………………………… 79
- 第九节　蛟河拉法小砬子山仙人桥洞遗址 …………………………… 84
- 第十节　桦甸仙人洞遗址 ……………………………………………… 88
- 第十一节　镇赉丹岱大坎子遗址 ……………………………………… 117
- 第十二节　王府屯地点 ………………………………………………… 127

第三章 2000 年以来的吉林旧石器时代考古 ……………………………… 128
- 第一节　下白龙地点 …………………………………………………… 128
- 第二节　延边安图立新地点 …………………………………………… 139
- 第三节　图们岐新 B、C 地点 ………………………………………… 146

第四节	龙井后山地点	159
第五节	珲春北山地点	161
第六节	抚松新屯子西山地点	169
第七节	延边和龙柳洞地点	177
第八节	和龙石人沟地点	203
第九节	和龙西沟地点	231
第十节	安图海沟金矿地点	243
第十一节	安图沙金沟地点	248
第十二节	和龙青头地点	261
第十三节	石人沟林场地点	275
第十四节	和龙大洞遗址	289
第十五节	扶余市富康东山地点	338
第十六节	枫林遗址	352
第十七节	和龙市三处旧石器遗址	360
第十八节	抚松县漫江村鱼池地点	368
第十九节	汪清县发现的几处遗址	376
第二十节	长春地区发现的几处遗址	391

第四章 结语及展望 ······ 473

一、吉林旧石器时代文化 ······ 473

二、对吉林旧石器考古未来的展望 ······ 476

三、未来的研究方向 ······ 477

第一章
1980年以前的吉林旧石器时代考古

第一节 榆树县周家油坊遗址群

一、遗址概况

榆树周家油坊旧石器文化地点群，位于吉林省榆树县周家油坊村附近的河滩上（图1-1-1）。地理坐标为北纬44°43′，东经126°21′。

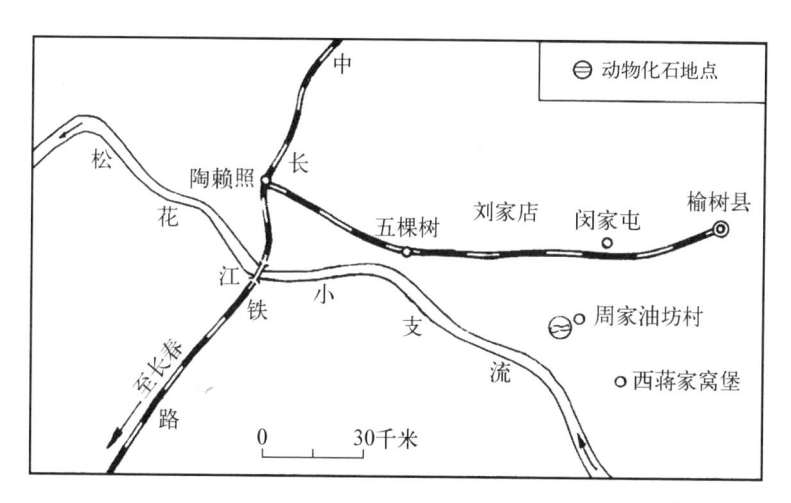

图1-1-1 周家油坊含人类和动物化石的旧石器地点分布示意图[1]

---

[1] 中国科学院古脊椎动物研究所高等脊椎动物组：《东北第四纪哺乳动物化石志》，《中国科学院古脊椎动物研究所甲种专刊第3号》，科学出版社，1959年5月，第4页。

(一) 1951年周家油坊地点群的发现

1951年春夏之间,东北工学院地质系师生在赴吉林省榆树县进行野外实习时,于周家油坊村前小河滩的4个地点(图1-1-2)发现人类头骨化石碎片2块、胫骨1根,同时采集到打制石片1件和大量哺乳动物化石等。

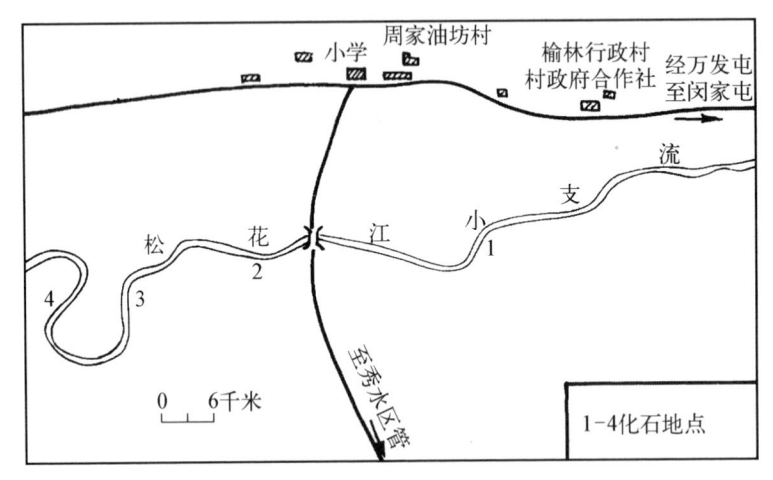

图1-1-2　1951年发现的周家油坊哺乳动物化石地点分布示意图[1]

(二) 1956年中国科学院古脊椎动物研究室的发现

中国科学院古脊椎动物研究室曾于1956年组成一个工作队,到内蒙古东北部及黑龙江省和吉林省北部,开展石器时代文化考古及第四纪古人类和动物化石地点调查工作,由裴文中先生带队。除古脊椎动物研究所的黄万波、李有恒等参加外,北京大学的吕遵谔先生和一部分同学以及黑龙江省博物馆和吉林省博物馆的工作人员也一并参加了调查活动。工作队在沿途各地进行采集和小规模试掘的同时,还从榆树县有关单位征集到大量动物化石,其中包括很多象牙化石标本。此后,还从这批材料中发现1枚人类幼儿臼齿以及骨制品等。1951年和1956年发现

---

[1] 陈恩志:《中国化石古人类和旧石器文化考古发现与研究1901—2000(东北地区卷)》,科学出版社,2004年3月,第356页。

的人类化石曾被命名为"榆树人"化石,动物化石材料则由周明镇教授等编著成《东北第四纪哺乳动物化石志》[1]一书,内中记录了35种哺乳动物,后被命名为"榆树动物群",并与顾乡屯动物群共同组成东北地区晚更新世代表性的"猛犸象—披毛犀动物群"。

(三)吉林省地质研究所孙建中等1977年的发现

从20世纪50年代初期直到70年代中后期,在整整沉寂了20多年后,为解决榆树动物群的地层和时代以及古人类活动踪迹等问题,由吉林省地质研究所的孙建中和王雨灼以及吉林省文物工作队的姜鹏等组成的野外调查队,自1977年10月开始在周家油坊村附近进行了一些小规模发掘,先后清理出7个动物化石或石制品地点。这些地点位于吉林省榆树县城西南18千米的周家油坊、大车家屯和施家东沟村等处。地理坐标为北纬44°43′5″,东经126°21′。地点编号:第一地点(X_1)、第二地点(X_2)、第三地点(X_3)、第四地点(X_4)、第五地点(X_5)、第六地点(X_6)和第七地点(X_7)(图1-1-3)。

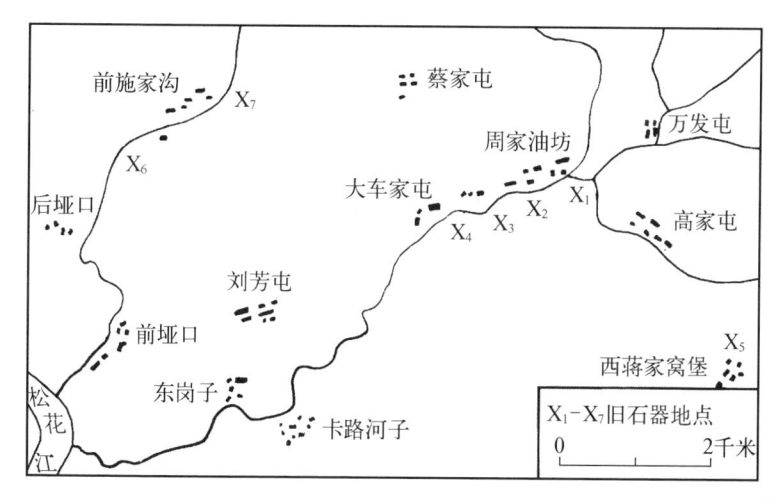

图1-1-3 1977年发掘的周家油坊附近7个含动物化石的旧石器地点地理位置示意图[2]

---

[1] 中国科学院古脊椎动物研究所高等脊椎动物组:《东北第四纪哺乳动物化石志》,《中国科学院古脊椎动物研究所甲种专刊第3号》,科学出版社,1959年5月,第7页。
[2] 陈恩志:《中国化石古人类和旧石器文化考古发现与研究1901—2000(东北地区卷)》,科学出版社,2004年3月,第377页。

二、地质地貌及地层概况

(一) 地质地貌概况

周家油坊旧石器地点群的各个地点,在埋藏学上均属于旷野河漫滩淤积物堆积类型。周家油坊村地处松花江和拉林河之间的山前黄土台地,即形成于中更新世至晚更新世早期的松花江第Ⅲ级阶地南侧,台顶平齐,标高200—220米,高出松花江平水位50—70米。其周围系由现代堆积的沙滩、近代形成的河漫滩、中更新世上部黄土台地以及古河道和离堆山等多种地貌单元构成。其中,黄土台地已被松花江和拉林河的小支流切割得支离破碎,形成一道道波浪起伏的垄岗地形。周家油坊村前的小河从东北流向西南,最终注入松花江,在两岸发育形成了第Ⅰ、Ⅱ两级阶地,北部则由黄土台地构成第Ⅲ级阶地。

1. 第Ⅰ级阶地

第Ⅰ级阶地地面高出松花江平水位4—7米,沿两岸延伸。第Ⅰ级阶地面积较小,主要由全新世堆积物组成,且多被镶嵌在第Ⅱ级阶地之中。其下部为灰色或灰黄色亚黏土互层或灰黄色黄土状堆积,属于河床相交错发育地层;上部为灰色和灰黄色亚黏土互层,系水平层理发育的河漫滩相堆积;也或为黑色土,属于近代残积相沉积地层,但有时第Ⅰ级阶地的下部基座,也由中、晚更新世的沉积物质构成。此外,在位于第Ⅰ级阶地的第二和第七地点的全新世地层中,出土一批动物化石,其中包括华北酚鼠等。

2. 第Ⅱ级阶地

第Ⅱ级阶地地面高出松花江平水位8—12米,呈条带状沿松花江右岸及其支流分布,由晚更新世冰缘冻土带河湖相沉积物质组成,在地史时代上大致与哈尔滨顾乡屯组地层同步形成。其下部系由灰绿色或蓝黑色淤泥组成,有时相变为灰色和灰黑色淤泥质亚黏土及黄色砂层,为主要含动物化石及文化遗物的层位。第Ⅱ级阶地上部为灰色、灰黄色亚黏土互层,或灰黄色黄土状土层(图1-1-4),层厚3—5米,约为距今2—1万年间的沉积地层。在周家油坊地点群1977年的首次发掘中,已经出土有文化遗物的第1地点、第2地点、第4地点和第7地点以及五棵树十八盘等地点,大都处在第Ⅰ级阶地和第Ⅱ级阶地之中,也都出土有哺乳动物化石标本。

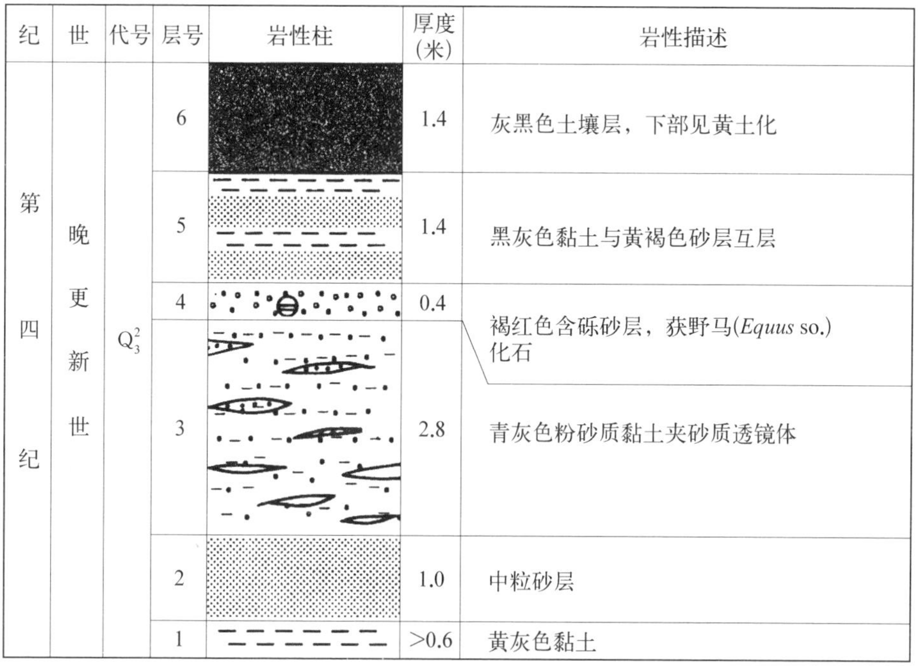

纪	世	代号	层号	岩性柱	厚度(米)	岩性描述
第四纪	晚更新世	Q_3^2	6		1.4	灰黑色土壤层,下部见黄土化
			5		1.4	黑灰色黏土与黄褐色砂层互层
			4		0.4	褐红色含砾砂层,获野马(Equus so.)化石
			3		2.8	青灰色粉砂质黏土夹砂质透镜体
			2		1.0	中粒砂层
			1		>0.6	黄灰色黏土

图1-1-4 周家油坊地点附近第Ⅱ级阶地柱状剖面及其地层划分图[1]

3. 第Ⅲ级阶地

系发育广泛的黄土台地。在周家油坊和大车家屯地带都有分布,属于中更新

---

[1] 刘祥、程新民、隋维国:《榆树县周家油房旧石器新资料》,《吉林大学学报(地球科学版)》1988年第2期,第167—170页。

世至晚更新世早期形成的冰水沉积地层。迄今为止,在第Ⅲ级阶地地层内,尚未发现人类文化遗物和哺乳动物化石的踪影。

(二) 地层概况

1. 1951 年周家油坊旧石器文化地点群的地层

中国科学院古脊椎动物研究室根据曾繁礽教授提供的化石产地柱状地质剖面资料,对已知的 4 个地点做了岩性地层划分(图 1-1-5)。

在 1951 年和 1956 年连续两次取得的田野考古调查成果中,都未曾涉及周家油坊各地点及其附近的第四纪地质、地貌和堆积地层的划分等。直到 1959 年在由中国科学院古脊椎动物研究所周明镇教授等人编著《东北第四纪哺乳动物化石志》[1]一书时,才引用了由东北工学院地质系曾繁礽教授于 1954 年以后提供的地质和地层学资料,并对周家油坊已发现的 4 个动物化石地点的发掘剖面分别做了如下的地层划分:

(1) 第 1 地点

第 1 层,土壤层,属温泉河组黑色泥土,层厚约 50 厘米。

第 2 层,绿黄色黏土层,向下砂质逐渐增多,底部全为砂,层厚 180 厘米。

第 3 层,绿黄色砂层,含有普通猛犸象、松花江猛犸象和三门马、普通马、野马化石等,层厚大约 150 厘米。

第 4 层,暗黑色淤泥层,未见基底。

(2) 第 2 地点

第 1 层,土壤层,层厚大约 30 厘米。

第 2 层,黄绿色黏土层,可见厚度 300 厘米许,在底部 50—100 厘米处出土有普通猛犸象、松花江猛犸象、三门马、野马、普通马和河套大角鹿化石等。

---

[1] 中国科学院古脊椎动物研究所高等脊椎动物组:《东北第四纪哺乳动物化石志》,《中国科学院古脊椎动物研究所甲种专刊第 3 号》,科学出版社,1959 年 5 月,第 5 页。

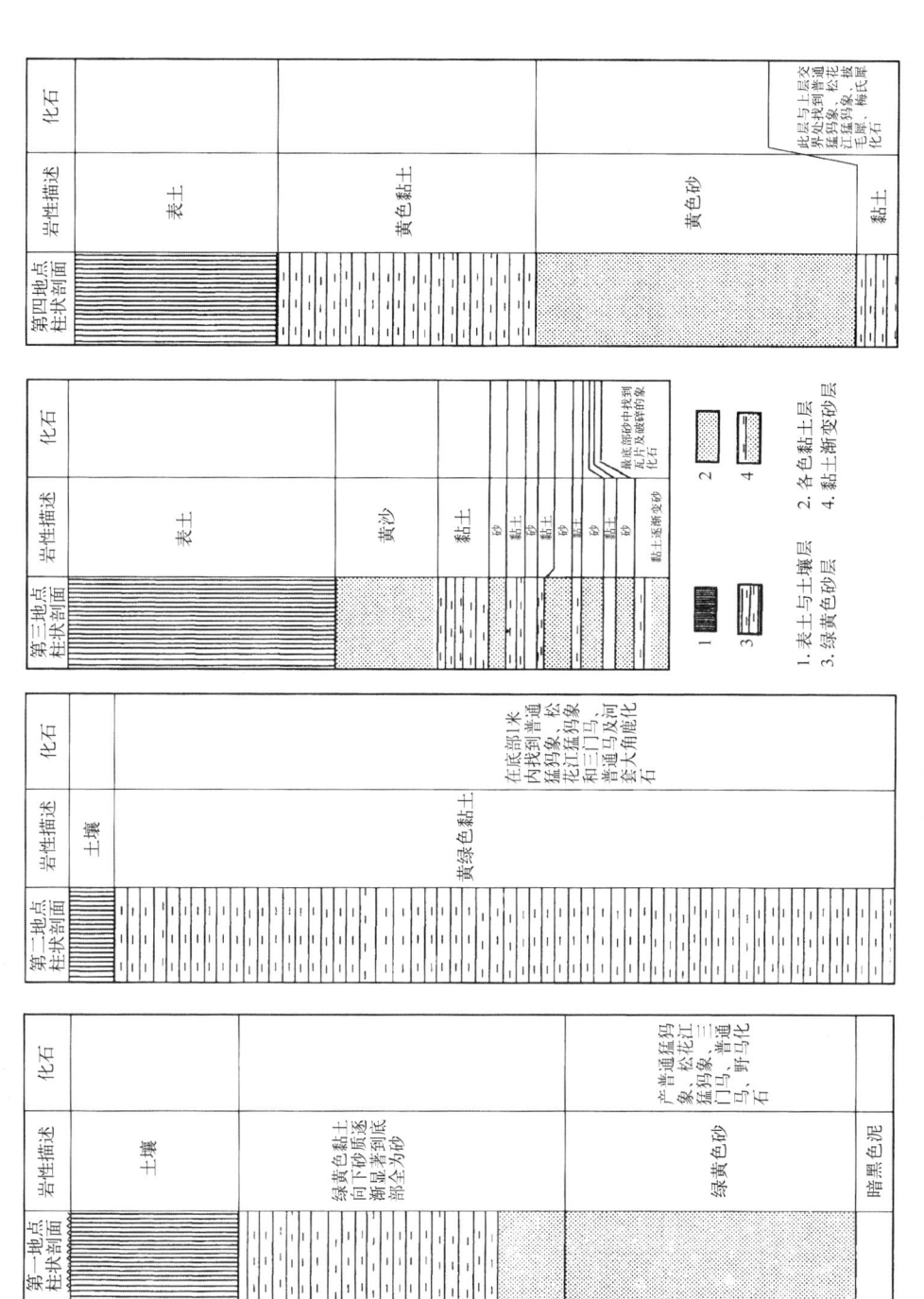

图 1-1-5 曾繁礽提供榆树周家油坊四个哺乳动物化石地点柱状地质剖面图[1]
（经周明镇等修改和补充）

1. 表土与土壤层　2. 各色黏土层　3. 绿黄色砂层　4. 黏土渐变砂层

[1] 陈恩志：《中国化石古人类和旧石器文化考古发现与研究 1901—2000（东北地区卷）》，科学出版社，2004 年 3 月，第 357 页。

(3) 第 3 地点

第 1 层,表土层,层厚 100 厘米以上。

第 2 层,黄沙层,层厚约 50 厘米。

第 3 层,黏土层,层厚约 30 厘米。

第 4 层,砂层,层厚 10 厘米。

第 5 层,黏土层,层厚 15 厘米。

第 6 层及其以下,均为砂与黏土互层。在最下部黏土渐变为砂层内,出土有人工打制石片及破碎的象骨化石等。

(4) 第 4 地点

第 1 层,表土层,层厚近 80 厘米。

第 2 层,黄色黏土层,层厚近 200 厘米。

第 3 层,黄色砂层,层厚近 100 厘米。

第 4 层,黏土层,在与上部黄砂层交界处出土有普通猛犸象、松花江猛犸象以及披毛犀和梅氏犀化石等,未见基底。

2. 1977 年发现的五个典型石器地点剖面及其岩性地层的划分

(1) 高家屯附近的第一地点(X_1)剖面及其地层划分

第一地点位于周家油坊东南高家屯附近,是东北工学院地质系师生于 1951 年在野外实习时发现的。从中采集到松花江猛犸象和普通马等动物化石,并由曾繁礽教授对这一地点剖面第一次做了地层划分。1977 年又经过孙建中[1]等进一步清理,除从中获得一大批动物化石外,还对发掘剖面做了现场测量和地层划分。第一地点从地貌上看,属于松花江第 I 级阶地,但上部只有 2 米属于全新世沉积物,下部系作为阶地基座的晚更新世地层。可将整个剖面自下而上地划分为 5 个岩性不同的地层:

---

[1] 孙建中、王雨灼、姜鹏:《吉林榆树周家油坊旧石器文化遗址》,《古脊椎动物与古人类》1981 年第 19 卷第 3 期,第 281—291 页+305—307 页。

全新世(H)

第5层,黑土层。

第4层,灰黑、棕黄色亚黏土互层,水平层理发育,层厚0.95米。

第3层,棕黄色、灰黑色中粒砂互层,堆积厚度0.5米。

整合面

晚更新世(Q_3)

第2层,灰色淤泥质中细砂层,交错层理发育,内含动物化石和人类文化遗物,且多树枝化石,层厚3.9米。

第1层,灰色粗砂层,内含小砾石,出土大量动物化石及文化遗物等,层厚0.5米[1]。

(2)周家油坊第二地点(X_2)剖面及其地层划分

第2地点位于周家油坊对面小河南岸,其自河面以上的第四纪堆积物,总厚度约为7.3米,经孙建中等观察后,将其自下而上地划分为以下14个岩性不同的地层:

晚全新世(Q_4^3)

第14层,现代耕土层,层厚0.2米。

中全新世(Q_4^2)(坦途组)

第13层,黑土层,层厚1.22米。

第12层,黑色、黑褐色亚黏土层,层厚1.73米。

第11层,灰色淤泥和黄色砂互层,此层以下地层具有向南呈30度的原始倾斜,厚度系依垂直层面测量的,层厚0.4米。

第10层,灰色淤泥质砂和亚砂土互层,所含树枝及树干化石的碳十四实测绝对年龄,分别为6 060±100年和7 250±140年,层厚1.2米。

第9层,黄色中砂层,层厚0.15米。

---

[1] 孙建中、王淑英、王雨灼等:《东北末次冰期的古环境》,《中国第四纪研究》1985年第6卷第1期,第82—89页。

第 8 层,灰色淤泥质砂层,层厚 0.2 米。

第 7 层,树枝层,层厚 0.15 米。

第 6 层,灰色淤泥质砂夹树枝层 2 层,层厚 0.4 米。

第 5 层,树枝层,碳十四年龄为 7 300±100 年,层厚 0.2 米。

第 4 层,灰色中砂夹树枝层,层厚 0.3 米。

第 3 层,淤泥质砂,下部树枝较多,层厚 0.6 米。

第 2 层,树枝层,层厚 0.15 米。

第 1 层,灰色淤泥质砂层,出土大量动物化石及骨制品和核桃果实等,底部有一棵树干化石,碳十四年龄为 7 380±100 年,层厚大于 0.4 米。

3. 大车家屯附近第 4 地点(X_4)剖面及其地层划分

周家油坊的第 4 地点,原本是经河水冲刷侵蚀形成的一个悬崖,发掘工作只是在天然露头上略做清理,整个剖面自下而上被划分为以下 8 个地层:

第 8 层,黑土层,层厚 100 厘米。

第 7 层,砂质土层,层厚 340 厘米。

第 6 层,亚砂土层,层厚 90 厘米。

第 5 层,砂质土层,层厚 130 厘米。

第 4 层,亚砂土层,层厚 60 厘米。

第 3 层,淤泥砂质层,层厚 50 厘米。

第 2 层,砂质土层,层厚 190 厘米。

第 1 层,淤泥层,内含动物化石,层厚 270 厘米。

4. 周家油坊小学对面地点地质剖面及其地层划分

周家油坊小学对面的这一地点,也是早在 1951 年由东北工学院地质系师生在吉林榆树进行野外地质实习时发现的,首次从中采集到一些哺乳动物化石。孙建中、王雨灼和姜鹏等人 1977 年在周家油坊点及其附近进行考古调查发掘时,又对这一地点做了进一步的清理,并将其发掘剖面自下而上地划分为以下 5 个岩性面貌不同的地层：

全新世（H）

第1层，现代耕土层。

第2层，黑土层。

第3层，下全新世黄土层。

晚更新世（Q_3）

第4层，粉砂质淤泥夹泥炭层。

第5层，灰色淤泥夹细砂层，发育有交错层及褶曲。

5. 周家油坊秀水河口地点的地质剖面及其地层划分

根据孙建中的现场观察，在周家油坊附近的秀水河口一带发育有第Ⅲ级阶地，阶地上部分别为全新世黄土、新黄土和上老黄土所覆盖，阶地地下部又分别以三个冲积层作为基底，一是温泉河组，二是顾乡屯组，三是东岗组。在第Ⅲ级阶地下面的灰绿色亚黏土及其顶部的黑色埋藏土，均以上老黄土为分界，其下部在剥蚀面以下为黄山组，这一地层是上老黄土和下老黄土之间的剥蚀面，相关的沉积层定名为东岗组。全部堆积自上而下地被划分为9个地层：

第1层，上全新世黄土层。

第2层，新石器时代黑土层。

第3层，下全新世黄土层。

第4层，温泉河组黑灰色淤泥层。

第5层，新黄土层，系土黄色典型黄土。

第6层，顾乡屯组灰色淤泥质粉细砂层。

第7层，上老黄土棕黄色黄土层，顶部有1米厚的褐色埋藏土，底部有1.5米厚的角砾状黄土，总层厚9米。

剥蚀面

第8层，东岗组灰绿色亚黏土层，水平层理发育，顶部有0.5米厚的黑灰色古土壤层，总层厚7米。

第9层,黄山组地层,由米黄色纯净的中细砂构成。

三、文化遗物

(一) 人类化石的发现及其生物学命名

1951年7月,东北工学院地质系师生在赴吉林榆树进行野外实习选点期间,曾从周家油坊村前河滩上的4个地点中,首次采集到一批哺乳动物化石。在室内整理标本的过程中,又从中鉴别出人类头骨碎片化石2块和胫骨(小腿骨)化石1根。

在1956年的野外工作季节里,一个由裴文中先生领导的包括中国科学院古脊椎动物研究室等单位参加的东北工作队,也到榆树地区周家油坊等地采集和征购到大量动物化石。之后,再次从这批动物标本中发现一颗人类幼儿臼齿标本。另据贾兰坡先生说,他曾在吉林省博物馆见过一对古人类大腿骨,据称也是在周家油坊地点附近采集到的人类化石标本。

出自榆树周家油坊的这批人类化石材料,虽属吉林省境内首次古人类学考古发现,只是由于标本多出自砂质层与黏土层的交界处,或经河水搬运,或属早已脱层了的征集品,终因缺少地层证据,其生存的地质时代和绝对年龄都难以确定。加之含氟量实验报告中,周家油坊人类化石的含氟量只有0.53%,而披毛犀和猛犸象化石则分别为0.72%和1.48%,因而以"榆树人"命名[1]的生物命名,迄今没有取得学术界的广泛认同。

(二) 石制品

在1951—1956年从周家油坊发现的打制石器材料中,包括东北工学院师生采集到的人工痕迹确切的石片1件,以及由中国科学院古脊椎动物研究室征集的少量石制品。

---

[1] 吉林省考古研究室、吉林省文物工作队:《统一的多民族国家的历史见证——吉林省文物考古工作三十年的主要收获》,《文物考古工作三十年》,文物出版社,1979年,第100—112页。

1. 1977周家油坊地点群发现的石制品

自1951年首次发现大量动物化石时起,直到1977年第一次发掘完毕,在从周家油坊第1地点及其附近地层内获得的全部石器材料中,包括碎屑、石片、石核和工具等,总计24件。其中确有地点和层位根据的为17件,均出自第1地点。

按其类型和功能分类统计,又可分为石核2件、石片7件、工具3件,其余5件都是不成器的石屑或者废品。在有地点无层位证据的7件石制品中,包括采自周家油坊西沟的刮削器2件、石片1件、不成型的石屑1件,连同1951年发现的1件石片以及孙建中1964年采自万发屯河滩上的1件尖状器等。

(1) 石核

2件,包括盘状石核和柱状石核各1件,均出自第1地点的地层中。

盘状石核。编号为JY-1977,L-01-02的标本。原料为石英闪长斑岩,长5.3、宽3.8、厚3厘米,重75克。从剥制石片的技术特点看,主要是围绕石核四周向两面中心打击,以形成中间厚、周围薄的特征(图1-1-6)。

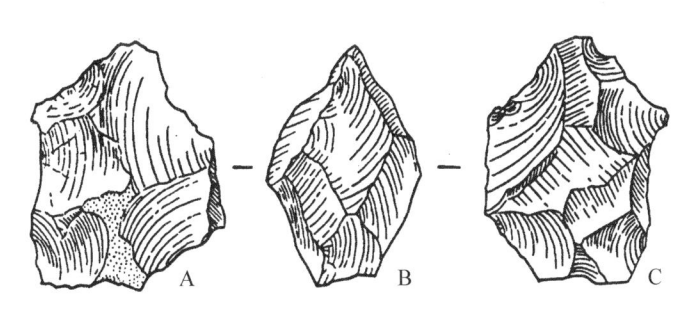

图1-1-6 周家油坊第1地点的盘状石核[1]

棱柱状石核。编号为JY-1977,L-01-14,出自第1地点的地层中。原型是一个较大的粗粒玄武岩砾石,长10.2、宽5.4、厚4.2厘米,重364克。由于从各个方

---

[1] 孙建中、王雨灼、姜鹏:《吉林榆树周家油坊旧石器文化遗址》,《古脊椎动物与古人类》1981年第19卷第3期,第281—291页+305—307页。

向都有剥落石片的打击痕迹,形成一个四棱形的柱状石核,只有一端的侧面尚保留有部分天然砾石面。

(2) 石片

出自周家油坊地点群的石片标本,总计有9件。其中出自第1地点和第4地点地层内的有7件,从周家油坊西沟等地点采集到2件。按台面的差异,进行了如下类型划分。

自然台面石片。2件,均出自第1地点的地层中。编号为JY－1977,L－01－01的标本,原料为含针状长石微晶的黑色玄武岩。长6.5、宽5、厚2厘米,重79克,石片角90度。背面上端中间的打击点和放射线十分清楚。腹面的打击点略偏左侧。由于岩石隐节理发育,致使半锥体和石片疤不太规整(图1－1－7,1)。

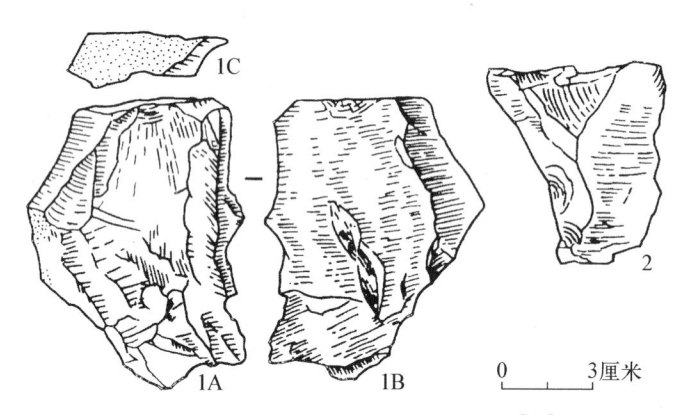

图1－1－7　周家油坊第1地点出土的石片[1]

人工台面石片。2件,标本IY－1977,L－01－03,出自第1地点的地层中。原料为石英闪长斑岩。器身长5.7、宽4.6、厚1.6厘米,重49克,石片角110度。背面打击点在台面中心。由于岩石节理关系,打击点之下破裂成一槽形,但向下石片疤仍成一线凹。腹面打击点稍偏左侧,半锥体十分典型。背面下端两侧各打击一下,形成两个缺口。台面为平整的人工打制的破裂面,尖端呈鹰嘴状锐刃。

---

[1] 孙建中、王雨灼、姜鹏:《吉林榆树周家油坊旧石器文化遗址》,《古脊椎动物与古人类》1981年第19卷第3期,第281—291页+305—307页。

标本 JY-1977,L-00-02,采自周家油坊西沟第4地点。原料为黑绿色安山岩,器身长3.2、宽2.9、厚1.5厘米,重16克。腹部破裂面比较平坦,背面由3个石片疤形成一个棱脊,右侧缘具有明显的使用遗痕(图1-1-7,2)。

利用石核棱脊剥制的石片。1件。标本 JY-1977,L-01-15,出自第1地点的地层中。石料为安山岩,长5、宽4.7、厚2厘米,重50克。腹面打击点在右上角,是原石核上的棱脊,半锥体明显。背面左侧为天然砾石面,右侧为一破裂面,右下侧有一个在二次打击时留下的石片疤,中间形成脊状,向下变薄变尖成一锐刃,颇适于切割,且有使用遗痕。

(3) 工具

周家油坊地点群发现的24件石制品中,工具类的打制石器只有3件,其中2件刮削器采自周家油坊西沟,1件尖状器则是孙建中在1964年发现于万发屯地表上的采集品,早已脱层。

刮削器2件,采自周家油坊西沟,又分为菱形和指状刮削器两种类型。

菱形刮削器。1件。标本 JY-1977,L-00-01,采自周家油坊西沟。原料为含针状长石斑晶的玄武岩。长7、宽4.5、厚2.3厘米,重85克。腹面系从天然节理面产生的破裂面,只是下端有一石片疤,是为了修理成薄刃而打去的,以后的工序都是从腹面向背面进行的加工,下面和左侧分别有2—3个石片疤,组成一粗糙的刃口。一侧经轻击四下,形成一个锯齿状的锐刃,并有使用痕迹。右侧为台面,由岩石的天然节理面修理而成(图1-1-8,1)。

指状刮削器。1件。标本 JY-1977,L-00-04,原料为白色半透明脉石英,器身长4.3、宽2、厚1.7厘米,重25克。腹面系一平滑的节理面。第一步加工主要是从腹面向背面进行。围绕左右下方遗有一系列小石片疤。右下方形成一个圆弧形凸刃,整器呈三棱形(图1-1-8,2)。

尖状器仅1件。采自万发屯,编号为1964-1,原料为石英闪长斑岩,长6.6、宽4.3、厚2.4厘米,重80克。器形周正,近似心形(图1-1-8,3)。

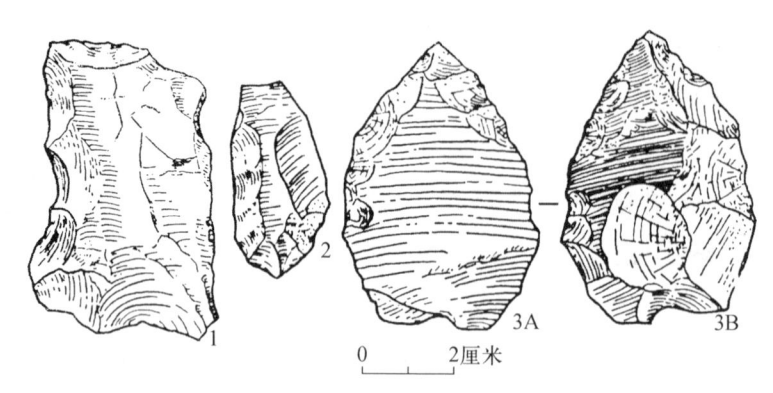

图 1-1-8 周家油坊西沟发现的刮削器和尖状器标本图[1]

2. 1981 年周家油坊新发现的旧石器材料

1981年夏季,长春地质学院的刘祥等前往周家油坊进行实测剖面时,又采掘到一些动物化石和人工石制品。全部出自一小河中,虽非出自实测剖面的堆积地层内,但根据前人曾经从第Ⅱ级阶地出土猛犸象—披毛犀动物群化石的层位中发现过石器数件,故推测新发现的石器原生于第Ⅱ级阶地的地层中。

石片1件。原料为黑曜岩,呈不规则的长方形,长4.2、宽2.5、厚0.5厘米。台面比较小,为准三角形,经过修理。半锥体较大而凸出,放射线稀疏,同心波较为清楚,离打击点越远,同心波越明显,而在半锥体上则不够鲜明(图1-1-9)。

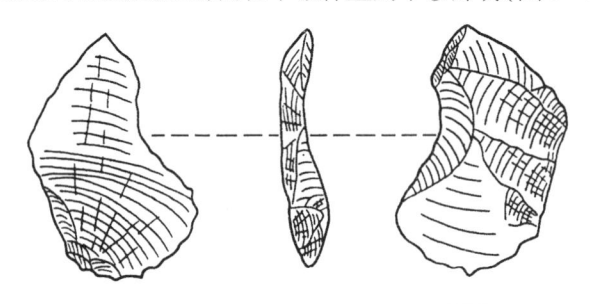

图 1-1-9 榆树周家油坊发现的石片[2]

---

[1] 陈恩志:《中国化石古人类和旧石器文化考古发现与研究 1901—2000(东北地区卷)》,科学出版社,2004年3月,第388页。

[2] 陈恩志:《中国化石古人类和旧石器文化考古发现与研究 1901—2000(东北地区卷)》,科学出版社,2004年3月,第389页。

（三）骨制品及技术工艺

在周家油坊地点群[1]的首次发掘中，已发现具有人类加工和使用痕迹的骨片和骨器共 51 件，其中具有地点和层位的 28 件，包括第一地点的 8 件、第二地点的 3 件、第四地点的 7 件和第 7 地点的 10 件，其余有地点无层位的共 23 件。此外还有一些遗留打片痕迹的披毛犀等动物肢骨标本。骨器原料除 1 件为猛犸象的门齿外，大部分系大型哺乳动物的管状肢骨制成。按分类统计，有象牙铲器 1 件、骨圆头刮削器 1 件、骨矛铤 1 件、骨尖状器 43 件（含用雕刻器打法制成的尖状器）和骨挖掘器 5 件。

1. 象牙铲器

1 件，即编号为 JY‐1977,V‐07‐02 的标本（图 1‐1‐10,3），出自第 7 地点。原料为猛犸象门齿的釉质层，长 7.7、宽 3.9、厚 1 厘米。在背面右侧有一个打片的疤痕，以形成一个锐刃。由于长期使用，背面左上方磨得十分圆滑明亮，腹面右上方也有部分被磨光。在发掘者已经采集到的猛犸象门齿中，也有的前端和外表磨得非常光滑，但后者无疑是猛犸象在生活中经常使用它们的门齿挖掘草根和觅食的结果，而这件铲器两面都有磨光面，似非猛犸象生前本身所能形成。

2. 骨圆头刮削器

1 件，即编号为 JY‐1977,V‐02‐26 号标本，出自周家油坊第 2 地点地层中。以动物骨片制成，长 7.5、宽 5、厚 1.5 厘米。端部为由腹面向背面采用单向打击法修制而成的一个圆弧形锐刃。

3. 骨矛铤

1 件，即编号为 JY‐1977,V‐07‐01 的标本（图 1‐1‐10,2），第 7 地点出土。

---

[1] 孙建中、王雨灼、姜鹏：《吉林榆树周家油坊旧石器文化遗址》，《古脊椎动物与古人类》1981 年第 19 卷第 3 期，第 281—291 页+305—307 页。

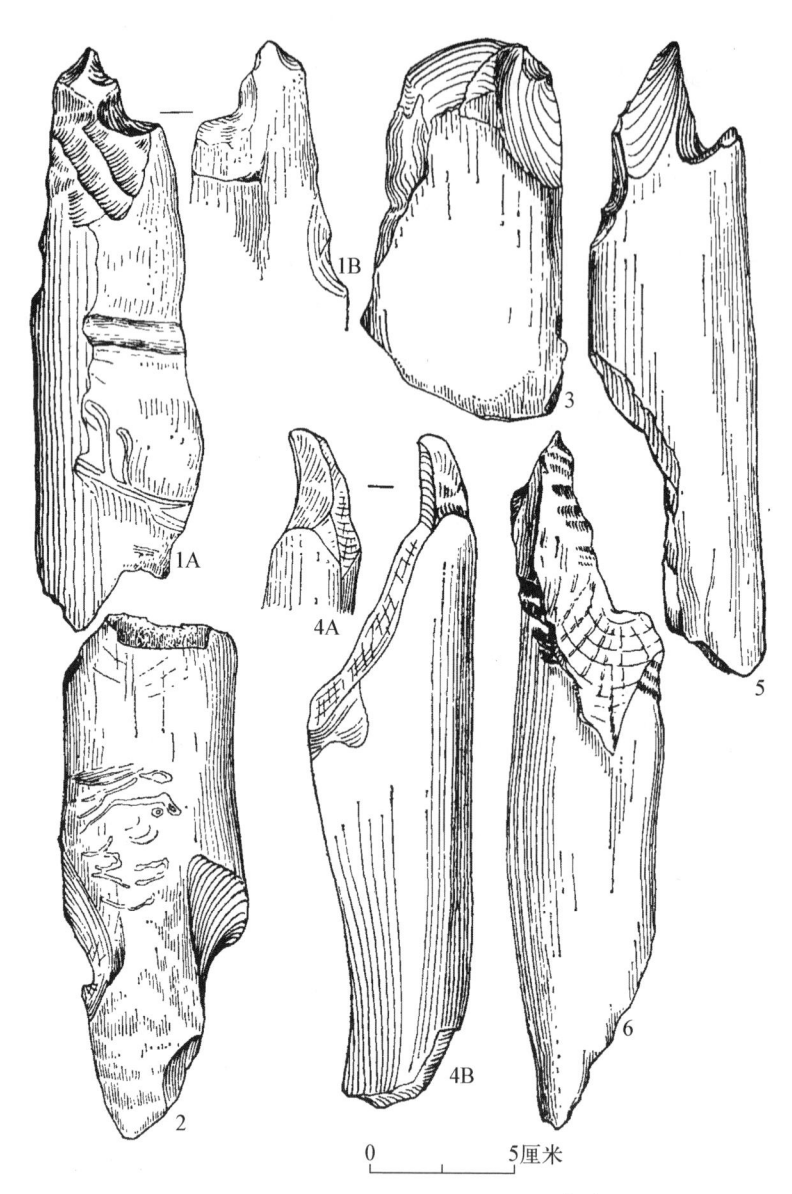

图 1-1-10 周家油坊遗址群发现的骨器[1]

1. 骨尖状器(JY-1977,V-02-25),A.背面,B.腹面 2. 骨矛头铤(JV-1977,V-07-01)背面
3. 象牙铲器(JY-1977,V-07-02)背面 4. 用雕刻器打法制成的尖状器(JY-1977,V-07-56),
A.侧面,B.背面 5. 骨尖状器(JY-1977,V-00-17)背面 6. 骨尖状器(TY-1977,V-00-14)背面

---

[1] 孙建中、王雨灼、姜鹏:《吉林榆树周家油坊旧石器文化遗址》,《古脊椎动物与古人类》1981年第19卷第3期,第288页。

原料为动物管状骨骨片,长10.7、宽3.7、厚1.2厘米。在下侧两边各打出一个缺口形成铤肩。发掘者认为特别要指出的是,在其背面右下侧的一个缺口,在打片之后还采用了镟刮法使其十分光滑。背面右下端向两面交错打击形成对称的铤肩。发现时矛铤尖端已经缺损,背面中部有几道浅沟,显系啮齿类动物门齿遗留下来的咬痕。

4. 骨尖状器

43件。编号为JY‑1977,V‑02‑25,第2地点出土。动物管状骨制成,长116、宽37、厚13毫米。从背面看在右上方打出一个缺口造成不对称的尖端。正面又经刮削而减薄尖部。腹面左上侧有一平面,根据下方残留的凸棱看,很像是用石器造成的。而打击出来的缺口后来又采用璇拧的方法使缺口呈半圆形。尖端由两侧打击修制成尖。背面中部和下部的几条深深的刻痕看来是食肉类动物强力啃咬的痕迹。原始人类选中这块经动物咬过的骨头作骨器,很可能是想利用这几道深槽把这件尖状器捆缚在长柄上作为长矛使用(图1‑1‑10,1)。

编号为JY‑1977,V‑00‑14,采自万发屯附近河滩上。动物管状骨制成,长136、宽32、厚16毫米。背面右上侧经重重一击打出一个缺口而形成不对称的尖部。再经横向修理而把尖部修得非常锐利。以右手握之,势如匕首,很适于刺人和划割之用。背面满布网状沟纹,系植物根系产生腐植酸腐蚀的结果(图1‑1‑10,6)。

编号为JY‑1977,V‑00‑17,采自前施家沟以南河滩上。比较圆直的一段动物管状骨制成,长127、宽34、厚20毫米。右上侧打出一个缺口,形成不对称的尖。左侧依次向尖端打击修出锐尖。以手握之或缚在柄上都很合适(图1‑1‑10,5)。

编号为JY‑1977,V‑00‑35,拣自后蒋家附近河沟中。动物管状骨制成,长156、宽35、厚15毫米。近尖端两侧1厘米处各打出一个缺口形成锐刃。左侧缺口还经过修理形成一个尖部沟槽,延至腹面。腹面同一位置也打去一片使尖端更薄更锐利。背面亦满布迴曲网状腐蚀沟纹。

编号为JY‑1977,V‑07‑56,雕刻器打法制成的尖状器,第7地点出土。亦为动物管状骨制成,长136、宽34、厚20毫米。左上方先打去一大片,再从上向下打下一片,形成歪尖。右侧再错成鹰嘴式(图1-1-10,4)。

编号为JY-1977,V-00-202,地点不明,是在清理化石时才发现的。右上侧由上向下打去一片。左侧经刮削而成歪尖。

5. 骨挖掘器

5件。编号为JY-1977,V-02-57,第2地点出土。长195、宽58、厚35毫米。呈三棱状,一端略呈尖状,没有人工加工痕迹,但尖端经使用磨得十分光滑。用放大镜观察可以看出光面上有许多细微的纵向擦痕。

编号为JY-1977,V05-18,与前一件相仿,采自第5地点附近。体积稍大,长265、宽100、厚40毫米。尖部因使用而磨光,腰部收束,适于手握,重量较大,挖掘起来颇为得力。

另外3件挖掘器也都是仅尖端磨光,显然都是原地埋藏。此外,还有5件披毛犀的巨大肢骨。两端或一端有许多打片痕迹,边缘却很规整。

(四) 伴生动物群

自20世纪50年代初期,吉林榆树周家油坊即以盛产哺乳动物化石闻名遐迩。除1951年东北工学院地质学系师生的发现外,中国科学院古脊椎动物研究所的专家学者们,也似曾在这里通过从河水中捞拾、由农民家中征集以及从农村合作社和药铺里收购等多种途径,获得过大量哺乳动物化石标本。

吉林榆树的哺乳动物化石,除了征集的部分以外,主要发现于前述4个动物化石地点。根据东北工学院地质学系提供的地质剖面资料,动物化石都分布在松花江支流的小河边或河水中,距离河岸地面约3—4米深。在每个剖面中都可以看到,出土的情况相似,多数是在上部砂层的底部找到的。例如第4地点,化石即出自砂及黏土层的交界中。总的来看,化石层以上的堆积相当于上部顾乡屯组地层。

20世纪50年代初期,出自榆树周家油坊及五棵树的哺乳动物化石最早是由中国科学院古脊椎动物研究所周明镇等人进行整理和鉴定的,并于1959年出版了

《东北第四纪哺乳动物化石志》[1]一书,内中著录和描述的材料,绝大部分出自周家油坊,包括下列6个目14个科25个属中的36个物种:

啮齿目(*Rodentia*)

 黄鼠(*Gitellus sp.*)

 吉林鼢鼠(*Myospalax epsilanus Thomas*)

 华北鼢鼠(*M. cf.psilulus Milne-Edwards*)

 仓鼠(*Cricetulus sp.*)

 水田鼠(*Avicola sp.*)

 田鼠(*Microlus sp.*)

 野鼠(*Ruttus sp.*)

兔形目(*Lagomorpha*)

 鼠兔(*Ochotona sp.*)

食肉目(*Carnivora*)

 狼(*Canis lepus Linnaeus.*)

 家犬(*C. familiaris Linnaeus.*)

 北方狐(*Vulpas V.cf.tchiliensis Matchie*)

 西伯利亚鼬[*Mustela (Putoria) cf. sibirica Pallsa*]

 最后鬣狗(*Crocurtla ultima Matsumoto*)

 猫(*Felis sp.*)

长鼻目(*Proboscidae*)

 普通猛犸象(*Mammuthus primigenius Blumenbach*)

 松花江猛犸象(*Mammuthus sungari Chow et.Chang, sp.nov.*)

奇蹄目(*Perrisodactyla*)

 野马(*Equus prjewalskyi Poliakkoff*)

---

[1] 中国科学院古脊椎动物研究所高等脊椎动物组:《东北第四纪哺乳动物化石志》,《中国科学院古脊椎动物研究所甲种专刊第3号》,科学出版社,1959年5月,第7页。

  普通马(*Equus caballus Linnacus.*)

  蒙古野驴(*Equus hemionus Pallas*)

  三门马(*Equus sanmeniensis Teihard et Piveteau*)

  披毛犀(*Coelodonta antiquitatis Blumenbach*)

  梅氏犀(*Rhinosceros mercki Jaeger*)

偶蹄目(*Artiodactyla*)

  麝(*Moschus, sp.*)

  狍(*Capreolus manchuricus Lydekker*)

  斑鹿(*Pseudaxis sp.*)

  马鹿(*Elaphus canadensis Erxleben*)

  驼鹿(*Alces alces Linnacus.*)

  河套大角鹿(*Sinomegaceros ordosianus Young*)

  普氏羚羊(*Gazella cf.prjewalskyi Büchner.*)

  王氏水牛(*Bubalus wansjocki Boule et Teilhard.*)

  东北野牛典型亚种(*Bison exiguus Matsumoto*).

  东北野牛弯角亚种(*B. e. curvicornis Matsumoto*)

  东北野牛哈尔滨亚种(*B.e. harbinensis Skinner et Kaisen*)

  原始牛(*Bos primigenius Bojanus*)

  原始牛亚种(*Bos Primigenius Bojanus subsp*)

  家牛(*Bos taurus Linnaeus.*)[1]

  孙建中等人于1977年10月在周家油坊进行调查和小规模发掘时,在已清理出来的7个地点中,除第3地点外,均发现有大量哺乳动物化石。但除其中的虎是新发现的物种以外,其余皆未超出前人已有记录中的属种成分。

---

[1] 中国科学院古脊椎动物研究所高等脊椎动物组:《东北第四纪哺乳动物化石志》,《中国科学院古脊椎动物研究所甲种专刊第3号》,科学出版社,1959年5月,第7页。

四、结语

（一）石制品和骨制品特点

周家油坊地点群的石器材料，不仅数量少，类型也很单调，尚无法认识其文化特征。据现有材料判断，均为石片石器，工具组合简单，只有刮削器和尖状器两种类型。刮削器由劈裂面向背面加工，使成圆弧形的凸刃，制作较精致。尖状器呈心形，其尖端系采用交互打击的方法修制而成[1]。

榆树周家油坊出土的骨制品，采用了直接打击法、刮削法、璇刮法、错磨法以及锯错法等多种修制技术和工艺进行加工，器型分工也很细致，显示了在文化上的进步性。据此也应将其归于旧石器时代晚期的文化遗存。属于周家油坊地点群的石器和骨器的加工工艺，显示出一些较复杂的特征，它们都是榆树旧石器文化的重要组成部分。

（二）动物群特点

周明镇等[2]根据早些时候哈尔滨顾乡屯的发现以及1951年以来在吉林榆树周家油坊的新发现，对东北地区第四纪特别是晚更新世化石动物群得出以下研究结论：

第一，从顾乡屯到周家油坊乃至整个东北及内蒙古东部发现的第四纪哺乳类化石，绝大部分属于猛犸象-披毛犀动物群（*Mammuthus-Coelodonta Fauna*）。此外，东北地区也存在着可能代表更新世中期的一些化石物种。

第二，动物群中包括约40个比较确定的哺乳动物鉴定种，其中近30%为绝灭种。

---

[1] 孙建中、王雨灼、姜鹏：《吉林榆树周家油坊旧石器文化遗址》，《古脊椎动物与古人类》1981年第19卷第3期，第281—291页+305—307页。

[2] 中国科学院古脊椎动物研究所高等脊椎动物组：《东北第四纪哺乳动物化石志》，《中国科学院古脊椎动物研究所甲种专刊第3号》，科学出版社，1959年5月，第11页。

第三，东北猛犸象—披毛犀动物群的时代大致与陕蒙萨拉乌苏动物群相近或稍晚，只是两者之间也有一定地理上的差别。与北方西伯利亚同一动物群的性质比较，则更接近于萨拉乌苏动物群，但也有一些明显的不同，比如其中有水牛，却无驯鹿等。

第四，在东北各个地点发现的化石动物群中，以哈尔滨顾乡屯和吉林榆树周家油坊动物群的组合成分最为丰富。但直到20世纪50年代末期为止，发现的大量哺乳动物化石有很大一部分都被认为是经过比如流水等自然营力搬运过的，既没有划分地层的意义，自然也就不能用来作为确定地层时代的古生物学质证。

第五，过去和现在收集的化石多属采集品，除了猛犸象—披毛犀动物群的成员以外，还有一些肯定是现代动物的标本。这一点可以从动物的骨骼形态、化石保存情况以及含氟量百分率等方面得到证明。

第六，榆树化石动物群中包括一些可能或肯定生存时代较早的成分，但是有如松花江猛犸象及三门马等的时代问题，还需要根据更多的资料和地层证据作进一步确定。

第七，榆树和顾乡屯动物群，都包括有森林性、草原性和河流沼泽性三种生态类型的成分，三者的比例约为35∶35∶10（？）。指示的气候类型和植被景观基本上与现代东北中、南部相似或相同[1]。

（三）关于周家油坊地点群化石和文化层的测定年龄

周家油坊各地点地层中的顾乡屯组，属于公认的最后一次冰期的沉积地层。在国内相当于大理冰期，在欧美则相当于玉木冰期和威斯康星冰期，而后两者的下限为距今7万年。根据国家文物局文物保护技术研究所测定，出自周家油坊第1地点披毛犀骨化石的碳十四测定年龄为距今31 800±900年，表明同层内文化遗物产生于距今7万—4万年的时间跨度中。另据古脊椎动物与古人类研究所在周家

---

[1] 中国科学院古脊椎动物研究所高等脊椎动物组：《东北第四纪哺乳动物化石志》，《中国科学院古脊椎动物研究所甲种专刊第3号》，科学出版社，1959年5月，第11页。

油坊进行的碳十四年龄测定,由其地面以下 2.5、3.5 和 4.5 米处的树枝化石测得的数据,皆大于 40 000 年,故认为顾乡屯组应为距今 7 万—2 万年前的沉积地层,与前者的测定结果并无矛盾。产自第 4 地点 B−B′剖面中地表以下 5.4 米处的落叶松化石的碳十四年龄,为距今 26 740±735 年和 26 100+850 年。从中可知周家油坊各地点的堆积物,至少其中的顾乡屯组应为距今 7—2 万年,亦即更新世晚期的沉积地层。其间的人类活动遗迹当属旧石器时代晚期早一阶段的文化遗存[1]。

第二节　吉林延边汪清动物群

汪清镇位于吉林省延边朝鲜族自治州境内,在过去从未发现过第四纪哺乳动物化石。但在 20 世纪 30 年代中期,曾由日本古生物学家德永重康和直良信夫报导,在延边地区曾经零星地发现过一些动物化石标本。1957 年和 1960 年及以后在延边汪清南山屯发现的哺乳动物化石数量较多,但是已经著录和描述的仅有以下 3 个鉴定种:

普通猛犸象(*Mammuthus primigenius*)

披毛犀(*Coelodonta antiquitatis*)

原始牛(*Bos primigenius*)

汪清南山屯地点出土的全部哺乳动物化石,其种类和数量都是非常可观的。鉴于这些化石材料,均出自当地 30 米高的第 Ⅱ 级台地之原生地层中,因而不仅有助于吉林东部地区第四纪地层的划分,同时也为确定东北地区第四纪哺乳动物化石的性质、生态类型和地层关系,以及本地区与周边地带第四纪哺乳动物群的比较研究,提供了具有地层证据的化石质证。

通过汪清第四纪哺乳动物化石的发现与研究,初步确定了吉林东部地区的晚

---

[1] 孙建中、王雨灼、姜鹏:《吉林榆树周家油坊旧石器文化遗址》,《古脊椎动物与古人类》1981 年第 19 卷第 3 期,第 281—291 页+305—307 页。

更新世地层。同时又进一步证明了在晚更新世期间,东北地区与华北地区的动物群,存在着一定的差异和区分。即东北地区的猛犸象-披毛犀动物群,代表寒冷气候的动物群,而华北地区这一时期的动物群,则或多或少代表了温暖的气候类型。这一点有可能说明,到了第四纪末期,东北地区才变得较为寒冷。通过对汪清南山屯化石产地剖面的观察可以发现,更新世晚期气候已有变化,表现为有时温暖,有时寒冷,直到更新世晚末期气候才变得普遍寒冷,在动物区划上,成为一个独立的单元或区系类型[1]。

第三节　安图明月石门山村东大洞遗址

一、遗址概况

安图石门山洞穴人类化石地点,位于吉林省延边朝鲜族自治州安图县明月镇东南2.5千米的石门山村附近(图1-3-1)。地理坐标为北纬43°5′17″,东经128°55′35″。

1963年末,安图县石灰窑工人在石门山村附近的开山采石作业中,从一个被炸开的洞穴内发现一批哺乳动物化石。吉林省博物馆和延边朝鲜族自治州博物馆闻讯后,旋即于1964年初派人前往调查。从出土的动物化石、文化遗物及其堆积地层的残存现场判断,确认其为一处晚更新世的洞穴旧石器时代遗址。1964年5月,由吉林省博物馆会同吉林省地质局区测大队以及东北地理研究所合组的一个联合发掘小组,对洞穴内的剩余堆积物进行了清理,再次从地层中获得大量哺乳动物化石。在进行室内标本整理时,从中又发现一颗人类牙齿化石,此即安图晚期智人标本,俗称"安图人"[2]。

---

[1] 张志国:《吉林汪清第四纪哺乳动物化石》,《古脊椎动物与古人类》1964年第8卷第4期,第402—413页。

[2] 姜鹏:《吉林安图人化石》,《古脊椎动物与古人类》1982年第20卷第1期,第65—71+97—98页。

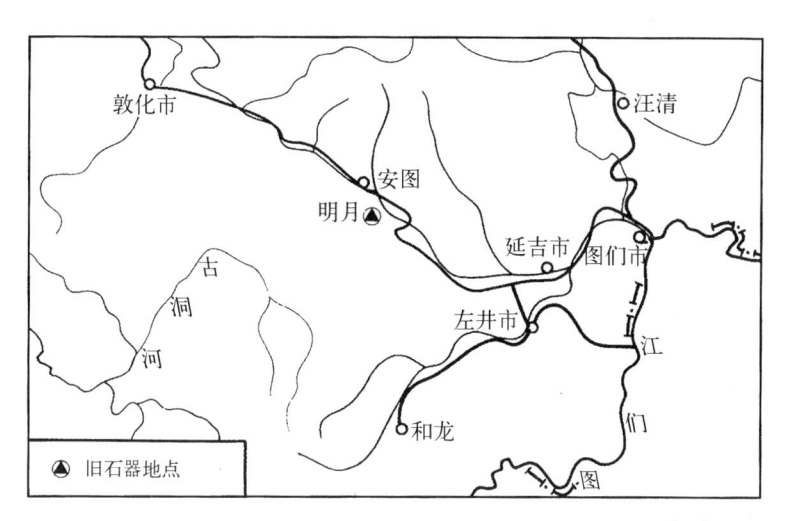

图 1-3-1 吉林延边安图明月镇石门山洞穴遗址地理位置示意图[1]

1973年夏季,吉林省地质局直属综合大队为编制1∶20万的明月镇地质图时,再次委派姜鹏和金顿镐二人前往石门山洞穴遗存进行复查。在先期发现的洞穴地点同一高程的正面即西面9米处,又发现一处堆积层次更明显的小型溶洞,经过发掘从地层中采得一些动物化石。两个洞穴的堆积在内涵上可以彼此互为补充,就化石的发现而言,以含人类牙齿的大洞更为丰富;从地层面貌上来看,则以保存完整的小洞较为典型。

二、地貌及地层

安图石门山洞穴(东大洞)人类化石地点,属于一处埋藏深度仅有1.3米的岩溶洞穴堆积类型。洞穴的基岩为下二迭纪庙岭组石灰岩,分布范围不大,喀斯特地貌也不甚典型。东大洞实系在第Ⅱ级阶地的石灰岩中形成,其海拔高度为365米。洞穴南临布尔哈通河,高出河床25米。洞口朝南,洞高1.43、宽1.98米。到1964

---

[1] 陈恩志:《中国化石古人类和旧石器文化考古发现与研究1901—2000(东北地区卷)》,科学出版社,2004年3月,第367页。

年进行清理时,已在开山采石过程中被破坏成了一个残洞(图1-3-2)。

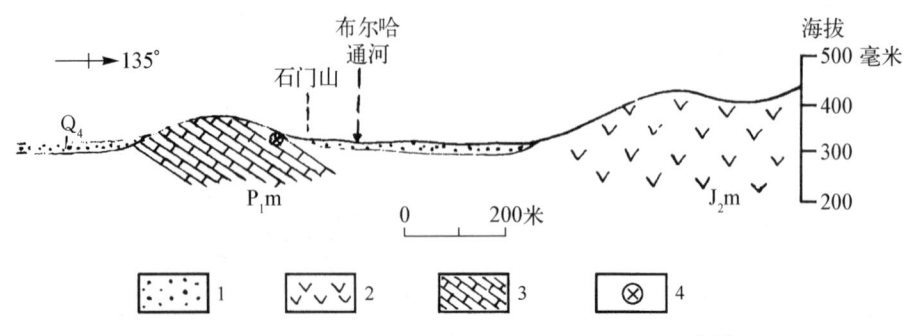

图1-3-2 安图明月镇石门山洞穴附近的地质及地貌图[1]
1. 近代河床冲积物 2. 中侏罗统帽儿山组安山岩
3. 下二迭统庙岭组薄层状结晶灰岩 4. 化石产地

1973年,田野工作者又在东大洞同一高程的正西9米处,发现一个堆积地层更为清楚的小洞。经过发掘,从中又出土一些哺乳动物化石,其种类数量虽然较少,但从组合的性质上看,与前一洞穴出产的动物群性质基本相同,都属于东北地区典型的猛犸象-披毛犀动物群(*Mammuthus-Coelodonta Fauns*)的组合成分。

鉴于两个洞穴距离很近,洞内的第四纪堆积也较为一致或接近,发掘报告人通过对堆积层次更清晰的西小洞剖面的观察,将其自下而上地划分为以下4个(图1-3-3)地层:

第4层,棕灰色含砾砂土层,内含土红色安山岩和深灰色砾石,直径一般约为6毫米。出产有人类牙齿化石以及少量野马(*Equus przewealskyi Poliakof*)和马鹿(*Elaphus canadensis Erxleben*)等动物化石。层厚11厘米。

第3层,灰黄色亚黏土层,亚黏土中常含有砾石,成分多为花岗岩质,直径约4毫米,磨圆度中等;其次有石灰岩、石英等,均已被钙质胶结。这一层含动物化石比较丰富。有披毛犀(*Coelodonta antiquitatis Blumenbach*)、野马、东北野牛[*Bison*

---

[1] 陈恩志:《中国化石古人类和旧石器文化考古发现与研究1901—2000(东北地区卷)》,科学出版社,2004年3月,第368页。原图刊于姜鹏:《吉林安图人化石》,《古脊椎动物与古人类》1982年第20卷第1期,第66页。后经陈恩志重新绘制而成。

(*Parabison*) *exiguus Matumoto*]和马鹿等。层厚 61 厘米。

第 2 层,棕黄色亚黏土层,含砾石、花岗岩碎块等,均已钙质胶结成层。含动物化石较多,如野马、东北野牛、狍子(*Capreolus sp.*)等。层厚 52 厘米。

第 1 层,棕绿色含砾砂土层,内含少量的野马等动物化石。层厚 9 厘米[1]。

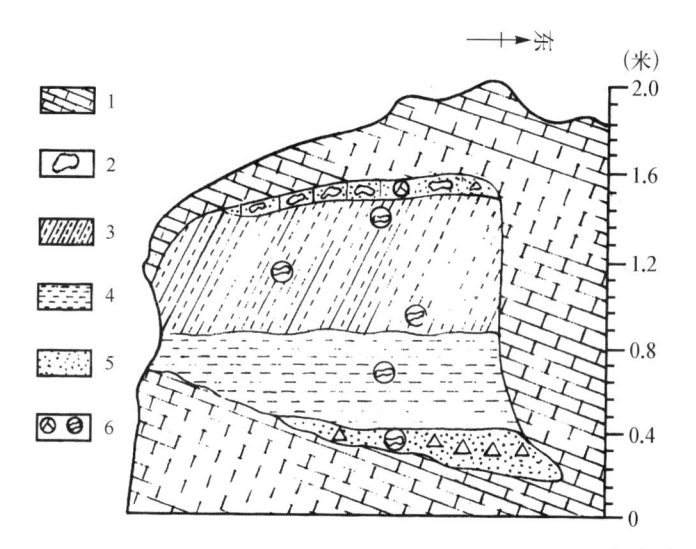

图 1-3-3 安图明月镇石门山西小洞穴堆积及其地层划分图[2]
1. 石灰岩 2. 棕灰色含砾砂土层 3. 灰黄色亚黏土层 4. 棕黄色亚黏土层
5. 棕绿色含砾石夹碎石砂土层 6. 人类及动物化石层

因为前一洞穴即东大洞已被破坏殆尽,鉴于人类牙齿化石是与共生哺乳动物化石一起出土的。根据伴生动物化石及西小洞地质剖面分析,安图人化石标本有可能产于东大洞的灰黄色或棕黄色黏土层即第 2 层或第 3 层中[3]。

---

[1] 姜鹏:《吉林安图人化石》,《古脊椎动物与古人类》1982 年第 20 卷第 1 期,第 65—71+97—98 页。
[2] 陈恩志:《中国化石古人类和旧石器文化考古发现与研究 1901—2000(东北地区卷)》,科学出版社,2004 年 3 月,第 369 页。原图刊于姜鹏:《吉林晚更新世哺乳动物化石分布》,《古脊椎动物与古人类》1977 年第 15 卷第 4 期,第 316 页。后经陈恩志重新绘制而成。
[3] 姜鹏:《吉林安图晚更新世洞穴堆积》,《古脊椎动物与古人类》1975 年第 13 卷第 3 期,第 197—198 页。

三、文化遗物

(一) 安图人牙齿化石的形态观测、描述和鉴评

1964年5月自东大洞出土了大量哺乳动物化石,发掘报告人从动物化石中辨认出一颗人类牙齿标本。这颗被编号为501号的人类牙齿化石,系右下第一前臼齿(Mp),已经石化,保存完整。发现者在首次描述中指出,安图石门山人类臼齿齿冠近中侧呈乳白色,远中侧为浅黄色,牙根为浅黄色,牙冠和咬合面有数条轻度的隐裂。从颊面观察,牙齿上宽下窄,近似梯形。牙冠近中边缘角比远中边缘角小。牙根较长,自近根尖部三分之一处弯向远中侧,根尖部有轻度吸收。在根颈三分之一处的舌侧有一粗糙面。牙体长20毫米,牙冠长6.9毫米,都分别小于20.9毫米和8.7毫米的现代人男女平均值。牙冠宽7.1毫米,与现代人男女平均数一致;长宽指数为102.9,明显大于现代人男女平均为81.6的标准。牙冠高4毫米,又小于8.6毫米的现代人的男女平均数;牙根长16毫米,更显著大于12.3毫米的现代人男女平均水平。

安图人牙齿化石与现代人同类标本对比,右下第一前臼齿牙体长度基本相等。此外,安图人标本其咬合面釉质磨损较重,齿质已暴露,就中可以看出颊尖与舌尖大小几乎一致,并与现代人相近。从咬合面磨损程度来看,相当于现代人的4级磨损度,估计所代表的个体可能为一中年人。

(二) 安图动物群[1]

通过1964年对东大洞的发掘和1973年对新发现的西小洞的清理,从两个洞穴堆积中获得的哺乳动物化石,经姜鹏1982年鉴定和著录的,总计包括有以下6个目10个科16个属中的20个物种。

---

[1] 姜鹏:《吉林安图人化石》,《古脊椎动物与古人类》1982年第20卷第1期,第65—71+97—98页。

兔形目(*Lagomopha*)

  鼠兔(*Ochotona sp.*)

啮齿目(*Rodentia*)

  花鼠(*Eutamias sp.*)

食肉目(*Carnivora*)

  狼(*Canis lupus Linnaeus*)

  貉(*Nyctereutes sp.*)

  狐(*Vulpes sp.*)

  棕熊(*Ursus arctos Linnaeus*)

  最后斑鬣狗(*Crocuta ultima Matsumoto*)

  猞猁(*Lynx sp.*)

  虎(*Panthera tigris Linnaeus*)

长鼻目(*Proboscidea*)

  真猛犸象(*Mammuthus primigenius Blumenbach*)

奇蹄目(*Perissodactyla*)

  普氏野马(*Equus przewalskyi Poliakof*)

  马(*Equus sp.*)

  披毛犀(*Coelodonta antlquitatis Blumenbach*)

偶蹄目(*Artiodactyla*)

  斑鹿[*Cervus(P.) sp.*]

  马鹿(*Elaphus canadensis Erxleben*)

  驼鹿(*Alces alces Linnaeus*)

  东北野牛[*Bison (Parabiguus) exiguus Matsumoto*]

  野牛(*Bison sp.*)

  狍子(*Capreolus sp.*)

  加拿大赤鹿[*Cervus(E.) canadensis Erxleben*]

四、结语

(一) 安图动物群的性质及其组合特征

安图动物群是20世纪60年代初期在吉林省境内首次发现的一个与晚期智人化石共生的哺乳动物群,产自安图明月镇布尔哈通河第Ⅱ级阶地上的一石灰岩洞穴地层中。洞内堆积剖面自下而上地被划分为4个地层,人类化石的层位相当于第4—3层,哺乳动物化石各层都有出土。按发掘报告人的统计,安图动物群共有哺乳动物20个属种;包括兔形目1种、啮齿目1种、食肉目7种、长鼻目1种、奇蹄目3种和偶蹄目7种。从组合成分上看,除了猛犸象、披毛犀、野牛和延续时间较长的鬣狗属于绝灭种之外,其余都是现生种,在性质和生态类型上,都可以视为东北地区晚更新世典型的猛犸象-披毛犀动物群组合成分,在时代上可能相当或略晚于陕蒙萨拉乌苏动物群。

安图洞穴堆积出土的动物化石种类与萨拉乌苏动物群中的大多数成分相似,它们在时代上都早于山顶洞人动物群,而晚于丁村动物群,特别与萨拉乌苏动物群最为接近,是东北地区晚更新世经典动物群的一部分。

(二) 年代

吉林安图石门山洞穴哺乳动物化石的碳十四年龄,由真猛犸象肩胛骨测得的为26 000±550年;由真猛犸象臼齿测得的年龄为35 400±1800年;由披毛犀臼齿测得的年龄为28 700±750年。从中可知安图人化石所处的地质时代为晚更新世后期,与河套人化石的萨拉乌苏文化时代相当或接近,其文化分期属于旧石器时代晚期类型。

第二章
1980—1999 年的吉林旧石器时代考古

第一节　白城地区前郭县青山头遗址

一、遗址概况

　　青山头含人类化石的旧石器地点，位于吉林省前郭尔罗斯蒙古族自治县查干泡北岸的青山头垅岗上（图 2-1-1）。地理坐标为北纬 45°28′，东经 124°30′。

　　早在 1981 年的田野工作季节里，吉林省地震局野外地质工作人员在白城地区进行新构造变动调查时，在前郭尔罗斯蒙古族自治县查干泡北岸的青山头垅岗上，采集到一具人类头骨和一些肢骨标本。1982 年夏初，吉林省地质局区域地质调查大队的张普林等人也来到前郭县查干泡一带考察第四纪地层，在同一地点及其附近又先后几次发现一些人类骨骼、古老的装饰品以及大量的哺乳动物骨骼等。为了澄清上述发现的地质时代，考察人员选择重点地段进行了小规模的试掘。工作过程中张普林等又从另外一处埋藏较深但层位不同的第 5 号地点中，发掘出人类股骨化石 1 件，以及一些共生的脊椎动物化石等。1983 年夏秋间，中国科学院古脊椎动物与古人类研究所与吉林省地质局区域地质调查大队的尤玉柱、张振标、李毅、李西昆、张普林、徐钦琦、金昌柱、李春田、刘学良和姜鹏等人组成的联合考察队，再次到查干泡地点进行复核。根据第三次发掘时取得的地层证据确认，前两年的发现大部分属于新石器时代的人骨标本，只有产自第 5 号地点的细砂—亚砂土层中的人类股骨化石所代表的个体，才属于旧石器时代末期的晚期智人[1]。

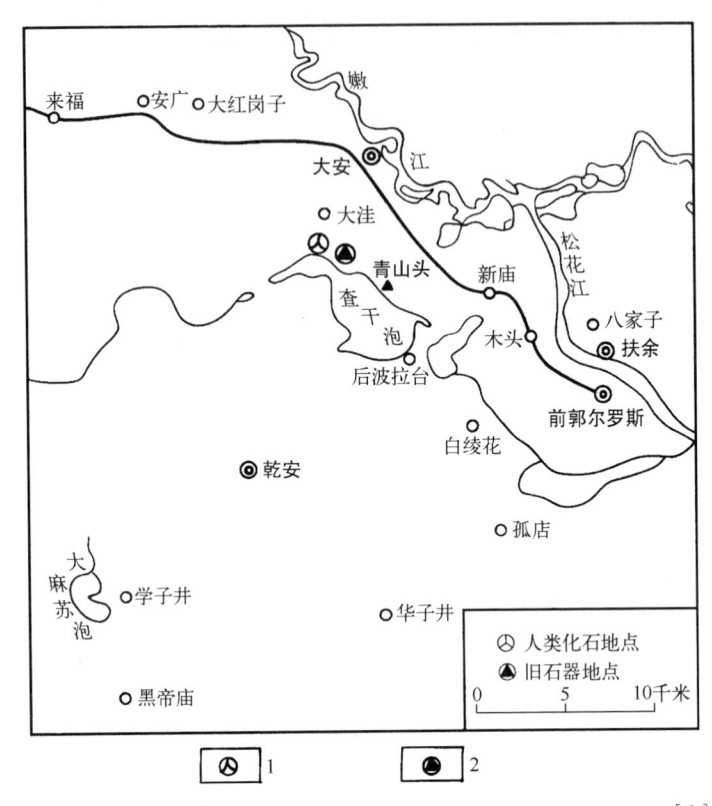

图 2-1-1 吉林前郭县青山头含人类化石的旧石器地点地理位置示意图[2]
1. 人类化石地点　2. 旧石器地点

二、地貌及地层

(一) 地貌

前郭县查干泡含人类化石和动物化石的旧石器文化地点,属于第Ⅱ级湖岸阶

---

[1] 尤玉柱、张振标、李毅、李西昆、张普林:《吉林前郭县查干泡发现的人类化石与古生态环境》,《史前研究》1984 年第 4 期,第 70—74+69+113 页。

[2] 尤玉柱、张振标、李毅、李西昆、张普林:《吉林前郭县查干泡发现的人类化石与古生态环境》,《史前研究》1984 年第 4 期,第 70—74+69+113 页。

地堆积类型。查干泡青山头位于松花江、嫩江和西辽河之间广阔闭流区的东北端。区域内沼泽发育,湖泊星罗棋布,是吉林西部的沉降带。查干泡为众多湖泊中最大的一个,水域面积宽广,碱化程度也没有其他湖泊那样严重,确实是史前时代人类栖息生存的一处较为理想的环境。

(二) 地层

1. 查干泡青山头剖面的岩性描述和地层划分[1]

查干泡周围分布着波澜起伏的垄岗,通常高出湖面 25—35 米不等。垄岗的主要部分实际上是由早期湖积物沉积而成,属于第 II 级湖岸阶地,物质成分以砂和亚砂土为主。出土人类股骨化石的第 5 号地点,位于查干泡青山头东侧,海拔 166.3 米,高出湖水面 33.3 米。1983 年第三次发掘报告人将整个堆积剖面自下而上地详细划分为 10 个地层(图 2-1-2),其中第 8—10 层属于全新世堆积,第 1—7 层为晚更新世地层。

全新世

第 10 层,黑土层,富含植物根、茎、叶及螺、蛙等。厚度变化较大,在垄岗顶部最厚可达 120 厘米。

第 9 层,炭黑色、灰褐色粉砂质亚砂土层,向上颜色加深,向下渐变为黄色。层厚为 70 厘米。

第 8 层,黄褐色黄土状亚砂土层,具柱状节理,含较多的钙质结核,直径多在 1—6 毫米不等,层厚 60 厘米许。内含新石器时代人类和脊椎动物遗骨等。

晚更新世

第 7 层,灰黄色粉砂及亚砂土层,内含棕红色古土壤条带,出土有人类和脊椎动物化石,以及腹足类和瓣腮类化石等。层厚 20 厘米。

第 6 层,黄褐色亚砂土层,层厚 40 厘米。

---

[1] 尤玉柱、张振标、李毅、李西昆、张普林:《吉林前郭县查干泡发现的人类化石与古生态环境》,《史前研究》1984 年第 4 期,第 70—74+69+113 页。

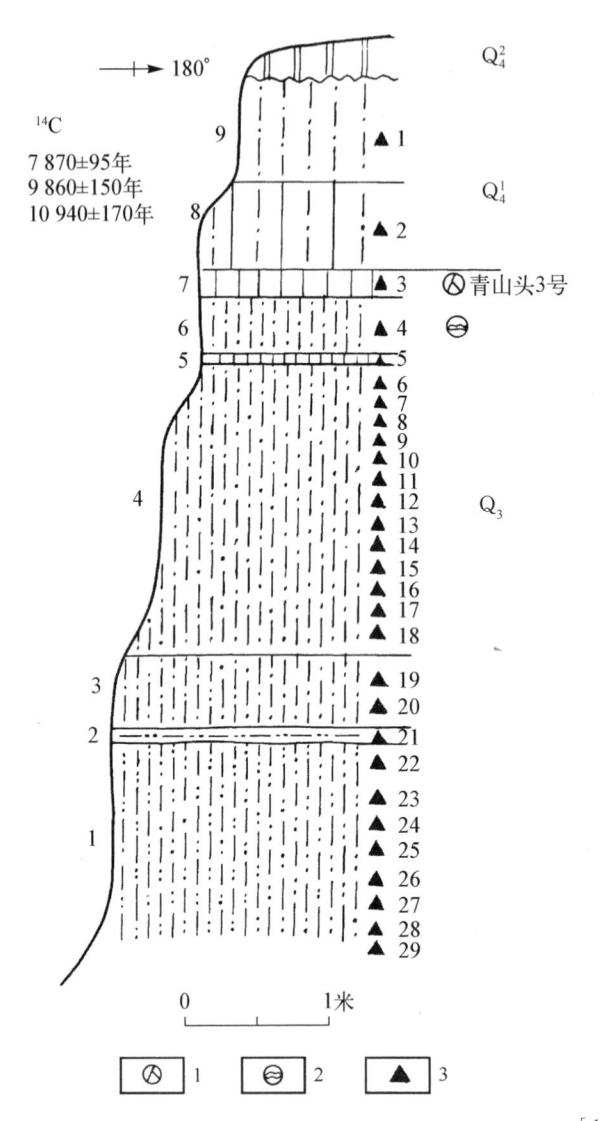

图 2-1-2　前郭县青山头人类化石地点地质剖面及其地层划分图[1]

1. 人类化石层位　2. 动物化石层位　3. 孢粉采样点

---

[1] 尤玉柱、张振标、李毅、李西昆、张普林：《吉林前郭县查干泡发现的人类化石与古生态环境》，《史前研究》1984年第4期，第70—74+69+113页。

第 5 层,灰黑色含碳屑亚砂土层,层厚 10 厘米。

第 4 层,灰黄色亚砂土层,内夹粗砂透镜体,层理分明,层厚 200 厘米。

第 3 层,棕黄色亚黏土层,含腐植质,层厚 50 厘米。

第 2 层,灰黄色粉砂层,质地纯净,层厚 10 厘米。

第 1 层,淡黄色细砂层,堆积厚度超过 150 厘米[1]。

上述含人类化石剖面的第 5 地点构成了第 II 级湖岸阶地。第 I 级湖岸阶地范围不超过 50 米,阶面略向湖心倾斜,高出湖水面约 10 米,由砂及次生黑土组成。

2. 查干泡附近大布苏泡东岸地质剖面的地层划分[2]

孙建中等曾经于 1973 年和 1978 年先后两次对吉林前郭大布苏泡子东岸剖面的岩性地层(图 2-1-3、图 2-1-4)进行划分和描述:

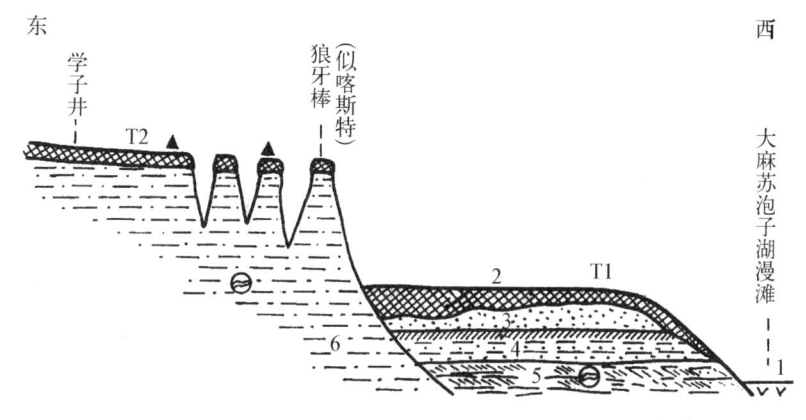

图 2-1-3 吉林大布苏泡子东岸地质剖面及其地层划分图[3]

---

[1] 尤玉柱、张振标、李毅、李西昆、张普林:《吉林前郭县查干泡发现的人类化石与古生态环境》,《史前研究》1984 年第 4 期,第 70—74+69+113 页。

[2] 孙建中、姜鹏、王雨灼:《乾安大布苏泡子一带第四纪地质、古生物调查报告》,《吉林地质》1978 年第 1 期,第 11—25 页。

[3] 陈恩志:《中国化石古人类和旧石器文化考古发现与研究 1901—2000(东北地区卷)》,科学出版社,2004 年 3 月,第 411 页。

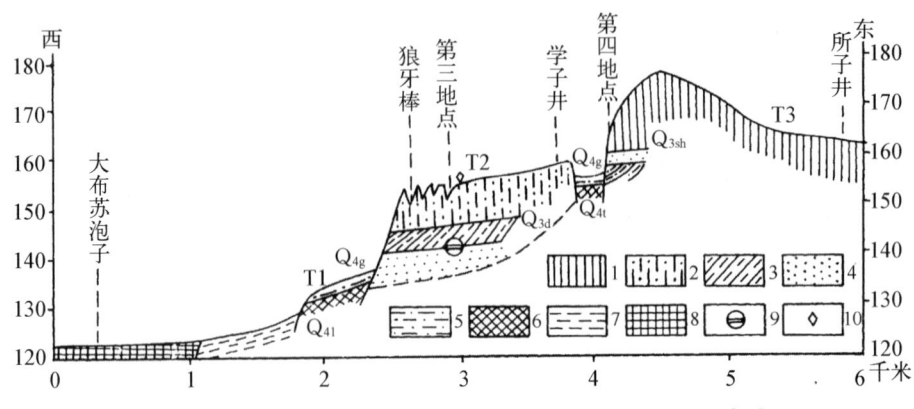

图 2-1-4　查干泡附近大布苏泡子东岸剖面的岩性地层划分图[1]

1. 黄土　2. 黄土状亚砂土　3. 亚黏土　4. 砂　5. 全新世上部亚砂土　6. 黑土　7. 近代洪积亚砂土　8. 草炭　9. 主要化石层位　10. 辽金文化遗址　Q_{3sh} 晚更新世下部所子井组　Q_{3d} 晚更新世大布苏组　Q_{4t} 全新世坦途组　Q_{4g} 全新世郭家店组　T1、T2、T3 为第 Ⅰ、第 Ⅱ、第 Ⅲ 级阶地

晚全新世（Q_4^3）（郭家店组）

第 1 层，灰黄色、灰色亚砂土层，偶夹薄层灰色次生黑土。狼牙棒一带广泛分布有辽、金遗址中富含瓷片、陶器和青铜器的文化层。

中全新世（Q_4^2）（坦途组）

第 2 层，黑土层，分布最广泛，系一含新石器时代的细石器文化层。出土有石镞、刮削器、尖状器、石磨棒和粗红陶等。

早全新世（Q_4^1）（大土山组）

第 3 层，白色风砂或灰黄、褐黄色亚砂土层。

晚更新世上部（Q）（大布苏组上部和下部）

第 4 层，灰黄、淡黄色黄土状亚砂土层，垂直节理发育，稍具大孔隙和钙质假菌丝体。水平层理也较鲜明，各层之间色泽略有不同，主要为洪积成因。内含冰缘指示动物披毛犀和牛类等化石物种。

第 5 层，灰黄、灰白色砂夹灰绿、黄绿、灰黄色亚黏土层，水平和斜交层理发育。

---

[1] 孙建中、姜鹏、王雨灼：《乾安大布苏泡子一带第四纪地质、古生物调查报告》，《吉林地质》1978 年第 1 期，第 11—25 页。

属河湖相沉积,也是主要的含化石层。出土有披毛犀、河套大角鹿等 11 个种,还有大量淡水螺化石等。层厚 5—7.1 米。

晚更新世下部(Q_3^1)(所子井组上部和下部)

第 6 层,淡黄色、灰黄色黄土层,垂直节理发育,水平层理不明显。层厚 4.7 米。

第 7 层,灰色、灰黄色粉细砂层,下部具铁锈斑点,上部渐变为黄土状亚砂土。层厚 3.5 米。

第 8 层,黄绿色、黄灰色亚黏土层,含密集的小型钙质结核,具铁锈污染的根孔。层厚大于 1.8 米。未见基底。

三、文化遗物

出自吉林省前郭县青山头第 5 号地点的动物化石、人类化石及其文化遗物数量极少,除 1 件人类股骨及若干脊椎动物化石外,还有数量不多的人工石制品。

(一) 人类化石

野外编号为"青山头 3 号"的人类化石,系左侧股骨 1 根。表面颜色略呈褐黄色,内部为灰白色,石化程度明显,出自第 5 号地点剖面的第 7 层顶部,一度被发掘者定名为"青山头人"[1],因不符合国际双名法命名原则,一般不被采用。根据首次观测和描述,青山头 3 号股骨化石标本,只保存有自股骨头以下至髌骨面上方 4—5 厘米处的骨干,残长 36.65 厘米。但在其上端的大转子、转子间窝以及大部分小转子已经断裂。从外表上看,股骨体较粗壮,股骨头较大,估计其代表的个体系一成年男性。

从股骨体的形态特征、中段髓腔的大小来看,青山头人类股骨具有较明显的原

---

[1] 尤玉柱、张振标、李毅、李西昆、张普林:《吉林前郭县查干泡发现的人类化石与古生态环境》,《史前研究》1984 年第 4 期,第 70—74+69+113 页。

始性特征,与我国已知化石人类的股骨性状极为相似。通过对比表明,青山头人股骨标本与我国晚期智人中的山顶洞人、下草湾人和柳江人的同类标本一样,都具有一系列的原始性特征,在人类进化系统中属于更新世晚期的晚期智人类型。

(二) 石制品

在与出产青山头人类股骨化石的同一地层内,未见任何文化遗物。但在同一剖面的第7层中,曾采集到6件石制品,其中有1件雕刻器和1件刮削器,另外4件为石片。这些石制品都是以燧石原料打制而成,它们的表面均附着一层石锈。在华北地区,附有石锈的石制品通常被认为是旧石器时代的产品。但在东北西部地区由于盐碱化严重,含钙量较高,即使是新石器时代的石器材料,也常有附着石锈的现象。另外,还有25件包括石镞、压制石片等采自地表的石制品。鉴于东北地区的细石器延续时间很长,可从旧石器时代中晚期到新石器时代早期再到青铜器时代,因而对这些采自地表的和出自地层内的人工石制品的时代问题,一时尚难确定[1]。

(三) 动物化石

在前郭县青山头人化石地点及其附近第Ⅱ级湖岸阶地的上部堆积中,含有两个不同地史时期的脊椎动物化石层,上部为全新世的亚化石层,下部为晚更新世化石层。

1. 青山头第Ⅱ级湖岸阶地上部的亚化石动物群

在出自第Ⅱ级湖岸阶地上部地层的轻度石化的动物骨骼标本中,与新石器时代的早期人骨共生或同层,其中能够鉴定到种的有以下10种:

蒙古野兔(*Lepus tolai*)

---

[1] 尤玉柱、张振标、李毅、李西昆、张普林:《吉林前郭县查干泡发现的人类化石与古生态环境》,《史前研究》1984年第4期,第70—74+69+113页。

大仓鼠(*Cricetulus tritom*)

达乎尔黄鼠(*Citellus dauricus*)

东北鼢鼠(*Myospalaxc cf.psilurus*)

草原鼢鼠(*Myospalaxc aspalax*)

似狗獾(*Meles cf.meles*)

马(*Equs sp.*)

野猪(*Sus serofa*)

狼(*Canis lupus*)

刺猬(*Erinaceus sp.*)

在以上所列的10个哺乳动物属种中,啮齿类占60%,绝大部分成员是草原地带的栖居者,指示的是一种干冷的气候环境。报告人认为值得提出的是,在吉林地区的全新世早期地层中,尚无如此众多的哺乳动物化石记录,因此查干泡北岸上部地层中的动物群组合,可以作为吉林省境内具有代表性的一个动物群。

2. 青山头第Ⅱ级湖岸阶地下部的化石动物群

出自查干泡北岸青山头及其附近第Ⅱ级湖岸阶地下部第6层和第7层的动物化石比较分散,保存也极差,其中能够鉴定的有以下13个种[1]:

西伯利亚旱獭(*Marmota sibirica*)

达乎尔黄鼠(*Citellus dauricus*)

拟布氏田鼠(*Microtus brandtioides*)

东北鼢鼠(*Myospalax cf.psilurus*)

阿曼鼢鼠(*Myospalax armandi*)

西伯利亚五趾跳鼠(*Allactaga sibirica*)

似浣熊貉(*Nyctereutes procynoides*)

---

[1] 尤玉柱、张振标、李毅、李西昆、张普林:《吉林前郭县查干泡发现的人类化石与古生态环境》,《史前研究》1984年第4期,第70—74+69+113页。

狐(*Vulpus sp.*)

普氏野马(*Equus przewalskyi*)

披毛犀(*Coelodonta antiquitatis*)

野猪(*Sus scrofa*)

野牛(*Bison sp.*)

鹿(*Cervus sp.*)

四、结语

在与青山头化石人共生的哺乳动物群中，包括有披毛犀、野牛、鹿、似浣熊貉和狐狸等，这些都是林地或草原边缘灌丛地带栖息的成分。而普氏野马和啮齿类则是生存于草原环境的属种，尤其是其中的一些啮齿类，迄今仍然在东北大兴安岭东麓和内蒙古等地生存，表明青山头人动物群在生态性质和组合特征上，属于一种最适宜于在冰期或冰缘期等干冷气候条件下生存的喜冷动物群。

根据孙建中等[1]在吉林乾安大布苏泡子一带进行的第四纪地质古生物调查结果表明，东北地区广泛分布的灰黄色、黄褐色黄土状亚砂土层，都可以被视为晚更新世晚期的地层，但又都没有可靠的年代数据。通过这次对青山头人类化石地点地质剖面的观察，对解决这一问题具有重要的意义和作用。剖面中第7、8层之间的界面恰好是更新世晚期地层与全新世早期地层的分界线。因为从已获得的动物群材料即可以说明，第7层所产的人类股骨化石和脊椎动物化石，与从第8层出土的亚化石材料不同，后者只呈半石化状态，代表的脊椎动物也都属于现生种，而前者均已石化并有绝灭种。根据若干样品测得的碳十四年龄数据，第7层顶部的绝对地质年龄为距今10 940±170年；第8层为距今9 860±150年，第8—9层之间为距今7 870±95年。从这些同位素年龄数据来看，吉林西部地区晚

---

[1] 孙建中、姜鹏、王雨灼:《乾安大布苏泡子一带第四纪地质、古生物调查报告》,《吉林地质》1978年第1期,第11—25页。

更新世与全新世(或旧石器时代与新石器时代)的地层界线,以划在距今10000年左右较为适中[1]。

第二节 乾安大布苏遗址

一、遗址概况

大布苏泡子位于吉林省西部乾安县西南,所学乡政府西北4千米,化石出土于泡子东岸Ⅱ级阶地中,其地理坐标为北纬44°43′45″,东经123°41′46″,海拔高度140米左右。早在1976年,以解决松辽平原西部沉降带第四纪地层划分问题为目的,孙建中、姜鹏、王雨灼先生就结合吉林省地质图编制工作,对大布苏泡子一带进行了地质古生物调查。在对该地第四纪地层划分的同时,于上更新统中上部大布苏组地层中获得了大量脊椎动物化石。

佟柱臣首次提到这里发现过的石器。此后姜鹏、孙建中等多次到这一带进行第四纪地质和考古调查。吉林省文物工作队在这里发掘过多处古文化遗址,其中包括细石器地点,但一直没有发现不与陶片共存的细石器的产出层位。1985年6月,董祝安在吉林省西部的乾安县所字乡一带调查时,于该乡大布苏泡子东岸的第Ⅱ级阶地前缘找到了细石器并进行了发掘。大布苏遗址西距所字乡学字井村1千米,地理坐标为北纬44°48′3″,东经123°42′42″。这是大布苏一带首次发现有确切层位的细石器地点。

刘翰、林泽蓉于1998年7月在大布苏东北命字井村牛道沟口大布苏组地层中发掘获得完整原始牛骨架化石[2]。刘翰又在大布苏保护区工作人员的配合下,于

---

[1] 尤玉柱、张振标、李毅等:《吉林前郭县查干泡发现的人类化石与古生态环境》,《史前研究》1984年第4期,第70—74+69+113页。

[2] 汤卓炜、董素贤、刘翰等:《吉林乾安大布苏发现完整原始牛骨架化石》,《古脊椎动物学报》1999年第37卷第1期,第80页。

1998、1999年春夏对大布苏东北北泉沟里大布苏组含化石地层进行了系统发掘,发现共4目9科13属14种脊椎动物化石。

二、地貌及地层

大布苏泡子,面积56平方千米,是吉林省西部面积较大的内陆咸水湖,处于松辽平原西南部的嫩江、松花江和西辽河之间的闭流区。湖面高程为海拔122米,其周围地势一般在海拔150米以下。这一带在构造上属松辽平原中心陷落带。这个陷落带自中生代以来,几乎一直处于下沉状态,但从晚更新世开始又出现缓慢抬升。泡子西岸地势较低,而东岸地势较高,并发育有两级阶地。

第Ⅰ级阶地较窄,坡降较大,高出湖面5—8米。其上部为黄土状堆积、下部为细砂。

第Ⅱ级阶地宽阔、平坦,高出湖面20—30米。阶地上部为黄土状堆积,土质松散,节理发育。大布苏的细石器就埋于这一阶地上部的古土壤层中。地层可分为8层:

第8层,黑土,为黑褐色粉砂,局部夹少许泥炭,顶部颜色偏浅。厚1米。

第7层,黄土状堆积,灰黄色,多孔,垂直节理发育,可见水平层理。厚2米。

第6层,古土壤层,为棕红色古土壤条带与灰白、灰黄色粉细砂互层。单层厚约10—20厘米。共有四五个古土壤条带,内含钙质假菌丝体和少量直径约0.5厘米的钙质结核。该层水平层理发育,厚约1.5米。这次从地层中发掘出来的全部石制品都集中在该层的最顶部一厚约10—20厘米的古土壤条带里。石制品的水平分布局限在一大约15平方米的范围内。与石制品一起发现的还有布氏田鼠(*Microtus branti*)等动物化石。

第5层,黄土状堆积,与第7层相同,厚4米。

第4层,古土壤层,为棕红色黏土质粉砂,含钙质假菌丝体和钙质小结核。厚0.5米。

第3层,黄土状堆积,同第七层,厚4米。

第 2 层,古土壤层,棕红色砂质黏土,未见钙质结核和假菌丝体。该层岩性稳定,分布广,连续性好,可作为一定范围内的标志层。本层厚 0.4 米。

第 1 层,灰白、灰绿色砂,含黏土,水平层位发育,结构松散,出露厚度约 15 米。

三、文化遗物

（一）石制品

发掘共得 486 件石制品,其中细石叶和细石核数量最多,石片和用石片加工成的石器数量较少,另外还有相当数量在加工石器过程中和修理石核过程中产生的碎屑以及不成功的打片所造成的废品。石制品原料主要为燧石,其次为石英、蛋白石、黑曜石等。有 13% 的石制品带有自然面,从所保留的自然面看,素材可能为磨圆不好的砾石和结核。

1. 细石核

4 件,半锥形石核 2 件。标本 P.6365(图 2-2-1,1)核体为半锥形;标本 P.6364(图 2-2-1,2)核体虽为整锥状,但只在一侧剥片。原料分别为燧石和黑曜石,体高分别为 15 和 18 毫米。台面横径分别为 12 和 15 毫米。台面角较大,约 80—90 度。两件标本都只在一侧有细长、规整的剥片痕迹。完整的片疤长 15—18 毫米,宽 3—4 毫米。

楔状石核 2 件。台面做过细致的修理,特别是标本 P.6362,台面上布满了小的修理疤。核体均呈三角形,其长、宽、厚分别为 25×20×15 和 17×17×10 毫米,原料分别为蛋白石和燧石。台面角较小,分别为 53 度和 69 度。标本 P.6363 较粗糙,片疤不整齐(图 2-2-1,4,3)。

2. 细石叶

121 件,窄长,两侧几乎平行,其中台面和远端都保留的有 9 件,其余皆不完整;

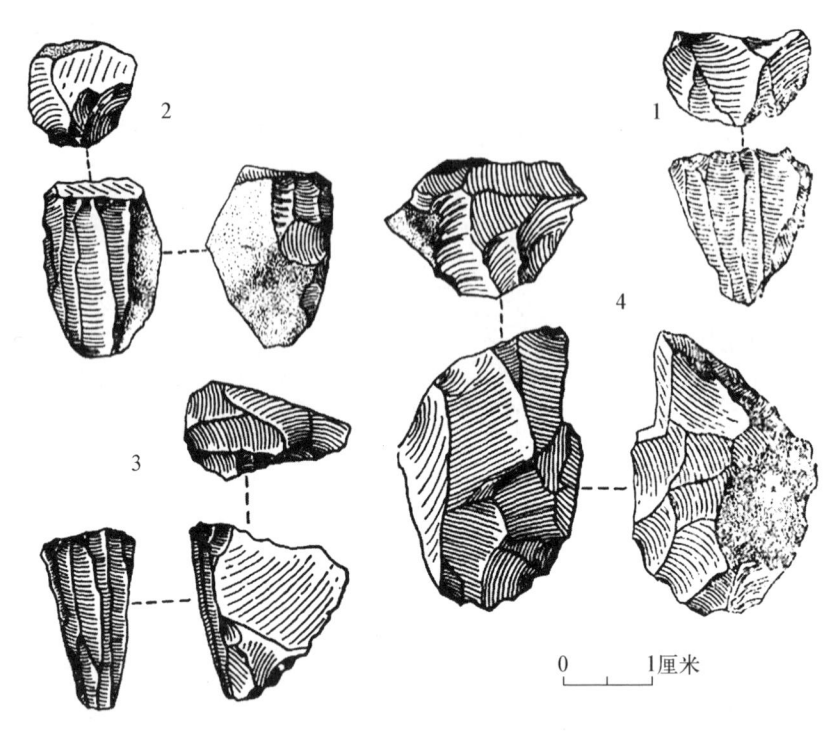

图 2-2-1　大布苏的细石核[1]
1、2. 半锥状石核（P.6365、P.6364）　3、4. 楔状石核（P.6363、P.6362）

36件只保留近端,12件只保留远端;大多数两端都没有保留;近端远多于远端。细石叶的台面很小,不到腹面面积的2%,多数打击点不明显,半锥体较显著,个别小而圆凸。细石叶的台面以素台面为主,少数台面上可见细小的疤,与细石核台面的细致修理相呼应。石片角一般不大,平均99.8度,背面遗有自然面的5件,其中2件背面全部为自然面,其余3件自然面全保留在右侧,这可能反映在剥制细石叶时,打片是逆时针方向进行的。细石叶背面有平直的脊,以1条或2条为主(分别为50%和35%)。背面背疤剥落的方向,绝大多数与细石叶剥落方向相同,这说明只在细石核的一端打片。

细石叶的长度一般为宽度的3倍左右,有的可到5—7倍,细石叶的平均宽度

---

[1] 董祝安:《大布苏的细石器》,《人类学学报》1989年第1期,第52页。

为 4.5 毫米,最宽可到 10 毫米。其平均厚度 1.2 毫米,小于 1 毫米的占 46%,86% 的在 1.5 毫米以下,最薄才 0.4 毫米。关于细石叶的长度,从完整的 9 件标本来看,多数小于 10 毫米,但在缺远端的细石叶中,却有长达 20 毫米的。再依细石核上留下的剥片痕迹的长度推测,完整的细石叶长度多在 15—18 毫米之间。有 20 件宽度明显要大些,约 7—8 毫米,全部为残片。

3. 石片

110 件,其中无台面的断片 35 件,有台面的 75 件。它们的台面一般较小。素台面最多(45%),其次为有脊台面和线台面(15% 和 12%),自然台面(8%)和修理台面(6.7%)等很少。其中有两件修理台面石片非常典型,石片平均石片角 103 度,最大 140 度,最小不到 90 度。

在石片中,33 件缺失远端,其中自然台面者占比例最高,6 件全部缺失远端。素台面石片,石片角较大,平均为 130 度,基本都保留远端,多收敛为"点状",其形态较规整,多长大于宽。其大小与加工好的石器相近,可能属于打片较成功的一类,多被选做石器的毛坯,如标本 P.6379。

由石片背面观,留有自然面者 24 件(占 22%),2 个片疤的最多,1 个和 3 个的较少,4 个和 4 个以上的极少。有 5 件石片的边缘上有连续分布的半圆形细疤,都见于腹面,可能是使用痕迹。

石片长度一般在 20 毫米以下。最大一件为 37.2×21.8×3.4 毫米;最宽的 31 毫米;最厚的其厚度也不过 12 毫米。约有一半的石片长大于宽,有的石片长比宽大一倍以上。

石片的形态除长方形、梯形、三角形外,还有多边形及其他不规则形状。

除了上述锤击石片外,还有一件砸击石片,原料为石英,相对两端有向一面剥落片疤的痕迹。

4. 工具

8 件,根据器形、刃缘数和加工方式可分为以下几类:

短身圆头刮削器2件。长、宽、厚分别为14.2×15.4×4.4和14.6×17.2×4.4毫米。重分别为1.2和1.4克。毛坯为石片。刃缘平齐,刃角分别为67和55度。修理疤平远,以背面突起为中心层汇集状。用压制法加工而成。

单凸刃刮削器1件。长、宽、厚为26×12×5.5毫米,重1.2克。系用薄的小石片制成,非常精致。在石片的一侧向背面加工成平齐的弧形凸刃,刃角67度,修理疤细小重叠,可能使用了指垫法。

单直刃刮削器1件。长、宽、厚为18×12×5.5毫米,重1克,刃角56度,刃口不平齐,两面都有加工痕迹,修理疤不规整。加工方法可能是砸击法。

单凹刃刮削器2件。长、宽、厚分别为15×10×3和20×18×4毫米,重分别为0.6和1.5克。两件都由石片一侧向背面加工成一宽约5毫米的浅凹刃,刃角约85度。其中标本P.6372在凹刃对边的上方有一深凹的小缺,可能是有意的凹缺刮削器的制法。

单凹缺刮削器1件,较典型。长、宽、厚为24×17×7毫米,重3.2克。毛坯为一完整的背面和台面几乎都为自然面的石片,在其一侧用锤击法加工出一宽约5毫米,深约3毫米的半圆形刃口,刃角65度。

双直刃刮削器1件。长、宽、厚为13×17×4毫米,重1.5克。毛坯为一缺远端的背面带有自然面的石片,在其两侧向背面用锤击法加工成刃,两个刃角均60度左右。

5. 研磨石块

1件,可能为一研磨石器的残段,原料为砂岩,尺寸为65×46×19毫米,重93克。扁平状,一面有相互平行的几条擦痕,另一面除有几个小坑痕外也比较光滑。两个相邻侧边的表面光滑,但另外两边则为粗糙的断口。

6. 废品

242件,约占全部石制品的一半。大多数非常细小,其长度多在5毫米以下,重不及0.1克,一般较短宽。根据其形态、大小等方面特点可初步区别为碎屑、碎片、碎块等。

（二）动物化石

1997年以前,孙建中[1]等在吉林乾安大布苏调查及发掘获得6目11科13属14种脊椎动物化石,1998—1999年刘翰、林泽蓉等在大布苏东岸北泉沟及牛道沟口两个地点发掘获得哺乳动物化石共4目9科13属14种,分属于食肉目的犬科（Canidae）、熊科（Ursidae）、鬣狗科（Hyaenidae）、猫科（Felidae）,长鼻目的真象科（Elephontidae）,奇蹄目的马科（Equidae）、犀科（Rhinocerotidae）,偶蹄目的骆驼科（Camelidae）、牛科（Bovidae）。综合1997年以前和1998—1999年两个阶段的调查和发掘工作所获得的材料可知,大布苏泡子东岸大布苏组地层中共出土有6目12科18属19种脊椎动物化石。

根据现有标本统计,这批材料至少代表66个个体。其中,猛犸象1个(门齿及掌骨残段各1块)、野马3个(依据下颌骨)、野驴8个(依据下颌骨)、披毛犀19个(依据左右距骨各19块)、诺氏驼1个(根据左下颌骨、左掌骨及环椎)、河套大角鹿1个(依据右角残段)、马鹿1个(根据左角)、普氏羚羊6个(依据角心)、水牛2个(依据右跖骨)、东北野牛5个(根据右胫骨)、原始牛3个(依据一套完整骨架、大小不同的左、右下颌骨)、狼3个(依据完整颅骨、右上颌及前颌骨)、赤狐1个(依据左下颌骨)、棕熊1个(依据左肩胛骨、左尺骨、左肱骨、右桡骨)、最后鬣狗8个(依据颅骨、上颌骨及左上P4)、虎3个(依据完整下颌骨、左下颌骨)。

上述化石标本除原始牛骨架化石保存在东北师范大学自然博物馆(原吉林省自然博物馆)之外,均保存于吉林乾安大布苏保护区博物馆中。

四、结语

（一）石器工业特征

1. 石制品的原料以燧石为主。

---

[1] 孙建中、姜鹏、王雨灼:《乾安大布苏泡子一带第四纪地质、古生物调查报告》,《吉林地质》1978年第1期,第11—25页。

2. 打片方法以间接法为主,锤击法为辅,偶尔使用砸击法。间接打制技术具有相当的水平。对细石核单面的修理较仔细,只从石核的一端剥片。从细石核背面的自然面保留在右侧推测,剥制细石叶可能是逆时针方向进行的。

3. 没有发现磨光石器,但有研磨石块。在石器类型上没有砍斫器、尖状器和雕刻器,也未见东北细石器中常见的加工精致的石镞和"通体精琢的石叶"。但刮削器种类较多(虽绝对数量不多)。细石核和石器数量少,而细石叶和石片则相对很多。

4. 工具全由石片制成。工具的加工多在其右侧从腹面向背面加工,只有一件向两面加工。加工方法有锤击法、压制法和砸击法。

5. 石制品(包括废品)很小,除研磨石块外,其余石制品最大者没有超过 40 毫米的,大多在 10 毫米以下(主要为废品)。石器也很小,一般长、宽都小于 20 毫米,重量为 1—2 克。

(二) 年代推测

大布苏细石器产于群力组上部,上覆坦途组,下伏顾乡屯组,为一套黄土状堆积,含有三条古土壤,曾发现过披毛犀等五种动物化石[1]和布氏田鼠。群力组本身没有年代数据,有人根据上覆坦途组和下伏顾乡屯组的若干碳十四年代数据,推测群力组的绝对年代为距今 36 000—7 500 年[2],也有人估计为距今 25 000—7 500 年[3],虽然含石器的层位靠近群力组的上部,但离顶界还有一段距离。因此,估计其年代为距今 1 万年左右。

从地貌部位、岩性和动物化石看,大布苏细石器地点的剖面与位于大布苏东北方向 70 多千米的前郭尔罗斯蒙古族自治县青山头人地点的剖面是可以对比的,即

---

[1] 姜鹏:《吉林乾安大布苏晚更新世以来自然环境变迁的探讨》,《博物馆研究》1983 年第 2 期,第 112—119 页。

[2] 孙建中、王雨灼:《东北大理冰期的地层》,《地层学杂志》1983 年第 7 卷第 1 期,第 1—11 页。

[3] 黎兴国、刘光联、李凤朝等:《中国猛玛象-披毛犀动物群与顾乡屯组》,《第一次全国 ^{14}C 学术会议文集》,科学出版社,1984 年,第 121—127 页。

大布苏剖面的第6层可能相当于青山头剖面的第7层。据报道[1],青山头人发现于自上而下第一条古土壤中,并有6件石制品一起发现。这一层之上发现有前郭人。据碳十四测定,古土壤的年代为距今10 940±155年,而其上的黄土层有两个年代数据,分别为距今9 860±110和7 870±95年。从地层对比来看,大布苏细石器地点的年代应与青山头人的年代差不多。

第三节 长春市南郊红嘴子遗址

一、遗址概况

红嘴子[2]旧石器地点,位于吉林省长春市南郊地带(图2-3-1)。地理坐标为北纬43°55′,东经125°30′。

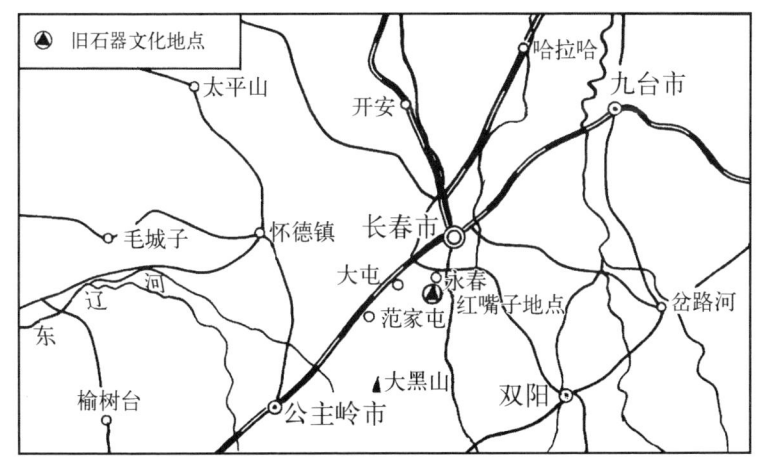

图2-3-1 长春市南郊红嘴子旧石器地点大致地理方位图[3]

---

[1] 尤玉柱、张振标、李毅、李西昆、张普林:《吉林前郭县查干泡发现的人类化石与古生态环境》,《史前研究》1984年第4期,第70—74+69+113页。
[2] 程新民:《吉林长春市郊发现旧石器地点》,《人类学学报》1988年第3期,第286页。
[3] 程新民:《吉林长春市郊发现旧石器地点》,《人类学学报》1988年第3期,第286页。

1987年10月,长春地质学院师生野外实习时,在长春郊区幸福乡红嘴子伊通河的Ⅰ级阶地下部发现猛犸象化石和旧石器。随后,长春地质学院和吉林大学有关旧石器考古人员前往调查和试掘,又发现一些旧石器和哺乳动物化石。据所获文化遗物分析,这是一处旧石器时代晚期古人类活动过的场所,表明早在1万年前长春郊区确有人类生活。填补了该地区未有旧石器的历史空白。

二、地貌及地层

红嘴子位于松辽断陷盆地向辽吉断块山地的过渡地带。北距长春市8千米,西北距红嘴子村0.5千米。地理坐标北纬43°41′05″,东经125°15′40″。该旧石器地点位于伊通河畔的Ⅰ级阶地上。伊通河是松花江的支流,发源于辽吉断块山地的东丰县。上游河段在山地蜿蜒曲折,当进入松辽盆地后,河流便沿着近南北向地堑断裂带摆动,形成宽达2千米的Ⅰ级冲积阶地和众多的牛轭湖。伊通河在德惠县靠山镇与饮马河汇合注入松花江,全长382.51千米。红嘴子旧石器地点西侧是波状起伏的东北平原,东侧是连绵起伏的丘陵和山地。伊通河在平原区发育有两级阶地,Ⅱ级阶地高出河水面约10米,海拔高度在200米以上,主要由白垩系泉头组含砾的砂岩、粉砂岩和粉砂质页岩、泥岩组成。Ⅰ级冲积阶地高出河水面约3米,下部为斜层理发育的含砾砂层,上部为粉砂质黏土层。旧石器和动物化石就发现于下部的含砾砂层中。地层剖面如下:

第1层,黑土,0.3米。

第2层,黑灰色的粉砂质黏土层,0.4米。

第3层,黄褐色的含砾砂层,含化石和旧石器(未见底)2米。

三、文化遗物

(一)石制品

该地点共发现旧石器3件,其中有石核、石片和刮削器各1件。

石核，以石英岩砾石为原料，整体形状近似方形，为单台面锤击石核。长55、宽60、厚60毫米(图2-3-2,2)。台面为平坦的天然台面，其角度为94度。以工作面观之，可见一个完整的剥片疤，其长53、宽40毫米，有清楚的打击点，同心波等，半锥体浅平。

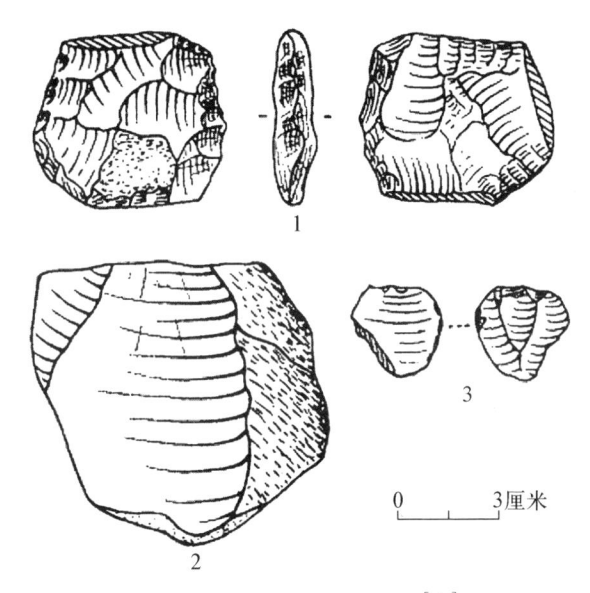

图2-3-2　红嘴子地点石制品[1]

石片，以水晶为原料，整体形状呈心形，体小而扁薄，为锤击石片。长18、宽19、厚5毫米(图2-3-3,3)。台面为素台面，其角度为93度。劈裂面可见打击点，同心波，放射线，半锥体平，右侧边缘有数个小疤；台面背缘有一个纵向的石片疤；背面形成2条纵脊。横截面呈梯形，在左侧缘有2个小疤。综观正反两面的同一侧边上有数个小疤分析，推测是使用所致。

刮削器，以酸性火山岩为原料，整体呈方形，体扁薄。长38、宽38、厚9毫米(图2-3-2,1)。通体除一个对角边保留有石皮外，其余部分均为修理的痕迹，修疤长而浅平，有意将坯体修薄，无法判断劈裂面。刃口位于毛坯的右侧，采用自由式的锤击修理，其修理方式为复向，加工距离远，修痕结构为阶梯状，修疤大，刃角

---

[1] 程新民：《吉林长春市郊发现旧石器地点》，《人类学学报》1988年第3期，第286页。

49度。刃缘曲折,刃口不平齐。

上述3件旧石器表面都有轻微的水磨痕迹,是该石器经过短距离的液水搬运然后再沉积的结果。

(二)哺乳动物化石

发现的哺乳动物化石主要有猛犸象、野牛、棕熊等。具体描述如下:

1. 真猛犸象右上臼齿,牙齿个体相对较小,长、宽为17×6.5厘米。牙齿的咬面平直,齿板排列整齐、紧密,釉质层薄,厚度为2毫米。齿板褶皱细致,较规则,各齿板间的齿质层和水泥质层厚度大致相等,齿峰频率为9。该化石在东北、内蒙古、河北宣化有分布;其时代为晚更新世,可能到全新世初期。

2. 棕熊右下颌骨,下颌骨完整窄长;长宽分别为25和6厘米。其上保存一颗完整的粗大犬齿,表层釉质乌黑发亮,犬齿呈尖锥状。该化石主要分布在东北、华北;其时代为更新世——全新世。

3. 东北野牛哈尔滨亚种左牛角,长52厘米,最粗处直径为12厘米。牛角心中等大小,横切面为圆形。角尖表面没有明显的纵沟,从头骨向后伸展;近基部约四分之一的角心下降30度,低于额面,然后缓缓上升,几乎不高出额面;角尖粗壮不向后旋。该化石主要分布在吉林省、黑龙江省的松花江流域;其时代为晚更新世。

四、结语

红嘴子遗址出土的旧石器原料具有多样性,分别为质地坚硬的石英岩,水晶和硅质火山岩。打片以锤击法为主,具有第二步加工和修理作用的两刃刮削器与榆树大桥屯旧石器具有相似性,加工都比较细致,但刃口都不齐平,显得原始。其中石片与黑龙江省五常县学田旧石器有共同的特征,以小型石器为主,石片占一定比重,反映了我国北方打击石器修理方式的传统。

在红嘴子遗址共发现25件哺乳动物化石,其中骨骼(碎骨)和牙齿碎片化石较多。经鉴定分属于3目3属4种。从哺乳动物化石种类和性质分析，红嘴子动物群为晚更新世猛犸象动物群，气候环境为寒冷的冰缘冻土地带，植被属于疏树草原景观。从文化遗物和动物化石来源看，红嘴子地点不是旧石器时代人类居住的遗址，而是经过短距离搬运再沉积的旧石器地点。

红嘴子遗址旧石器和动物化石都是出自同一地点的Ⅰ级冲积阶地下部的地层中，该地层形成当属全新世早期。但出土的动物化石不属于全新世早期，而是标准的晚更新世动物群；出土的石器属于打制石器，而且具有原始性，所以其时代应属于晚更新世。

第四节　榆树刘家乡大桥屯遗址

一、遗址概况

榆树县大桥屯[1]旧石器地点，位于吉林省榆树县西南16千米处的刘家乡大桥屯村大桥沟中（图2-4-1）。地理坐标为北纬44°43′33″，东经126°20′9″。

1988年9月，吉林省榆树县刘家乡大桥屯农民在大桥沟发现一批哺乳动物化石。榆树县博物馆和吉林省文物考古研究所闻讯后，立即派出考古人员前往现场核查。从发现的动物化石和1件石制品分析，确认这是处旧石器时代晚期人类曾经活动过的遗址。为进一步探索有关当时人类的活动情况，由伊松龄、张长吉、刘建宇、王福仁和姜鹏等人合组的田野工作队，于当年11月份对大桥沟地点进行了试掘。从中又获得一些打制石器、骨制工具以及相当数量的哺乳动物化石等。

---

[1] 姜鹏：《吉林榆树大桥屯发现的旧石器》，《人类学学报》1990年第1期，第8—15+98页。

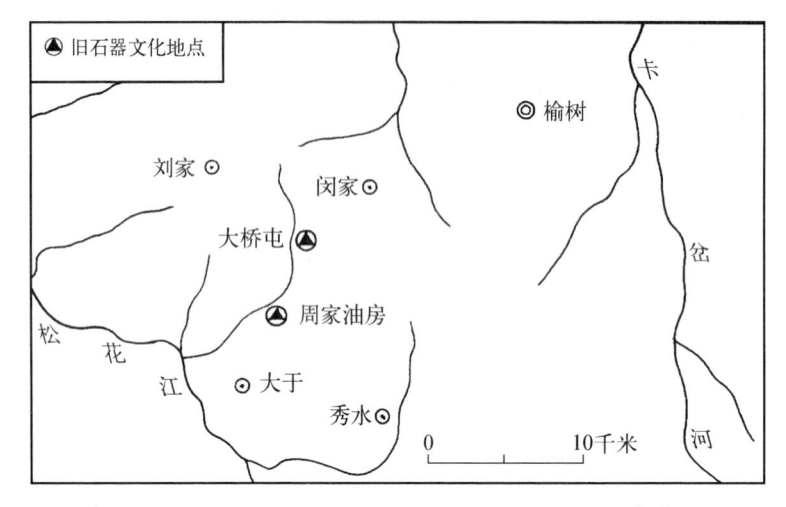

图2-4-1　吉林榆树大桥屯旧石器地点地理位置示意图[1]

二、地貌及地层

榆树大桥沟旧石器文化地点位于榆树县城西南16千米处,北距周家油坊旧石器地点群仅2千米许。拉林河的支流自北向南流经大桥屯村,经周家油坊等地后注入松花江。附近的黄土台地标高200—220米,被拉林河的小支流切割成了起伏不平的垄岗地形。拉林河两岸发育了不对称的两级阶地。第Ⅱ级阶地高出河水面10米左右;第Ⅰ级阶地高出河水面大约5米。

第Ⅱ级阶地堆积主要由灰绿色淤泥质中细砂组成,内含大量哺乳动物化石。整个剖面(图2-4-2,T2)可以划分为以下两组岩性略有差异的地层:

第2层,灰绿、棕黄色中砂石层,层厚3.2米。

第1层,灰绿色淤泥质中细砂层,内含石制品和哺乳动物化石。层厚2.4米。

第Ⅰ级阶地堆积物水平层理较发育,属河漫滩相沉积类型,整个剖面(图2-4-2,T1)自下而上地被划分为以下两个岩性不同的地层;

---

[1] 姜鹏:《吉林榆树大桥屯发现的旧石器》,《人类学学报》1990年第1期,第8页。

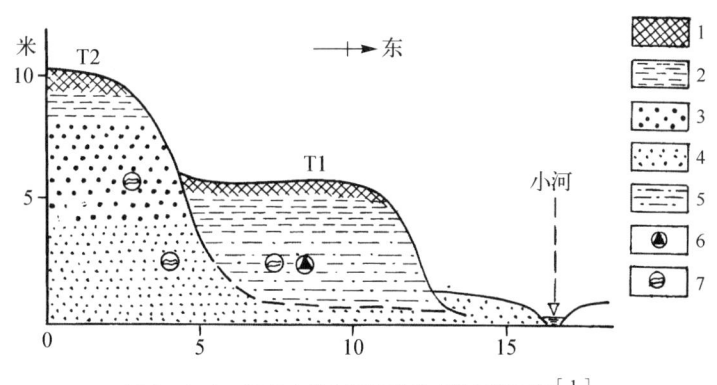

图 2-4-2 榆树大桥屯旧石器地点地质剖面图[1]
1. 黑土 2. 亚黏土 3. 中粒砂 4. 中细砂 5. 亚砂土 6. 文化遗物 7. 化石

第2层,即上部为灰色、灰黄色亚黏土互层,水平层理发育,属河漫滩相沉积层。此地层与周家油坊第Ⅰ级阶地组成物质相同。层厚3.5米。

第1层,即由下部的灰黑色淤泥质亚砂土及砂组成,出土有哺乳动物化石。层厚2.5米。

三、文化遗物

(一) 石制品

经过1988年11月的第一次试掘,自大桥屯附近的大桥沟地层内,总共获得17件具有打击痕迹的人工石制品。按分类统计,包括6件石核、3件石片及工具类中的5件刮削器、2件尖状器和1件砍砸器。工具占全部石制品的47%。

1. 石核

6件,根据其打制石片的台面差异,又可分为单台面和多台面两种类型。

(1) 单台面石核

单台面石核只有2件,即编号分别为1988Y-04和1988Y-05的两件标本。

---

[1] 姜鹏:《吉林榆树大桥屯发现的旧石器》,《人类学学报》1990年第1期,第9页。

石料分别为石英岩和脉石英,石核上打击点集中,放射线比较清晰。台面上不见修理遗痕,工作面上遗留有不多的石片疤痕。

(2) 多台面石核

4件,分别编号为1988Y-01、1988Y-02、1988Y-03和1988Y-010。石料主要有石英岩、脉石英和石英闪长斑岩等。多台面石核上至少都有2—3个台面。从这些石核上剥落石片时,都有转动3—4次方向,致使核身成为多面体,且都不甚规整。在4件多台面石核标本中,只有1件石核(1988Y-01)上的台面经过修理(图2-4-3,1),其余3件都是打击台面,核体上遗有多个石片疤痕。

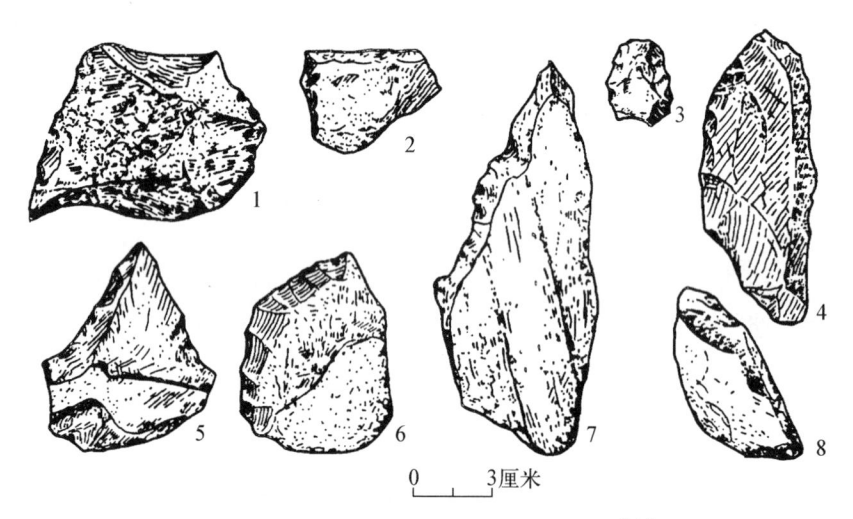

图2-4-3 榆树大桥沟典型石器和骨制品标本[1]
1. 多台面石核(1988Y-01) 2. 单直刃刮削器(1988Y-06) 3. 圆端刃刮削器(1988Y-013)
4. 单凸刃刮削器(1988Y-011) 5. 正尖尖状器(1988Y-012) 6. 砍砸器(1988Y-016)
7. 骨尖状器(1988Y-017) 8. 象牙单凸刃刮削器(1988Y-018)

2. 石片

3件,按其形态特征又可分为梯形和无规则两种类型。

---

[1] 陈恩志:《中国化石古人类和旧石器文化考古发现与研究1901—2000(东北地区卷)》,科学出版社,2004年3月,第426页。

(1) 梯形石片

2件,编号为1988Y－07和1988Y－08的两件石片标本,原料全系石英岩质。其中1件为砾石石片,在标本背面还保留有天然砾石面。两件石片台面均未见修理痕迹,打击点比较清楚。石片的长宽比约为2∶1。

(2) 无规则石片

1件,编号为1988Y－09的石片标本,属石英闪长斑岩质。自然台面,打击点不太清楚,但半锥体较为明显。边缘锋利,不经第二步加工亦可当作工具使用。

3. 工具

榆树大桥屯地点出土的工具类总计只有8件。其中5件为石英岩质,其余3件中1件是石英闪长斑岩质,1件为硅质岩质,1件为脉石英。其工具组合中包括刮削器、尖状器和砍砸器三种工具类型。

(1) 刮削器

共5件,占石器总数的62.5%,是大桥屯出土石器的主要类型。根据其刃缘形态不同,又可分为直刃刮削器、凸刃刮削器和圆端刃刮削器三种类型。

直刃刮削器。1件,标本1988Y－06,以石英岩石片修制而成。长、宽、厚分别为3.1、2.6和0.8厘米,重16克。标本系由破裂面向背面进行第二步加工修理成一个直刃。刃缘平直,刃口较锐利,在刃口上还遗有鳞片状打击疤痕(图2－4－3,2)。

凸刃刮削器。共2件,其一为黑色硅质岩质,另一件以石英闪长斑岩制成。

标本1988Y－015,长、宽、厚分别为3.3、3.1和1.1厘米,重15克。刃口在左侧,由背面向破裂面加工而成,修理成缓弧形凸刃,刃缘不甚齐平。刃口经过细微加工,遗有多块浅平的修理疤痕。

标本1988Y－011,长、宽、厚分别为7.5、3.2和2.6厘米,重66克。这一标本系选用锤击石片加工而成,刃口在左侧,用交互打击法修理成一个缓弧形的凸刃,刃口较为厚钝(图2－4－3,4)。

圆端刃刮削器。2件,分别以脉石英和石英岩制成。

标本1988Y-013,长、宽、厚分别为2、1.7和0.9厘米,重仅2克。在石片远端,有向背面加工而成的弧形刃口。器身较短,刃缘较厚钝。

标本1988Y-019,长、宽、厚分别为3、2.3和1.5厘米,重12克。只将石片左侧加工成弧形刃口,系交互加工而成,刃缘较锐利。标本破裂面浅平,从后面观,呈龟背形(图2-4-3,3)。

(2) 尖状器

2件,其一系以石英岩石片为毛坯制作,另一件用脉石英石片加工而成,二者均属正尖尖状器,都是由两侧向背面加工并相交于一端后形成一个尖刃。在背面前端有一个明显的纵脊,横断面呈三角形。其中的1988Y-012尖状器,长、宽、厚分别为5.2、4.5和1.2厘米,重27.5克。是一件长身正尖尖状器标本。第二件即1988Y-014尖状器,长、宽、厚分别为2.5、2.1和1.1厘米,仅重6克,系一短身型正尖尖状器标本(图2-4-3,5)。

(3) 砍砸器

1件,即标本1988Y-016,单凸刃砍砸器。长、宽、厚分别为5.2、4.3和3.3厘米,重72克。系以一石核制成,刃口在左侧,由背面向破裂面加工而成,刃口上的修理疤痕深浅不一,大小也不同(图2-4-3,6)。

(二) 打击碎骨

在榆树大桥屯地点堆积地层中,曾发现有大量的动物碎骨化石,其中的一部分明显具有人工打击和加工痕迹。根据发掘报告人统计,人工打击过的碎骨共35件,其中加工成器的仅2件,余者均为不规则的碎骨和骨片。这些碎骨的打法,大部分都是从骨内壁向外壁打,具有一定的目的性。

1. 骨制工具类

(1) 尖状器

1件,标本1988Y-017,系选用由动物胫骨上打下来的骨片制成。长、宽、厚分别为10.2、4.1和0.6厘米,重36克。在骨片远端两侧由骨内壁向外壁加工,致使其相交于一端形成一个尖刃。这一标本的中部遗有动物啃咬的痕迹,如不仔细观察,很容易与人工痕迹混淆不清(图2-4-3,7)。

(2)象牙单凸刃刮削器

1件,标本1988Y-018,选用猛犸象门齿齿质残片为原料制成。长、宽、厚分别为5、2.1和0.9厘米,重10克。由牙外壁向内壁加工成一弧形刃口。刃缘较钝,其上遗有使用遗痕。大桥屯象牙刮削器的出土情况未见有翔实记录。这在国内尚属首次出土的一件象牙骨器标本(图2-4-3,8)。

2. 人工打击碎骨

从大桥屯地点出土的具有人工敲击痕迹的碎骨共35件,包括碎骨、野马肱骨残片、鹿肱骨残段和骨片等。

(三) 动物化石

哺乳动物化石保存较差,绝大部分为碎片。在整理观察这批动物化石的过程中,发现许多化石表面上遗有人工和动物咬啮的痕迹。哺乳动物化石与文化遗物都出自于灰、黑色淤泥质亚砂土和淤泥质中细砂层中。大桥屯出土的脊椎动物化石,经鉴定计有鸟类1种,哺乳类15种。哺乳类化石分属于8目10科13属。具体属种列下:

榛鸡(*Felrares sp.*)

东北旱獭(*Marmota manthurica Tokunaga et Nacara*)

狐(*Vulper zulpes Linnaeus*)

狼(*Canis Iupus Linnacus*)

最后鬣狗(*Crocuta ultima Matsumoto*)

真猛犸象(*Mammuthus primigenius Blumenbach*)

松花江猛犸象(*Mammuthus sungari Chow et Chang*)

普氏野马(*Equus przewalskyi Poliakof*)

马(*Equus sp.*)

披毛犀(*Coelodnta antiquitatis* Blumenbach)

野猪(*Sus scrofa* Linnaeus)

河套大角鹿(*Megaloceros ordosianus* Young)

东北马鹿(*Cervus xanthopygus* Millne-Eawards)

东北狍子(*Capreolus manchuricus* Linnaeus)

野牛(*Bison exiguus* Matsumoto)

普氏羚羊(*Gazalla przewalskyi* Buchner)

四、结语

(一) 石器工业特征

大桥屯遗址中石制品原料以石英岩、脉石英为主,占全部石器材料总数的76.5%。此外还有为数不多的以石英闪长斑岩和硅质岩为原料的,打片技术都是采用锤击法。石器类型组合中有刮削器、尖状器和砍砸器,其中以刮削器为主,占石器总数的62.5%。石器以石片石器和小型石器为主,第二步加工以单面修制为主,占石器工具总数的62.5%。

(二) 动物化石特征

大桥屯发现15种哺乳动物化石,都是猛犸象、披毛犀动物群中常见的种类。这个动物组合总的面貌属于现代泡型,但含有为数不多的笔灭种,如猛犸象、披毛犀、最后鬣狗和河套大角鹿等。该动物群中各类动物的比例是:啮齿类6.7%、食肉类20%、奇蹄类20%、偶蹄类40%、长鼻目13.3%。从大桥屯动物群各类动物的比例来看,以食草类为主,占各类动物总数的80%。东北地区晚更新世动物群通常以哈尔滨顾乡屯和吉林榆树动物群为代表[1],从大桥屯动物群的属种来看,都是榆

---

[1] 周信学、孙玉峰、王家茂:《古龙山动物群的时代及其对比》,《古脊椎动物学报》1984年第22卷第2期,第151—156+175—176页。

树动物群中常见的喜冷性动物种类。两个动物群虽不是出自一个地点，但种类和性质基本相同，均可归为榆树动物群。

（三）遗址年代

榆树大桥屯地点的文化遗物和动物化石都是出自第Ⅰ级阶地的地层中，它的形成时代当属全新世。从石器材料、骨制品和动物化石的性质和特点分析，应属于旧石器时代晚期的遗物，其主要依据是：

第一，石器以石片石器工具为主，石器类型以刮削器为主，在技术上以单面加工和锤击法为主，这些特点显示出我国北方旧石器时代晚期石器工业的一般特征，所以大桥屯的人工石制品，应属于旧石器时代的人类物质文化遗存。

第二，从大桥屯出土的动物化石的属种成分及其组合性质分析，大桥屯动物群的生存时代，属于更新世晚期，相当于旧石器时代晚期的榆树动物群。

第三，从骨制品分析，发现的骨制品大都已有一定程度的石化，但制作骨器应在石化以前进行，因为石化后骨骼或牙齿弹性小，脆性较大，不适宜制作骨器。依此推断，大桥屯地点的骨制品时代，应在距今1万年以前。

第四，从动物化石表面上的咬痕分析，大桥屯发现的被动物啃咬过的标本共103件，其中被最后鬣狗咬过的就有68件，占动物啃咬标本总数的66%。由此不难看出，在更新世晚期，最后鬣狗在此地曾经活跃一时，但在全新世来临时就不见其踪迹。这说明被最后鬣狗咬过的标本，可以肯定是更新世晚期的产物，而不可能是全新世的新石器文化遗存。

第五，大桥屯地点出土的文化遗物和动物化石，虽出自全新世地层中，但从上述分析来看，无疑应属于旧石器时代晚期遗存。可以推测，它们是从邻近的晚更新世顾乡屯组地层中经流水搬运而来再沉积于此的，其所以出现文化遗物和动物化石与其所埋藏的地层时代不相吻合的矛盾，包括流水搬运等自然营力的后期扰动，可能是主要原因。

第五节 扶余市小窑屯遗址

一、遗址概况

扶余市和平村小窑屯[1]披毛犀化石地点,位于吉林省扶余市新城乡和平村附近(图2-5-1),地理坐标为北纬45°10′,东经124°45′。

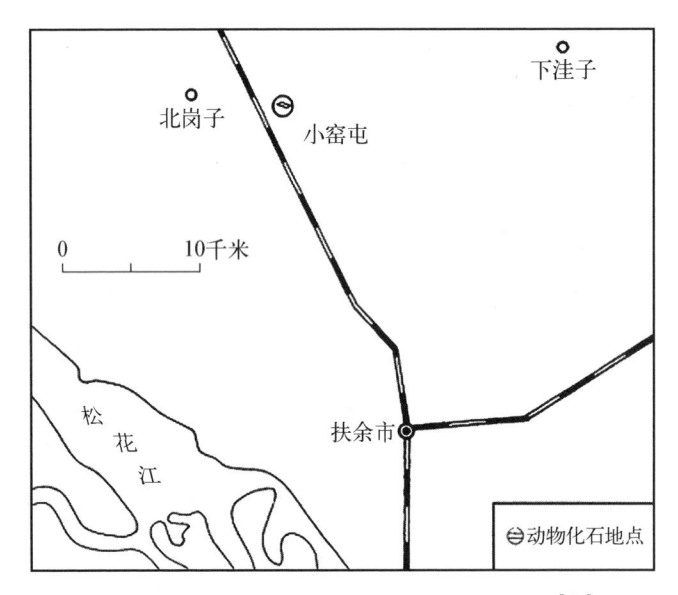

图2-5-1 扶余小窑屯披毛犀化石地点地理位置图[2]

二、地貌及地层

在扶余披毛犀化石地点发掘剖面的地层划分中,扶余披毛犀骨架化石发现于嫩江洪泛盆地晚更新世堆积的细砂层中。姜鹏1991年对这一剖面进行了岩性描

---
[1] 姜鹏:《吉林扶余披毛犀骨架的发现》,《人类学学报》1991年第1期,第78—83+91页。
[2] 姜鹏:《吉林扶余披毛犀骨架的发现》,《人类学学报》1991年第1期,第78—83+91页。

述和地层划分(图2-5-2),剖面自上而下地被划分为以下6个地层:

第1层,黑土层,层厚0.5米。

第2层,黄土层,层厚2.3米。

第3层,灰黄色粉质亚黏土层,层厚1.1米。

第4层,灰黄、灰白色细砂层,也即披毛犀化石层,层厚2.7米。

第5层,灰绿色黏土质中砂层,层厚0.2米。

第6层,灰黄色细砂层。

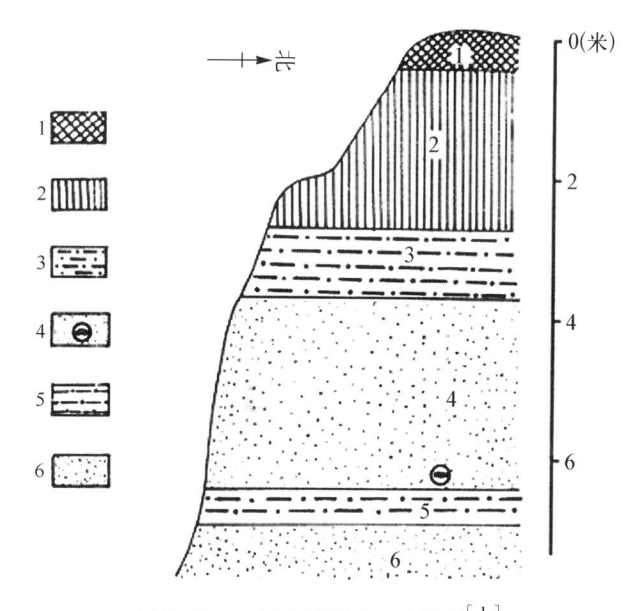

图2-5-2 扶余小窑屯地层剖面图[1]
1.黑土 2.黄土 3.亚黏土 4.化石 5.中砂 6.细砂

三、动物化石

1989年出自扶余小窑屯地层内的灰黄、灰白色细砂层中的动物化石,经过整理鉴别,发现全部材料都属于同一个体,是一副比较完整的化石披毛犀骨架,共有

---

[1] 姜鹏:《吉林扶余披毛犀骨架的发现》,《人类学学报》1991年第1期,第78—83+91页。

124块骨骼标本。1991年首次由姜鹏等人对这一披毛犀骨架中的各部分骨骼进行了观察、描述和测量,并与此前在吉林及整个东北地区零星出土的披毛犀同类骨骼标本进行了形态比较研究,发现彼此间只存在个体大小的区分,并着重对扶余小窑屯的头骨和牙齿做了著录、描述和鉴评。

扶余小窑屯出土披毛犀的右侧上颌第三臼齿已经萌出,并有轻度磨蚀。根据哺乳动物牙齿萌出和磨蚀程度来推断年龄,其死后被埋藏时已跨入成年阶段。依据对现代犀类雌、雄个体之间头骨差别的对比和观察来判断性别,扶余披毛犀骨架应为一雌性个体。因为它的鼻中隔完全封闭,鼻、额骨表面上的角座不大,头骨窄而短的特征都与雄性个体的形态明显不同。

四、结语

第一,扶余披毛犀骨架化石虽然尚未作碳十四年龄测定,但根据地层关系以及同东北其他地点出土的披毛犀化石的形态特征对比,可以确定这一骨架化石出自晚更新世地层。

第二,较完整的披毛犀骨架不仅发现于吉林扶余,在黑龙江富拉尔基、肇原三站和内蒙古等地也都有过出土。但扶余披毛犀骨架的完整程度不逊于其他地点的同类标本,并为全面研究披毛犀的各个部位骨骼特征提供了难得的实物史证。

第三,扶余小窑屯出土的披毛犀头骨系向后上方翘起,头骨形态构造与典型披毛犀相似,当属于典型披毛犀类型。

第四,从小窑屯披毛犀头骨标本中的牙齿萌出和磨蚀程度来推断年龄,扶余披毛犀在埋藏前已属成年个体。

第五,从头骨测量数据,鼻中隔封闭程度和鼻、额骨表面上角座小,其上瘤状突起不显著等特征来判断,似应为一雌性个体。

第六,对标本进行仔细的观察,没有发现化石表面上遗有人工打击、动物咬啃和流水磨蚀等痕迹,从埋藏学角度看,当属于原地埋藏,但死因不明。

第七,扶余披毛犀骨架现存的各部位骨骼共124件。参照黑龙江富拉尔基出土的披毛犀装架骨骼数量来看,扶余披毛犀骨架尚缺的骨骼有下颌骨 1 个、尺骨 1 个、颈椎 2 个(含枢椎 1 个)、腰椎 4 个、尾椎全缺、腕骨 13 个、掌骨 4 个、指(趾)骨 17 个,比不上富拉尔基披毛犀骨架那样更为完整。

第六节　蛟河拉法新乡砖场遗址

一、遗址概况

新乡砖场(原名共荣砖场)旧石器地点[1],位于吉林省吉林市属蛟河市拉法乡新乡砖场院内(图 2-6-1)。南距蛟河市 6 千米,北距拉法乡约 3 千米,东距长图铁路线近 100 米,西距拉法河 500 米许。地理坐标为北纬 43°48′,东经 127°20′。

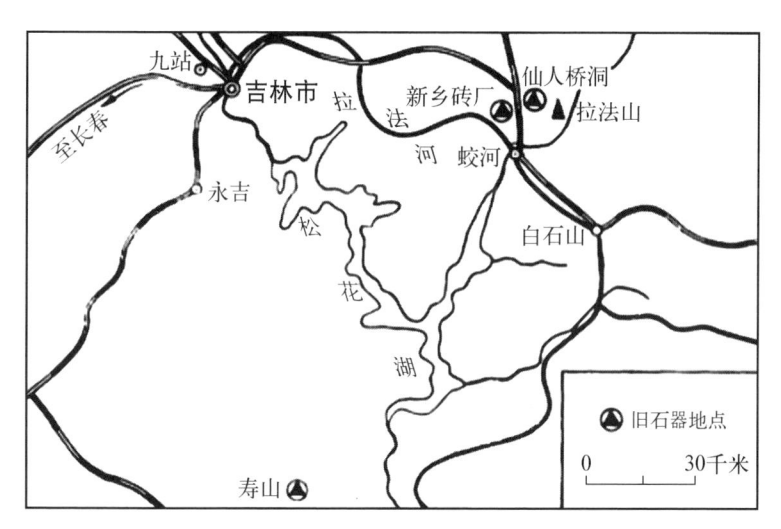

图 2-6-1　吉林市蛟河拉法新乡砖场旧石器地点位置图[2]

---

[1] 陈全家、程新民:《吉林市地区首次发现的旧石器》,《东北亚旧石器文化》,韩国国立忠北大学校先史文化研究所、中国辽宁省文物考古研究所编辑发行,1996 年,第 247—256 页。

[2] 陈全家、程新民:《吉林市地区首次发现的旧石器》,《东北亚旧石器文化》,韩国国立忠北大学校先史文化研究所、中国辽宁省文物考古研究所编辑发行,1996 年,第 247—256 页。

1991年春季,吉林大学考古系的部分师生在吉林市地区进行旧石器文化考古调查时,首次发现桦甸市榆木桥子镇寿山仙人洞、吉林市郊九站西山和蛟河市拉法乡新乡砖场等三处含有动物化石的旧石器文化遗存。1992年夏季,吉林大学考古系陈全家教授和长春地质学院程新民先生,又对吉林市郊九站西山和蛟河市拉法乡新乡砖场两个旧石器地点进行了复查,两次现场调查再次发现较多的动物化石和打制石器标本。随后相继做了试掘。通过发掘,又从蛟河新乡砖场地点地层内出土一些动物化石和少量石制品,证实这里确是一处旧石器时代的物质文化遗存。

二、地貌及地层

新乡砖场旧石器地点位于蛟河盆地北缘的拉法河第Ⅱ级阶地中,在埋藏学上属于河流冲积阶地之旷野堆积类型。

蛟河盆地是吉林省长白山地区中生代至新生代形成的山间盆地,其内发育着树枝状的水系,均汇入由北向南流经的拉法河,最后注入松花湖中。拉法河蜿蜒曲折,由于河流的侧蚀作用较强,形成了宽阔的河漫滩和较多的牛轭湖,盆地周围是长白山脉的崇山峻岭。在新乡砖场旧石器地点东北约4千米处,是海拔886.2米的拉法山,在山上分布着天然洞穴40余个,最大的穿心洞长51米,宽13米,高9米,可容纳两千余人。由于砖场常年取土已形成一个较完整的人工剖面,依据堆积物岩性差异及其包含物的不同特征,整个出露的剖面自下而上地划分为以下6个地层(图2-6-2):

第1层,黄褐色砂砾石层,砾石磨圆度较好,但分选性较差,最大的砾径约20厘米。层厚1米,未见基底。

第2层,灰绿色淤泥层,土质细腻黏重。层厚0.5—2米。

第3层,黑褐色泥炭层,内夹灰绿色淤泥透境体。2、3两层交界处参差不齐,为冻融所致。层厚1米。

第4层,红褐色黏土层,内夹砂质透镜体。含旧石器和动物化石。层厚0.5—2米。

第 5 层,浅黄色蒜瓣状亚黏土层,未见任何文化遗物。层厚 1—2 米。

第 6 层,黑色土壤层,包含有近代瓷片等。层厚 0.5—0.8 米。

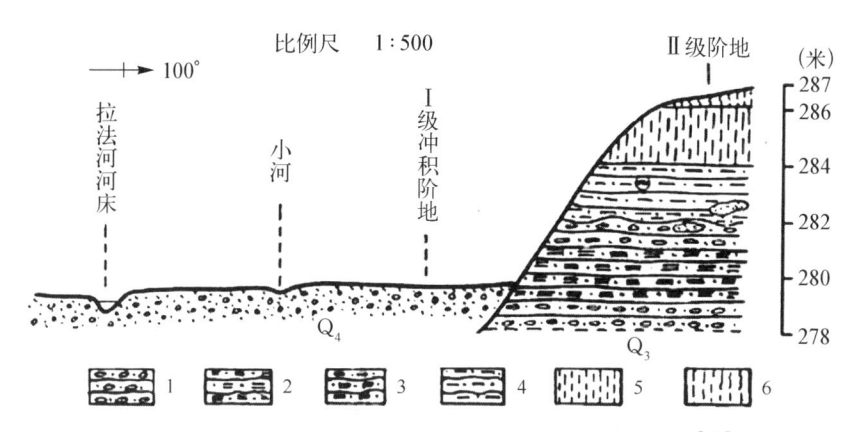

图 2-6-2 蛟河新乡砖场旧石器地点地质剖面及其地层划分图[1]

1. 砂砾石层 2. 淤泥层 3. 泥岩层 4. 黏土层 5. 亚黏土层 6. 土壤层

第 1—2 层应为河湖相沉积,到了第 3 层时,湖水退缩,形成了沼泽,部分地方尚有小水泡子。从第 2、3 层之间的冻融现象看,当时的冬季是比较寒冷的,但四季分明。至第 4 层时,小水泡子也已消失,大量动物在盆地内觅食栖息,当时的人类就在这里从事着狩猎和采集活动。

三、文化遗物

蛟河新乡砖场地点,经过 1991 年的调查和 1992 年的试掘,除获得一些哺乳动物碎骨化石外,还采集到 6 件人工石制品。

(一) 石制品

石制品均以砾石为原料,分别以黑色角页岩、硅质灰岩和火山凝灰岩制成。其

---

[1] 陈全家、程新民:《吉林市地区首次发现的旧石器》,《东北亚旧石器文化》,韩国国立忠北大学校先史文化研究所、中国辽宁省文物考古研究所编辑发行,1996 年,第 247—256 页。

中只有1件工具类的修疤处具有轻微的水磨遗痕,其余的片疤均棱角分明,可分为石核和工具两大类型。

1. 石核

根据剥落石片的技术不同,又可分为锤击石核、砸击石核和碰砧石核三类。

(1) 锤击石核

2件。标本91JXP.01,以硅质灰岩为原料,属两次使用石核。前一次剥片所产生的石片疤风化严重,表面呈灰白色,与砾石的表面颜色相同;后一次剥片疤的表面颜色呈深灰色,风化的迹象不明显,但表面有钙质胶结物。根据两次剥片疤的风化程度分析,前后两次生产石片所形成的疤痕相距时间较远,可以说明前一次使用者将石核废弃后,又被后一次使用者捡来继续剥制石片使用。前一次使用的石核为天然的单台面,工作面上至少可以见到3个剥片疤,其余的均被后一次打片所破坏,最大的片疤长11、宽5.5厘米;后一次使用的石核为双台面,其中一个为自然台面,而另一个为人工修理台面。自然台面的工作面与前一次的工作面垂直相交,破坏了前一次的部分工作面,工作面上有多次打击的痕迹,疤痕重重。而打制的台面是以前一次打片所留下的石片疤为台面,工作面上有两处小的石片疤痕。

(2) 砸击石核

1件。标本91JXP.04,以火山凝灰岩为原料,其砸击方法有别于传统的平面垂直砸击法技术(两极石核),而是将硕大厚重的石核侧边放置在带棱脊的石砧上,然后用石锤砸击垫在石砧棱脊上的相对侧边,由于石核垫在石砧上,当石锤打在石核上时,会使石核的两端同时受力,也可同时产生石片。石片的劈裂面上具有锤击打片的特征,打击点、半锥体和台面清晰可见,但不具备两极打片的特征。这种砸击法在我国实属罕见的例证。石核长、宽、厚分别为7.2、14.3和9厘米,石片疤长6.2、宽5.6厘米。

(3) 碰砧石核

1件。标本91JXP.02。以硅质岩为原料。石核呈长方形,横截面作三角形。

体积非常大,长、宽、厚分别为 31、22.5 和 11 厘米。在其一端的侧边上有 1 个大的剥片疤,疤痕长 21、宽 8 厘米。打击点散漫,半锥体浅平。石片疤宽大于长,可见清晰的放射纹。

2. 工具

蛟河新乡砖场出土的打制石器,只有砍砸器和手斧两种工具类型,而且也各仅有 1 件。

(1) 砍砸器

1 件。标本 91JXP.05,以硅质灰岩砾石为原料。在砾石的锐棱上运用锤击修理法经复向加工而成。刃缘呈弧形,刃口长 16 厘米,刃缘较齐平,修疤大小不等,呈鳞片状,最大者器身长 4、宽 4.3 厘米。刃角平均为 51 度。

(2) 手斧

1 件。标本 91JXP.06(图 2-6-3)。器身长、宽、厚分别为 20、10 和 6.2 厘米,选用黑色的角页岩为原料,以砾石为毛坯,采用锤击修理法直接加工而成[1]。

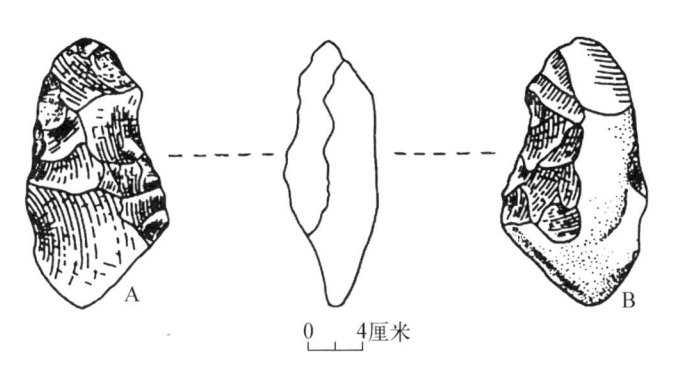

图 2-6-3 新乡砖场出土的手斧标本图[2]

---

[1] 陈全家、程新民:《吉林市地区首次发现的旧石器》,《东北亚旧石器文化》,韩国国立忠北大学校先史文化研究所、中国辽宁省文物考古研究所编辑发行,1996 年,第 247—256 页。
[2] 陈全家、程新民:《吉林市地区首次发现的旧石器》,《东北亚旧石器文化》,韩国国立忠北大学校先史文化研究所、中国辽宁省文物考古研究所编辑发行,1996 年,第 247—256 页。

(二) 动物化石

由于烧砖场在生产中大量的吞土,动物化石不断地被发现,从所见的动物化石来看,均为哺乳类,主要材料有牙齿、角和肢骨等。经初步鉴定有以下 3 个属种:

松花江猛犸象[*Mammuthus（Parelphas）Sungari Chow et chang*]

马(*Equus sp.*)

牛(*Bos sp.*)

在上述的化石材料中,有 80% 是松花江猛犸象的牙齿和肢骨,有 15% 是牛的掌跖骨和角,而马的骨骼仅见有掌骨,只占 5%。大部分骨骼保存完整,少部分的长骨从中间断裂,断口参差不齐,有可能是人类敲骨吸髓所致。极少数骨骼表面有食肉动物的咬痕,主要分布在骨体两端的骨松质处。

四、结语

蛟河新乡砖场出土的石器属于以大型工具为主的文化类型,如均以大的砾石为原料,毛坯都是块状,采用锤击法和碰砧法剥制石片。石器组合中只有砍砸器和手斧,而不见刮削器等。工具采用锤击修理法进行交互和复向加工而成,修理工艺比较粗糙。石器平均长、宽、厚分别为 14.2、10.9 和 6.1 厘米,均为大型工具。

由于在蛟河新乡砖场旧石器地点中,与石器材料伴出的还有哺乳动物化石,这就为确定其地质年代提供了古生物学质证。新乡砖场出土的猛犸象牙经北京大学考古学系实验室采用铀系法测定,其绝对年龄为距今 6.2 ± 0.6 万年(标本编号 BKY93005)。这一年代数据与由动物群的性质、文化遗物埋藏层位,以及手斧的原始特征等要素推测的时代和年龄基本吻合。因此这一文化层的地质年代为晚更新世早期偏晚,相当于旧石器时代中期偏晚阶段。

第七节　吉林九站西山遗址

一、遗址概况

吉林市郊九站西山旧石器地点[1]，位于吉林省吉林市西北郊九站西山上，地理坐标为北纬43°57′，东经126°28′。东南距吉林市约6.5千米，吉长铁路由山脚下穿行。西南约300米处为九站火车站，东邻第二松花江约500米（图2-7-1）。

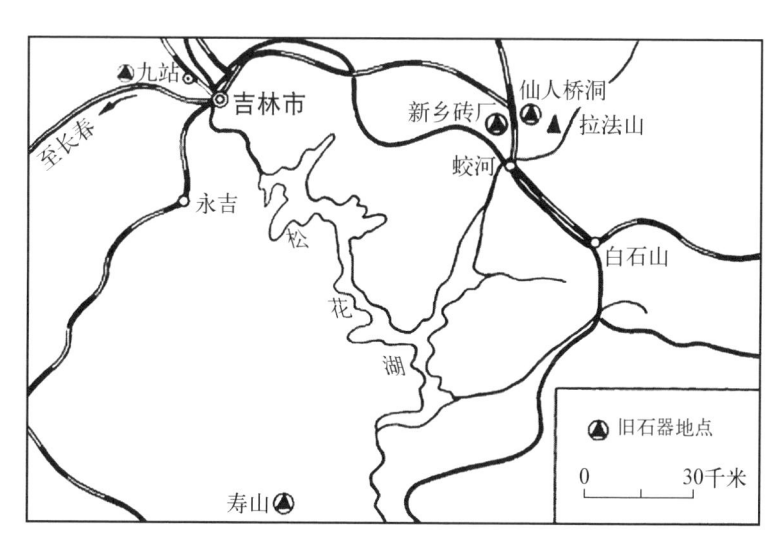

图2-7-1　吉林市西北郊九站西山旧石器地点地理位置示意图[2]

1991年春天由吉林大学考古系师生首次发现。1992年夏，吉林大学陈全家教授和长春地质学院程新民先生再次前往复查时，又发现了一些动物化石和石器标本，经过当年试掘后，被确认其为一处旧石器时代的文化遗存。

---

[1] 陈全家、程新民：《吉林市地区首次发现的旧石器》，《东北亚旧石器文化》，韩国国立忠北大学校先史文化研究所、中国辽宁省文物考古研究所编辑发行，1996年，第247—256页。
[2] 陈全家、程新民：《吉林市地区首次发现的旧石器》，《东北亚旧石器文化》，韩国国立忠北大学校先史文化研究所、中国辽宁省文物考古研究所编辑发行，1996年，第247—256页。

二、地貌及地层

九站西山地处长白山系张广才岭的余脉与松辽平原交汇地带。其南侧是隆起的群山,最高的锅顶山海拔435米,而西山的海拔高度只有242米,北侧为山间冲积平原。山前是第二松花江,江水由东向西流经,江曲较大,呈牛轭形,严重侵蚀着左岸,致使第Ⅱ级阶地缺失,文化遗物直接埋藏在高出松花江水面30米的第Ⅲ级阶地的黄色亚黏土层中。由于采石的缘故,大部分文化堆积已被破坏殆尽,迄今残留的面积仅有50余平方米。

根据对吉林九站西山采石场已经形成的剖面观察(图2-7-2),自下而上可划分为以下4个岩性不同的地层:

第1层,火山岩层,可见厚度20米,未见基底。

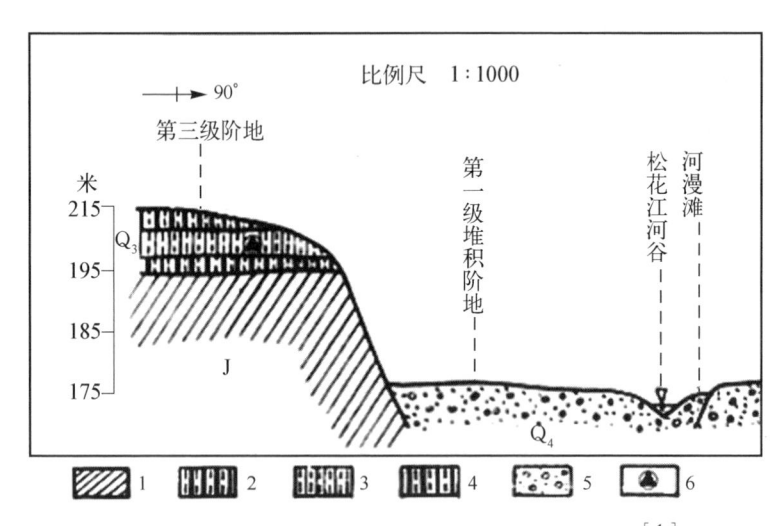

图2-7-2 吉林市九站西山地点地质剖面及其地层划分图[1]
1.黄褐色亚黏土夹角砾层　2.黄色亚黏土层　3.侏罗纪火山岩
4.砂砾石层　5.旧石器层位　6.发掘地点

---

[1] 陈全家、程新民:《吉林市地区首次发现的旧石器》,《东北亚旧石器文化》,韩国国立忠北大学校先史文化研究所、中国辽宁省文物考古研究所编辑发行,1996年,第247—256页。

第 2 层,黄褐色亚黏土含角砾层,角砾轻度磨圆,部分棱角仍清晰可见,但未见任何文化遗物。层厚 0.5 米。

第 3 层,黄色亚黏土层,土质胶结较好,层内出土有人工石制品,唯不见动物化石。层厚 1.5 米。

第 4 层,黄褐色亚黏土含角砾层,土质疏松,系采石过程中将下面的土层翻上来形成的人为堆积地层。层厚约 1 米。

三、文化遗物

在 1991 年和 1992 年的两次调查试掘中,从吉林市九站西山地点共获得石制品 16 件,分为初级产品和石器工具两大类,初级产品包括石核、石片和石块共 12 件;工具类包括刮削器和尖刃器共 4 件。

(一) 石核

3 件。依据打片方法不同,又可分为锤击石核、砸击石核两类。

1. 锤击石核

1 件。标本 91JJP.02(图 2-7-3,1),属于单台面石核。以石英岩砾石为原料,从石核上可见到一些清楚的石片疤痕。以天然的砾石面为台面,打击点和放射线清晰。石核长、宽、厚分别为 4、6 和 6.9 厘米。石片疤长 3.5、宽 3 厘米。

2. 砸击石核

2 件。均以砾石为原料,整体形状呈枣核状,两端部均具有人工砸痕。标本 91JJP.10,器体很小,长、宽、厚为 2.8、1.5 和 0.9 厘米(图 2-7-3,2)。

(二) 石片

5 件。均属锤击石片。根据完整程度不同,分为完整石片和断片两类。

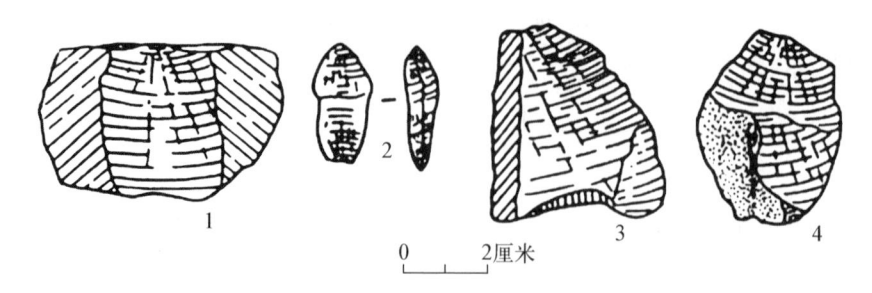

图 2-7-3 吉林市九站西山出的石核和石片标本图[1]
1. 单台面石核(91JJP.02) 2. 砸击石核(91JJP.10) 3. 右半边石片(92JJP.02) 4. 完整石片(91JJP.01)

1. 完整石片

2件。以石英和浅黄色硅质灰岩为原料,采用锤击法打片。标本91JIP.01,有小的天然台面,石片角为115度。从劈裂面观察,打击点集中,半锥体凸出,在半锥体的稍下处有一大锥疤,同心波和放射线不甚清楚。从石片的背面观察,有两个剥片后留下的阴疤,均由左向右连续打击而成。依完整的石片疤特征观察,打击点集中,半锥体小而凸出,放射线清晰。从石片背面的疤痕可以看出,先在石核的同一工作面上连续剥片两次,形成了这一石片的背面疤,然后旋转90度再行打片。石片长、宽、厚分别为3.5、4.7和0.8厘米。背面完整的石片疤长1.8、宽3.4厘米(图2-7-3,4)。

2. 断片

3件。均由打击点处纵向断裂而成,又分左半边石片2件,右半边石片1件。标本92JJP.02,右半边石片以紫红色硅质岩为原料。从石片特征分析,其台面进行了修理,向劈裂面连续数次打击而成,台面形成了叠层疤痕。从石片背面观察,除保留部分的节理面外,还有一处与剥片方向相同,即同向的疤痕。从劈裂面观察,还可见到打击点和半锥体的特征,打击点集中,半锥体较凸出,放射线不甚清晰等。石片长

---

[1] 陈全家、程新民:《吉林市地区首次发现的旧石器》,《东北亚旧石器文化》,韩国国立忠北大学校先史文化研究所、中国辽宁省文物考古研究所编辑发行,1996年,第247—256页。

4.5、残宽 4.4 厘米,石片角 107 度(图 2-7-3,3)。另 1 件标本 91JJP.03,属左半边石片,质料为石英,自然台面,半锥体微凸。长 3.4、残宽 1.6 厘米。背面有一同向疤痕。

(三) 石块

4 件。以石英为原料的 3 件,水晶质的 1 件。均呈块状,无法归入任何类型的器物之中。它们是生产石片过程中崩落下来的碎块,其形状各不相同,大小不等,最大的长 5.5、宽 5.3 厘米,最小的长 1.7、宽 1.6 厘米。

(四) 工具

两次调查中,总计获得明显经过二次加工的石器也只有 4 件,按其形态和功能,分为刮削器和尖刃器两种类型。

1. 刮削器

3 件。均为单刃刮削器,依据刃口形状又可以分为单凸刃、单直刃两类。

(1) 单凸刃刮削器。92JP.01(图 2-7-4,2),以石英岩石片为原料。劈裂面不平,背面是天然的砾石面,比较光滑平整。修理技术采用锤击法反向加工,制作简单,修疤呈普通型,疤痕较大且较浅平。刃缘弧度也大,呈深弧型。刃角 54 度。器身长、宽、厚分别为 4.3、3、1.9 厘米。另一件编号为 92JJP.04 的标本,原料为深灰色硅质岩质。以片状毛坯为原料,采用锤击法正向加工,刃缘不规整,刃口呈锯齿型,大小中等,加工距离远,刃角 76—85 度。

(2) 单直刃刮削器。1 件,92JJP.03(图 2-7-4,1),以石英为原料。以锤击石片为毛坯,劈裂面上已不见打击点,但可见半锥体。背面为天然砾石面,采用锤击法修理,正向加工,仅一个修疤为反向,刃缘不甚齐平。修疤简单,呈普通型。刃角 42 度。器身长、宽、厚分别为 3.5、3.6 和 1.2 厘米。

2. 尖刃器

1 件。92JJP.05(图 2-7-4,3),以黑曜岩为原料,质地细腻。利用锤击法以石片加工而成,正尖尖刃器。修理采用锤击法,背面的尖刃部分均采用正向加工,而尖端的右侧仅少部分为反向加工。器身两侧边均做过细致的修理,左侧刃较直,刃缘规整齐平。刃口薄锐,刃角48度。从修疤的特征分析,经过多次反复修整,修疤浅平呈叠层状,疤痕较大,加工距离远,应为运用指垫法修理而成。左侧刃呈弧形,修理稍差,刃缘不甚规整,刃角37—43度,修疤呈普通型,反向修疤浅平,呈叠层状,加工距离远,尖刃70度。

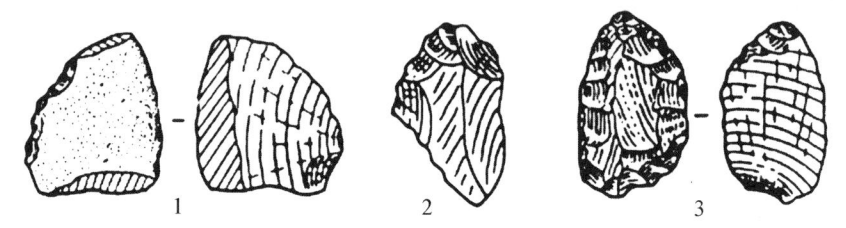

图 2-7-4 吉林九站西山之工具标本图[1]
1. 单直刃刮削器(92JJP.03) 2. 单凸刃刮削器(92JJP.01) 3. 尖刃器(92JJP.05)

四、结语

石制品棱角分明,没有被流水冲磨的遗痕。石器原料以脉石英为主,占石器总数的75%,其次是硅质岩,而黑曜石和水晶最少。大部分石制品表面程度不同地保留有砾石面。硅质岩和脉石英等砾石原料在松花江边的河漫滩中俯拾即是,证明石器原料取自西山附近的河漫滩砾石层中。

打片方法以锤击法为主,兼用砸击法。工具修理都采用锤击法,除了自由式打法外,还运用了指垫法进行第二步加工。其修理方式以向背面打击为主,局部也见有向劈裂面加工的例证。工具组合以刮削器为主,其次为尖刃器,而不见砍砸器。其中尖刃器的加工非常细致和规整。工具平均长4.3、宽1.3厘米,均为小工具类型。

---

[1] 陈全家、程新民:《吉林市地区首次发现的旧石器》,《东北亚旧石器文化》,韩国国立忠北大学校先史文化研究所、中国辽宁省文物考古研究所编辑发行,1996年,第247—256页。

九站西山文化遗物,均埋藏于高出江面约 30 米的第Ⅲ级阶地的黄色亚黏土层中,其内涵仅有打制的石器,但绝不见新石器文化成分。从这些特征分析,可暂时将这一文化遗存的地质年代定为晚更新世晚期,其上限不会晚到全新世,推测属于旧石器时代晚期。

第八节　抚松仙人洞遗址

一、遗址概况

抚松仙人洞旧石器文化地点[1],位于吉林省抚松县城东南 2 千米的仙人洞内(图 2-8-1)。地理坐标为北纬 42°18′20″,东经 127°17′30″。

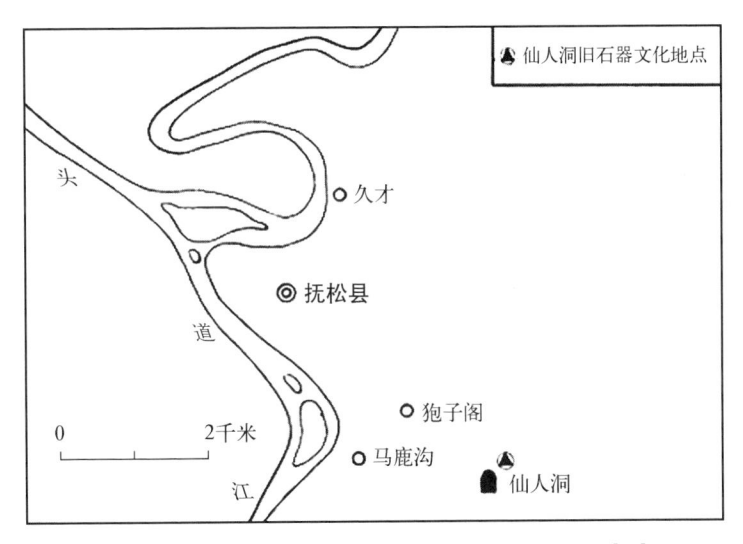

图 2-8-1　吉林抚松仙人洞旧石器地点地理位置示意图[2]

---

[1] 姜鹏:《吉林抚松仙人洞旧石器时代遗址》,《东北亚旧石器文化》,韩国国立忠北大学校先史文化研究所、中国辽宁省文物考古研究所编辑发行,1996 年,第 205—209 页。
[2] 姜鹏:《吉林抚松仙人洞旧石器时代遗址》,《东北亚旧石器文化》,韩国国立忠北大学校先史文化研究所、中国辽宁省文物考古研究所编辑发行,1996 年,第 205—209 页。

1992年和1994年,抚松县文物管理局负责人王文兴会同该县文化局徐基元一行,对抚松县城东南2千米处的仙人洞接连进行两次调查试掘,先后从地层中发现一批最后鬣狗、披毛犀、野马和马鹿等哺乳动物化石。吉林省文物考古研究所又从地层内获得一些动物化石和打制的人工石制品。根据化石动物群性质、石制品的文化特征,以及地层的沉积时代,确认这是一处旧石器时代晚期洞穴遗址。

二、地貌及地层

抚松县位于吉林省东南部的长白山地区,抚松仙人洞海拔高度为551米,仙人洞洞口朝南,洞口最高处约有3米以上。这一文化地点发育在震旦系石灰岩溶洞中。洞内堆积物层次简单清晰,除含有旧石器时代文化遗物和哺乳动物化石外,其上层还有新石器时代的陶片、细小石器以及尚未石化的兽骨等。这种不同时代文化层相互叠压的埋藏类型,在吉林省境内尚属首次发现。根据洞内堆积物的岩性差异,自上而下划分为3层:

第1层,黑褐色土层,土质较松,内含碎石、陶片以及细石器和未石化的动物骨骸等。层厚7—10厘米。

第2层,黄灰色亚黏土层,土质黏性大,未见文化遗物和动物化石。层厚大约5厘米。

第3层,黄褐色亚黏土层,土质较黏,含有打制石器材料和哺乳动物化石。层厚12—20厘米。

三、文化遗物

(一) 石制品

出自抚松仙人洞地层内的石器材料总计只有5件,包括不同石质的石片2件、石器3件。在这3件工具中,又分为2件刮削器和1件砍砸器。

1. 石片

共2件。均为锤击石片,石片的原料1件为玄武岩,另1件是石英斑岩。

(1) 玄武岩石片

长、宽、厚分别为8.8、4.9和2.1厘米。自然台面,且形体较大,打击点和半锥体较清楚(图2-8-2,1)。

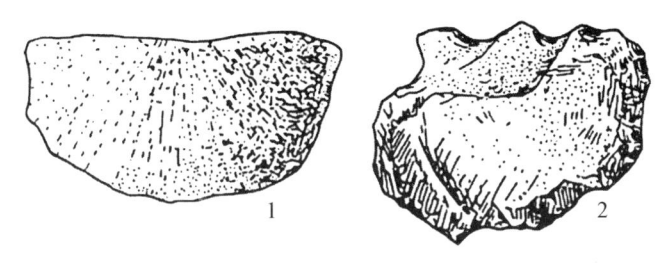

图2-8-2 吉林抚松仙人洞出土的石片和砍砸器标本图[1]

(2) 石英斑岩石片,形状近似半圆形,石英斑岩质。石片体积较小,局部保留自然台面,在石片的左侧有较明显的人工打击痕迹。石片长、宽、厚仅分别为3、2.9和0.6厘米(图2-8-3,2)。

2. 工具

3件。其中刮削器2件、砍砸器1件。

(1) 刮削器

2件。依刃缘形态和器物形制又可分为单凸刃和单直刃两类:

单凸刃刮削器。整器呈三角形,石料为石英斑岩。在其左侧向破裂面采用锤击法修理成刃,刃缘呈缓凸弧形。在刃口的上端见有两个修理疤痕,系交互加工所致。其技术工艺以单向打击为主进行加工,长、宽、厚分别为11.8、9.8、2.3厘米。在标本背面可见有锰的染色区域(图2-8-3,3)。

---

[1] 姜鹏:《吉林抚松仙人洞旧石器时代遗址》,《东北亚旧石器文化》,韩国国立忠北大学校先史文化研究所、中国辽宁省文物考古研究所编辑发行,1996年,第205—209页。

单直刃刮削器。呈准三角形,属打击台面。因打击之故,在破裂面中部形成一脊。在其左侧由背面向破裂面采用锤击法修理成刃。修疤较大,刃口齐平。长、宽、厚分别为 11.8、9.6、3.9 厘米。在刮削器的背面也有较多锰、铁染色(图2-8-3,1)。

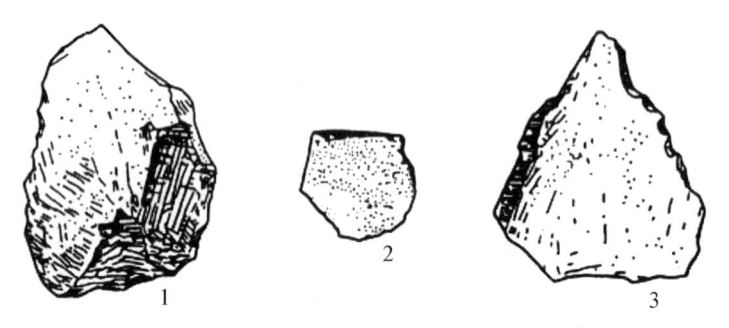

图2-8-3 吉林抚松仙人洞出土的石片和石器标本[1]
1. 单直刃刮削器 2. 石英斑岩石片 3. 单凸刃刮削器

(2) 砍砸器

1件。标本具有较小的自然台面,器身的右侧与下端呈弧形。在背面沿着弧形向破裂面加工成刃。右侧的修理疤大于下端的疤痕。整器长、宽、厚分别为 16.2、14.1、1.2 厘米(图2-8-2,2)。

3. 出自第1层的石器

3件。均为刮削器,2件为单凸刃,1件为单直刃。刮削器的原料都是黑曜石。石器全部由石片制成,加工方法为锤击法,有2件向两面加工,另外1件是向破裂面加工。

(二) 动物化石

在抚松仙人洞含旧石器文化遗物的堆积地层中,发现了一些与旧石器共生的哺乳动物化石,已经鉴定的种类包括有以下7个属种:

狼(*Canis Lupus Linnaeus*)

---

[1] 姜鹏:《吉林抚松仙人洞旧石器时代遗址》,《东北亚旧石器文化》,韩国国立忠北大学校先史文化研究所、中国辽宁省文物考古研究所编辑发行,1996年,第205—209页。

熊（*Ursus sp.*）

最后鬣狗（*Crocuta ultima Matsumoto*）

披毛犀（*Coelodonta antiquitatis Blumenbach*）

野马（*Equus przewalskyi Poliakof*）

马鹿（*Elaphus canadensis Erxieben*）

野猪（*Sus scrofa Linnaeus*）

发掘报告人在剖面第1层中，还获得了几块陶片、细石器和未石化的动物骨骼遗骸等。陶片为泥质灰褐陶，手制，薄胎，施压以印篦点纹。从它们的特点来看，应是一直口筒形罐的缘部残存。

四、结语

（一）石器工业特征

抚松仙人洞遗址出土的5件旧石器材料，原料为石英斑岩和玄武岩，工具类均为石英斑岩质。从石片上的人工痕迹来看，打片技术都运用锤击法。石器工具类的第二步加工，均采用锤击法，以向破裂面加工为主，其中仅见一件石器的刃口上端遗有两个石片疤，系由交互打击而成。石器工具虽少，但其组合特征则以刮削器为主，占工具总数的66%。抚松仙人洞的石器比较粗大，尺寸最大的为16.2厘米，小的也有11.8厘米。若依石器组合来看，明显属于大石器工具类型，它与俄罗斯中西伯利亚几处旧石器时代晚期文化遗址中出土的一些石器工具颇为相近。这是目前东北地区几十处旧石器时代晚期遗址或地点中，很少见的大石器工具类型，可能反映了某些地方特征。

（二）动物化石特征

从出土的哺乳动物群化石的组合成分及性质分析，它们均属于东北地区猛犸象-披毛犀动物群中常见的成分。这一动物群几乎遍布东北地区的中北部和吉林省全境。抚松仙人洞发现的化石哺乳动物种类虽少，但含有最后鬣狗和披毛犀两个绝灭种,占东北地区晚更新世动物群绝灭种的40%。从仙人洞出土的各类动物化石的比例分析,草食类略多于食肉类,占动物群总数的57%。吉林境内晚更新世哺乳动物群常以吉林榆树动物群为代表,从抚松仙人洞出土的动物化石组合来看,均属于榆树动物群中常见的喜冷性物种,显然与抚松仙人洞的地理位置及其周围自然环境有着密切的关系。从抚松仙人洞化石哺乳动物群的生态特征分析,当时抚松仙人洞的周围是既有森林又有草原等多种植被类型。

仙人洞出土的哺乳动物化石石化程度较浅,多已破碎,未见较完整的头骨和体骨。报告人在整理这批化石标本的过程中,仅发现10件化石表面上遗有动物咬啃的痕迹,而未见有人工打击遗痕。

(三) 年代

关于遗址的年代问题,目前只能根据出土的石制品和动物化石资料来进行推论。这里发现的几件石器工具均以石片制成,打片技术采用锤击法,修理方式向破裂面加工,工具类型以刮削器为主。这些都是我国北方旧石器工具组合的共同特点,所以仙人洞黄褐色亚黏土层中石制品的年代应属于旧石器时代。根据仙人洞发现的披毛犀、最后鬣狗的性质与时代推断,抚松仙人洞动物群的时代应属于更新世晚期,相当于旧石器时代末期。

在旧石器时代文化层上部出土的篦点纹陶片和细石器,其年代大致与密山新开流文化相当,或可早到新乐下层文化时期,距今约6 000年。

第九节 蛟河拉法小砬子山仙人桥洞遗址

一、遗址概况

蛟河仙人桥洞旧石器地点[1]位于吉林市地区整河市拉法乡(图2-9-1)小

---

[1] 陈全家、程新民:《吉林市地区首次发现的旧石器》,《东北亚旧石器文化》,韩国国立忠北大学校先史文化研究所、中国辽宁省文物考古研究所编辑发行,1996年,第247—256页。

砬子山上的仙人桥下洞内。地理坐标：北纬43°50′,东经127°20′。

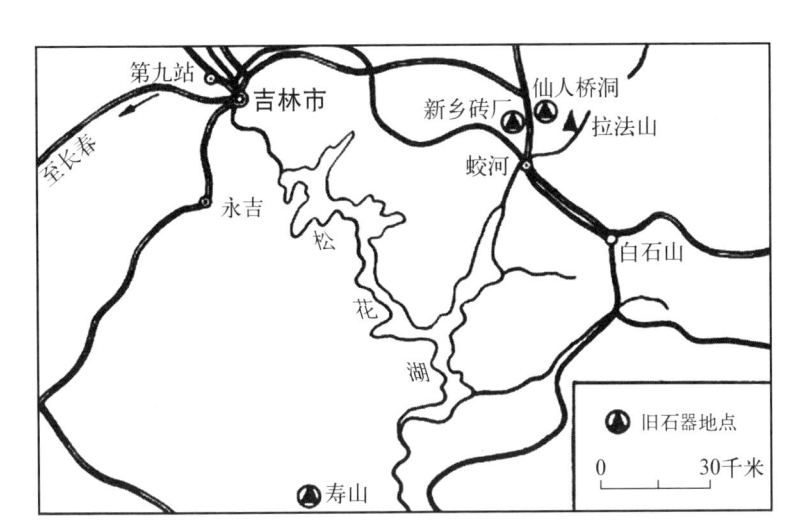

图 2-9-1 吉林市蛟河仙人桥洞旧石器地点地理位置图[1]

1993年夏季,吉林大学陈全家教授与长春地质学院程新民先生一行在赴吉林市地区进行田野考察时,于蛟河市拉法乡小砬子山仙人桥洞内,发现一处旧石器时代的文化遗存,连同1991年和1992年相继发现的桦甸市榆木桥子镇寿山仙人洞、吉林市郊九站西山以及蛟河市拉法乡新乡砖场等,先后已陆续发现和清理了4处旧石器地点,不仅填补了吉林市旧石器考古学文化的空白区,也为东北亚的旧石器考古研究平添了新资料和新内容。

二、地貌及地层

(一) 蛟河仙人桥洞地点附近的地貌类型和特征

蛟河市拉法乡小砬子山位于蛟河盆地北缘,由7个较大的山峰组成,主峰海拔577米。仙人桥位于小砬子山北侧,海拔481米。除局部地方存在伟晶岩外,整个

---

[1] 陈全家、程新民：《吉林市地区首次发现的旧石器》,《东北亚旧石器文化》,韩国国立忠北大学校先史文化研究所、中国辽宁省文物考古研究所编辑发行,1996年,第247—256页。

山体大部分由花岗岩组成。小砬子东南是拉法山即大航子山。二者遥相对峙,雄伟壮观。拉法河在小砬子山的西侧由北向南流经,最后注入松花湖中。南面是开阔的蛟河盆地,发育着树枝状的水系。

(二) 仙人桥洞的结构和洞内堆积类型

由于穿洞的缘故,山体的两侧相通,呈一桥形,故有仙人桥之称。仙人桥洞与桥下的穿洞垂直相交,平面呈"十"字形,且亦与山体平行。现存洞口高 0.75、宽 1.8、进深 13.1 米。洞口朝向 320 度。从洞的成因来看,应是构造坍塌洞。1993 年陈全家等进行实地调查时,还在洞口附近做了试掘,开挖了一个长、宽各 1.5 米的探沟,从中发现了人类用火遗迹和打制石器等。

(三) 仙人桥洞洞穴堆积的岩性特征及其地层划分

根据地层岩性面貌特征,洞内的全部堆积物自下而上地划分为以下 3 个不同性质的地层:

第 1 层,黄色亚黏土夹碎石层,土质较硬,且呈黄色,堆积较厚。出产有大量的红烧土和炭屑。局部地方有灰烬堆积,还出土了两件石器,但未见动物化石。出露的堆积厚度 20 厘米,未见基底。

第 2 层,黄褐色亚黏土夹碎石层,土质较硬,呈黄褐色。内含有较多的红烧土碎块和岩屑,在其底部发现有灰烬堆积。碎石块较多,大小不等。但未见石器材料和动物化石。层厚 53 厘米。

第 3 层,含碎石的腐殖土层,土质松软,呈灰黑色。出土有近代陶瓷片。层厚 53 厘米。

三、文化遗物

由于工作时间较短,第一次调查时,仅试掘了很小面积,尚未清理到底,出土的文化遗物数量少,仅 2 件石制品。虽然石器出土数量有限,但亦可说明古人类确曾在这里生活过。

(一) 单凸刃刮削器

标本 93JXP.01,以细粒花岗岩为原料,选用锤击石片为毛坯,经第二步加工而成。台面呈点状,背面有一条棱脊,截面呈三角形。劈裂面上有清楚的打击点和半锥体,修理技术采用锤击法,由劈裂面向背面加工。修疤较小,刃口长 1.7 厘米,刃角 37 度。器身长、宽、厚分别为 4.5、3.1、0.9 厘米(图 2-9-2,2)。

(二) 尖刃器

出自仙人桥洞地层中的尖刃器,即编号为 93JXP.02 的标本(图 2-9-2,1),器身长、宽、厚分别为 5.1、7、1 厘米,系一宽型石片石器,以灰绿色硅质岩为原料,选择锤击宽利石片为毛坯修理而成。石片台面小,为有疤台面。由劈裂面观察,打击点不集中,有清楚的放射线,半锥体浅平。从背面观察,有三个较大的横向剥片疤痕。根据片疤分析,毛坯剥片采用的是转向打法。尖刃位于毛坯的右侧,运用锤击法进行修理,端边的修理则向背面进行加工,而侧边的修理主要是向正面加工。也有三个剥片疤位于劈裂面,修疤比较浅平。端边刃角 52 度,侧边刃角 35 度,尖刃角 95 度。

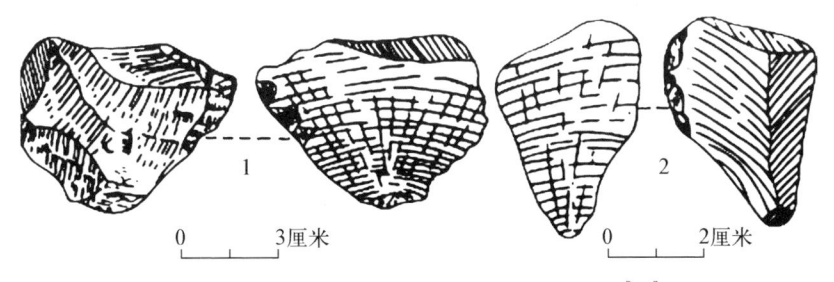

图 2-9-2 吉林蛟河仙人桥洞出土的石器标本图[1]
1. 尖刃器(93JXP.02) 2. 单凸刃刮削器(93JXP.01)

---

[1] 陈全家、程新民:《吉林市地区首次发现的旧石器》,《东北亚旧石器文化》,韩国国立忠北大学校先史文化研究所、中国辽宁省文物考古研究所编辑发行,1996 年,第 247—256 页。

四、结语

根据洞穴的分布高度、地层岩性以及石器特征等分析,推测地质时代属于晚更新世晚期或稍早。因为材料太少,故暂时将其定为属于旧石器时代晚期的一处文化遗存。

第十节 桦甸仙人洞遗址

一、遗址概况

仙人洞位于吉林省桦甸市西北约23千米的寿山上,西南距榆木桥子镇约2.3千米(山的东北角为北安屯),地理坐标为北纬43°09′,东经126°37′。仙人洞位于寿山的东坡上部,海拔高度为460米,距地面高110米。洞口南偏东12度,高2.87、宽3.1米。洞全长约300米,洞内有人类活动堆积的部分可以分为前后两室,前室长约9米,宽敞明亮;后室长约25米,略低于前室,呈甬道形,较阴暗潮湿,洞内总面积约100平方米。从后室向内分成两个支洞,均有各异的洞室、竖井(图2-10-1)。洞外有3米长的平台,其下为悬崖,由其两侧可攀登入室。

1991年5—6月间,吉林大学考古学系在吉林地区进行旧石器野外考古调查时,发现了该遗址,当时在距洞口7米处布了一个横向1×3米的探沟,出土了较丰富的文化遗物,包括石制品、骨制品以及大量的哺乳动物化石和一些鸟类化石。

为进一步了解该遗址的文化内涵,1993年5—6月间,吉林大学考古学系与吉林省文物考古研究所以及区、市、县文物管理部门等单位对遗址进行了正式发掘。本次发掘共分A、B、C三区,A区位于洞口处,沿1991年试掘区的东壁向洞口布1×

1平方米探方14个;B区位于后厅,距A区24米,布1×1平方米探方2个;C区位于A、B两区中间,距A区10米,布1×1平方米探方1个,总发掘面积17平方米(图2-10-1)。A区是本次发掘的重点,B和C区是试掘部分,主要了解文化遗存的分布以及地层堆积情况。通过试掘确知A区至C区的地层内均有文化遗存分布。

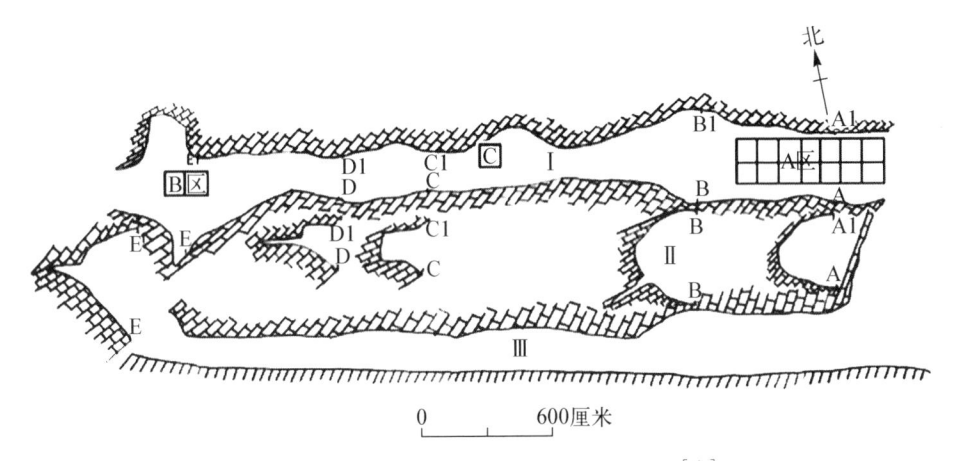

图2-10-1 仙人洞的平剖面图及发掘区分布图[1]
I为平面图,II为各处的横剖面图,III为纵剖面图

本次发掘共获得石制品197件,打制骨器18件,磨制骨器1件,以及大量的动物化石,为该遗址文化性质的认识以及深入研究提供了宝贵资料。

二、地貌及地层

该遗址是构造裂隙洞,洞底呈"V"字形,因此,堆积的范围逐渐变小变窄。洞口处堆积较深,在1991年试掘地层[1]的基础上对该遗址的地层有了进一步的认识。现以A区东壁地层柱状图为例介绍文化堆积情况(图2-10-2),自上而下分为5层:

---

[1] 陈全家等:《吉林桦甸仙人洞旧石器遗址1993年发掘报告》,《人类学学报》2007年第3期,第222—236页。

第1层,黑色砂质土,土质坚硬呈黑色,包含有近现代的瓷片和铁钉等,为近现代的堆积层,厚10—16厘米。

第2层,黄色亚黏土,土质坚硬,包含有石制品、打制骨器、磨制骨器以及大量的动物化石等,还有大量大小不等的石灰岩块。在东南角地层被现代灰坑所打破。地层厚44—48厘米,深54—64厘米。

第3层,黄褐色亚黏土,土质较硬,内有较多的石灰岩块,最大者22×48厘米。该层含有丰富的石制品、打制骨器以及动物化石等。文化层厚80厘米,深136—148厘米。

第4层,红褐色亚黏土,土质较硬,也存在较多的石灰岩块,最大者30×68厘米,出有较少的石制品和较多的动物化石,文化层堆积厚86—92厘米,深230厘米。

第5层,棕红色亚黏土,土质黏重,含有少量的石灰岩块以及少量的动物化石,未见石制品。文化堆积厚20—30厘米,深260厘米,已见底。

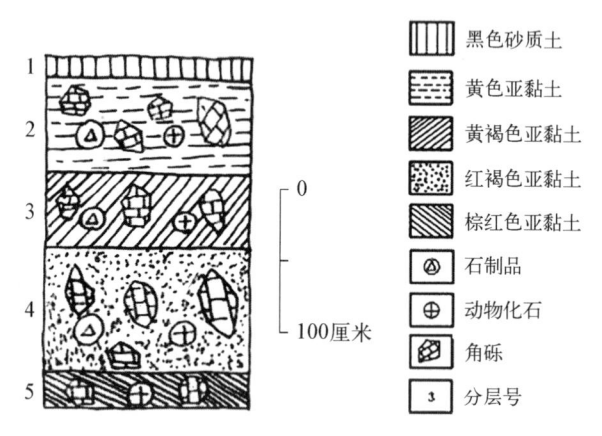

图2-10-2 仙人洞遗址地层柱状图[1]

以上地层因洞内潮湿,有些地方常年积水,化学风化比较严重,所以出土的部分骨片被水溶蚀甚至呈穿孔状,石制品也风化较严重,无水冲磨和搬运现象。

---

[1] 陈全家等:《吉林桦甸仙人洞旧石器遗址1993年发掘报告》,《人类学学报》2007年第3期,第222—236页。

三、文化遗物

依据地层年代测试、出土石制品的原料种类区别、第三类工具种类所占比率多少、磨制骨器的出现等因素,将第2、第3、第4文化层划分为两期,其中第2层为上文化层,第3、4层为下文化层。以下分期介绍文化遗物。

(一) 上文化层

本文化层共发现石制品72件,其中A区61件,B区11件;打制骨器9件,其中A区6件,B区3件;磨制骨器1件,见于A区。

1. 文化遗物的空间分布

A区为本次的主要发掘区,文化遗物的平面与纵向分布如图2-10-3、2-10-4所示,从石制品与骨制品的分布来看,在平面上,靠近南壁中间的几个探方分布较多,说明古代人习惯在该区域内从事相关活动。在纵向上,遗物呈连续分布状态,无明显集中分布层。

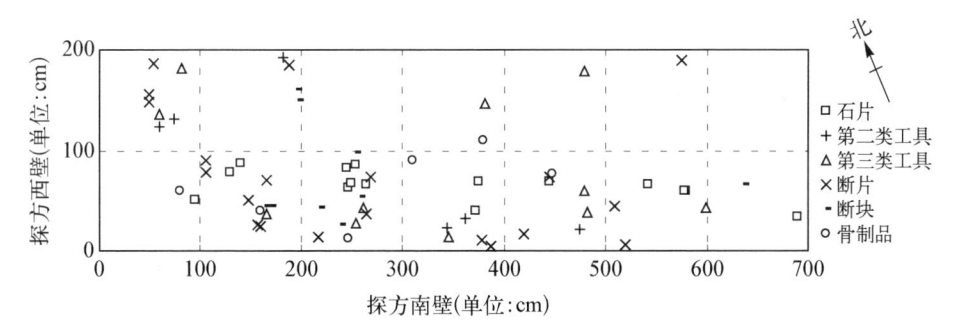

图2-10-3 仙人洞遗址A区上文化层遗物平面分布[1]

---

[1] 陈全家等:《吉林桦甸仙人洞旧石器遗址1993年发掘报告》,《人类学学报》2007年第3期,第222—236页。

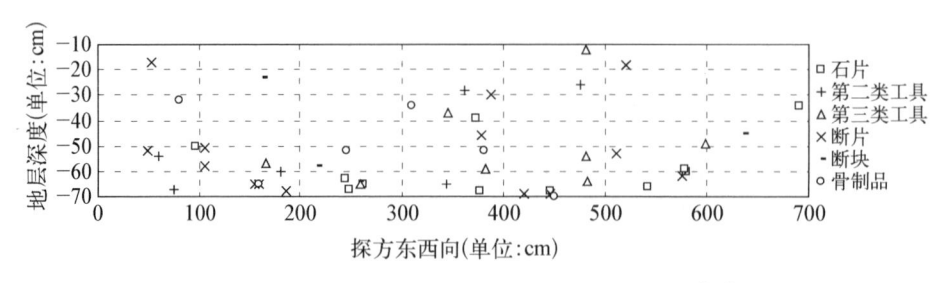

图 2-10-4　仙人洞遗址 A 区上文化层遗物纵向分布[1]

2. 石制品

共发现 72 件，包括：完整石片、断片、断块、第二类和第三类工具（如表 2-10-1）。

表 2-10-1　上文化层石制品分类统计表[2]

类型\数量项目	完整石片	断片	断块	第二类工具			第三类工具							总计	百分比(%)
				刮削器	砍砸器	总计	刮削器		尖状器		雕刻器	锛形器	砍砸器	石钻	合计		
							单凸刃	长身圆头	正尖	角尖							
角岩	14	12	5	2	2	4		1	1	2	1	2	1	8	43	59.7
石英	2	5		1		1	1						1	9	12.5
流纹岩	1	1		1		1								3	4.2
流纹斑岩	2	2												4	5.6
板岩	1		1											2	2.8
石英岩		2					2				1			3	5	6.9
硅质灰岩			5											5	6.9

---

[1] 陈全家等：《吉林桦甸仙人洞旧石器遗址 1993 年发掘报告》，《人类学学报》2007 年第 3 期，第 222—236 页。

[2] 陈全家等：《吉林桦甸仙人洞旧石器遗址 1993 年发掘报告》，《人类学学报》2007 年第 3 期，第 222—236 页。

(续表)

数量 项目	类型 完整石片	断片	断块	第二类工具 刮削器	砍砸器	总计	第三类工具 刮削器 单凸刃	长身圆头	尖状器 正尖	角尖	雕刻器	锛形器	砍砸器	石钻	合计	总计	百分比(%)
黑曜岩								1							1	1	1.4
总计	20	22	11	4	2	6	3	1	1	1	2	2	2	1	13	72	100
百分比(%)	27.8	30.6	15.3			8.3									18.1	100.1	

石制品的原料有角岩、石英、石英岩、流纹岩、流纹斑岩、硅质灰岩、黑曜岩、板岩等几种,其中以角岩的数量最多,占59.7%,其次为石英、石英岩、硅质灰岩等。除黑曜岩外,其他几种石料均见于寿山河的河漫滩上,并从石材上保留的部分砾石面分析,该遗址的石料来源应当是就地取材。而用黑曜岩加工的石制品,仅见有一件加工精美的刮削器,推测可能是外来的输入品,其产地还有待进一步研究。

在石制品的组成中,断片的数量最多,占总数的30.6%,其余依次为完整石片、第三类工具、断块和第二类工具。

石制品的大小按照卫奇先生的划分标准[1],是以小型为主,长度集中在20—50毫米,也有一定数量的中型(长度在50—100毫米)和少量的微型(小于20毫米)和大型石制品(大于100毫米)(图2-10-5)。

(1) 石片

完整石片。共20件,占本层石制品总数的27.8%,仅次于断片。均采用锤击法剥片,未发现砸击技术的产品,而第一次试掘也仅发现1件砸击石核[2],可以说明该遗址是以锤击法剥片为主。

石片的原料以角岩为主,有14件,占石片总数的70%。其观察、测量结果见表2-10-2。

---

[1] 卫奇:《石制品观察格式探讨》,《第八届中国古脊椎动物学学术年会论文集》,海洋出版社,2001年,第209—218页。
[2] 陈全家等:《吉林桦甸寿山仙人洞旧石器遗址试掘报告》,《人类学学报》1994年第1期,第12—19页。

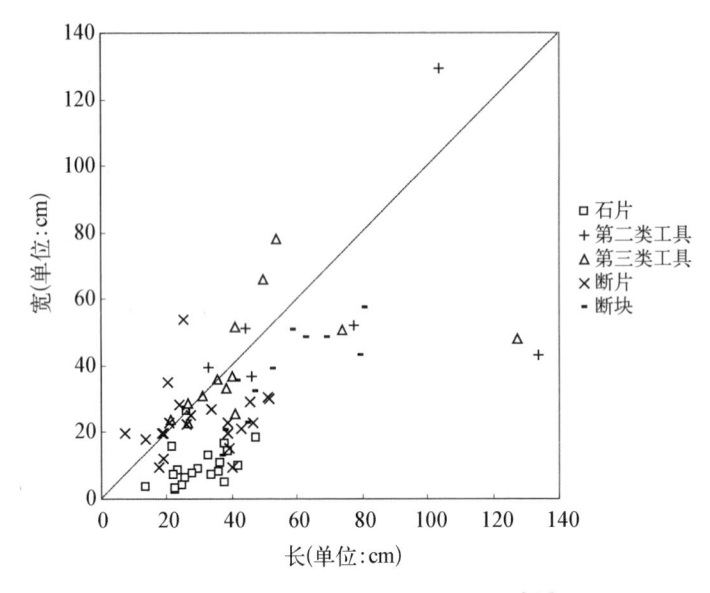

图 2-10-5　上文化层石制品大小统计[1]

表 2-10-2　完整石片统计表[2]

台面特征	点状		线状		砾石台面		素台面		有疤		总计
数量及百分比	3	15%	2	10%	9	45%	5	25%	1	5%	20
背面形态	全疤				疤砾结合				全砾		
数量及百分比	13		65%		7		35%		0		0
石片背面疤方向	同向					异向					
数量及百分比	12		63.2%			7		36.8%			19
背面石片疤数量	1个				2个				3个以上		
数量及百分比	4		21.1%		6		31.6%		9		47.4%	19

---

[1] 陈全家等:《吉林桦甸仙人洞旧石器遗址 1993 年发掘报告》,《人类学学报》2007 年第 3 期,第 222—236 页。

[2] 陈全家等:《吉林桦甸仙人洞旧石器遗址 1993 年发掘报告》,《人类学学报》2007 年第 3 期,第 222—236 页。

(续表)

台面角	79度—90度		91度—120度		最大	平均	
数量及百分比	5	33.3%	10	66.7%	119度	100.1度	15
石片重量(克)	0.98—10		10—20	20—30	30以上	最大重	平均
数量及百分比	14 70%	3 15%	1 5%	2 10%	43.35	10.77	20
石片厚(毫米)	2.78—10		10—20	20以上	最大厚	平均	
数量及百分比	13 65%	6 30%	1 5%	26.5	9.9	20	

注：有一件石片的背面为节理面，未列入石片背面项目的统计。

台面分为自然台面和人工台面两种。其中，自然台面包括点状、线状和砾石面，占总数的 70%；人工台面包括素台面和有疤台面。背面的形态特征反映出人们的剥片行为，本文将背面分为全疤、全砾和疤砾结合三种，以全疤的数量最多，占总数的 65%，疤砾结合的占 35%。不见全砾的标本。背疤的数量多于 3 个以上者占总数的 47.4%。其次为 2 个疤，1 个疤的最少。背疤同向者数量最多占 63.2%，而异向者仅占 36.8%。

腹面多数较平，因石材和风化等原因，放射线和同心波不是很明显。

石片的形状很不规则，只有少数呈不规则的三角形、梯形，其中两件背部有一脊的较长石片。

断片。22 件，占石制品总数的 30.6%，在各类石制品中数量最多，其中，横向断裂的石片又分为近端 2 件、中段 3 件、远端 7 件；纵向断裂的石片，又分为左边 4 件、右边 2 件；不规则断片（可以辨认部分石片的特征，又无法归入者）2 件。多数断片为小型，长度集中在 20—50 毫米左右，平均长度为30.3 毫米。

(2) 断块

11 件，占石制品总数的 15.3%。难以归类的块状体，没有一定的固定形态，上面保留有或多或少的人工痕迹。石料有角岩、硅质灰岩、石英岩和板岩等。重量大小不等，最大的 130.5 克，最小的 6.8 克，平均重 54.1 克。

(3) 工具

a. 第二类工具

共发现6件[1]，占石制品总数的8.3%，可以分为刮削器和砍砸器两类。

刮削器。4件，均为单刃。标本93HX.AT62b.:7，长45.8、宽36.6、厚8.4毫米，是一双阳面石片，石片的一侧为一直刃，上有不连续的使用疤痕（图2-10-6,1）。

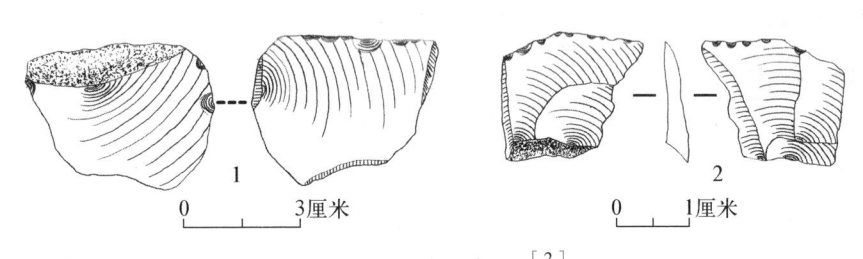

图2-10-6 第二类工具[2]
1—2. 刮削器（93HX.AT62b.:7、93HX.AT72b.:10）

砍砸器。2件，长度在100毫米以上。93HX.AT41b.:2，宽10.3、厚12.9厘米，重723.3克，为一半圆形角岩石片，未经修理，在使用的弧刃上留有不规则的石片疤。93HX.AT41b.:7，宽13.4、厚43.1厘米，重228.3克，为断片，呈长条形，一端有不规则、不连续的使用疤痕，酷似现代生活中的镢头。

b. 第三类工具

共发现13件，占石制品总数的18.1%，可以分为刮削器、尖状器、雕刻器、锛形器、石钻和砍砸器六类。

刮削器。4件，可以分为单凸刃和长身圆头两种。均由石片加工而成。

单凸刃。3件，原料以石英岩为主，2件向背面修理，1件复向加工，用硬锤在石片远端修理出刃。标本93HX.AT51b.:24，不规则形，长26.8、宽22.7、厚9.1毫米，重5.4克，背有一脊，截面呈三角形，在远端向背面修理出凸刃，修疤较小，刃缘不整齐，刃角51度。

---

[1] 对第二类工具数量的统计，是以肉眼可以观察到的使用痕迹为标准，但是，第二类工具实际的数量要多于统计的数字。

[2] 陈全家等:《吉林桦甸仙人洞旧石器遗址1993年发掘报告》，《人类学学报》2007年第3期，第222—236页。

长身圆头。1件,标本93HX.AT32b.:1,原料为黑曜岩,整体形状呈舌形,长73.9、宽50.8、厚17.3毫米,重62.5克。背面全疤,中有一脊,脊的近端被石片疤所打断,锤击法修理,在远端向背面修理出一圆弧形刃,刃角65度,在两侧边也进行修理,均平直,一侧为复向加工,另一侧向背面修理,整体加工细致,多层修疤,疤痕较浅平,刃缘较平齐。该质料的石制品仅发现1件(图2-10-7,1)。未见修理的碎屑,可能是一件外来品。

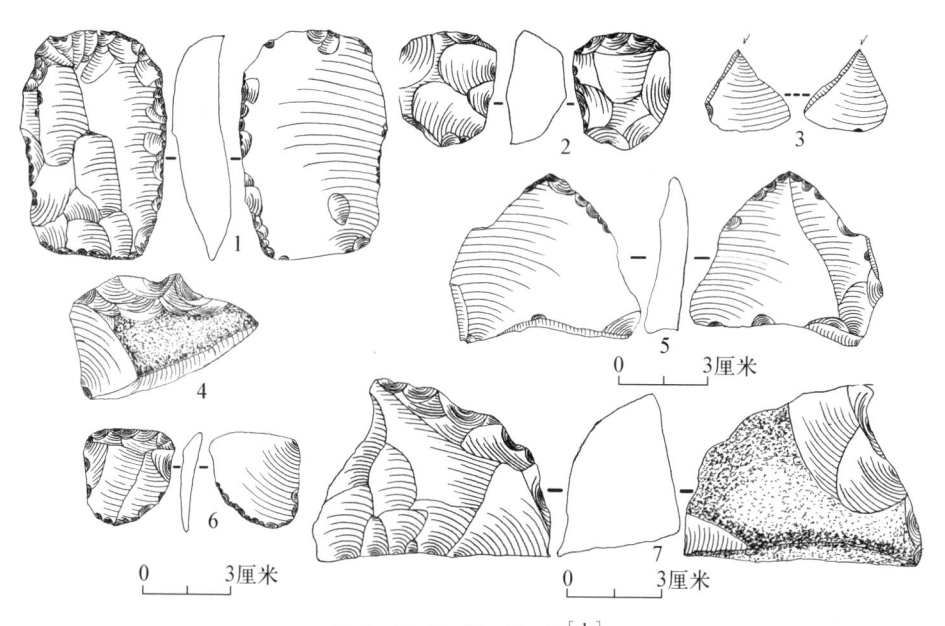

图2-10-7 第三类工具[1]
1. 刮削器(93HX.AT32b.:1) 2、6. 锛形器(93HX.AT31b.:10、93HX.AT21b.:3)
3. 雕刻器(93HX.BT11b.:5) 4. 石钻(93HX.AT61b.:20)
5. 尖状器(93HX.AT72b.:29) 7. 砍砸器(93HX.AT41b.:6)

尖状器。2件,皆为角岩石片加工而成,分别为角尖和正尖。标本93HX.AT72b.:29,为正尖尖状器,呈三角形,长49.7、宽66、厚14.6毫米,重42.8克,修理刃口较短,集中在尖部,一侧边修疤浅平,刃缘薄锐,另一侧边修疤短深,刃缘较钝,

---

[1] 陈全家等:《吉林桦甸仙人洞旧石器遗址1993年发掘报告》,《人类学学报》2007年第3期,第222—236页。

尖角104度(图2-10-7,5)。

雕刻器。2件,皆为屋脊型雕刻器,石片加工而成。标本93HX.BT11b.：5,呈三角形,长26.7、宽28.5、厚3.8毫米,重2.1克,腹、背面比较平整,在毛坯的一侧左右互击一下形成一个凿子形的刃口,刃角58度(图2-10-7,3)。

锛形器。2件。93HX.AT31b.：10,原料为石英岩,呈梯形,长40.1、宽33.0、厚21.4毫米,重28.7克,在石片远端复向加工出凸刃,修疤浅平,刃缘平直,刃口较钝,刃角96度,两侧边复向修理出形状,修疤不均匀,比较粗糙(图2-10-7,2)。93HX.AT21b.：3,以石片为毛坯,器体长31.2、宽30.9、厚7.5毫米,重7.3克,在石片较厚一侧向背面加工,形成一较钝的刃口,刃角65度,相对一端比较薄锐,采用复向加工修理,可能为装柄用(图2-10-7,6)。

石钻。1件,93HX.AT61b.：20,以厚的左边石片为毛坯,在背面有一陡坎,向背面连续修理,中间留有一短尖,形成短尖双肩石钻,多层修疤,修疤较深,体长41.1、宽62.9、厚28.8毫米,重58.5克(图2-10-7,4)。

砍砸器。2件。93HX.AT41b.：6,以角岩石核为坯料,毛坯较凸一面有多个石片疤,凹凸不平;另一面比较平整,在远端向凸面修理,修疤不均匀,刃缘呈弧形,刃角79度,长53.5、宽78.1、厚44.5毫米,重210克(图2-10-7,7)。另1件用角岩断块加工而成。

3. 骨制品

在发现的大量碎骨中,有一部分具有人工痕迹,其中有敲骨食髓和加工成器者,而成为工具的数量较少,共计10件。其中磨制骨器1件,打制骨器9件。

(1) 磨制骨器

1件。标本93HX.AT72b.：1,两端已断,残长114.4毫米,系用动物肋骨直接磨制而成,截面呈不规则半圆形,一端较粗,向另一端渐细,最大径11.2毫米,最小径8.7毫米。通体磨光,留有数个清楚的磨制平面,平面上有清楚的磨擦痕,是一件骨锥的中间部分(图2-10-8,1)。

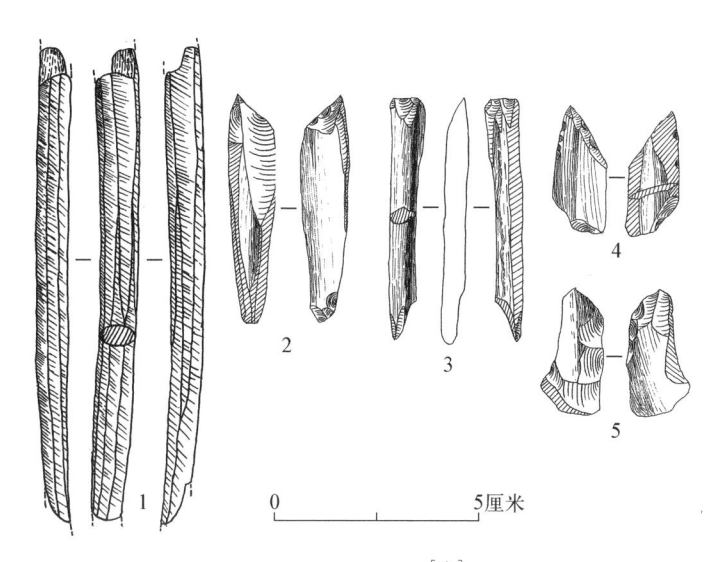

图 2-10-8 骨器[1]

1. 磨制骨器(93HX.AT72b.:1)　2、5. 刮削器(93HX.AT42b.:1、93HX.BT11b.:16)
3. 凿状器(93HX.AT51b.:20)　4. 尖状器(93HX.BT11b.:59)

（2）打制骨器

9件。可分为刮削器、尖状器、凿状器三类。

刮削器。5件。分为端刃类和横刃类。

端刃类。4件。在骨片的长轴一端连续打击，形成一个刃口。标本93HX.AT42b.:1，长77.6毫米，宽16.3毫米，在长轴一端由骨内壁向外壁连续修理形成斜刃，刃缘锋利（图2-10-8,2）。

横刃类。1件。在骨片长轴的侧边加工修理，形成与长轴方向平行的刃口。93HX.BT11b.:16，长43.6、宽19.6毫米，沿骨片长轴的侧边复向加工出刃口，刃缘曲折（图2-10-8,5）。

尖状器。2件。两件形制基本一致，标本93HX.BT11b.:59，长43、宽17.7毫米，以长骨骨片为毛坯，在骨片一端向两侧修理，中间形成一薄锐长尖，比较锋利（图2-10-8,4）。

---

[1] 陈全家等:《吉林桦甸仙人洞旧石器遗址1993年发掘报告》,《人类学学报》2007年第3期,第222—236页。

凿状器。2件。用厚的长骨骨片加工而成,一端为薄锐的刃口,另一端有劈裂的疤痕。标本93HX.AT51b.：20,长82.8、宽12.3毫米,一端为直刃,比较薄锐,多层修疤,并有使用痕迹,另一端较尖,尖部周围也有少量修疤(图2-10-8,3)。

(二) 下文化层

本文化层发现石制品125件,其中A区117件,B区8件;打制骨器9件,皆在A区。

1. 遗物的空间分布

文化遗物的空间分布以A区第3层为例,分布如图2-10-9、2-10-10所示。

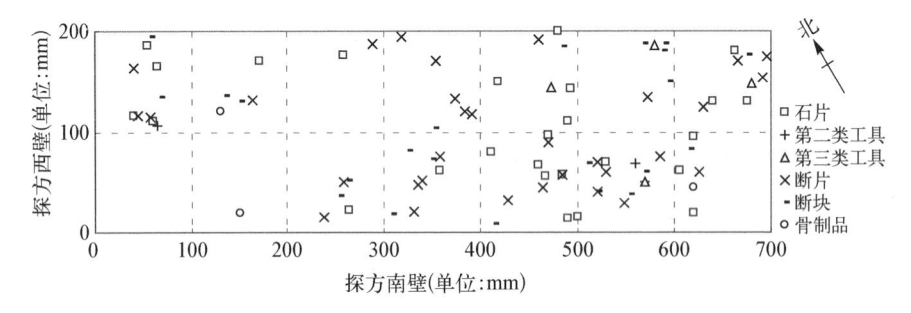

图2-10-9 A区第3层遗物平面分布图[1]

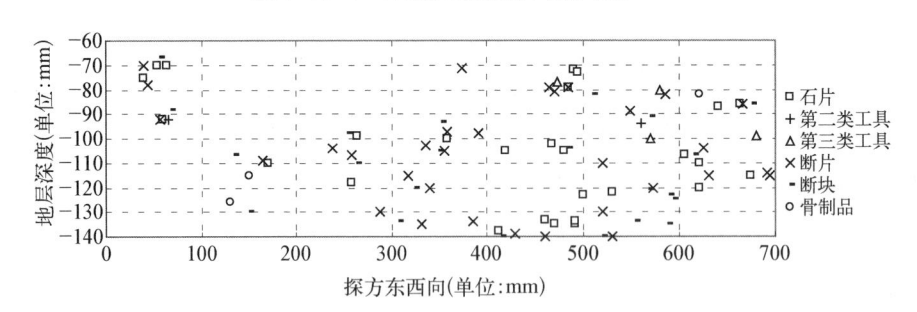

图2-10-10 A区第3层遗物纵向分布图[2]

---

[1] 陈全家等：《吉林桦甸仙人洞旧石器遗址1993年发掘报告》,《人类学学报》2007年第3期,第222—236页。

[2] 陈全家等：《吉林桦甸仙人洞旧石器遗址1993年发掘报告》,《人类学学报》2007年第3期,第222—236页。

在平面上，石制品与骨制品在探方的东侧分布较多，即多分布于洞口的位置；在纵向上，遗物散漫地分散于整个地层，无集中分布层。

2. 石制品

共发现125件，其中包括：石核、完整石片、断片、断块、第二类工具和第三类工具（如表2-10-3）。

表2-10-3　下文化层石制品分类统计表[1]

类型\数量项目	石核	完整石片	断片	断块	第二类工具	第三类工具 刮削器 单凸刃	第三类工具 刮削器 单凹刃	第三类工具 刮削器 单直刃	第三类工具 琢背小刀	第三类工具 尖状器	第三类工具 小计	总计	百分比(%)
角岩	1	27	37	8	2		1	2	1		4	79	63.2
流纹斑岩		2	2									4	3.2
石英		7	5	11						1	1	24	19.2
硅质灰岩		2	1	4								7	5.6
石英岩				5	1						1	6	4.8
流纹岩			3		1	1					1	5	4.0
总计	1	38	48	28	3	2	1	2	1	1	7	125	100
百分比(%)	0.8	30.4	38.4	22.4	2.4						5.6	100	

石制品的原料有角岩、流纹斑岩、石英、石英岩、硅质灰岩、流纹岩等几种，其中以角岩的数量最多，占63.2%，其次为石英，还有少量的硅质灰岩、石英岩、流纹岩和流纹斑岩。这几种石料，均为就地取材。

在石制品的组合中，断片的数量最多，占总数的38.4%，其余依次为完整石片、断块、第三类工具、第二类工具和石核。第三类工具的比重仅为5.6%，第二类工具

---

[1] 陈全家等：《吉林桦甸仙人洞旧石器遗址1993年发掘报告》，《人类学学报》2007年第3期，第222—236页。

和石核的比重则更低。

石制品以20—50毫米的小型石制品为主,其次为50—100毫米之间的中型石制品,还有少量小于20毫米的微型石制品,无大于100毫米的大型石制品(图2-10-11)。

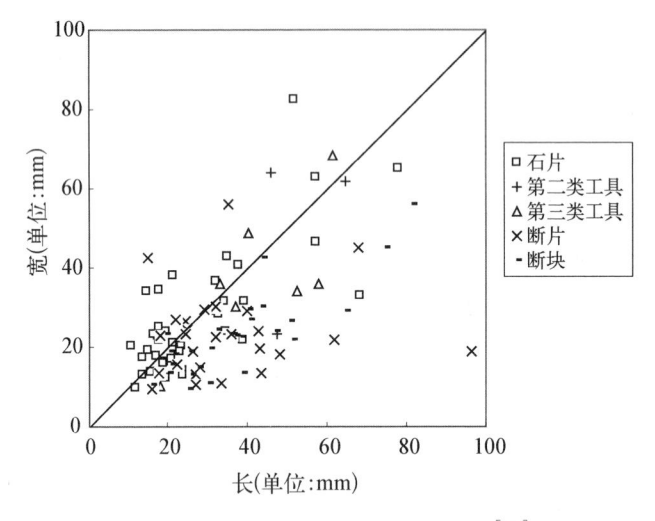

图2-10-11 下文化层石制品大小统计[1]

(1) 石核

1件。93HX.BT11c.:20,双台面锤击石核,整体呈不规则锥形,高71.5毫米,两台面呈钝角相交,主台面呈不规则圆形,最大长95.8毫米,最大宽77.4毫米,通过台面修整来不断调整台面角,有两个工作面,均有多个剥片疤,疤痕多为长型;另一台面位于主台面一侧,呈不规则梯形,最大长84.9毫米,最大宽43.5毫米,上有多个石片疤,石核底部有反向破碎的小疤(图2-10-12),可能是在剥片时放置在物体上的结果。

(2) 石片

a. 完整石片

共38件,占本层石制品总数的30.4%,仅次于断片。均采用锤击法剥片,原料

---

[1] 陈全家等:《吉林桦甸仙人洞旧石器遗址1993年发掘报告》,《人类学学报》2007年第3期,第222—236页。

也以角岩为主。其观察、测量结果见表 2-10-4。

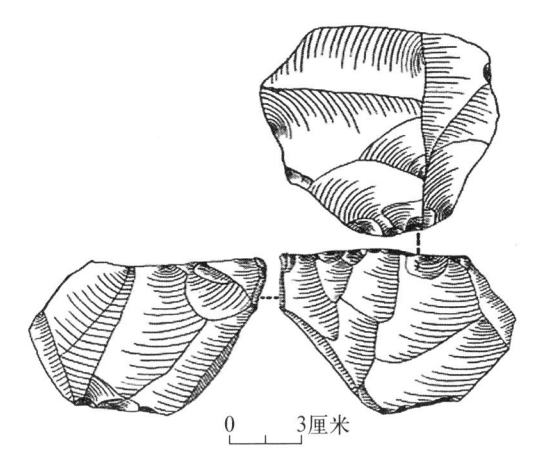

图 2-10-12 石核(93HX.BT11c.:20)[1]

表 2-10-4 下文化层完整石片统计表[2]

台面特征	点状台面		线状台面		砾石台面		素台面		有疤台面		总计
数量及百分比	4	10.5%	2	5.3%	10	26.3%	13	34.2%	9	23.7%	38
背面形态	全疤			疤砾结合			全砾				
数量及百分比	30	78.9%		4	10.5%		4	10.5%			38
背面石片疤方向	同向				异向						
数量及百分比	14		41.2%		20		58.8%				34
背面石片疤数量	1 个			2 个			3 个以上				
数量及百分比	4	11.8%		6	17.6%		24	70.6%			34
台面角	69 度—90 度		91 度—120 度		120 度以上		最大		平均		
数量及百分比	5	15.4%	24	73.1%	3	11.5%	125 度		104 度		32

---

[1] 陈全家等:《吉林桦甸仙人洞旧石器遗址 1993 年发掘报告》,《人类学学报》2007 年第 3 期,第 222—236 页。
[2] 陈全家等:《吉林桦甸仙人洞旧石器遗址 1993 年发掘报告》,《人类学学报》2007 年第 3 期,第 222—236 页。

石片重量(克)	0.47—10		10—20		20—30		30 以上		最大重	平均	
数量及百分比	27	65.5%	5	17.2%	2	3.4%	4	13.8%	50.55	10.3	38
石片厚(毫米)	2.58—10		10—20		20 以上				最大厚	平均	
数量及百分比	29	72.4%	7	20.7%	2	6.9%			25.56	8.3	38

自然台面包含点状、线状、砾石台面三类,所占比重为42.1%;人工台面包括素台面和有疤台面两类,所占比重为57.9%。

背面为全砾和疤砾结合的各占10.5%,而全疤的高达78.9%。背疤以3个以上者数量最多,占总数的70.6%,其次为2个,1个最少。背疤异向者数量稍多,占58.8%,同向者为41.2%。

腹面多数较平,放射线和同心波不是很明显。石片的形状多不规则。

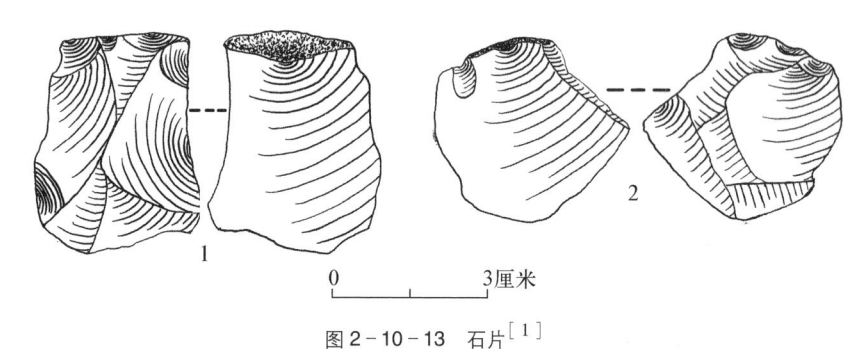

图 2-10-13 石片[1]
(93HX.AT51c.:30、93HX.AT32c.:27)

b. 断片

48件,占石制品总数的38.4%,在各类石制品中数量最多。其中,纵向断裂的左边石片12件,右边石片5件;横向断裂的近端石片4件,远端石片14件;不规则石片13件。多数为小型,长度在20—50毫米,平均30.6毫米。

---

[1] 陈全家等:《吉林桦甸仙人洞旧石器遗址1993年发掘报告》,《人类学学报》2007年第3期,第222—236页。

(3) 断块

28 件,占石制品总数的 22.4%。石料有角岩、硅质灰岩、石英、石英岩等,最小的重 1.6 克,最大的重 114.1 克,平均重 20 克。

(4) 工具

a. 第二类工具

共 3 件,占石制品总数的 2.4%,皆为刮削器,形状比较规整,刃口比较锋利,有不连续的使用疤痕。标本 93HX.AT21c.：27,长 47.5、宽 23.2 毫米,原料为流纹岩,呈四边形,背面有一脊,截面呈三角形,一侧刃上有不连续的使用疤痕(图 2-10-14,2)。

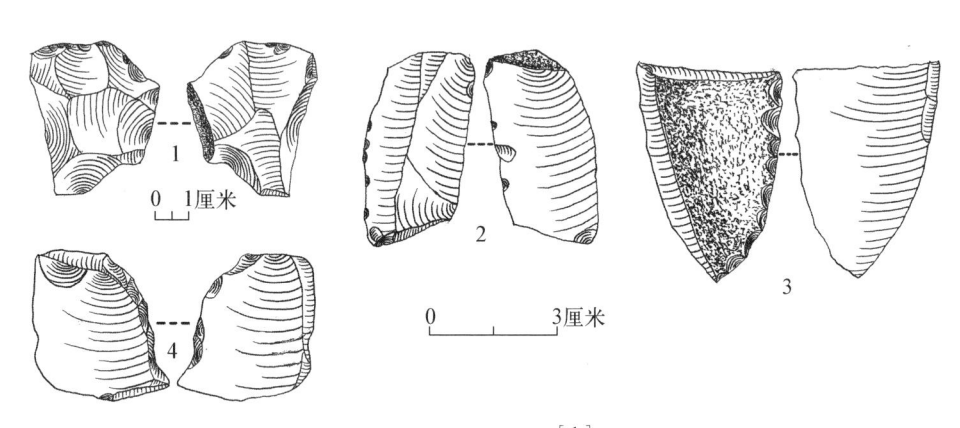

图 2-10-14 工具[1]

1、3. 刮削器(93HX.AT12c.：24、93HX.AT32d.：35) 2. 第二类工具(93HX.AT21c.：27)
4. 琢背小刀(93HX.AT32c.：28)

b. 第三类工具

共 7 件,分为刮削器、尖状器和琢背小刀三类。

刮削器。5 件,均为单刃,根据刃口形状又分为凸、凹和直刃。

凸刃 2 件,以石片为坯料,皆向背面加工。标本 93HX.AT12c.：24,周身为石片疤,在石片的一侧边加工修理,修疤大小不等,刃缘曲折,刃角 53 度,长 40.3、宽

---

[1] 陈全家等:《吉林桦甸仙人洞旧石器遗址 1993 年发掘报告》,《人类学学报》2007 年第 3 期,第 222—236 页。

48.8、厚12.9毫米,重20.9克(图2-10-14,1)。

凹刃1件,93HX.AT22c.：14,以角岩断块为坯料,向断面加工,修疤浅平,刃缘较短,刃角78度,体长57.7、宽35.5、厚26.0毫米,重39.6克。

直刃2件,皆以角岩断片为坯料,向背面加工。标本93HX.AT32d.：35,在石片一侧加工修理,单层修疤,排列整齐,刃角49度,长52.4、宽34.3毫米(图2-10-14,3)。

尖状器。1件,93HX.AT71d.：33,以石英断片为坯料,为角尖尖状器,一侧刃为向背面加工,修疤浅平,刃缘较直,比较薄锐,另一刃复向加工,修疤比较细小、浅平、连续,尖角108度,长18.6、宽10.3毫米。

琢背小刀。1件,93HX.AT32c.：28,以角岩石片为坯料。长37.3、宽30.3毫米。在石片一侧有一纵向石片疤,形成薄锐的刃口；另一侧采用对向加工,修疤垂直于石片,形成一平面。背面比较凹,劈裂面比较凸,都比较光滑,可以用中指和拇指捏住小刀两侧,食指按于刀背来使用(图2-10-14,4)。

3. 骨器

共8件,分为刮削器和雕刻器打法的骨器两类。

刮削器。6件,以长骨骨片为坯料,在一侧或者一端加工出刃口,分为横刃类5件,端刃类1件。标本93HX.AT21d.：48,为端刃类,长47.87毫米,宽17.3毫米。在长骨骨片的一端复向加工出一凸刃,修疤较小(图2-10-15,1)。93HX.AT21d.：45,长58.8毫米,宽20毫米,为横刃类,在与骨片长轴平行的一侧复向加工出一刃,修疤浅平,上有使用痕迹(图2-10-15,3)。

雕刻器打法的骨器。2件,以骨壁较厚的骨片为坯料,在一端向两侧修理,形成凿子形的刃口。标本93HX.AT11c.：8,长46.5、宽26.9、厚7.2毫米。骨片骨壁较厚,骨质致密,比较坚硬,在骨片一端向两侧互击,形成凿子形刃口,类似屋脊型雕刻器(图2-10-15,2)。

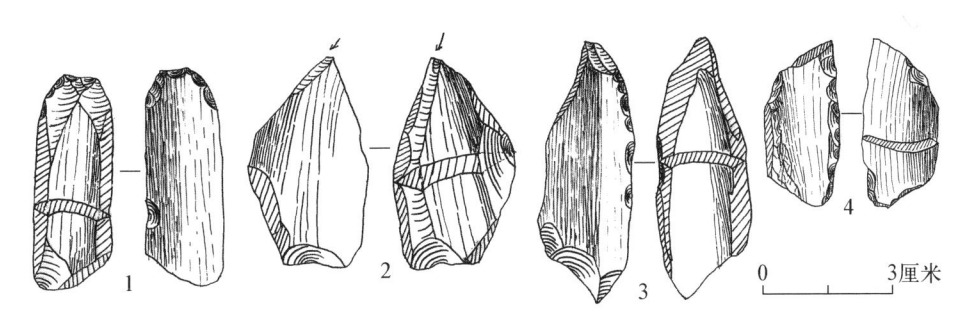

图 2-10-15 骨器[1]

1、3、4. 刮削器(93HX.AT21d.：48、93HX.AT21d.：45、93HX.AT22d.：33)
2. 雕刻器打法的骨器(93HX.AT11c.：8)

(三) 动物化石

1. 动物化石出土概况

该遗址共分 5 层,其中第 1 层为近现代堆积,未发现动物化石;第 2—4 层为旧石器时代堆积,出土大量石制品、骨制品和动物化石;第 5 层未发现人类活动遗物,仅有少量动物化石。本文研究的动物化石主要来自第 2—4 层,共 1 066 件(表 2-10-5)。在动物化石中,有 384 件标本可以确定其部位,113 件牙齿及牙齿碎块,这两项中有 155 件可以鉴定动物的种属。另有 569 件因破碎或者风化严重,难以鉴定种属和部位,占化石总数的一半以上。

表 2-10-5 仙人洞遗址动物化石出土统计[2]

项目 \ 单位	第 2 层	第 3 层	第 4 层	脱 层	总 计
化石总数	334	333	153	246	1 066
可鉴定部位	147	122	62	53	384

---

[1] 陈全家等:《吉林桦甸仙人洞旧石器遗址 1993 年发掘报告》,《人类学学报》2007 年第 3 期,第 222—236 页。

[2] 陈全家等:《吉林桦甸仙人洞旧石器遗址 1993 年发掘报告》,《人类学学报》2007 年第 3 期,第 222—236 页。

(续表)

项目 \ 单位	第2层	第3层	第4层	脱层	总计
牙齿	45	34	6	28	113
可鉴定种属	54	40	17	44	155
不可鉴定	142	177	85	165	569

384块可以鉴定部位的化石共包括头骨(包含下颌骨)、椎骨、肋骨、肩胛骨、臂骨(包括肱骨、尺骨、桡骨)、前脚骨(包括腕骨、掌骨、指骨)、髋骨(包括髂骨、坐骨)、腿骨(包括股骨、胫骨、腓骨)、后脚骨(包括跗骨、跖骨、趾骨)等部位,基本上包含了动物全身的骨骼,其中数量最多的为后脚骨,其次为头骨,另有少量的肢骨化石,大量长骨已经破碎成骨片,难以确定其部位和种属(表2-10-6)。

表2-10-6 仙人洞遗址可鉴定动物骨骼部位统计[1]

部位 \ 单位	头骨	椎骨	肋骨	肩胛骨	臂骨	前脚骨	髋骨	腿骨	后脚骨	总计
第2层	33	20	17	2	8	17	5	7	38	147
第3层	28	4	20	9	10	3		8	40	122
第4层	7	7	3	2	15	2	8	3	15	62
脱层	8	1	4		14	1	1	6	18	53
总计	76	32	44	13	47	23	14	24	121	384

2. 动物化石的种属鉴定及分析

发现的1 066件动物化石中,仅有154件可以鉴定其种属,可鉴定率仅为14.5%,包括7目13科21属。具体种属及其材料如下[2]:

---

[1] 陈全家等:《吉林桦甸仙人洞旧石器遗址1993年发掘报告》,《人类学学报》2007年第3期,第222—236页。

[2] 陈全家等:《桦甸仙人洞遗址出土的动物化石与孢粉》,《人类学学报》2013年第1期,第52—62页。

鸟纲(*Aves*)
　新鸟亚纲(*Neornithes*)
　　突胸总目(*Carinatae*)
　　　雁行目(*Anseriformes*)
　　　　鸭科(*Anatidae*)
　　　　　鸭(未定种)(*Anas sp.*)

脱层：跗蹠骨(1)，代表1个个体。

　　　雞形目(*Galliformes*)
　　　　雉科(*Phasianidae*)
　　　　　雉属(*Phasianus*)
　　　　　　雉(未定种)(*Phasianus sp.*)

脱层：腕掌骨(1)，代表1个个体。

　哺乳动物纲(*Mammalia*)
　　兽亚纲(*Theria Parker et Haswell*, 1897)
　　　真兽次纲(*Eutheria Gill*, 1872)
　　　　啮齿目(*Rodentia Bowdich*, 1821)
　　　　　仓鼠科(*Cricetidae Rochebrune*, 1883)
　　　　　　鼢鼠属(*Myospalax Laxmann*, 1769)
　　　　　　　东北鼢鼠[*Myospalax psilurus* (Milne-Edwards, 1974)]

脱层：下颌骨(左1，右1)，股骨(左3)，肱骨(左3，右3)，尺骨(左6，右2)，胫骨(左1)，共20件，最少代表6个个体。

　　　　　　鼠平鼠属(*Clethrionomys Tilesius*, 1850)
　　　　　　　棕背鼠平鼠(*C. rofucannus Sundevall*, 1846)

脱层：下颌骨(左1)，代表1个个体。

　　　　　　麝鼠属(*Ondatra*)
　　　　　　　麝鼠(*Ondatra zibethicus*)

脱层：下颌骨(左1)，代表1个个体。

兔形目(*Lagomorpha Brandt*, 1885)

兔科(*Leporidae Gray*, 1821)

野兔属(*Lepus Linnaeus*, 1785)

野兔(未定种)(*Lepus sp.*)

脱层：门齿(右上1,左上1),共2件,最少代表1个个体。

鼠兔科(*Ochotonidae Thomas*, 1897)

鼠兔属(*Ochotona Link*, 1795)

鼠兔(未定种)(*Ochotona sp.*)

脱层：下颌骨(右1),股骨(左1),共2件,代表1个个体。

食肉目(*Carnivora Bowdich*, 1821)

鼬科(*Mustelidae Swainson*, 1835)

鼬属(*Mustela Linnaeus*, 1758)

鼬(未定种)(*Mustela sp.*)

第3层：下颌骨(左1),代表1个个体。

第4层：下颌骨(右1),代表1个个体。

脱层：尺骨(左2),下颌骨(左1,右1),共4件,最少代表2个个体。

犬科(*Canidae Gray*, 1821)

狐属(*Vulpes Frisch*, 1775)

狐(未定种)(*Vulpes sp.*)

第4层：尺骨(右近1)(图2-10-16,4),代表1个个体。

豺属(*Cuon Hodgson*, 1837)

似北豺(*Cuon cf. alpinus Pallas*, 1811)

第2层：犬齿(1),门齿(2),臼齿(2),下颌骨(左2,右1)(图2-10-16,7),桡骨(左1),距骨(右1),共10件,至少代表2个个体。

第3层：下颌骨(右1),肱骨(远1),桡骨(左近1),跟骨(右1),共4件,最少代表1个个体。

脱层：门齿(2),最少代表1个个体。

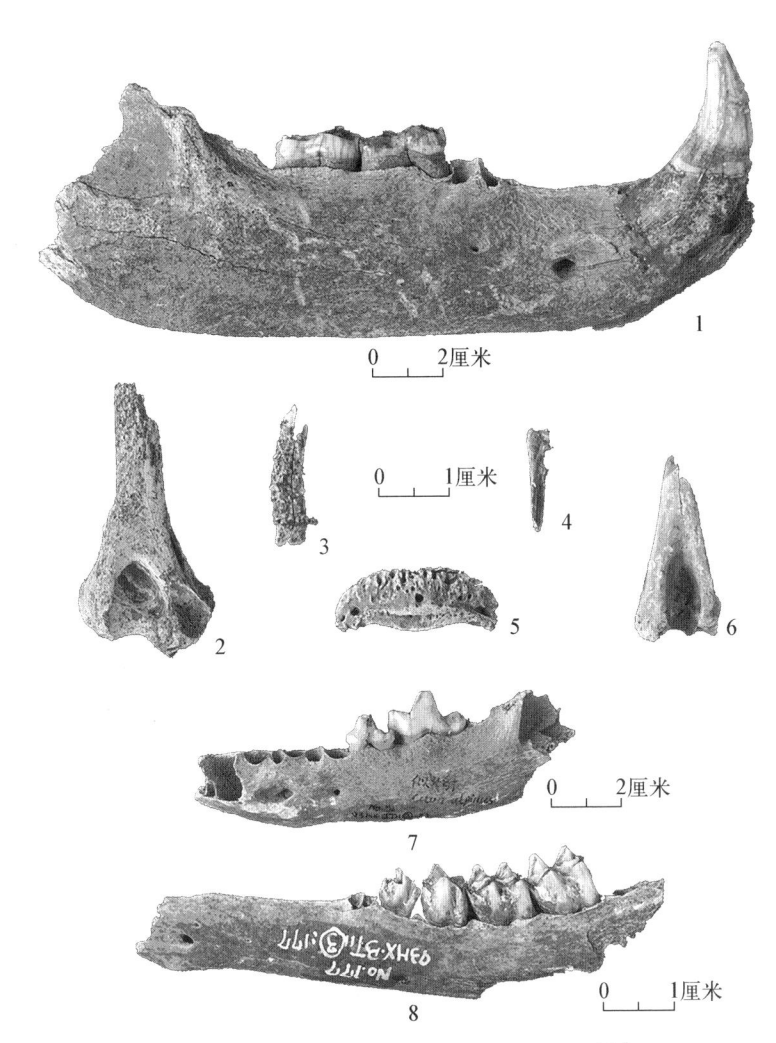

第二章　1980—1999年的吉林旧石器时代考古　111

图2-10-16　仙人洞遗址出土的部分动物化石[1]
1. 洞熊(右侧下颌,93HX.AT62b.：1)　2. 虎(左侧肱骨远端,93HX.AT21d.：84)
3. 东北鼹子(左侧角,93HX.BT11b.：184)　4. 狐狸(右侧尺骨,93HX.AT21d.：87)
5. 披毛犀(左侧第Ⅲ趾蹄骨,93HX.AT62d.：40)　6. 葛氏斑鹿(右侧肱骨远端,93HX.BT11b.：19)
7. 似北䝠(左侧下颌,93HX.BT11b.：51)　8. 麝(左侧下颌,93HX.BT11c.：177)

----

[1] 陈全家等:《桦甸仙人洞遗址出土的动物化石与孢粉》,《人类学学报》2013年第1期,第52—62页。

熊科(*Ursidae Gray*, 1825)

熊属(*Ursus Linnaeus*, 1758)

洞熊[*Ursus spelaeus*(Johann Rosenmüller,1794)]

第2层：犬齿(左下2,右下3),门齿(8),臼齿(1),下颌骨(左1,右1),髂骨(右1),股骨头(左1),肩胛骨(右远1),共19件,最少代表3个个体。

第3层：犬齿(右上1),门齿(2),跟骨(右1),共4件,最少代表1个个体。

第4层：犬齿(左上1),门齿(1),臼齿(1),下颌骨(左1),共4件,最少代表1个个体。

脱层：门齿(2),犬齿(左下1,上1),臼齿(1),共5件,最少代表1个个体。

猫科(*Felinae Gray*, 1821)

虎豹属(*Panthera Oken*, 1816)

虎(*Panthera tigris altaica Linnaeus*, 1758)

第4层：肱骨(左侧远端1)(图2-10-16,2),尺骨(左侧近端1),趾骨(1),共3件,最少代表1个个体。

奇蹄目(*Perissodactyla Owen*, 1848)

犀超科(*Rhinocerotoidea Gill*, 1872)

犀科(*Rhinocerotidae Owen*, 1845)

额鼻角犀亚科(*Dicerorhininae Simpson*, 1945)

腔齿犀属(*Coelodonta Bronn*, 1831)

披毛犀(*Coelodonta antiquitatis*(Bumenbach, 1807))

第2层：胫骨(右远2),最少代表2个个体。

第3层：第Ⅲ趾蹄骨(1)(图2-10-16,5),最少代表1个个体。

马科(*Equidae Gray*, 1821)

马属(*Equus L.*, 1758)

马(未定种)(*Equus sp.*)

第2层：门齿(3),最少代表1个个体。

第3层：臼齿(2),掌骨(1),共3件,最少代表1个个体。

第4层：掌骨(近1)，代表1个个体。

  偶蹄目(*Artiodactyla Owen*,1848)

  鹿科(*Cervidae Gray*,1821)

   麝亚科(*Moschus Linnaeus*,1758)

    麝属(*Moschus Linnaeus*,1758)

     麝(未定种)(*Moschus sp.*)

第2层：掌骨(右近1)，桡骨(左近1,右远1)，跖骨(左近1,右1)，髂骨(右1)，距骨(左2)，跟骨(右1)，共9件，最少代表2个个体。

第3层：下颌骨(左1)(图2-10-16,8)，肩胛骨(左近1)，尺骨(左近1)，距骨(右1)，共4件，至少代表1个个体。

脱层：距骨(左1)，跟骨(左2)，共3件，至少代表2个个体。

  鹿亚科(*Cervinae Baird*,1857)

   鹿属(*Cervus Linnaeus*,1758)

    斑鹿亚属(*Cervus* (*Pseudaxis*) *Gray*,1872)

     葛氏斑鹿(*Cervus pseudaxis Grayi Zdansky*,1925)

第2层：角(残片1)，寰椎(1)，肱骨(右远1)，跖骨(左3)，距骨(左远1)，共7件，至少代表3个个体。

第3层：上颌骨(左残2)，寰椎(1)，枢椎(1)，肱骨(右远1)，股骨头(左1)，跟骨(右1)，掌骨(左1,右远1)，距骨(右近1,右远1)，共11件，至少代表2个个体。

第4层：肩胛骨(左近1)，肱骨(右远2)，掌骨(左远1)，跟骨(右1)，距骨(左1)，共6件，至少代表2个个体。

    马鹿亚属(*Cervus Elaphus Smith*,1827)

     加拿大马鹿(*Cervus Elaphus anadensis Erxleben*,1777)

第2层：跟骨(左1)，代表1个个体。

脱层：寰椎(1)，最少代表1个个体。

   齿鹿亚科(*Odocoileinae Pocock*,1923)

    狍属(*Capreolini Pocock*,1923)

东北狍(*Capreolini manchuricus*)

第3层：角(残片2,左侧近残1),下颌骨(左3),距骨(左1,右2),共9件,至少代表3个个体。

牛科(*Bovidae Gray*,1821)

牛亚科(*Bovinae Gill*,1872)

牛属(*Bos Linnaeus*,1758)

牛(未定种)(*Bos sp.*)

第3层：角(残尖1),代表1个个体。

第4层：角(残尖1),最少代表1个个体。

脱层：门齿(1),最少代表1个个体。

山羊亚科(*Caprinae Gill*,1872)

岩羊属(*Pseudois Hodgson*)

岩羊(*Pseudois cf. nayaur Hodgson*,1883)

第2层：角(残尖2),按其大小判断最少代表2个个体。

第3层：角(残尖2),按其大小判断最少代表2个个体。

四、结语

(一)石器工业特征

1. 上文化层

(1)原料以角岩为主,其次是石英、石英岩、硅质灰岩和流纹斑岩,还有少量的流纹岩、板岩和黑曜岩,其中石英、石英岩、硅质灰岩、流纹斑岩、流纹岩和板岩都可以在遗址附近的河漫滩上找到,应为就地取材。黑曜岩目前在本地区未发现,可能是外来产品。

(2)石制品存有大、中、小型三种,以小型的为主,长度在20—50毫米之间;其次是中型,长度在 50—100 毫米之间;还有少量大于 100 毫米的大型和小于 20 毫米的微型石制品。

(3) 在石制品组合中,断片所占比重最高,为 30.6%,其次为完整石片 27.8%,第三类工具的比例较低,仅有 18.1%,还有 15.3% 的断块和 8.3% 的第二类工具。

(4) 从石片的特征分析,打片以锤击法为主;以同向剥片为主,有少量的转向打法;并有少量的双阳面石片;石片背面以全疤为主,其次为疤砾结合。

(5) 第三类工具的组合有刮削器、尖状器、砍砸器、雕刻器、锛形器和石钻,主要以石片为坯料,少量的为断块。其中刮削器的数量最多,占 38.5%,多为单刃器,其次为尖状器、砍砸器和锛形器,各占 15.4%,雕刻器和石钻各 1 件,占 7.7%。

(6) 第三类工具的加工多比较粗糙,单层修疤,刃缘不整齐,修理采用锤击法,修理方式向背面和复向加工基本相等,各占 50%。仅黑曜岩长身圆头刮削器加工比较细致。

(7) 存在少量的打制骨器,类型包括刮削器、尖状器和凿状器,并出现了通体磨光的骨器。

2. 下文化层

(1) 原料以角岩为主,占总数的 63.2%,其次为石英,为 19.2%,另有少量的硅质灰岩、石英岩、流纹岩和流纹斑岩等,这些石料在遗址附近的河漫滩上比较常见,为就地取材。

(2) 石制品以小型为主,另有少量的中型和微型。

(3) 在石制品的组合中,断片的比例最高,为 38.4%,其次为完整石片,第三类工具的比例偏低,仅为 5.6%,有少量的第二类工具。

(4) 打片以锤击法为主,从石核特征分析,已经对石核的台面进行修理,不断调整台面角度;石片背面以全疤的数量最多,占 78.9%,背疤异向者稍多,占 58.8%,其次为同向。

(5) 第三类工具的数量较少,组合比较简单,以刮削器为主,占第三类工具总数的71.4%,且多为单刃器,另有尖状器和琢背小刀。

（6）第三类工具的坯料以石片为主,另有少量的断片、断块,用硬锤直接修理,加工比较粗糙,多为单层修疤,刃缘不平齐,以向背面加工为主,另有少量的复向和向劈裂面加工。

（7）骨制品数量较少,器形简单,主要有刮削器和雕刻器打法的骨器。

（二）动物群相关认识

1. 该遗址的动物化石可以分为两部分,第2、3层出有披毛犀化石,属于东北地区的猛犸象-披毛犀动物群,地质时代为晚更新世;第4层时代要更早一些,可能会早到中更新世晚期。从动物化石和孢粉分析结果来看,该遗址处于寒冷干燥的气候环境中,植被以草原为主,伴有少量的森林或者稀树。从第5层到第2层,气候经历了寒冷干燥、寒冷湿润、气候变暖、趋向寒冷的变化,而植被景观也经历了疏林草原、稀树草原、疏林草原的变化。

2. 古人类对该洞穴的利用开始于第4层,从第4层到第2层遗物在地层上连续分布,说明整个时期古人类在不断利用该洞穴。该遗址时代跨度特别大（从距今16万年以上到3万年）,但发现的遗物非常有限,而且在平面和地层上无集中分布,说明该洞穴并非长期定居的场所,这是由于该洞穴内比较潮湿,有些地方常年积水造成的。从洞穴内大量碎骨片和石制品来看,该洞穴可能为临时的营地或者屠宰场。

3. 各文化层内发现的动物化石也是当时人类生计方式的一种体现,是一种以狩猎为主的经济模式。当时人类捕获的动物以各种食草类动物为主,如獐、麂、葛氏斑鹿、东北麖、马鹿、岩羊、牛等,同时也有一些肉类动物如洞熊、似北貉等,说明当时的人类有一定的狩猎能力。

（三）遗址的年代及性质

该遗址上文化层的骨化石(93HX.AT21b.：4)经北京大学考古系年代测定实验室采用加速器质谱（AMS）碳十四年代测定（未作树轮年代校正）的年代距今

34 290±510 年,结合上文化层出现的通体磨制骨器和加工比较细致的黑曜岩长身圆头刮削器以及锛形器等分析,其年代为旧石器时代晚期。

下文化层的第 4 层出土的骨化石(93HX.AT21d.：61、65)经采用铀系法测定,其年代为距今 16.21±1.8(1.58)万年。下文化层缺少第 3 层的年代数据,而第 3、4 层在地层上连续,并且文化特点相同,而与 2 层存在较大的差异,可以归于同一时期。下文化层有可能开始于旧石器时代的早期之末,但缺少其他方面的证据,暂时将其定为旧石器时代中期,还有待进一步工作。

该遗址的石、骨制品和动物骨骼化石表面未发现冲磨痕迹,应属于原地埋藏。从整体情况分析,遗址年代跨度大,地层堆积的厚度相对较薄,文化遗物相对较少,分布不集中来看,该遗址可能是一处季节性的居住址。从 1991 年试掘时发现的石锤,以及本次出土的骨、石制品分析,该遗址可能还是一处食物和工具的加工场所。

第十一节　镇赉丹岱大坎子遗址

一、遗址概况

大坎子旧石器地点位于吉林省镇赉县丹岱乡北约 2 千米的嫩江左岸,西北距黑龙江省的泰来县西五家村约 2 千米,隶属两省的交界处(主要分布在吉林省的一侧)。地理坐标为北纬 46°17′,东经 123°54′。海拔高度为 157.6 米,为嫩江的 II 级阶地,高出嫩江水面约 30 米,形成了约 2 千米长的断崖,当地俗称"大坎子"。

1998 年春,吉林大学考古学系在该地区进行旧石器考古调查时发现该地点。1999 年春,吉林大学考古学系和长春科技大学地质系又对其进行了复查,两次调查共获得石制品 86 件,哺乳动物化石 45 件[1]。

---

[1] 陈全家等:《吉林镇赉丹岱大坎子发现的旧石器》,《北方文物》2001 年第 2 期,第 1—7 页。

二、地貌及地层

该地点位于松嫩平原的南部,周围地势比较低洼,最高岗地海拔在157米左右,一般在海拔130米左右。嫩江在地点的右侧由北向南流过,由于整个东北平原是一个缓慢的下降区,因此,河床滚动较大,河曲发育,河漫滩最大宽约8千米,位于左岸的大坎子细石器地点是嫩江的侵蚀岸,形成了2千米的断崖,地点遭到了严重的破坏。地点周围有小的岗地,大部分为洼地或沼泽,还有小片的水泡子。地层堆积从暴露的地层剖面观察,最厚处可达20余米,一般厚在16米左右,自上而下分为7层(图2-11-1):

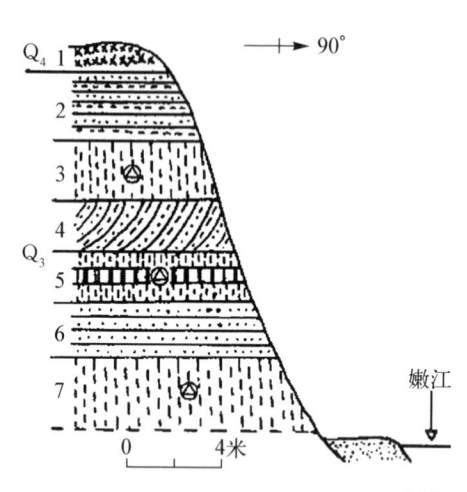

图2-11-1 大坎子旧石器地点地层剖面[1]

第1层,黑土层,富含植物根系,厚度约1米。

第2层,灰白色细砂层夹粉砂质黏土层,形成许多个互层,每个互层厚度不等,该层厚约6米。

第3层,褐红色粉砂质黏土层,含有哺乳动物化石,厚约2.5米。

第4层,灰白色细砂层,具有水平、交错和斜层理,厚约2米。

第5层,灰黄色亚黏土层,夹红色古土壤层,含披毛犀和猛犸象等动物化石,厚度约2米。

第6层,黄色细砂层,厚度约2.5米。

第7层,灰绿色淤泥层,含动物化石有披毛犀等,厚度约2.5米,未见底。

---

[1] 陈全家等:《吉林镇赉丹岱大坎子发现的旧石器》,《北方文物》2001年第2期,第1—7页。

三、文化遗物

(一) 石制品

两次调查共采集到石制品86件,均做了细致的观察,所见石制品表面棱脊清晰,未见有水冲磨的痕迹。

1. 原料

石制品的原料有角岩、玛瑙、碧玉、霏细岩、流纹岩、蛋白石、硅质岩、玄武岩和凝灰岩。其中角岩最多,占24.4%;玛瑙稍次,占22%;而碧玉和霏细岩分别占13.9%和11.6%;其他原料较少。原料的种类比较多,优质的原料比例亦较高。从部分石制品的表面保留的砾石面分析,原料来源于江边的漫滩上。

2. 石核

可以分为石片石核和石叶石核两类。石片石核仅有砸击石核2件。核体短小,呈枣核形,核体两端有砸痕及剥片痕迹。标本99ZDD:20,以玄武岩为原料,核体枣核形,四周均有剥片后留下的阴痕,核体长宽高为13、8、17毫米,重1.75克(图2-11-2,6)。

石叶石核。6件。分为初级石核、船底形和楔形三种。

初级石核。2件。均为石叶石核预制品,在核体上均有多少不等的修理疤痕,体厚重,可以看出石叶石核的雏形。标本98ZDD:1,原料为角岩,先修理一面然后再修另一面,核体长宽厚分别为60、14、30毫米(图2-11-2,1)。

船底形石核。1件。标本98ZDD:13,原料为碧玉。台面打制,未做任何修理,并向左侧倾斜。除工作面外,核体的其余部分均做了细致修理。工作面上留有生产石叶后形成的三处阴痕。核体长宽高分别为28、12、15毫米,重6克(图2-11-2,2)。

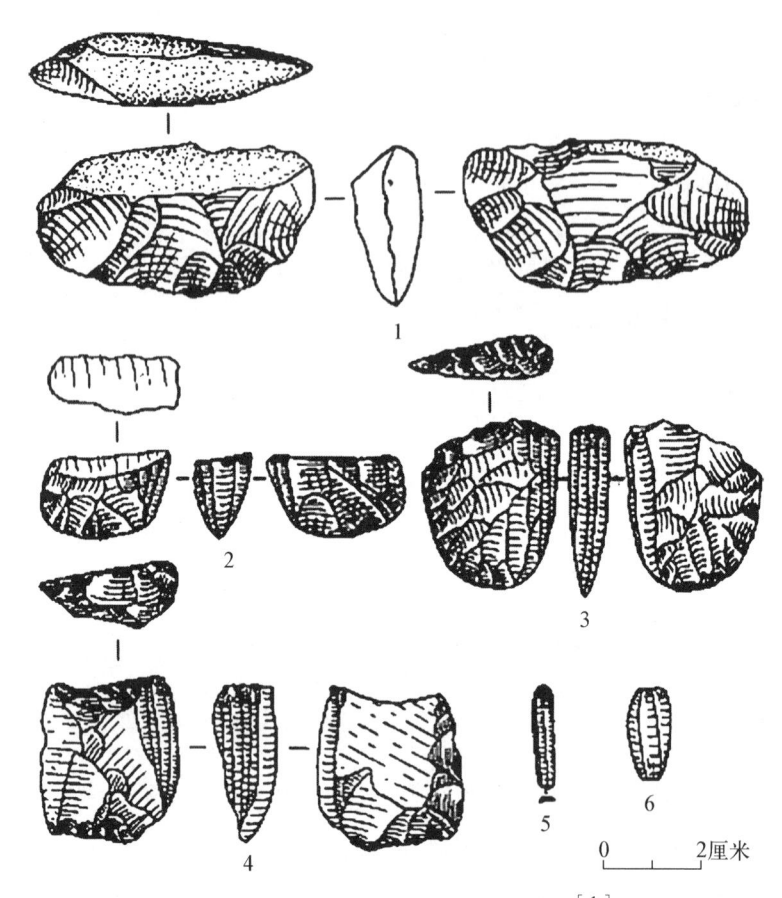

图 2-11-2　大坎子地点出土的部分石制品[1]
1. 初级石核(98ZDD：1)　2. 船底形石核(98ZDD：13)　3、4. 楔形石核(99ZDD：41、98ZDD：2)
5. 石叶(99ZDD：67)　6. 砸击石核(99ZDD：20)

楔形石核。3件。原料均为角岩。整个核体规整,呈楔形,均做了不同程度的修整,除一件台面为打制者外,余者为修理台面。最大者重13.1克,最小者重5.8克。标本98ZDD：2,台面修理,先由石核台面的右侧边缘向左进行全面修理,形成一个向左倾斜的基础台面,然后再由台面的前缘向后修理出一个小的有效台面,随着工作面上不断的生产石叶,有效台面也在不断地向后修理。核体的右侧面为原来的破损面边缘稍做修理,而左侧面进行了全面的修理。石核的底缘和后缘修理

---

[1] 陈全家等：《吉林镇赉丹岱大坎子发现的旧石器》,《北方文物》2001年第2期,第1—7页。

成锋利的刃口状。工作面最大宽 13 毫米,留有石叶阴痕面 6 个,其中最宽者 4 毫米。核体长宽高为 30、13、32 毫米,重 13.1 克,台面角 90 度(图 2-11-2,4)。标本 99ZDD:41,台面的修理方法与 98ZDD:2 相同,而核体通体压制,底、后缘形成一弧刃。工作面最大宽 8 毫米,有石叶阴痕 4 处,最大宽 4 毫米。核体长宽高为 28、8、33 毫米(图 2-11-2,3)。

3. 石片

石片 53 件。均为锤击石片,可以分为完整和断片两种。

(1) 完整石片

29 件。长度在 40 毫米以上者仅 3 件,均为天然台面,最大者 99ZDD:3 长宽厚为 42、44、12 毫米,重 29 克,石片角 115 度。长度在 40 毫米以下者占 11.5%,其中有 55.2% 在 20 毫米以下,台面小,均为打制,部分石片小而薄。标本 99ZDD:54,刃状台面,石片长宽厚为 19、8、1.5 毫米,重 2.5 克,这类石片是用软锤修理工具时剥落的。

(2) 断片

21 件。其中近段石片 4 件(修理台面 1 件,其他为打制台面),其余为远段,而不见中段。残长均在 3 毫米以下,最薄的石片仅 2 毫米,部分是软锤修理的薄片。标本 98ZDD:7,以凝灰岩为原料。近段断片。修理台面上有 4 个修疤,形成 3 条棱脊,打击点位于中间棱脊上。背有 1 天然节理面和 2 个修疤,石片角 98 度。残长、宽、厚为 26、37、6 毫米,重 6.8 克。

(3) 石叶断片 3 件。其中近段断片 2 件,远段断片 1 件。背面有 1 条脊者 2 件,另 1 件为 2 条脊。标本 99ZDD:67,以角岩为原料,刃状台面,远段残,长宽厚为 20、4、1.5 毫米,重 2 克(图 2-11-2,5)。

4. 断块

11 件。该类标本是在打击石片时崩裂下来的残次品,无法归入石片和石核内,最大的重为 10.25 克,最小的重为 1.4 克。

5. 工具类型

关于工具的分类,张森水先生主张分为两类,即第一类工具(天然工具)和第二类工具(有人工修理痕迹的"实用工具")。本文在此基础上,主张将"使用石片"也归为工具,并称为第二类工具,而将张先生划分的第二类工具改为第三类工具。

共发现工具15件,不见第一类工具。第二类工具使用石片仅1件。标本99ZDD:8,以碧玉为原料。为锤击石片。台面小,为有疤台面,石片角95度。劈裂面上有集中的打击点,半锥体凸,其上有大的锥疤,可见有同心波。背面有2条平行的纵脊。在劈裂面的两侧边上有使用时崩裂的痕迹。长宽厚为34、14、5毫米,重2.5克。

第三类工具共14件。可以分为刮削器、尖刃器、锛状器、雕刻器和舌形器五种。

(1) 刮削器

8件。可以分为以下几型:

Ⅰ型,圆头刮削器,共2件。均为石片加工制成,在器身的一侧或两侧边进行形状修整,均在毛坯的一端由劈裂面向背面加工成圆凸刃。标本99ZDD:29,以露细岩为原料。采用压制加工而成,修疤排列整齐,在刃口的修面上可见使用的痕迹。器身长宽厚为24、16、6毫米,刃缘长18毫米,刃角49度,重量为2.4克(图2-11-3,8)。99ZDD:2,以角岩为原料,采用压制而成,修疤排列规整,有使用痕迹。器身残,长宽厚为24、20、6毫米,刃缘长22毫米,刃角48度,重量2.75克(图2-11-3,7)。

Ⅱ型,直刃刮削器,1件。标本99ZDD:33,以角岩为原料。用软锤加工的薄石片,为毛坯,石片的背面均为软锤加工的大而浅平的石片疤。根据石片特征观察,该石片是用软锤修理工具时不小心剥落的大石片,由于修片较大而被用作工具的毛坯。在毛坯的左侧边由劈裂面向背面加工成一直刃,由于石片太薄,修疤较小,但经过了反复的修整。而右侧边背面上可见使用痕迹。修疤最大长2毫米,刃缘长37毫米,刃角45度。器身长宽厚为59、37、4毫米,重量为7.5克(图2-11-3,2)。

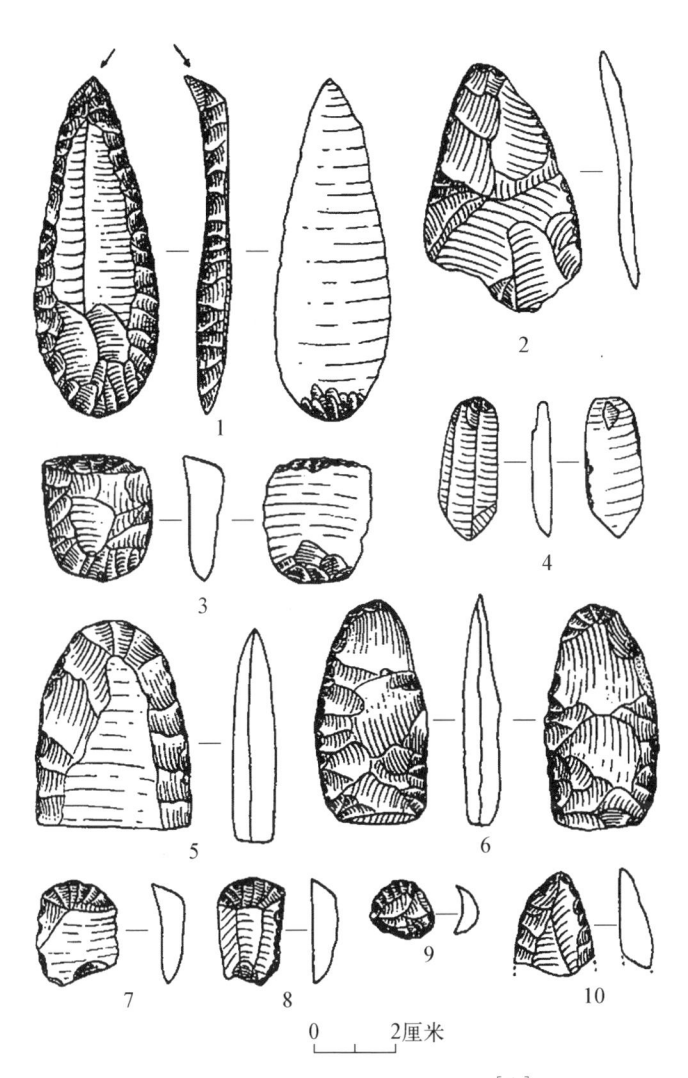

第二章 1980—1999年的吉林旧石器时代考古 123

图 2-11-3 大坎子地点出土的工具[1]
1. 雕刻器（99ZDD：1） 2. 直刃刮削器（99ZDD：33） 3. 锛状器（99ZDD：4）
4. 使用石片（99ZDD：8） 5、6. 舌形器（99ZDD：3、99ZDD：7）
7、8. 圆头刮削器（99ZDD：2、99ZDD：29） 9. 盘状刮削器（99ZDD：11）
10. 尖刃器（99ZDD：5）

---

[1] 陈全家等：《吉林镇赉丹岱大坎子发现的旧石器》，《北方文物》2001年第2期，第1—7页。

Ⅲ型,凸刃刮削器,4件。均以石片为毛坯,其中3件小而厚重,均为锤击修理,有2件修理方式为反向,另2件为正向和复向。加工比较粗糙。标本98ZDD：5,以碧玉为原料。锤击石片,为毛坯,锤击修理,反向加工修疤短小,加工距离近,刃缘呈圆弧形,刃缘长19毫米,刃角77度。器体长宽厚为26、32、7毫米,重4.9克。

Ⅳ型,盘状刮削器,1件。标本99ZDD：11,以玛瑙为原料。片状毛坯,采用正向压制加工而成,周边均作细致的修理,背面遗满有规律的石片疤,边刃薄锐,而中间厚,呈龟背状,刃角50度。器体长宽厚为16、12、5毫米,重量为1.1克(图2-11-3,9)。

(2) 尖刃器

1件。标本99ZDD：5,残。以角岩为原料。片状毛坯,压制修理,正向加工,修疤浅平排列有序,刃缘平齐,刃口锋利,右刃直而左刃外凸,左右刃角均为55度,尖角68度。器身宽厚为20、8毫米,重量3.4克(图2-11-3,10)。

(3) 锛状器

1件。标本99ZDD：4,以角岩为原料。采用片状毛坯加工而成,整体形状近似方形,该形状是有意加工而成。除刃口外,其余三边均采用压制方法修理,边缘平整而锋利,均向背面加工,尤其是刃口相对一端的台面全部被修理掉,并对劈裂面上的半锥体也进行了修理,使坯体减薄,边缘锋利,夹角35—45度。而刃口则相反,变得钝厚,刃角70度,接近于陡向加工,刃口采用压制修理正向加工,修疤浅平、排列整齐,修面最大宽9毫米,在刃缘上有使用后向两侧劈裂的破损痕迹。可能是该工具砍某种硬的物体时所致。器体长宽厚为30、27、9毫米,重量为8.5克(图2-11-3,3)。

(4) 修边雕刻器

1件。标本99ZDD：1,以角岩为原料。采用片状毛坯加工而成。器形规整,呈圆底三角形,修疤短而浅平,排列规整。据修疤的叠压关系观察,其修理程序是先在器体的周边进行有规律压制,然后再将两疤之间的棱脊压去形成"Y"形的脊。在尖端有一个由右向左打击剥去一片石片形成的凿子形刃口,器体长宽厚为81、31、8毫米,重量21.1克,刃角78度(图2-11-3,1)。

(5) 舌形器

2 件。整体形状为舌形。标本 99ZDD：7,以浅红色的流纹岩为原料。通体修理,毛坯不详。器体的两面均可见到大而浅平的修疤,最大者宽 24 毫米,疤与疤之间的棱脊不甚明显,在器身的边缘还可见到部分小而浅平的修疤。根据修疤的特征分析,该工具的加工程序是先用软锤通体修理,然后再用压制的方法定形。器体的长宽厚为 53、28、8 毫米,重量为 13.8 克,刃角 38—50 度（图 2-11-3,6）。标本 99ZDD：3,以凝灰岩为原料,石质稍粗。用片状毛坯制成,背面是较平整的天然砾石面,除底部为断面外,其余周边均有向劈裂面加工修理的痕迹,修疤浅平、棱脊不显,为软锤修理。器体长宽厚为 49、38、9 毫米,重量为 26.2 克,刃角为 42—58 度（图 2-11-3,5）。

(二) 哺乳动物化石

在地表与石制品一起采集到的动物化石标本 45 件,均已石化,可鉴定的种属有：

鸵鸟（*Struthio sp.*）

草原旱獭（*Maemota bobac*）

普氏羚羊（*Cazella przewalskyi*）

野马（*Equus przewalskyi*）

河套大角鹿[*Megaloceros（S.）ordosianus*]

骆驼（*Camelus knoblochi*）

披毛犀（*Coelodnta antquitatis*）

猛犸象（*Mammuthus sp.*）

野驴（*Equus hemionus*）

野牛（*Bison sp.*）

从所发现的动物化石名单中,可以看出它们均属于东北更新世晚期猛犸象—披毛犀动物群,有些动物也见于哈尔滨的"阎家岗动物群",其中有河套大角鹿、披毛犀、猛犸象和野牛四种为绝灭种属,其余为现生种属。

四、结语

（一）石器工业特征

1. 石制品的原料种类较多，其中角数量最多，玛瑙和碧玉次之，而其他原料较少。

2. 石片与石叶的数量占石制品总数的58.1%，它们分别占94%和6%。前者均为锤击石片，以打制台面为主，有少量的天然台面和修理台面；形状多不规整，且小而薄，其中有80%是用软锤修理工具时剥落的废片。而后者所占数量极少。

3. 石核仅见砸击石核和石叶石核两类，占石制品总数的9.3%，它们分别占25%和75%；而最具特色的是修理台面的楔形石核，技法独特。

4. 剥片技术是以锤击法为主，间接剥片技术稍次，还有少量的砸击技术。

5. 工具修理采用软锤和压制两种方法，一般是先用软锤修理后，再用压制法定型。其修理方式以向背面加工为主，极个别者向劈裂面加工。

6. 工具加工精致，器形较小，长度小于40毫米者占工具总数的64.3%，60毫米以上者占7.1%，其余为中型工具。

7. 在第三类工具类型中刮削器数量最多，最具代表性的工具类型有圆头刮削器、盘状刮削器、锛状器、修边雕刻器、舌形器和尖刃器等。

（二）文化年代

调查获得的动物化石和石制品均采自大坎子下较窄的漫滩上，未见任何陶片。而动物化石已经找到了原生层位，但由于石制品体积较小，数量又少，至今没有找到出土层位。但是二者在地表上是共存的，所以推测可能出土于同一层位。根据动物绝灭种属数量和细石器的器物组合以及加工技术分析，认为该遗址文化年代相当于地质年代的晚更新世晚期之末期，为旧石器时代晚期之末或新、旧石器时代过渡时期。

第十二节　王府屯地点

　　王府屯地点位于前郭尔罗斯蒙古族自治县县城东南50千米哈拉毛都乡王府屯西北沟,地理坐标为北纬125°7′,东经44°51′,海拔238米。该地点地处松嫩平原东部台地前缘,台地被流水切割得支离破碎,冲沟相当发育,沟壁陡峭,剖面清晰。1989年,吉林省文物考古研究所等单位在王府屯西北沟下更新统砂砾石层中发现一些石制品。地层自下而上可分为11层,文化遗物出在第9层、第6层和第4层的含砾中细砂层、砾石层中。在王府屯地点下更新统的三个不同层位中发现的有打击痕迹的石制品,都有严重的水流冲磨痕迹,多数有疤砾石和砾石片缺乏连贯性使用痕迹,因此,可能是水流碰撞而成;但也有少数标本(14件),倾向于是人工制品,主要类型包括石核(2件)、刮削器(10件)、尖状器(2件)。

　　1990年,吉林省文物考古研究所等单位对该地点进行了试掘,在平台组和白土地组地层中发现了一批石制品,并未见古人类化石和哺乳动物化石。从石制品特点来看,以片状毛坯占优势,工具类型以刮削器居多,以向背面加工为主以及小型工具居多等特点具有华北旧石器文化共有的性质。依照地质学资料,研究者认为其时代与河北阳原泥河湾组小长梁和东谷坨旧石器文化相近(约距今100万年)。试掘出土的石制品主要出在砂砾石层中,表面也存在明显的冲磨痕迹,研究者认为部分破碎标本可能为水流搬运产生碰撞或埋藏过程中地层挤压造成的。但值得注意的是,在7件石片中有3件为打击台面,有2件正反两面有同向打击痕迹,使用转向打法和重复的同向打击都是人工制品常见的特点;其石片角相对稳定,最大的为108度,最小的为97度,反映了在剥片时有一定的倾斜,与压挤垂直造成的痕迹不同;此外,作为石器,其加工有一定的部位,且有主要的加工方式。基于此,研究者认为这些石制品确为人工制品。

第三章
2000年以来的吉林旧石器时代考古

第一节 下白龙地点

一、遗址概况

下白龙旧石器地点,位于吉林省延边地区图们市月晴乡南约20华里的图们江左岸的Ⅱ级阶地上。北距"下白龙墓群(渤海)"约250米;南距白龙村二队600米;东距图们江约800米,并与朝鲜的潼关里和山城区隔江相望,而图们至开山屯公路从遗址东侧穿过。地理坐标为北纬42°47′41″,东经129°47′57″。

该地点于2002年5月由吉林大学边疆考古研究中心的师生在图们市博物馆同志的陪同下,对图们江流域进行旧石器考古调查时发现,并获得石制品31件,未见动物化石等其他遗物。

二、地貌及地层

(一)地貌概况

吉林省东南高西北低,东部山地(长白山地)属新华夏系隆起带,构造与山文走向均为北北东-南南西和北东-南西向,普遍存在2—3级夷平面和发育多级河流阶地。该地点位于长白山地东部的图们江中游Ⅱ级阶地的后缘上,图们江在该段由南向北流过,但由于中国和朝鲜的两岸都有较高的山峰而形成了较窄的河谷,宽约 1 000 米。而左岸有发育的漫滩和Ⅰ、Ⅱ级阶地,Ⅰ级阶地高出江面约 7 米,Ⅱ级阶地高出江面约 25 米,其海拔高度为 135.8 米。该地点面向图们江,背靠南岗山,南北是开阔的河谷走廊。

(二) 地层

阶地的前、后缘分别有一处水冲沟,我们对水冲沟的剖面进行了详细的观察,该地点的地层大致可分 4 层(图 3-1-1)。具体情况如下:

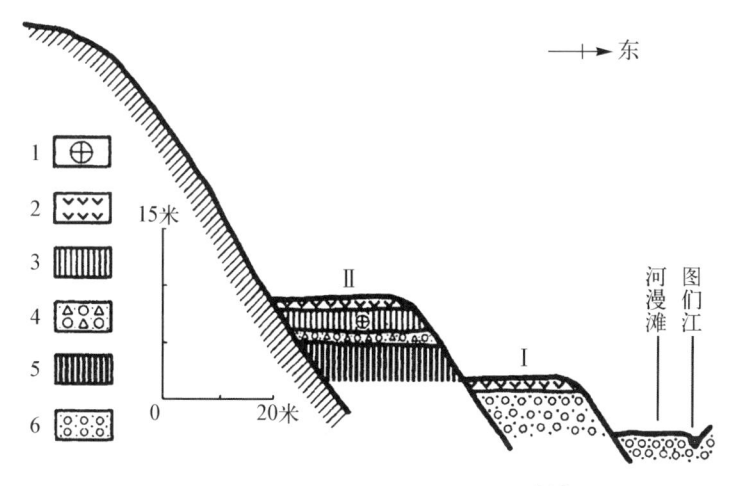

图 3-1-1 下白龙旧石器地点地层剖面[1]

1. 石制品 2. 耕土 3. 黄色亚黏土 4. 角砾 5. 棕黄色亚黏土 6. 沙砾石层

第 1 层,耕土层,黑色,厚薄不均,厚度在 5—20 厘米之间,地表不见陶片。

第 2 层,黄色亚黏土层,黄色,厚约 30—40 厘米。质黏,紧密。根据采集到的石器品所分布区域内的地表土颜色分析,推测石制品可能出于该层。

第 3 层,角砾层,以小砂砾为主,厚约 20—25 厘米。小的砾径约 1 厘米,个别较大的约 20 厘米,形状均为扁形,小砾径的砂砾磨圆度较好,个别也有带棱角的,中间杂有黄色黏土。

---

[1] 陈全家等:《图们下白龙发现的旧石器》,《边疆考古研究》(第 2 辑),科学出版社,2004 年 5 月,第 1—7 页。

第4层,棕黄色亚黏土,土质较黏。厚约50厘米,未见底。

三、文化遗物

调查共获得31件石制品,可将石制品分为石核、石片、工具三类。

(一)石核

3件。原料有玄武岩、板岩、角岩三种。单台面,多以不规则的石块为素材,因此石核形状多为不规则的块状,其中以打制台面为主。石核除TXP.0204外,均保留有部分石皮。石核的剥片方式为锤击法,剥片面上的石片疤比较浅,形状也不甚规则。

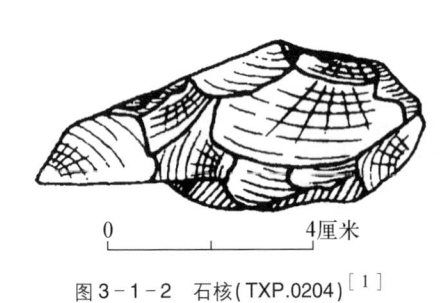

TXP.0204,多台面石核,板岩,形状不规则。台面均为打制,石核表面已不见自然面,核体上有两处打击点比较集中的剥片疤,共留有剥片痕7处,剥片痕之间相互打破关系复杂,表明该石核经过多次剥片(图3-1-2)。

图3-1-2 石核(TXP.0204)[1]

(二)石片

10件。均为锤击石片。其中完整石片3件,断片7件。原料有石灰岩、角岩、板岩、安山岩四种,其中板岩最多占50%,其次是安山岩和硅质灰岩,角岩最少。石片长27.7—74毫米,宽21.2—76.7毫米,厚3.2—22.6毫米,最大石片74×52.5×22.6毫米,最小石片27.9×21.2×4.5毫米。石片角47—122.7度,石片角小于80度的仅1件,占总数的10%。石片重2.95—91.3克,以10—50克者为多,其次10

---

[1] 陈全家等:《图们下白龙发现的旧石器》,《边疆考古研究》(第2辑),科学出版社,2004年5月,第1—7页。

克以下者,二者占总数的90%,重量大于50克的仅1件。石片台面有自然台面和打制台面两种,打制台面又可分为脊状台面和素台面。打击点清楚的石片有5件。石片劈裂面上各项特征明显程度不同,半锥体明显的有4件,放射线明显的有3件。劈裂面上有再次剥片痕的石片有1件,背面有剥片痕的石片有1件。打片方法均为锤击法。石片背面是全疤的占80%以上。

1. 完整石片

3件。其中长大于宽、宽大于长、长宽相近的各1件。石片台面可分为自然台面和打制台面两种。TXP.0212为自然台面,由于其劈裂面上石片的特征并不多,所以这里对该石片不作介绍。根据打制台面的特征分为两型:

A型:素台面。TXP.0225,形状呈长方形。安山岩。台面打制平整。劈裂面、半锥体凸起明显,有同心波和放射线。在近端左上方有一剥离石片后形成的阴痕,其打击点位于台面脊的一侧,剥片阴痕浅凹,阴痕长27、宽56毫米。阴痕将石片的半锥体破坏,因此该石片的半锥体仅存留一小部分。背面有二分之一为自然的砾石面,其余为剥片疤,共有6个大的剥片痕(图3-1-3,1)。

B型:有疤台面。TXP.0216,整体近方型。安山岩。台面上有3个由背面向劈裂面打击形成的疤痕。劈裂面上的打击点不集中,半锥体浅

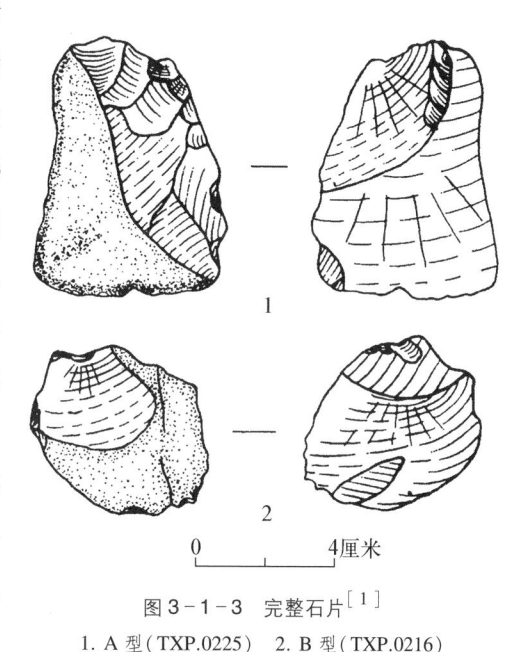

图3-1-3 完整石片[1]
1. A型(TXP.0225) 2. B型(TXP.0216)

---

[1] 陈全家等:《图们下白龙发现的旧石器》,《边疆考古研究》(第2辑),科学出版社,2004年5月,第1—7页。

凸,有1长条形锥疤。背面有1个同向的剥片疤,其长29、宽36毫米;其余为天然砾石面(图3-1-3,2)。

2. 断片

7件。均为横向断裂。根据石片断裂的部位,可以分为近端、中段、远端断片。这7件断片中有3件近端断片、2件中段石片,其余2件很难将其归类。

TXP.0210,近端断片,长条形,板岩,台面经人工打制而成。在台面与劈裂面的夹角处有发育的唇面,推测该断片为软锤打击而成。劈裂面上打击点不集中,半锥体浅平,背面全疤,石片远端和两侧皆残(图3-1-4)。

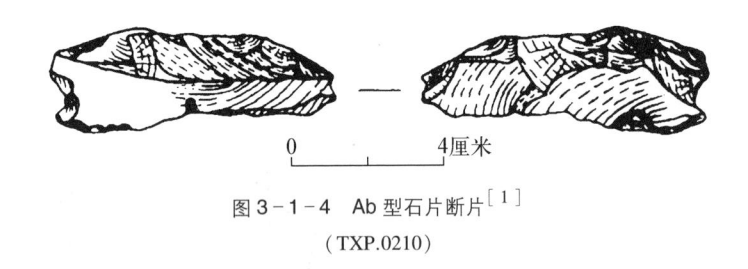

图3-1-4 Ab型石片断片[1]
(TXP.0210)

中段石片2件。TXP.0224,近似正方形,板岩,没有打击点和半锥体,劈裂面浅平,背面有3个剥片阴痕,阴痕上隐约可见少量的放射线。石片上下两端断口明显。

(三) 工具

该地点共发现工具18件,不见第一类工具(天然工具)。

第二类工具(使用石片)共3件,均为锤击石片。石片基本完整。石片原料除一件为安山岩外,余者为板岩。其中两件器形较小,另一件则较大。石片角都大于90度。从石片劈裂面的特征分析,剥片方式为锤击法。在石片的远端,均有使用时崩裂的痕迹,其痕迹断断续续大大小小,有的相连,但有别于第三类工具。

---

[1] 陈全家等:《图们下白龙发现的旧石器》,《边疆考古研究》(第2辑),科学出版社,2004年5月,第1—7页。

TXP.0217,双脊台面。台面在剥片前经过人工修理,其上放射线、同心波明显。双脊明显向上凸起,且几乎平行。在剥制该石片时,打击点几乎位于脊上。劈裂面上打击点集中于半锥体凸,无锥疤和同心波,可见有少量的放射线。背面有3个大的同向剥片阴痕,石片远端有使用时崩裂的痕迹,多位于背缘上(图3-1-5,2)。

TXP.0223,单脊台面。台面经人工修理。在台面与劈裂面的夹角处有明显的唇面,为软锤打击的石片。劈裂面微凸,同心波明显。背面除保留有小部分的砾石面外,还有明显的同向剥片阴痕,石片远端有使用时崩裂的痕迹(图3-1-5,1)。

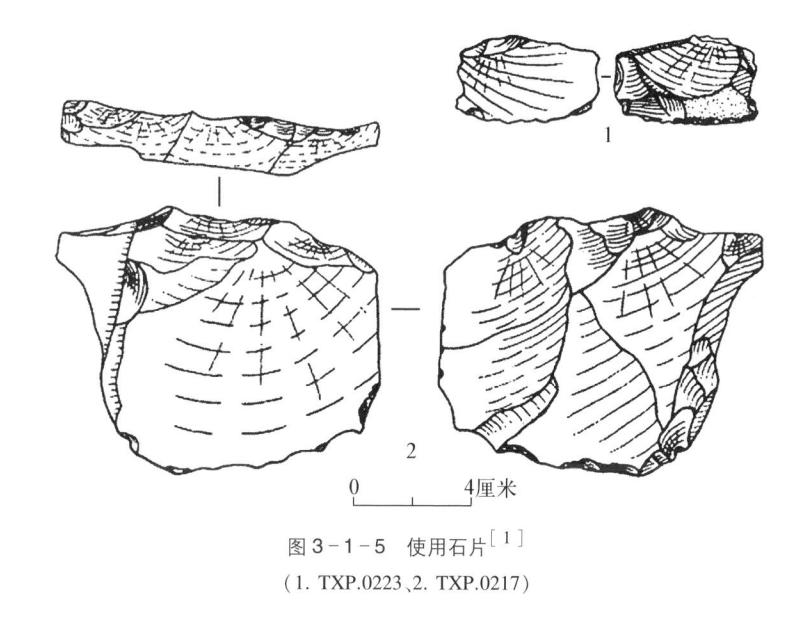

图3-1-5 使用石片[1]
(1. TXP.0223、2. TXP.0217)

第三类工具共16件。可以分为刮削器、砍砸器、尖状器、矛形器和钻五大类。

1. 刮削器

共8件。是下白龙地点发现的数量最多、最复杂的工具,其形状多不规则。加工刮削器的素材均为石片,少量的断片。绝大多数刮削器的刃部选择在素材较钝厚或陡的边缘加工。刮削器的修整多数在素材的远端,少数在其侧边。石料的种类多样

---

[1] 陈全家等:《图们下白龙发现的旧石器》,《边疆考古研究》(第2辑),科学出版社,2004年5月,第1—7页。

化,有流纹岩、角岩、安山岩、板岩四种,其中以板岩最多,占 62.5%。石片修理方法为锤击法,修理方式以向背面加工为主,也有向劈裂面加工、复向和交互。刮削器的尺寸一般都较小,长 37—109 毫米,宽 25.3—91.2 毫米,厚 4.5—30.8 毫米,重 4.1—275.3 克。最大标本长、宽、厚为 88×91.2×28 毫米,最小标本长、宽、厚为 38×25.3×4.5 毫米。刮削器的刃角在 30—100 度之间,以 50—80 度的为数最多。修疤形态表现为不规则和不稳定状况,大概与其石料有关。修疤形状呈半圆形、扇形等。多数修疤为小型,大型较少。修疤以浅平为主,有少量较深。修疤层数多在 2—4 层,少量为单层。根据刃口的形状可分为直刃、圆头、凸刃和复刃四种类型。

A 型：直刃刮削器。4 件。直刃刮削器均为石片加工而成,在石片的远端或两侧边进行刃部修理,修理方法为锤击法,修理方式有复向、向劈裂面和向背面加工。

TXP.0208,板岩。利用石片断片中的远段石片加工而成,劈裂面上不见半锥体、放射线,隐约可见同心波。背面为自然面。其修理方式为向背面加工而成,修疤最多可分 3 层,浅平,排列较整齐。刃部位于石片远端,有使用时崩裂的痕迹(图 3-1-6,2)。

TXP.0220,板岩。打制台面。

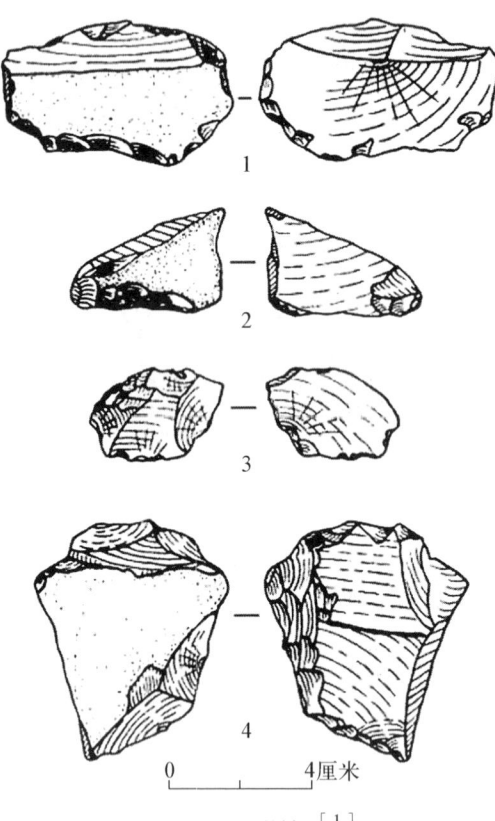

图 3-1-6 刮削器[1]
1. 复刃刮削器(TXP.0207) 2、3. 直刃刮削器(TXP.0208、TXP.0220) 4. 凸刃刮削器(TXP.0206)

---

[1] 陈全家等：《图们下白龙发现的旧石器》,《边疆考古研究》(第 2 辑),科学出版社,2004 年 5 月,第 1—7 页。

用石片加工而成,台面较小,打击点位于其上。劈裂面上半锥体、放射线明显。背面全疤,有剥片的阴痕4处。其修理方式为由劈裂面向背面加工而成,修疤可分2层,浅平,排列不甚规整。刃部位于石片远端,有少量的使用痕迹(图3-1-6,3)。

B型:圆头刮削器。2件。

TXP.0203,角岩。用断片的远端加工而成,劈裂面平整,不见半锥体、同心波、放射线等。背面为自然面。复向修理。修疤分布不均,在1—4层之间,排列不规整。刃部加工在石片远端和两侧边(图3-1-7,1)。

TXP.0218,安山岩。用石片加工而成,石片台面为素台面,劈裂面上打击点、放射线明显,半锥体、同心波较明显。背面为砾石面。其修理方式由劈裂面向背面加工,修疤分层较多,多在3层以上,浅平,排列较规整。刃部主要加工于石片的远端,两侧边略微修理,使用痕迹明显(图3-1-7,2)。

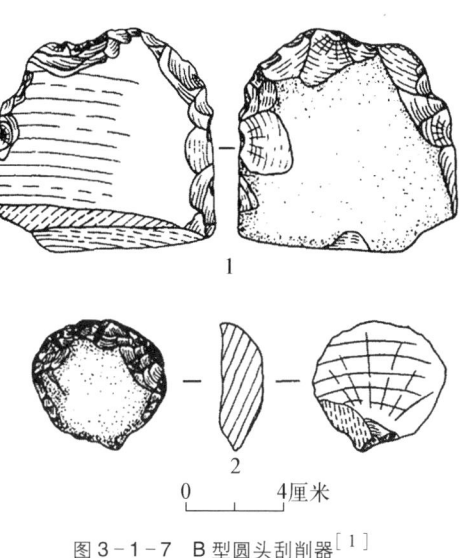

图3-1-7 B型圆头刮削器[1]
(1. TXP.0203、2. TXP.0218)

C型:凸刃刮削器。1件。TXP.0206,板岩。用残石片加工而成。劈裂面上半部平整,下半部凸凹不平,隐约可见同心波。背面保留有自然砾石面。复向加工。修疤最多可分3层,排列较规整。刃部加工于石片远端和一侧边(图3-1-6,4)。

D型:复刃刮削器。1件。TXP.0207,板岩。脊状台面。唇面发达,系用软锤打击的石片加工而成。台面上有一棱脊,打击点位于棱脊上,劈裂面上半锥体、同心波、放射线明显。背面上半部分有人工修理痕迹,下半部为自然面。在石片远端采用锤击法复向修理,修疤为单层,浅平,且排列较规整。刃部位于石片远端和侧

---

[1] 陈全家等:《图们下白龙发现的旧石器》,《边疆考古研究》(第2辑),科学出版社,2004年5月,第1—7页。

边,有少量的使用痕迹(图3-1-6,1)。

2. 砍砸器

4件。素材为石片的3件,砾石的1件。标本长119.1—155.5毫米,宽63—108毫米,厚18.5—30毫米,重139.6—675克。刃角50—86度。4件均为单刃。TXP.0221,砂岩。用石片加工而成。石片两面较平整,没有保留自然面。顶部保留有少量的自然面。修理方式为交互加工。修疤浅平,分层不明显,排列不规整。刃部从侧面观之呈"S"形(图3-1-8,1)。

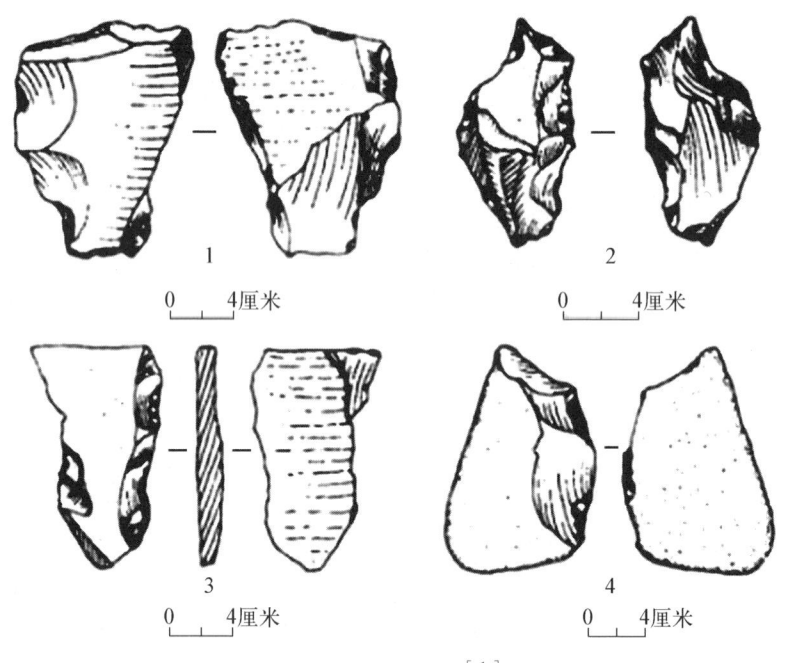

图3-1-8 砍砸器[1]
(1. TXP.0221、2. TXP.0229、3. TXP.0230、4. TXP.0231)

TXP.0229,板岩。用石片加工而成。劈裂面凹凸不平,其上不见半锥体、放射线等。背面不平整,保留有部分修疤和少量的砾石面。复向加工。修疤有的较深,

---

[1] 陈全家等:《图们下白龙发现的旧石器》,《边疆考古研究》(第2辑),科学出版社,2004年5月,第1—7页。

有的浅平。修疤多为单层,个别部位可达 2 层,排列不很规整。刃部位于石片的一边,较直而锋利(图 3-1-8,2)。

TXP.0230,砂岩。用石片加工而成。石片劈裂面平整;而背面为自然的砾石面。其修理方式为向背加工。修疤不规整。刃部平齐而直(图 3-1-8,3)。

TXP.0231,砂岩。用扁平的砾石加工而成。石块两面保留有大量的自然面。复向修理。修疤规整。刃部由 3 段组成,其中 2 段刃加工方向相同,剩下的一段则与前两段刃的加工方向相反(图 3-1-8,4)。

3. 尖状器

1 件。TXP.0214,板岩。用石片毛坯加工而成。打击点位于台面的一侧。劈裂面上放射线和同心波明显,不见半锥体。背面为自然的砾石面。其修理方式为错向加工,一侧刃由劈裂面向背面加工,另一侧刃由背面向劈裂面加工而成。修疤多为单层,浅平,排列规整。刃角钝,刃部有使用痕迹(图 3-1-9,3)。

4. 矛形器

1 件。TXP.0209,板岩。用石片加工而成。劈裂面较平整,不见打击点、半锥体等。背面中央尚保留有少量的自然面外,其余为人工修理的痕迹。采用复向加工修理。修

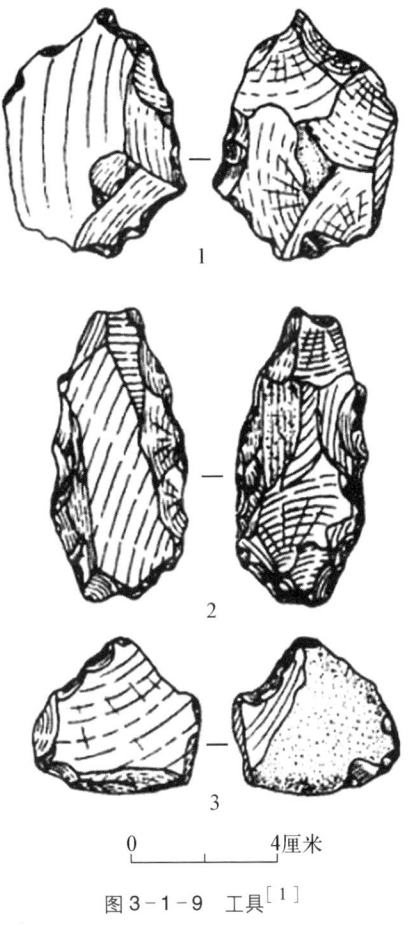

图 3-1-9 工具[1]
1. 钻(TXP.0222)　2. 矛形器(TXP.0209)
3. 尖状器(TXP.0214)

---

[1] 陈全家等:《图们下白龙发现的旧石器》,《边疆考古研究》(第 2 辑),科学出版社,2004 年 5 月,第 1—7 页。

疤排列较规整,工具边缘均加工成刃(图3-1-9,2)。

5. 钻

1件。TXP.0222,板岩。用石片加工而成。石片的劈裂面有同心波,另有2处修疤痕;背面除中央保留有少量的自然面外,其余均为剥片的阴痕和修理痕迹,剥片阴痕4处,其上打击点、放射线、同心波明显。尖部采用错向加工修理,钻尖较小,长5、宽6、厚约3毫米(图3-1-9,1)。

四、结语

(一) 石器工业特征

1. 原料种类较多,有安山岩、流纹岩、玄武岩、砂岩、石灰岩、角岩,其中板岩最多,占58%;安山岩和砂岩分别占9.7%;石灰岩和角岩分别占6.5%;其他原料较少。石制品的优质原料比例亦较高,石材硬度较高,多在6度以上,适于制作加工工具。从部分石制品表面保留的砾石面分析,原料应来源于江边的漫滩上。

2. 石片数量占石制品总数的32.3%,均为锤击石片,形状不甚规整。

3. 剥片技术均为锤击法,有自然台面和打制台面两种,打制台面又可分为脊状台面和素台面。在劈裂面上有较发育的唇面,可能为软锤打击的石片。

4. 工具修理为锤击法,修理方式有向背面加工、向劈裂面加工,还有交互、错向和复向,其中以向背面和复向加工为主。工具加工较粗糙,但部分加工精致,修疤浅平,器形规整。工具类型多样,其中以刮削器和砍砸器数量最多,其次是尖状器和锥。最具特色的工具是圆头刮削器。工具以大中型者为主,而小型者比较少。

5. 从石制品表面未见有水冲磨的任何痕迹分析,应属于原地埋藏类型。石制品中的石核、石片较少,工具种类较多,其数量占石制品总数的58%。而且大多数工具上都有明显的使用痕迹,所以该地点可能是一处人类居住活动的场所。

（二）遗址年代

调查所获得的石制品均采自下白龙村西北侧Ⅲ级阶地后缘的黄土地表，由于该地点现为农田，并未找到石制品的出土层位，推测石制品应该出于黄土层内，根据延边地区的地质剖面分析，黄土的地质年代属于晚更新世；在石制品采集的区域内不见新石器时代以后的磨制石器和陶片；并且通过与周边旧石器地点文化面貌的比较，该遗址与饶河小南山和吉林抚松仙人洞遗址的文化面貌更为接近，三者的年代可能相差不远。根据以上分析，推测下白龙旧石器地点的地质年代为更新世晚期，即旧石器时代晚期。

第二节　延边安图立新地点

一、遗址概况

安图立新旧石器遗址，位于吉林省延边地区安图县永庆乡立新村北东方向约2千米的第Ⅳ级阶地上，地理坐标为北纬42°41′37.6″，东经128°11′15.3″，西距永庆乡至两江镇的公路约1千米，距富尔河约3.5千米。

2006年，吉林大学边疆考古研究中心师生会同吉林省文物考古研究所人员在延边地区进行旧石器考古调查，在安图县永庆乡立新村东北的第Ⅳ级阶地上采集到54件石制品。为弄清石制品的出土层位，在石制品分布区布置了4个1×1平方米的探方，从粉砂质黄土地层中发现了6件石制品。同年，张森水等复察了该地点，又采集石制品11件。两次共获得石制品71件。

二、地貌及地层

地层堆积自上而下分为3层（图3-2-1）：

第1层，耕土层，厚8—10厘米，有现代的瓷片等文化遗物。

第2层，粉砂质黄土层，土质较细腻，呈黄色，厚10—22厘米，含石制品。

第3层，黄色细砂，夹薄层钙质结核，含砾石。深50厘米，未见底。从冲沟断面观测，其深约30米以上。

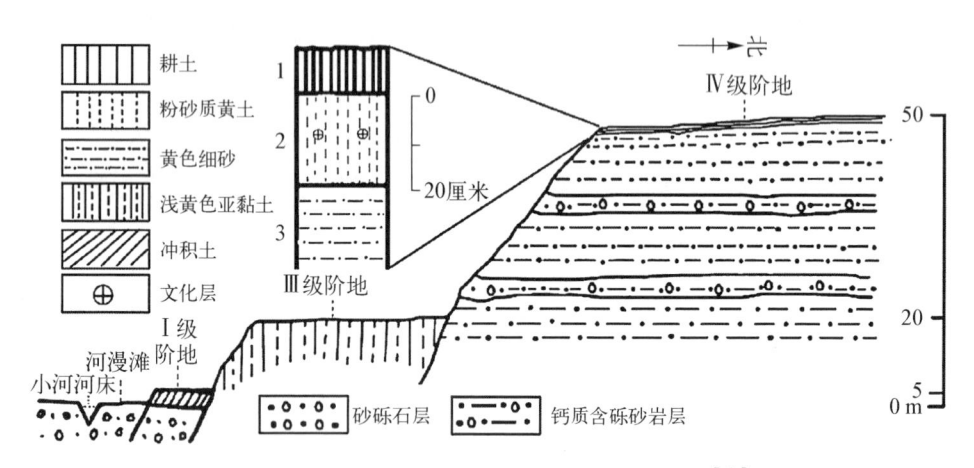

图3-2-1 遗址的地貌综合剖面示意图与地层柱状图[1]

三、文化遗物

石制品种类有石核、石片、细石叶、断块和工具。原料以流纹斑岩为主，占53.5%，其次为黑曜岩21.1%、石英岩18.3%、石英5.6%和砂岩1.4%。

（一）石核

共17件，分为锤击石核和砸击石核两类。

锤击石核12件。根据台面数量可分为单、双和多台面3种。

单台面5件。标本06AL.C：16，呈锥形，重793.1克。台面角74、78度（图3-2-2,1）。

双台面4件。标本06AL.C：46，呈棱柱状，工作面上均有多次剥片（图3-2-2,2）。

---

[1] 陈全家等：《延边安图立新发现的砾石石器》，《人类学学报》2008年第1期，第45—50页。

多台面 3 件。标本 06AL.C：25，呈多面体形状。从三个不同的方向打片（图 3-2-2,3）。

砸击石核 5 件（出土 2 件）。标本 06AL.C：17，呈扁的枣核状，通体片疤（图 3-2-2,4）。

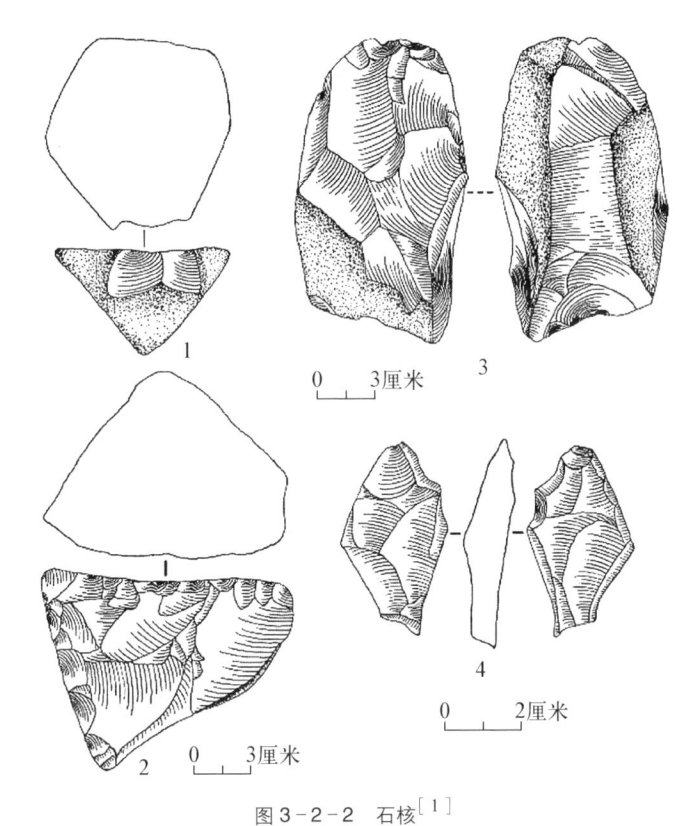

图 3-2-2 石核[1]

1—3. 锤击石核（06AL.C：16、06AL.C：46、06AL.C：25） 4. 砸击石核（06AL.C：17）

（二）石片

完整石片共 19 件（出土 3 件），皆为锤击石片，长 12.3—98.6 毫米，宽 12.4—116 毫米。多宽型石片，台面角 69—122 度，平均 103.7 度。

---

[1] 陈全家等：《延边安图立新发现的砾石石器》，《人类学学报》2008 年第 1 期，第 45—50 页。

根据台面与背面的性质可以分为5种类型。

1—1型2件。台面、背面皆为自然面(图3-2-3,1)。

1—2型4件。自然台面、背面保留部分砾石面者(图3-2-3,2)。

2—1型1件。人工台面、背面为砾石面者(3-2-3,3)。

2—2型8件。人工台面、背面由部分砾石面和部分剥片疤组成者(图3-2-3,3、4)。

2—3型4件。人工台面,背面无自然面(图3-2-3,5)。

断片共10件。长13.8—151.7毫米,宽7.2—101.2毫米,厚2.1—30.6毫米,重0.2—459.9克。

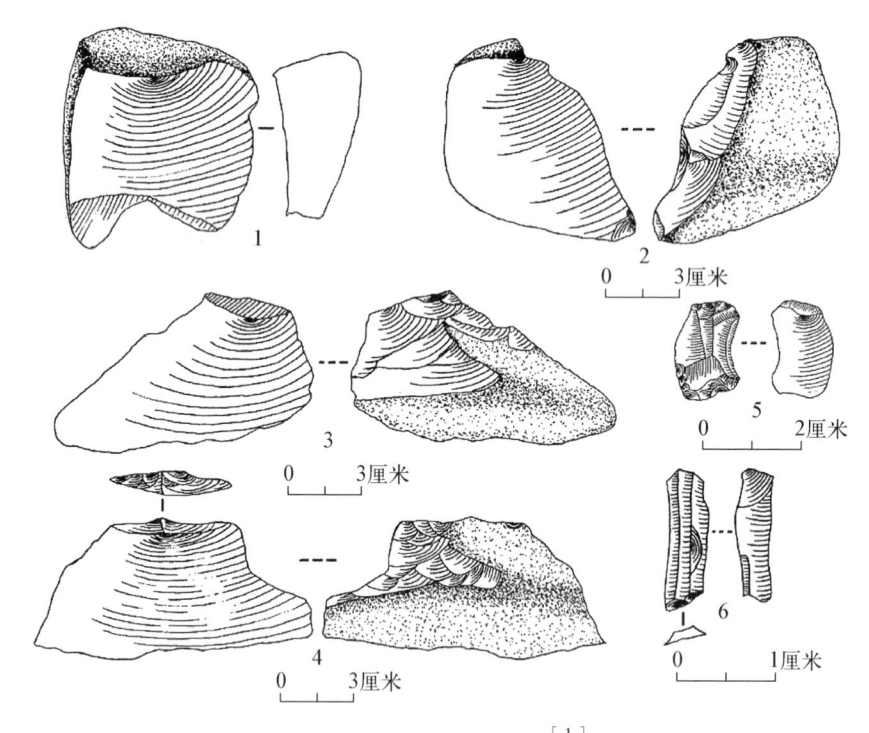

图3-2-3 石片和细石叶[1]
1—5. 石片(06AL.C：21、06AL.C：49、06AL.C：6、06AL.C：8、06AL.C：39)
6. 细石叶(06AL.T11：1)

---

[1] 陈全家等:《延边安图立新发现的砾石石器》,《人类学学报》2008年第1期,第45—50页。

细石叶1件(出自地层),腹面较平,背面有两条脊,截面呈不规则的梯形(图3-2-3,6)。

(三) 断块

共5件。多呈不规则多面体状,长80—143.1毫米,宽50.2—101.8毫米,厚22.5—58.2毫米,重117.4—733.8克。

(四) 工具

可分为三类。

1. 一类工具(天然工具)

3件。分为锤击石锤和复合石锤两类。

锤击石锤2件。一端石锤和两端石锤(图3-2-4,1)各1件。

复石锤1件。是锤击和砸击合用石锤(图3-2-4,9)。

2. 二类工具(使用石片)

共3件。按使用刃口数量和形状分为双直刃1件(图3-2-4,8),单凹刃2件。

3. 三类工具

共13件。分为刮削器、尖状器、手斧和砍砸器4类。

刮削器3件。均为单刃,按刃口形状可分为直刃2件(图3-2-4,7)和凸刃1件(图3-2-4,10)两类。

尖状器2件。其加工方法采用压制修理技术(图3-2-4,3、4)。

手斧1件。采用锤击修理,两面加工,多两层修疤,修疤多宽大,刃缘不平齐(图3-2-4,2)。

砍砸器7件。按刃口的数量和形状可分为单凸刃4件(图3-2-4,5)和单直刃3件(图3-2-4,6)两类。

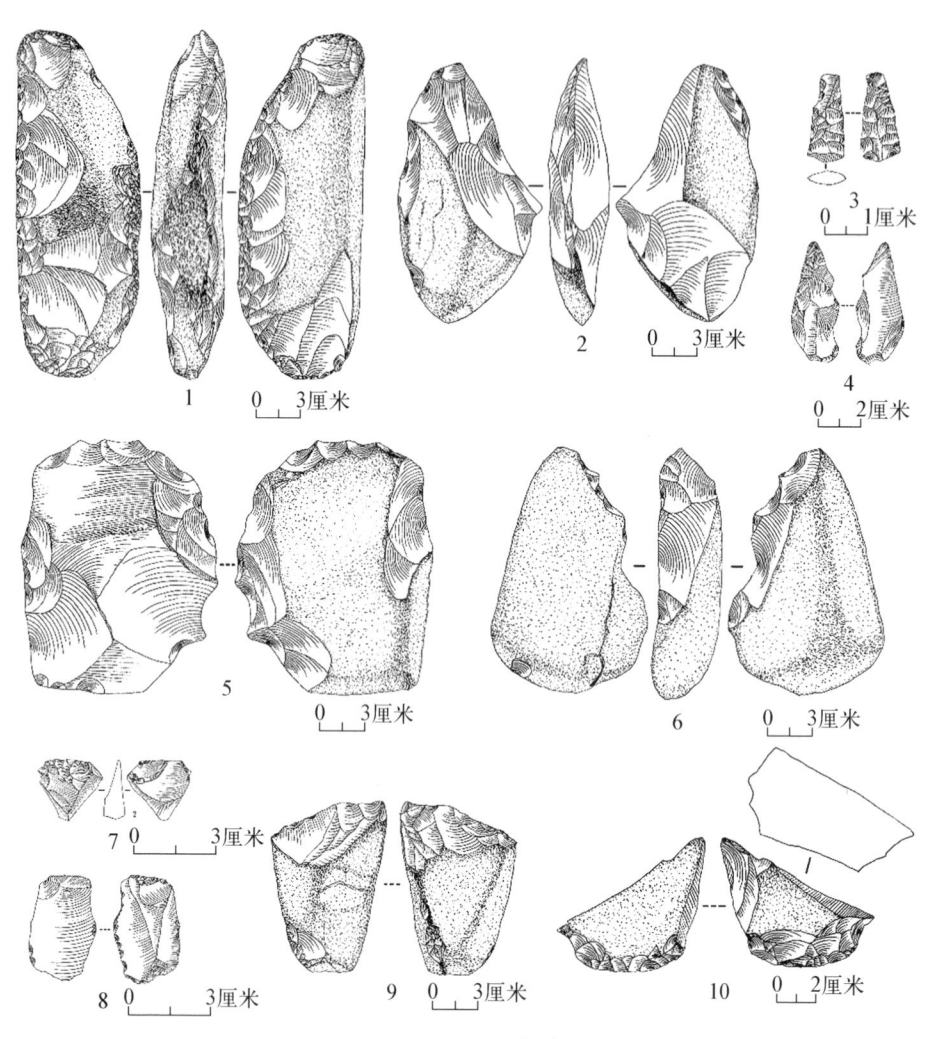

图3-2-4 工具[1]
1、9. 石锤(06AL.C：15、06AL.C：5) 2. 手斧(06AL.C：3)
3、4. 尖状器(06AL.C：46、06AL.C：45) 5、6. 砍砸器(06AL.C：1、06AL.C：48)
7、10. 刮削器(06AL.C：65、06AL.C：53) 8. 第二类工具(06AL.C：38)

---

[1] 陈全家等：《延边安图立新发现的砾石石器》,《人类学学报》,2008年第1期,第45—50页。

四、结语

（一）石器工业特征

1. 原料以流纹斑岩为主,占 53.5%,其次为少量的黑曜岩、石英岩、石英和砂岩。除黑曜岩外,大多数标本皆保留有砾石面,磨圆度好,取材于附近的河漫滩。

2. 石制品类型多样,包括石核、石片、细石叶、工具和断块。

3. 石核包括锤击和砸击两种,其中以锤击石核为主。个体多较大,形状不规则。

4. 一些石片台面经过简单修理。

5. 第三类工具的类型包括刮削器、尖状器、手斧和砍砸器,占石制品总数的 18.3%;其毛坯以砾石为主,占 46.2%,其他毛坯为断块和石片等。本类工具以大型为主,其中大型砍砸器占 53.8%。

6. 工具采用锤击法和压制法修理。修理方式以复向为主,其次为单向,另外少量经过通体修理。

（二）遗址年代

石制品发现的粉砂质黄土层在吉林—延边小区属于新黄土,形成于上更新统[1]。相邻的朝鲜半岛的砾石工具多出现于旧石器时代的早、中期,但也有证据显示一直延续到 3 万年前后[2][3]。由于细石叶的存在,所以本遗址可能为旧石器时代晚期或稍早。

---

[1] 吉林省区域地层表编写组：《东北地区区域地层表——吉林省分册》,地质出版社,1978 年,第 81—126 页。

[2] Lee Hoen-Jong. *The Middle to Upper Paleolithic transition and the tradition of flake tool manufacturing on the Korean Peninsular*. Archaeology Ethnology and Anthropology of Eurasia, 2003(1)：pp.65-79.

[3] Lee Hoen-Jong. *Middle Paleolithic studies on the on the Korean Peninsular*. Archaeology Ethnology and Anthropology of Eurasia, 2002(2)：pp.87-104.

第三节 图们岐新 B、C 地点

一、遗址概况

图们岐新 B、C 旧石器地点位于吉林省延边朝鲜自治州图们市月晴镇的图们江左岸的Ⅳ级和Ⅲ级阶地上。北距昌新坪约 0.38 千米,南距下始建村约 1.5 千米,东距图们江约 0.57 千米。地理坐标为北纬 42°51′36″,东经 129°49′08″。

图们岐新 B、C 地点是 2000 年以来,吉林大学边疆考古研究中心会同吉林省文物考古研究所和遗址所在区、县的文物保护管理所等单位对图们江流域进行了几次系统的旧石器遗址调查和试掘工作,是新发现的 7 处旧石器时代晚期遗址之一,两地点发现的石器数量不多,原料种类不集中,以安山岩为主。

二、地貌及地层

吉林省整体呈东南高西北低的地势走向,其东部长白山山地属新华夏系隆起带,普遍存在 2—3 级夷平面和发育多级的河流阶地。图们江左岸上有发育的河漫滩和Ⅰ、Ⅱ、Ⅲ、Ⅳ级阶地。Ⅰ级阶地高出江面 6 米;Ⅱ级阶地缺失;Ⅲ级阶地高出江面 36 米,Ⅳ级阶地高出江面 63 米,B、C 地点的海拔高度分别约为 176 米和 149 米。

岐新旧石器 B、C 地点的地层由上至下可分为 3 层(图 3 - 3 - 1),具体描述如下:

第 1 层,为灰黄色耕土层,厚约为 15 厘米;无石器。

第 2 层,为黄色亚黏土层,厚约为 20 厘米,石器皆出于该层。

第 3 层,为花岗岩基岩。

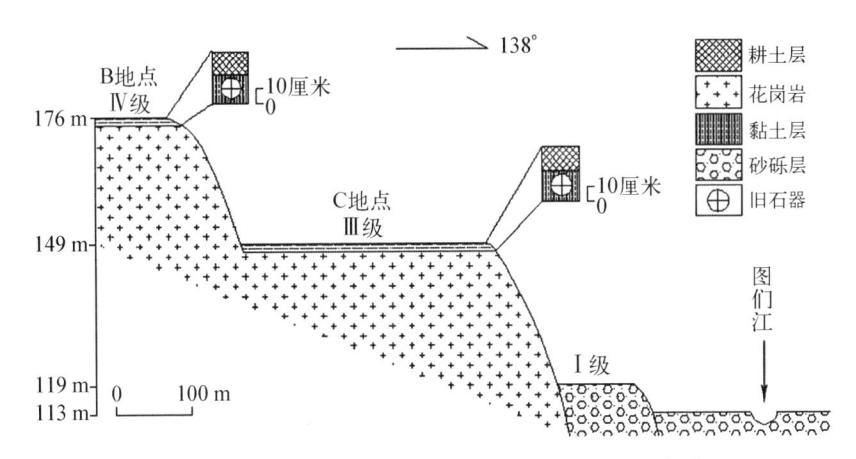

图 3-3-1　图们岐新 B、C 旧石器地点河谷剖面示意图[1]

三、文化遗物

B、C 地点共发现石器 31 件。包括石核、石片和工具。原料种类较多,包括安山岩、板岩、角岩、流纹岩、硅质角砾岩和玄武岩 6 种。以安山岩、板岩和角岩居多,分别占石器总数的 38.7%、25.8% 和 19.4%；流纹岩、硅质角砾岩和玄武岩仅占 9.7%、3.2% 和 3.2%。总的来看,石料比较好,适于制作石器。现将具体情况介绍如下:

(一) B 地点的石制品

共发现石制品 5 件,包括石核和三类工具。

1. 石核

1 件,为多台面石核。原料为玄武岩。标本 TQBP：0203。长 117.4、宽 102.2、厚 60.4 毫米,重 957.3 克。形状近似正方体,有 7 个台面,4 个剥片面(图 3-3-2,1)。

---

[1] 陈全家等:《吉林图们岐新 B、C 地点发现的旧石器》,《北方文物》2015 年第 4 期,第 3—10 页。

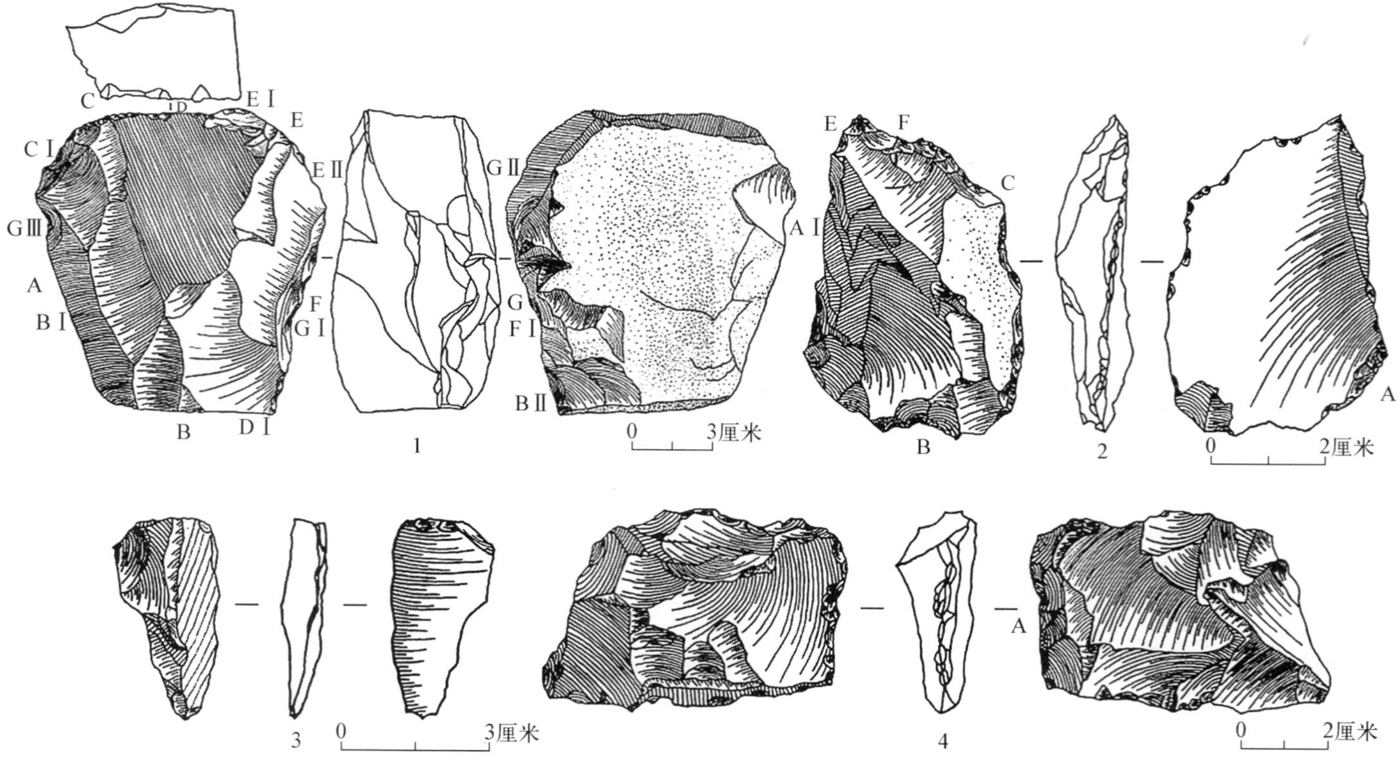

图 3-3-2 石核、断片、三类工具[1]

1. 石核（TQBP：0203） 2. 复刃刮削器（TQBP：0202） 3. 远端断片（TQCP：0204） 4. 单直刃刮削器（TQBP：0205）

[1] 陈全家等：《吉林图们岭新B、C地点发现的旧石器》，《北方文物》2015年第4期，第3—10页。

2. 三类工具

4件。均为刮削器。根据刃的数量分为单刃和复刃。

（1）单刃2件。均为直刃。长33.2—82.7毫米，平均长58毫米；宽24.1—74.9毫米，平均宽49.5毫米；厚8.1—24.8毫米，平均厚16.5毫米；重5.9—144.3克，平均重75.1克。1件修理刃缘；1件修理把手，直接使用锋利的边缘为刃缘。原料为板岩和角岩。刃缘长为19.2—33.5毫米，刃角38.5—43.9度。

标本TQBP：0205，长33.2、宽24.1、厚8.1毫米，重5.9克。原料为板岩。片状毛坯。A处经两面修理成直刃，修疤深，大小不一，是硬锤复向修理。刃长19.2毫米，刃角38.5度。总体来看，石料多节理，器形不规整，应是石料所致，修理也不精致（图3-3-2,4）。

（2）复刃2件。长56.1—61毫米，平均长58.6毫米；宽40.1—48.1毫米，平均宽44.1毫米；厚10.3—12毫米，平均厚11.2毫米；重23.1—27.4克，平均重25.3克。原料均为安山岩。器形均不规整，有节理。1件为3刃，1件为4刃刮削器。刃长13.6—60.8毫米，刃角28.9—90.8度。

标本TQBP：0202，长56.1、宽40.1、厚12毫米，重23.1克。石片毛坯。A处为直刃，修疤大且不规则，双层，是硬锤反向修理。刃长20.6毫米，刃角28.9度。B处为凹刃，修疤大且深，是硬锤正向修理。刃长13.6毫米，刃角38.9度。C处为锯齿刃，是毛坯远端，背面有部分石皮，可见大而深的修疤，双层，是硬锤正向加工。劈裂面处也有浅且不连续的小疤，应是使用时留下的痕迹。刃长60.8毫米，刃角39.4度。E处修理刃缘，修疤呈鱼鳞状，硬锤修理，正向加工。刃缘两侧还有不连续的小疤，应是使用疤；F处为锯齿刃的一处大的修疤。E与F处相交于一尖角，尖刃角为90.8度。总体来看，石料多节理，器形不规整，修理粗糙（图3-3-2,2）。

由上述可知，三类工具根据石器的最大长度的5个等级[1]，B地点的石器包括小型、中型和大型。三类工具皆为锤击石片，均使用硬锤锤击法修理。1件反向

---

[1] 李炎贤、蔡回阳：《贵州白岩脚洞石器的第二步加工》，《江汉考古》1986年第2期，第56—64页。

加工修理把手,直接使用锋利的边缘为刃部;2件修理刃缘,1件既修理刃缘又修理把手,皆复向加工。修疤皆大、深且明显不规整。

(二) C地点的石器分类描述

共发现石器26件,包括石片和工具,具体描述如下:

1. 石片

6件。均为断片,根据断裂方式分为近端和远端断片两类。

(1) 近端5件。长16.6—23.4毫米,平均长20毫米;宽20.9—33.9毫米,平均宽26.8毫米;厚3.3—7.2毫米,平均厚4.3毫米;重1.1—5克,平均重2.3克。其中2件是硬锤打击而成,3件是软锤打击。原料为安山岩、板岩、流纹岩。

标本TQCP:0224,长16.6、宽24.9、厚3.4毫米,重1.4克。原料为安山岩。打制台面,硬锤打击剥片,石片角52.1度。打击点集中,半锥体微凸,锥疤和同心波清晰,放射线不清晰。背面为人工背面,有5片石片疤,剥片方向向心剥片(图3-3-3,3)。

标本TQCP:0203,长23.4、宽33.9、厚7.2毫米,重5克。原料为流纹岩。台面为线状台面,有唇状物,软锤打击剥片;半锥体平坦,同心波不清晰,放射线清晰。背面除保留部分石皮外,有小而多的石片疤,但片疤间的界限不是很明显,应是石料的原因(图3-3-3,1)。

(2) 远端1件。标本TQCP:0204,长41.9、宽20.8、厚7.8毫米,重5.9克。原料为板岩。劈裂面微凸,同心波和放射线不清晰。背面有3个石片疤和节理面,石片疤的剥片方向为向心剥片,背面左侧有部分折断,应该是剥片前形成的(图3-3-2,3)。

由此可见,在石片中,软锤打击剥片为主,硬锤打击剥片次之;同时并未发现完整石片,皆为近端断片和1件远端断片。是有意折断,去掉远端卷起部分,获得更规整的毛坯来使用或加工工具[1]。

---

[1] 张森水:《中国旧石器文化》,天津科学技术出版社,1987年,第68—80页。

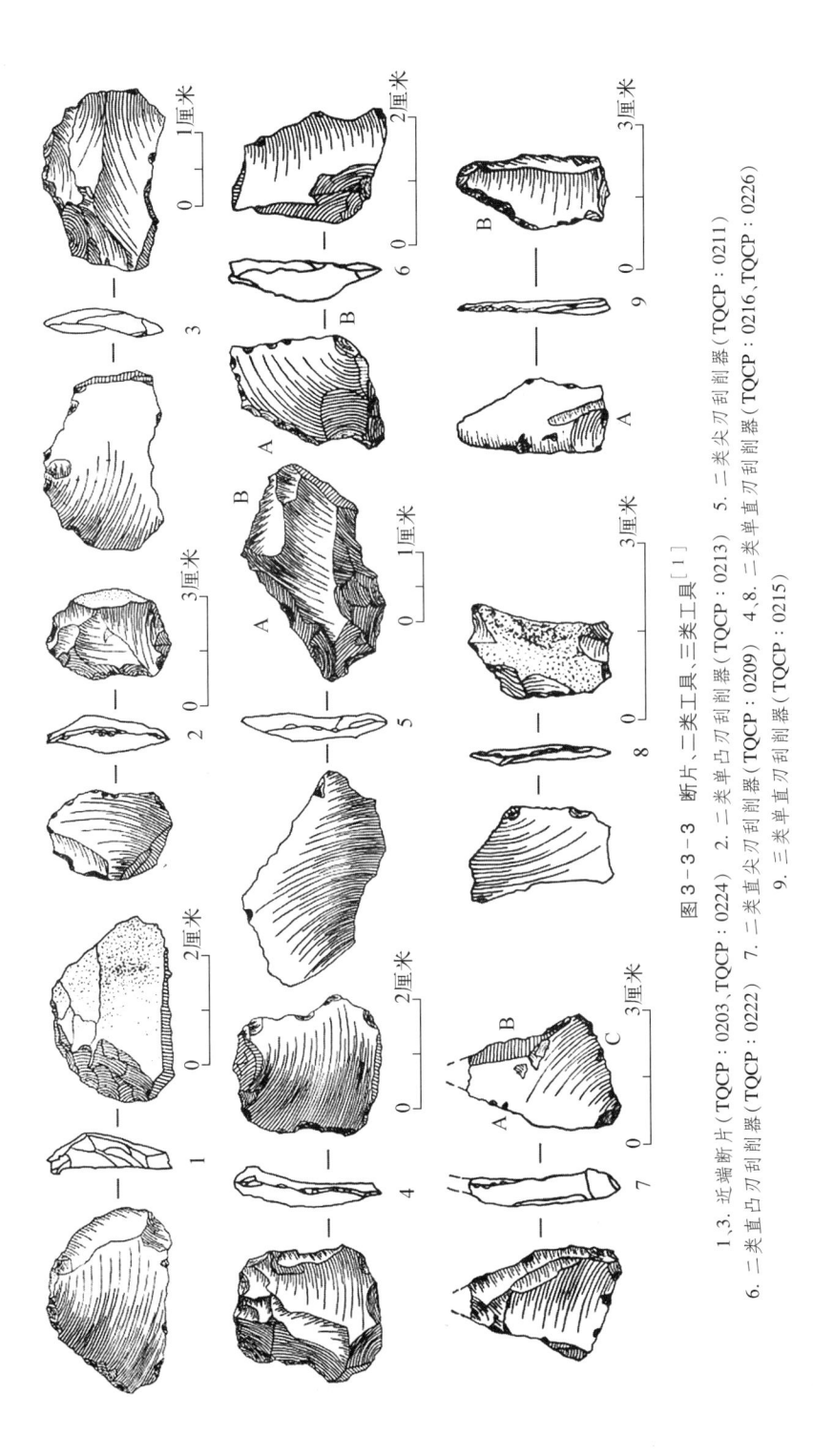

第三章 2000年以来的吉林旧石器时代考古 151

图 3-3-3 断片,二类工具,三类工具[1]

1、3. 近端断片 (TQCP：0203, TQCP：0224) 2. 二类单凸刃刮削器 (TQCP：0213) 5. 二类尖刃刮削器 (TQCP：0211)
6. 二类直凸刃刮削器 (TQCP：0222) 7. 二类直尖刃刮削器 (TQCP：0209) 4、8. 二类单直刃刮削器 (TQCP：0216, TQCP：0226)
9. 三类单直刃刮削器 (TQCP：0215)

[1] 陈全家等:《吉林图们岐新B、C地点发现的旧石器》,《北方文物》2015年第4期,第3—10页。

2. 二类工具

8件。均为刮削器。根据刃的数量分为单刃和双刃。

(1) 单刃6件。根据刃的形状分为直、凸和尖刃。

a. 直刃2件。长18.6—27.9毫米,平均长23.3毫米;宽25.3—26.5毫米,平均宽25.9毫米;厚2.9—5.2毫米,平均厚4.1毫米;重1—3.7克,平均重2.4克。均为近端断片。硬锤剥片和软锤剥片各1件。原料分别为流纹岩、安山岩。刃缘长15.4—19.1毫米,刃角20.8—27.9度。

标本TQCP：0226,长18.6、宽26.5、厚2.9毫米,重1克。原料为流纹岩。硬锤剥片。背面有5个小石片疤,节理面约占背面的60%。刃缘背面有经使用留下的不连续鱼鳞状疤,应是以劈裂面接触物体。刃长15.4毫米,刃角20.8度(图3-3-3,8)。

标本TQCP：0216,长27.9、宽25.3、厚5.2毫米,重3.7克。原料为安山岩。软锤剥片。背面有9个石片疤。直接使用石片锋利的边缘,在背面和劈裂面有使用留下的不连续鱼鳞状疤。刃长19.1毫米,刃角27.9度(图3-3-3,4)。

b. 凸刃3件。长14.1—25.6毫米,平均长19.1毫米;宽23.4—41.3毫米,平均宽33.2毫米;厚4—9.4毫米,平均厚6.4毫米;重1—6.9克,平均重3.6克。原料分别为角岩、板岩和安山岩。刃缘长17.7—32.9毫米,刃角18.1—29.9度。

标本TQCP：0213,长25.6、宽35、厚9.4毫米,重6.9克。原料为角岩。背面有6个石片疤。刃缘劈裂面和背面都有不连续的鱼鳞状使用疤,但背面疤较大较深,且是双层。刃长为32.9毫米,刃角29度(图3-3-3,2)。

c. 尖刃1件。标本TQCP：0211。长17.8、宽32、厚4.4毫米,重2克。原料为安山岩。背面石片疤呈阶梯状。A处和B处边缘锋利并相交于一钝角,尖刃角129.8度(图3-3-3,5)。

(2) 双刃2件。根据刃的形状分为直、凸和直尖刃。

a. 直凸刃1件。标本TQCP：0222,长27.5、宽17.6、厚5毫米,重4克。原料为安山岩。A处为直刃,有连续的鱼鳞状使用疤,疤较小且重叠无规律,推测为长时间使用形成,刃长11.2毫米,刃角23.4度。B处为凸刃,有不连续的鱼鳞状使用疤,刃长17.6毫米,刃角46.2度(图3-3-3,6)。

b. 直尖刃1件。标本TQCP：0209,长34.7、宽25.3、厚6.5毫米,重4.9克。原料为硅质角砾岩。为近端断片。A处边缘较锋利,有使用留下的鱼鳞状疤,并和石片远端折断的B处相交于一角,但尖角已折断,断口较新,应为之后使用断裂或非人为原因折断,尖刃角约为45度。C处为直刃,劈裂面处有使用时留下的不连续鱼鳞状疤,刃长21.7毫米,刃角为27度(图3-3-3,7)。

二类工具是不经过加工修理而直接使用的石片[1]。根据石器最大长度的五个等级,C地点的二类工具皆属小型,便于使用。刃的形状以直刃居多,凸刃次之。单刃的情况要多于双刃,符合人类的使用习惯,随手即用,用后即弃。可以看出当时的人类在使用二类工具时有一定的选择意识[2]。

3. 三类工具

12件。其类型包括刮削器和钻器。

(1) 刮削器11件。根据刃的数量分为单刃、双刃和复刃。

a. 单刃8件。根据刃的形状分为直、凸和尖刃。

直刃。3件。长18.7—79.7毫米,平均长43.4毫米;宽15.4—51.5毫米,平均宽34.6毫米;厚3.7—21毫米,平均厚9.9毫米;重1.6—71.6克,平均重25.5克。原料为板岩和角岩。均为片状毛坯。修疤较深,修理方法应是硬锤修理。2件正向加工,1件复向加工。修疤多为鱼鳞状。刃长18—37.8毫米,刃角22.9—48.9度。

标本TQCP：0215,长31.7、宽15.4、厚3.7毫米,重1.6克。原料为板岩。A处为台面折断处,且将劈裂面的半锥体打掉,是为了修理把手,手握更方便,

---

[1] 陈全家:《吉林镇赉丹岱大坎子发现的旧石器》,《北方文物》2001年第2期,第1—7页。
[2] 陈全家、李霞、王晓阳、魏海波、石晶:《辽宁桓仁闹枝沟牛鼻子地点发现的旧石器》,《边疆考古研究》(第13辑),科学出版社,2013年,第1—20页。

舒适。B 处刃缘较平直,为双层鱼鳞状修疤,修疤较深,是硬锤正向加工修理,刃长 18 毫米,刃角 22.9 度。总体来看,此件工具器形规整,小巧,修理精细(图 3-3-3,9)。

凸刃。2 件。长 24.8—28.5 毫米,平均长 26.7 毫米;宽 24.3—49.1 毫米,平均宽 36.7 毫米;厚 3.3—7 毫米,平均厚 5.2 毫米;重 2—9.4 克,平均重 5.7 克。原料为安山岩和板岩。毛坯均为石片,1 件硬锤打击石片,修理把手,使用较锋利的侧缘。1 件砸击石片,硬锤修理刃缘。刃长 25.5—40.6 毫米,刃角 11.8—42.8 度。

标本 TQCP：0219,长 28.5、宽 24.3、厚 3.3 毫米,重 2 克。原料为安山岩。A 处原为锋利的侧缘,折断侧缘是为了修理把手,便于执握。B 处为石片锋利的侧边,直接使用,有不连续的使用疤痕。刃长 25.5 毫米,刃角 11.8 度(图 3-3-4,5)。

尖刃。3 件。长 17.4—54.3 毫米,平均长 30 毫米;宽 16.4—26.1 毫米,平均宽 21.7 毫米;厚 1.5—7.6 毫米,平均厚 4.1 毫米;重 0.4—7.4 克,平均重 3.1 克。原料为安山岩、板岩和角岩。均为片状毛坯。2 件正尖尖刃器,1 件喙嘴形尖刃器。刃角 53.2—79.8 度。

标本 TQCP：0210,为正尖尖刃刮削器,长 54.3、宽 22.5、厚 7.6 毫米,重 7.4 克。原料为安山岩。毛坯为石叶远端断片,背面有一条纵脊,可知毛坯是按脊的方向打下。背面不是全部修理,在靠近端 A 处有 4 个小石片疤,是将背脊靠近近端处的突出部分修理掉,修理把手,使手握方便、舒适。劈裂面满是修疤,呈阶梯状。B 侧边缘是修理刃缘,修疤深且双层,呈鱼鳞状多,不规则少;应是硬锤修理,正向加工。C 侧边是石叶的自然边,不经修理,但有经使用而留下的疤痕。根据留下疤痕的多少,可推测 B 边为经常使用边,C 边偶尔使用。B 边和 C 边相交于一角,成一尖刃,尖刃角 59.2 度(图 3-3-4,2)。

b. 双刃 2 件。根据刃的形状分为双直和直尖刃。

双直刃。1 件。标本 TQCP：0205,长 41.1、宽 20.8、厚 5.5 毫米,重 5.8 克。原料为角岩。毛坯为远端断片。A 处为远端边缘,较平直,有双层鱼鳞状修疤,疤较深,应是硬锤修理,复向加工。刃长 40.7 毫米,刃角 43.2 度。B 处为折断处一端,

第三章 2000年以来的吉林旧石器时代考古 155

图 3-3-4 三类工具[1]

1. 直凸刃刮削器（TQCP：0231） 2. 尖刃刮削器（TQCP：0210） 3. 双直刃刮削器（TQCP：0205）
4. 复刃刮削器（TQCP：0202） 5. 单凸刃刮削器（TQCP：0219） 6. 钻器（TQCP：0208）

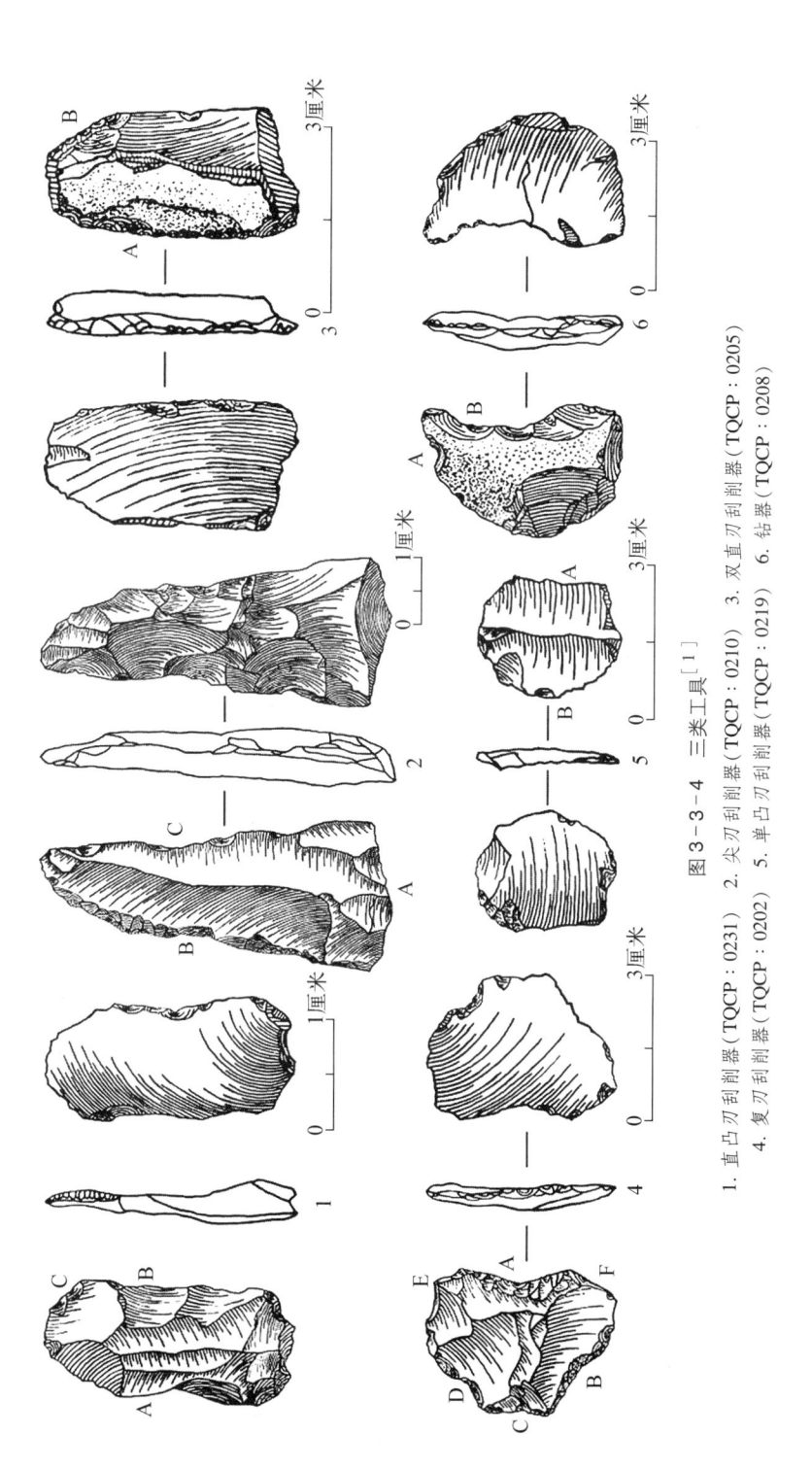

[1] 陈全家等：《吉林图们岐新B、C地点发现的旧石器》，《北方文物》2015年第4期，第3—10页。

然后再用正向加工方式修理刃缘,修疤明显,呈鱼鳞状,且为一层,硬锤修理。推测A处刃是做刮、削、割等运动,B处仅是做刮运动[1]。刃长12.4毫米,刃角51.1度(图3-3-4,3)。

直凸刃。1件。标本TQCP：0231,长22.9、宽10.9、厚2.4毫米,重0.7克。原料为角岩。毛坯为石片。A处为凸刃,不经修理而直接使用石片锋利的边缘,刃长12.3毫米,刃角26.6度。B处为直刃,亦为直接使用,刃长14.3毫米,刃角24.9度。C处经过修理,修疤小而平齐,修理方向为正向加工,属于修形(图3-3-4,1)。

c. 复刃1件。标本TQCP：0202,长40.8、宽29.5、厚4.1毫米,重5克。原料为安山岩。毛坯为石片。有4个刃口。A处为凹刃,修疤较深,呈阶梯状,正向修理,刃长24.5毫米,刃角40度。E、F处分别为A处凹刃的上侧和下侧,有较大的打断痕迹,推测是为了修形,使凹刃能更好地接触物体表面。B处为凹刃,凹进程度不如A处,修疤深而成阶梯状,正向加工,刃长23.3毫米,刃角28.9度。C处为直刃,未经修理而直接使用,留下不连续且不规则的使用疤痕,刃长13.7毫米,刃角28.1度。D处为凹刃,在毛坯台面的旁侧,修疤深,鱼鳞状,硬锤复向加工,刃长9.2毫米,刃角22.1度(图3-3-4,4)。

(2) 钻器

1件。标本TQCP：0208,长39.3、宽26.5、厚7.2毫米,重6.9克。原料为流纹岩。片状毛坯,体薄。A处经过单面修理,由劈裂面向石皮加工成一个大的修疤,修出凹边。B处也是由劈裂面向石皮加工成一个大的修疤,修出凹边,且与A处是对向修理,同时还在的大的修理疤内有向劈裂面修理的小疤。A、B处分别形成肩部,A、B相交形成尖锐的尖,长7.7毫米,尖角72.1度,且尖刃背面有部分石皮。尖刃有细密的疤痕,应是使用时造成的。此钻器较小,器形规整,器身呈C形,修理较好(图3-3-4,6)。

由以上分析,可了解到C地点三类工具的特点:

---

[1] 高星、沈辰：《石器微痕分析的考古学实验研究》,科学出版社,2008年,第83—105页。

a. 三类工具皆为片状毛坯,其中部分毛坯为断片,且以远端断片为主,仅有一件中段断片,无块状毛坯。由此可见,当时的人类在制作工具时是有选择意识的。

b. 仅有刮削器和钻器两类。但刮削器的类型比较丰富,包括单刃(直、凸刃和尖刃)、双刃(双直刃、直凸刃)和复刃。钻器仅 1 件。可知当时的人类主要的使用工具是刮削器。

c. 在工具的制作过程中,除了修理刃缘,还有修形、修理把手。修形为规范器形的大小、形状和更好地接触被加工的物体表面;修理把手通常为单面或两面修理出圆钝的边缘,亦或折断一侧锋利的边;三种修理选择其一、其二或三者皆可。

四、结语

(一) 石器工业特征

1. B 地点发现石器仅 5 件,观察其工业特征如下:

(1) 原料不集中,分别为玄武岩、板岩、角岩各 1 件和安山岩 2 件。

(2) 类型较少,包括石核和三类工具;三类工具为单直刃和复刃刮削器。

(3) 石器多集中于中型,占 60%;小型和大型最少,皆占 20%。

(4) 石核属于大型,台面较多,剥片率较大,但理想的剥片数量不多,使用锤击法剥片。此时的人类已能熟练使用转向剥片方法,且已能利用背脊控制剥片。观察留下的石片疤,至少有一片石叶产生。三类工具皆为片状毛坯,包括 2 件单直刃和 2 件复刃刮削器。单直刃刮削器中,1 件修理把手,直接使用石片锋利的边为刃部;1 件修理刃缘。复刃刮削器中,3 刃刮削器修理刃缘和把手;4 刃刮削器修理刃缘,其中一刃缘为锯齿刃。

(5) 加工方法皆为硬锤;修理方向为正向、反向和复向,修疤较深,呈鱼鳞状和不规则状。石器表面有石皮或节理,器形不规整。

2. C 地点发现石器 26 件,观察其工业特征如下:

(1) 原料较多,安山岩使用最多,占 38.46%;板岩次之,占 26.92%;角岩和流纹岩较少,分别占 19.23% 和 11.54%;硅质角砾岩最少,仅占 3.85%。

(2) 类型并不丰富,包括石片和工具;没有发现完整石片、石核和一类工具。三类工具皆为片状毛坯,包括刮削器和钻器,数量最多,占石器总数的 46.15%,其中又以刮削器最多,占三类工具的 91.7%;二类工具次之,占石器总数的 30.77%;石片最少,占 23.08%。

(3) 石器集中于小型,占 88.5%;中型次之,占 7.7%;微型最少,仅占 3.8%。

(4) 石片皆为近端和远端断片,3 件是软锤剥片,2 件是硬锤剥片。二类工具皆为刮削器,尺寸为小型。单刃居多,凸刃为主,直刃次之,尖刃最少。根据刃角的五个等级[1],刮削器刃角的等级为斜,平均 39.7 度。三类工具皆为片状毛坯,除修理刃缘外还出现修形和修理把手。但仅有 1 种(修理把手)或 2 种共存(修刃和修形)。可见当时人类对工具的制作是有意识修理的。

(5) 剥片技术有锤击(硬锤、软锤)和砸击技术。其中软锤剥片的石器数量占台面可见石器的 52.9%,可以看出软锤剥片技术是很发达的,这是很有独特性的特征。使用砸击技术剥片的仅有 1 件石器,为三类单凸刃刮削器,刃状台面,硬锤修理刃缘,局部正向加工。修理方法皆为硬锤修理,修理方向为正向、交互、对向和复向加工;以正向加工为主,占 36.3%;交互和复向加工次之,分别占 27.3%;对向加工最少,占 9.1%。修疤较深且非常明显,呈鱼鳞状和不规则状,有单层、双层和多层修疤。石器总体来看,器形小巧、规整,加工精细。

(二) 年代分析

从周围的地理环境上分析,B、C 地点位于图们江流域左岸的 IV 级和 III 级阶地上,水资源丰富,适合古人类们在此地生产活动。再通过对 B、C 地点的石器工业特征分析,其地点性质可能是古人类们进行狩猎、采集活动的临时性场所。

---

[1] 李炎贤、蔡回阳:《贵州白岩脚洞石器的第二步加工》,《江汉考古》1986 年第 2 期,第 56—64 页。

岐新 B、C 地点的石器皆出土于黄色亚黏土层中,根据吉林省第四纪地层的堆积年代分析,可以确定该层位属于上更新统[1]。由于该层没有发现共存的哺乳动物化石,也未出现磨制石器和陶片。因此,依据地层和石器的工业特征将岐新 B、C 地点的年代暂归于旧石器时代晚期。同时,两地点又分别处于海拔高度差约 27 米的Ⅳ级和Ⅲ级阶地上,由于阶地是受到河流的侵蚀作用而逐渐形成的,即Ⅳ级阶地要早于Ⅲ级阶地形成。再通过对两地点的石器工业特征分析,B 地点的旧石器要比 C 地点的原始,所以推测 B 地点旧石器的形成要稍早于 C 地点。

第四节　龙井后山地点

一、遗址概况

2002 年 5 月 13—26 日,吉林大学边疆考古研究中心的部分师生在延边自治州、市、县各级博物馆(文管所)同志配合下,对中国图们江流域进行了旧石器考古专题调查。此次调查共发现 6 个旧石器地点,龙井市后山即其中一处。遗址位于背靠高山面向河流的Ⅱ级阶地上,高出江、河水面约 20—30 米[2]。

该地点采集石制品 19 件,原料包括安山岩、黑曜岩、角岩、玛瑙和流纹岩等。石制品类型有石片、断块、使用石片、刮削器、尖状器等。

二、文化遗物

(一) 石片

共 9 件,均为锤击石片,详见下表 3-4-1:

---

[1] 吉林省区域地层表编写组:《东北地区区域地层表——吉林省分册》,地质出版社,1978 年,第 81—126 页。
[2] 陈全家:《延边地区图们江流域旧石器考古新发现》,《人类学学报》2003 年第 1 期,第 62 页。

表 3-4-1　锤击石片统计表[1]

编号	原料	长×宽×厚（毫米）	重(克)	石片角（度）	台面	台面长×宽（毫米）	背面	腹部	残损
0201	安山岩	84×59×39	165.7	98	素	57×41	全疤	略平尾，向内弧	完整
0219	角岩	29×43×12	10.8	133	素	25×5	全疤	微凸	完整
0211	安山岩	22×37×5	2.9	140	节理	18×6	一大、二小疤	微凸	完整
0202	安山岩	33×26×7	5.7	72	素	17×6	二大疤、一纵脊	有节理，微平	完整
0215	黑曜岩	12×8×3	0.1	107	素	3×1	一大、二小疤	平	近段
0210	安山岩	18×21×3	0.8	135	素	6×2	全疤	微凹	完整
0205	黑曜岩	16×18×4	0.9						远段
0206	黑曜岩	13×24×6	2	123	素	24×6	全疤	凸	完整
0216	玛瑙	14×12×2	0.1	92	素	7×1	全疤	凹凸不平	完整

（二）断块

3件，标本LHP.0218，以流纹岩为原料，长、宽、厚分别为48、29、18毫米。标本LHP.0217，以安山岩为原料，长、宽、厚分别为56、37、13毫米。标本LHP.0204，以黑曜岩为原料，长、宽、厚分别为22、20、9毫米。

（三）使用石片

4件，其中角岩2件，安山岩1件，黑曜岩1件，毛坯均为锤击石片。标本LHP.0207，原料为安山岩，长31、宽51、厚7毫米，重9.6克。标本LHP.0208，原料为角岩，长39、宽22、厚6毫米，重4克。标本LHP.0214，原料为黑曜岩，长18、宽12、厚

[1] 陈全家：《延边地区图们江流域旧石器考古新发现》，《人类学学报》2003年第1期，第62页。

4毫米,重0.7克。标本LHP.0213,原料为角岩,长83、宽58、厚15毫米,重62.6克。

(四) 刮削器

单边直刃刮削器。1件。标本LHP.0204,原料为黑曜岩,毛坯为锤击石片。长36、宽20、厚11毫米,重6.5克,刃缘长29、宽4.3毫米,刃角47度。

复刃刮削器。1件。标本LHP.0212,原料为角岩,毛坯是锤击石片。长39、宽31、厚6毫米,重8.3克,直刃长27毫米,刃角70度;凸刃长23毫米,刃角63度;凹刃长24毫米,刃角40度。

(五) 尖状器

1件。标本LHP.0203,原料为黑曜岩,毛坯为锤击石片。残长24、宽24、厚5毫米,重2.8克。尖部残断,两边刃残长16和21毫米,边刃角分别71和75度,尖角59度。

第五节 珲春北山地点

一、遗址概况

2002年5月初,吉林大学边疆考古研究中心的部分师生在珲春市文物管所同志的协助下,在对图们江流域和珲春河沿岸进行旧石器考古调查时发现了北山旧石器地点,并进行了小面积试掘,共获石制品52件[1]。

二、地貌与地层

珲春市位于吉林省的东北部,隶属于延边朝鲜族自治州。它的西面与朝鲜以

---

[1] 陈全家等:《吉林延边珲春北山发现的旧石器》,《人类学学报》2004年第2期,第138—145页。

江相隔,而东侧与俄罗斯接壤,是三国相邻的三角地带。地貌上,吉林东部是构造抬升的长白山区,山高谷深。位于珲春市西侧的图们江由西北向东南流入日本海,而图们江支流的珲春河由东北向西南流经珲春市后注入图们江。珲春市正好坐落在图们江以东珲春河之北的冲积盆地内。

北山旧石器地点位于珲春市西南郊的北山台地上,西距图们江约4千米,南距珲春-图们公路0.5千米左右,地理坐标是北纬42°8′3″,东经130°15′8″。海拔高度为114.1米,高出第Ⅰ级阶地约20米。

地层剖面自上而下分3层(图3-5-1):

第1层,黑垆土层,土质纯净,未见文化遗存。厚30—40毫米。

第2层,黄色亚黏土层,含石制品。厚100—120毫米。

第3层,棕红色黏土层,呈颗粒状,土质纯净黏重,不见文化遗存。厚180毫米,未见底。

本地点的黄色亚黏土层为文化层,在部分区域已经出露于地表,采集的石制品见于该层的表面,仅少量标本出在地层内。未发现任何动物化石及其他文化遗物。

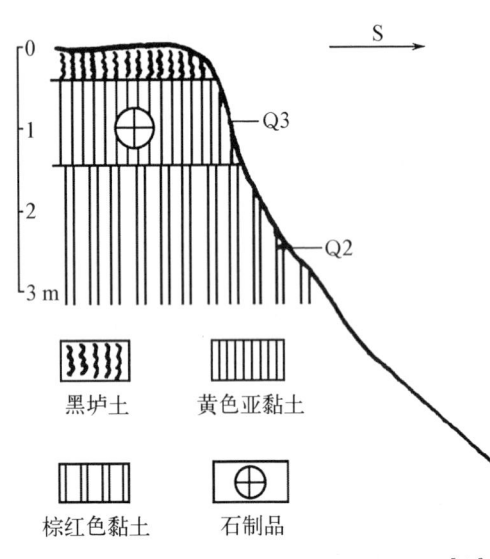

图3-5-1 珲春市北山旧石器地点地层剖面图[1]

三、文化遗物

本次调查获得石制品52件,表面棱脊清晰,未见有水冲磨的痕迹,但表面有不同程度的风化,严重者失去光泽。

---

[1] 陈全家等:《吉林延边珲春北山发现的旧石器》,《人类学学报》2004年第2期,第138—145页。

（一）石核

3件，均为砸击石核，保存完整。其中原料为黑曜岩者2件，脉石英者1件。石核长略大于宽，平均长宽比差5：4。3件石核长为12.5—23毫米，宽9.6—24毫米，厚5—14毫米，重0.75—6.8克。两端有砸痕与剥片痕迹。

标本HBP.0228，近正方形，长25、宽24、厚14毫米，重6.8克。原料为黑曜岩，a面隆起，中间有一条贯穿两极的纵脊，两端均有崩裂的疤痕；b面较平坦，有较多疤痕，其中右侧有一完整的大疤痕，是锤击法剥片后形成的痕迹。横截面呈三角形。两端较锐，有反复砸击的痕迹，边缘均有向两侧劈裂形成的阶梯状疤痕（图3-5-2，1）。

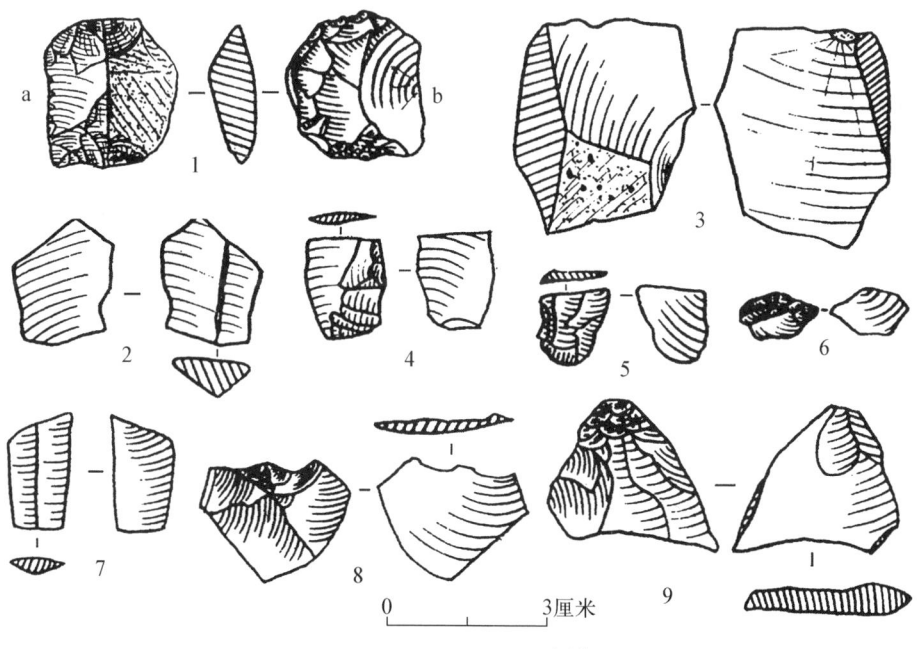

图3-5-2　石核与石片[1]

1. 砸击石核（HBP.0228）　2—6、8、9. 石片（HBP.0215、HBP.0204、HBP.0225、HBP.0239、HBP.0243、HBP.0233、HBP.0213）　7. 细石叶（HBP.0229）

---

[1] 陈全家等：《吉林延边珲春北山发现的旧石器》，《人类学学报》2004年第2期，第138—145页。

（二）石片

42件，其中锤击石片38件，石叶1件，压制石片3件。原料为黑曜岩者38件，占90.4%；流纹岩者2件，占4.8%；脉石英和角页岩各1件，分别占2.4%。

锤击石片38件。可分为完整石片和断片两种。

完整石片。2件。半锥体都很突出，同心波清晰。其中HBP.0204原料为流纹岩，长35、宽31、厚8毫米，重8克，自然台面，石片角105度，远端薄锐，背面有"Y"字形脊（图3-5-2,3）。

断片。36件，根据断裂方向的不同可分为纵向和横向断片。

纵向断片。2件，左右各一，原料均为黑曜岩，都保留有素台面。

横向断片。34件，根据部位的不同又可分为近段、中段和远段。

近段。17件，原料为黑曜岩者16件，占94%；角页岩者1件，占3%。除以角页岩者（HBP.0201）为大型者外，其余标本属小型，前者长65、宽54、厚30毫米，重99克；后者平均长20、宽21、厚4.9毫米，重2.2克。标本中有一类石片的背面近端（由台面后缘向背面加工）有阶梯状疤痕，可能是便于剥片而特殊修理形成。该类标本共8件，占所有可辨明台面的石片（完整石片2件、石片近段17件及纵向断片2件，共21件）的38%。标本中可见台面者6件，占75%，包括点状台面3件，素台面2件，有脊台面1件。不见台面但可见后缘修理痕迹者2件，所占比例为25%。

标本HBP.0213，以黑曜岩为原料。呈三角形。残长27、宽31、厚6毫米，重4克；素台面且小，宽6、厚3毫米；石片角111度；背面有同向的多层疤痕，是便于剥片而有意修理的。背面全为片疤，左侧有两个大疤。劈裂面半锥体明显，其上有1大的锥疤，疤长12、宽8毫米，同心波清晰，远端有一断面（图3-5-2,9）。

标本HBP.0243，体积小，长8、宽14、厚2毫米，重0.2克。整体薄锐，为点状台面；背面近端有连续、层叠的浅平疤痕；劈裂面的打击点集中，半锥体凸；该石片可能是压制修理的修片（图3-5-2,6）。

标本HBP.0233，左侧残，长19、宽25.5、厚4毫米，重0.4克。为线状台面；背面近端有两块相对较大的疤痕,又有两块较小者叠压在二者之上;劈裂面的半锥体浅平,同心波清晰(图3-5-2,8)。

中段。13件,原料为黑曜岩者12件,占92%;石英者1件,占8%。断片残长6—34毫米,平均长17.5毫米;宽7—25毫米,平均宽15.8毫米;厚1—7毫米,平均厚3.3毫米;重0.25—4.1克,平均重1.2克。背面有1条脊的2件,2条脊的1件,"Y"字形脊的2件,多疤多脊的3件,平坦无脊的5件。

标本HBP.0215,原料为黑曜岩。近正方形,两端均见有断面,残长20、宽18、厚6毫米,重2克。背面中部有1条隆起的纵脊,石片的右侧缘有缺口。劈裂面较平,可见有同心波,横断面呈三角形(图3-5-2,2)。此类标本共2件,标本HBP.0220与之情况相同。

标本HBP.0225,较薄,呈长方形。残长17、宽14、厚2毫米,重0.5克。背面右侧有6块并排的细长、浅平的疤痕。劈裂面浅平,可见同心波(图3-5-2,4)。

远段。4件,原料均为黑曜岩,残长12—29毫米,平均长18.5毫米;宽13—25毫米,平均宽1.7毫米;厚2—4毫米,平均厚3毫米;重0.2—8.5克,平均重2.4克。劈裂面同心波均很清晰,近端有断面,远端缘锋利。

标本HBP.0239,残长12、宽13、厚2毫米,重0.2克。整体呈舌形,远端薄锐,远端向劈裂面方向略弯曲,同心波清晰,石片背面有5块互相叠压的纵向疤痕(图3-5-2,5)。

细石叶。1件,只保留中段,编号HBP.0229,原料为黑曜岩,两侧边平直,背后有1条纵脊,残长19、宽11、厚4毫米,重0.5克(图3-5-2,7)。

压制石片。3件,均是薄锐、细长、背后有脊的黑曜岩石片。标本长0.7—2.3毫米,平均长1.73毫米;宽0.5—1.1毫米,平均宽0.77毫米;厚0.1—0.15毫米,平均厚0.12毫米;重0.05—0.2克,平均重0.15克。根据其形态与薄锐程度,推测这类标本是采用压制技术产生的石片。

(三) 工具

共7件。又可分为第二类工具(使用石叶)和第三类工具,不见第一类工具。

1. 二类工具(使用石叶)

仅发现 1 件,编号 HBP.0208,原料为黑曜岩。是石叶的中间断片,形体较大,残长 23、宽达 40、厚 9 毫米。劈裂面微凸。背面有两条近似平行的纵脊,两条平行的侧边与纵脊也近似平行。左侧边长 16 毫米,右侧边长 9 毫米,右侧边有连续的细小疤痕,为使用的刃缘,长 7 毫米,远端被一块小疤打破,边刃角 10 度(图 3-5-3,3)。

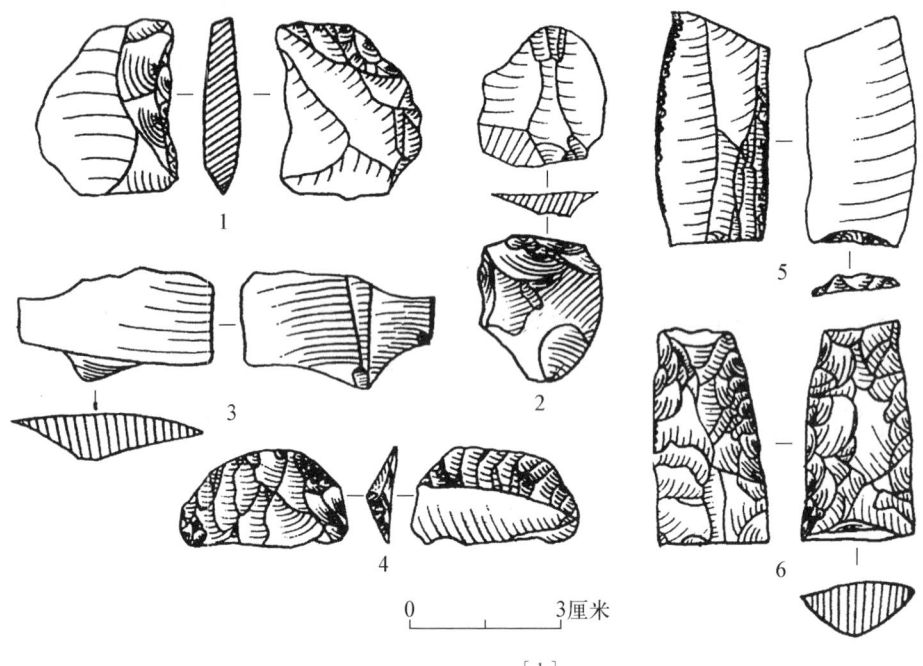

图 3-5-3　工具[1]

1. 尖状器(HBP.0250)　2. 单直刃刮削器(HBP.0227)　3. 使用石叶(HBP.0208)
4. 单凸刃刮削器(HBP.0212)　5. 双刃刮削器(HBP.0205)　6. 石矛头(HBP.0206)

2. 三类工具

共发现 6 件,其中原料为黑曜岩者 3 件,占 50%,火山凝灰岩、石英者和流纹岩

---

[1] 陈全家等:《吉林延边珲春北山发现的旧石器》,《人类学报》2004 年第 2 期,第 138—145 页。

者1件,各占16.7%。可分为刮削器、尖状器和矛形器三种。

刮削器4件,根据刃口的数量可分成单刃和双刃刮削器。

单刃刮削器3件,根据刃口形状,又可分为单直刃和单凸刃刮削器两型。

单直刃刮削器。1件,编号HBP.0227,原料为黑曜岩。以石片为毛坯,标本长19、宽34、厚9毫米,重4.25克,端刃角27度。背面有较规则的纵脊。刃口位于打击点相对一端,刃缘薄锐,修理痕迹主要位于劈裂面,疤痕为阶梯状,刃长15毫米,背面也有小的崩疤。与刃缘相对的一端也有向两面崩裂的少量痕迹,疤痕很短,从修疤的特征分析,该工具的修理方法可能是砸击修理而成(图3-5-3,2)。

单凸刃刮削器。2件,标本HBP.0212,长19、宽34、厚9毫米,横凸刃刮削器。以石片为毛坯,原料为黑曜岩。背面隆起一条纵脊,在脊的上端布满细长、规整、浅平、并行排列的压制修疤,每块都是从刃缘一直延伸至背脊,整个刃缘呈弧形。劈裂面仅保留少许,其余均为压制修理的痕迹,疤痕很长,有的甚至贯穿整个平面,但排列不规整。刃角30度,刃缘锋利(图3-5-3,4)。

标本HBP0202,原料为火山凝灰岩,为大型长身圆头刮削器。长70、宽53、厚18毫米,重83克,标本呈舌形,以断片的远段为毛坯。劈裂面微凸,不见任何修理痕迹。背面近左侧有1条纵脊,在脊的左侧为天然的砾石面,而右侧有3个大的疤痕。刃缘位于石片的远端,采用锤击法向背面加工而成。刃缘呈锯齿状。端刃角60度(图3-5-4)。

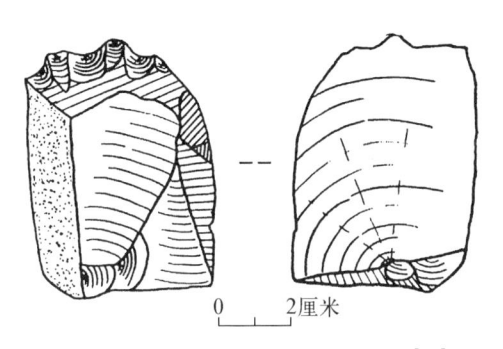

图3-5-4 单凸刃刮削器(HBP.0202)[1]

双刃刮削器。1件。编号HBP.0205,原料是黑曜岩。以石叶断片为毛坯,整体呈长方形,长46、宽23、厚5毫米,重7克。从毛坯劈裂面的同心波以及两端的横断面看,近端已折断,形成断面;而远端则是有意加工使其折断,截取方法是由背面向

---

[1] 陈全家等:《吉林延边珲春北山发现的旧石器》,《人类学学报》2004年第2期,第138—145页。

劈裂面连续打击形成修理的断面。根据背面的疤痕可以推断,在断片的两端均留有对向加工的片疤。在毛坯的两侧边均由劈裂面向背面压制加工而成。刃缘处布满了细小、排列整齐的疤痕,左侧刃微凸,刃缘长 46 毫米,刃角 51 度。右侧刃直,刃缘长 28 毫米,刃缘的疤痕相对更小,可能是使用的结果,刃角 53 度(图 3-5-3,5)。

尖状器。1 件,编号 HBP.0250,角尖尖状器。原料为脉石英。以石片为坯材。采用锤击法错向修理,背面的右侧刃呈弧形,向背面加工修理,刃角 43 度;而劈裂面的右刃较直,由背面向劈裂面加工修理,刃角 65 度。尖刃角 82 度(图 3-5-3,1)。

矛形器(残器)。1 件。编号 HBP.0206,原料为流纹岩,呈黑色。标本的两端均残,残长 44、宽 23、厚 13 毫米。通体加工修理,一侧面修理的相对较平,而另一面的中间有一条隆起的纵脊,截面为三角形。底端宽 23、厚 12 毫米。器体向上渐收,可能在顶端相交成尖,但顶端已残。疤痕不规则但浅平,器形规整,其采用了软锤加工和压制修理。左侧刃角 75 度,右侧刃角 61 度(图 3-5-3,6)。

四、结语与讨论

(一) 石器工业特征

1. 本地点使用过的石料有黑曜岩、流纹岩、脉石英、角页岩和凝灰岩。其中黑曜岩占 86.5%、脉石英占 5.7%、流纹岩占 3.8%、角页岩占 1.9%、火山凝灰岩占 1.9%。优质原料所占比例较大,加工的工具多为"精致"者;非优质原料所占比例较小。

2. 据发现的石制品推测,剥片技术主要使用锤击法,也有砸击法。锤击石片中由台面后缘向背面修理的标本所占比例较高。修片也占一定比例。石叶的出现表明存在着间接剥片技术。

3. 石制品主要为小型,石片的平均大小为 22×21×4.8 毫米,工具的平均大小为

37×26×9毫米。工具以石片为毛坯的占87.5%，以石叶为毛坯的占12.5%。工具类型简单，使用石叶所占比例是14.3%，刮削器所占比例是57%（单刃器占75%，双刃器占25%），尖状器占14.3%，矛形器占14.3%。

4. 工具以压制修理占50%，锤击修理占33.3%，而砸击修理占16.7%。向背面加工占33.3%，双面33.3%，向劈裂面16.7%，错向16.7%。

（二）年代分析

从石制品的出土情况判断，虽然只有极少数的石制品出于台地内（台地高于Ⅱ级阶地）的黄色亚黏土层中，而其他石制品均采于黄色亚黏土的地表，但是，黄色的亚黏土层也应该是其他石制品的原生层位，根据吉林省第四纪地层的堆积年代分析，可以确定其原生层位属于晚（上）更新统[1]。从发现的石制品内不见任何的磨制石器和陶片等分析，其文化遗存的年代不会晚于旧石器时代晚期。从该遗址的石制品的文化特征与日本涌别川、朝鲜半岛的垂杨介和俄罗斯滨海地区的乌斯季诺夫卡的文化特征和年代的比较，推测北山旧石器地点的绝对年代应该在距今2万年左右。

第六节　抚松新屯子西山地点

一、遗址概况

西山遗址位于吉林省抚松县新屯子镇的西山上。东距新屯子镇约2.5千米，西距万良约3千米，北距大黄泥河约2千米，南距县城约25千米。地理坐标为北纬42°33′，东经127°16′11″。遗址海拔高度为572米。

---

[1] 吉林省区域地层表编写组：《东北地区区域地层表——吉林省分册》，地质出版社，1978年，第124—126页。

1999年秋,新屯子镇村民张春德在刨参地时,发现了一个重17.4千克的黑曜岩石叶石核。2002年9月末,吉林大学边疆考古研究中心、吉林省文物考古研究所以及抚松县文物管理所组成联合发掘队对该遗址进行了试掘,揭露面积70平方米,在黄色亚黏土层中发现了用石块围成的椭圆形遗迹1处以及石制品30件[1]。

二、地貌与地层

抚松县地处长白山腹地,地势东南高,西北低。西山遗址位于抚松县西北隅的盆地内,山间盆地东西宽约4.5千米,南北宽约15千米;东山海拔最高为725米,西山海拔最高为745.4米。由于长白山区地壳抬升,使大黄泥河切割成很深的河谷,谷深约25—30米。大黄泥河由东南向东北流入二道江。

从地表坡度看,由西南向东北倾斜。堆积西厚东薄,自上而下分为3层(图3-6-1):

第1层,黑土(表土)层,土质松散呈黑色,不见任何遗物,堆积较薄。厚0.15米。

第2层,黄色亚黏土层,土质黏,呈黄色,石圈遗迹和石制品均出于此层,该层西厚东薄,最薄处是东北角。厚0.1—0.25米。

第3层,基岩风化壳,由大小不等的破碎玄武岩组成。厚度不详。

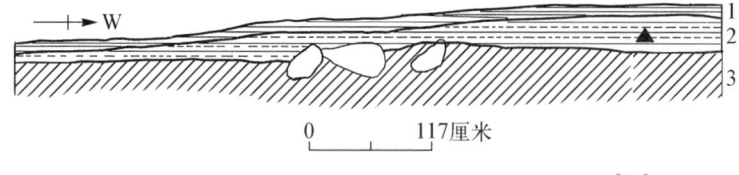

图3-6-1 西山遗址南壁地层剖面图("▲"代表石制品)[2]

---

[1] 陈全家等:《抚松新屯子西山旧石器遗址试掘报告》,《人类学学报》2009年第2期,第147—152页。

[2] 陈全家等:《抚松新屯子西山旧石器遗址试掘报告》,《人类学学报》2009年第2期,第147—152页。

三、遗迹

该遗迹是用石块围成的椭圆形。从石块的摆放来看,分成内外两圈,内圈石块少,主要分布在西北角,外圈石块多而密集,东部的部分石圈被近代人为破坏。内外石圈间距为0.3—0.4米。从石圈的性质分析,可能是古人类搭建的建筑遗址,石头推测是用来加固茅草留下的遗迹。石圈遗址坐北朝南,在其南侧有三块1.2×1.3米左右的大块岩石并排,并与地面平齐,从而形成天然路面。遗址内东西内径长5.6、外径长6.5米;南北内径宽3.7、外径宽4.8米。遗址中西部地面平坦,比室外地面略低,推测是人为踩踏的结果;而室内东侧有三块大的岩石相连并高于室内地面,由西向东逐渐高起,其面积为东西长2.4、南北宽2.05米(图3-6-2),石制品

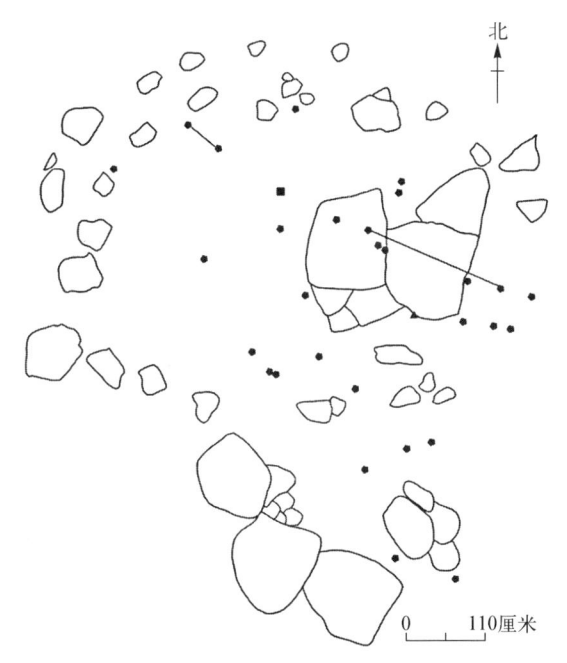

图3-6-2 西山遗址石圈居址平面图[1]

"◆"为石片 "■"为石叶石核 "▲"为细石叶 "—"代表拼接关系

---

[1] 陈全家等:《抚松新屯子西山旧石器遗址试掘报告》,《人类学学报》2009年第2期,第147—152页。

主要发现在石圈遗址内,据此分析,推测当时的古人类在石圈遗址内剥制石叶或修理工具。

从上述遗迹分析,遗迹选址的要求还是非常严格的,需具备离水源近、地势高而平、并且有可利用的天然物体(如石圈遗址内大块岩石和南部的石板)等优势。从遗迹内出土的石制品数量和性质分析,该遗址可能属于一处临时活动场所。古人类将17.4千克重的黑曜岩石叶石核放在遗址内,当需要工具时,来此剥取大的石叶,并且会在遗址内进行工具修理。

四、文化遗物

(一)原料

原料单一,仅见黑曜岩,其微量元素测量分析见表3-6-2。

表3-6-2 黑曜岩微量元素分析[1]

单位:$\omega(B)/10^{-6}$

元素	含量	元素	含量	元素	含量	元素	含量
B	94.0	P	360	Co	2.10	Sm	12.6
Ba	102	Sr	20.0	Mo	5.20	Eu	0.75
Ca	3 300	Ti	780	Pb	22.8	Gd	12.2
Cr	33.0	Zn	87.0	Sb	1.70	Nd	57.8
Fe	11 500	Zr	876	Cb	0.37	Tb	1.97
Mg	345	Ag	14.1	La	77.3	Dy	10.3
Mn	891	Au	1.16	Ce	157	Ho	2.01
Ni	6.0	Bi	1.60	Pr	17.5	Er	5.49

[1] 陈全家等:《抚松新屯子西山旧石器遗址试掘报告》,《人类学学报》2009年第2期,第147—152页。

(续表)

元素	含量	元素	含量	元素	含量	元素	含量
Tm	0.82	As	2.39	C	3 700	K	44 545
Yb	5.49	Hg	0.061	Cs	6 018	Na	30 871
Lu	0.72	F	6 018	Rb	206	Ca	190
Y	61.3	S	220	Li	42.2		

(二) 石叶石核

1件。标本02FXP.F1∶27,整体形状呈楔形。长、宽、厚为412×153×225毫米,重17.4千克(图3-6-3)。

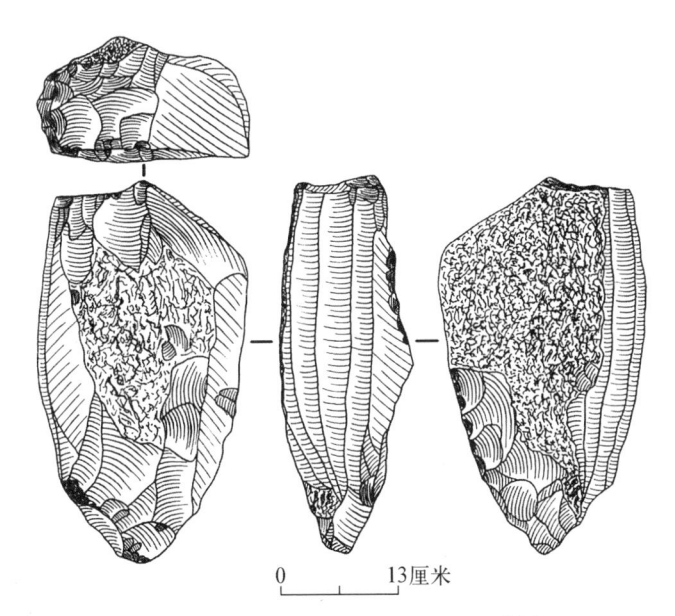

图3-6-3 石叶石核(02FXP.F1∶27)[1]

从石核台面观,台面长215、宽110毫米;台面可分为三部分,第一,自然台面,

---

[1] 陈全家等:《抚松新屯子西山旧石器遗址试掘报告》,《人类学学报》2009年第2期,第147—152页。

位于台面的后端,并向后倾斜,长 100 毫米;第二,修理台面,位于台面的中前部,将原自然台面修理成人工台面,是采用锤击的方法,由石核的左右两侧对向加工,修疤大小不等,整个修理台面中间凹;第三,有效台面,位于台面的前缘,它是在修理台面的基础上加工而成,是由石核的前缘向后打击而成,有两块修疤组成有效台面,有效台面长 30 毫米。该台面是为了调整台面角而有利于剥片的特殊工序,随着工作面的不断剥片,有效台面也在不断地修整后移。

从工作面观察,工作面最大长 386 毫米,使用工作面长 326 毫米;工作面最大宽 153 毫米,使用工作面宽 103 毫米。在使用工作面上可见有五次剥落石叶后留下的阴痕,最后一次剥落的石叶长 322、宽 44 毫米。在五次剥片中,其中仅有一次剥片是失败的,其余石叶宽而长。在工作面的远端有一个大的凹面,其上有一个从右侧打击形成的小疤痕,该凹面又是向右侧面修理所使用的台面。从完整石叶的阴痕特征观察,打击点集中,半锥体凸,两侧边平齐。从剥落宽而长的石叶分析,加工者已经熟练掌握了这种剥片技术。

从石核的左侧观,该面大部分为岩流与地面相接触时形成的麻面,在石核底端的后缘有修理石核时形成的疤痕,使石核的底部呈锥形。

从石核的右侧观,40%的表面是岩石凝固时形成的流纹,其余为修理痕迹。从修疤痕迹的性质分析,剥片的方法为硬锤加工,其目的一是修理石核,二是剥取石片。

从石核的后面观,85%为自然面,仅底端有向上修理时留下的疤痕,使石核的底端变得尖锐,后侧面的宽度与前侧的宽度相等。

综上可以看出石核的工艺流程:先选择黑曜岩为原料;然后对核体进行简单的修理;再对石核台面进行两步修理,先修理基础台面,然后修理有效台面;接下来是剥取石叶。从台面和工作面合理设计以及剥落石叶分析,加工者已经熟练掌握了合理利用石材和剥片的技术。

(三) 细石叶

1 件。02FXP.F1:16,为细石叶近段。残长 17.5、宽 5.75、厚 2.02 毫米,重 0.3

克。台面小而薄,台面宽2.09、厚0.98毫米。腹面打击点集中,半锥体凸,同心波较明显。背面有两条平行纵脊,截面呈梯形。台面后缘的背侧有一个与纵脊同向的小修疤,是剥片前调整台面角时产生的痕迹(图3-6-4,6)。

(四) 石片

28件,占石制品总数的93.33%,其中完整石片9件,不完整石片19件。主要为微型及小型[1]。长5.48—33.37毫米,平均17.11毫米;宽4.12—33.05毫米,平均15.37毫米;厚1.31—8.23毫米,平均3.43毫米;重0.01—1克,平均0.44克。依石片台面和背面反映的制作过程可将石片划分为不同类型[2]。

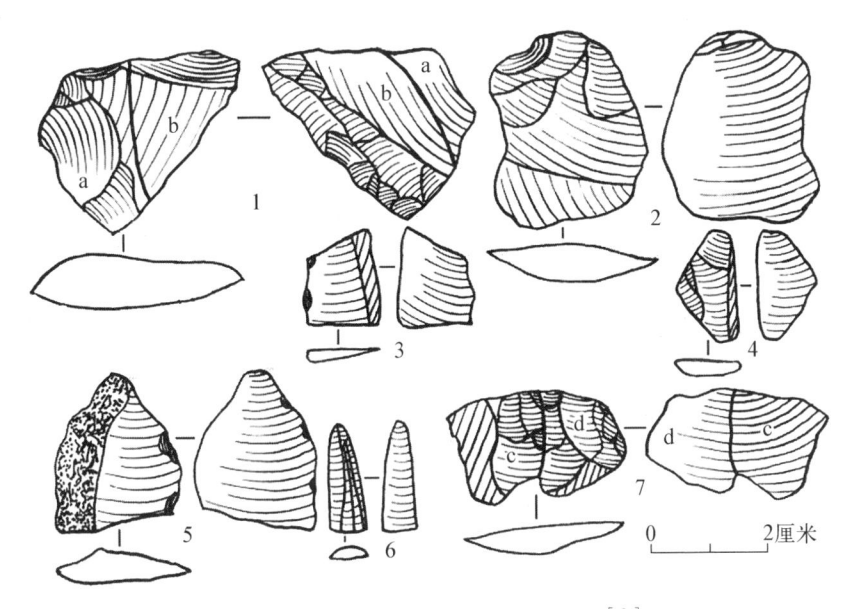

图3-6-4 西山遗址部分石制品和拼合组[3]

1. 石片(a)—石片(b)拼合组(02FXP.F1∶12)(02FXP.F1∶25) 2. 完整石片(02FXP.F1∶2)
3. 中段石片(02FXP.F1∶22) 4. 远段石片(02FXP.F1∶15) 5. 近段石片(02FXP.F1∶6)
6. 细石叶(02FXP.F1∶16) 7. 石片(c)—石片(d)拼合组(02FXP.F1∶4)(02FXP.F1∶5)

---

[1] 卫奇:《泥河湾盆地半山早更新世旧石器遗址初探》,《人类学学报》1994年第3期,第223—238页。
[2] 卫奇:《西侯度石制品之浅见》,《人类学学报》2000年第2期,第85—96页。
[3] 陈全家等:《抚松新屯子西山旧石器遗址试掘报告》,《人类学学报》2009年第2期,第147—152页。

02FXP.F1：2,完整石片。残长 33.37、宽 30.7、厚 1.83 毫米,重 1 克。形状近似长方形。有脊台面,长 11.71、宽 5.9 毫米,石片角 107 度。腹面、半锥体凸起明显。背面靠近台面处有一些小的剥片疤(图 3-6-4,2)。

02FXP.F1：6,近段石片。残长 24.09、宽 23.27、厚 1.44 毫米,重 0.9 克。形状近似三角形。点台面,腹面、半锥体微凸,背面有部分砾石面(图 3-6-4,5)。

02FXP.F1：22,中间断片。残长 16.15、宽 13.08、厚 2.45 毫米,重 0.5 克。形状近似矩形(图 3-6-4,3)。

02FXP.F1：15,远段石片。残长 18.11、宽 10.6、厚 3.02 毫米,重 0.35 克。形状近似三角形。腹面半锥体浅平,背面布满石片疤(图 3-6-4,4)。

完整石片均为人工台面,以Ⅰ2—3 型为主,Ⅰ2—2 型次之,分别为 9、2 件;台面以点台面为主,线台面、有脊台面较少。不完整石片占石片总数的 67.86%。其中中间断片较多,10 件,近端和远端断片各有 7 件和 2 件。石片类型表明石片主要为非初级剥片产品,石核剥片前对台面进行预制修整,原料利用率较高。石片的剥片方法为锤击法,由于埋藏条件的原因,大多石片表面都有一定的磨蚀,边缘也大多有零星的不连续的小片疤,应该是埋藏过程中碰撞形成的,无法判断为使用痕迹。这些石片应是古人类剥片或者修理工具产生的。

对考古遗址出土遗物进行拼合研究是探索遗址埋藏和形成过程必不可少的环节之一,能够重建石制品从制作到废弃的"生命"轨迹[1]。在遗址 30 件标本中获得 2 个拼合组,涉及 4 件石制品。拼合率较低,占石制品总数的 13.33%。石片-石片拼合组 ab 处于石圈遗迹的西北部,间距为 55 厘米。石片-石片拼合组 cd 处于石圈遗迹的东部,间距在 2 米左右(图 3-6-2;图 3-6-4,1、7)。

五、结语

石制品出土于山坡台地内(台地高于Ⅱ级阶地)的黄色亚黏土层中,根据吉林省

---

[1] Hofman JL. *The refitting of chipped stone artifacts as an analytical and interpretative tool*. Current Anthropol, 1981, 22: 691-693.

第四纪地层的堆积年代分析,其原生层位属于上更新统[1],同时,从遗址内不见任何的磨制石器和陶片来看,其时代可能是旧石器时代晚期,也不排除更晚的可能性。

第七节 延边和龙柳洞地点

一、遗址概况

柳洞旧石器地点,位于吉林省延边自治州和龙市南偏东35千米处的Ⅱ级阶地上,地理坐标为北纬42°19′11″,东经129°6′23″。面积约400平方米。地点东距柳洞林场场部及柳洞小学校约300米,东南距柳洞村约500米,南距小河约400米,西距仙景台风景区约4 500米。和龙至德化的公路由遗址的南侧穿过。

该地点于2002年5月初,由吉林大学边疆考古研究中心的部分师生和和龙市博物馆的同志在图们江流域进行调查时发现,共获石制品89件[2]。

2004年5月初,吉林大学边疆考古研究中心部分师生在和龙市文物管理所同志的协助下,对其进行了复查和小面积试掘,找到其原生层位。共获石制品142件,其中地表采集138件,地层出土4件[3]。

二、地貌与地层

(一)地貌概况

吉林省地势东南高西北低,东部山地(长白山地)属新华夏系隆起带,构造与

---

[1] 吉林省区域地层表编写组:《东北地区区域地层表——吉林省分册》,地质出版社,1978年,第124—126页。
[2] 陈全家等:《和龙市柳洞旧石器地点发现的石制品研究》,《华夏考古》2005年第3期,第51—59页。
[3] 陈全家等:《吉林和龙柳洞2004年发现的旧石器》,《人类学学报》2006年第3期,第208—219页。

山体走向均为北北东-南南西和北东-南西向,普遍存在2—3级夷平面和发育多级河流阶地。该地点位于长白山地东部的图们江中游地区,它的北、西、南三面均为南岗山山脉,有条图们江的支流从遗址的南侧由西向东流过,注入图们江。遗址高出河水面约20米。遗址背靠高山,面向河流,左右两侧是开阔的河谷地带。从该地点的位置来看,是人类非常理想的生活场所。

(二) 地层

2002年阶地南端的地层堆积,自上而下分为3层(图3-7-1):

第1层,耕土层,土呈黑色,夹有小石块,不见其他遗物。厚10—20厘米。

第2层,黄色亚黏土层,土呈黄色,黑曜石的石制品应该出于此层。35—40厘米。

第3层,角砾石层,夹黄色沙土,不见任何文化遗物。厚100厘米,为见底。

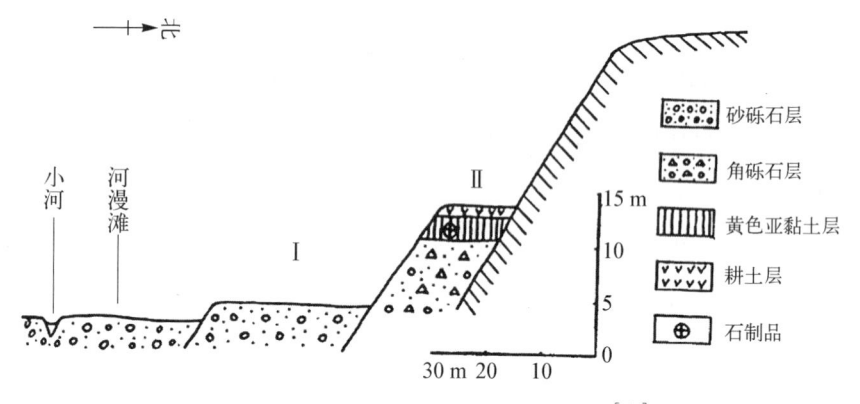

图3-7-1 和龙柳洞旧石器地点地层剖面图[1]

在采集石制品的区域内均为黄色土,而黑色的耕土已被雨水冲刷剥蚀掉,第2层的黄色亚黏土层被暴露出来。从黑色的耕土层内不见石制品来看,认为黄色亚黏土层是石制品的原生层位。

2004年调查时再次划分了地层,自上到下分为5层(图3-7-2):

第1层,黑色耕土,夹杂小石块,不见文化遗存。厚100—200毫米。

---

[1] 陈全家等:《和龙市柳洞旧石器地点发现的石制品研究》,《华夏考古》2005年第3期,第51—59页。

第 2 层,浅黄色土,含少量碎石块。厚 120—150 毫米。

第 3 层,灰黄色土,含石制品和白色腐殖物。厚 100—150 毫米。

第 4 层,棕色黄土,含少量碎石块。厚 150—200 毫米。

第 5 层,夹黄色沙土的角砾,不见文化遗存,试掘到厚 60—120 毫米处仍未见底。

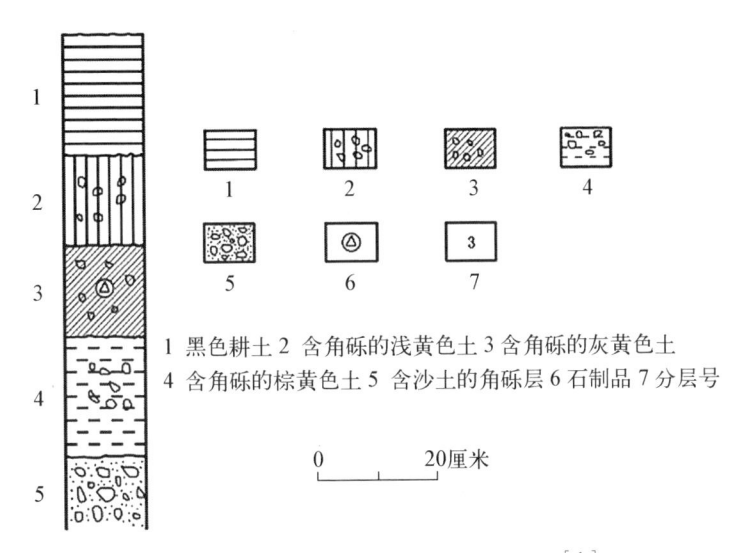

图 3-7-2 和龙柳洞旧石器地点地层柱状图[1]

在采集石制品的区域内均为黄色土,而黑色耕土大部分已被雨水冲刷剥蚀掉,浅黄色土层被暴露出来,138 件采集品即从该区域获得,4 件标本出在地层内。本次试掘所划分的 2、3、4 层与 2002 年调查所得的黄色亚黏土层相同。未发现动物化石及其他文化遗物。

三、文化遗物

(一) 2002 年发现的石制品

调查采集到石制品 89 件,原料除一件为石英外,其余均为黑曜岩(表 3-7-1)。

---

[1] 陈全家等:《和龙市柳洞旧石器地点发现的石制品研究》,《华夏考古》2005 年第 3 期,第 51—59 页。

表3-7-1　柳洞旧石器地点石制品分类、测量统计表[1]

（单位：毫米，度）

项目\分类	锤击石核	预制细石核	石片-完整	石片-远段	废片	断块	第二类工具（使用石片）	第三类工具-刮削器	雕刻器-屋脊形	雕刻器-喙嘴形	琢背刀	残齿头	分享统计	百分比
原料 黑曜岩	3	3	61	5	34	13	2	2	2	1	1	1		
原料 石英				1										
毛坯 石片								2	1	2	1	1	6	85.7
毛坯 细石叶													1	14.3
加工方法 锤击									1	2	1		4	57.1
加工方法 压制								2	1			1	3	42.9
加工方式 向背								2	1				2	40
加工方式 对向								2					1	20
加工方式 交互											1		1	20
加工方式 通体												1	1	20
长度 变异	19—28.5	37—43	17—51	10.8—56.5	8.5—20.2	11—35	27—67.3	31.5—34	40	32.6—43	16.7	59.4		
长度 平均	24.4	40.5	24.6	29.8	12.8		47.15							

[1] 陈全家等：《和龙市柳洞旧石器地点发现的石制品研究》，《华夏考古》2005年第3期，第51—59页。

（续表）

项目	分类	砸击石核	预制细石核	石片 完整	石片 远段	废片	断块	第二类工具（使用石片）	刮削器	第三类工具 雕刻器 屋脊形	第三类工具 雕刻器 喙嘴形	琢背刀	残牙头	分享统计	百分比
宽度（高度）	变异	12—22	11.8—29	13.8—37	13.4—34	5—16	12—13.5	20.3—24.5	14—11.9	17	26—27	15.5	40.7		
	平均	16	20.5	22.1	24.9	13.2		22.4							
厚度	变异	4.5—10	18—30	4—18	4.1—18	0.9—8	4—16	9—11.2	9.1—10.8	8	7.8—9	5	10.5		
	平均	6.5	20.3	7.4	8.1	3.2		10.1							
台面角	变异														
	平均														
石片角	变异			105—123				110—115							
	平均			114				112.5							
边刃角	变异								43—83.5	36	36—38	58			
	平均										37.5				
尖刃角	变异														
	平均							2	2	1	2	1	1		
分类小计		3	3	21	6	34	13	2.2	2.2	1.1	2.2	1.1	1.1	89	
百分比（%）		3.4	3.4	23.5	6.7	38.2	14.6								99.7

黑曜岩的微量元素含量分析见表3-7-2。以下将对本次调查的石制品进行分类与描述(单位：长度,毫米;重量,克)。

表3-7-2 黑曜岩微量元素含量分析[1]

单位：ω(B)/10⁻⁶

元素	含量	元素	含量	元素	含量	元素	含量
La	85.5	Yb	6.15	Na	30 028	Ti	640
Ce	195	Lu	0.81	B	97	Zn	136
Pr	19.3	Y	66.7	Ba	231	Zr	852
Sm	13.5	As	4.22	Ca	3 200	Ag	45
Eu	0.99	Hg	0.07	Cr	32	Au	2.2
Gd	13.7	F	1 728	Cu	215	Bi	1.6
Nd	62.1	S	460	Fe	12 300	Co	2.2
Tb	2.22	C	4 300	Mg	680	Mo	7.8
Dy	12.8	Cs	5.45	Mn	897	Pb	24.5
Ho	2.42	Rb	203	Ni	6	Sb	1.8
Er	6.55	Li	37	P	560	Cd	0.41
Tm	0.94	K	40 439	Sr	32		

注：由吉林大学测试科学实验中心测试。

1. 石核

本次采集的石核中仅见砸击石核和细石叶工业中的预制楔形石核,不见其他石核。

砸击石核。3件。形体较小。长19—28.5毫米,平均24.4克;宽12—22毫米,平均16毫米;厚4.5—10毫米,平均6.5毫米;重1.1—6.9克。石核两端有砸击痕

---

[1] 陈全家等:《和龙市柳洞旧石器地点发现的石制品研究》,《华夏考古》2005年第3期,第51—59页。

迹,核体上分布着由两端向中央延伸的多层石片疤。

标本 HLP.0222,长 28.5、宽 22、厚 10 毫米,重 6.9 克。核体有对向分布的石片疤痕,核体两端经砸击后留下的疤痕排列紧密整齐,疤痕较细小(图 3-7-3,4)。

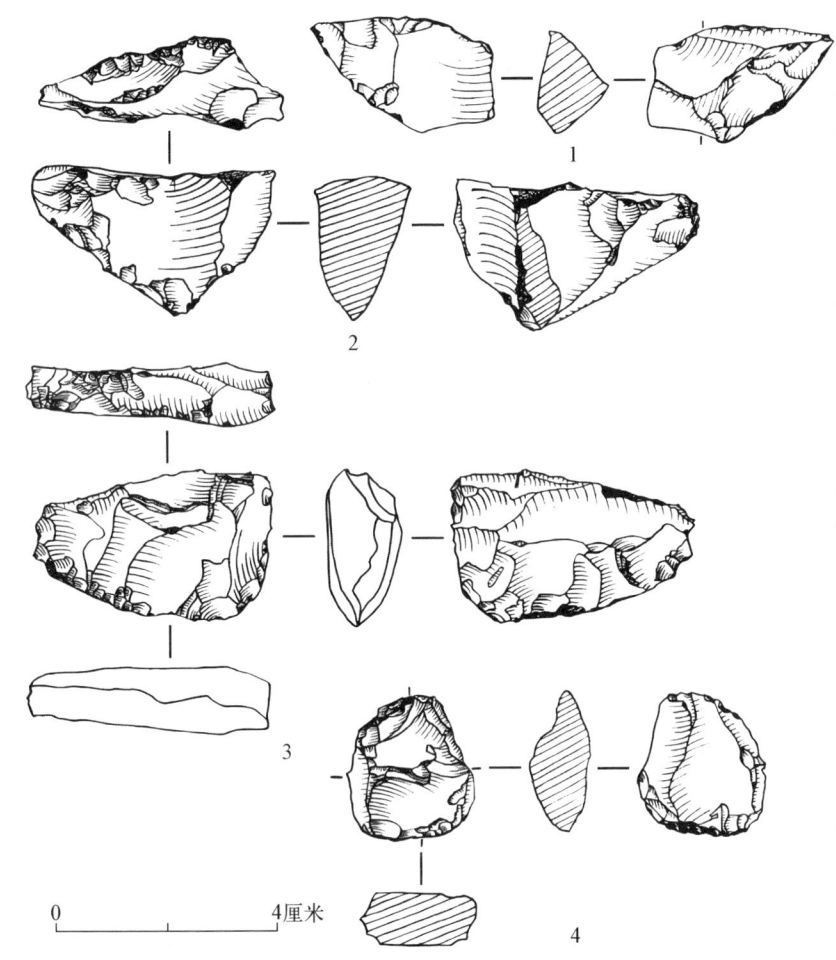

图 3-7-3　和龙柳洞旧石器地点发现的石制品[1]
1—3. 预制楔形石核(HLP.0226、HLP.0203、HLP.0201)　4. 砸击石核(HLP.0222)

预制楔形石核。3 件(由于本次采集的石制品有限,未见到使用阶段的细石叶石核)。长 37—43 毫米,平均 40.5 毫米;高 11.8—29 毫米,平均 20.5 毫米;厚 18—

---

[1] 陈全家等:《和龙市柳洞旧石器地点发现的石制品研究》,《华夏考古》2005 年第 3 期,第 51—59 页。

30毫米,平均20.3毫米;重8.2—16.4克,平均13.7克。石核台面和核体均作过修理。

标本HLP.0226,长37、高20.8、厚13毫米,重8.2克。整体呈楔形。台面除一新鲜大疤为后期破坏,其余部分修理较平整。核体上有6—7块较平的大疤,底缘有明显的小而连续的修疤(图3-7-3,1)。

标本HLP.0203,长43、高29、厚18毫米,重16.4克。整体呈楔形。台面修整得较平整,石片疤由台面周围向中部延伸。核体上有几块大疤,周边分布有多块小疤。核体上有2条较直的脊,如再进一步修理便可进行细石叶的剥离工作(图3-7-3,2)。

标本HLP.0201,长41.5、高11.8、厚30毫米,重16.4克。整体亦呈楔形。从台面的特征观察,先由台面的两侧边向中间修理出基础台面,然后由前端向后端打击出两条长疤形成有效台面;对核体两面均进行了细致的修理,留下若干浅平的修疤;底缘呈刀状,两侧有细小的疤痕;前缘已经修理出较直的棱脊。整个细石叶石核的预制阶段已经完成,而下一道工序是剥制细石叶(图3-7-3,3)。

2. 石片

共发现61件。除HLP.0242原料为石英以外,其余为黑曜石。分为完整石片、断片和废片。

(1) 完整石片

21件。长12—51毫米,平均24.6毫米;宽13.8—37毫米,平均22.1毫米;厚4—18毫米,平均7.4毫米;重0.6—31克,平均4.2克。石片台面以素台面为多,修理台面次之。劈裂面的同心波较明显,有的上面有一到两个锥疤,腹面较平的居多,较凸的占少数。背面多为全疤。石片的边缘有磕碰的新鲜疤痕,应为晚期耕地所致。

标本HLP.0204,长51、宽34.5、厚18毫米,重31克。素台面,石片角120度,劈裂面半锥体明显,锥疤较大。背面大部分为砾石面,约占五分之四。接近台面处有打石片时产生的疤痕。石片一侧边有几块不连续的、大小不规则的片疤(图3-7-4,4)。

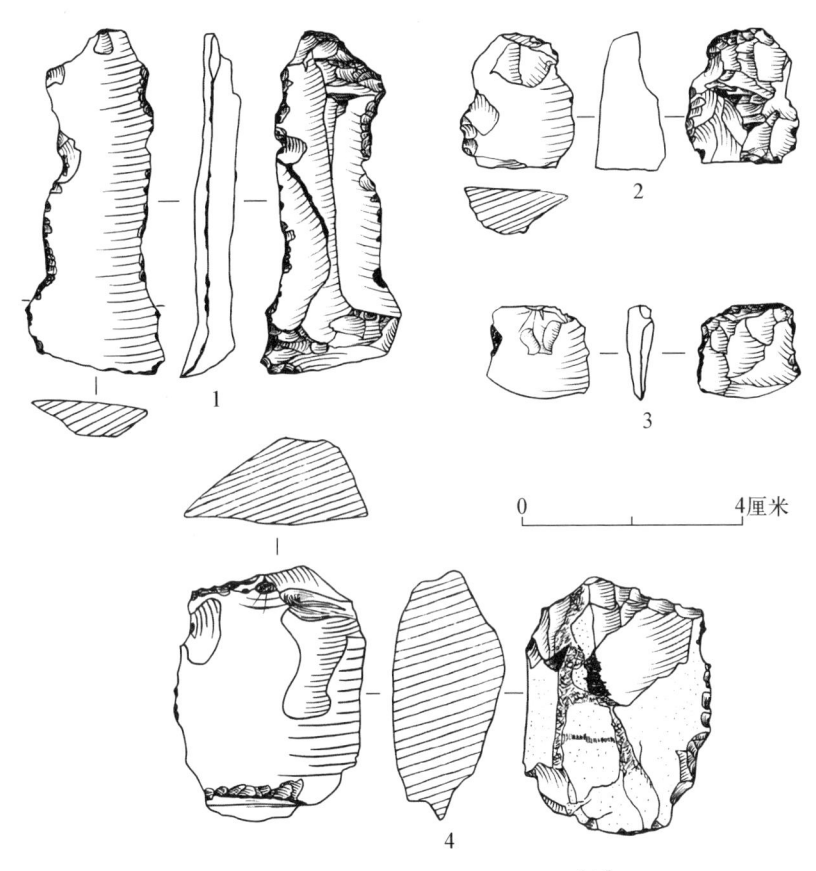

图 3-7-4　和龙柳洞旧石器地点石制品[1]
1、2. 石叶（HLP.0206、HLP.0217）　3、4. 锤击石片（HLP.0216、HLP.0204）

标本 HLP.0216，长 18.8、宽 19、厚 4.2 毫米，重 1.4 克。素台面，石片角 119.8 度，劈裂面半锥体明显，两个锥疤，同心波清晰。背面为全疤，3 块稍大，接近台面处有若干小疤，疑为剥片之前修理所致（图 3-7-4，3）。

（2）远段

6 件。长 10.8—56.5 毫米，平均为 29.8 毫米；宽 13.4—34 毫米，平均为 24.9 毫米；厚 4.1—18 毫米，平均为 8.1 毫米；重 0.6—10.96 克，平均为 4.9 克。其特征除无

---

[1] 陈全家等：《和龙市柳洞旧石器地点发现的石制品研究》，《华夏考古》2005 年第 3 期，第 51—59 页。

台面和锥疤外，其他与完整石片相同。

（3）废片

该类石片形体较小，是为修理工具或石核的过程中产生。本次采集的废片共34件，长8.5—20.2毫米，平均12.8毫米；宽5—16毫米，平均13.2毫米；厚0.9—8毫米，平均3.2毫米。

3. 断块

13件。其中最大块的标本(HLP.0232)长35、宽13.5、厚16毫米，重3.75克。最小块的标本(HLP.0268)长11、宽12、厚4毫米，重0.5克。

4. 工具

仅见有第二和第三类工具，而不见第一类工具。

（1）第二类工具（使用石片）

由于黑曜石原料本身较脆，极易磕碰出疤痕，而采集到的石片上又都或多或少的带有不连续的疤痕，根据疤痕性质分析，有两件标本可确定为该类工具。

标本HLP.0206，长67.3、宽24.5、厚9毫米，重10.05克。采用间接剥片法。台面为点状。劈裂面较平，打击点集中，半锥体上有1小锥疤，同心波明显。背面接近台面部分为剥片之前进行的反复多次的修理后留下的疤痕，有1条纵脊贯穿背部中央，截面呈三角形，两侧边不很平行，分布有不连续的片疤，为使用时留下的痕迹（图3-7-4,1）。

标本HLP.0217，长27、宽20.3、厚11.2毫米，重5.1克。菱形素台面，长9、宽4.5毫米。石片角110度。石片背面近台面处有剥片前修理台面时留下的片疤。片疤较复杂，为多重修疤。石片截面为三角形，两侧边有使用的痕迹（图3-7-4,2）。

（2）第三类工具

该类工具有刮削器、雕刻器、琢背小刀和残矛头。

刮削器2件。均为单凸刃刮削器，个体较小，刃口修理得较细致，但形体不规整。

标本 HLP.0214,长 31.5、宽 19.1、厚 10.8 毫米,重 4.3 克。素材为断片。采用软锤修理,其方式向背面加工。修疤小而浅平,多层叠压。刃缘平齐,刃口长 20 毫米,刃角 43—83.5 度(图 3-7-5,6)。

标本 HLP.0215,长 36、宽 14、厚 9.1 毫米,重 4.6 克。以石片为素材,从石片的背面可见剥离细石叶后留下的阴痕,可以断定该石片是从细石核的工作面上剥离下来的。素材的背面修疤较复杂,其中一侧修疤稍大但不连续,另一侧两层修疤,最外层连续,稍向外弧凸,该边即为刮削器的刃口,刃缘长 33 毫米,刃角 73 度(图 3-7-5,4)。

雕刻器 3 件。分为喙嘴形雕刻器和屋脊形雕刻器。

屋脊形雕刻器。1 件。标本 HLP.0229,素材为石片残片,长 40、宽 17、厚 8 毫米,重 4.5 克。毛坯的一端交叉打下两石片,形成屋脊形雕刻器(图 3-7-5,1)。

喙嘴形雕刻器。2 件。标本 HLP.0231,以残片为素材,长 32.6、宽 26、厚 7.8 毫米,重 6.65 克。在石片的远端的侧边上修去一块石片形成长疤,在此基础上又打下一块小疤,形成尖刃,刃角 38 度(图 3-7-5,2)。

标本 HLP.0219,素材为锤击石片,长 43、宽 27、厚 9 毫米,重 11.5 克。从素材的远端由一侧向台面方向打下一块石片,形成雕刻器的刃部,尖刃角 36 度(图 3-7-6,3a、3b;图 3-7-5,3)。

琢背小刀发现 1 件。标本 HLP.0248,素材为细石叶的中段,长 16.7、宽 15.5、厚 5 毫米,重 0.9 克。该石叶的背面有一条纵脊。石叶的一侧边琢出一列疤痕,另一侧为使用过程中产生的使用痕迹。该小刀可能是复合工具上的刃部(图 3-7-5,5)。

矛头(残段)发现 1 件。标本 HLP.0205,长 59.4、宽 40.7、厚 10.5 毫米,重 25.3 克。整体呈三角形,为通体加工,两端为断面,两侧边为修理的刃缘。器体的两面布满浅平的修疤。从修疤特征看,是用软锤加工修理而成。刃缘采用压制修理。从整个器形分析,原来器物应该是大的矛形器(图 3-7-6,7a、7b;图 3-7-5,7)。

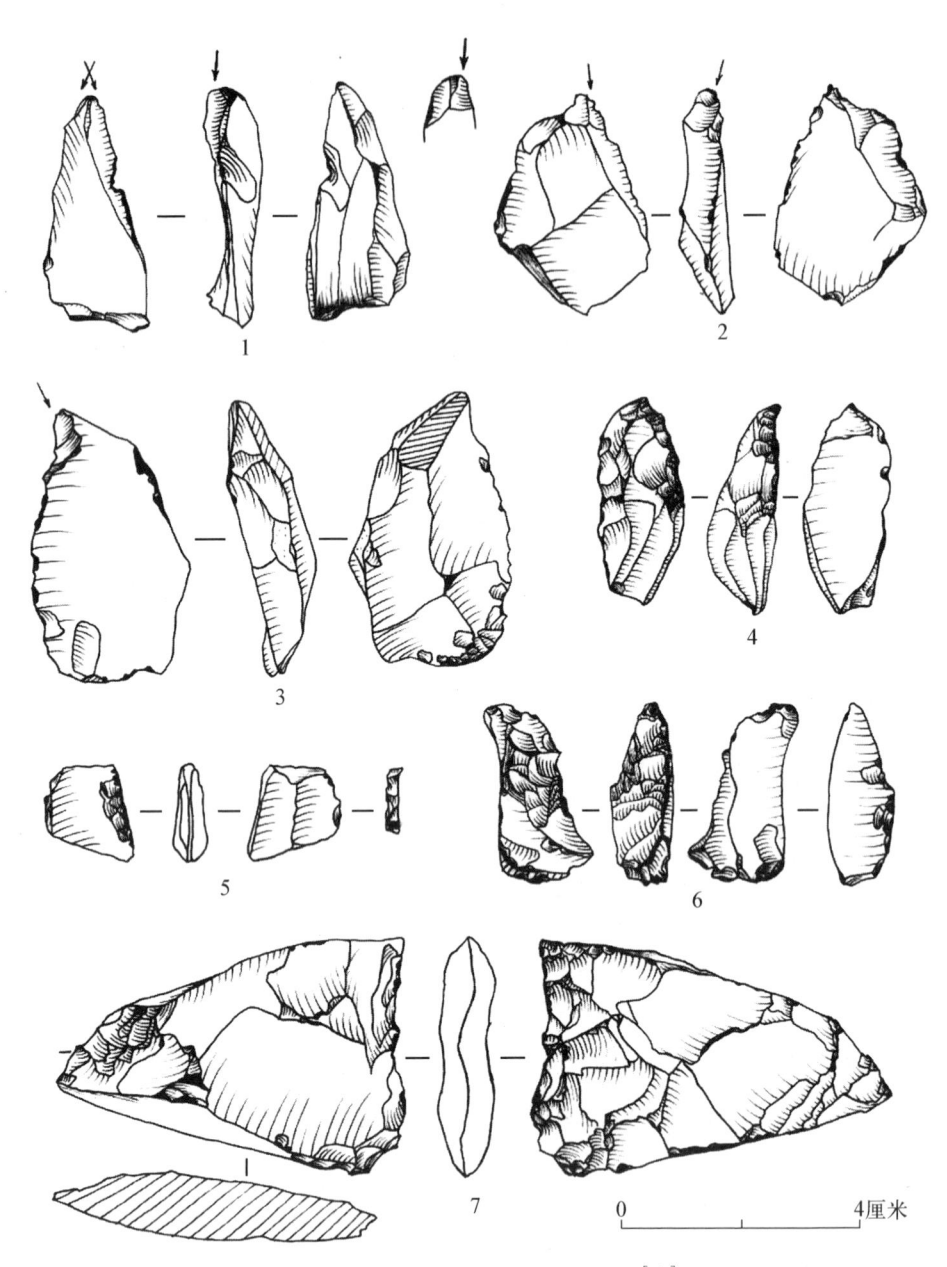

图 3-7-5 和龙柳洞旧石器地点石制品[1]

1—3. 雕刻器（HLP.0229、HLP.0231、HLP.0219） 4、6. 单凸刃刮削器（HLP.0215、HLP.0214）
5. 琢背小刀（HLP.0248） 7. 矛头（残）（HLP.0205）

---

[1] 陈全家等:《和龙市柳洞旧石器地点发现的石制品研究》,《华夏考古》2005年第3期,第51—59页。

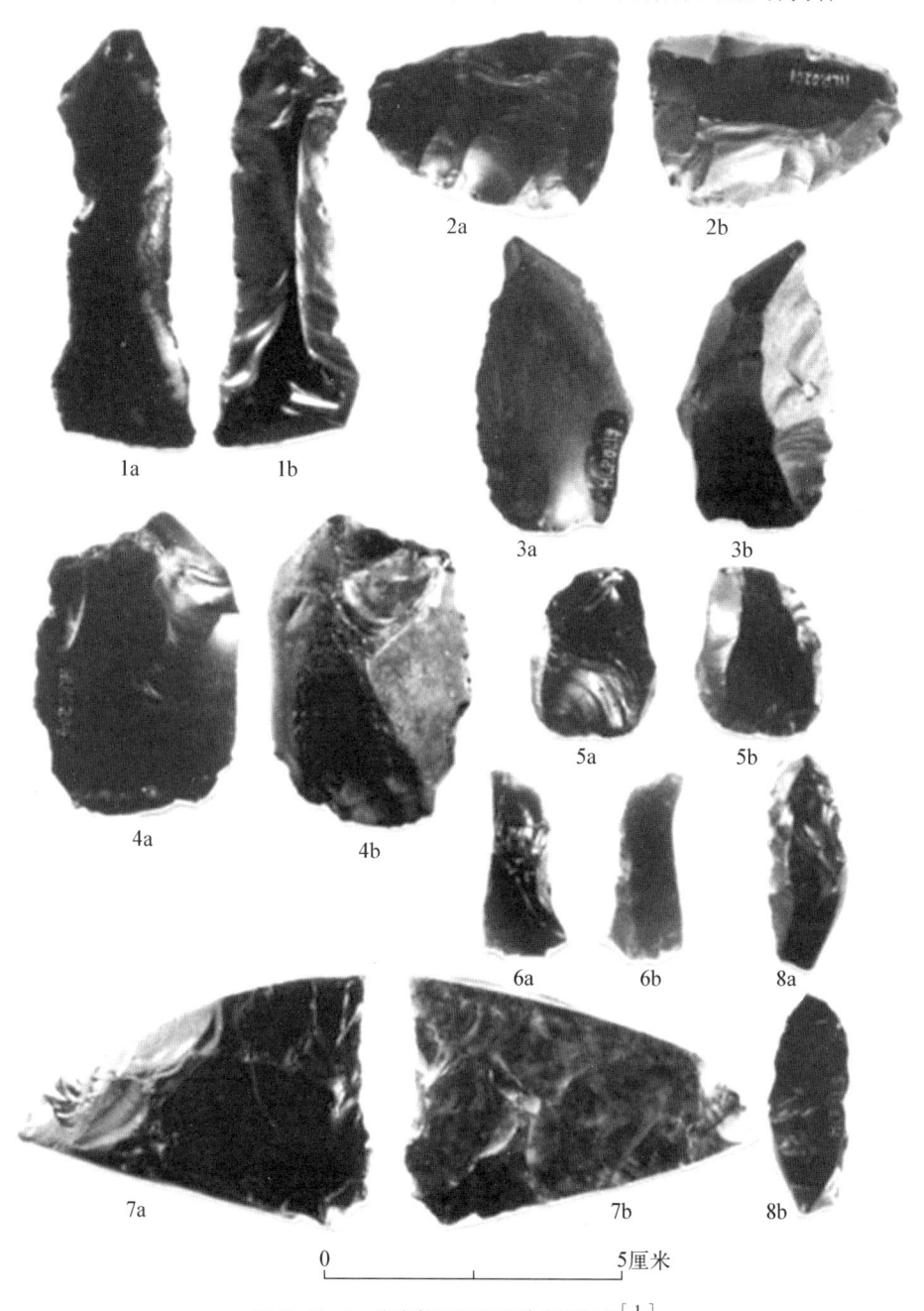

第三章 2000年以来的吉林旧石器时代考古 189

图3-7-6 和龙柳洞旧石器地点石制品[1]
1(a、b). 石叶(HLP.0217) 2(a、b). 预制楔形石核(HLP.0201) 3(a、b). 雕刻器(HLP.0219)
4(a、b). 锤击石片(HLP.0204) 5(a、b). 砸击石核(HLP.0222)
6、8(a、b). 单凸刃刮削器(HLP.0214、HLP.0215) 7(a、b). 矛头(残)(HLP.0205)

---

[1] 陈全家等:《和龙市柳洞旧石器地点发现的石制品研究》,《华夏考古》2005年第3期,第51—59页。

(二) 2004 年发现的石制品

本次调查所获石制品 142 件,包括石核、石片、细石叶和工具。原料以黑曜岩为主,占 93.66%。石制品表面棱脊清晰,未见有水冲磨的痕迹,但有不同程度的风化,严重者失去光泽。

1. 石核

10 件,可分为砸击石核、锤击石核及楔形细石叶石核三类。

砸击石核。6 件。形体较小,其中 1 件残。原料均为黑曜岩。长 15.49—32.69 毫米,平均 23.3 毫米;宽 5.49—25.72 毫米,平均 16.27 毫米;厚 2.66—9.69 毫米,平均 5.77 毫米;重 1—8.9 克,平均 3.77 克。

标本 HLP.04019,长 15.49、宽 5.49、厚 5.34 毫米,重 8.9 克。核体仍保留部分自然面,两端有明显的砸击产生的对向浅平疤痕及崩裂时产生的小碎疤(图 3-7-7,4)。

标本 HLP.04008,长 28.13、宽 25.72、厚 5.68 毫米,重 3.6 克。分别从纵、横两个方向进行砸击剥片,分布有对向浅平石片疤(图 3-7-7,5)。

多台面石核均为锤击石核。黑曜岩、玛瑙各 1 件。长 39.12—56.8 毫米,平均 47.96 毫米;宽 30.77—43.4 毫米,平均 37.09 毫米;22.01—26.64 毫米,平均 24.33 毫米;重 37.8—55.4 克,平均 46.6 克。

标本 HLP.04007,长 56.8、宽 43.4、厚 26.64 毫米,重 55.4 克。素材为黑曜岩石块,保留部分自然面和节理面,既以砾石面为台面,又以石片疤为台面(图 3-7-7,1)。

楔形细石叶石核。2 件。原料均为黑曜岩。长 29.68—33.01 毫米,平均 31.35 毫米;宽 16.16—29.38 毫米,平均 22.77 毫米;厚 6.14—11.69 毫米,平均 8.92 毫米;重 3.4—12.9 克,平均 8.15 克。

标本 HLP.04001,长 33.01、宽 29.38、厚 11.69 毫米,重 12.9 克。整体呈楔形。石核背缘、底缘经过锤击修理,核身截面呈"D"形。台面由一侧向另一侧横修,呈倾斜状，然后由前向后打击形成，细石叶沿核身纵向剥离，剥片同时进行台面调整，由基础台面前缘斜向外打击而形成有效台面，台面角84度。可见剥离细石叶后留下的4条疤痕，最长27.2毫米，最宽3.1毫米(图3-7-7，2)。

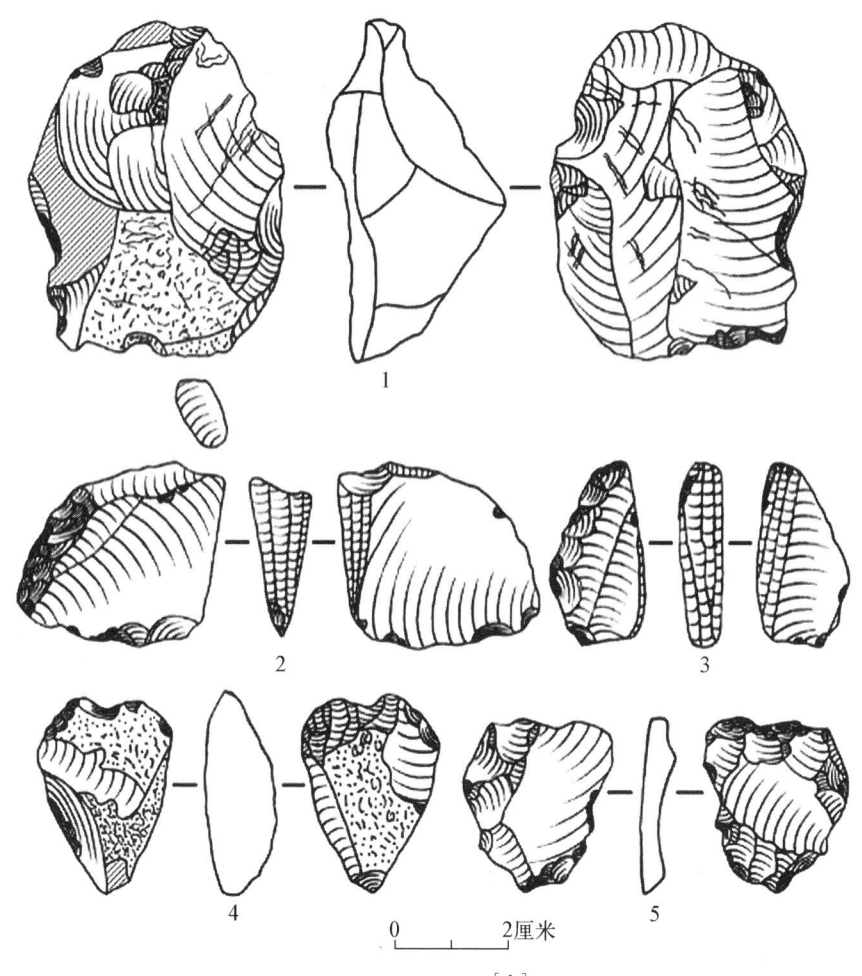

图3-7-7 石核[1]
1. 多台面石核(HLP.04007) 2、3. 楔形细石叶石核(HLP.04001、HLP.04027)
4、5. 砸击石核(HLP.04109、HLP.04008)

标本HLP.04027，长29.68、宽16.16、厚6.14毫米，重3.4克。核体背缘、底缘经

---

[1] 陈全家等：《吉林和龙柳洞2004年发现的旧石器》，《人类学学报》2006年第3期，第208—219页。

过修整,修疤连续、浅平。该石核利用率较高,已利用核体背缘作为台面进行剥片,台面角58度。可见剥离细石叶留下的4条疤痕,最长31.2毫米,最宽3.1毫米(图3-7-7,3)。

2. 石片

69件。原料以黑曜岩为主,占97.1%,流纹岩较少,占2.9%。根据其完整程度,分为完整石片、断片和废片。

完整石片。11件。原料均为黑曜岩。其中长大于宽的7件,宽大于长、长宽相近的各2件。石片台面以素台面为主,占36.4%,点台面、有疤台面次之,各占27.3%,修理台面较少,占9%。腹面的同心波较明显,半锥体上常见1到2个锥疤。腹面较平的居多,较凸的占少数。背面一般较平。

素台面石片。4件。标本HLP.04061,呈椭圆形,长13.1、宽19.51、厚2.41毫米,重0.45克。石片角82度,台面长7.5、宽1.1毫米。腹面半锥体明显。背面均为石片疤,近台面处有打片时产生的疤痕(图3-7-8,1)。

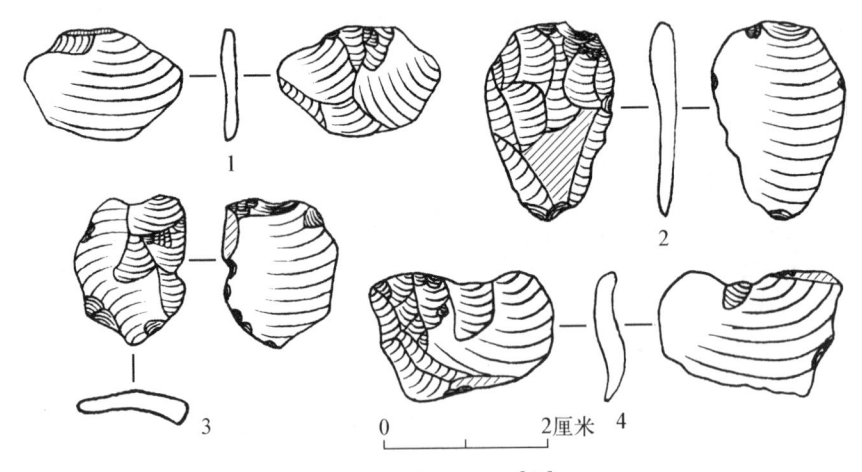

图3-7-8 完整石片[1]
1. 素台面石片(HLP.04061) 2. 修理台面石片(HLP.04042)
3. 有疤台面石片(HLP.04087) 4. 点状台面石片(HLP.04059)

---

[1] 陈全家等:《吉林和龙柳洞2004年发现的旧石器》,《人类学学报》2006年第3期,第208—219页。

点状台面石片。3 件。标本 HLP.04059,呈长方形,长 14.07、宽 21.13、厚 3.16 毫米,重 0.8 克。背面近端有连续的浅平疤痕。腹面打击点集中,半锥体凸(图 3-7-8,4)。

有疤台面石片。3 件。标本 HLP.04087,呈三角形,长 16.64、宽 12.49、厚 2.83 毫米,重 0.6 克。台面由一大疤和几块小疤组成,石片角 98 度,台面长 8.7、宽 3.1 毫米。背面布满石片疤,腹面较平坦,半锥体清晰(图 3-7-8,3)。

修理台面石片。1 件。标本 HLP.04042,呈三角形,长 23.11、宽 16.03、厚 3.3 毫米,重 1 克。台面由 3 个修疤组成,台面角 77 度,台面长 7.3、宽 2.8 毫米。整体薄锐,腹面的打击点明显,半锥体稍凸。背、腹部较平坦,背面除保留部分节理面外,其余为石片疤(图 3-7-8,2)。

断片。27 件。根据断裂方向的不同可分为纵向、横向断片。

纵向断片。1 件,标本 HLP.04068,原料为黑曜岩,为右侧断片,长 18.65、残宽 12.79、厚 5.86 毫米,重 1.5 克。保留部分素台面。

横向断片。26 件。根据部位的不同又可分为近段、中段和远段。

近段断片。13 件。原料为黑曜岩 12 件,流纹岩 1 件。石片长 12.64—26.05 毫米,平均 16.99 毫米;宽 10.34—25.18 毫米,平均 13.97 毫米;厚 1.97—5.95 毫米,平均 3.14 毫米;重 0.3—2.6 克,平均 0.93 克。其中点状台面 8 件,素台面 3 件,有疤台面 2 件。

标本 HLP.04060,原料为黑曜岩。残长 15.76、宽 14.6、厚 2.95 毫米,重 0.9 克。素台面,台面长 12.1、宽 2.3 毫米;石片角 108 度。背面大部分为疤痕,与台面相对一侧有少量节理面,右侧缘上部有一些疤痕。腹面微凸,半锥体浅平,近台面处有两块斜向疤痕。石片边缘有一些磕碰的新鲜疤痕,应为晚期耕地所致(图 3-7-9,7)。

标本 HLP.04069,原料为黑曜岩。残长 16.8、宽 15.23、厚 3.28 毫米,重 1 克。整体薄锐。有疤台面,台面长 11.1、宽 3 毫米;石片角 107 度。背面有 1 隆起的纵脊,左侧有一大块浅平疤痕,周围分布一些不连续碎疤。腹面较凸,半锥体、同心波清晰,石片左侧有一大疤,周围也分散一些新鲜碎疤,应为近代翻地所致(图 3-7-9,4)。

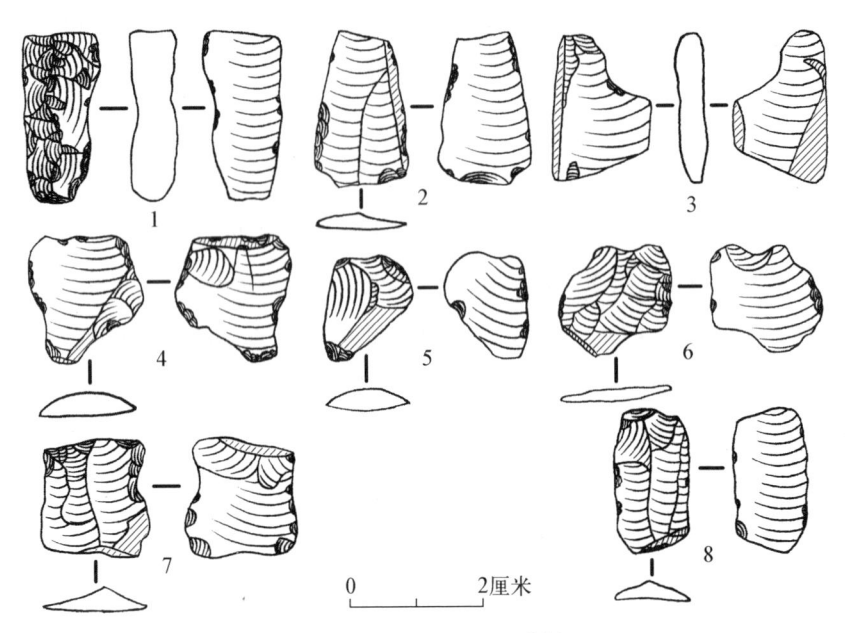

图3-7-9 断片和细石叶[1]

1. 初次剥离的细石叶（HLP.04048） 2、4、5、6、7. 横向断片（HLP.04030、HLP.04069、HLP.04075、HLP.04077、HLP.04060） 3. 纵向断片（HLP.04068） 8. 典型细石叶（HLP.04041）

标本HLP.04077，原料为黑曜岩。残长16.66、宽13.31、厚2.05毫米，重0.5克。点状台面，整体较薄，背面布满石片疤，腹面近台面处有一大疤，为打片所致，左侧有几块小碎疤（图3-7-9,6）。

中段石片。4件。原料均为黑曜岩。长10—20.93毫米，平均14.5毫米；宽7.46—13.83毫米，平均11.92毫米；厚2.93—4.43毫米，平均3.79毫米；重0.2—1克，平均0.63克。

标本HLP.04030，近似长方形。残长22.6、宽14.8、厚2.4毫米，重2.5克。背面两块片疤相交而形成一纵脊，左侧缘下部有几块碎疤，右侧保留部分节理面。腹面较平，边缘也分布有碎疤，截面呈三角形（图3-7-9,2）。

远段石片。9件。原料均为黑曜岩。长8.13—41.36毫米，平均17.49毫米；宽

---

[1] 陈全家等：《吉林和龙柳洞2004年发现的旧石器》，《人类学学报》2006年第3期，第208—219页。

8.76—28.75毫米,平均15.38毫米;厚3.01—13.06毫米,平均5.63毫米;重0.2—17.4克,平均2.78克。腹面同心波清晰,近端有断面,远端缘较为锋利。

标本HLP.04075,呈三角形,残长10.71、宽15.77、厚3.26毫米,重0.6克。腹面较平坦,远端尖锐略弯曲,右侧有几块小碎疤,同心波清晰;背面除远端保留部分节理面外,其余布满片疤(图3-7-9,5)。

废片。31件。原料均为黑曜岩。长4.71—10.97毫米,平均7.85毫米;宽1.72—5.57毫米,平均4.87毫米;厚0.34—4.39毫米,平均2.95毫米;重0.02—0.1克,平均0.07克。

3. 石叶

9件。原料均为黑曜岩,除1件完整外,其余均为断片。长11—22.82毫米,平均17.57毫米;宽5.48—17.94毫米,平均8.59毫米;厚2.24—7.97毫米,平均4.09毫米;重0.2—1.95克,平均0.64克。根据石叶背面的情况可以将其分为初次剥离的石叶和典型石叶两种。前者具有不规则的、预制石核时修理出来的背脊;后者具有平行且较直的背脊。

初次剥离的石叶。1件。标本HLP.04048,保留远段,残长24.2、宽12.1、厚6.6毫米、重1.75克。截面呈三角形,腹面微凹。石叶背面有一条预制石核时修理出来的、石片疤相交形成的脊,较弯曲(图3-7-9,1)。

典型石叶。8件,其中完整、近段各1件,中段5件,远段1件。完整、近段石叶台面均为有疤台面。腹面均较平滑。放射线、同心波较明显。背面有双脊的1件,其余均为一条纵脊,大多较直。

标本HLP.04041,完整石叶。长21.2、宽11.3、厚2.3毫米,重0.6克。由一片疤作为台面,长5.3、宽1.4毫米,台面角95度。腹面半锥体微凸,放射线和同心波明显,下部较平滑。背面有2条纵脊。截面呈三角形(图3-7-9,8)。

4. 断块

24件。除1件为玛瑙外,其余均为黑曜岩。其中最小块(HLP.04134)长6.63、宽6.57、厚2.29毫米,重0.2克。最大块(HLP.04021)长44.25、宽10.16、厚10.15毫米,重9.3克。

5. 工具

共30件。又可分为第一类工具(石砧)、第二类工具(使用石片)和第三类工具。

(1) 第一类工具

仅见石砧。1件。标本HLP.04140,长87.7、宽60.27、厚31.42毫米,重259.1克。器体较平一面中央有一个凹坑,为砸击法打片时留下的砸击痕迹,在下端的斜面上可清楚地看到研磨痕;另一面两端散布几块疤痕(图3-7-10)。

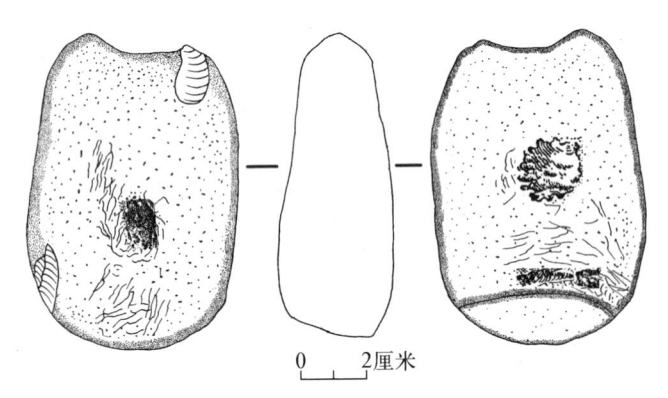

图3-7-10 石砧(HLP.04140)[1]

(2) 第二类工具(使用石片)

13件。除1件原料为安山岩外,其余均为黑曜岩。长16.2—45.15毫米,平均26.85毫米;宽8.3—36.34毫米,平均19.52毫米;厚2.38—11.1毫米,平均7.62毫米;重0.8—13.7克,平均4.47克。以石片为毛坯者10件,其余为石叶。根据工具刃缘的使用数量可以划分为单刃和双刃两种。

单刃根据刃口形状,又可以分为单直刃和单凸刃两型。

---

[1] 陈全家等:《吉林和龙柳洞2004年发现的旧石器》,《人类学学报》2006年第3期,第208—219页。

单直刃。8件,原料均为黑曜岩。标本HLP.04005,为石叶中段,残长30.04、宽22.45、厚7.21毫米,重6.7克。腹面微凸,左侧边有不连续的使用疤痕。背面有两条近似平行的纵脊,与两侧边近似平行。左侧边长26.5毫米,右侧边长29.1毫米,后者有连续的细小疤痕,为使用的刃缘,长28.9毫米,边刃角35.7度(图3-7-11,2)。

单凸刃。4件。原料为黑曜岩者3件,原料为安山岩者1件。标本HLP.04018,原料为黑曜岩,锤击石片。长45.15、宽22.95、厚11.1毫米,重10.3克。腹面较凹。背面隆起,两侧边近似平行。左边长42.5毫米,右边长46.6毫米。右侧边有连续的细小疤痕,为使用刃缘,长45.4毫米,边刃角43.5度(图3-7-11,1)。

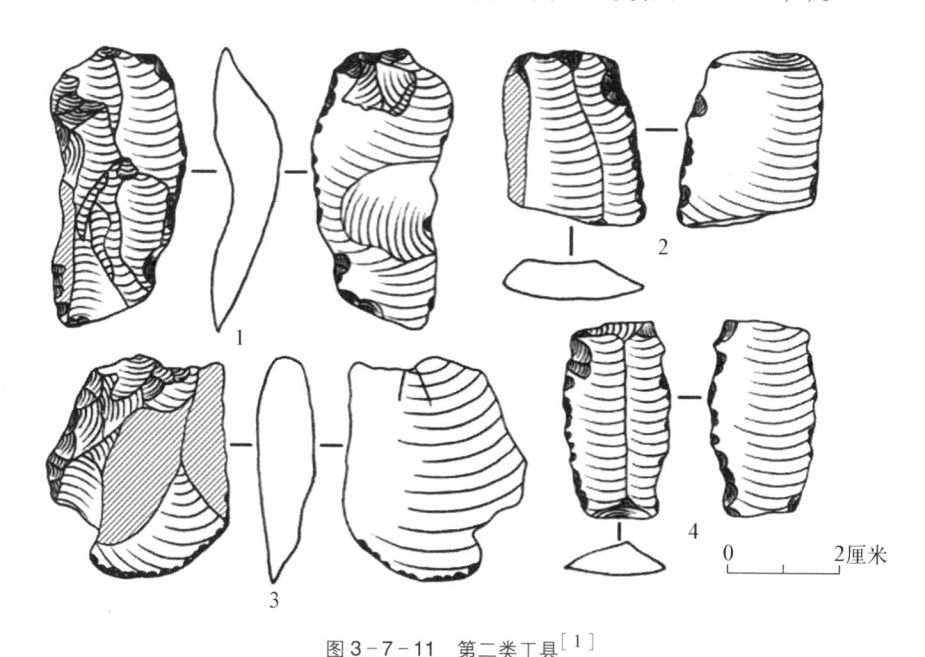

图3-7-11 第二类工具[1]
1、3.单凸刃使用石片(HLP.04018、HLP.04020) 2.单直刃使用石片(HLP.04005)
4.双直刃使用石叶(HLP.04017)

标本HLP.04020,原料为安山岩,锤击石片。长38.31、宽32.3、厚10.05毫米,重13.7克。腹面微凸,远端可见连续的细小疤痕。背面隆起,保留近一半的节理面,左侧边有连续的疤痕,大小不一,推测为方便手持而有意进行修整;远端可见连

---

[1] 陈全家等:《吉林和龙柳洞2004年发现的旧石器》,《人类学学报》2006年第3期,第208—219页。

续的细小疤痕,为使用刃缘,长28.9毫米,边刃角36.5度(图3-7-11,3)。

双刃。1件。标本HLP.04017,原料为黑曜岩。是石叶的中间断片,残长33.18、宽18.94、厚5.79毫米,重4克。截面呈三角形。腹面微凸,左侧边有连续的细小疤痕。背面有1条纵脊,与两条平行侧边近似平行。左侧边长32.3毫米,右侧边长34.5毫米,两侧边均存在断续的细小疤痕,均为使用刃缘,左右刃长分别为31.2、34.2毫米,边刃角分别为28、37度(图3-7-11,4)。

(3) 第三类工具

共发现16件,原料为黑曜岩者13件,占76.9%,原料为玛瑙、安山岩和角页岩者各1件,各占7.7%。分为砍砸器、刮削器、雕刻器、尖状器及琢背小刀。

砍砸器。1件。标本HLP.04141,为端刃砍砸器,原料为角页岩,长83.7、宽94.5、厚31.5毫米,重350.7克。器刃进行交互加工,刃缘呈"S"形,两面中部各保留部分节理面。刃长196.6毫米,刃角58—83度(图3-7-12)。

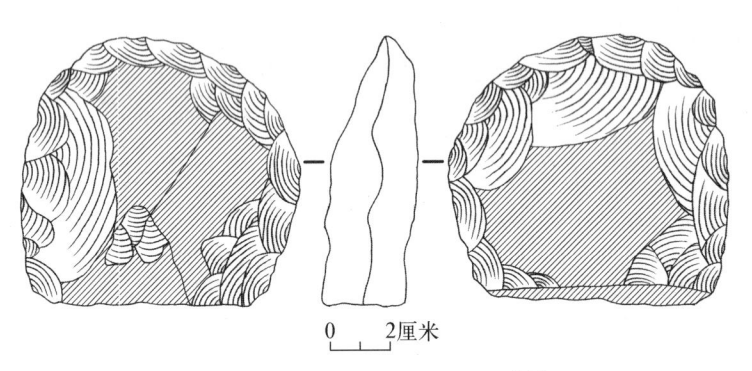

图3-7-12 砍砸器(HLP.04141)[1]

刮削器。11件。原料均为黑曜岩。根据刃口的数量又可分成单刃、双刃和复刃刮削器。

单刃刮削器。9件,根据刃口形状和位置,又可分为单直刃、单凸刃、单凹刃和圆头刮削器四型。

单直刃刮削器。1件。标本HLP.04024,以石叶中段为毛坯,长39.37、宽19.75、厚

---

[1] 陈全家等:《吉林和龙柳洞2004年发现的旧石器》,《人类学学报》2006年第3期,第208—219页。

8.42毫米，重6.6克，截面近似三角形。石片背面有一大而浅平的石片疤，其与自然面相交而形成1条纵脊，远端一疤痕将其打破；左右侧均分布不连续的细小疤痕。腹面左侧边分布断续、大小不一的疤痕，右侧边复向加工成一直刃。刃长39.2、宽2.5毫米，刃角41度（图3-7-13,5）。

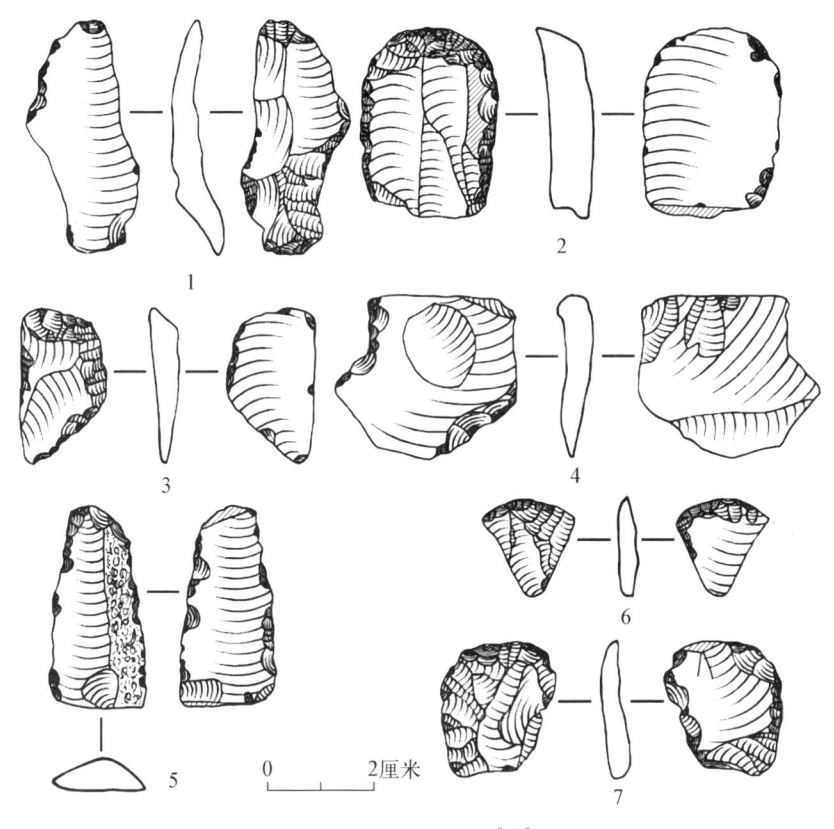

图3-7-13 刮削器[1]

1. 单凹刃刮削器（HLP.04003） 2. 圆头刮削器（HLP.04006） 3. 复刃刮削器（HLP.04023）
4. 双凹刃刮削器（HLP.04011） 5. 单直刃刮削器（HLP.04024）
6、7. 单凸刃刮削器（HLP.04040、HLP.04009）

单凸刃刮削器。4件。长18.89—36.08毫米，平均26.23毫米；宽16.68—23.2毫米，平均18.9毫米；厚3.55—8.21毫米，平均6.09毫米；重1.5—5.6克，平均

---

[1] 陈全家等：《吉林和龙柳洞2004年发现的旧石器》，《人类学学报》2006年第3期，第208—219页。

4.08 克。

标本 HLP.04009,以石片为毛坯,长 25.1、宽 23.2、厚 5 毫米,重 4.8 克。背面微微隆起,左侧及上部边缘布满细长、规整、浅平、紧密排列的压制修疤,整个刃缘呈弧形。腹面右侧缘也存在着连续修疤。刃缘复向加工而成。刃长 44.5 毫米,刃角 42 度(图 3-7-13,7)。

标本 HLP.04040,以石片断片为毛坯,整体呈三角形,长 18.89、宽 7.94、厚 3.55 毫米,重 1.5 克。采用压制法复向加工,修疤浅长,刃缘呈圆弧形,刃缘长 20.1 毫米,刃角 44 度(图 3-7-13,6)。

单凹刃刮削器。3 件。长 31.64—45.42 毫米,平均 36.41 毫米;宽 16.63—31.26 毫米,平均 23.12 毫米;厚 7.01—11.17 毫米,平均 9.02 毫米;重 5.3—5.9 克,平均 5.7 克。

标本 HLP.04003,以石片为毛坯,长 45.42、宽 21.46、厚 7.01 毫米,重 5.9 克。腹面较凹,左侧边上半部有大小不一的疤痕,应为使用痕迹。背面布满石片疤,左侧缘下半部为加工刃缘,疤痕浅平、细长,向背面压制修理而成。刃长 26.7、宽 2.1—8.9 毫米,刃角 42 度(图 3-7-13,1)。

圆头刮削器。1 件。标本 HLP.04006,以石叶中段为毛坯,整体呈长方形,长 39.2、宽 28.48、厚 9.1 毫米,重 12 克。腹面平滑,同心波、放射线清晰。刃缘采用压制法向背面加工而成,两侧边也进行压制修理,疤痕排列整齐。刃长 26.6、宽 2.9—7.1 毫米,刃角 67 度,左右两侧修边长分别为 25.6、34.1 毫米,边刃角分别为 37、61 度(图 3-7-13,2)。

双刃刮削器。1 件。标本 HLP.04011,为凹刃刮削器。毛坯为锤击石片中段,长 33.02、宽 37.21、厚 9.22 毫米,重 9.4 克。石片背面近台面处有几块窄长片疤,近远端有两块片疤相交而形成的横脊。腹面微凸,半锥体较凸,放射线、同心波明显,近台面处有一锥疤,长 16.8、宽 13.9 毫米,左侧和右下侧边均保留有对向加工的疤痕,均向腹面软锤加工而成。左侧刃长 19.3 毫米,修面宽 1.2—3.9 毫米,刃角 37.5 度;右侧刃长 22.3 毫米,修面宽 1.2—4.5 毫米,刃角 59 度(图 3-7-13,4)。

复刃刮削器。1 件。标本 HLP.04023,毛坯为锤击石片中段,长 30.81、宽

18.01、厚 5.75 毫米,重 3.4 克。腹面较平。背面轻微隆起,中间有两块大石片疤,石片近端、右侧边及远端采用软锤复向加工,修疤浅平,排列较规整。刃长 9.85、宽 0.9—6.2 毫米,刃角 41—52 度(图 3-7-13,3)。

雕刻器。2 件。均为修边雕刻器。黑曜岩、玛瑙各 1 件。长 20.54—24.31 毫米,平均 22.43 毫米;宽 15.17—16.35 毫米,平均 15.76 毫米;厚 6.37—6.48 毫米,平均 6.43 毫米;重 2.6—2.8 克,平均 2.7 克。

标本 HLP.04015,原料为黑曜岩。毛坯为锤击石片,长 20.54、宽 16.35、厚 6.48 毫米,重 2.6 克。劈裂面微凹,远端进行修理,疤痕浅平。由石片背面近端斜向打下一块石片,形成尖刃,刃角 75 度。背面保留少许自然面,两侧边均进行修理,左右两侧修理边长分别为 14.6、14.9 毫米(图 3-7-14,1)。

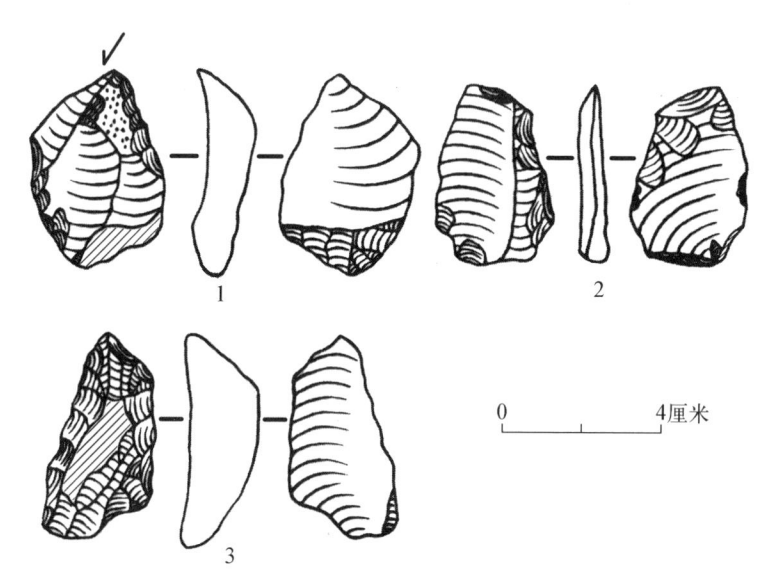

图 3-7-14 工具[1]
1. 雕刻器(HLP.04015) 2. 琢背小刀(HLP.04047) 3. 尖状器(HLP.04004)

琢背小刀。1 件。标本 HLP.04047,原料为黑曜岩。以锤击石片为毛坯,长 20.99、宽 14.61、厚 3.42 毫米,重 1.1 克。石片背面有一纵脊,较厚的一侧边琢出一

---

[1] 陈全家等:《吉林和龙柳洞 2004 年发现的旧石器》,《人类学学报》2006 年第 3 期,第 208—219 页。

列疤痕,薄锐的一侧边作为使用刃缘,可以清楚地看到使用后留下的细小疤痕,边刃角28.9度。推测其可能作为复合工具的刃部(图3-7-14,2)。

尖状器。1件。标本HLP.04004,原料为安山岩。毛坯为锤击石片中段。长25.75、宽13.32、厚9.87毫米,重4.1克。腹面较平。背面隆起,除保留部分节理面外,布满细长、规整、浅平、并行排列的压制修疤。可以看出是由软锤锤击和指垫法压制而成。尖刃角74度,边刃角72—81度,左右两侧边刃长分别为25.6、16.7毫米,宽分别为3.5、3.7毫米(图3-7-14,3)。

四、结语

(一)石器工业特征

1. 石制品的原料以黑曜岩为主,流纹岩、安山岩、玛瑙、泥岩、角页岩较少。如此集中使用优质的黑曜岩,在我国旧石器遗址中尚属首例。

2. 石制品类型多样,包括石核、石片、石叶、第一类工具(石砧)、第二类工具(使用石片)和第三类工具(刮削器、雕刻器、尖状器、琢背小刀及砍砸器)。在第三类工具中刮削器数量最多,其中最具代表性的为圆头刮削器。

3. 石核包括砸击石核、楔形细石叶石核和多台面锤击石核三类,楔形细石叶石核经过预制加工,修理出有效台面进行剥片,利用率较高。

4. 石片的剥制方法是以锤击法为主,偶尔使用砸击法。石片小而薄,且多不规则。除此之外,还有剥取石叶的间接法。但二者以前者为主。

5. 工具组合有刮削器、雕刻器、琢背小刀和矛头。以小型工具为主。工具的加工素材以石片或石叶为主。工具的修理主要采用锤击法,而以软锤修理为主;同时也采用了压制技术。修理方式以向背面加工为主,也有通体加工者。工具修理得比较精致。

(二)文化年代

柳洞旧石器地点的年代,可以从以下几方面来断定:

1. 所获得的石制品均采集于Ⅱ级阶地之上的黄色亚黏土出露的地表,而黑色的耕土层内不见任何石制品,推测黄色的亚黏土层是石制品的原生层位。根据吉林省第四纪地层的堆积岩性和年代的研究结果,可以确定黄色亚黏土的层位属于晚(上)更新统。

2. 从发现的石制品内不见任何的磨制石器和陶片以及石制品中存在着间接打片和压制修理技术等分析,其文化遗存的年代不会晚于旧石器时代晚期。

3. 根据黑曜岩表面风化的程度分析,其年代不会晚于旧石器时代晚期。

4. 根据该遗址的石制品性质,与日本涌别川、朝鲜半岛的水杨介和俄罗斯滨海地区的乌斯季诺夫卡的文化特征比较,推测柳洞旧石器地点的地质年代应该属于晚更新世的晚期,即旧石器时代的晚期。

第八节　和龙石人沟地点

一、遗址概况

石人沟地点位于和龙县龙城镇石人村的西山上,地理坐标为北纬42°11′20″,东经128°48′45″,东北距和龙市约45千米。

2001和2002年春,抚松县农民张炳山在延边地区和龙县龙城镇石人村西侧山上建房和刨参地时,发现2件黑亮石头。经研究确认是人类加工的黑曜岩石片石核和石叶石核。

2004年5月4日,吉林大学边疆考古研究中心的师生在和龙县文物管理所同志的陪同下,对该地点进行考察,确定石制品的出土层位是黄色亚黏土和含砂质黄土的角砾层,遗址的面积3万多平方米。同时,又在地层中发现黑曜岩制品40件[1]。

---

[1] 陈全家等:《延边地区和龙石人沟发现的旧石器》,《人类学学报》2006年第2期,第106—114页。

2005年8月中旬至9月初,吉林大学边疆考古研究中心与和龙市文物管理所又对其进行试掘,分A—E区进行布方,揭露面积52平方米(图3-8-1)。共获石制品1 291件,包括地层中出土的1 267件和地表采集的24件[1]。

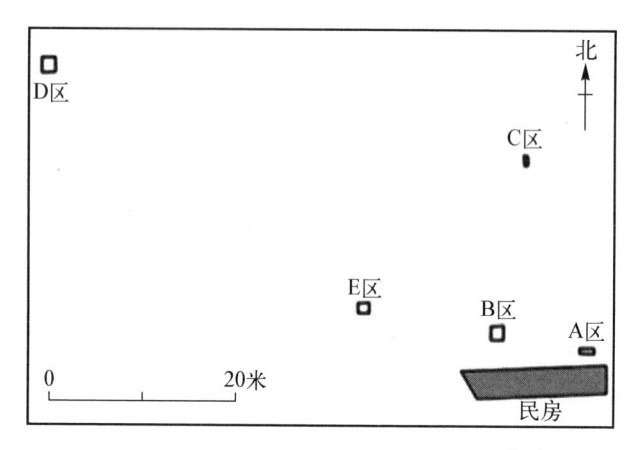

图3-8-1 2005年石人沟遗址试掘布方平面[2]

2007年,吉林省文物考古研究所、吉林大学边疆考古研究中心联合和龙县文物管理所于延边地区和龙市石人沟继续考察,在地表采集到石器51件[3]。

二、地貌与地层

吉林东部长白山地属新华夏系隆起带,走向为北北东—南南西和北东—南西向。该遗址地处长白山系的南岗山脉,周围山峦起伏,森林茂密。遗址坐落在缓坡的台地上,背靠高山,面向图们江的较大支流红旗河。遗址的海拔高度为790米,河床的海拔高度为675米,周围山峰的海拔高度一般都在1 100米左右。

---

[1] 陈全家等:《延边和龙石人沟旧石器遗址2005年试掘报告》,《人类学学报》2010年第2期,第105—114页。

[2] 陈全家等:《延边和龙石人沟旧石器遗址2005年试掘报告》,《人类学学报》2010年第2期,第105—114页。

[3] 陈全家等:《石人沟旧石器遗址2007年发现的石器研究》,《华夏考古》2014年第4期,第50—57页。

根据2004年的发掘情况,地层堆积自上而下分为4层(图3-8-2):

第1层,腐殖土,厚2.5—6米,不见文化遗存。

第2层,黄色亚黏土,厚0.5—1米,有些地方缺失。含石器和较多的碳屑。

第3层,含沙质黄土的角砾,厚2.5—4米。角砾径一般在58毫米,含石器。

第4层,含角砾的浅黄色土,含少量的角砾。试掘到厚约0.5米处仍未见底。该层含有少量的碳屑。

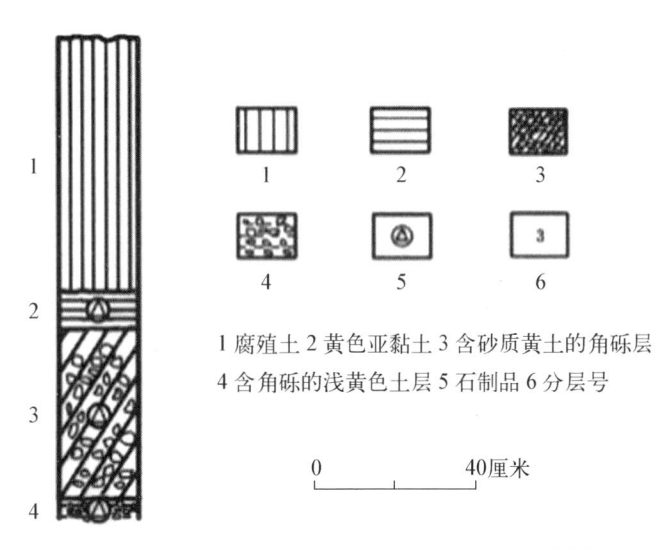

图3-8-2 石人沟遗址2004年发掘区地层柱状图[1]

2005年试掘,地层堆积自上而下分为6层(图3-8-3):

第1层,黑色腐殖土层,厚0.3米。

第2层,黄色亚黏土夹角砾层,含石制品,厚0.2米。

第3层,含黄土的粗砂夹角砾层,质地疏松,含石制品,厚0.25米。

第4层,浅黄色粗砂质黄土夹角砾层,质地细密,含石制品,厚0.25米。

第5层,浅黄色粉砂质黄土夹角砾层,质地细密,厚0.3米。

第6层,红褐色黄土夹角砾层,质地细密,可见厚度0.25米(未见底)。

---

[1] 陈全家等:《延边地区和龙石人沟发现的旧石器》,《人类学学报》2006年第2期,第106—114页。

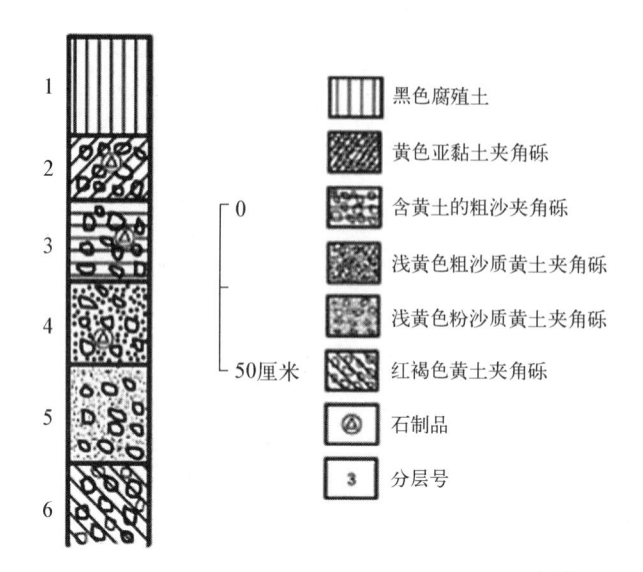

图 3-8-3　石人沟遗址 2005 年试掘区地层柱状图[1]

三、文化遗物

(一) 2004 年发现的石制品

调查共得到石制品 40 件,原料均为黑曜岩,分类与描述如下:

1. 石核

可以分为石片石核和石叶石核两类:

石片石核仅发现一件,标本 04HSP.04,形状呈三角形,长 293、宽 279、厚 199 毫米,重 15 千克,是双台面石核。主台面长 293、宽 279 毫米。台面右侧有一锤击石片疤,长 162、宽 161 毫米,是由石核前缘向后缘打击产生。工作面最大长 275 毫米,最大宽 199 毫米,其上可见有 6 次剥落石片里留下的疤痕,其中最大片疤长 189、宽 118 毫米;最小片疤长 19、宽 13 毫米。石核两侧均有自然面。另一台面位

---

[1] 陈全家等:《延边和龙石人沟旧石器遗址 2005 年试掘报告》,《人类学学报》2010 年第 2 期,第 105—114 页。

于左侧,前缘打击产生一大的石片疤。台面长78.05、宽73.57毫米,台面角94度,工作面最大长108.6毫米,最大宽77.1毫米,其上片疤较为集中,共有5处片疤,最大片疤长71.4、宽37.1毫米,相互打破(图3-8-4)。

石叶石核仅发现一件。标本04HSP.03,形状呈楔形,长175、宽188、厚105毫米,重3.5千克。先对黑曜岩石核进行修理,产生有效台面;接下来用软锤或间接剥片法依次剥取石叶。从台面和工作面合理设计以及剥落石叶分析,加工者已经熟练掌握了合理利用石材和剥片技术(图3-8-5)。

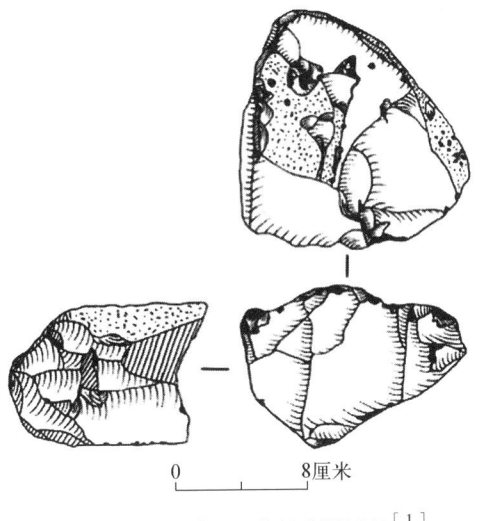

图3-8-4 双台面石核(04HSP.04)[1]

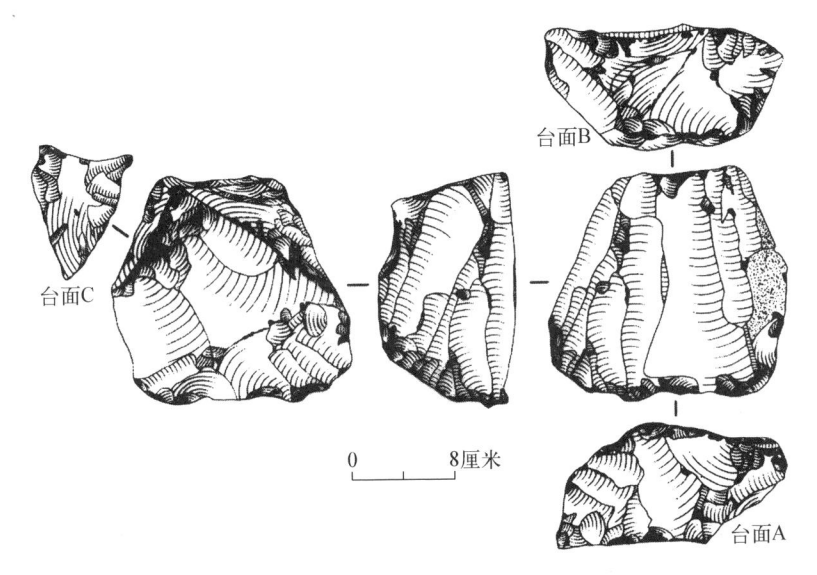

图3-8-5 石叶石核(04HSP.03)[2]

---

[1] 陈全家等:《延边地区和龙石人沟发现的旧石器》,《人类学学报》2006年第2期,第106—114页。
[2] 陈全家等:《延边地区和龙石人沟发现的旧石器》,《人类学学报》2006年第2期,第106—114页。

2. 石片

22件。长度均在40毫米以下,根据石片尺寸和重量的大小又分为以下3种:

大型仅1件。标本04HSP.Bc.:01,长22.9、宽21.4、厚5.1毫米,重2克。形状近似圆形。自然台面,长7.4、宽3.1毫米,石片角107.6度。腹面、半锥体凸起明显。背面有一大的剥片痕,其余为小的剥片疤(图3-8-6,1)。

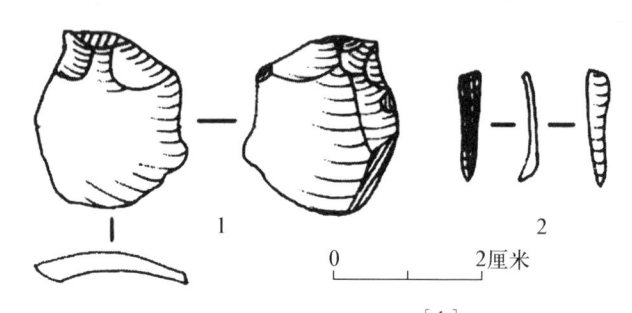

图3-8-6 石片和细石叶[1]
1. 石片(04HSP.Bc.:01) 2. 细石叶(04HEP.Bc.:08)

小型共10件。长10.4—17.3毫米,平均长13.6毫米;宽4.3—18.7毫米,平均宽9.5毫米;厚1.9—4.1毫米,平均厚2.9毫米;重量0.1—0.6克,平均重量为0.26克。石片小而薄。

微型共11件。长4.9—9.3毫米,平均长7.08毫米;宽4.3—9.6毫米,平均宽6.7毫米;厚0.8—2毫米,平均厚1.17毫米;重0.04—0.09克,平均重0.051毫米。

3. 细石叶

1件。标本04HSP.Bc.:08,残长13.9、宽2.5、厚1.3毫米,重0.1克。腹面平滑,远端向内侧弯曲。背部有剥离细石叶后形成3条纵脊(图3-8-6,2)。

---

[1] 陈全家等:《延边地区和龙石人沟发现的旧石器》,《人类学学报》2006年第2期,第106—114页。

4. 工具

10件。又可分为第二类工具和第三类工具，不见第一类工具。

（1）第二类工具

单刃。2件。均用石片加工而成。标本04HSP.Cc.：06，宽31.4、残长18.4、厚8.3毫米，重3.6克。台面长13.7、宽3.5毫米，石片角107度。腹面的半锥体较凸，打击点、同心波、放射线明显。背面较平坦，远端薄锐，有连续的细小疤痕，为使用的刃缘，刃长35.4毫米，刃角15度。

标本HSP.Cc.：12，长19.4、宽14.8、厚5.6毫米，重1.6克。天然台面，长19.4、宽14.8毫米，石片角101.7度。腹面微凸，半锥体、同心波、放射线明显。背面有3条斜向的剥片疤痕。石片右侧缘有使用的细小疤痕，刃长15.9毫米，刃角27度。

双刃。5件，均用石叶加工而成，标本04HSP.Cc.：02，只保留中段，残长34.1、宽24.7、厚7.1毫米，重7.2克。该石叶相对较厚，背面有3条纵脊。腹面平坦，同心波和放射线较明显。截面近似梯形。在两侧边均有使用后留下的痕迹（图3-8-7,1）。

标本04HSP.Cc.：08，只保留中段。长18.8、宽12.7、厚3.5毫米，重0.8克。腹面较凸，同心波明显。背面有2条纵脊，在远端相交。截面近似梯形。两侧边有不连续的疤痕，为使用留下的痕迹（图3-8-7,2）。

标本04HSP.Cc.：04，只保留中段。长33.9、宽20.3、厚3.4毫米，重2.2克。腹面较平，同心波明显。背面有2条纵脊。截面呈梯形。在两个侧边有不连续的疤痕，为使用后留下的痕迹（图3-8-7,3）。

标本04HSP.Cc.：05，近段。长37.3、宽10.5、厚3.4毫米，重1.4克。腹面上的半锥体微凸，同心波明显，下部较平滑。背面有3条纵脊。截面近似呈梯形。两侧边缘有连续的细小疤痕，为使用的刃缘（图3-8-7,4）。

（2）第三类工具

刮削器。4件。根据刃的多少，可以将其分为两类：

单刃刮削器根据刃口形状，又可分为直刃和凸刃两型。

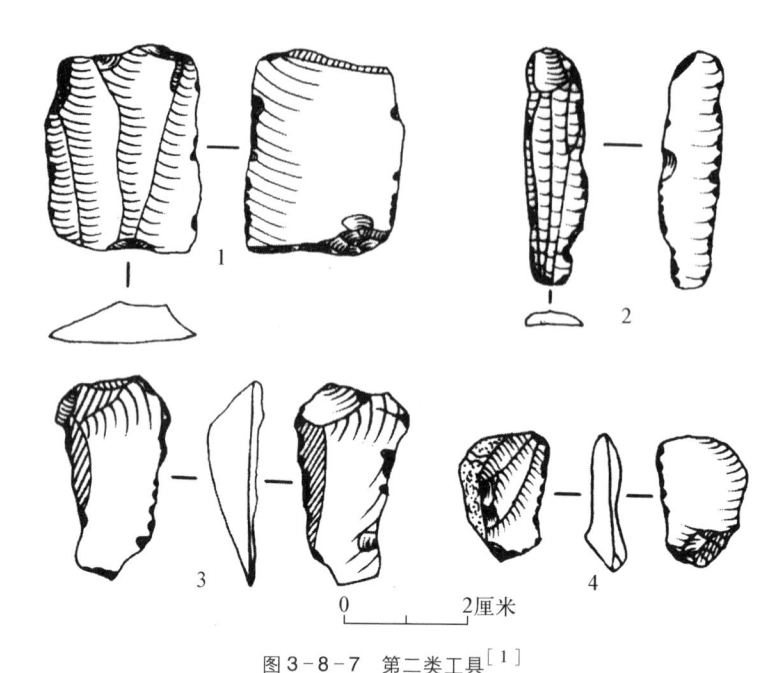

图 3-8-7 第二类工具[1]
1—4. 双刃（04HSP.Cc.：02、04HSP.Cc.：08、04HSP.Cc.：04、04HSP.Cc.：05）

直刃。2 件。标本 04HSP.Cc.：09，长 20.1、宽 15、厚 3.8 毫米，重 0.9 克。片状毛坯，纵向断裂。刃口位于石片较薄锐的一侧，采用压制技术正向加工而成，修疤细小、连续、浅平，刃缘薄锐，刃长 20 毫米，刃角 18.9 度（图 3-8-8,2）。

凸刃。1 件。标本 04HSP.01，长 65.8、宽 47.8、厚 15.5 毫米，重 46.4 克。片状毛坯，腹面微凹。背面布满疤痕。刃缘呈弧形。采用软锤技术，复向加工。修疤浅平，每块大疤上又叠压着小疤，刃长 86.6 毫米，刃角 49—82 度，刃缘较为锋利（图 3-8-8,3）。

复刃刮削器。1 件。标本 04HSP.Cc.：02，长 84.5、宽 68.4、厚 32.4 毫米，重 215.2 克。呈梯形。片状毛坯，较厚重。腹面的半锥体凸起明显，同心波、放射线较为清晰。背面有多块疤痕。有 3 个刃口，均位于器体较为薄锐的边缘，修疤连续、浅平、排列不规整，从修疤的特征分析，是采用软锤技术复向加工而成。刃角 75—79 度（图 3-8-8,1）。

---

[1] 陈全家等：《延边地区和龙石人沟发现的旧石器》，《人类学学报》2006 年第 2 期，第 106—114 页。

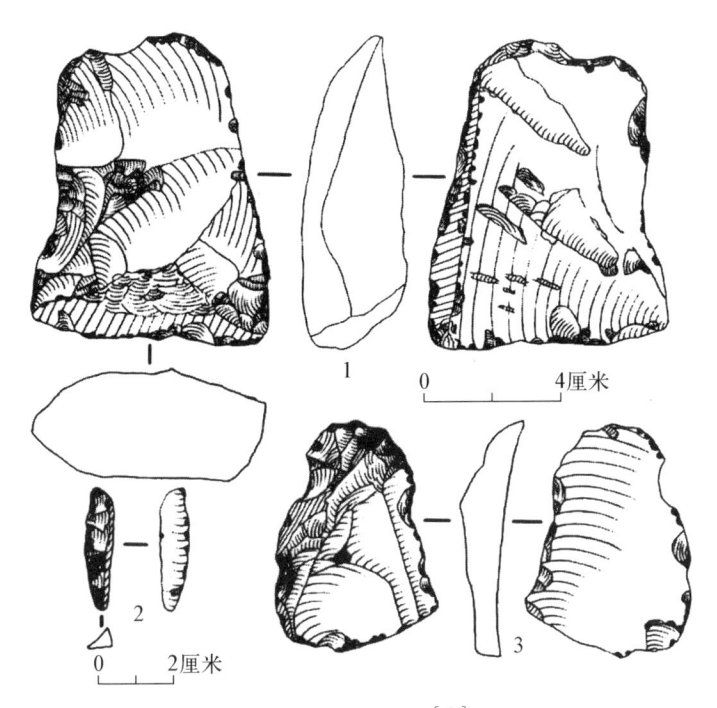

图 3-8-8 刮削器[1]

1. 复刃刮削器(04HSP.Cc.：02)　2. 单直刃刮削器(04HSP.Cc.：09)　3. 单凸刃刮削器(04HSP.01)

雕刻器。2件。又可分为两类：

角雕刻器。1件。标本04HSP.Bc.：02，利用石叶中段加工而成。腹面较平整。背部有一纵向"Y"字形脊，截面呈三角形。在毛坯近端的右侧和远端的左右侧各有1纵向劈裂疤痕，形成了3个凿子形刃口的角雕刻器。器体长69、宽26.1、厚8.8毫米，重17.7克(图3-8-9，1)。

修边雕刻器。1件。标本04HSP.Cc.：07，石叶毛坯。对右侧压制正向加工，修疤短而浅平，排列规整。刃口位于器体的一端，由修理边向左连击两次形成一个凿子形刃口。长28.3、宽17.5、厚5.2毫米，重量2.6克，刃角61度(图3-8-9，2)。

---

[1] 陈全家等：《延边地区和龙石人沟发现的旧石器》，《人类学学报》2006年第2期，第106—114页。

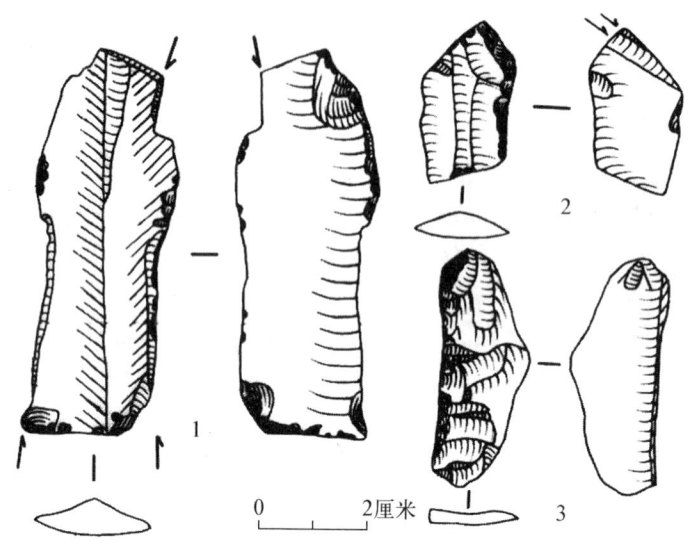

图 3-8-9 工具[1]

1. 角雕刻器（04HSP.Bc.：02）　2. 修边雕刻器（04HSP.Cc.：07）　3. 琢背小刀（04HSP.Cc.：01）

琢背小刀。2 件。标本 04HSP.Cc.：10，以石片远段为毛坯。呈三角形。长 20.1、宽 15、厚 3.8 毫米，重 0.9 克，边刃角 18.9 度。背面有 1 条纵脊。右侧边有琢背形成的疤痕，左侧边为使用痕迹，刃缘薄锐。该器可能是复合工具上的刃部。

标本 04HSP.Cc.：01，长 42.6、宽 17、厚 4 毫米，重 2.8 克。以石片为毛坯。保留有较小的台面，台面长 7.8、宽 2.8 毫米。腹面微凹，半锥体、同心波明显。背面由厚侧缘向薄锐缘横向修出连续、浅平的疤痕。刃缘位于石片薄锐的一端（图 3-8-9,3）。

（二）2005 年试掘出土的石制品

本次试掘共获得石制品 1 291 件，包括出自第 4 层者 377 件、第 3 层者 761 件、第 2 层者 129 件和脱层者 24 件。原料以黑曜岩为主，占 99.93%。

---

[1] 陈全家等：《延边地区和龙石人沟发现的旧石器》，《人类学学报》2006 年第 2 期，第 106—114 页。

1. 文化遗物的空间分布

B区为本次工作的主要试掘区，出土遗物较密集，故以该区为例，分析遗物的平、剖面分布情况（图3-8-10、图3-8-11）。从二维平面图可以看出，石制品主要集中在试掘区的西侧，中部遗物分布也较为密集。从垂直分布图可以看到，遗物比

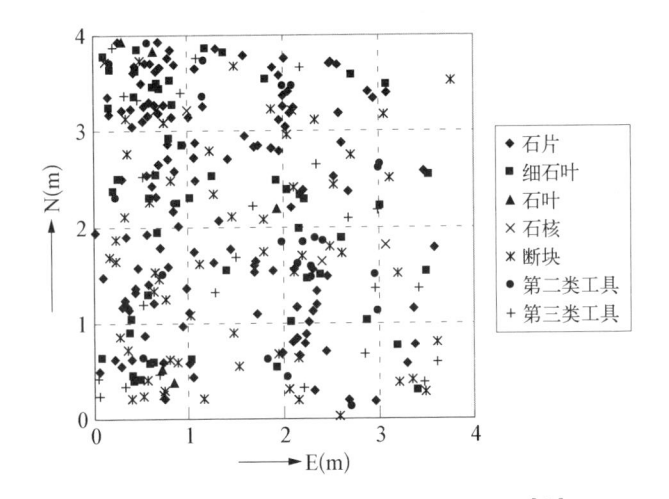

图3-8-10　石人沟遗址B区遗物平面分布图[1]

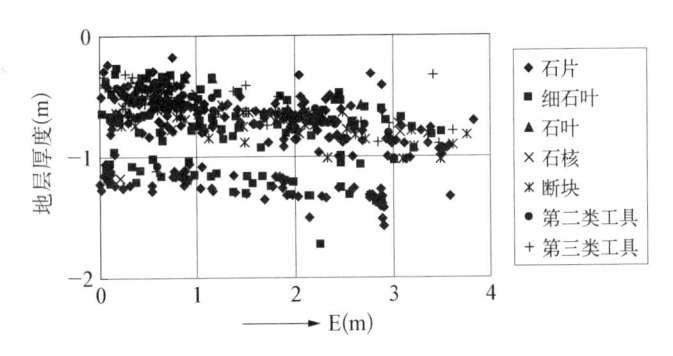

图3-8-11　石人沟遗址B区遗物纵向分布图[2]

---

[1] 陈全家等：《延边和龙石人沟旧石器遗址2005年试掘报告》，《人类学学报》2010年第2期，第105—114页。

[2] 陈全家等：《延边和龙石人沟旧石器遗址2005年试掘报告》，《人类学学报》2010年第2期，第105—114页。

较明显地呈上、下两层展布,石制品以上层分布更为密集,细石叶、断块多集中于此。

2. 石制品大小

石制品大小可分为微型、小型和中型,以微型为主,占 84.26%,小型也占有一定比例,达到 14.67%,中型标本很少。各类石制品中,石核主要以小型为主,微型和中型石核较少,这也间接反映出生产的细石叶大小;石片以微型为主,小型较少,不见中型;石叶、细石叶也以微型为主,小型较少;石器中,片状毛坯者以小型为主,微型、中型较少,块状毛坯者小型略多于微型。

3. 石核

共 12 件,占石制品总数的 0.9%。根据剥片方式的不同划分为石片石核和细石叶石核,后者又可细分为楔形、锥形、船底形三类(图 3-8-12)。

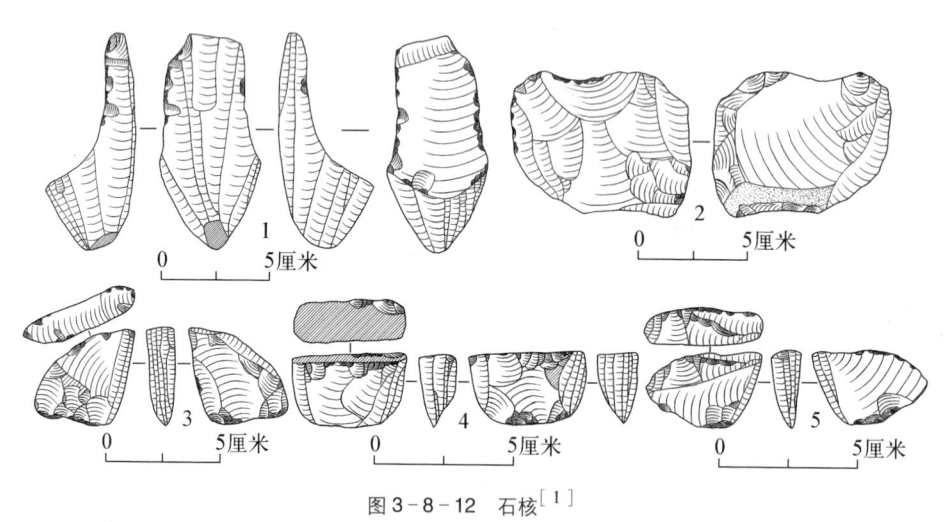

图 3-8-12 石核[1]
1. 锥形石核的更新工作面(05SRGC:02) 2. 双台面石片石核(05SRGDT5152c.:005)
3、5. 楔形细石叶石核(05SRGC:18、05SRGBT5150b.:001)
4. 船底形细石叶石核(05SRGBT5153c.:005)

---

[1] 陈全家等:《延边和龙石人沟旧石器遗址 2005 年试掘报告》,《人类学学报》2010 年第 2 期,第 105—114 页。

石人沟遗址的石核以楔形细石叶石核居多,其次为船底形、锤击及锥形石核。不同类型石核长度统计显示石核存在较大变异;最小石核(05SRGC:18)为17.2×14.9×5.1毫米,重24.65克;最大石核(05SRGDT5152c.:005)为64.24×82.22×35.69毫米,重175.31克。

石核的台面特征及工作面遗留的石片疤数量与剥片技术及原料利用率有着直接的关系。依统计结果,存在预制及使用阶段的细石叶石核,多数核体上的石片疤为2—5个,且台面角范围在62—97度之间,石核龙骨多进行两面修整,使其棱脊部位在剥片时可以发挥控制作用,这说明石核精细加工技术被广泛采用,石核利用率较高。从最大石核即为锤击石核来看,黑曜岩在当地并不缺少。这说明石人沟的居住者无论是在原料的选择还是石器加工技术方面来说都已具有了较高的认识水准。

值得一提的是,遗址中出有一件锥形石核的更新工作面,05SRGC:02,长、宽、厚为36.83×16.93×14.53毫米,重85.46克。当石核使用一段时期后,工作面上残留一些剥片失败的阴痕,阻碍进一步剥片,故要将其打掉一层更新工作面,以剥离下更长的石叶(图3-8-12,1)。

4. 石片

共607件,占石制品总数的47%,其中完整石片145件,断片462件(图3-8-13)。

(1) 完整石片

完整石片占石片总数的23.89%。尺寸多为微型及小型。多数石片的长度大于宽度,即长石片多于宽石片。从石片角的统计结果来看,大多数石片都是在石核台面角不大的情况下剥取的。

大多数石片为点台面、刃状台面等人工台面,分别占完整石片的40.69%、38.62%,线台面、素台面次之,有脊、有疤、自然台面者很少,说明石核的预制台面技术较高,这与石核的统计分析结果一致。石片背面非自然面的比例最大,这说明预制台面技术广泛应用,连续剥片经常发生,这也表明石片多为非初级剥片,也从侧面反映了遗址石核产片率较高。

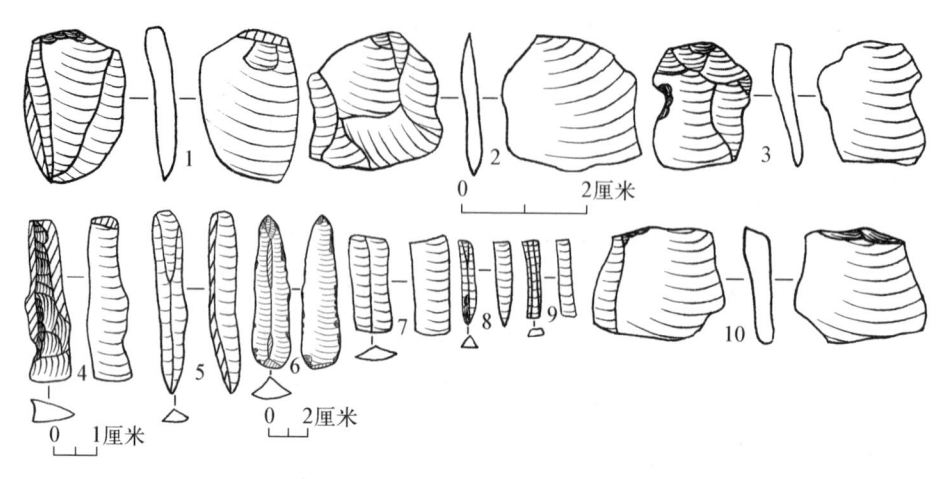

图 3-8-13 石人沟遗址部分石制品[1]

1—3、5. 石片（05SRGBT5150c.：018、05SRGDT5053c.：004、05SRGDT5151b.：001、05SRGDT535c.：008） 4. 初次剥离的石叶（05SRGDT5153c.：014）
5、7. 宽体细石叶（05SRGBT5350c.：050、05SRGCT5150c.：016） 6. 典型石叶（05SRGC：01）
8、9. 窄体细石叶（05SRGAT5053c.：005、05SRGBT5251c.：001）

从石片边缘形态来分析，边缘平行或近似平行以及三角形的石片为主，而边缘不甚规则者较少，说明多数石片形状较为规整。剥片方法方面，特征明显的锤击石片最多，砸击石片偶尔可见。但考虑到黑曜岩硬度大、致密均一、脆性等物理特性，无法真正完全地将锤击、砸击、碰砧石片完全区分开来，只能将特征明显者统计在表内。

（2）断片

断片占石片总数的 76.11%。断片是指在剥片过程中沿打击点纵向破裂或与受力方向垂直沿横轴断裂的石片，它们产生于剥片过程中，也可能是埋藏前暴露于地表被砸碎或埋藏后因地层压力过大而断裂[2]。遗址中断片尺寸总体上小于完整石片。从破裂的形态看，纵向断裂者数量上明显少于横向断裂者。这说明尽管

---

[1] 陈全家等：《延边和龙石人沟旧石器遗址 2005 年试掘报告》，《人类学学报》2010 年第 2 期，第 105—114 页。
[2] 王社江、张小兵、沈辰等：《洛南花石浪龙牙洞 1995 年出土石制品研究》，《人类学学报》2004 年第 2 期，第 93—110 页。

石片造成断裂的原因多种多样,但也反映存在着早期人类有目的地生产横向断片的可能性。这些断片测量数值变异相当大。近段断片台面以刃状台面和点台面为主,有脊、有疤及素台面较少。断片背面保留自然面的比例很小,也可以看出锤击技术为剥片的主要技术,古人类在打片时对石核台面进行修整。

5. 细石叶

共 223 件,占石制品总数的 17.3%。有学者认为东北亚地区典型细石叶宽度一般在 4—6 毫米[1],且从该遗址细石叶宽度及其平均值分析,标本明显以宽 5 毫米为界分为两类,5 毫米以下、以上暂且分别称之为"窄体、宽体细石叶",分别占细石叶总数的 51.57%、48.43%(图 3-8-13、图 3-8-14)。

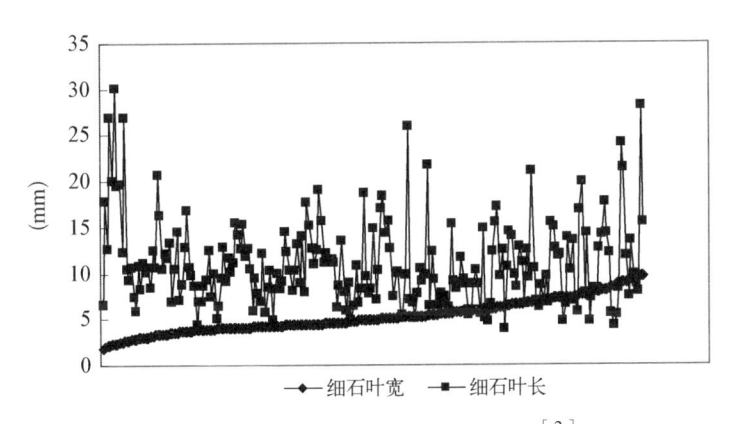

图 3-8-14 细石叶长宽数值(毫米)比较[2]

细石叶以单脊为主,双脊次之。台面以点台面为主,刃状、线台面次之,素、零台面较少。从其完整程度看,以中段细石叶为主,近段、远段次之,完整较少。这说明古人类已经掌握了截断细石叶技术,有目的地选择较直的中段,可能作为复合工具的刃部来使用。

---

[1] 陈全家、张乐:《吉林延边珲春北山发现的旧石器》,《人类学学报》,2004 年第 2 期,第 138—145 页。
[2] 陈全家等:《延边和龙石人沟旧石器遗址 2005 年试掘报告》,《人类学学报》2010 年第 2 期,第 105—114 页。

6. 石叶

共21件，占石制品总数的1.6%。石叶以单脊为主，双脊次之；台面以点台面为主，线台面、刃状台面次之。从其完整程度看，也以中段为主，近段、远段、完整较少，应该是用来作为复合工具的镶嵌"刀片"。

根据石叶背面的情况可以将其分为初次剥离的石叶和典型石叶两种。前者4件，具有不规则的、预制石核时修理出来的背脊；后者17件，具有平行且较直的背脊。

从石叶断片截断处可以看出，存在2种截断方式：一种为直接用手折断，另一种为将石叶垫在某些物体上，在其上用硬物轻磕，产生一凹槽，然后再用手将其折断（图3-8-13，9），与欧洲旧石器时代的石叶截断技术相似。

到目前为止，中国已经正式发掘并发表了研究成果的典型石叶工业还只有宁夏灵武水洞沟[1]等少数发现。但类似发现近年来也有陆续报道，主要分布在黄河中游各地到冀西北的泥河湾盆地。不过这些发现与该遗址情况相似，多与细石叶、石片共存，且不占主导地位。尚不如水洞沟的石叶工业类型典型，如果能从石器生产过程或操作链的角度对这些新发现进行全面系统分析，很可能会有新收获。

7. 碎屑和断块

碎屑是指在剥片或石器的二次加工修理过程中崩落的小片屑。共144件，占石制品总数的11.2%。

断块是指剥片时沿自然节理断裂的石块或破裂的石制品小块。共91件，占石制品总数的7.1%。多呈不规则形，个体变异较大。最大断块（05SRGDT5251c.：009）为31.25×11.73×12.2毫米，重4.38克；最小断块（05SRGET5050c.：001）为5.34×2.8×0.62毫米，重0.03克。

---

[1] 王幼平：《华北旧石器时代晚期石器技术的发展》，《文化的馈赠——汉学研究国际会议论文集（考古卷）》，北京大学出版社，2000年，第304—312页。

在统计分析时很难将它们划归某种特定的石制品类型。虽然碎屑和断块仅仅是石制品加工过程中出现的副产品,但是它们对研究石器加工技术和分析人类行为有着重要的意义。当使用脆性大的黑曜岩进行剥片或二次加工石器时将会产生较多的碎屑和断块,可以进行模拟试验,来计算出石片及石器在数量上与碎屑及断块的比例关系,进而进行遗址的功能分析,判断它究竟是一处石器制造场还是野外宿营地。

8. 工具

(1) 第二类工具(使用石片)

共95件,占石制品总数的7.4%。原料以黑曜岩为主,仅发现1件碧玉。使用石片尺寸中等,以小型为主;毛坯以石片为主,石叶、细石叶次之。刃部形态以单刃为主,其中以单直刃为主,单凸刃、尖刃次之;双刃次之,其中以双直刃为主,直凸刃、直凹刃较少。使用石片使用后刃角以锐角为主,钝角次之。大多数标本手感刃口仍较锋利,可继续使用(图3-8-15,7-9)。

黑曜岩这种原料硬度大,断口呈细致的贝壳状,未经二次加工修理的石片刃缘,完全可以直接投入使用。且这些石片手感刃缘已较钝或很钝,分布明显的、连续的细小疤痕。当然,这种观测还需要将来的微痕观察结果来进一步验证。

(2) 第三类工具

共计98件,占石制品总数的7.5%。原料均为黑曜岩。

刮削器共63件,占第三类工具总数的64.29%,是该遗址数量最多的工具类型。从统计数据来看,刮削器尺寸中等,以小型为主,但也有个别尺寸大于60毫米以上的中型刮削器。刮削器毛坯以片状为主,其中石片占优势,石叶、细石叶次之;块状毛坯较少。修理方法以锤击法为主,压制法次之。刃缘以向石片背面加工者为最多,向劈裂面加工和错向修理者次之,复向、两面加工者较少。从刃部形态看,直刃最多,尖刃次之,凹刃、凸刃、圆头刮削器较少。刮削器修理后刃角以钝角为主,锐角次之,说明它们有可能是经过使用后废弃的(图3-8-15)。

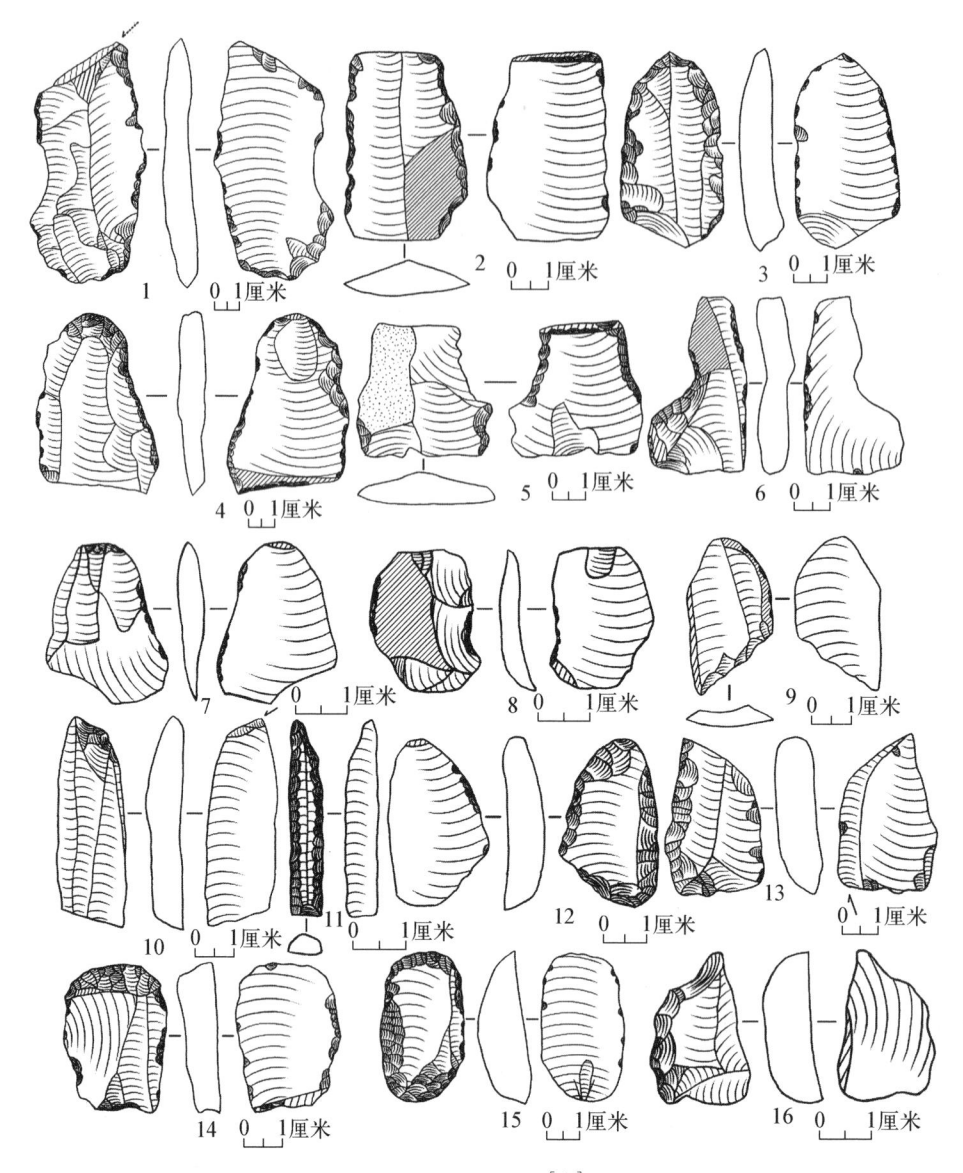

图 3-8-15 工具[1]

1、10、13. 雕刻器(05SRGET5252d.：002、05SRGDT5353c.：002、05SRGBT5053d.：006)
2. 直凸刃刮削器(05SRGET5152b.：003)　3. 尖刃刮削器(05SRGAT5053b.：002)
4. 复刃刮削器(05SRGET5152d.：003)　5. 双凹刃刮削器(05SRGET5050c.：006)
6. 直凹刃刮削器(05SRGC：14)　7—9. 使用石片(05SRGBT5051c.：008、05SRGDT5352c.：012、05SRGDT5352c.：004)　11. 钻(05SRGDT5150c.：012)
12. 琢背小刀(05SRGET5052c.：001)　14、15. 圆头刮削器(05SRGET5051c.：010、05SRGDT5150c.：017)　16. 单凸刃刮削器(05SRGDT5051c.：006)

---

[1] 陈全家等：《延边和龙石人沟旧石器遗址 2005 年试掘报告》，《人类学学报》2010 年第 2 期，第 105—114 页。

雕刻器。共 30 件,占第三类工具总数的 30.61%。雕刻器除了直接由石片锤击法加工而成外,由石叶或细石叶有意截断者次之,块状毛坯较少。在制法上,向单侧加工者多于双侧加工者。绝大多数雕刻器为钝角刃或陡刃,而且刃口锋利(图 3-8-15,1、10、13)。

琢背小刀。共 3 件,占工具总数的 2.55%。长 13.42—30.15 毫米,平均为 21.79 毫米;宽 12.12—36.25 毫米,平均为 21.1 毫米;厚 2.86—7.51 毫米,平均为 4.71 毫米;重 0.65—1.93 克,平均为 1.36 克。琢背小刀均以石片为毛坯,石片背面有一纵脊,较厚的一侧边琢出一列疤痕,薄锐的一侧边作为使用刃缘,平均刃角 37 度。可以清楚地看到使用后留下的细小疤痕。推测其可能作为复合工具的刃部(图 3-8-15,12)。

钻。共 3 件,占工具总数的 2.55%。长 25.29—39.57 毫米,平均为 34.15 毫米;宽 7.1—39.34 毫米,平均为 24.6 毫米;厚 4.1—8.85 毫米,平均为 6.59 毫米;重 1.3—7.04 克,平均为 4.53 克。工具毛坯以石叶为主,均采用压制法向背面对向修整,布满规整、浅平、并行排列的压制修疤。尖刃角平均 36 度(图 3-8-15,11)。

对考古遗址出土遗物进行拼合研究是探索遗址埋藏和形成过程必不可少的环节之一,能够重建石制品从制作到废弃的"生命"轨迹[2]。遗址 1 291 件标本中仅获得 2 个拼合组,涉及 4 件石制品。拼合率较低,仅占石制品总数的 0.31%。石器-石片拼合组处于第 2 层,间距不超过 1 米,应产生于二次加工修理过程中。细石叶近段—远段拼合组处于第 4 层,间距不到 0.3 米(图 3-8-16)。

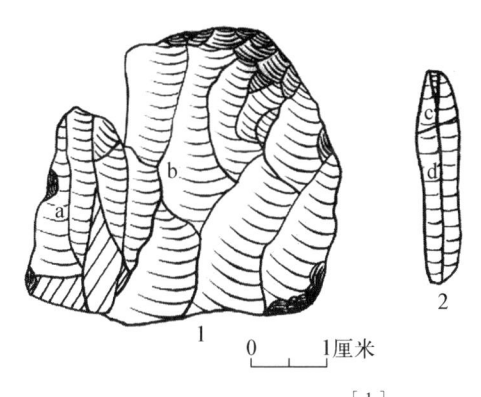

图 3-8-16 石制品拼对组[1]
1. 使用石片(a)—石片(b)拼对组
2. 细石叶近段(c)—远段(d)拼对组

---

[1] 陈全家等:《延边和龙石人沟旧石器遗址 2005 年试掘报告》,《人类学学报》2010 年第 2 期,第 105—114 页。
[2] Hofman JL. *The refitting of chipped stone artifacts as an analytical and interpretative tool*. Current Anthropol,1981,22:691-693.

(三) 2007 调查发现的石制品

石器类型包括石核、石片、石叶、细石叶、断块,以及工具,共 51 件。原料均为黑曜岩。

1. 石核

3 件。可分为石片石核和细石叶石核。

(1) 石片石核

2 件。均为多台面石核。石核的剥片方式为锤击法。长 31.2—66.9 毫米,平均长 52 毫米;宽 24.3—51.6 毫米,平均宽 38 毫米;厚 17.4—30.5 毫米,平均厚 24 毫米;重 12—101.8 克,平均重 56.8 克。

07SRG.C:40,长 66.9、宽 51.6、厚 30.5 毫米,重 101.8 克。近椭圆形。共有 3 个台面,其中 1 个为打制台面,2 个为自然台面。打制台面台面角 78.5 度,有 3 个较完整的剥片疤,最大剥片疤长 21.7、宽 20.3 毫米;其中一个自然台面台面角 86.5 度,有 2 个较完整的剥片疤,最大剥片疤长 44.0、宽 31.3 毫米;另一个自然台面台面角 88.7 度,有 3 个较完整的剥片疤,最大剥片疤长 50.5、宽 21.2 毫米。

(2) 细石叶石核

1 件。07SRG.C:40,片状毛坯,为纵向断裂的左边断片。长 58.2、宽 11.6、厚 31.2 毫米,重 17.9 克。楔形细石叶石核,整体半圆形,截面近三角形。台面修理为斜面,修理疤痕大小不一,连续。台面角 63 度。背面有 4 块石片疤。工作面为石片断面。底缘经过两面修理,形成刃缘。最后一次剥片也是第一次剥片长 35.8、宽 6.6 毫米。由于剥片力度不够,石片在到达三分之一处断裂。此石核应是刚进入使用阶段(图 3-8-17,1)。

2. 石片

11 件。可分为剥片和修片。

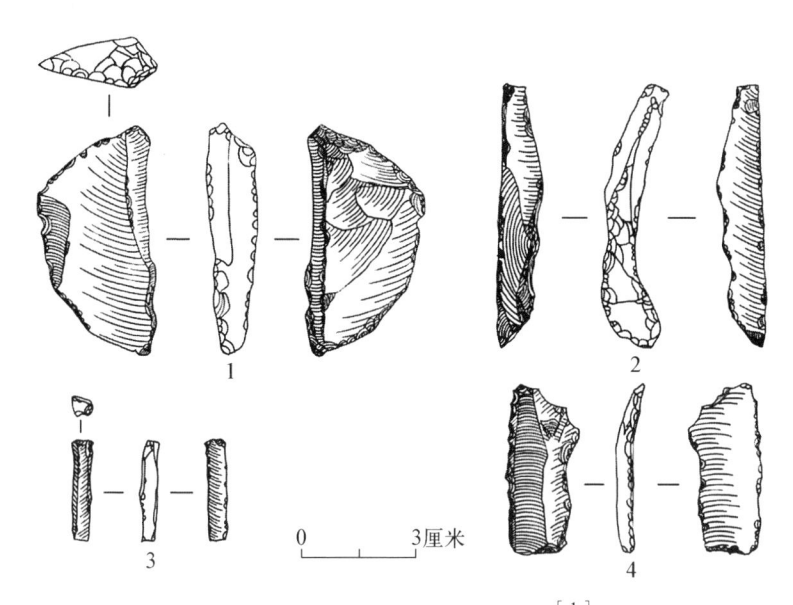

图 3-8-17 细石核、石叶和二类工具[1]
1. 细石叶石核(07SRG.C：40) 2. 雪橇形石叶(07SRG.C：42)
3. 细石叶(07SRG.C：37) 4. 直凹刃刮削器(07SRG.C：11)

（1）剥片

3件。均为锤击石片。根据其完整程度可分为完整石片和断片。

完整石片。2件。长13.1—65.1毫米,平均长39.1毫米;宽30.8—90.1毫米,平均宽60.5毫米;厚6.6—32.9毫米,平均厚19.7毫米;重1.6—125.5克,平均重63.6克。

07SRG.C：43,长65.1、宽90.1、厚32.9毫米,重125.5克。素台面。背面为1块石片疤。劈裂面半椎体凸,同心波明显。

断片。2件。均为横向断裂的近端断片。长14.9—15.7毫米,平均长15.3毫米;宽17.1—22.1毫米,平均宽19.6毫米;厚3.3—5毫米,平均厚4.2毫米;重0.7—1克,平均重0.8克。背面均有石片疤。

（2）修片

8件。根据其完整程度可分为完整石片和断片。

---

[1] 陈全家等:《石人沟旧石器遗址2007年发现的石器研究》,《华夏考古》2014年第4期,第50—57页。

完整石片。2 件。长 5.1—10.9 毫米,平均长 8 毫米;宽 10—27.2 毫米,平均宽 18.6 毫米;厚 1.2—2.9 毫米,平均厚 2.1 毫米;重 0.03—0.4 克,平均重 0.2 克。

07SRG.C:31,长 10.9、宽 27.2、厚 2.9 毫米,重 0.4 克。为锤击修片,有脊台面。背面有众多浅平的疤痕。半锥体凸。

断片。6 件。近端断片 4 件,远端断片 1 件,右边断片 1 件。长 9.7—15 毫米,平均长 11.4 毫米;宽 8.3—27.2 毫米,平均宽 13.6 毫米;厚 1.3—2.9 毫米,平均厚 2.3 毫米;重 0.1—0.4 克,平均重 0.2 克。其中 3 件为有脊台面,1 件为有疤台面,1 件为零台面。4 件为锤击石片,劈裂面半椎体凸起,同心波明显。2 件不能辨别剥片方式,劈裂面平坦,半椎体不凸起。所有不完整石片背面均有一到数个不等浅平的疤痕。

3. 石叶

2 件。均为断片,分别为近端、远端断片。长 23.9—66.7 毫米,平均长 45.3 毫米;宽 4.7—13.2 毫米,平均宽 9 毫米;厚 4.2—14 毫米,平均厚 8.1 毫米;重 1—8.3 克,平均重 4.6 克。

07SRG.C:42,长 66.7、宽 12、厚 14 毫米,重 8.3 克。为雪橇形石叶,是细石叶石核预制过程中剥下的石片。背面有前几次剥片留下的 3 块石片疤。背面脊呈"Y"形,以脊为台面有众多大小不一、层叠细密的疤痕。劈裂面微凹,无明显半椎体(图 3-8-17,2)。

4. 细石叶

2 件。均为中间断片。长 13.2—25.7 毫米,平均长 19.5 毫米;宽 4.7—5.3 毫米,平均宽 5 毫米;厚 2—4.4 毫米,平均厚 2.2 毫米;重 0.1—0.5 克,平均重 0.4 克。

07SRG.C:37,长 25.7、宽 4.7、厚 4.4 毫米,重 0.6 克。石叶呈细长的长方体。为横向断裂,中间断片。上下均截断(图 3-8-17,3)。

5. 断块

6 件。长 9—29.2 毫米,平均长 19 毫米;宽 4.5—33.4 毫米,平均宽 19.2 毫米;

厚 2.7—13.7 毫米,平均厚 4.2 毫米;重 0.1—14.1 克,平均重 3.1 克。台面和打击点均不见且形状变化多样。

6. 二类工具

5 件。均为刮削器。根据石片劈裂面特征分析,剥片方法为锤击法。按照使用刃缘数量可分为单刃及双刃两式。

(1) 单刃 2 件。根据刃缘形态可分为凹刃和凸刃。长 26.1—48.3 毫米,平均长 37.2 毫米;宽 25.8—27.7 毫米,平均宽 26.7 毫米;厚 4.7—5.2 毫米,平均厚 5 毫米;重 2.5—6.6 克,平均重 4.5 克。

凹刃。07SRG.C：36,为横向断裂,近端断片。长 48.3、宽 27.7、厚 5.2 毫米,重 6.6 克。整体形状呈羽毛状。劈裂面半锥体较凸,有一长 14、宽 9 毫米的锥疤。背面左部有一条狭长石片疤,长 43、宽 13 毫米。背部右边有多片浅平石片疤。右侧凹刃有不连续的细小疤痕,应为直接使用形成。刃长 35 毫米,刃角 24.6 度。

(2) 双刃 3 件,其中 2 件为石叶的中间断片,1 件为近端断片。根据刃缘形态可分为直凹刃、双直刃和凸直刃。

直凹刃。07SRG.C：11,石叶毛坯,横向断裂,为中间断片。长 42.9、宽 19.9、厚 4.5 毫米,重 3.6 克。呈叶状。劈裂面平坦。背面有 1 条稍弯的脊,右边上部有 2 个浅平的石片疤。左侧直刃长 40 毫米,刃角 31.5 度。右侧凹刃长 30 毫米,刃角 39.3 度。左侧凸刃和右侧凹刃均有不连续的大小不一的疤痕,为直接使用形成(图 3 - 8 - 17,4)。

双直刃。0707SRG.C：14,片状毛坯,横向断裂,为近端断片。长 29、宽 28.4、厚 4.1 毫米,重 2.4 克。半锥体经过修理,劈裂面平坦。背面有 3 个浅平的石片疤。两个直刃分别位于左侧的上部和下部。上部直刃长 10.4 毫米,刃角 17.5 度。下部直刃长 15.6 毫米,刃角 14.5 度。两个刃均有不连续的疤痕,为直接使用形成。

凸直刃。0707SRG.C：23,石叶毛坯,横向断裂,为中间断片。长 14.1、宽 21.6、厚 3.8 毫米,重 1.1 克。劈裂面平坦,同心波明显。背面有一斜脊。左侧直刃长 12.7 毫米,刃角 14.5 度。右侧凸刃长 13.9 毫米,刃角 18 度。两个刃上均有不连续的大小不一的疤痕,为直接使用形成。

7. 三类工具

22件。分为刮削器、尖状器和残器。

(1) 刮削器18件。根据刃缘数量可分为单刃、双刃及复刃三式。

a. 单刃10件。根据刃缘形态可分为凸刃、凹刃和直刃。

凸刃。5件。均为片状毛坯,其中1件为完整石片,1件为近端断片,3件为远端断片。长30.1—51.3毫米,平均长39.4毫米;宽26.8—47.2毫米,平均宽36毫米;厚6—14.1毫米,平均厚9.8毫米;重4.9—38.5克,平均重14.4克(图3-8-18,1-4)。

07SRG.C:01,片状毛坯,横向断裂,为远端断片。长51.3、宽36.5、厚10.9毫米,重20.2克。整体呈梯形。劈裂面平坦,同心波可见。背面有3条脊,4个较大的石片疤。四周均经过修理,端刃为修刃,其他三边为修形。端刃有大小不一、浅平重叠的修理疤痕,其他三边的修理痕迹均为多层鱼鳞状疤痕。端刃、左边和右边均为正向修理,另一端为复向修理。刃长30毫米,刃角62.6度(图3-8-18,3)。

凹刃。1件。07SRG.C:03,片状毛坯,横向断裂,为远端断片。长25.9、宽27.8、厚10.3毫米,重5.4克。劈裂面稍稍内凹,同心波明显。背面有4个石片疤。底部经过正向修理,便于把握。左侧凹刃经过正向修理,留有大小不一、重叠的鱼鳞状疤痕。刃长12.7毫米,刃角41.5度。

直刃。4件。均为片状毛坯,其中1件为完整石片,1件为近端断片,2件为远端断片。长16.1—39.5毫米,平均长28.2毫米;宽16.1—37.9毫米,平均宽25.4毫米;厚3.8—10.3毫米,平均厚6.6毫米;重0.8—13.5毫米,平均重5.6毫米(图3-8-19,1-2)。

07SRG.C:07,为片状毛坯,横向断裂,近端断片。长26.7、宽37.9、厚8.2毫米,重6.2克。劈裂面半锥体突出,有长13毫米,宽10毫米的锥疤,放射线、同心波均明显。背面右边有一长25、宽12毫米的石片疤。左侧有大小不一,层层叠压的石片疤;左上侧正向加工出整齐排列的长条状浅平修理痕迹,用于把手,便于把握。直刃为使用边,使用疤痕不连续且大小不一。刃长29毫米,刃角39.5度(图3-8-19,1)。

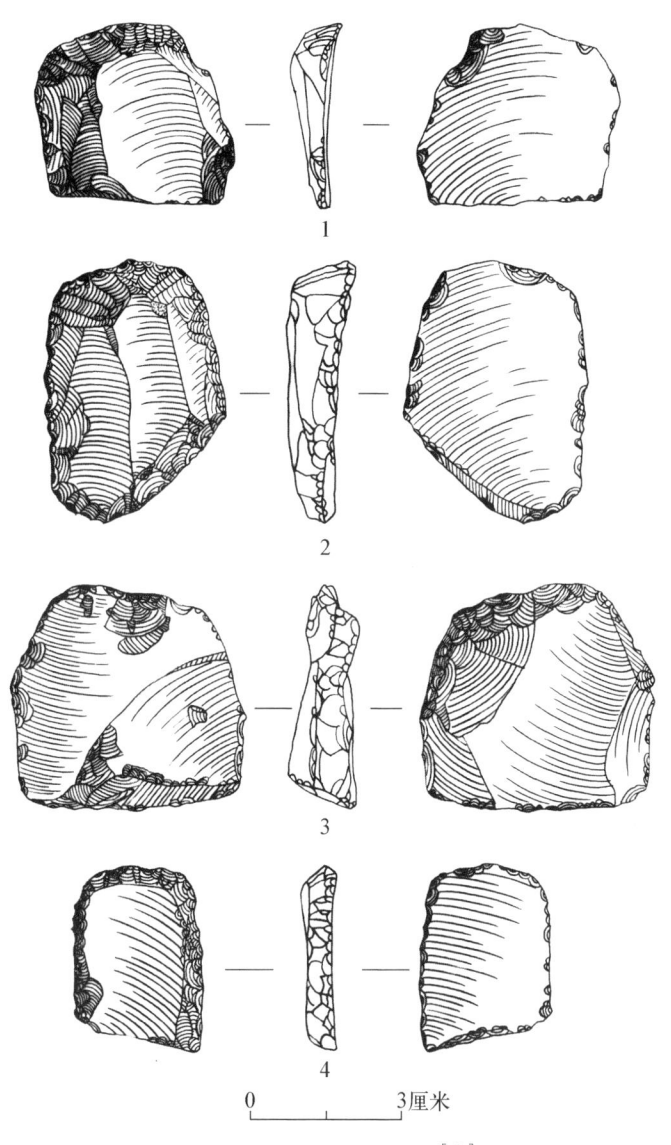

图 3-8-18 单凸刃刮削器[1]

1. (07SRG.C:15) 2. (07SRG.C:44) 3. (07SRG.C:01) 4. (07SRG.C:05)

---

[1] 陈全家等:《石人沟旧石器遗址 2007 年发现的石器研究》,《华夏考古》2014 年第 4 期,第 50—57 页。

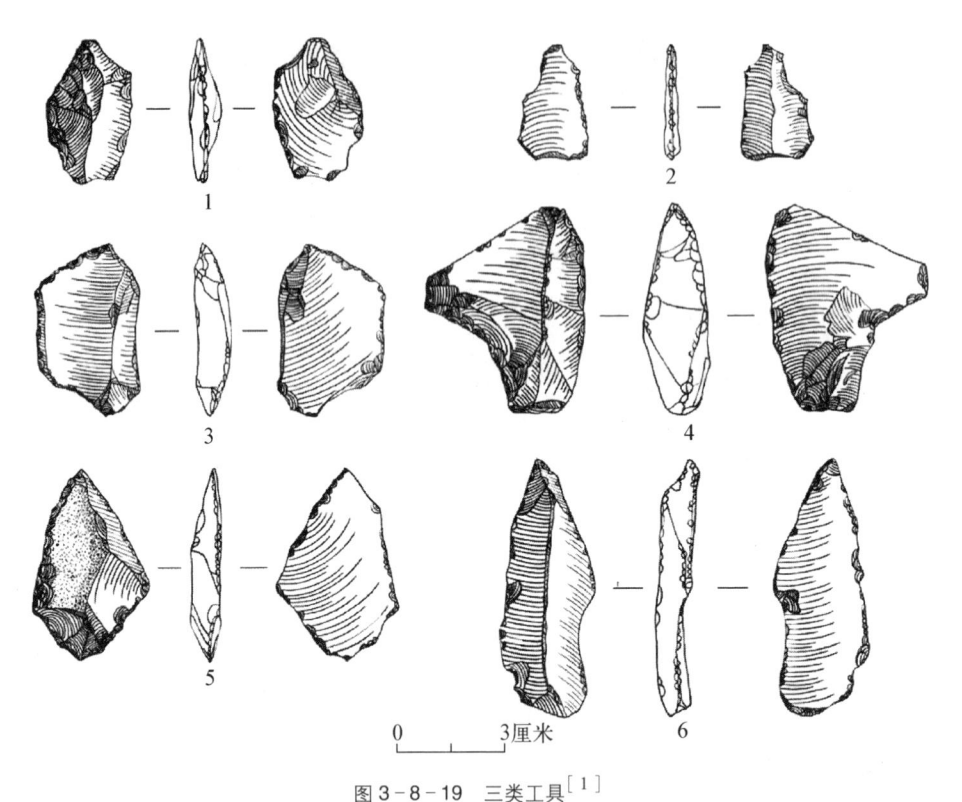

图 3-8-19 三类工具[1]

1. 单直刃刮削器(07SRG.C:07) 2. 单直刃刮削器(07SRG.C:18)
3. 双直刃刮削器(07SRG.C:12) 4. 直凹刃刮削器(07SRG.C:46)
5. 复刃刮削器(07SRG.C:05) 6. 尖刃器(07SRG.C:41)

b. 双刃 5 件。根据刃缘形态可分为直凹刃、凸直刃、双直刃和凹凸刃。

直凹刃。1 件。07SRG.C:46,片状毛坯。长 49.3、宽 49.6、厚 15.9 毫米,重 30.4 克。劈裂面凸,同心波明显,有一长 15.2、宽 10.6 毫米的锥疤。背面有脊,呈"X"形。左侧直刃经过复向修理,留有大小不一、层叠的疤痕,刃长 38.2 毫米,刃角 71 度。右侧凹刃经过复向修理留有大小不一多层疤痕,刃长 23.6 毫米,刃角 65.5 度(图 3-8-19,4)。

凸直刃。1 件。07SRG.C:47,片状毛坯,横向断裂,为中间断片。长 49.2、宽

---

[1] 陈全家等:《石人沟旧石器遗址 2007 年发现的石器研究》,《华夏考古》2014 年第 4 期,第 50—57 页。

29.1、厚9.1毫米,重14.8克。劈裂面平坦,同心波明显。背面有一竖直的脊。左侧凸刃经过修理,留有大小重叠的鱼鳞状疤痕,刃长42.8毫米,刃角60.5度。右侧直刃疤痕大小不一且不连续,为使用边,刃长36.7毫米,刃角48.5度。

双直刃。1件。07SRG.C:12,片状毛坯。长33.4、宽43.0、厚10.5毫米,重10.8克。整体形状呈不规则的六边形。半椎体突出,同心波明显,有一长10毫米,宽5毫米的锥疤。背面有1条脊,有3块较大的石片疤。背部右上方经过反向修理,便于把握。近端刃缘有大小不一,连续的修理痕迹,刃长22毫米,刃角31.2度。远端刃缘刃长25毫米,刃角51.1度(图3-8-19,3)。

凹凸刃。2件。均为片状毛坯,分别为远端、中间断片。长20.9—24.5毫米,平均长22.7毫米;宽13.5—22.3毫米,平均宽17.09毫米;厚2.5—4.9毫米,平均厚3.7毫米;重0.7—3克,平均重1.85克。

07SRG.C:13,片状毛坯,横向断裂,为中间断片。长24.5、宽22.3、厚4.9毫米,重30克。劈裂面平坦,同心波明显。背面有2条几近平行的脊。顶端经过修理,便于把握。左侧凸刃经过反向修理,留有大小不一、层叠的疤痕,刃长14.2毫米,刃角20.5度。右侧直刃疤痕不连续,为使用形成,刃长14.9毫米,刃角50.1度。

c. 复刃3件。根据刃缘形态可分为直直直刃和直直凹刃。

直直直刃。2件。均为片状毛坯,分别为近端、远端断片。

07SRG.C:05,片状毛坯,横向断裂,为远端断片。长33、宽44.3、厚9.5毫米,重9.6克。整体形态呈不规则四边形。劈裂面同心波明显。背面左上侧为砾石面,约占背面面积的二分之一。背面有5片较大石片疤。共有3个刃,左侧上部直刃为刃1,左侧下部直刃为刃2,右侧直刃为刃3。刃1为修理边,经过正向修理,疤痕大小不一,层叠排列,刃长40毫米,刃角21.4度。刃2为使用边,刃长28毫米,刃角25.3度。刃3亦为使用边,刃长17.5毫米,刃角24.3度(图3-8-19,5)。

直直凹刃。1件。片状毛坯,横向断裂,为近端断片。长32.4、宽21.7、厚4.7毫米,重2.7克。半椎体凸,同心波明显。背面有脊,呈"Y"形,有5个浅平的石片疤。左侧直刃为刃1,右侧上部直刃为刃2,右侧中间凹刃为刃3。刃1为修理边,经过正向加工,刃长15.5毫米,刃角50.5度。刃2为修理边,经过正向加工,刃长

10.9毫米,刃角为51度。刃3亦为修理边,经过反向加工,刃长5.8毫米,刃角为40.5度。

(2) 尖刃器3件。均为单尖尖刃器。根据两边的形态分为双直刃和双凸刃。

双直刃2件。均为片状毛坯。长62.5—69.4毫米,平均长66毫米;宽27—85.9毫米,平均宽56.5毫米;厚9.5—16.7毫米,平均厚13.1毫米;重14.7—80.7克,平均重47.7克。

07SRG.C:41,片状毛坯。长69.4、宽27、厚14.7毫米,重14.7克。劈裂面同心波明显背面中间处有1条笔直的脊。背面有5块较大石片疤,底部有正向加工的多层修理疤痕,疤痕大小不一。左侧直刃,复向加工。右侧直刃,复向加工,靠近尖刃处修理更加细密,疤痕层叠;劈裂面中部有3块浅平成扇形的石片疤。两个修理边夹一角,形成尖刃,刃角72.9度(图3-8-19,6)。

双凸刃。1件。片状毛坯,横向断裂,为中间断片。长38.2、宽28.8、厚8.5毫米,重9克。劈裂面平坦,同心波明显。背面有5个石片疤。左侧凸刃,正向加工,刃长29.5毫米。右侧凸刃亦为正向加工,刃长36.3毫米。尖部经过正向修理,刃角78.3度。

(3) 残器1件。07SRG.C:28,片状毛坯,残存的为近端部分。残长17.8、残宽17.3、残厚5毫米,残重1.3克。劈裂面半椎体明显,同心波可见。左缘、右缘、顶端均经过正向加工,修理疤痕层叠细密。推测有可能是单凸刃刮削器。

四、结语

1. 原料以黑曜岩为主,比例超过99%。

2. 剥片技术以锤击法为主,细石核的出现表明也存在间接剥片法。石片人为截断现象普遍,背面全部是石片疤的情况占绝大多数。

3. 石器类型多样,包括石核、石片、工具。石核存在锤击石核和细石叶石核,从发现有砸击石片来看,应还存在砸击石核。细石核经预制加工和台面修理。

4. 细石叶、石叶多保留中段,用来作为复合工具的镶嵌刃部。

5. 工具修理锤击法和压制法均可见。刮削器和雕刻器是该遗址石器的主要类型，此外还有琢背小刀和石锥等。

第九节　和龙西沟地点

一、遗址概况

和龙西沟旧石器地点[1]位于和龙市龙城镇西沟村西南，距西沟村约 800 米的残坡积的阶地上。地理坐标为北纬 42°34′13.6″，东经 128°59′22.9″。该地点面积约为 2 500×1 000 米，共采集石制品 102 件。

2005 年 6 月，吉林大学边疆考古研究中心的部分师生、吉林省文物考古研究所和和龙市文物管理所的部分同志一起在和龙市龙城境内进行旧石器考古调查时发现了该地点。

二、地貌及地层

吉林省地处长白山地，系古老褶皱山经火山活动与河流切割而成，而和龙市地处由南岗山和英额岭形成的延吉盆地外围，属于侵蚀中、低山地带，普遍存在夷平面和发育的多级河流阶地。该地点即位于南岗山与英额岭之间的和龙市西沟村西南，处于高出水面约 50 米的Ⅳ侵蚀阶地上，西侧是大片的花岗岩，东侧是海兰河。其地质情况大致与青头遗址相同，主要是白垩系的砾岩、砂岩、含（夹）油页岩，侏罗系的安山岩、砂岩、页岩夹煤层（图 3-9-1），由于水土流失严重已无文化层。

---

[1] 陈全家、赵海龙、方启等：《吉林省和龙西沟发现的旧石器》，《北方文物》2010 年第 2 期，第 3—9 页。

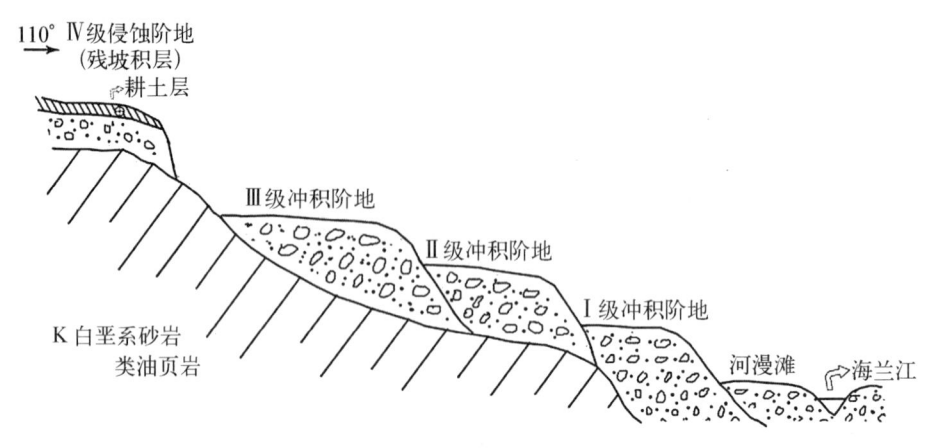

图 3-9-1　和龙西沟旧石器地点地貌地层剖面示意图[1]

三、文化遗物

此次调查共获石制品 102 件，包括石核、石片、石叶、断片、断块、废片、一类工具、二类工具和三类工具。原料以黑曜岩为主，占 69.61%，其次是石英、石英岩、凝灰岩、板岩、长石石英砂岩和玛瑙，共占 30.39%。石器表面多有不同程度风化，黑曜岩者多失去光泽。除凝灰岩类石器外，其余皆棱脊清晰，少有磨蚀。

石器种类丰富，以二类工具数量最多，占石器总数的 21.57%，三类工具、断片、断块、废片以及完整石片也占较多比重，分别为 18.63%、15.68%、12.75%、12.75% 和 9.8%。石器大小组合中，原料为黑曜岩者以微、小型为主，凝灰岩和石英岩及石英者以中型居多，个别大型。

（一）石核

共 5 件，占石器总数的 4.9%，均为锤击石核。其中 2 件凝灰岩者，剥片较多，但都不很成功。2 件石英者剥片很少。还有 1 件石英岩者，为双台面石核，剥片也很

---

[1] 陈全家、赵海龙、方启等：《吉林省和龙西沟发现的旧石器》，《北方文物》2010 年第 2 期，第 3—9 页。

少,形制也不规整。石核长43—124毫米,平均89毫米;宽45—100毫米,平均58.2毫米;厚45—102毫米,平均72.2毫米;重117.15—725.93克,平均475克。

06HX.C∶11,原料是凝灰岩,长92、宽68、厚102毫米,重659.85克。核体底缘和侧面保留有砾石面;左侧面隆起,还有火熏烤过的痕迹;右侧面有自然凹坑,棱脊处有不同程度磨损;后缘处有不规则砸痕,疑为用作石锤或者砸击硬物形成。台面由两个较平坦的石片疤组成,呈不规则椭圆形,剥片面不规整,且有阶梯状剥片疤,剥片疤小而不完整,不连续,似为剥片不理想所致(图3-9-2)。

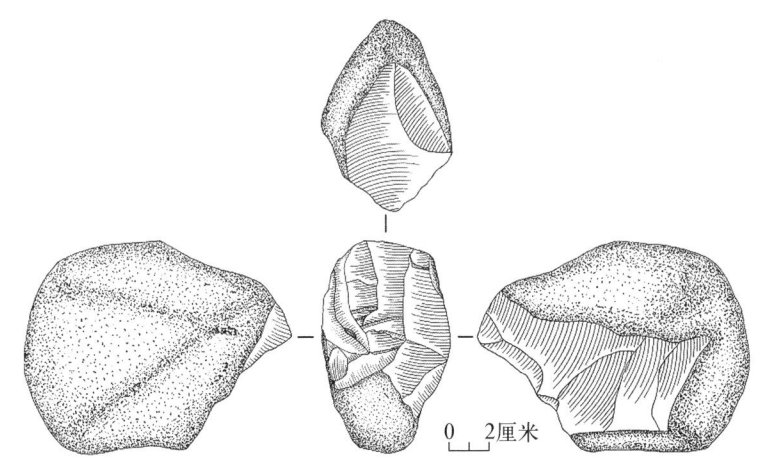

图3-9-2 石核(06HX.C∶11)[1]

(二) 完整石片

共10件,占石器总数的9.8%。原料以黑曜岩为主,少量石英岩,黑曜岩者均系锤击法剥片,个别石英者系平面垂直砸击法剥片。石片台面以素台面居多,占石片总数的40%,点状台面和线状台面次之,各占20%,有疤台面和刃状台面各1件。背面形态多为全疤,占石片总数的80%,有疤有砾者较少,占20%。

石片均较小,打击点都较清楚,半锥体略凸,形状不固定。石片长11—55毫

---

[1] 陈全家、赵海龙、方启等:《吉林省和龙西沟发现的旧石器》,《北方文物》2010年第2期,第3—9页。

米，平均27.1毫米；宽10—65毫米，平均24.8毫米；厚2—21毫米，平均6.5毫米；重0.12—47.68克，平均8.77克。

06HX.C：49，长35、宽26、厚6毫米，重2.83克，素台面，石片角107度，腹面打击点集中，半锥体较凸，有锥疤，表面风化失去黑曜石光泽但同心波仍较明显。背面布满大小深浅不一的疤痕，石片近台面处相对较厚，边缘薄锐（图3-9-3,8）。

（三）石叶

共2件，占石器总数的1.96%。原料为黑曜岩，其中一件完整，一件残断。长14—32毫米，平均23.2毫米；宽8—10毫米，平均9毫米；厚3—4毫米，平均3.5毫米；重0.52—1.32克，平均0.92克。

06HX.C：55，原料是黑曜岩，长32、宽10、厚4毫米，重1.32克。整体形制不规整，打击点和半锥体较明显，系硬锤锤击剥片，背面有2条不规则纵脊，腹面略有弯曲，两侧边缘略平齐，似有过预制修理（图3-9-3,9）。

（四）断片

16件，占石器总数的15.68%，原料均为黑曜岩，都是横向断片，据部位不同又可分为近端、中段、远端断片。

1. 近端断片

共10件，占石器总数的9.80%，在断片中居多，仅一件为中型，其余为小型和微型。残长10—66毫米，平均22.6毫米；宽9—69毫米，平均23.6毫米；厚2—18毫米，平均6.4毫米；重0.15—54.1克，平均7.46克。

06HX.C：72，原料为黑曜岩，残长66、宽69、厚18毫米，重54.1克。是断片中唯一一件中型标本，台面为有疤台面，背面近端有同向多层浅平疤痕，背面中间有一条纵脊。腹面半锥体凸，底端断面截面呈钝角三角形，标本表面风化侵蚀较重，有土渍侵入，失去光泽，边缘有磕碰的新疤痕，系耕地等现代人为因素造成（图3-9-3,5）。

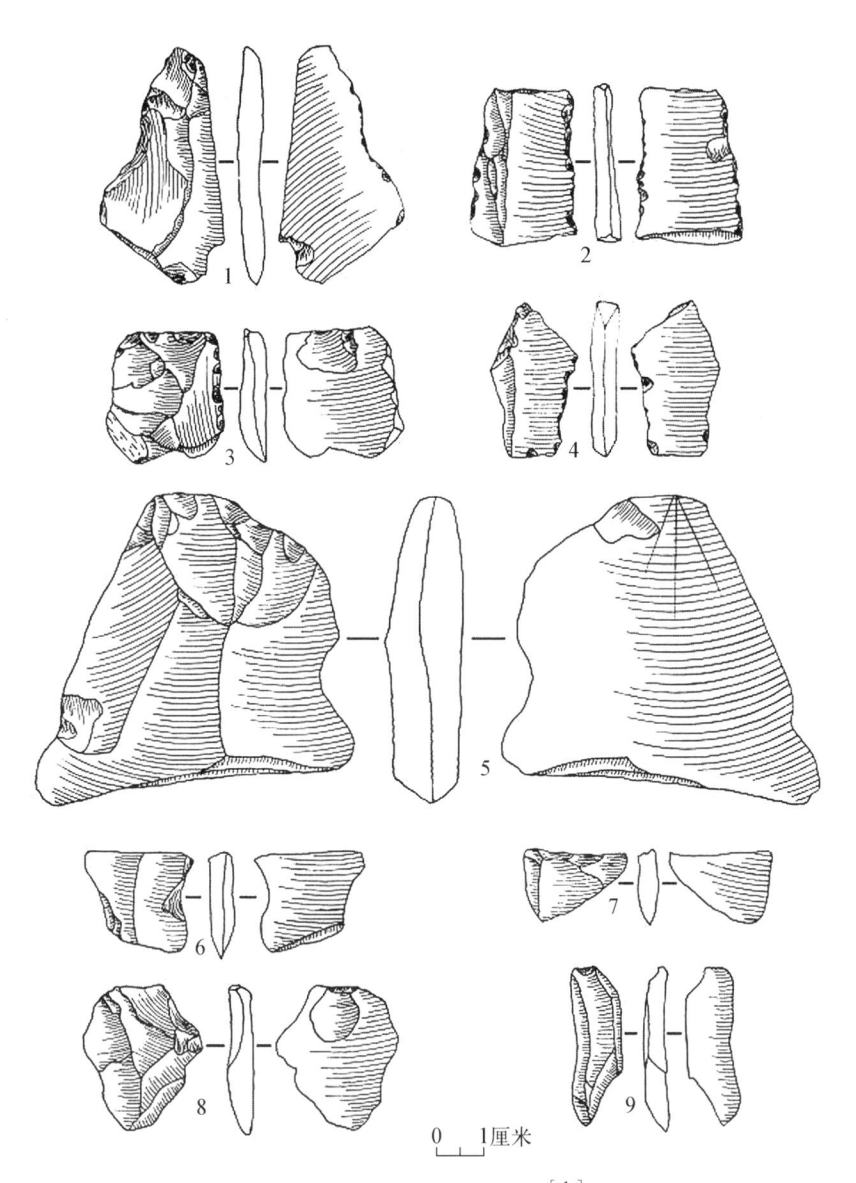

第三章　2000年以来的吉林旧石器时代考古　235

图3-9-3　第二类工具和断片[1]
1. 凹刃刮削器(06HX.C:41)　2、3. 双直刃刮削器(06HX.C:42、06HX.C:46)
4. 单直刃刮削器(06HX.C:50)　5. 近端断片(06HX.C:72)　6. 中段断片(06HX.C:60)
7. 远端断片(06HX.C:72)　8. 完整石片(06HX.C:49)　9. 石叶(06HX.C:55)

---

[1] 陈全家、赵海龙、方启等:《吉林省和龙西沟发现的旧石器》,《北方文物》2010年第2期,第3—9页。

2. 中段断片

共2件,占石器总数的1.96%,原料为黑曜岩,形制较为规整。残长17—22毫米,平均19.5毫米;宽21—23毫米,平均22毫米;厚4—5毫米,平均4.5毫米;重1.47—2.03克,平均1.75克。

06HX.C：60,原料为不纯净的黑曜岩,残长22、宽23、厚5毫米,重2.03克。色泽斑驳,形状近梯形,两端有断面,背面有1条纵脊,腹面平坦,同心波和放射线较明显(图3-9-3,6)。

3. 远端断片

共4件,占石器总数的3.92%,原料为黑曜岩,形状区别较大。残长14—32毫米,平均24.3毫米;宽19—46毫米,平均32.3毫米;厚3—9毫米,平均6.3毫米;重1.02—9.69克,平均4.87克。

06HX.C：72,形状呈近直角三角形,残长14、宽22、厚3毫米,重1.02克。背面布满大小不等的疤痕,腹面微凸,有明显同心波,断面狭长,底端边缘薄锐(图3-9-3,7)。

(五)断块

共13件,占石器总数的12.75%,其中黑曜石者3件,石英者5件,凝灰岩者1件,石英岩者3件,玛瑙者1件,形态重量不一。其中最小者长20、宽9、厚7毫米,重1.06克;最大者长120、宽74、厚49毫米,重426.59克,平均长47.3、宽34.5、厚20.6毫米,重78.64克。

(六)废片

共13件,占石器总数的12.75%,原料均为黑曜岩,形态碎小薄锐,系打片或加工修理时产生的碎小石片。最小者长11、宽8、厚2毫米,重0.11克;最大者长18、宽10、厚6毫米,重0.94克;平均长13.7、宽9.5、厚2.9毫米,重0.35克。

（七）一类工具

仅发现一件石锤，编号06HX.C：6，原料为长石石英砂岩，石锤系长条形砾石，长117、宽44、厚37毫米，重301.96克。截面近圆形，中间略凹，石锤的使用部位明显有凹凸不平痕迹（图3-9-4）。

（八）二类工具（使用石片）

共22件，占石器总数的21.57%，其中黑曜岩者18件，石英岩者4件。有2件为典型细石叶，全是小型和微型工具，长15—50毫米，宽10—40毫米，厚2—16毫米，重0.43—13.73克。工具均为刮削器类，根据工具刃缘的形态可以分为直刃型、凹刃型和凸刃型三种。主要以完整石片直接使用者居多，部分是断片，均具明显使用痕迹。

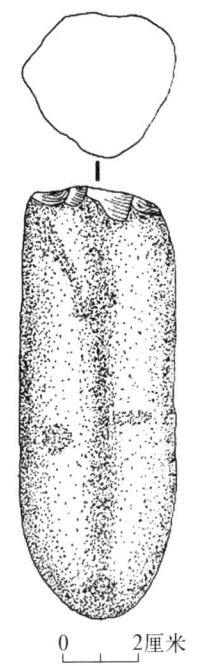

图3-9-4
石锤(06HX.C：6)[1]

1. 直刃型

共17件。其中13件为黑曜岩，4件为石英岩。长15—48毫米，平均29.4毫米；宽11—40毫米，平均24.7毫米；厚2—16毫米，平均7.4毫米；重0.43—13.73克，平均5.48克。直刃型中主要是单直刃，少量双直刃。

单直刃。13件。黑曜岩者10件，石英岩者3件。06HX.C：50，原料为黑曜岩，系石片中段断片直接使用，长32、宽19、厚6毫米，重3.07克，刃缘长23毫米。石片两端有一斜断面和一横断面，截面呈直角三角形，整体形态类似于琢背小刀，左侧较厚，右侧刃缘薄锐，背面有1条纵脊，腹面平坦，可见清晰的放射线，同心波不明显（图3-9-3,4）。

---

[1] 陈全家、赵海龙、方启等：《吉林省和龙西沟发现的旧石器》，《北方文物》2010年第2期，第3—9页。

双直刃。4件。黑曜岩者3件,石英岩者1件。06HX.C：42,原料为黑曜岩,系石片中段断片,残长33、宽23、厚6毫米,重4.72克。刃缘长30×30毫米,整体形制较规整,近长方形,两侧刃缘基本平行,刃缘上疤痕深浅不一、大小不等且不很连续,两端均为钝角三角形断面,背面有1条主纵脊,主纵脊左侧有数个狭长疤痕,腹面较平坦,可见清晰的放射线和同心波(图3-9-3,2)。06HX.C：46,原料为黑曜岩完整石片直接使用。长28、宽26、厚7毫米,重4.37克。刃缘长15×19毫米,形状近方形,两侧刃缘基本平行,具有明显使用痕迹。背面布满疤痕,左下角处可见节理面;腹面略有弯曲,有明显打击点、半锥体和锥疤,放射线和同心波非常明显(图3-9-3,3)。

2. 凹刃型

共3件。原料均为黑曜岩。长16—50毫米,平均31.3毫米;宽18—27毫米,平均23.7毫米;厚5—10毫米,平均7.1毫米;重0.94—5.6克,平均3.86克。

06HX.C：41,系石片远端直接使用。残长50、宽27、厚6毫米,重5.03克。刃缘长38毫米,刃缘弯曲,布满碎小细疤;背面疤痕较浅,大小不等,但整体较平坦;腹面略有弧曲,同心波放射线清晰(图3-9-3,1)。

3. 凸刃型

共2件。原料均为黑曜岩。长21—25毫米,平均23毫米;宽10—18毫米,平均14毫米;厚4毫米,平均4毫米。

06HX.C：68,毛坯为一残断石片。背面有1条纵脊略有隆起;腹面较平坦,同心波十分明显。长25、宽18、厚4毫米,重1.29克,刃缘长20毫米。

(九) 三类工具

共19件,占石器总数的18.63%。原料黑曜岩者11件,凝灰岩者6件,石英岩和板岩者各1件。可分为刮削器、端刮器、砍砸器、锛形器、雕刻器五类。

1. 刮削器

共7件,占石器总数的6.86%。原料除1件为石英岩外,其余皆为黑曜岩。主要是小型和微型制品,个别中型。长25—73毫米,平均49.2毫米;宽12—60毫米,平均36毫米;厚4—38毫米,平均14.2毫米;重0.97—109.09克,平均47.5克。刃缘长18—82毫米,平均52.5毫米;刃角30—67度,平均48.5度。加工方式主要是正向加工,个别反向加工和交互加工,修理方法主要是锤击修理,个别压制修理。根据刃口形态和数量可分为直刃、直凹刃、直凸刃、凸刃、凹刃五型。

直刃。共2件。原料1件为黑曜岩,1件为石英岩,形制不甚规整。06HX.C：15,原料为石英岩,加工方式为正向,系锤击修理,整体形状呈直角三角形,长73、宽60、厚24毫米,重94.03克,刃缘长82毫米,刃角67度。

直凹刃。共1件。06HX.C：32,原料为黑曜岩,以石片为坯料,形制比较精致,长41、宽48、厚12毫米,重17.89克,刃缘长36×39毫米,刃角52度。背面和腹面均较平坦,上侧两个斜断面相交成尖,底端一个横断面,左侧刃缘为凹刃,系硬锤锤击修理,疤痕深浅大小不一,右侧刃缘为直刃,系压制修理,疤痕普遍浅平、细致有序(图3-9-5,5)。

凹刃。共1件。06HX.C：36,原料为黑曜岩。系反向加工,修疤浅平,似为软锤修理。长36、宽27、厚11毫米,重6.22克,刃缘长18毫米,刃角48度。

直凸刃。共1件。06HX.C：31,原料为黑曜岩。形状略呈不规则长方形,长49、宽34、厚12毫米,重21.41克,刃缘长18毫米,刃角36度。系石片中段加工,近端端面呈三角形,远端端面呈梯形,背面中间有1条弯曲的纵脊,腹面微弧曲,隐约可见同心波,左侧刃缘一半为修理一半为使用刃缘,右侧刃缘均为硬锤锤击修理(图3-9-5,1)。

凸刃。共2件。06HX.C：33,原料为黑曜岩。正向加工,硬锤锤击修理。长55、宽21、厚14毫米,重15.95克,刃缘长46毫米,刃角54度。

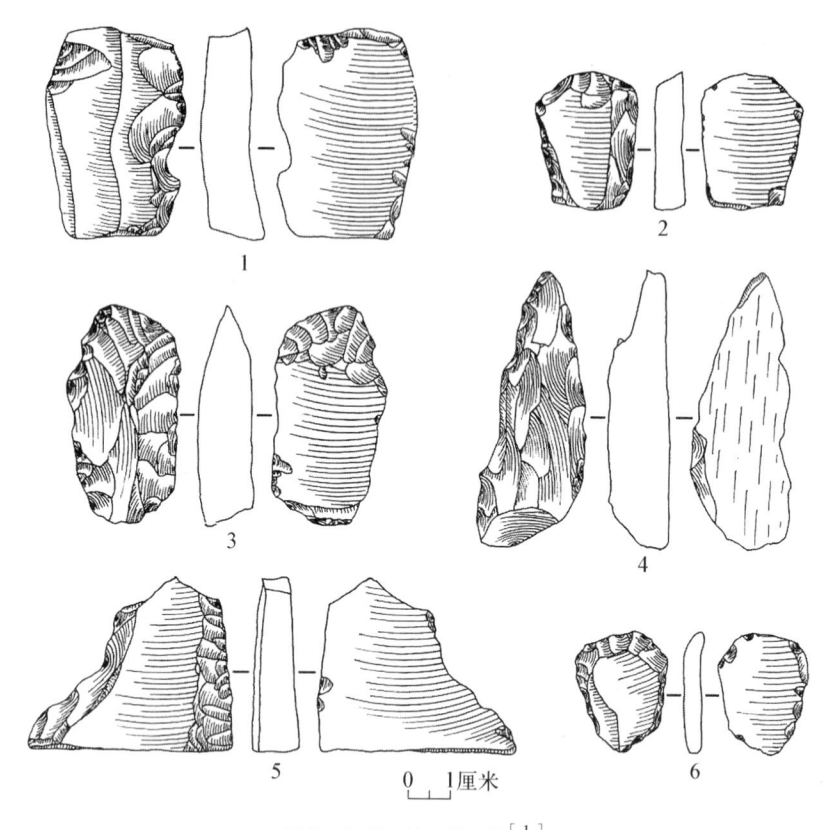

图 3-9-5 第三类工具[1]

1、5. 刮削器（06HX.C：31、06HX.C：32） 4. 雕刻器（06HX.C：21）
2、3、6. 端刮器（06HX.C：45、06HX.C：35、06HX.C：58）

2. 端刮器

共 6 件，占石器总数的 5.89%。原料除 1 件为凝灰岩外，其余均为黑曜岩。加工方式除 1 件为复向加工外，其余都是正向加工。形制均较规整，仅 1 件为中型制品，其余皆为小型和微型。长 21—72 毫米，平均 34.4 毫米；宽 18—40 毫米，平均 21.4 毫米；厚 5—18 毫米，平均 7.1 毫米；重 2.43—79.78 克，平均 15.85 克；刃缘长

---

[1] 陈全家、赵海龙、方启等：《吉林省和龙西沟发现的旧石器》，《北方文物》2010 年第 2 期，第 3—9 页。

16—40毫米，平均23.5毫米；刃角40—62度，平均49.83度。

06HX.C：35，原料为黑曜岩。形状呈拇指形。长51、宽27、厚12毫米，重15.24克，刃缘长21毫米，刃角40度。背面布满层叠疤痕，是由腹面向背面加工，在背面中间形成隆起，腹面平坦，在端刃处又由背面向腹面加工。端刃处修理疤痕浅平而狭长，似为压制修理的结果（图3-9-5，3）。

06HX.C：45，原料为黑曜岩。形状呈指甲形。长32、宽25、厚6毫米，重6.48克，刃缘长24毫米，刃角50度。标本系石片中段加工而成，背面和腹面均较平坦，背面有2条不平行的直脊，器身边缘除底端都有细致加工和修理，且均为正向加工（图3-9-5，2）。

3. 砍砸器

仅一件，占石器总数的0.98%。属于大型工具。06HX.C：5，原料为凝灰岩，为复刃型砍砸器，整体形状近椭圆形，扁平。长166.3、宽116.2、厚32毫米，重706克，刃缘长448.5毫米，刃角68度。器刃经过复向加工，因为原料的缘故，两面疤痕和棱脊均有不同程度磨损，不很清楚，在刃缘一侧处有火熏烤过的痕迹（图3-9-6，2）。

4. 锛形器

共4件，占石器总数的3.92%。原料均为凝灰岩，属于中型或大型工具。长

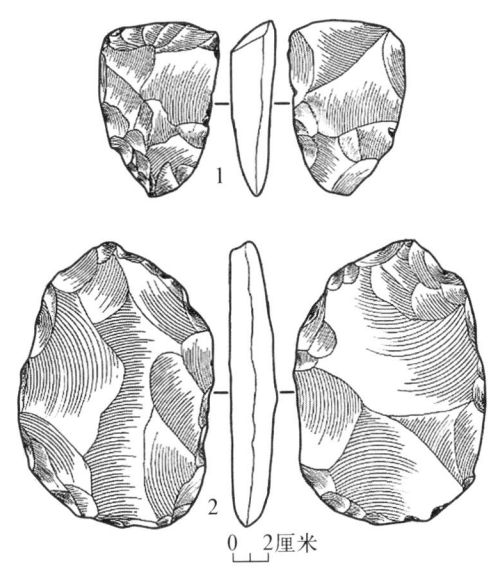

图3-9-6　第三类工具[1]
1. 锛形器（06HX.C：2）　2. 砍砸器（06HX.C：5）

---

[1] 陈全家、赵海龙、方启等：《吉林省和龙西沟发现的旧石器》，《北方文物》2010年第2期，第3—9页。

68—119 毫米,平均 99 毫米;宽 67—103 毫米,平均 81.4 毫米;厚 27—40 毫米,平均 33.3 毫米;重 152.15—546.97 克,平均 330.4 克;刃缘长 67 毫米,刃角 72 度。这 4 件锛形器按石器动态观察,可看作是锛形器从制作到使用的三个阶段。两件锛形器毛坯,锛形器整体轮廓已经形成;一件为锛形器半成品,轮廓较为规整,端刃刃口也已加工出雏型,刃口较钝,局部还未作细致修理;另一件为锛形器成品,加工精致,形制规整,且经过长期使用,棱脊疤痕已有不同程度磨损。

06HX.C∶2,略呈三角形。长 101、宽 71、厚 27 毫米,重 202.84 克。通体加工,背面形成"T"字形隆起,中间厚,边缘薄,端刃处正向加工。刃缘较平直,长 67 毫米,刃角较钝,72 度。腹面较平坦,底端稍尖,便于装柄,通体棱脊、疤痕由于磨损都不很清楚(图 3-9-6,1)。

5. 雕刻器

仅 1 件。06HX.C∶21,原料为板岩,为修边雕刻器。长 64.2、宽 25.3、厚 15 毫米,重 22.78 克。腹面为板岩自然节理面,非常平坦。加工方式属于正向加工,在背面形成一条纵向隆起,两侧边均有锤击修理,修理边长分别为 52、63 毫米,由一侧边斜向下打下一片,形成尖刃,尖刃角 72 度(图 3-9-5,4)。

四、结语

1. 石器原料以黑曜岩为主,占总数的 69.61%,其次为石英岩,占 11.76%,另有少量凝灰岩、石英和个别板岩、长石石英砂岩和玛瑙。

2. 石器以小型和微型为主,少量中型和个别大型[1]。

3. 打片以锤击法占绝对优势,少有砸击法,同时二类工具中存在有典型细石叶及个别工具采用压制法修理表明可能存在间接剥片技术。

---

[1] 卫奇:《石制品观察格式探讨》,《第八届中国古脊椎动物学学术年会论文集》,海洋出版社,2001 年,第 209—218 页。

4. 石器类型丰富,以二类工具的比例最高,占 21.57%,三类工具和断片也占较多比例,分别为 18.63% 和 15.68%,另有少量完整石片、断块、废片、石核、石叶和一类工具。

5. 工具以石片毛坯占绝大多数,仅个别细石叶和块状毛坯。

6. 工具加工主要是正向加工,其次是反向加工,少量复向和错向以及通体加工;工具修理主要是硬锤锤击修理,少量压制修理和软锤修理。

虽然石器均采自地表,但根据石器工具组合、加工技术以及和周邻遗址和地点的对比,可以推测该地点为旧石器时代晚期。

第十节　安图海沟金矿地点

一、遗址概况

安图海沟金矿地点[1]位于安图县海沟金矿南 1.5 千米,古洞河自东向西从地点前流过,永庆至两江公路也经过该地点,分布面积约 150×150 平方米。地理位置为北纬 42°40′58″,东经 128°07′48.4″。

2006 年 4 月,吉林大学边疆考古研究中心与吉林省文物考古研究所联合对延边朝鲜族自治州进行旧石器时代遗址专项调查,发现旧石器时代遗址地点 7 处,海沟金矿和石人沟两处地点。

二、地貌及地层

安图县隶属于吉林省延边朝鲜族自治州,地理位置在北纬 42°01′—43°24′,东

---

[1] 陈全家、赵海龙、卢悦:《吉林两江镇旧石器地点发现的石器研究》,《草原文物》2011 年第 2 期,第 1—8+14+123 页。

经 127°48′—129°11′。两江镇则位于安图县的中西部地区。地处长白山北麓,境内群山起伏,沟壑纵横,长白山脉由南向北延伸,使全县地势呈现南高北低、东高西低、南北长东西窄的特点。

海沟金矿地点地层中未发现石器,全部采自Ⅲ级阶地的黄色耕土层上(图 3-10-1)。

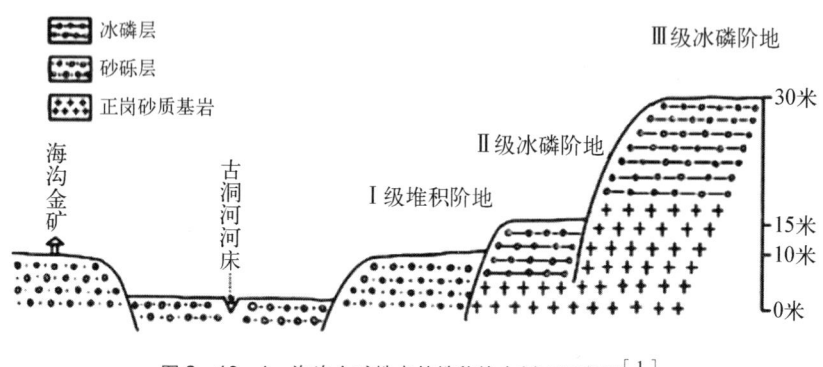

图 3-10-1 海沟金矿地点的地貌综合剖面示意图[1]

三、文化遗物

此次调查获石器 9 件,原料有石英、凝灰岩、玄武岩、黑曜岩。以石英最多,占石器的 44.4%;凝灰岩次之,占 33.4%;黑曜岩和玄武岩最少,各占 11.1%。石器包括石片、断块及第三类工具。

(一) 石片

3 件。大小不一,形状各异。原料分别为玄武岩、凝灰岩和黑曜岩。台面多为自然台面,均采用锤击法剥片。从背面的情况可分为背面全疤和有疤且有砾石面两种,其中背面全疤的两件。根据完整程度可分为完整石片和断片两类。

---

[1] 陈全家、赵海龙、卢悦:《吉林两江镇旧石器地点发现的石器研究》,《草原文物》2011 年第 2 期,第 1—8+14+123 页。

完整石片 1 件,标本 06AH.C：9,其长 69.1、宽 51.3、厚 27.1 毫米,重 92.9 克,石片角 98 度。原料为玄武岩。劈裂面较平坦,打击点突出,无半锥体,放射线清晰可见,远端出现一条因解理而折断的凹槽。背面由中部向上隆起,遍布复向剥片留下的密集疤痕(图 3-10-2,1)。

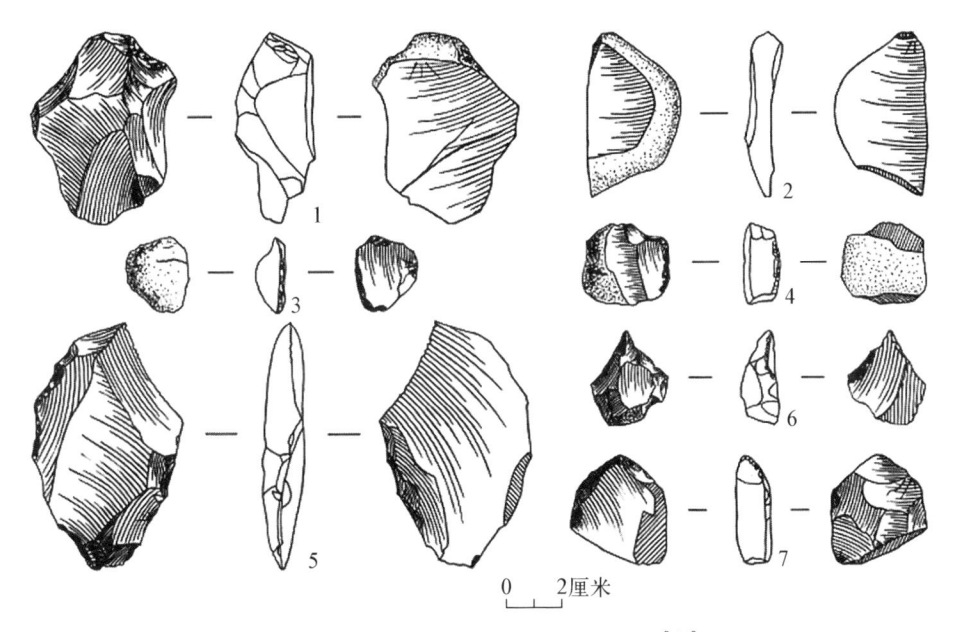

图 3-10-2 海沟金矿地点发现的部分石器[1]
1、2. 石片(06AH.C：9、06AH.C：1) 3—5. 刮削器(06AH.C：2、06AH.C：5、06AH.C：6)
6. 钻器(06AH.C：7) 7. 尖状器(06AH.C：4)

断片 2 件,根据断裂方向可分为纵向、横向两类。

纵向断片标本 06AH.C：1,长 59.9、宽 35.8、厚 9.1 毫米,重 26.1 克,石片角 93 度。原料为凝灰岩。中部断裂,仅保留石片右侧。劈裂面较平,远端边缘有折断。背面可见一处剥片痕,且与石片本身为同向同源剥片,边缘保留自然砾石面(图 3-10-2,2)。

横向断片标本 06AH.C：8,长 33.1、宽 32.3、厚 17.4 毫米,重 12.3 克。原料为

---

[1] 陈全家、赵海龙、卢悦：《吉林两江镇旧石器地点发现的石器研究》,《草原文物》2011 年第 2 期,第 1—8+14+123 页。

黑曜岩。中段断片。劈裂面平坦光滑,可见清晰的同心波。背面突起,留有同向剥片留下的大小不一的密集疤痕。

(二) 断块

1件,标本06AH.C:3,长44.2、宽25.4、厚16.3毫米,重15.2克。原料为凝灰岩,形状较小且不规则。多为剥片时崩裂所致。

(三) 工具

共5件,工具大部分保存完整。原料以石英为主,凝灰岩次之。根据其功能不同,可分刮削器、尖状器和钻器三类。

1. 刮削器

3件,长24.2—90.1、宽28.2—55.6、厚10.6—13.6毫米,重6.8—60.6克,刃长18.5—64.7毫米,刃角32—47度。原料以石英为主,凝灰岩次之。形状大小不一,多以石片为毛坯,少数直接选择较扁的砾石加工形成。修理方式均采用锤击法。根据加工刃缘的数量,将其分为单刃、双刃两类。其中单刃类又可分为单直刃、单凸刃两类。

(1) 单刃

直刃。标本06AH.C:6,长32.7、宽31.3、厚13.4毫米,重18.4克,刃长18.5毫米,刃角45度。原料为石英,以较扁的石英直接加工而成。刃部采用锤击法加工修理,经过两层修疤,第一层首先对刃部进行修薄,疤痕较大;第二层对刃部进行连续密集的修理,疤痕较小且浅平,使刃部变得薄锐、锋利。两端断裂,其中一面保留自然砾石面,另一面只保留小部分砾石面,修理面积较大,集中于刃部(图3-10-2,5)。

凸刃。标本06AH.C:5,长24.2、宽28.2、厚10.6毫米,重6.8克,刃长25.5毫米,刃角37度。原料为石英。以石片为毛坯。刃部选择石片的远端,采用反向加工方法自上而下进行修理,疤痕较小且连续密集。劈裂面较为平坦,打击点处有剥片留下的小疤。背面较为光滑,向上微凸(图3-10-2,4)。

(2) 双刃

标本06AH.C：2,长90.1、宽55.6、厚13.6毫米,重60.6克,刃长分别为64.7、41.4毫米,刃角分别为47、32度。形状较大。原料为凝灰岩。片状毛坯。刃部选择石片的远端和侧边,共有两个刃；一侧较长,为经过正向修理形成的凸刃,刃部留有两层修疤,第一层为一大一小的长条形修疤,疤痕较浅；第二层为修疤自下而上修理,较小且深,呈现多层密集的鱼鳞状,已达到修理出锋利刃部的目的。另一侧较短,为直接使用形成的凹刃,刃部虽未经过加工,但有使用后留下的崩疤。把握部分选择打击点附近,稍加修理,使其规整且厚钝,便于把握。劈裂面较平坦,背面中部微凸,留有打制后形成的大小不一的疤痕(图3-10-2,3)。

2. 尖刃器

1件,标本06AH.C：4,长40.7、宽34.6、厚13.1毫米,重20.4克,刃角98度。形状较小,略呈四边形,原料为石英。片状毛坯。选择石片的远端和侧边较薄处使用锤击法加工修理,修疤为1—2层,疤痕小且层叠密集,两条修理边形成一尖刃,刃部较为厚钝。把握部位选择较厚且因解理而折断的侧边,进行简单修理。劈裂面较平坦,打击点、放射线清晰可见。背面略有凹凸,留有复向剥片形成的疤痕(图3-10-2,7)。

3. 钻器

1件,标本06AH.C：7,长34.8、宽28.2、厚13.3毫米,重10.1克。形状较小。原料为石英。块状毛坯。尖部稍残,疑为使用时折断。边缘经过修理,锤击法剥片,片疤较大而深,起到打制成形的作用,且尖部的两侧,形成有肩的钻头。钻头边缘有连续密集的小疤,对其进一步修理,以便使用。一侧较为平坦,由一个剥片和解理面组成。另一侧中间凸起,经过细致修理(图3-10-2,6)。

四、结语

石器原料以石英为主,凝灰岩次之,黑曜岩、玄武岩较少。剥片方法为锤击法,石片以自然台面为主。工具类型较少,仅见第三类工具(刮削器、尖状器、钻器)。工具成器率较高,毛坯以片状为主,块状较少。工具多采用硬锤修理,以正向加工为主,反向修理较少。工具以小型为主,中型工具次之。

海沟金矿地点具有与周边遗址较为类似的特征,地层堆积也较为接近,但是制作工艺和加工技术要比周边遗址的精细程度略显逊色。海沟金矿地点不见一些旧石器晚期向新石器过度的细石器工业特征,也缺少加工制作更为精致的器形。因此,将其年代暂定为旧石器时代晚期。

第十一节　安图沙金沟地点

一、遗址概况

安图沙金沟旧石器地点[1]位于安图县城(明月镇)西南约45千米的松江镇沙金沟村的北山上,北纬42°36′05.4″,东经128°16′02.9″,遗址面积200×150平方米。

2006年4月,吉林大学边疆考古研究中心的师生会同吉林省文物考古研究所的同志在吉林省延边地区进行调查时发现该处旧石器遗址。在地表采集石器77件。为查明遗址的地层情况,试掘1×1平方米的探方2个,在含角砾的黄色亚黏土地层中发现石器5件。此次调查发现石器共计82件。

---

[1] 陈全家、赵海龙、方启等:《安图沙金沟旧石器遗址发现的石器研究》,《华夏考古》2008年第4期,第51—58页。

二、地貌与地层

吉林省东部的长白山熔岩台地,气候湿润,水系发达。沙金沟遗址即位于松花江上游二道松花江的小支流沙金河右岸的Ⅲ级阶地上,与著名的和龙石人沟遗址隔甑峰岭相望。遗址坐落在白垩纪砂岩、砾岩夹油页岩上,外围分布有大片玄武岩。遗址海拔为646米,高出河面36米。

地层自上而下分为4层:

第1层,耕土层,厚11—16厘米。

第2层,含角砾的黄色亚黏土层,角砾呈次棱角砾,砾径2—15厘米。该层为文化层,发现有石器和炭屑。厚20—24厘米。

第3层,含黄色黏土的角砾层,砾径2—30厘米,未见底。厚100厘米。

第4层,深红色的冰碛层,厚1 000厘米。

三、文化遗物

(一) 石核

1. 锤击石核

多台面石核。1件,黑曜岩。06AS.C:12,长35.9、宽28.3、厚20毫米,重14.9克。形状不规则,首先从主台面向下剥离三片相邻的石片,台面角分别为60、60和87度;然后以位于侧边的石片疤为台面向主台面方向剥离一片石片,台面角78度,以上两次产生的石片疤长宽相若,打击点明显;最后在与主工作面相对的一端从侧面打击剥离两片石片,台面角均为85度,石片疤长大于宽,打击点明显。

2. 细石核

仅见船形细石核。2件,均为黑曜岩。06AS.C:10,长35.2、宽18.1、高18毫米,重10.8克,剥片面长24.5毫米,台面角61度,外缘角73度,内缘角82度,底缘角52度。台面较平坦,略向外侧面(左)倾斜,以修理之后的内侧面(右)为台面打击修理台面靠近工作面的位置,修疤浅平多层,并被剥下的细石叶所打破。核体侧面均从台面向底缘方向打击修理而成。外侧面除了分布大的石片疤之外,其靠近台面的位置分布有密集连续的阶梯状小修疤;内侧面靠近台面的位置也有阶梯状小修疤,但中间位置被一大的修疤所打破,所以不连续。底缘呈脊状。剥片面有3条细石叶的片疤,片疤两边近似平行。根据形态判断该件标本属于使用阶段后期的细石核(图3-11-1,8)。

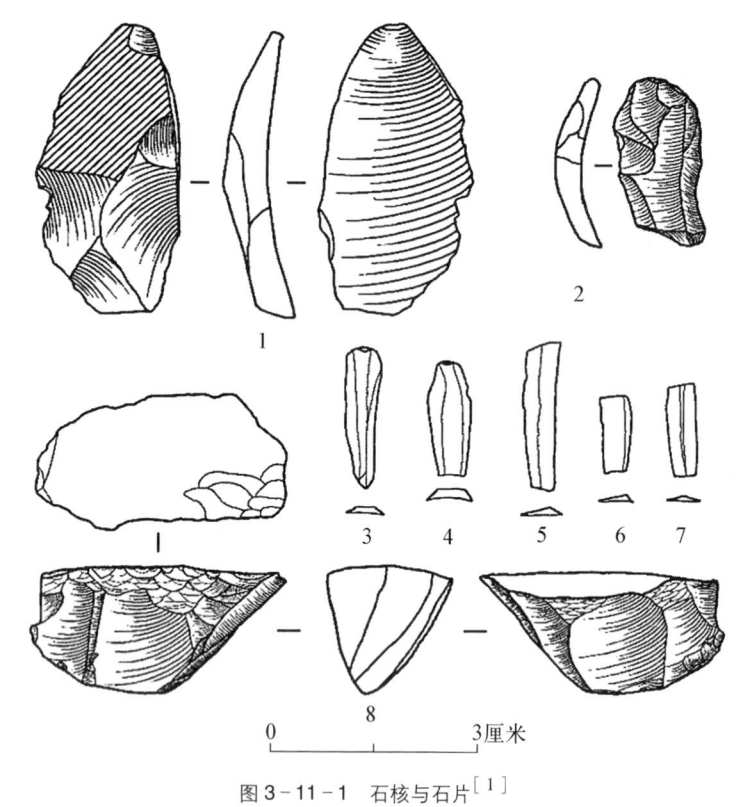

图3-11-1 石核与石片[1]

1. 石片(06AS.C：65) 2. 石叶(06AS.C：50) 3—7. 细石叶(06AS.C：76、06AS.T1b.：3、06AS.C：75、06AS.C：27、06AS.C：33) 8. 细石核(06AS.C：10)

---

[1] 陈全家、赵海龙、方启等:《安图沙金沟旧石器遗址发现的石器研究》,《华夏考古》2008年第4期,第51—58页。

06AS.C：32,长43.1、宽19.1、高20毫米,重13.2克。台面为劈裂面,平坦光滑,未见修疤。内侧面主要是由台面向底缘修理而成,从底缘向台面的修疤较小,呈阶梯状并只限于底缘附近;外侧面完全由台面向底缘修理而成。在靠近台面的两侧面有阶梯状的小修疤。剥制细石叶的工作面已经被从台面向底缘打击的大石片疤完全破坏。根据形态判断该件标本属于更新工作面失误导致废弃的细石核。

(二) 石片

1. 完整石片

大型石片。4件,黑曜岩、燧石、石英和流纹岩各1件。06AS.C：65,流纹岩,长40.8、宽21.7、厚6.1毫米,重5.63克;点状台面,台面长5.1、宽2.3毫米,台面角123度;台面与劈裂面夹角处有一明显凸出的唇面;半锥体浅平,劈裂面外凹,尾部为平齐崩断面;背面上部为平坦的自然面,下部为片疤面,右侧面略倾斜,与背面形成1条纵贯石片的脊(图3-11-1,1)。

其余石片平均长21.5毫米,平均宽18.8毫米,平均厚6.6毫米,平均重2克,背面均见有小面积自然面,燧石和黑曜岩质的石片为线状台面,石英质的石片为自然台面。该类石片均为锤击法产生,其中06AS.C：65可能为软锤剥片。

小型石片。5件,均为黑曜岩。线状台面3件,点状台面2件。平均长12.6毫米,平均宽11.1毫米,平均厚1.8毫米,平均重0.2克。该类石片为修理工具时打下的修片。

2. 断片

可以分为横向和纵向两种。

横向断片又可以分为近端、中段和远端三种。

近端石片。10件,均为黑曜岩。平均长18.4毫米,平均宽18.9毫米,平均厚3.4毫米,平均重1.2克。线状台面5件,点状台面4件,有疤台面1件;台面与劈裂面夹角处有凸出唇面的2件;所有石片背面均为石片疤。06AS.C:13,长26、宽24.5、厚6.5毫米,重4.8克;点状台面,台面长5.4、宽2毫米;台面与劈裂面夹角处有一凸出的唇面,半锥体微凸,表面布有因风化产生的龟裂纹。

中段石片。13件,均为黑曜岩。形状不规整,平均长17毫米,平均宽4.5毫米,平均厚3.1毫米,平均重0.6克。

远端石片。2件,均为黑曜岩。所有断片尾部均为崩断面,背面均为石片疤,平均长23毫米,平均宽16.4毫米,平均厚3毫米,平均重1克。

纵向断片又可以分为左侧断片和右侧断片两种。

左侧石片。1件,石英岩。06AS.C:74,长51.1、宽23、厚15.1毫米,重16克。素台面,台面长22.1、宽15.4毫米。

（三）石叶

2件,黑曜岩。均保存完整。06AS.C:50,长23.7、宽12.5、厚3.9毫米,重1.2克。点状台面;半锥体突出,同心波明显,尾端内凹尖灭,两侧边近似平行;背面有两条脊,靠近台面的位置有多片小石片疤（图3-11-1,2）。

06AS.C:06,长66.5、宽24、近端厚6.2毫米、远端厚25.2毫米,重18克。点状台面,台面长5.2、宽3.2毫米;半锥体凸出;背面中间位置保留有部分自然面,靠近台面的位置有多片细碎的小石片疤,此件石叶为从石核上打下的第一片石叶,两侧边近似平行,石叶远端厚大。

（四）细石叶

完整细石叶。1件,黑曜岩。06AS.C:76,长20、宽4.1、厚1.8毫米,重0.2克。素台面,台面长3.5、宽1.5毫米。半锥体微凸,劈裂面内凹并轻微扭曲,尾部尖灭;背面为3条脊,其中两条在中段相交（图3-11-1,3）。

折断细石叶。近端1件,黑曜岩。06AS.T1b.:3,该标本为发掘所得,长16、宽6.2、厚1.2毫米,重0.2克。素台面,半锥体凸出,劈裂面内凹,背面为双脊（图3-11-1,4）。

中段3件,黑曜岩。平均长15毫米,平均宽4.5毫米,平均厚1.4毫米,平均重0.1克,单脊者2件,双脊者1件(图3-11-1,5-7)。

(五) 断块

7件,除1件石英外,其余为黑曜岩。其中4件为采集,平均长19.5、宽16.1、厚9.9毫米,重4克。体积十分微小,其中最大的一件长也仅有8.3毫米,平均重不足0.1克。

(六) 二类工具(使用石片)

仅见刮削器类,根据刃口的多少可以分为单刃和双刃两型。

单刃型。根据刃口的形状又分为直、凸和凹刃三式。

6件,均为黑曜岩。可观察台面者5件,素台面2件,线状台面2件,零台面1件;还有远端石片1件。平均长27.6毫米,平均宽26毫米,平均厚4.8毫米,平均重2.6克。单直刃3件,单凸刃2件,单凹刃1件。06AS.C：01,单凸刃,长33.2、宽29.5、厚4.2毫米,重3.2克,石片为线状台面,半锥体浅平,有明显锥疤,尾部内凹尖灭,背面3条纵脊止于远端的平坦自然面处,石片右侧边在背面和劈裂面均见有不连续、大小不一的小片疤,应为使用所致(图3-11-5,3)。

双刃型。1件,黑曜岩,表面轻微风化。06AS.C：38,石叶近端,长23.8、宽18.9、厚5.1毫米,重1.8克。有疤台面,台面长5.5、宽2.3毫米,台面角112度,台面与劈裂面夹角处有一唇面;背面有2条近似平行的纵脊,两侧边在劈裂面均见有不连续、大小不一的小片疤,在背面也见有不连续的小片疤,但比劈裂面的片疤要细小很多。

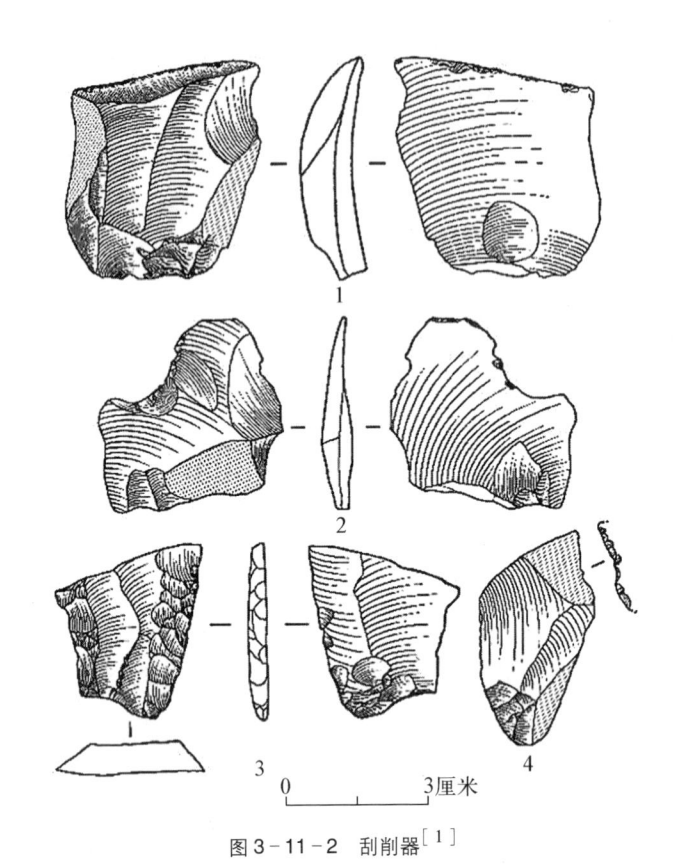

图 3-11-2 刮削器[1]
1. 单直刃刮削器（06AS.C：02） 2、4. 单凹刃刮削器（06AS.C：14、06AS.C：4）
3. 双刃刮削器（06AS.T1b.：4）

（七）三类工具

1. 刮削器

根据刃的多少可以分为单刃和双刃两型。

单刃型根据刃口形状又分为直、凸、凹和圆头四式。

直刃。5件，其中3件为黑曜岩，其余为石英，均以石片为毛坯。06AS.C：02，

---

[1] 陈全家、赵海龙、方启等：《安图沙金沟旧石器遗址发现的石器研究》，《华夏考古》2008年第4期，第51—58页。

长43、宽44.5、厚11.6毫米,重20克。以石片为毛坯,素台面,台面长25.8、宽5.1毫米,台面角116度;劈裂面内凹,尾部尖灭,半锥体微凸,有明显锥疤;背面有3条近似平行的纵脊,两侧各有部分平坦的自然面,在近端有密集的短石片疤,片疤尾部多为崩断,这与特殊的剥片技术有关:刃口在石片的远端,刃缘平齐,正向加工,修疤连续、细小、浅平,一般宽大于长。同时在刃缘的劈裂面也有不连续的、大小不一的小片疤,为使用所致,刃长32.8毫米,刃角53度(图3-11-2,1)。

06AS.C:19,黑曜岩,长27.8、宽22.1、厚6.1毫米,重3克,刃长22毫米,刃角46度,正向加工,修疤浅平,大小相间,刃缘呈锯齿状。06AS.C:35,黑曜岩,长42.9、宽29.32、厚5毫米,重4.9克,刃长25.1毫米,刃角61度,复向加工,修疤短浅,刃缘平齐。另外2件为石英,长分别是35.5和26.7毫米,正向加工锤击修理,刃缘平齐。

凸刃。1件,黑曜岩。06AS.C:7,以断片为毛坯,平面呈倒"d"形。长92.2、宽47.3、厚10.9毫米,重42.57克,刃长45毫米,刃角38度。正向加工,背面有两层修疤,一层修疤工整、均匀、短而深,从修疤叠压关系看,应为从右向左修理而成;二层修疤细小、浅平,刃缘形状呈锯齿状。背面下部为平坦的自然面,左侧分布有基本连续的小片疤;劈裂面左中下部有一大的石片疤(可以作为固定柄的凹槽),底边被从两面修理得十分薄锐,从器物形状和刃部以外的修理特点推测,可能为装柄使用(图3-11-3)。

凹刃。2件,均为黑曜岩。06AS.C:4,轻度风化,长46、宽25.1、厚4.9毫米,重3.8克。以石片为毛坯,刃状台面,半锥体凸,远端被来自背面的力折断,断面平齐,背面近端疤痕细小,右侧有小面积的平坦自然面,中段被大的石片疤覆盖,远端为平坦的自然面。刃位于远端转角处,正向加工,单层修疤,疤痕深浅不一,宽大于长,刃缘微凹。从疤痕关系分析,是从远端至近端的顺序修理而成。刃长19.1毫米,刃角34度(图3-11-2,4)。

06AS.C:14,残长40.2、宽39、厚9.2毫米,重8.6克,以石片毛坯,素台面,台面长23.2、宽6.9毫米,在石片侧边正向加工打出凹口,有两层修疤,一层修疤小而密,二层修疤大而少,短宽浅平,在劈裂面见有三片使用的片疤(图3-11-2,2)。

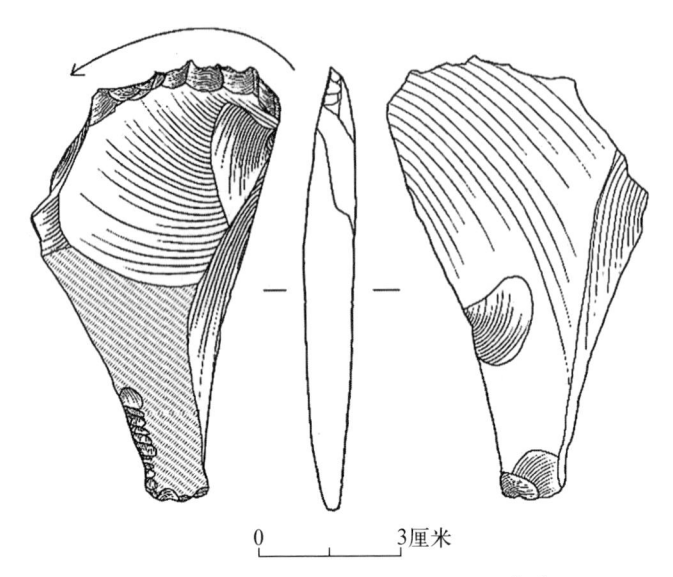

图 3-11-3 单凸刃刮削器(06AS.C∶7)[1]

圆头。1 件,黑曜岩。06AS.C∶34,长 33.1、宽 24.2、厚 4.3 毫米,重 3.5 克,刃长 25 毫米,刃角 29 度。以石片为毛坯,平面呈长方形,石片的台面由劈裂面向背面修理出微凸刃,双层修疤,里层修疤大而浅,外层修疤小而深,刃缘平齐。石片两侧边为由背面向劈裂面折断后留下的断面。

双刃型又可以分为直-直刃和直-凸刃两式。

直-直刃。1 件,黑曜岩。06AS.T1b.∶4,该件标本为发掘所得,以石叶中段为毛坯,长 37.2、宽 30、厚 5.8 毫米,重 6.2 克。左刃,刃长 23.1 毫米,刃角 40 度,正向加工,单层修疤,修疤短宽;右刃,刃长 37.2 毫米,刃角 47 度,正向加工,三层修疤,一层修疤紧靠刃缘、细小密集,二层修疤短宽、较深,三层修疤窄长、浅平,劈裂面留有使用产生的小疤(图 3-11-2,3)。

直-凸刃。1 件,黑曜岩。06AS.C∶64,长 109.3、宽 43.7、厚 19.3 毫米,重 58.5 克。以石叶为毛坯,两侧边修理成刃。左刃,直刃,刃缘主要集中在石叶远段部分,

---

[1] 陈全家、赵海龙、方启等:《安图沙金沟旧石器遗址发现的石器研究》,《华夏考古》2008 年第 4 期,第 51—58 页。

反向加工,修疤三层,二层修疤只见于局部,三层和二层修疤短而深,一层修疤细小、基本分布于整个刃缘,刃长 53.1、宽 5 毫米,刃角 40—61 度,近端也有个别正向加工的修疤,修疤短深,不连续,是使用所致;右刃,凸刃,正向加工修理而成,两层修疤,一层小而密集,二层短而深,除远端的几片大的修疤外,其余部分刃角较大,在劈裂面的中间有一段使用的修疤,刃长 111.1 毫米,刃角 56—75 度(图 3-11-4)。

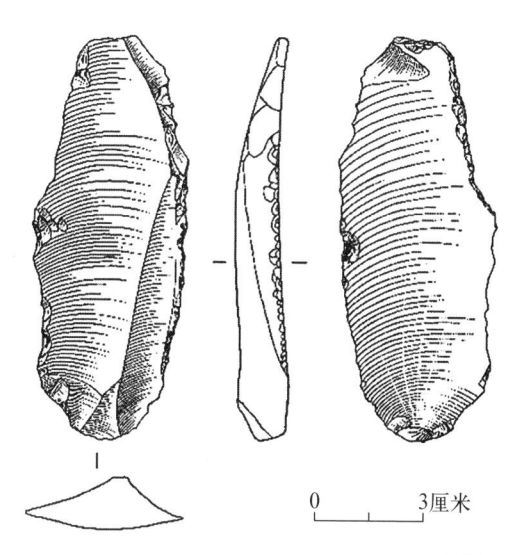

图 3-11-4 直-凸双刃刮削器(06AS.C：64)[1]

2. 雕刻器

仅见单刃的修边、角和屋脊形三型。

修边 1 件,黑曜岩。06AS.C：11,长 67.8、宽 26.7、厚 10.7 毫米,重 15.2 克。以石叶为毛坯,有疤台面,台面长 11.1、宽 5.5 毫米;石叶半锥体凸出。标本平面呈四边形,顶边短斜。横截面成扁椭圆形。双面修理,修疤覆盖器身约三分之二,修疤大小差异明显,多数修疤短深,但也有个别修疤浅长。在修形结束之后,以顶边与长边的夹角为台面,向下打下一小片修片,形成了雕刻器的刃口,刃角 85 度(图 3-11-5,1)。

角雕刻器 2 件,均为黑曜岩。06AS.C：49,长 23.2、宽 20.3、厚 3.8 毫米,重 1.5 克,刃角 82 度。以石片为毛坯,先将石片的台面部分折断,再以折断面为台面,向石片远端垂直打击两次,形成一个中间有棱的雕刻器刃口,所以顶视刃缘为">"形

---

[1] 陈全家、赵海龙、方启等：《安图沙金沟旧石器遗址发现的石器研究》,《华夏考古》2008 年第 4 期,第 51—58 页。

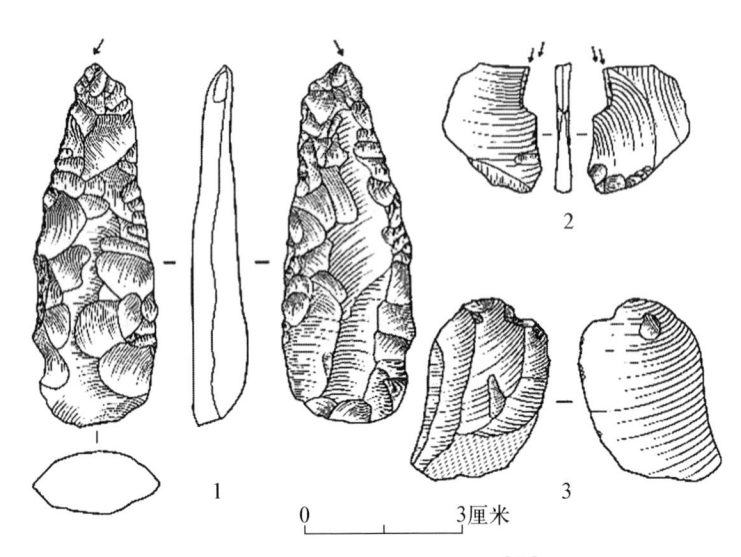

(图3-11-5,2)。

图3-11-5 雕刻器和使用石片[1]
1. 修边雕刻器（06AS.C：11） 2. 角雕刻器（06AS.C：49） 3. 使用石片（06AS.C：01）

另一件雕刻器与06AS.C：49打法基本相同，先横向打掉部分台面，再以此为台面一次打击形成刃口，长26.2、宽24.5、厚6.9毫米，重3克，刃角78度。

屋脊形3件，均为黑曜岩。以石片为毛坯。平均长21.8毫米，平均宽19.9毫米，平均厚5毫米，平均重5.5克，平均刃角81度。

3. 尖状器

仅见单尖型，根据修边的形态特征可以分为双直边和直凸边。

双直边1件，黑曜岩。06AS.C：05，长61.4、宽37.8、厚7.1毫米，重15.7克。平面呈等腰环底三角形，以石片为毛坯。左刃，长49.4毫米，刃角51度，由劈裂面向背面加工，单层修疤，修疤浅长、平行，刃缘在背面和劈裂面均有零星的几片大小不一的短浅小片疤，应为使用所致；右刃，长43毫米，刃角40度，由劈裂面向背面

---

[1] 陈全家、赵海龙、方启等：《安图沙金沟旧石器遗址发现的石器研究》，《华夏考古》2008年第4期，第51—58页。

加工，单层修疤，修疤浅长、平行，刃缘有不连续的小片疤，劈裂面的刃缘附近也可见密集的小片疤，应为使用所致；底缘，半圆形，长60.1毫米，两面加工，修疤窄长。尖角37度。从窄长的浅修疤的特点来看，该件标本应为压制修理而成（图3-11-6，2）。

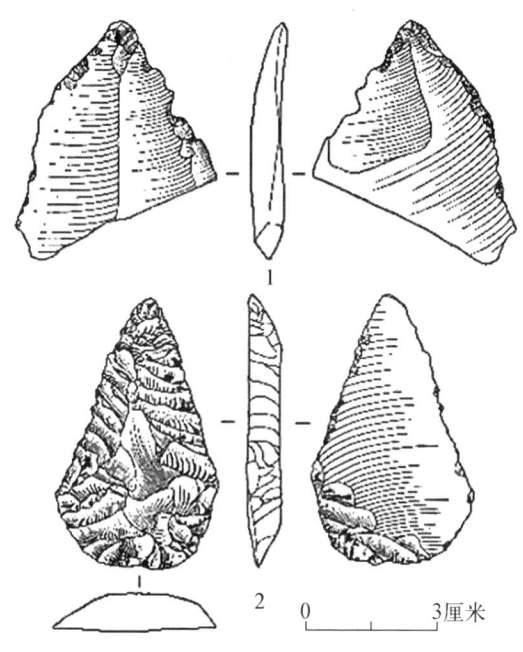

图3-11-6 尖状器（06AS.C：03、06AS.C：05）[1]

直凸边2件。06AS.C：03，长57、宽48.1、厚8.7毫米，重13.2克。左刃，两面修理，修疤细小，弧刃，刃缘有小锯齿，刃长56.3毫米，刃角68度；右刃，复向加工，修疤较大，直刃，刃缘呈锯齿状，刃长42毫米，刃角62度，尖角58度（图3-11-6，1）。06AS.C：69，石英，正向加工修理，长40.5、宽34.4、厚15毫米，重22克，尖角66度。

4. 砍砸器

均为单刃型，根据刃口的形状又分为凸刃和直刃。

---

[1] 陈全家、赵海龙、方启等：《安图沙金沟旧石器遗址发现的石器研究》，《华夏考古》2008年第4期，第51—58页。

凸刃 1 件,石英岩。06AS.C∶72,长 162.2、宽 76、厚 57 毫米,重 820.4 克,刃长 19.5 毫米,刃角 72 度。砾石毛坯,锤击修理,正向加工,呈凸刃,修疤短浅,双层修疤(图 3-11-7)。

直刃 1 件,石英岩。06AS.C∶67,石片毛坯,在石片侧边由背面较平的自然面向劈裂面锤击修理。长 100.1、宽 82.2、厚 41 毫米,重 453.2 克,刃长 80.2 毫米,刃角 49 度。

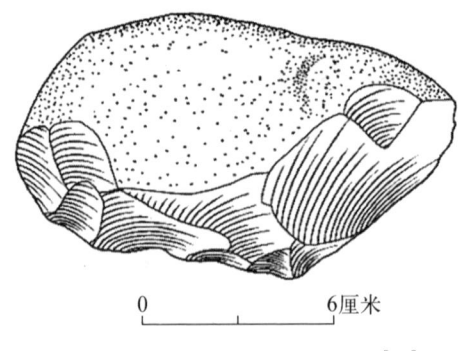

图 3-11-7 砍砸器(06AS.C∶72)[1]

5. 工具残块

1 件,黑曜岩。长边可见浅长的双层修疤,长 15.2 毫米,重 0.2 克。

四、结语

1. 石器原料以黑曜岩为主,占 90.2%。石英、石英岩和燧石较少。黑曜岩质的石器均有比较明显的同心波,部分可见清晰的放射线,这是由岩石的性质所决定的。

2. 石器类型多样,包括锤击石核、细石核、石片、石叶、细石叶、二类工具、三类工具(刮削器、尖状器、雕刻器和砍砸器)等,除砍砸器外,其余石器均为小型。

3. 细石核侧面的修理以从台面向底缘的打击为主,在核体的侧面靠近台面处见有细小的阶梯状修疤;台面简单修理或不修理;剥片面的细石叶阴痕轻微扭曲。细石叶具有小的素台面,劈裂面轻微扭曲,可以确定此类细石叶是用间接法剥自上述细石核。

---

[1] 陈全家、赵海龙、方启等:《安图沙金沟旧石器遗址发现的石器研究》,《华夏考古》2008 年第 4 期,第 51—58 页。

4. 石片形状多不规整,以线状台面和点状台面为主。在石片背面靠近台面处存在小碎片疤的情况,与调整台面角的特殊剥片有关。

5. 工具的毛坯包括石片、石叶和砾石。工具的刃缘一般可见双层或多层修疤,修疤常呈定向排列,个别修疤窄长、浅平、相互平行,可见已经使用了娴熟的压制修理技术。

根据沙金沟遗址所处的Ⅲ阶地的埋藏情况和石器的特点,我们暂将其归入旧石器时代晚期。

第十二节 和龙青头地点

一、遗址概况

2005年春,和龙市文物管理所的赵玉峰所长发现了和龙青头[1]旧石器地点。它位于和龙县龙城镇青头村北。地理坐标为北纬42°48′51.9″,东经128°58′20.7″,南距青头村约800米。

2006年春,吉林大学边疆考古研究中心的部分师生与吉林省文物考古研究所,在和龙市文物管理所同志的协助下,对和龙境内进行旧石器考古调查时对其进行了复查和4平方米的小面积试掘,共获得石器216件,其中地表采集197件,地层内出土19件。

二、地貌与地层

吉林东部长白山地属新华夏系隆起带,走向为北北东-南南西和北东-西南走

---

[1] 陈全家、方启、李霞等:《吉林和龙青头旧石器遗址的新发现及初步研究》,《考古与文物》2008年第2期,第3—9页。

向。该遗址地处长白山系的南岗山脉,周围山峦起伏森林茂密。遗址坐落在青头村北约八百米的Ⅲ级阶地的前缘,海拔高约725米,高出河水面约25米。遗址的西侧为一条冲沟,东侧为河流。

地层堆积自上而下分为4层(图3-12-1):

第1层,耕土层,厚约15—20厘米,不见文化遗存。

第2层,黄褐色的亚黏土,厚约40—45厘米,含有石器及碎屑。

第3层,灰黑色的古土壤,厚约26厘米,未发现石器。

第4层,浅黄色的砂砾石层,未发掘到底。

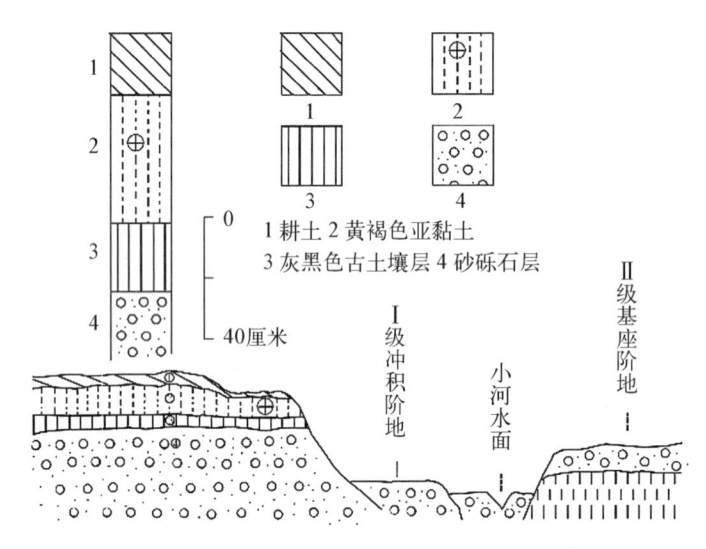

图3-12-1 和龙青头旧石器遗址地层剖面示意图[1]

三、文化遗物

石器共有216件,包括石核、石片、石叶和工具,原料以黑曜岩为主,占84.3%。石器的表面棱脊清晰,未见水冲磨的痕迹,但有不同程度的风化,严重者失去光泽。分类描述如下。

---

[1] 陈全家、方启、李霞等:《吉林和龙青头旧石器遗址的新发现及初步研究》,《考古与文物》2008年第2期,第3—9页。

(一) 石核

本次调查仅发现有两件石核,均为采集品。原料分别为安山岩和变质页岩。

船底形石核,2件。形体较大,长 104.5—102 毫米,平均 103.25 毫米;宽 57.99—49.6 毫米,平均 53.795 毫米;厚 55.55—50.04 毫米,平均 52.795 毫米;重 344—264.4 克,平均 304.2 克。

标本 06HQ.C.144,长 105.26、宽 63.44、厚 53.01 毫米,重 344 克。原料为安山岩。台面较平,底缘呈棱脊状,有一个剥片工作面,采用同向打片方法,有 3 个明显的石片疤,疤痕较为浅平(图 3 - 12 - 2)。

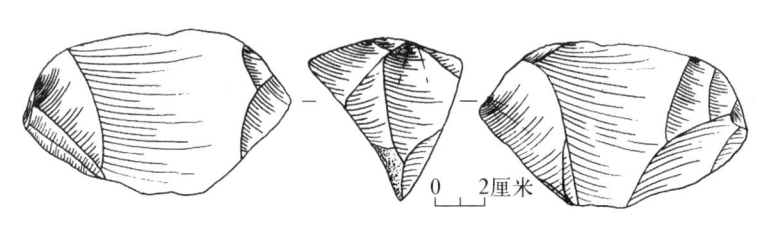

图 3 - 12 - 2　石核(06HQ.C:144)[1]

(二) 石片

86 件。原料以黑曜岩为主,占 84%;其次为石英,占 8.5%;变质页岩 2.7%;安山岩占 1.34%。根据其完整程度,分为完整石片、断片和废片。

1. 完整石片

25 件。根据打片方式可以分为锤击石片和碰砧石片两类。

(1) 锤击石片

24 件。原料以黑曜岩为主,占 84%;石英其次,占 12%;安山岩最少,占 4%。石片的形体较小,长 0.7—48.27 毫米,平均长 17.1 毫米;宽 4.53—52.21 毫米,平均

---

[1] 陈全家、方启、李霞等:《吉林和龙青头旧石器遗址的新发现及初步研究》,《考古与文物》2008 年第 2 期,第 3—9 页。

宽14.9毫米;厚0.34—58.08毫米,平均厚7.11毫米;重0.04—43.33克,平均重4.3克。腹面打击点集中,半锥体凸,放射线及同心波清晰;背面以全疤者居多,占99.6%。标本06HQ.C:43,原料为黑曜岩。长38.29、宽23.79、厚5.33毫米,重4.51克,石片角94度。腹面打击点集中,半锥体凸,同心波及放射线清晰,半锥体上有一浅平的疤痕,推测为剥片时因力的反作用形成的;背面布满疤痕,近台面处有多层细密的疤痕,应为剥片时转换台面造成的(图3-12-3,1)。

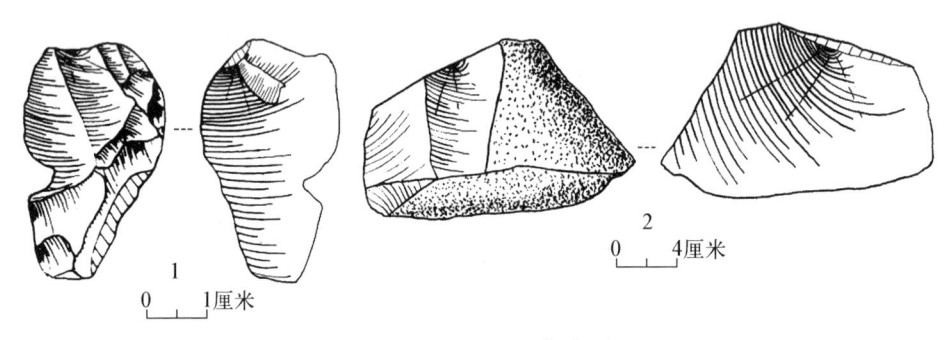

图3-12-3 石片[1]
1. 锤击石片(06HQ.C:43) 2. 碰砧石片(06HQ.C:142)

(2) 碰砧石片

1件。06HQ.C:142,原料为安山岩。形体较大,长179.2、宽117.8、厚58.08毫米,重964.6克,石片角121度。自然台面,长117.37、宽22.05毫米;腹面打击点散漫,半锥体浅平;背面,右侧保留部分砾石面,左侧为石片疤痕,中间为一完整的纵向长片疤,远端有一横向的脊,并保留部分砾石面(图3-12-3,2)。

2. 断片

19件。均为横向断裂,可分为近端、中段和远端断片。

(1) 近端断片

10件。原料均为黑曜岩。腹面打击点集中,半锥体凸,放射线和同心波清晰;

---

[1] 陈全家、方启、李霞等:《吉林和龙青头旧石器遗址的新发现及初步研究》,《考古与文物》2008年第2期,第3—9页。

背面布满疤痕。

（2）中段断片

6件。原料均为黑曜岩。腹面有清晰的同心波和放射线；背面布满疤痕。

（3）远端断片

3件。原料均为黑曜岩。有清晰的同心波和放射线，远端较为锋利。

3. 废片

42件。原料以黑曜岩为主,占87.7%；其次为石英,占9.7%；变质页岩较少,占2.4%。长8.24—65.31毫米,平均为25.4毫米；宽4.82—42.27毫米,平均为14.5毫米；厚0.25—7.34毫米,平均为8.61毫米；重0.08—28.23克,平均为3.27克。

（三）石叶

8件。原料均为黑曜岩。其中完整石叶3件,近端4件,远端1件。长11.19—49.04毫米,平均为23.7毫米；宽10.05—37.12毫米,平均为17.8毫米；厚1.42—13.39毫米,平均为5毫米；重0.12—18.91克,平均为3.84克。腹面有清晰的放射线和同心波；背面布满疤痕,其中全疤者7件,保留砾石面者仅一件。

（四）细石叶

10件。原料均为黑曜岩。其中完整细石叶2件,近端3件,中段5件。长8.5—33.29毫米,平均为19.7毫米；宽1.88—18.58毫米,平均为11.3毫米；厚1.35—5.9毫米,平均为3.4毫米；重0.06—1.53克,平均为0.83克。腹面平滑,放射线、同心波较为明显；背面两侧边平直,有纵脊。其中1条纵脊者9件,2条纵脊者1件,脊大多较直。

（五）断块

32件。原料以黑曜岩为主,占68.7%,其次为石英,占31.3%。其中最小者06HQT3b.∶5,原料为黑曜岩,长6.27、宽6、厚1.6毫米,重0.05克；最大者06HQ.C.

131,原料为石英,长68.81、宽34.27、厚22.58毫米,重47.4克。断块上有疤痕,但无打击点,无法归为其他类中。

(六) 工具[1]

共78件。仅见有二类和三类工具。

1. 二类工具(使用石片)

共32件。均为刮削器类,根据刃口的数量分为单刃和双刃两型。

(1) 单刃

20件。根据刃口的形状又分为凸刃、凹刃和直刃三式。

凸刃。5件,原料均为黑曜岩。标本06HQ.C.39,为完整石片,长45.85、宽32.17、厚6.58毫米,重8.24克。素台面,长15.93、宽5毫米;腹面打击点集中,半锥体凸,半锥体上有浅平的片疤,推测为剥片时因力的反作用形成的,放射线、同心波清晰;背面布满疤痕,有四条纵向的疤痕。刃缘薄锐,有不连续的使用细小疤痕,刃长40.16毫米,刃角16度(图3-12-4,1)。

标本06HQ.C.41,长41.77、宽29.9、厚7.77毫米,重7.61克。腹面打击点集中,半锥体凸,放射线、同心波清晰;背面布满疤痕,左侧缘薄锐、外凸,布满细小疤痕,为直接使用的刃口,刃长43.63毫米,刃角12度(图3-12-4,2)。

凹刃。4件,原料均为黑曜岩。标本06HQ.C.47,为中间断片,残长27.06、宽43.4、厚7.62毫米,重4.45克。腹面较为平滑、有清晰的放射线及同心波;背面有一条纵向脊,右侧为天然石皮、左侧为一石片疤,左边缘为内凹的刃口,布满细小而不规整的疤痕,应为直接使用所致。刃长15.63毫米,刃角17度(图3-12-4,3)。

标本06HQ.C.34,长40.63、宽18.81、厚5.66毫米,重30克。素台面,长14.18、宽5.55毫米;腹面打击点集中,半锥体凸,放射线及同心波清晰;背面,左侧保留部

---

[1] 陈全家:《吉林镇赉丹岱大坎子发现的旧石器》,《北方文物》2001年第2期,第1—7页。

分砾石面,右侧缘内凹,布满不连续的小疤痕,为使用的刃缘,刃长40.43毫米,刃角30度(图3-12-4,4)。

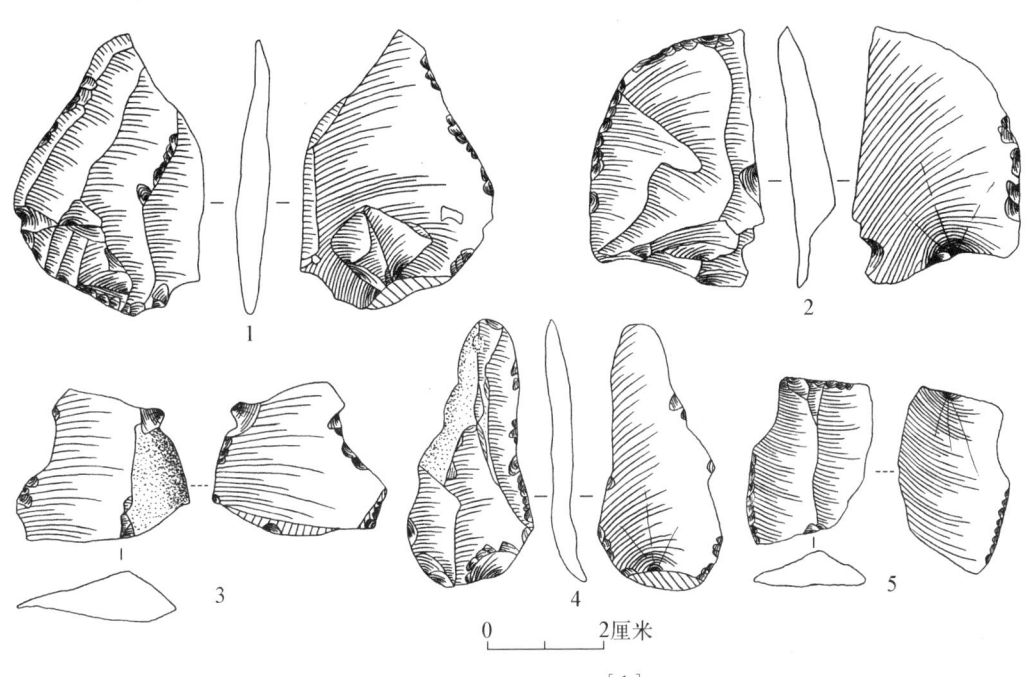

图3-12-4 二类工具[1]
1、2. 单凸刃刮削器(06HQ.C:39、06HQ.C:41) 3、4. 单凹刃刮削器(06HQ.C:47、06HQ.C:34)
5. 单直刃刮削器(06HQ.C:53)

直刃。11件。原料均为黑曜岩。标本06HQ.C.53,长2.58、宽17.53、厚5.8毫米,重2.57克。腹面打击点集中,放射线及同心波清晰;背面有1条纵脊,左侧边缘有连续的细小疤痕,为使用刃缘,长16.77毫米,刃角32度(图3-12-4,5)。

(2) 双刃

12件。根据刃口的形状又分为双直刃、直凸刃和双凹刃三式。

双直刃。8件,原料均为黑曜岩。标本06HQ.C.42,为完整的锤击石片,长43.4、宽27.06、厚9.2毫米,重18.27克。腹面打击点集中,半锥体凸,同心波及放射

---

[1] 陈全家、方启、李霞等:《吉林和龙青头旧石器遗址的新发现及初步研究》,《考古与文物》2008年第2期,第3—9页。

线清晰;背面隆起,布满疤痕,左右两侧边缘接近平行,布满排列不连续的细小疤痕,系直接使用形成的,左右刃长分别为 25.63、36.07 毫米,边刃角分别为 55.5、49 度(图 3-12-5,2)。

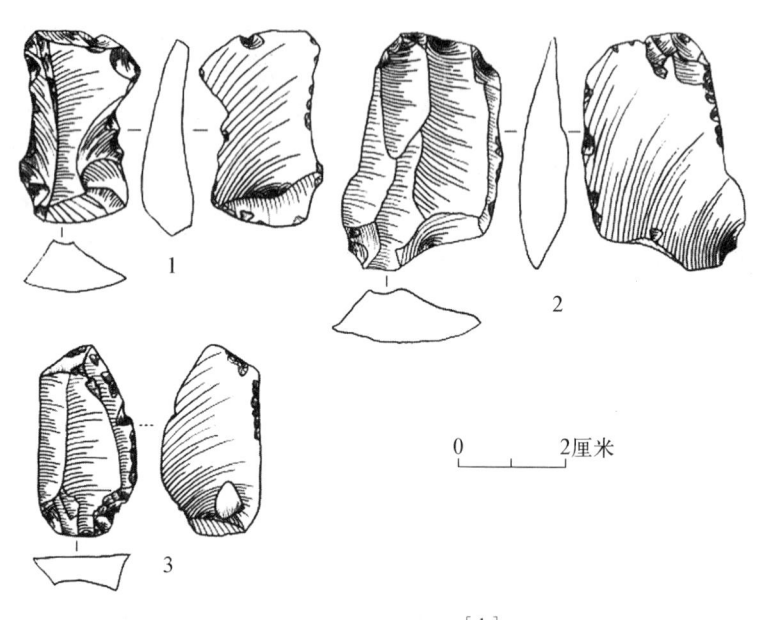

图 3-12-5 二类工具[1]
1. 双凹刃刮削器(06HQ.C:36) 2. 双直刃刮削器(06HQ.C:42) 3. 直凸刃刮削器(06HQ.C:54)

直凸刃。2 件,原料均为黑曜岩。标本 06HQ.C.54,长 33.12、宽 17.76、厚 5 毫米,重 4.08 克。素台面,长 11.01、宽 4.24 毫米;腹面打击点集中,半锥体凸,同心波及放射线清晰,半锥体上有完整的锥疤;背面主要有 3 片纵向的片疤,左侧边缘较直、右侧边缘外弧,布满细小的疤痕,应为直接使用的刃口,刃长分别为 28.32、34.8 毫米,刃角分别为 28、36 度(图 3-12-5,3)。

双凹刃。2 件。06HQ.C.36,原料为黑曜岩,为完整的锤击石片,长 37.71、宽 21.14、厚 9.56 毫米,重 6.05 克。素台面,长 20.42、宽 9.43 毫米;腹面打击点集中,半锥体凸,放射线及同心波清晰;背面隆起,中间较平,左右两侧边缘均内凹,布满

---

[1] 陈全家、方启、李霞等:《吉林和龙青头旧石器遗址的新发现及初步研究》,《考古与文物》2008 年第 2 期,第 3—9 页。

细小疤痕,排列不连续,系直接使用所致,左右刃长分别为28.1、28.92毫米,边刃角分别为42、31度(图3-12-5,1)。

2. 三类工具

共46件。原料以黑曜岩为主,占84.8%,其次为变质页岩,占8.7%,石英占4.34%,安山岩占2.17%。可以分为刮削器、尖状器、石镞、琢背小刀和砍砸器五类。

(1)刮削器33件。以黑曜岩为主,占81.8%,变质页岩占12.1%,安山岩占3%。根据刃口的数量可以分为单刃、双刃和复刃三型。

a. 单刃14件。根据刃口的形状和位置,又分为直刃、凸刃、凹刃和圆头四式。

直刃。5件。其中原料为黑曜岩者3件,石英和变质页岩者各1件。标本06HQ.C：14,原料为黑曜岩,以石片为毛坯。长33.18、宽31.95、厚6.54毫米,重5.29克。左侧边缘反向加工成直刃,疤痕细密,排列连续,刃长17.21毫米,最大修疤长3.32毫米,刃角70度(图3-12-6,1)。

凸刃。2件。原料均为黑曜岩,以石片为毛坯。标本06HQ.T4b.：1,长28.19、宽12.28、厚7.1毫米,重2.51克。通体进行加工,呈凸刃而较钝。刃长27.5毫米,刃角30度(图3-12-6,2)。

凹刃。4件。原料均为黑曜岩,以石片为毛坯。标本06HQ.C：3,长36.54、宽30.35、厚11.5毫米,重6.64克。右侧缘正向加工呈凹刃,疤痕细密,排列紧密,刃长18.88毫米,最大修疤长2.54毫米,刃角56度(图3-12-6,3)。

圆头。3件。原料均为黑曜岩。标本06HQ.C：27,以石片为毛坯,形体规整。长43.55、宽30.68、厚6.51毫米,重8.3克。圆头刃缘采用压制法复向加工,疤痕细长、浅平,排列紧密,两侧边也进行压制修整,左侧正向加工、右侧复向加工。刃缘长32.58毫米,最大修疤长13.92毫米,刃角32度,左右两侧边缘长分别为31.15、34.99毫米,刃角分别为55、34度(图3-12-6,4)。

标本06HQ.C：4,以石片为毛坯,长51.8、宽31.22、厚9.44毫米,重15.26克。圆形刃口位于石片远端,整体呈长方形。刃缘采用压制法正向加工修理,疤痕较长、浅平,排列紧密。刃长27.8毫米,最大修疤长8.23毫米,刃角75度(图3-12-6,5)。

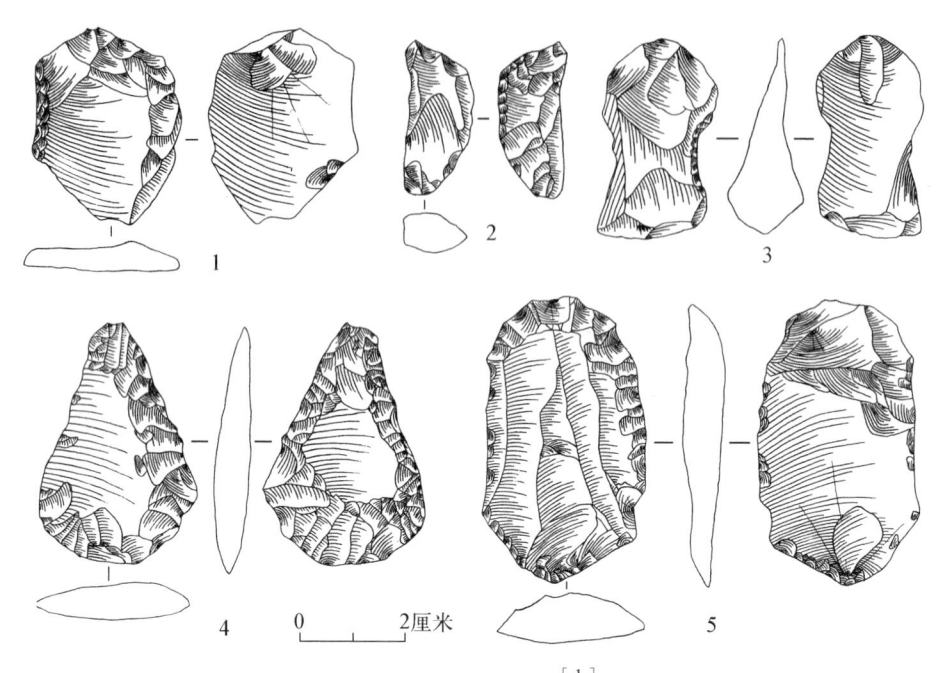

图 3-12-6 三类工具[1]
1. 单直刃刮削器(06HQ.C:14) 2. 单凸刃刮削器(06HQ.T4b.:1) 3. 单凹刃刮削器(06HQ.C:3)
4、5. 圆头刮削器(06HQ.C:27、06HQ.C:4)

b. 双刃 16 件。根据刃口的形状和位置,又可以分为双直刃、直凹刃、直凸刃、双凸刃和尖直刃五型。

双直刃。5 件。原料中黑曜岩占 40%,变质页岩占 60%。

标本 06HQ.C:1,原料为黑曜岩,以石片为毛坯,整体呈长方形,左右两边几近平行。长 58.81、宽 8.69、厚 10.33 毫米,重 16.7 克。左侧正向加工成直刃,疤痕连续、排列紧密,刃缘整齐;右侧复向加工成直刃。左右刃缘长分别为 50.15、56.62 毫米,最大修疤长分别为 2.9、12.19 毫米,刃角分别为 15、32 度(图 3-12-7,1)。

直凹刃。3 件,原料均为黑曜岩。标本 06HQ.C:9,以石片近段为毛坯。长 35.47、宽 35.68、厚 10.16 毫米,重 12.9 克。左刃复向加工刃缘直,疤痕细密、浅平,

---

[1] 陈全家、方启、李霞等:《吉林和龙青头旧石器遗址的新发现及初步研究》,《考古与文物》2008 年第 2 期,第 3—9 页。

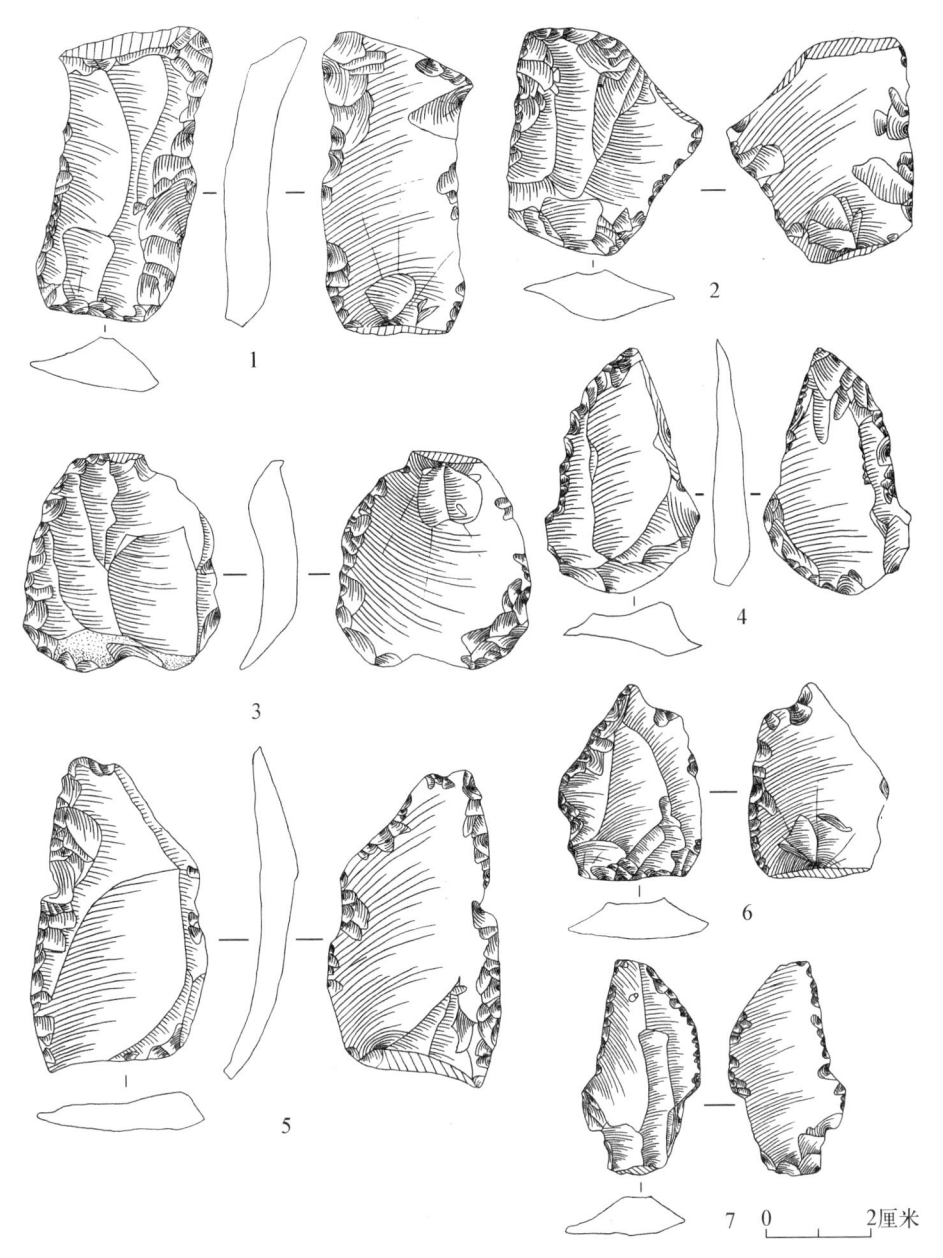

图 3-12-7 三类工具[1]

1. 双直刃刮削器（06HQ.C：1） 2. 直凹刃刮削器（06HQ.C：9） 3. 复刃刮削器（06HQ.C：24）
4. 双凸刃刮削器（06HQ.C：16） 5—7. 直凸刃刮削器（06HQ.C：10、06HQ.C：2、06HQ.C：8）

---

[1] 陈全家、方启、李霞等：《吉林和龙青头旧石器遗址的新发现及初步研究》，《考古与文物》2008年第2期，第3—9页。

排列连续；右刃内凹，疤痕细小，排列不连续，是直接使用的刃口。左右刃长分别为36.19、39.09毫米，刃角分别为28、20度(图3-12-7,2)。

直凸刃。6件，原料均为黑曜岩。标本06HQ.C：2，以石片为毛坯，截面呈梯形。长36.99、宽26.54、厚8.17毫米，重6.92克。左刃正向加工成凸刃，疤痕细密浅平；右刃反向加工成直刃，左右刃长分别为32.7、25.19毫米，最大修疤长分别为5.46、5.57毫米(图3-12-7,6)。

标本06HQ.C：8，以石片为毛坯，长39.29、宽19.87、厚7.44毫米，重5.8克。左刃直，右刃凸，疤痕细密浅平、排列紧密。左右刃长分别为21.45、32.5毫米，最大修疤长分别为1.19、3.46毫米，刃角分别为28度、50度(图3-12-7,7)。

标本06HQ.C：10，以石片远段为毛坯，形体较扁。长56.87、宽33.8、厚6.6毫米，重15.05克。左刃复向加工成直刃，疤痕浅平，连续，有明显的使用痕迹；右刃外凸，疤痕大小不一，排列不连续，是直接使用的刃口。左右刃长分别为58.83、55.9毫米，刃角分别为27度、54度(图3-12-7,5)。

双凸刃。2件。标本06HQ.C：16，以石片为毛坯，整体近三角形。长45.57、宽29.86、厚9.46毫米，重9.1克。左刃复向加工成凸刃，右刃远端反向加工成凸刃。左右刃长分别为37.33、21.02毫米，刃角分别为16度、50度(图3-12-7,4)。

尖直刃。1件。标本06HQ.C：19，原料为黑曜岩，以石片为毛坯。整体近长方形，截面近三角形，由一尖刃和一直刃组成。长47.46、宽24.02、厚7.09毫米，重6.71克。右刃反向加工成直刃，端刃与左刃相交成尖刃。左刃疤痕不连续，大小不一，是直接使用形成的刃口(图3-12-8,5)。

c. 复刃 3件，原料均为黑曜岩。标本06HQ.C：24，以石片为毛坯，有两个凸刃和一个凹刃。长41.3、宽37.27、厚8.71毫米，重13.13克。左右两边缘凸刃口，远端为凹刃口(图3-12-7,3)。

(2) 尖状器

6件。原料均为黑曜岩。标本06HQ.C：7，以石片为毛坯，截面呈三角形，由一直边和一凸边组成尖刃，长37.51、宽25.28、厚12.51毫米，重9.03克。左右两侧均分布连续的疤痕，刃长分别为39.36、35.9毫米，尖刃角69度(图3-12-8,2)。

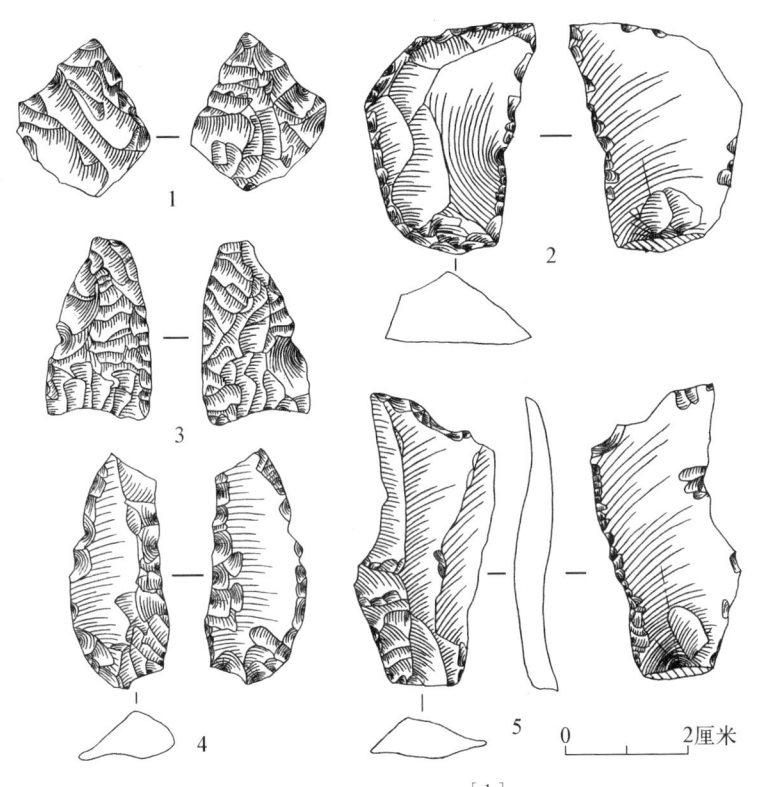

图 3-12-8 三类工具[1]

1、2. 尖状器(06HQ.C：59、06HQ.C：7) 3. 石镞(06HQ.C：58)
4. 琢背小刀(06HQ.C：25) 5. 尖直刃刮削器(06HQ.C：19)

标本 06HQ.C：59，整体近方形，由两条直边刃相交组成一尖刃。长 26.11、宽 23.33、厚 4.65 毫米，重 2.16 克。采用通体加工的方式进行修整，疤痕细长浅平，排列紧密，左右两边缘分别长 17.1、20.74 毫米，尖刃角为 71 度（图 3-12-8，1）。

（3）石镞

2 件。原料均为黑曜岩。一件完整一件已残。标本 06HQ.C：58，为凹底石镞，器型规整。长 30.25、宽 17.94、厚 4.98 毫米，重 2.01 克。边缘薄锐，中间略微隆

---

[1] 陈全家、方启、李霞等：《吉林和龙青头旧石器遗址的新发现及初步研究》，《考古与文物》2008 年第 2 期，第 3—9 页。

起,采用压制法进行通体加工,疤痕细长、浅平,排列紧密,左右两侧边刃角分别为20、29度(图3-12-8,3)。

(4) 琢背小刀

2件。原料为黑曜岩,以石片为毛坯。标本06HQ.C:25,整体呈长条形,长38.27、宽16.61、厚7.81毫米,重4.31克。腹面平滑,背面有一纵脊,较厚的一侧复向琢出一列疤痕,薄锐的一侧复向修整成刃口,可以清楚地看到使用后留下的不规整疤痕。边刃角18度(图3-12-8,4)。

(5) 砍砸器

2件。原料一件为石英、一件为安山岩。均为地面采集品。平均长145.7毫米,平均宽92.7毫米,平均厚29.6毫米,平均重490克。

四、结语

1. 原料以黑曜岩为主,石英、安山岩、变质页岩较少。优质原料占的比例高,加工的工具相对"精致"。

2. 石片占石器总数的40.1%,石片不规则,大多小而薄。

3. 细石叶的背面都有一条或两条脊。

4. 二类工具均作为刮削器使用,原料为黑曜岩,工具边缘较为薄锐。

5. 三类工具毛坯以石片为主,原料以黑曜岩为主,其次为变质页岩,石英、安山岩较少;器型多样,包括刮削器、尖状器、石镞、琢背小刀和砍砸器,其中刮削器的数量最多。

6. 剥片技术主要有锤击法,也有碰砧法,细石叶的出现表明也存在间接剥片法。工具的修理采用锤击法和压制法。修理方式以正向加工为主,其次为复向加工。

从试掘情况来看,地层中出土的石器其原生层位均为黄褐色亚黏土层,由此可推断其他石器的原生层位也应该是该地层。根据吉林省第四纪地层的堆积年代分析可以确定其原生层位属于上新统[1]。同时根据石器的加工技术、工具组合等分析，暂时将遗址年代定为旧石器时代晚期或新旧石器过渡阶段。

第十三节 石人沟林场地点

一、遗址概况

和龙石人沟林场[2]旧石器遗址位于吉林省延边地区和龙石人沟林场东北约300米的河流阶地上。其地理坐标为北纬42°10′59.5″，东经128°50′56.0″。东北距和龙市约45千米，东南距中朝边境图们江约16千米。2007年8月中旬，吉林大学边疆考古研究中心部分师生和吉林省文物考古研究所同志在延边和龙石人沟遗址周边进行考古调查时，在石人沟林场东北红旗河的第Ⅱ级阶地上发现了该地点，并采集石制品30件，随后正南、北方向先后布两个发掘区共69平方米的探方，发掘出土86件石制品。

二、地貌及地层

吉林省东部是构造抬升的长白山区，崇山峻岭，森林茂密，长白山地属新华夏系隆起带，普遍存在夷平面和发育的多级河流阶地。林场遗址地处长白山系的南岗山脉，坐落于高出水面约16米的Ⅱ级阶地上，背靠高山，面向图们江的第二大支流红旗河以及和龙通往石人沟的乡村公路，遗址的海拔为692米，距红旗河约20米，发掘区植被为黄豆和芥菜，周边人工松树林和天然林（图3-13-1）。

---

[1] 吉林省区域地层表编写组：《东北地区区域地层表——吉林省分册》，地质出版社，1978年，第124—126页。
[2] 陈全家、赵海龙、方启等：《石人沟林场旧石器地点试掘报告》，《人类学学报》2010年第4期，第373—382页。

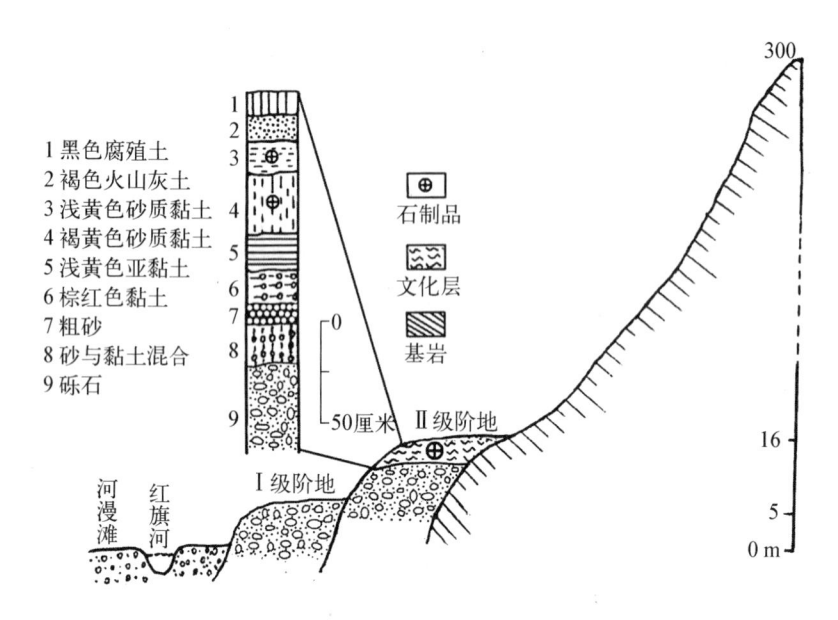

图 3-13-1　石人沟林场旧石器遗址地层剖面示意图[1]

该区域火山沉积相当活跃,冰碛、黄土与火山沉积物交互叠置[2]。地层堆积依 A 区南壁剖面自上而下分为 9 层:

第 1 层,黑色的腐殖土,质地疏松,夹有植物的根茎,厚 10—30 厘米。

第 2 层,褐色火山灰土,夹砂,非常疏松,厚 18—32 厘米。

第 3 层,浅黄色的砂质黏土,土质较硬,部分探方缺失该层,石制品主要出自该层,厚 0—45 厘米。

第 4 层,褐黄色的砂质黏土,较疏松,夹有未磨圆的小石粒,含少量石制品,厚 20—95 厘米。

第 5 层,浅黄色的亚黏土,土质较紧密,未见石制品,厚 0—57 厘米。

第 6 层,棕红色的黏土,较致密,未见石制品,厚 0—38 厘米。

第 7 层,粗沙层,质地松散,未见石制品,厚 0—13 厘米。

---

[1] 陈全家、赵海龙、方启等:《石人沟林场旧石器地点试掘报告》,《人类学学报》2010 年第 4 期,第 373—382 页。

[2] 吉林省地质矿产局:《吉林省区域地质志》,地质出版社,1988 年,第 1 页。

第 8 层，砂与黏土的混合层，较疏松，未见石制品，厚 9—55 厘米。

第 9 层，砾石层，出露花岗岩砾石层，未见底，未见石制品，深 170—195 厘米。

三、文化遗物

此次调查和发掘共获石制品 116 件，包括石核、石片、细石叶、断片、断块、废片、第二类工具和第三类工具（表 3-13-1）。石制品原料较为单纯，黑曜岩占绝对优势，占 97.42%，另外，仅 2 件板岩断片和 1 件凝灰岩断块，分别占 1.72% 和 0.86%。个别黑曜岩石制品表面有不同程度风化，失去光泽，皆棱脊清晰，少有磨蚀。

石制品种类较为简单，以废片和断片数量最多，分别占石制品总数的 26.72%、25.0%，其次是断块和完整石片，分别占 17.24%、12.08%。第三类工具和细石叶也占一定比重，为 6.88% 和 6.91%。第二类工具较少，占 4.31%。石核仅一件，占 0.86%。石制品大小组合基本为微型和小型，个别中型，不见大型和巨型。

本次发掘分为 A、B 两个区，探方分布及石制品平面和垂直分布如图 3-13-2 所示（外延出探方的个别石制品为清理探方周围表土所获）。从平面看，石制品分布很零散，无规律。从剖面看，石制品分布不很连续而有较明显集中分布层。因而，可以推测，此遗址既不是古人类久居之地，也不是频繁活动的场所，而很可能是季节性的活动地点。

（一）石核

1 件。07LC.C:1，原料为黑曜岩，为细石叶石核，剥片较少。整体形状呈楔形，石核长 42.95、宽 18.31、厚 35.28 毫米，重 20.84 克。此石核有两个剥片面，两个剥片面彼此互为台面进行剥片，两个剥片面相交于一条略曲折的棱脊，形成的夹角约 60 度，石核底缘也有修整，修疤连续，生成较为薄锐的底缘，利于控制剥片长度。剥片面一侧棱也略有修整，剥片较少，采用间接剥片，剥片成功不多，个别剥片石叶窄而狭长，最大长 39.5、最大宽 6.4 毫米（图 3-13-3）。

表 3-13-1　石制品分类测量与统计

单位：毫米、克、度

分类项目		石核	完整石片	细石叶 近端	细石叶 中段	细石叶 远端	断片 近端	断片 中段	断片 远端	断块	废片	第二类工具 刮削器 直刃	第二类工具 刮削器 凸刃	第二类工具 刮削器 直凸刃	第二类工具 刮削器 单直刃	第二类工具 刮削器 复刃	第三类工具 端刮器	第三类工具 雕刻器	第三类工具 尖刃器	第三类工具 残器	小计	百分比(%)
原料	黑曜岩	1	13	3	3	2	13	6	9	19	31	3	1	1	1	2	1	1	1	2	113	97.42
	凝灰岩		1							1											1	0.86
	板岩																				2	1.72
长度(毫米)		42.95	15.46	15.78	11.39	13.88	18.77	16.69	14.56	23.47	7.66	25.17	27.62	44.98	25.16	38.17	27.56	21.97	32.63	34.15		
宽度(毫米)		18.31	15.88	9.15	8.17	7.58	19.69	19.96	15.88	13.28	4.96	17	17.68	29.27	17.25	30.14	19.69	20	32.28	27.24		
厚度(毫米)		35.28	3.94	2.04	1.43	1.47	4.01	4.54	3.51	8.26	1.33	6.4	4.1	6.51	9.27	9	4.53	3.51	13.64	6.14		
重量(克)		20.84	0.99	0.27	0.11	0.13	3.65	4.39	0.76	2.55	0.04	2.19	1.91	7.3	3.82	8.98	1.95	1.43	10.41	14.5		
刃缘长(毫米)													27×26	41×43	20.5	28.26	32.3					
石片/台面角(度)		82	101.8				98.6					21	19.5		53	33.17	12.5	57	68			
刃/头角(度)												6	6	7	7	8.5						
背面疤痕数			5.2	4.2	3.8	4	8.6	6.7	4.5			3	1	1	1	2	1	1	1	1		
小计		1	14	3	3	2	13	6	10	20	31										116	
百分比(%)		0.86	12.08	6.91			25			17.24	26.72	4.31			2.58		0.86	0.86	0.86	1.72		100

注：表格中测量数据为均值

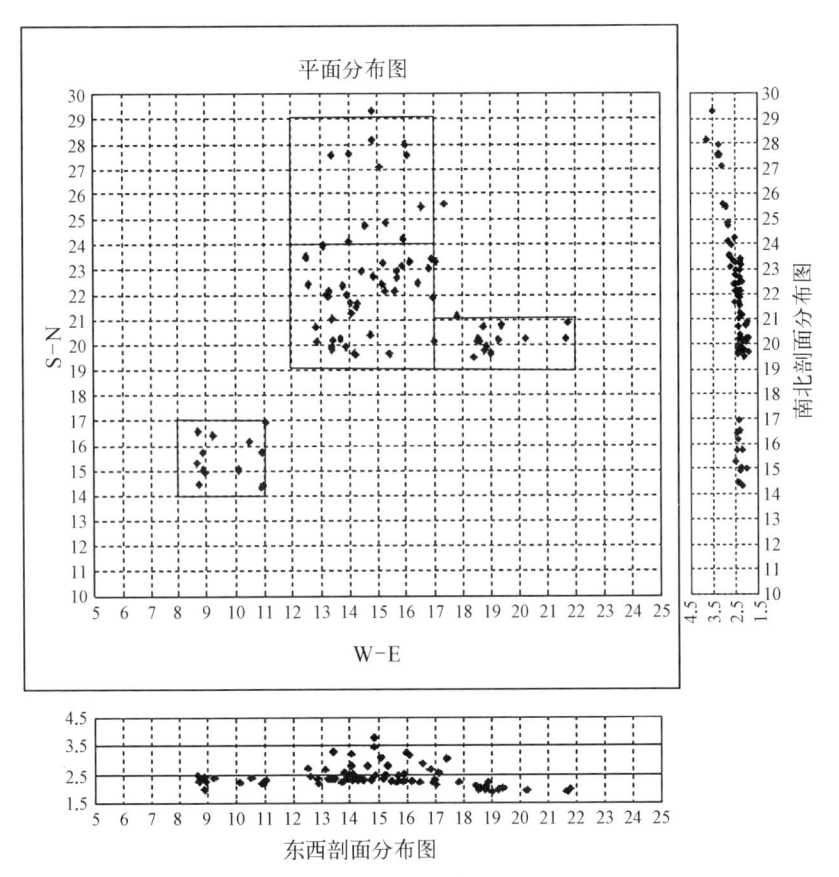

图3-13-2 探方布局及石制品平剖面分布图[1]

由此看来,此件石核对台面和底缘的预制修理,以及采用软锤或间接剥片法获取窄而狭长的石叶,表明加工者对石核经过预先设计,已掌握接近或类似于细石叶石核剥片的技术,这从遗址中出土有为数不少的细石叶也可得到印证,因此,此件细石核应处于初始阶段。

---

[1] 陈全家、赵海龙、方启等:《石人沟林场旧石器地点试掘报告》,《人类学学报》2010年第4期,第373—382页。

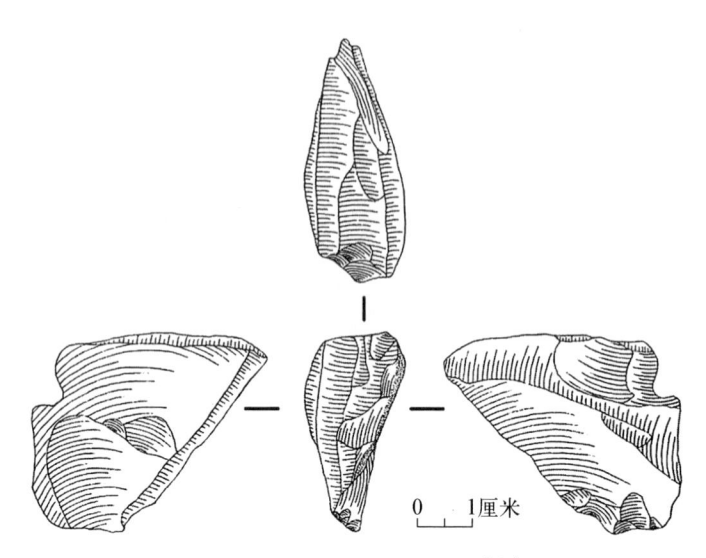

图 3-13-3 石核(07LC.C∶1)[1]

（二）完整石片

13 件。占石制品总数的 12.08%。原料除 1 件凝灰岩者外,皆为黑曜岩。均系锤击法剥片,石片均较小,形状多不规则。

石片根据台面可分为线状台面、点状台面、有疤台面和素台面[2]。其中以线状台面居多,占石片总数的 35.7%,点状台面和有疤台面次之,各占 28.6%,个别素台面,占 7.1%。

石片背面形态基本为全疤,个别疤砾结合。腹面平坦或略弧打击点都较清楚,半锥体略凸,个别有锥疤。石片长 8.4—25.6 毫米,平均 15.46 毫米；宽 8—28.5 毫米,平均 15.88 毫米；厚 1.5—10.3 毫米,平均 3.94 毫米；重 0.09—3.88 克,平均 0.99 克。

07LC∶66,原料为黑曜岩,长 29.7、宽 28.54、厚 4.41 毫米,重 2.38 克,石片整体

---

[1] 陈全家、赵海龙、方启等：《石人沟林场旧石器地点试掘报告》,《人类学学报》2010 年第 4 期,第 373—382 页。
[2] 李炎贤：《关于石片台面的分类》,《人类学学报》1984 年第 3 期,第 253—258 页。

形状略呈长方形,点状台面,腹面微凹,打击点集中,半锥体较凸,有明显锥疤,同心波及放射线均较清楚。背面保留一小部分粗糙石皮,其余为大小深浅不一的凌乱疤痕,石片近台面处相对较厚,边缘薄锐(图3-13-4,8)。

07LC:28,原料为黑曜岩,石片形状不规则,台面为节理面,打击点清楚,半锥体略凸,锥疤明显,可见清晰的同心波和放射线。背面有一条纵脊,近台面处有细碎浅平疤痕,腹面平坦。长25.59、宽18.05、厚4.75毫米,重1.27克(图3-13-4,7)。

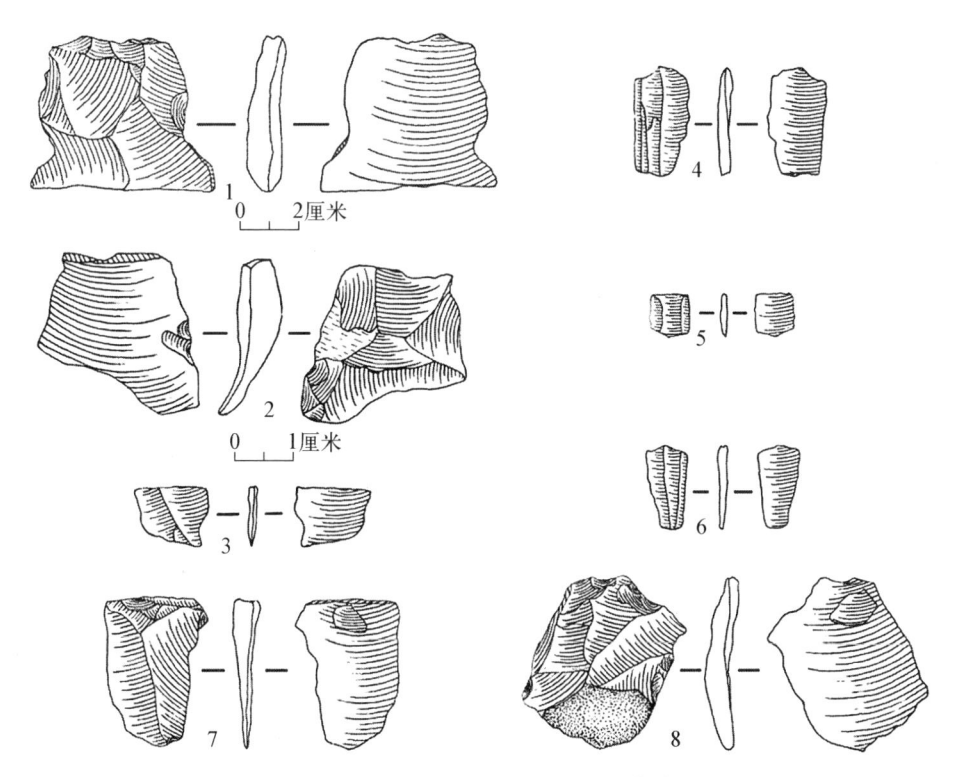

图3-13-4 完整石片、细石叶和断片[1]
1—3. 断片(07LC:41、07LC.C:16、07LC:22)　4—6. 细石叶(07LC.C:30、07LC:6、07LC.C:70)
7—8. 完整石片(07LC:28、07LC:66)

---

[1] 陈全家、赵海龙、方启等:《石人沟林场旧石器地点试掘报告》,《人类学学报》2010年第4期,第373—382页。

（三）断片

29件。占石制品总数的25%,原料除一件为板岩外,其余均为黑曜岩,都是横向断片,据部位不同又可分为近端、中段、远端断片。

近端。13件,占石制品总数的11.22%,在断片中居多,仅一件为中型,其余为小型和微型。其中线状台面8件,点状台面3件,刃状台面2件。断面形状以钝角三角形为主。残长10.16—53.26毫米,平均18.77毫米;宽8.94—64.64毫米,平均19.69毫米;厚1.69—13.66毫米,平均4.01毫米;重0.17—39.96克,平均3.65克。

07LC:41,原料为黑曜岩,残长53.2、宽64.64、厚13.66毫米,重39.96克。为断片中唯一一件中型标本,台面略残,背面全疤,疤痕大小深浅不一,刃状台面,近台面处有浅平细小疤痕。腹面较为平坦,底端断面截面呈钝角三角形,标本表面风化侵蚀较重,失去黑曜岩光泽,边缘有新磕碰的新疤痕,系耕地等现代人为因素造成(图3-13-4,1)。

中段。6件,占石制品总数的5.16%,原料均为黑曜岩,形制不规整。体积均较小,断面形状多不规则,背面疤较少。残长7.54—35.59毫米,平均16.69毫米;宽11.07—52.11毫米,平均19.96毫米;厚0.94—12.4毫米,平均4.54毫米;重0.09—23.57克,平均4.39克。

07LC:22,原料为黑曜岩,残长10.3、宽12.96、厚1.56毫米,重0.17克,形状不规则,两端有断面,断面一端形状呈钝角三角形,另一端不规则。背面有一条斜纵脊,腹面平坦,同心波和放射线较明显(图3-13-4,3)。

远端。10件,占石制品总数的8.62%,原料除一件是板岩外,都是黑曜岩,形状区别较大,多不规整。体积较小,断面形态各异。残长8.93—27.44毫米,平均14.56毫米;宽10.35—28.5毫米,平均15.88毫米;厚1.61—7.83毫米,平均3.51毫米;重0.13—3.77克,平均0.76克。

07LC.C:16,形状呈近梯形,残长27.44、宽28.5、厚7.83毫米,重3.77克。断面略呈钝角三角形,背面布满大小不等的疤痕,腹面微凸,远端有一凹槽,有明显同心波,底端边缘薄锐且略翘(图3-13-4,2)。

(四) 细石叶

8件。占石制品总数的6.91%。原料均为黑曜岩,全部残断。根据断裂部位可分为近端、中段和远端细石叶。

近端。3件,占石制品总数的2.58%。其中点状台面1件,线状台面1件,有脊台面1件。台面后缘均有细碎微疤。背面有1—3条纵脊。断面齐整,形状呈长条形。残长12.16—18.59毫米,平均15.78毫米;宽6.01—11.74毫米,平均9.15毫米;厚1.3—2.58毫米,平均2.04毫米;重0.06—0.4克,平均0.27克。

07LC.C:30,原料为黑曜岩,残长18.59、宽9.7、厚2.25毫米,重0.37克。整体形状略呈矩形,打击点和半锥体较明显,可能系软锤锤击剥片,线状台面,台面后缘有修理痕迹,背面有3条基本平行的纵脊,腹面平坦,两侧边缘略平行(图3-13-4,4)。

中段。3件,占石制品总数的2.58%。整体形状基本呈不规则方形,薄锐,背面有1—2条平行纵脊,腹面平坦,断面形状呈窄条状。残长7.23—16.16毫米,平均11.39毫米;宽7.21—9.19毫米,平均8.17毫米;厚1.03—1.81毫米,平均1.43毫米;重0.06—0.14克,平均0.11克。

07LC:6,原料为黑曜岩,残长7.23、宽7.21、厚1.03毫米,重0.06克。整体形状基本呈正方形,背面有2条平行的纵脊,腹面平坦,两侧缘平行,断面齐整,呈条形(图3-13-4,5)。

远端。2件,占石制品总数的1.72%。整体形状不规则,远端收缩。背面有1—2条不平行的纵脊,断面形状呈钝角三角形或线状。残长13.13—14.62毫米,平均13.88毫米;宽7.41—7.74毫米,平均7.58毫米;厚1.34—1.59毫米,平均1.47毫米;重0.11—0.14克,平均0.13克。

07LC.C:70,原料为黑曜岩,残长14.62、宽7.41、厚1.59毫米,重0.14克。整体形状不规则,背面有2条稍收缩的纵脊,腹面平坦,两侧缘在远端略有收缩,断面呈钝角三角形(图3-13-4,6)。

（五）断块

20件。占石制品总数的17.24%，其中黑曜石者19件，凝灰岩者1件，体积较小，形态重量不一。其中最小者长12.71、宽5.12、厚4.43毫米，重0.15克；最大者长35.15、宽29.51、厚18.76毫米，重10.98克。平均长23.47、宽13.28、厚8.26毫米，重2.55克。

（六）废片（碎屑）

是在打片或工具加工、修理的过程中附带产生的一些微小的碎片，其碎小程度达到难以观察其具体特征，因此将其归入废片。共31件，占石制品总数的26.72%，原料均为黑曜岩，碎小薄锐，形态各异，最小者长3.3、宽2.52、厚1.48毫米，重0.01克；最大者长17.05、宽4.43、厚2.28毫米，重0.14克。平均长7.66、宽4.96、厚1.33毫米，重0.04克。

（七）第二类工具

5件。占石制品总数的4.31%，原料均为黑曜岩，全是小型和微型制品，工具均为刮削器类，根据工具刃缘的多少可以分为单刃型、双刃型两种。主要以完整石片直接使用者居多，部分是断片直接使用，多具明显使用痕迹。

单刃型3件，原料为黑曜岩，单刃型中仅见单直刃式。

单直刃式。3件，原料为黑曜岩。形态各异，刃缘均具有明显使用痕迹，疤痕大小不一，少有多层重叠，均较浅平且不连续。长22.13—30.79毫米，平均25.17毫米；宽12.54—19.94毫米，平均17毫米；厚3.86—9.54毫米，平均6.4毫米；重0.66—3.93克，平均2.19克。刃缘长14.4—19.82毫米，平均16.79毫米；刃角13—28度，平均21度。

07LC：63，原料为黑曜岩，系石片远端断片直接使用，长22.13、宽18.53、厚5.97毫米，重1.98克，刃缘长19.82毫米，刃角28度。石片断面的截面呈钝角三角形，左侧较厚钝，右侧刃缘薄锐，使用痕迹清晰，在背面和腹面刃缘均有表现，疤痕较小且平，整体形态类似于琢背小刀，背面有1条纵脊，1条斜脊，腹面微内弧，可见清晰的同心波，放射线不明显（图3-13-5,3）。

双刃型2件，原料为黑曜岩，根据刃缘形态可分为直凸刃和凸凸刃式。

直凸刃式。1件，07LC.C：25，原料为黑曜岩，系石片远端断片直接使用，残长44.98、宽29.27、厚6.51毫米，重7.3克，刃缘长分别为41.2、43.25毫米，凸刃刃缘较弯曲，布满碎小细疤，背面和腹面疤痕均较浅，大小不等，且不连续，没有多层疤痕现象，有两条纵脊，腹面略内弧，同心波放射线清晰（图3-13-5,1）。

凸凸刃式。1件，07LC：2，原料为黑曜岩，系石片近端断片直接使用，台面为点状台面，半锥体凸，腹面较平坦，同心波和放射线较清楚，背面疤痕较浅，有一条纵脊，两侧刃缘较薄锐，刃缘使用处疤痕明显，一侧较连续一侧不连续，疤痕均浅平细碎。残长27.62、宽17.68、厚4.1毫米，重1.91克，刃缘长分别为27.2、26.3毫米，刃角为19.5度（图3-13-5,2）。

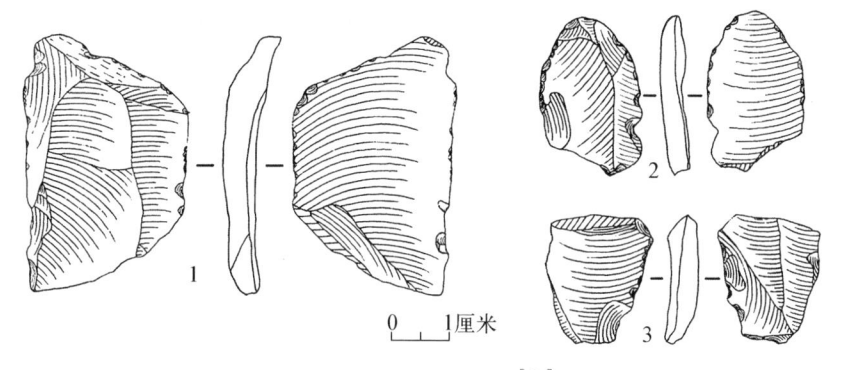

图3-13-5 第二类工具[1]
1. 直凸刃刮削器（07LC.C：25） 2. 凸凸刃刮削器（07LC：2） 3. 单直刃刮削器（07LC：63）

（八）第三类工具

8件。占石制品总数的6.91%，原料均为黑曜岩，可分为刮削器、尖状器、端刮器、雕刻器、残器5类。

---

[1] 陈全家、赵海龙、方启等：《石人沟林场旧石器地点试掘报告》，《人类学学报》2010年第4期，第373—382页。

刮削器3件,占石制品总数的2.58%,原料为黑曜岩。主要是小型和微型制品。加工方式主要是正向加工,个别反向加工,修理方法主要是锤击修理。根据刃口数量可分为单刃和复刃两型。

单刃型。1件,07LC：23,原料黑曜岩,形制不甚规整,截面为三角形,毛坯为石片,石片背面有节理面,加工方式为正向,系锤击修理,疤痕大小深浅不一,具有双层修疤,修理连续。背面亦有修理或使用时崩落的碎小疤痕。长25.16、宽17.25、厚9.27毫米,重3.82克。刃缘长20.53毫米,刃角53度(图3-13-6,2)。

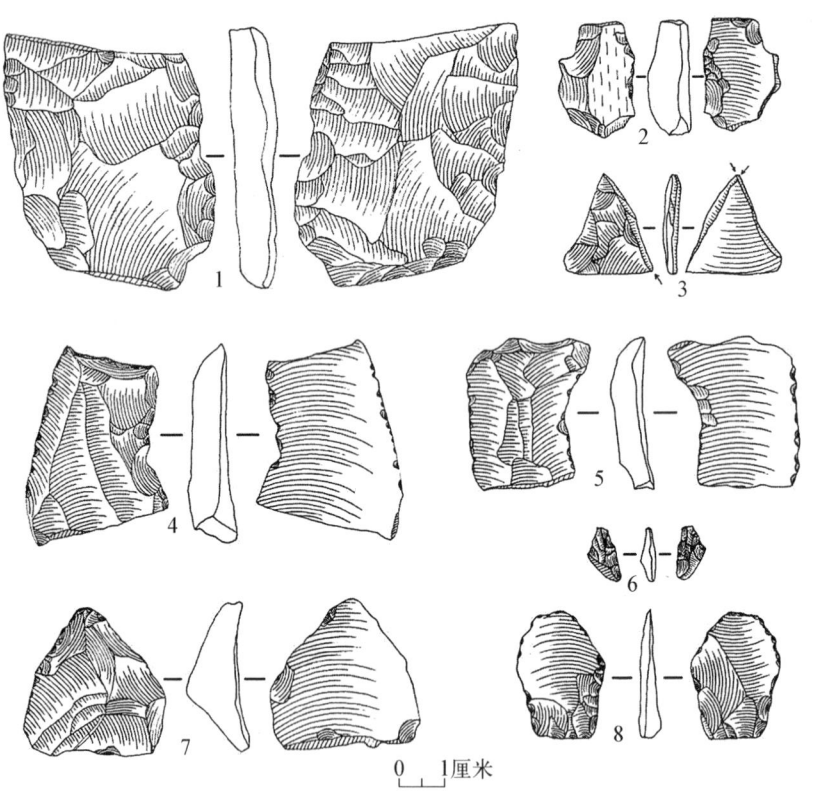

图3-13-6 第三类工具[1]
1、6. 残器(07LC：17、07LC.C：18) 2、4、5. 刮削器(07LC：23、07LC.C：29、07LC.C：7)
3. 雕刻器(07LC：40) 7. 尖状器(07LC.C：21) 8. 端刮器(07LC：65)

---

[1] 陈全家、赵海龙、方启等:《石人沟林场旧石器地点试掘报告》,《人类学学报》2010年第4期,第373—382页。

复刃型。2件,07LC.C：29,原料为黑曜岩,以石片为坯料,形制比较精致,正向加工,锤击修理,三个刃缘,一边为修理的凹刃,系硬锤锤击修理,疤痕深浅大小不一,两层修疤。另两边为直接使用的直刃,边缘具有细碎不很连续的使用疤痕。腹面较平坦,同心波和放射线清晰。背面布满石片疤,靠近左侧边缘有一斜纵脊,形成左侧钝厚,右侧薄锐的形态。长43.31、宽32.18、厚9.65毫米,重11.66克,刃缘长42.2×29.1×18.3毫米,刃角分别为37、26和43度(图3-13-6,4)。

07LC.C：7,原料为黑曜岩,石片毛坯。形制不规则。长33.02、宽28.1、厚8.35毫米,重6.29克,刃缘长30.1×26.5×24.2毫米,刃角分别为32、24和37度。加工方式为正向,修理方法为锤击法,三个刃缘,端刃为修理刃缘,修疤大而且深,连续修理。两侧刃缘为直接使用刃缘,使用疤痕清楚,小而且浅平,不连续。腹面稍内弧,同心波和放射线清晰可见,背面全疤,大小不等,呈现中间厚边缘薄的形态(图3-13-6,5)。

端刮器1件,占石制品总数的0.86%。07LC：65,原料为黑曜岩,形状略呈拇指形,长27.56、宽19.69、厚4.53毫米,重1.95克,刃缘长32.3毫米,刃角12.5度。标本系石片远端加工而成,整体较薄锐,端刃缘未作修理直接使用,刃缘具有崩落的碎小疤痕,底端作修型加工和修理,加工方式为正向,锤击修理(图3-13-6,8)。

尖刃器1件,占石制品总数的0.86%。07LC.C：21,原料为黑曜岩,整体形状近杏仁形,石片毛坯。背面呈龟背状突起,腹面略内弧,长32.63、宽32.28、厚13.64毫米,重10.41克,尖角68度。器刃经过简单的锤击修理,底端也有修型修理,加工方式为正向,并且边缘有明显使用痕迹(图3-13-6,7)。

雕刻器1件,占石制品总数的0.86%。07LC：40,原料为黑曜岩,形状略呈等腰三角形,长21.97、宽20、厚3.51毫米,重1.43克。毛坯为石片,背面布满浅平的疤痕,腹面微弧,同心波和放射线清晰。其中,在石片近端分别向两侧边打片,形成屋脊形雕刻器刃角,另外,利用石片远端断面的一角向石片近端方向打片,形成角雕刻器刃(图3-13-6,3)。

残器是不能明确界定器类,但具有第三类工具特征的残断工具者。2件,占石制品总数的1.72%。原料均为黑曜岩。

07LC∶17，原料为黑曜岩，上部残断，根据其器型走向，推测可能为矛形器，毛坯为片状，通体加工，锤击修理和压制修理并用，多层修疤，边缘修理更为细致，修疤大小不等，且比较浅平。残长56.7、宽47.12、厚8.81毫米，重28.8克（图3-13-6,1）。

07LC.C∶18，原料为黑曜岩，尖部和底端都稍有残断。残长11.59、宽7.36、厚3.47毫米，重0.19克。整体形状呈三角形，通体加工，压制修理，加工比较精致规整，从整体器型、断裂走向及修理精细程度来判断，可能与镞有关，但也不排除可能为尖状器的尖部（图3-13-6,6）。

四、结语

（一）石器工业特征

1. 石制品原料以黑曜岩占绝对优势，板岩和凝灰岩较少。
2. 石制品类型多样，包括石核、石片、细石叶、断片、断块、废片、第二类工具和第三类工具。但工具数量较少，而断片、断块和废片占较大比重，为68.96%。
3. 石制品以小型和微型为主，个别中型，未见大型。
4. 细石叶均被截断，近端、中段和远端均有发现。
5. 工具以石片毛坯占绝大多数，仅个别石叶和块状毛坯。
6. 工具主要是正向加工，其次是反向加工；工具修理主要是硬锤锤击修理，少量压制修理和软锤修理；剥片技术主要是锤击法，也存在间接法。

（二）年代分析

根据发掘的地层情况来看，石制品主要出自浅黄色和褐黄色的砂质黏土层，也有部分采集自地表。从出土层位来看，石制品的原生层位应为浅黄和褐黄色砂质黏土层，根据吉林省第四纪地层的堆积年代分析，其原生层位属于上更新统。同时根据石制品的工具组合、加工技术以及和周边遗址和地点的对比分析，推测该遗址年代为旧石器时代晚期。

第十四节 和龙大洞遗址

一、遗址概况

和龙大洞旧石器地点处于长白山系南岗山脉的南端、西距长白山天池约 80 千米、于红旗河汇入图们江的河口地区处,沿红旗河右岸和图们江左岸的狭长地带分布,隶属于崇善镇大洞村,东距崇善镇约 3 500 米,南距亚洞屯约 500 米,西北距元峰村约 4 千米,地理坐标为北纬 42°5′49.2″,东经 128°57′47.9″。

2007 年 8 月,吉林大学边疆考古研究中心与吉林省文物考古研究所组成的石人沟考古队在以寻找黑曜岩为目的的考古调查时,由当地居民提供线索发现了大洞遗址。同年 8 月末和 9 月初石人沟考古队对该遗址进行了调查和试掘,试掘面积 49 平方米,获得了大量的石制品。

大洞遗址位于红旗河汇入图们江的河口地带,沿红旗河右岸和图们江左岸的狭长地带分布。遗址隶属于和龙市崇善镇大洞村,东距崇善镇约 3 500 米,南距亚洞屯约 500 米,西北距元峰村约 4 千米。地理坐标为北纬 42°05′37.9″,东经 128°57′30.2″(原点坐标)。遗址东西约 2 千米,南北约 500 米,面积超过 100 万平方米。大洞遗址西北距石人沟遗址[1]约 16 千米,东北距柳洞遗址[2]约 28 千米,在 100 千米之内还分布有和龙西沟[3]、青头遗址[4]、安图沙金沟[5]、图们下白龙遗

---

[1] 陈全家、王春雪、方启等:《延边地区和龙石人沟发现的旧石器》,《人类学学报》2006 年第 2 期,第 106—114 页。
[2] 陈全家、王春雪、方启等:《吉林和龙柳洞 2004 年发现的旧石器》,《人类学学报》2006 年第 3 期,第 208—219 页。
[3] 陈全家、赵海龙、方启等:《吉林省和龙西沟发现的旧石器》,《北方文物》2010 年第 2 期,第 3—9 页。
[4] 陈全家、方启、李霞等:《吉林和龙青头旧石器遗址的新发现及初步研究》,《考古与文物》2008 年第 2 期,第 3—9 页。
[5] 陈全家、赵海龙、方启等:《吉林安图沙金沟旧石器遗址发现的石器研究》,《华夏考古》2008 年第 4 期,第 51—58 页。

址[1]和朝鲜咸镜北道的潼关镇遗址[2]。从大洞遗址向西约75千米为长白山天池,向东北约312千米即俄罗斯滨海边疆区的乌苏里斯克市。

二、地貌及地层

(一) 地貌

长白山属新华夏系隆起地带,走向为北北东-南南西和北东-南西走向。气候波动在沉积物上的反映各处多有发现,火山沉积相当活跃,冰碛、黄土与火山沉积物的交互叠置,是该区第四系的突出特征[3]。图们江发源于长白山麓,为中朝两国界河,红旗河为图们江左岸的第二大支流,图们江与红旗河汇流处以上河源区,为长白山主峰地域,崇山峻岭,森林茂密。遗址处于超覆在Ⅲ级阶地之上的熔岩阶地上,遗址高出图们江河面50余米(图3-14-1)。Ⅰ级阶地位于遗址边缘断崖之下,高出河面仅5米,宽约150米,亚洞屯坐落于此。Ⅱ级阶地仅在遗址对岸可见,高出河面约25米。

(二) 地层

2007年,大洞遗址共进行了3次试掘工作,前两次的试掘的地层情况如下:

第一次试掘位于遗址分布区的北部,靠近断崖,布南北向1×1平方米的探方2个,在2层和3层发现石制品共计10件。地层情况如下:

第1层,耕土层,黑色腐殖土,含石制品、大量植物根茎和现代遗物,厚20厘米。

第2层,浅黄色亚黏土层,含粗颗粒砂,坚硬,含石制品和玄武岩角砾,厚10厘米。

---

[1] 陈全家、霍东峰、赵海龙:《图们下白龙发现的旧石器》,《边疆考古研究》(第2辑),科学出版社,2004年,第1—14页。
[2] 冯宝胜:《朝鲜旧石器文化研究》,文津出版社,1990年。
[3] 吉林省地质矿产局:《吉林省区域地质志》,地质出版社,1988年。

第3层,灰白色亚黏土层,含细颗粒砂,坚硬,含石制品和玄武岩角砾,厚12厘米。

第4层,黄色黏土层,黏结,呈块状结构,厚22厘米,未见底。

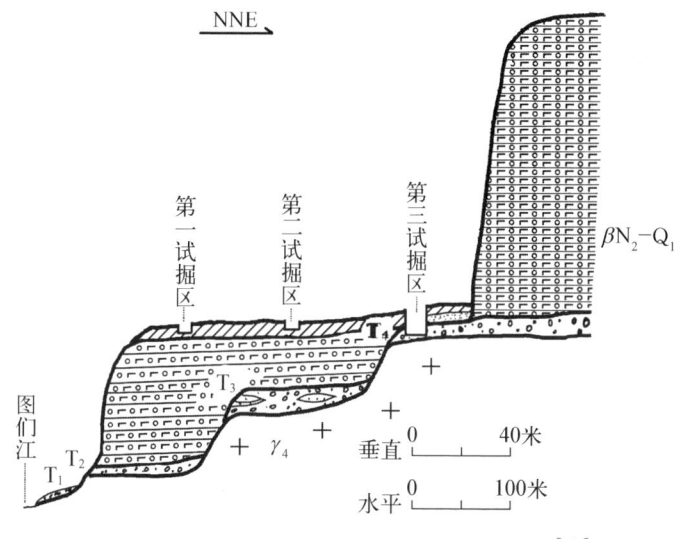

图3-14-1 图们江大洞遗址段河谷地貌横剖面图[1]

第二次试掘位于遗址分布区的南部,亚洞村西侧,布1×1平方米的探方1个,发现石制品共计59件,其中2层30件,3层29件。地层情况如下:

第1层,耕土层,深褐色亚黏土,疏松,含直径3厘米左右的磨圆小砾石,含丰富的石制品、植物根茎和现代遗物,厚24厘米。

第2层,灰白色亚黏土层,含细颗粒砂,坚硬,含石制品,厚15厘米。

第3层,黄色黏土层,黏结,呈块状结构,含直径小于5厘米的小砾石,含石制品,厚23厘米,未见底。

从断崖的剖面观察,厚约1—3米的土状堆积之下为厚约10米的砾石层,再之下为玄武岩基岩。第一次试掘的第3层与第二次试掘的第2层应属于同层,因为第二次试掘区层曾经耕作过水田,使腐殖土层和浅黄色亚黏土层被破坏。

---

[1] 刘祥、向天元、王锡魁:《长白山地区新生代火山活动分期》,《吉林地质》1989年1期,第30—41页。

遗址地层堆积较为丰富,自上而下共分为7层(图3-14-2):

第1层,深褐色表土层,疏松,富含腐殖质,含有磨圆良好的小砾石,石器丰富。

第2层,褐色火山灰土,夹砂,非常疏松。但在本试掘区内缺失。

第3层,浅灰色亚黏土,坚硬,该层在发掘区内分布不均匀,集中区位于发掘区的东部,石器比较丰富。

第4层,黑色黏土层,致密,呈块状结构,含小砾石,被上层的冰楔打破,下界呈波浪状,石器丰富。

第5层,黄色黏土层,厚重,呈块状结构,主要见于地层的凹处,存在卷起现象,下界平坦,含少量石器。

第6层,黄色砂层,疏松,含少量黑曜岩小砾石,未见石器。

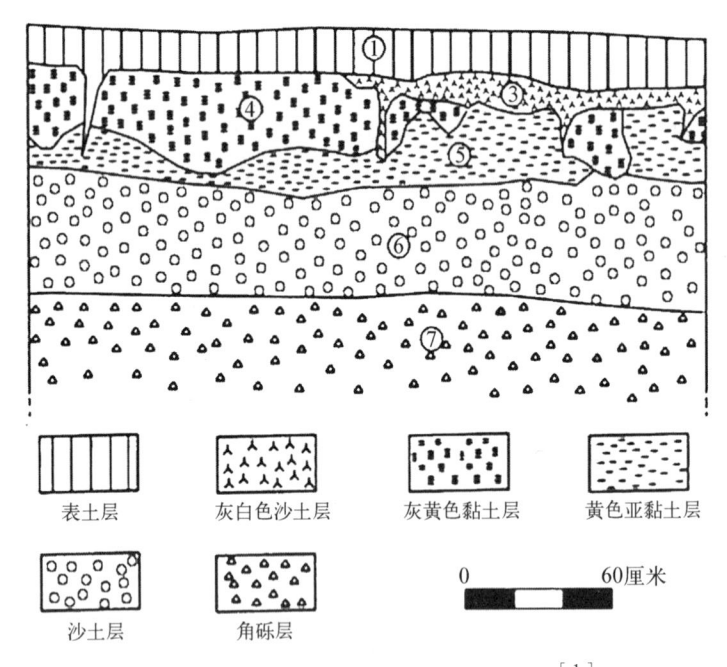

图3-14-2 大洞遗址发掘区北壁剖面示意图[1]

---

[1] 李万博等:《延边和龙大洞旧石器遗址(2007)试掘简报》,《边疆考古研究》(第20辑),科学出版社,2016年,第1—11页。

第7层，砾石层，含砂和大块的玄武岩角砾，间杂小块黑曜岩类砾石。未见底，未见石器。

三、文化遗物

（一）调查及前两次试掘发现的石制品

在大洞遗址的调查和试掘没有发现动物骨骼和骨质制品，石制品是唯一的文化遗物。石制品共计5752件，69件为前两次试掘所得，其中石核43件，石片类4561件，断块786件，工具362件，分别占总数的0.7%、79%、13.7%和6.3%。由于试掘获得的石制品均为碎片和断块，故将其与调查所得标本一并叙述。根据制作技术和器物形态将石制品分为石核、劈裂产品和工具三大类，现分述如下：

1. 石核

（1）砸击石核

9件。全部为黑曜岩，其中一、二、三类黑曜岩[1]分别占砸击石核总数的44.4%、11.1%和44.4%。光泽[2]只见二级和三级，分别占砸击石核总数的66.7%和33.3%。07DD.C3537最大，重10.36克，长36.06、宽22.09、厚15.77毫米，整体呈枣核状，两端均有砸击痕迹（图3-14-3,4），另外7件与之相似，其中07DD.C1217最轻，重1.91克，长20.16、宽14.28、厚6.27毫米。07DD.C3536，重5.17克，长29.26、宽26.61、厚7.3毫米，呈薄片状，仅一端有砸击痕迹，另一端折断，保留有部分自然面。

（2）锤击石核

18件。全部为黑曜岩，其中一、二、三类黑曜岩分别占锤击石核总数的66.7%、

---

[1] 根据物理特征和杂质情况将黑曜岩分为四类，第一类为黑色纯质黑曜岩；第二类为黑色点质黑曜岩；第三类为黑色斑质黑曜岩；第四类为其他颜色的黑曜岩。
[2] 根据石制品表面的亮度将黑曜岩的光泽分为三级，第一级最光亮，与刚刚劈裂的黑曜岩的光泽相当；第三级最黯淡；第二级是处于中间的状态。

图 3-14-3 石核[1]

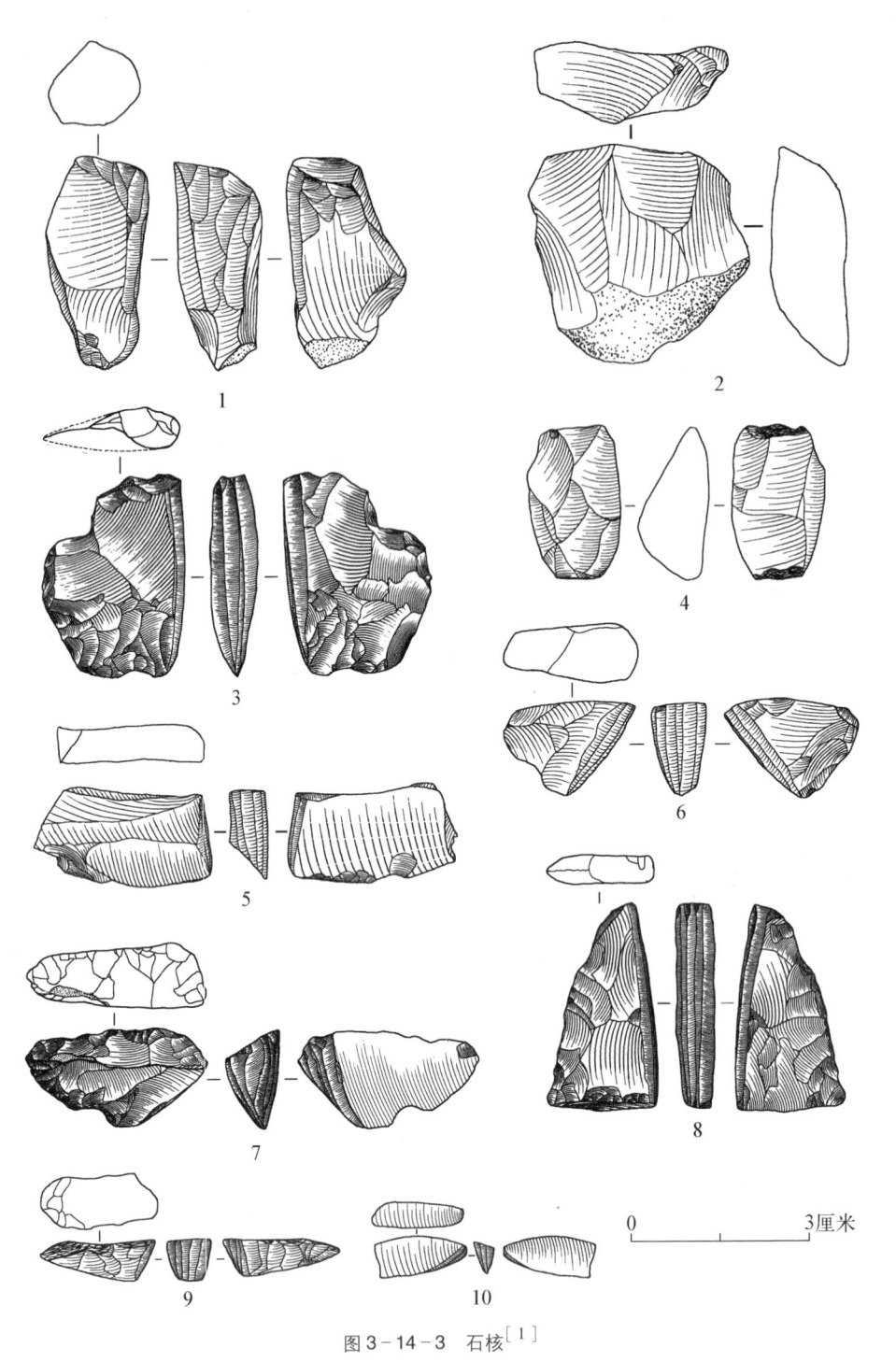

1、2. 锤击石核(07DD.C1362、07DD.C1806) 4. 砸击石核(07DD.C3537) 3、5—10. 细石核(07DD.C1175、07DD.C935、07DD.C1529、07DD.C899、07DD.C191、07DD.C111、07DD.C2638)

---

[1] 李万博等：《延边和龙大洞旧石器遗址(2007)试掘简报》，《边疆考古研究》(第20辑)，科学出版社，2016年，第1—11页。

27.8%和5.5%。光泽只包括二级和三级,分别占锤击石核总数的77.8%和22.2%。打击点清楚,半锥体阴痕深凹,石片疤大小变异较大。可以根据利用棱脊剥片的情况分为利用棱脊型和非利用棱脊型。

a. 棱脊型剥片石核

由于注意石核工作面的棱脊对剥制石片时的导向作用,石片疤窄长,但与细石核或石叶石核相比显得十分不规则。均属单台面石核。棱脊型剥片石核又可以分为三式。

半锥形石核。2件,无预先修理,台面为劈裂面,无自然面。07DD.C1209,重4.51克,长22.66、宽18.1、厚14.59毫米,单台面,台面角70度,工作面占石核周边的一半,石片疤窄长但不规则,另一件与之相似。

半柱形石核。2件,无预先修理,台面为劈裂面,均见有少许自然面。07DD.C1362,重28.8克,长48.53、宽21.96、厚26.6毫米,单台面,台面角86度,工作面仅位于核体的前端,石片疤窄长但不规则(图3-14-3,1),另一件与之相似。

扁体石核。2件,体积比前两类石核稍大,台面和核体有预先修理。07DD.C1806,重63.73克,长52.09、宽53.33、厚22.46毫米,台面倾斜,前高后低,台面角55度,工作面位于前端,石片疤长大于宽,两侧边基本平行(图3-14-3,2),另一件与之相似,但修理略显粗糙。

b. 非棱脊型剥片石核

属于多台面石核,可分为二式。

普通石核。11件,无预先修理,无固定台面和工作面,剥片比较随意,几乎难以继续剥片,属石核的废弃阶段。平均重25.66克,平均高34.94毫米,平均宽35.51毫米,平均厚23.27毫米。07DD.C525,重28.37克,长39.02、宽36.85、厚25.33毫米,由3个台面和3个工作面构成,台面角为75度,石片疤长宽相若。

向心石核。1件,07DD.C3532,重8.09克,长24.57、宽32.57、厚11.6毫米,由周边向心打击,与工作面相反的一面为砾石面。

(3)细石叶石核

16件。简称细石核,其中完整的13件,全部为黑曜岩。平均重9.31克,平均高24.51毫米,平均宽11.65毫米,平均厚32.5毫米。根据细石核的毛坯、侧面和台面的情况将细石核分为七型。A、D型细石核的台面角为90度,G型细石核的台面角为30度,其余类型的细石核的台面角为60度。此外还有细石核残块3件。

a. A型细石核。2件,以双面器为毛坯。07DD.C1175,重21.51克,长47.41、宽13.44、厚35.68毫米,双侧面均由周边向心修理,修疤浅平并以长大于宽者居多,台面窄小,由右向左修理出有效台面,工作面的长超过宽的3倍,细石叶疤窄长而规整(图3-14-3,3)。另一件体积略小,但制作方法与之相似。该型细石核与兰越技法的细石核略似,但台面并非是纵向打击而成。

b. B型细石核。1件,07DD.C1529,轻度磨蚀,重9.34克,长27.54、宽14.95、厚22.94毫米,双侧面均有修理,台面由端面向尾部纵向打击而成,劈裂面由6片细石叶疤组成(图3-14-3,6)。该型细石核与涌别技法的细石核相像,但石核的预制比较粗糙。

c. C型细石核。3件,以石片为毛坯,由石片毛坯的腹面向背面修理出楔形缘和台面,细石叶的剥片从石片毛坯的远端开始。07DD.C899,重10.95克,长22.92、宽14.07、厚44.14毫米,右侧面为石片毛坯的劈裂面,左侧面见有从劈裂面向背面修理的石片疤,台面为横向修理,在核体尾部的台面与左侧面的转角处见有小块的砾石面,细石叶疤的侧边不平行,呈轻微的扭曲状(图3-14-3,7)。07DD.C1904与之类似,但石片毛坯的劈裂面位于石核的左侧;07DD.C1482与之相似,但尾部残断。该类石核与山卡技法的细石核相似。

d. D型细石核。2件,以石叶为毛坯,台面由端面向尾部纵向修理而成,底缘只做轻微修理。07DD.C935,重14.25克,长14.45、宽13.99、厚40.4毫米,底缘在双侧面都见有细小的石片疤,尾部为折断面,台面由端面向尾部一次纵击而成,细石叶疤规整(图3-14-3,5)。07DD.C948与之类似,但纵向打击的台面打破细石叶疤,并有从尾部沿底缘向端面打击的石片疤,该产品属更新台面失误并尝试转换台面仍未成功而废弃的产品。该类石核与广乡技法的细石核相似。

e. E 型细石核。1 件,07DD.C111,重 3.33 克,长 9.76、宽 13.52、厚 29.07 毫米,以石片为毛坯,以石片劈裂面为台面,侧面由台面向底部方向修理而成,底部为一小平面,台面尾部和底面尾部的修理使核体的尾部呈扁鸭嘴状,故不排除作为装柄而预先处理的可能(图 3 - 14 - 3,9)。该型石核与幌加技法的细石核相似,只是在后缘有横向的修理。

f. F 型细石核。1 件,07DD.C191,重 13.47 克,长 47.67、宽 10.03、厚 26.86 毫米,双侧面均由周边向心修理,修疤浅平,台面与侧面无明显转角,由端面向尾部纵向打击形成有效台面,工作面呈长方形,细石叶疤规整、细长、侧边十分平行,底部为折断面,折断面上见有来自侧面打击的小疤,该件工具可能为由某种大型工具残块改制而成的产品(图 3 - 14 - 3,8)。

g. G 型细石核。3 件,以石片为毛坯,石片毛坯的劈裂面和背面分别为细石核的两个侧面,台面由石片毛坯的侧边经纵向打击而成,石片毛坯的另一侧边有细微修理作为细石核的底缘。07DD.C2638,重 1.07 克,长 9.37、宽 5.95、厚 21.78 毫米,细石叶疤宽不足 2 毫米(图 3 - 14 - 3,10)。07DD.C1989,与之相似,重 1.37 克。07DD.C3526,比前两件大些,重 5.36 克,细石叶疤宽 3.6 毫米,宽度与其他类型的细石核相若。

h. 细石核残块。3 件,保留有细石核工作面的局部,细石叶疤在 3 条以上,体积很小,重量分别是 0.97、0.89 和 1.57 克。

2. 劈裂产品

石片类。4 561 件,根据形态特征,石片类石制品可分为石片、石叶、细石叶和削片等几种类型,分别占石片类总数的 92.9%、3.8%、1.8% 和 1.7%。石料以黑曜岩为主,占 99%,黑曜岩除黑色外还有少量的黑褐相间、茶色、红色和蓝色,占石片类总数的 0.7%。其他石料为流纹岩(7 件)、玄武岩(3 件)、燧石(4 件)和变质泥岩(1 件),占石片类总数的 0.3%。

a. 石片

共计 4 237 件,以黑色纯质黑曜岩为主,占石片类总量的 79.8%,黑色点质黑曜岩为16.6%,黑色斑质黑曜岩为2.5%,其他颜色的黑曜岩为0.7%,黑曜岩以外石料为0.4%。现将石片的完整程度、台面特征、背面特征、腹面特征和边缘特征情况分述如下。

第一,完整程度,根据石片的近端特征和边缘情况可分四类。

一类,完整石片,台面和边缘均无破损,449件。重0.4—73.79克,平均重3.34克,标准差6.71克;长7.87—67.62毫米,平均长20.49毫米,标准差9.27毫米;宽5.5—64.44毫米,平均宽20.77毫米,标准差10.52毫米;厚0.93—88.85毫米,平均厚5.67毫米,标准差6.18毫米。在完整石片中最轻的是07DD.C5929,重0.05克,长11.13、宽5.54、厚0.93毫米;最重的是07DD.C1901,重73.79克,长54.19、宽64.44、厚18.22毫米,以玄武岩为石料;以黑曜岩为石料的完整石片中最重的是07DD.C1856,重47.34克,长67.62、宽49.81、厚16.26毫米。07DD.C1536,重4.36克,长20.57、宽33.27、厚8.55毫米,以纯质黑曜岩为石料,素台面呈扁倒三角形(台面形状的第四类),背面为一平面,全部为石片疤,打击方向最直角,劈裂面中心高边缘低(图3-14-4,5)。07DD.C2705,重16.39克,长43.26、宽47.84、厚9.38毫米,以纯质黑曜岩为石料,素台面呈圆底三角形(台面形状的第一类),背面见有来自台面方向打击的3片石片疤相交而成的2条纵脊,半椎体突出,放射线明显,石片远端内卷(图3-14-4,1)。

二类,基本完整石片,台面无破损,边缘有轻微破损但可以推测出石片的原有形状,133件。重0.08—51.37克,平均重2.7克,标准差6.32克;长7.6—63.69毫米,平均长20.57毫米,标准差9.22毫米;宽7.6—71.25毫米,平均宽18.76毫米,标准差8.78毫米;厚1.33—21.01毫米,平均厚4.44毫米,标准差2.79毫米。

三类,近端石片,台面无破损,边缘破损严重,无法推测出石片的原有形状,426件。重0.08—71.68克,平均重2.81克,标准差5.12克;长6.86—59.62毫米,平均长20.58毫米,标准差7.92毫米;宽5.69—69.11毫米,平均宽21.09毫米,标准差8.3毫米;厚1.09—23.12毫米,平均厚5.37毫米,标准差2.68毫米。

四类,碎片,台面未见,边缘部分破损或完全消失,3 229件。重0.03—118.14克,平均重1.39克,标准差3.77克;长4.77—110.04毫米,平均长16.79毫米,标准差 7.62 毫米；宽 3.7—63.94 毫米，平均宽 14.99 毫米，标准差 7.02 毫米；厚 0.52—26.03 毫米，平均厚 4 毫米，标准差 2.32 毫米。

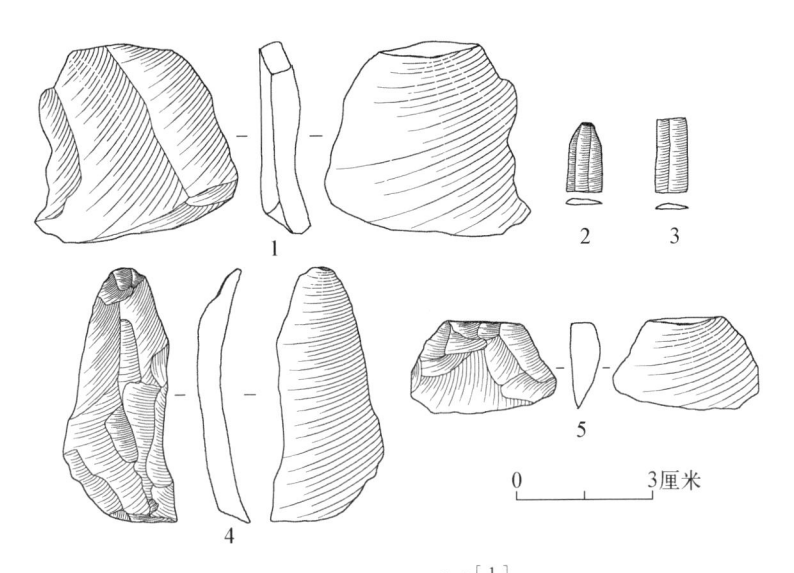

图 3-14-4　石片类[1]
1、5. 石片(07DD.C2705、07DD.C1536)　2、3. 细石叶(07DD.C3395、07DD.C3591)
4. 石叶(07DD.C3701)

各类不同完整程度石片的重量、长度、宽度和宽度的平均值表现的差异不大，但是标准差表现的差异较大。石片各平均值基本稳定，说明体积或重量更大的石片更容易遭到损坏。石片的重量、宽度和厚度的标准差的变化趋势与石片的破损程度一致，说明石片的破损对石片的重量、宽度和厚度具有很强的筛选作用，其中对厚度的影响最为强烈，石片的长度的标准差变化说明边缘轻度破损对石片长度的影响很大，但随着进一步的破损这种作用减弱。

第二，台面特征。

台面形状。保留有近端的石片共计 1 008 件，可将台面的形状归纳为十种类型[2]，分别是圆底三角形、扁椭圆形、月牙形、倒扁三角形、倒圆边三角形、梯形、圆

---

[1] 李万博等：《延边和龙大洞旧石器遗址(2007)试掘简报》，《边疆考古研究》(第 20 辑)，科学出版社，2016 年，第 1—11 页。
[2] 观察台面时，台面面向观察者，石片背面向上、劈裂面向下。

边三角形、有脊形、点状、线状和破碎(如图3-14-5)。以第九类台面的数量最多，共390件，占38.7%；第一类、第二类和第四类台面石片的数量次之，各占12%左右；第三类和第十类台面的数量再次之，各占8%左右；第五类、第六类、第七类、第八类和第十一类台面的石片数量均不足2%。

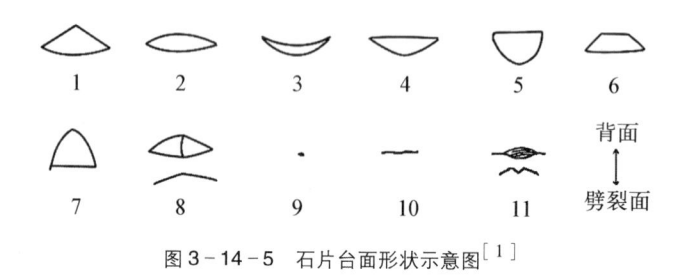

图3-14-5 石片台面形状示意图[1]

  台面属性。根据片疤面与自然面的关系可将保留有近端的石片的台面分为七种类型，分别是全部自然面、素面（单片疤面）、多片疤面、线状、点状、部分自然面和破碎面，所占比例分别是3.8%、29.5%、18.5%、7.6%、38.7%、0.3%和1.7%。

  台面的长和宽。台面的长度测量指标是针对除第九类和第十一类台面形状的非碎片类石片进行的，共计601件；台面的宽度测量指标是针对除第九类、第十类和第十一类台面形状的非碎片石片进行的，共计524件。台面长1.34—49.18毫米，平均为11.43毫米，标准差6.4毫米；宽0.55—19.19毫米，平均为4.26毫米，标准差2.42毫米。

  石片角。台面角测量的标本与台面宽测量的标本相同，共计524件，分布范围为20—142度，平均为107.89度，标准差18.86度。以100—105、110—125度的数量最多。

  背缘角。背缘角测量的标本也与台面宽测量的标本相同，共计524件，分布的范围为10—141度，平均为82.61度，标准差19.19度。以80—95度的数量最多。

  台面后缘类型。台面后缘是指台面与背面的转角，可分为两种类型，第一类是

---

[1] 李万博等：《延边和龙大洞旧石器遗址（2007）试掘简报》，《边疆考古研究》（第20辑），科学出版社，2016年，第1—11页。

转角分明无石片疤；第二类是转角处有细小石片疤。在非碎片的全部石片中，属第一类台面后缘的为277件，占27.5%；属第二类后缘的为731件，占72.5%。

第三，背面特征。

背面特征的测量和观察针对的是完整石片和基本完整石片进行的，共计582件。

背面类型。根据自然面和片疤面的关系可将石片的背面区分出五类，分别是全部为自然面、以自然面为主少见片疤面、以片疤面为主少见自然面、全部为片疤面、自然面与片疤面各占一半，一至五类的各类石片分别是12、4、18、525和23件。

背面片疤数。以背面具有2—4片的石片疤的石片数量最多，占总数的60.1%。

背面片疤差异。是指石片背面最大石片疤与最小石片疤之间的面积之比，共分五种类型，第一类为1∶1，第二类为2∶1，依次类推，第五类为5∶1及差异更大者，所以片疤差异观测的是背面石片疤等于或大于2片的标本，共计523件。一至五类分别占总数的35%、29.3%、14.3%、12.6%和8.8%。

背面片疤方向。是指形成片疤的打击力的方向之间的关系，所以该指标观测的标本与背面石片疤差异的观测标本相同。根据打击力之间的角度大小，可以分为相同、相斜、垂直和相对四种类型，分别占60.8%、15.9%、13.8%和9.6%。

背面背脊数量。背脊是指背面石片疤相交形成的与石片纵轴一致的贯穿整个石片背面的棱脊，该指标观测的标本与背面石片疤差异的观测标本相同。可根据背脊的数量从没有脊到3条脊共分四个等级，分别占总数的68.8%、26.2%、4.2%和0.8%。

第四，腹面特征。

腹面特征的测量和观察针对的是完整石片和基本完整石片进行的，共计582件。

半锥体。根据半锥体的突出情况从无到高可分为四级，分别占总数的16.2%、58.4%、22.2%和3.3%。

锥疤。是指半椎体上出现石片疤,无锥疤者为482件,有锥疤者为100件,分别占总数的82.8%和17.2%。

唇状线。是指台面与腹面的转角处出现的细棱,通常认为与用软锤剥片有关,存在唇状线的标本只有16件,仅占总数的2.7%。

同心波和放射线。由于黑曜岩的特性该两项特征在超过97%以上的样本中都有不同程度的体现。

最厚位置。是指背面与腹面各对应点的距离中最大的位置,把石片按纵轴方向均分三等份,以此把最厚位置分为四种类型,第一类为最厚位置处于近端,第二类为最厚位置处于中段,第三类为最厚位置处于近端,第四类为石片各部分厚度基本相同。一至四类的石片数量分别是260、116、26和180件。

纵轴形态。是指石片的腹面在石片纵剖面上的弯曲变化,共分三种类型。第一类是直线型,腹面基本在一个平面上;第二类是内卷型,石片尾段向腹面弯曲;第三类是外卷型,石片尾端向劈裂面弯曲。三种类型所占的比重分别为67.5%、27.1%和5.3%。

第五,边缘疤痕特征。

边缘特征的观察针对的是所有石片进行的,共计4 237件。根据疤痕的光泽和组合情况分为两类情况,它们形成的原因各不相同。

杂乱新疤。新疤是指与石片的主体相比石片边缘的破碎疤的光泽要光亮,破碎疤的分布杂乱无章,边缘不平齐,在大小疤的组合上无一定规律,该类疤痕的形成与近现代的农业生产等活动有关。根据破碎疤的大小分为两类,第一类为最大单片破碎疤的长或宽均不超过2毫米,第二类为最大单片破碎疤的长宽或均大于或等于2毫米。小型破碎疤的石片占石片总数的6.6%;大型破碎疤的石片占石片总数的4.9%。所有带杂乱新疤的石片中有69.3%是碎片。这类石片在腹面和劈裂面的疤痕的石片各占一半,而与工具类存在巨大差别,这更进一步支持了我们的推测。

细小旧疤。破碎疤的光泽与石片主体相同,把最大单片破碎疤的长或宽均不超过2毫米的标本列入此类。此类疤痕的形成可能与使用有关。所有带杂乱新疤的石片中有61%是碎片。

可以从刃数、刃角、刃位和刃形四个方面对该类石片的边缘进行观测。

刃数。共有120个刃,分布在100件石片上,其中有20件个体同时拥有2个刃。

刃角。120个刃的刃角平均为34.9度,最小为16度,最大为71度,标准差11.91度。分布主要集中在20—25度和45—48度,可能与使用石片的不同功能有关。

刃位。是指刃缘在石片上所处的位置,共分五种类型,将石片背面面向观察者,左侧边为第一类、右侧边为第二类、底边为第三类、左下边为第四类、右下边为第五类,分别占总刃数的41.7%、36.7%、11.7%、5.8%和4.2%,可见使用以侧刃为主。

刃形。是指刃缘的形状,共分七种类型,分别是直刃、微凹刃、微凸刃、钝尖刃、不规则刃、凹缺刃和锐尖刃。所占比例依次为54.2%、3.3%、6.7%、4.2%、29.2%、0.8%和1.7%。直刃和不规则刃所占比例最高。

b. 石叶

石叶与细石叶划分的标准都不统一,常常以10毫米或5毫米作为二者区分的尺度,但是这种区分仅仅是约定俗称还是可以得到考古资料的支持?我们发现大洞遗址全部的石叶和细石叶的宽度频数呈双峰分布,在10毫米左右的标本明显较少。如果细石叶的出现是石核不断缩小的结果,即从开始生产石叶到最后只能生产细石叶,那么应该呈J形分布,石叶与细石叶的生产不应该属于连续剥片的结果,暗含的可能是两种剥片存在不同的制作系统。当然这样的推测只是理论上的可能,考古标本还会受到埋藏等原因的干扰,但不论如何以10毫米作为石叶和细石叶的划分标准绝不仅仅是一种约定,故我们将两类标本分开描述。

石叶。共计121件,以黑色纯质黑曜岩为主,占石叶总量的84.3%,黑色点质黑曜岩为15.7%。

第一,完整程度。

一类,完整石叶,6件,重1.21—9.87克,平均4.74克;长24.18—55.18毫米,平均长40.15毫米;宽10.11—30.1毫米,平均宽19.43毫米;厚4.15—9.69毫米,平均厚6.83毫米。07DD.C3701,重8.21克,长55.41、宽26.2、厚8.8毫米,黑色纯质黑曜岩,点状台面,背面为同向片疤面并有1纵脊,两侧边接近平行,纵轴向劈裂面内卷(图3-14-4,4)。

二类,近端石叶,共计59件,重0.1—18.49克,平均重3.46克,标准差3.84克;长10.32—53.53毫米,平均重28.12毫米,标准差9.77毫米;宽5.9—36.43毫米,平均宽18.29毫米,标准差6.48毫米;厚1.48—12.12毫米,平均厚5.45毫米,标准差2.47毫米。

三类,中段石叶,共计73件,重0.26—18.69克,平均重2.45克,标准差2.86克;长8.28—62.98毫米,平均长23.61毫米,标准差8.96毫米;宽10.23—32.76毫米,平均宽16.65毫米,标准差5.45毫米;厚2—11.5毫米,平均厚4.86毫米,标准差2毫米。

四类,远端石叶,共计18件,重0.46—10.15克,平均重3.25克,标准差2.58克;长18.13—54.96毫米,平均长34.74毫米,标准差10.23毫米;宽10.02—30.24毫米,平均宽15.62毫米,标准差5.71毫米;厚2.27—11.53毫米,平均厚6.21毫米,标准差2.75毫米。

第二,台面特征。

台面形状。保留有近端的石叶共计65件,可见一至四类和七至十一类台面的石片,分别为圆底椭圆形台面6件、扁椭圆形台面10件、月牙形台面5件、倒三角形台面4件、圆边三角形台面1件、有脊台面1件、点状台面24件、线状台面12件和破碎台面2件,可见以点状台面数量最多,占41%。

台面属性。七类属性的台面在石叶中都有发现,全部自然面、素面、多片疤面、线状、点状、部分自然面和破碎面台面的石叶的数量分别是3、16、8、12、24和2件。

台面的长和宽。台面长1.2—18.96毫米,平均长8.92毫米,标准差3.81毫米;宽0.61—10.03毫米,平均宽3.55毫米,标准差2.21毫米。

石片角。分布范围为70—140度,平均为109度,标准差18度。在100—120

度之间的最多,有 12 件。

背缘角。分布的范围为 58—130 度,平均为 85.52 度,标准差 14 度。在 90—100 度之间的最多,有 13 件。

台面后缘。转角分明无石片疤的为 9 件,转角处有细碎小石片疤的为 56 件。

第三,背面特征。

由于完整石叶数量较少,故背面特征的观测针对的是所有的 156 件石叶标本进行的,各项特征简述如下:

背面类型。有 9.1% 的背面存在少量的自然面。

背面片疤数。背面以 2—5 片石片疤为主,达 78.4%。

背面片疤差异。以相差不到三分之一的片疤为主,达 90.6%。

背面片疤方向。同向打击为主,78.1%,斜向和垂直打击的各为 9.4%,相对打击的为 3.1%。

背面背脊数量。以 1—2 个背脊为主,分别为 58.5% 和 26.2%。

第四,腹面特征。

腹面特征的观测针对的是保留近端的 65 件石叶进行的。

半椎体。以浅平为主,0 级和 1 级的标本分别为 26.2% 和 67.7%。

锥疤。在 11 件石叶上见有锥疤。

唇状线。在 6 件标本上见有唇状线。

第五,边缘特征。

边缘特征的观察针对的是所有石叶进行的。

杂乱新疤。小型疤仅见于 10 件中段石叶上;大型疤见于近端石叶和中段石叶上,分别为 5 件和 15 件。

细小旧疤。完整石叶 2 件、近端石叶 9 件、中段石叶 11 件、远端石叶 4 件。

刃量。共有 40 个刃,分布在 26 件叶上,其中有 14 件个体同时拥有 2 个刃。

刃角。120 个刃的刃角平均 34 度,最小 16 度,最大 60 度,平均 35 度,标准差 11 度。分布主要集中在 20—25 度和 35—38 度。

刃位。均位于侧边,左侧边占 52.5%,右侧边占 47.5%。

刃形。是指刃缘的形状,只见四种类型,分别是直刃、微凹刃、微凸刃和不规则刃,所占比例依次为42.5%、10%、12.5%和35%。

c. 细石叶

共计91件,以黑色纯质黑曜岩为主,占石叶细总量的90.1%;黑色点质黑曜岩为9.9%。

第一,完整程度。

在细石叶中未见完整细石叶。

一类,近端细石叶,共计24件,重0.04—1.49克,平均重0.27克,标准差0.34克;长10.07—26.22毫米,平均长15.35毫米,标准差3.85毫米;宽3.42—9.9毫米,平均宽6.65毫米,标准差2.6毫米;厚0.84—8.53毫米,平均厚2.25毫米,标准差1.54毫米。07DD.C3395,线状台面,背面有2条脊,背缘见有细碎小疤(图3-14-4,2)。

二类,中段细石叶,共计62件,重0.03—1.71克,平均重0.27克,标准差0.28克;长7.36—36.48毫米,平均长14.5毫米,标准差5.4毫米;宽3.06—9.7毫米,平均宽6.3毫米,标准差1.85毫米;厚0.9—7.83毫米,平均厚2.42毫米,标准差1.36毫米。07DD.C3591,中0.49克,长16.68、宽5.99、厚1.85毫米(图3-14-4,3)。

三类,远端细石叶,共计5件,重0.13—1.94克,平均重0.88克,标准差0.69克;长11.30—33.14毫米,平均长22.8毫米,标准差8.34毫米;宽5.73—8.98毫米,平均宽7.43毫米,标准差1.22毫米;厚2.65—8.12毫米,平均厚5.02毫米,标准差2.4毫米。

第二,台面特征。

台面形状。24件近端细石叶中点状台面的为17件,圆底三角形台面的石片3件、扁椭圆形和月牙形台面的石片各1件,线状台面的石片2件。

台面属性。圆底三角形、扁椭圆形和月牙形台面的标本均为素台面。

台面的长和宽。台面长1.3—6.52、宽0.79—2.17毫米。如07DD.C5248,台面长1.3、宽0.39毫米。

石片角、背缘角和台面后缘。台面角79—123度,背缘角69—110度,台面后缘均为转角分明无石片疤。

第三，背面特征。

全部细石叶的背面各项特征简述如下：

背面类型。在91件的细石叶中有4件的背面存在少量的自然面。

背面片疤数。背面以2—4片石片疤为主,达87.5%。

背面片疤差异。以等大或相差二分之一为主,达90%。

背面片疤方向。无相对方向的产品。

背面背脊数量。以1—2个背脊为主,分别为50%和33.3%。

第四，腹面特征。

腹面特征的观测针对的是保留近端的24件细石叶进行的。

半椎体。半椎体以浅平为主,0级和1级的标本分别为11.8%和88.2%。

锥疤和唇状线。所有细石叶均未见。

第四，边缘特征。

边缘特征的观察针对的是所有石叶进行的,共计84件。

杂乱新疤。仅有2件中段细石叶见有小型疤。

细小旧疤。中段细石叶2件,近端和远端细石叶各1件。除一件单侧刃外均为双侧刃。刃角位于33—56度之间,平均为40度,以小于40度为主。以直刃为主,共5件；微凸刃和不规则刃各1件。

d. 削片

是与细石核的台面、正面以及雕刻器刀面的产生有关的产品,根据来源的不同可分为船形削片、雪橇形削片、边缘削片和雕刻器削片。船形削片和雪橇形削片产生在细石核的预制阶段,用于台面的生成。船形削片的下缘锐利并实施了两面修理,大多数的船形修片剖面内凹、有经过精细修理的修疤,修疤通常是鳞片状,但有时也近似平行状,这些都能证明修片经过了修理。雪橇形修片在背部保留船形削片的负面,负面一般内凹,侧边有双面器制成的细石核的修疤。边缘削片也产生在细石核的预制阶段,用于工作面的形成,也有学者称为鸡冠形石片,大部分的下缘修疤都是粗糙的向心修理。雕刻器削片是更新雕刻器刀面的产品,形状与雪橇形削片类似,但侧边没有修理的痕迹或单侧的细小修疤。此外还有一种更新细石核台面和工作面的削片，在大洞遗址没有发现。

共发现削片77件，以黑色纯质黑曜岩为主（96.1%），黑色点质黑曜岩（2.6%）和黑色斑质黑曜岩（1.3%）较少。以二级光泽为主（93.5%），三级（5.2%）和一级光泽次之（1.3%）。除3件雕刻器削片外均无自然面，所有削片边缘均未被疤痕破坏。

船形削片。17件，完整者为2件，近端1件，中段12件，远端2件。平均重1.31克，平均长23.71毫米，平均宽8.46毫米，平均厚5.91毫米。

雪橇形削片。8件，中段2件，其余为远端。平均重1.16克，平均长23.2毫米，平均宽7.75毫米，平均厚5.19毫米。

边缘削片。6件，仅1件完整，其余为远端。平均重0.45克，平均长12.91毫米，平均宽15.13毫米，平均厚2.66毫米。

雕刻削片。46件，完整者2件，近端12件，中段31件，远端1件。平均重0.52克，平均长18.90毫米，平均宽6.36毫米，平均厚3.35毫米。

e. 断块

断块是指无打击点、无完整腹面的产品，共计786件。

岩性。黑色纯质黑曜岩最多（68.3%），黑色斑质黑曜岩（17.3%）和黑色点质黑曜岩次之（12.2%），其他颜色的黑曜岩较少（1.9%），玄武岩最少（0.3%）。

光泽。以二级光泽为主（72.8%），三级光泽次之（21.5%），一级光泽最少（5.7%）；有10件断块的断面光泽不一致。

自然面。无自然面的为67.9%，有自然面的为32.1%，其中5件断块带有较大的自然砾石面。

磨蚀。有2件断块表面见有轻度磨蚀。

边缘特征。有4件断块边缘见有杂乱新疤；1件断块边缘见有规整旧疤，直刃，刃角为39度。

重0.09—44.43克，平均重3.8克，标准差5.05克；长8.98—59.72毫米，平均长23.62毫米，标准差8.29毫米；宽4.65—44.7毫米，平均宽15.78毫米，标准差6.24毫米；厚1.1—30.86毫米，平均厚8.83毫米，标准差3.8毫米。

3. 工具

（1）雕刻器

167件。根据刃角的不同把雕刻器分为修边斜刃雕刻器和角雕刻器，但实际上二者之间在制作上还有很强的联系。

a. 修边斜刃雕刻器

107件。标准的修边斜刃雕刻器，以石叶为毛坯，在石叶远端修理出雕刻面，并且雕刻面位于左上侧（即石叶远端右下侧），器身实施边缘修理，侧边的修理为从破裂面向背面方向，刃缘平齐，刃角在60度左右，尾部实施单面、两面的修理或不修理，雕刻面的台面为横向预制修理，在雕刻面上留有1片或多片削片疤。但是有35.2%的产品存在程序错误或技巧失误，应属于习作或制作不成功的产品。

以黑色纯质黑曜岩为主占83.2%，黑色点质黑曜岩为16.8%。以二级光泽的标本为主（83.2%），三级（15.9%）次之，一级光泽（0.9%）的标本最少。有33.3%的标本见有少部分的自然面。

07DD.C1638，重5.83克，长53.23、宽18.38、厚6.9毫米，以石叶为毛坯，雕刻器身周边（侧边和尾部）全部由劈裂面向背面修理，修疤浅平呈近似平行状分布，雕刻面是在石叶远端一次斜向打击而成，但在正面留有2条浅平的与雕刻器削片方向一致的削片疤（图3-14-6,1）。

07DD.C1636，重5.46克，长44.66、宽19.18、厚6.76毫米，以石叶为毛坯，但在石叶的近端修理出雕刻面，器身周边修理，侧边为单面修理，尾部为双面修理，雕刻面的台面为横向预制修理，雕刻面可见4条削片疤（图3-14-6,2）。07DD.C1160，以石叶为毛坯，重2.47克，长32.35、宽14.63、厚6.78毫米，左边为从劈裂面向背面修理，右边为双面修理，底边有轻度修理，见有残留的横向修理的雕刻台面，雕刻面由3条削片疤组成（图3-14-6,4）。

根据雕刻的保存部位可以分为五类，分别是完整雕刻器、雕刻器顶部、雕刻器中部、雕刻器的中尾部、雕刻器尾部。

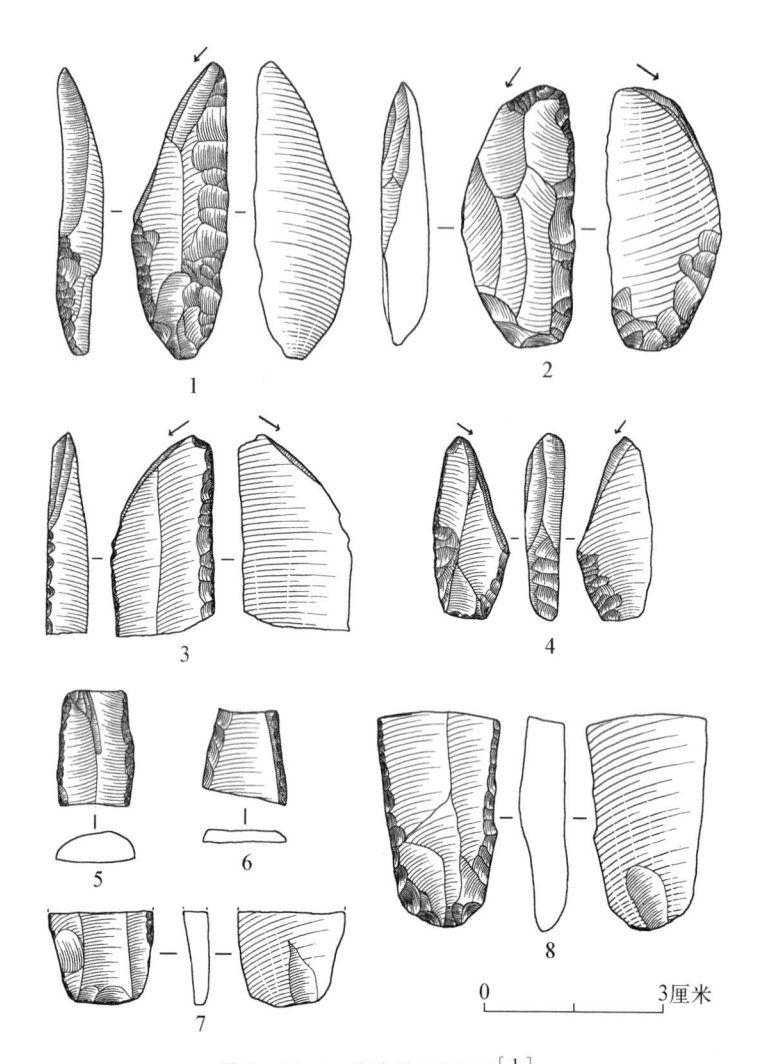

图 3-14-6 修边斜刃雕刻器[1]
1、2、4. 完整雕刻器（07DD.C1638、07DD.C1636、07DD.C1160）
3、5—8. 残断雕刻器（07DD.C854、07DD.C914、07DD.C1489、07DD.C417、07DD.C05）

第一类，完整的修边斜刃雕刻器。

41件，重0.96—16.91克，平均重5.7克，标准差3.2克；长20.59—53.23毫米，

---

[1] 李万博等：《延边和龙大洞旧石器遗址（2007）试掘简报》，《边疆考古研究》（第20辑），科学出版社，2016年，第1—11页。

平均长 38.83 毫米,标准差 8.12 毫米;宽 12.94—25.58 毫米,平均宽 18.74 毫米,标准差 3.64 毫米;厚 3.32—11.25 毫米,平均厚 7.45 毫米,标准差 1.82 毫米。

第二类,修边斜刃雕刻器顶部。

21 件,与完整形雕刻器相比只缺失了雕刻器尾部的很少的部分。在少数雕刻器的折断面与正面的转角处为一折断的凸棱,而在折断面与背面的转角处为漫圆形。平均重 4.49 克,平均长 33.24 毫米,平均宽 18.89 毫米,平均厚 6.95 毫米。07DD.C854,石叶毛坯,侧边进行从劈裂面向背面的修理,见有小段的横向修理的雕刻台面,在雕刻面见有 2 条削片疤,底部为平齐的折断面,折断面打破侧面修疤(图 3-14-6,3)。

第三类,修边斜刃雕刻器中部。

19 件,大多以石叶为毛坯,刃角较钝,在 60 度以上,两端的折断面多不规则,少数标本的边缘可见雕刻面远端的痕迹。平均重 2.49 克,平均长 20.2 毫米,平均宽 16.83 毫米,平均厚 4.87 毫米。07DD.C914,石叶毛坯,侧边见有从劈裂面向背面的修理,修疤细密,刃角较钝,上下横面为折断面(图 3-14-6,5)。07DD.C1489,石片毛坯,双侧边由劈裂面向背面修理,刃角 60 度左右,上下横面为折断面(图 3-14-6,6)。

第四类,修边斜刃雕刻器中尾部。

15 件,该类的大小差异稍大,一些标本的左上角留有雕刻面远端的痕迹。平均重 6.14 克,平均长 36.75 毫米,平均宽 20.04 毫米,平均厚 6.86 毫米。07DD.C05,石叶毛坯,周边由劈裂面向背面修理,顶部为折断面(图 3-14-6,8)。

第五类,修边斜刃雕刻器尾部。

11 件,即雕刻器顶部的缺失部分,少数标本在折断面与正面的转角处为漫圆形,而在折断面与反面的转角为一折断的凸棱,该情况与雕刻器顶部相吻合。平均重 1.97 克,平均长 17.76 毫米,平均宽 18.95 毫米,平均厚 5.89 毫米。07DD.C417,石叶近端有粗糙的修理,在右侧边保留有部分精细的修理(图 3-14-6,7)。

修边斜刃雕刻器的属性特征。

毛坯类型。107 件修边斜刃雕刻器中以石叶为毛坯的占 70.1%、以石片为毛坯的占 14%、以长石片为毛坯的占 1.9%,另外还有 14% 的毛坯难以确定。

雕刻台面。打下雕刻器削片所着力的台面叫作雕刻台面,雕刻台面观察的标本包括完整雕刻器和顶部雕刻器,共计62件。无台面是指雕刻器削片直接从侧边打击,而无顶部横边的修理,该类标本占48.4%;横向修理台面是指在毛坯的顶部横边从劈裂面向背面打击,以此修边作为台面打下雕刻器削片,该类标本占29%;纵向修理台面是指以向与雕刻面相对的另一边打下的纵向石片为台面打下雕刻器削片,该类雕刻器的雕刻刃与屋脊形雕刻器类似,但保留的台面部分要远远短于雕刻面,该类标本占8.1%;横纵混合剥片是指先进行横向的修理再进行纵向的修理,从而形成台面,该类标本仅有1件;另外还有12.9%的标本的雕刻面与侧边夹角处破损,破损疤比器身光亮,与新鲜断口接近,所以该类标本的台面无法观察。

雕刻刃角。是指雕刻面与台面的夹角(无台面时指的是与侧边的夹角),分布在30—118度之间,平均41度,标准差22.83度。大体可分为在45度和80度左右的两组,即无台面组和有台面组。

雕刻面角。是指雕刻面与侧边的夹角,分布在9—79度之间,平均41度,标准差13.27度。在45度左右分布。

雕刻面。雕刻面长8.54—39.42毫米,平均长22.8毫米,标准差6.98毫米;雕刻面宽1.62—11.32毫米,平均宽5.88毫米,标准差2.16毫米;雕刻面上的削片疤以2片为主,占38.9%,1片、3片和4片疤的各占20.4%。

侧边情况。包括全部的修边斜刃雕刻器,观察他们的修理深度、修理方向、刃缘形态、修疤层数、修疤特征、修疤深度、刃角等情况。

修理深度是指侧边最大修疤的长度,为1.43—12.78毫米,平均5.35毫米,标准差2.66毫米,多分布在2—7毫米之间,修疤以边缘分布为主,占87%,不见通体修理。

修理方向以从劈裂面向背面的修理为主占85%,有背面向劈裂面的修理为1.9%,两侧面修理方向不同的为3.7%,两面修理的仅占0.9%。

刃缘形态是指侧边修理后的状态,见平齐(87%)和近似齿状(13%)两类。

修疤层数以双层修疤为主,近缘处为细碎小疤,该类标本占70%;单层修疤为30%。

修疤特征以阶梯状修疤为主(48.1%),鱼鳞状(29.6%)和近似平行状(18.5%)次之,混合型修疤最少(3.7%)。

修疤深度是指修疤面上最低点与修疤交脊的距离,以中等为主(68.5%),浅平的次之(24.1%),深凹的最少(7.4%)。

刃角中左侧刃角处于40—88度之间,平均66.42度,标准差12.38度;右侧刃角,处于30—96度之间,平均11.89度,标准差11.89度。从刃角来看左右刃之间不应该存在功能上的差别。

尾部修理观察的标本包括完整雕刻器和尾部雕刻器。无修理的为51.6%,从劈裂面向背面修理的为24.2%,从背面向劈裂面修理的为6.5%,两面修理的为17.7%。

b. 角雕刻器

60件。包括单雕刻面角雕刻器和多雕刻面角雕刻器两种类型。除一件外,其余雕刻台面都为横向修理。岩性以黑色纯质黑曜岩为主(83.3%),其次为黑色点质黑曜岩(13.3%),黑色斑质黑曜岩(1.7%)和红色纯质黑曜岩(1.7%)较少。光泽以二级为主(81.7%),三级光泽次之(18.3%)。有7件标本带有小部分的自然面,占11.7%。

第一类,单雕刻面的角雕刻器。

40件。薄形修理台面,共37件(其中毛坯6件)。与修边斜刃雕刻器的顶端极其类似,但保留的雕刻台面较多,雕刻面与毛坯的长轴更为接近,该类雕刻器的形成与斜刃雕刻器关系密切。明显以石叶为毛坯的占41.2%,其余的毛坯未知。重平均4.49克,长30.47、宽19.48、厚7.07毫米。雕刻刃角37—122度,平均80.56度,标准差17度。侧边修理的刃角平均为60度;侧边的修理均未边缘修理,以单层修疤为主(61.5%),其余为双侧修疤;以鱼鳞状修疤为主(53.8%),其次是阶梯状修疤(19.2%)、平行状修疤(15.4%)和近似平行状修疤(11.5%);修疤深度以浅平(46.2%)和中等(42.3%)为主;修理深度0.91—6.87毫米,平均3.24毫米。07DD.C1318,雕刻台面为横向修理,右侧边有由劈裂面向背面的细小修理,雕刻面见有2片削片疤(图3-14-7,3)。

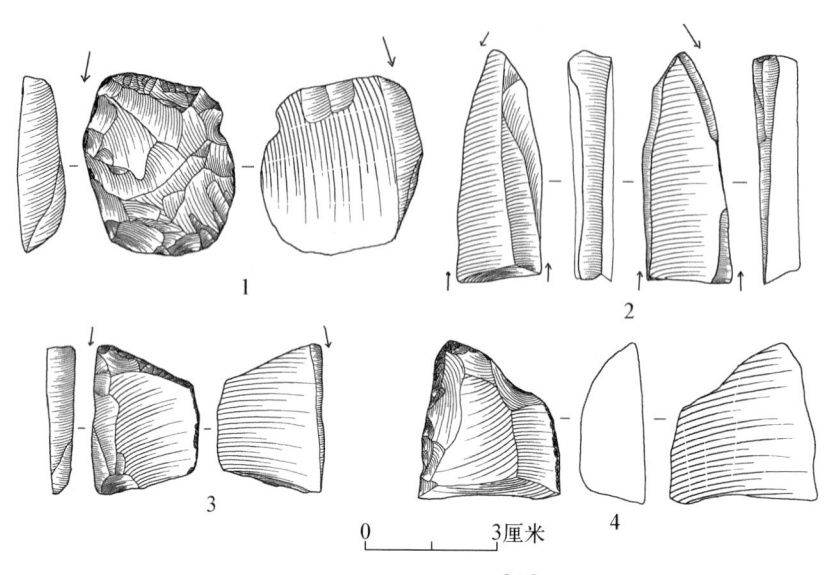

图 3-14-7 角雕刻器[1]
1. 厚形角雕刻器(07DD.C1853) 2. 多雕刻面的角雕刻器(07DD.C856)
3. 薄形角雕刻器(07DD.C1318) 4. 薄形角雕刻器毛坯(07DD.C940)

该类雕刻器的毛坯6件。07DD.C940,除底边外均有劈裂面向背面修理,底边为折断面(图3-14-7,4)。

薄形不修理台面,3件。07DD.C1084,重16.31克,长40.03、宽32.43、厚11.22毫米,以背面保留有自然面的石片为毛坯,右侧缘和底缘修理,刃角47度,左侧为雕刻面,保留有2片雕刻器削片疤,台面为折断面,雕刻刃角80度。另外2件较小,其中1件以石叶为毛坯。

厚形修理台面,7件。以石片为毛坯,为单雕刻面。除07DD.C1414外,其余的雕刻台面均为纵向打击而成。除07DD.C10外,所有雕刻面均在左侧。平均重12.48克,平均长36.43毫米,平均宽28.93毫米,平均厚10.83毫米。雕刻刃角46—111度,平均89.57度。见有1片削片疤的5件,见有2片和3片削片疤的各1件。

---

[1] 李万博等:《延边和龙大洞旧石器遗址(2007)试掘简报》,《边疆考古研究》(第20辑),科学出版社,2016年,第1—11页。

雕刻面长 26.46—36.68 毫米,平均长 32.52 毫米;宽 4.79—10.18 毫米,平均宽 7.64 毫米。07DD.C1853,横向打击形成雕刻台面,在左侧边形成雕刻面(图 3-14-7,1)。

第二类,多雕刻面的角雕刻器。

13 件。平均重 12.49 克,平均长 48.94 毫米,平均宽 20.55 毫米,平均厚 11 毫米。雕刻面长 16.88—81.03 毫米,平均长 42.86 毫米;宽 3.55—15.64 毫米,平均宽 8.31 毫米。雕刻面以单片疤为主(60%),2 片和 3 片削片疤的标本数量基本相等。雕刻刃角 46—109 度,平均 81.08 度,标准差 16.75 度。以石叶为毛坯,包括同侧对向剥片、异侧对向剥片、异侧同向剥片和混合型剥片等几类。

同侧对向剥片是指在同一侧由两端的雕刻台面分别打击形成的双雕刻面,共 2 件。

异侧对向剥片是指左右两个雕刻面分别从上下两个雕刻台面打击而成,该类共 9 件。

异侧同向剥片是指两个雕刻面是由同一个雕刻台面打击而成,该类标本 1 件。

混合型剥片,仅 1 件,07DD.C856,共包括 3 个雕刻面,左侧由两端相对打击而成双雕刻面,另一侧由单向打击形成单雕刻面(图 3-14-7,2)。

(2) 修理石叶

9 件。其中 2 件为黑色点质黑曜岩,其余为黑色纯质黑曜岩,全部为二级光泽,无自然面。以石叶中段为毛坯,重 0.80—11.93 克,平均重 5.13 克,标准差 4.71 克;长 19.59—41.25 毫米,平均长 30.1 毫米,标准差 8.55 毫米;宽 7.53—32.6 毫米,平均宽 17.34 毫米,标准差 10.68 毫米,其中 6 件的宽度小于 15 毫米,另外 3 件的宽度大于 30 毫米;厚 0.48—10.27 毫米,平均厚 4.31 毫米,标准差 3.59 毫米。所有修理的石叶的刃角都不超过 50 度。单侧边修理的石叶 3 件,其中 2 件由劈裂面向背面修理,1 件由背面向劈裂面修理,修疤呈鱼鳞状,单层,刃角在 45 度左右;双侧边修理的石叶 6 件,其中 2 件大石叶由劈裂面向背面修理,如 07DD.C1322,直刃,刃角为 30 度(图 3-14-9,6);07DD.C924 由背面向劈裂面修理;其余 3 件小石叶为两面修理。部分标本可以作为薄形不修理台面型雕刻器的毛坯。

(3) 端刮器

30件。

a. 普通端刮器,共24件,在石片或石叶的远端由劈裂面向背面修理出弧刃,端刃较钝,端刃的修理深度远远超过侧边的修理深度,侧边实施修理或不修理。以黑色纯质黑曜岩为主(70.8%),黑色点质黑曜岩次之(25%),还有1件三角短身的端刮器为深蓝色纯质黑曜岩。以二级光泽为主(75%),三级光泽次之(20.8%),一级光泽的为1件三角长身型端刮器,修理粗糙。在6件(25%)端刮器上见有自然面。在6件端刮器上见有轻度的磨蚀。

根据器身的整体形状可以分为:

第一类,长身端刮器。

三角长身端刮器,6件,07DD.C2707,以石叶为毛坯,石叶周边由劈裂面向背面修理,石叶远端为端刮器的刃,修疤宽窄不一,端刃近刃缘处多折断细疤(图3-14-8,1)。

方形长身端刮器,10件,07DD.C1553,以石叶为毛坯,双侧边和端刃由劈裂面向背面修理,底端为折断面,端刃近刃缘处多折断细疤(图3-14-8,2)。

第二类,短身端刮器。

三角短身端刮器,5件,07DD.C1081,周边向心修理,修疤覆盖大部分背面,在背面中心保留有一块小平面,为自然面,端刃呈斜刃(图3-14-8,3)。

方形短身端刮器,3件,07DD.C1763,左侧边有由劈裂面向背面和由底缘向刃缘方向的修理,右侧边无修理,石叶毛坯的远端被修理成刃,底端为毛坯的台面,端刃近刃缘处多折断细疤(图3-14-8,4)。

第三,端刮器的一些属性特征。

大小。重1.77—19.71克,平均重8.35克,标准差5.12克;长21.97—56.25毫米,平均长33.26毫米,标准差8.49毫米;17.45—31.42毫米,平均宽25.61毫米,标准差4.52毫米;厚4.25—18.09毫米,平均厚9.46毫米,标准差3.04毫米。

侧边关系。收敛型的有11件,端部宽、尾部尖,平面呈倒三角形(端刃为弧刃),双侧边呈一定夹角;平行型的有13件,端部和尾部基本等宽,双侧边平行,平面呈方形(端刃为弧刃),尾部多为折断面。

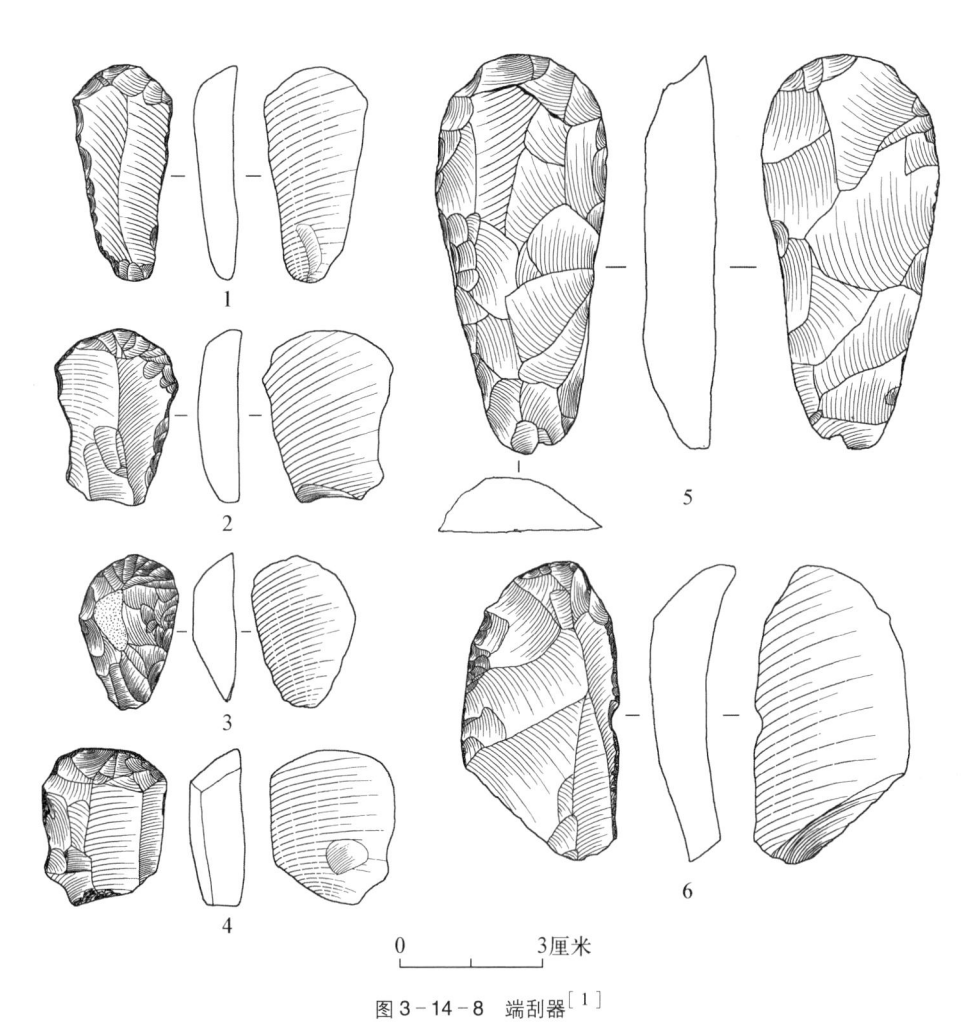

图 3-14-8 端刮器[1]
1—4. 普通端刮器（07DD.C2707、07DD.C1553、07DD.C1081、07DD.C1763）
5. 双面修理端刮器（07DD.C1105） 6. 曲刃端刮器（07DD.C2202）

侧边修理。双边修理的 15 件，单边修理的 7 件，无侧边修理的 2 件。左侧边从劈裂面向背面修理的 15 件，两面修理的 2 件，无修理的 7 件；右侧边从劈裂面向背面修理的 16 件，由背面向劈裂面修理的 3 件，两面修理的 1 件，无修理的 4 件。

---

[1] 李万博等：《延边和龙大洞旧石器遗址（2007）试掘简报》，《边疆考古研究》（第 20 辑），科学出版社，2016 年，第 1—11 页。

端刃角和修理深度。端刃角37—66度,平均57.63度,标准差6.47度;端刃角的修理深度3.17—21.70毫米,平均9.52毫米,标准差3.92毫米。

尾部修理。从劈裂面向背面修理的2件,从背面向劈裂面修理的1件,两面修理的2件,没有修理的10件,为断面的9件。

毛坯类型。石叶毛坯的12件,石片毛坯的5件,另外还有7件的毛坯难以推测。

b. 曲刃端刮器

5件,长身,以石叶为毛坯,与普通端刮器类似,但纵剖面呈弯曲状,端刃呈尖弧形,端刃的修理深度与侧边相差无几,尾部全部为横断面。1件黑色纯质黑曜岩,3件黑色点质黑曜岩,1件燧石。黑曜岩的光泽均为二级。重2.3—21.17克,平均重11.28克;长27.73—59.82毫米,平均长42.7毫米;宽14.86—36.17毫米,平均宽25.53毫米;厚5.86—16.73毫米,平均厚10.12毫米。端刃角35—64度,平均55度。07DD.C2202,左侧边为大小不一的三层修疤,右侧边细密的单侧修疤,端刃近刃缘处多折断细疤(图3-14-8,6)。其余4件稍小,除一件燧石质外,另外3件的侧边轻微外展即尾部的宽大于端部的宽。

c. 双面修理端刮器

1件,端刃和侧刃实施两面修理,呈长梯形。07DD.C1105,流纹岩,重80.85克,长37.03、宽15.49、厚51.14毫米,通体修理,修疤浅平,正面突出、背面平坦,端弧刃,刃角51度(图3-14-8,5)。

(4) 琢背刀

9件。石片或石叶毛坯,形状不固定,在一边见有修理痕迹;另一边有不超过1毫米的细小疤痕,大小不一,推测可能为使用痕迹,器身的修理是为了便于把握。6件为黑色纯质黑曜岩,3件为黑色点质黑曜岩。全部为二级光泽,均无自然面。由劈裂面向背面修理的5件,由背面向劈裂面修理的4件。重0.97—3.65克,平均重2.03克,标准差1.13克;长21.93—35.37毫米,平均长24.47毫米,标准差4.21毫米;宽12.29—25.81毫米,平均宽16.35毫米,标准差4.13毫米;厚3.43—7.65毫米,平均厚5.31毫米,标准差1.67毫米。07DD.C1294,右侧边由劈裂面向背面修理,靠近边缘处有细密小疤,左侧边在两面都见有不连续的细小疤痕(图3-14-9,1)。

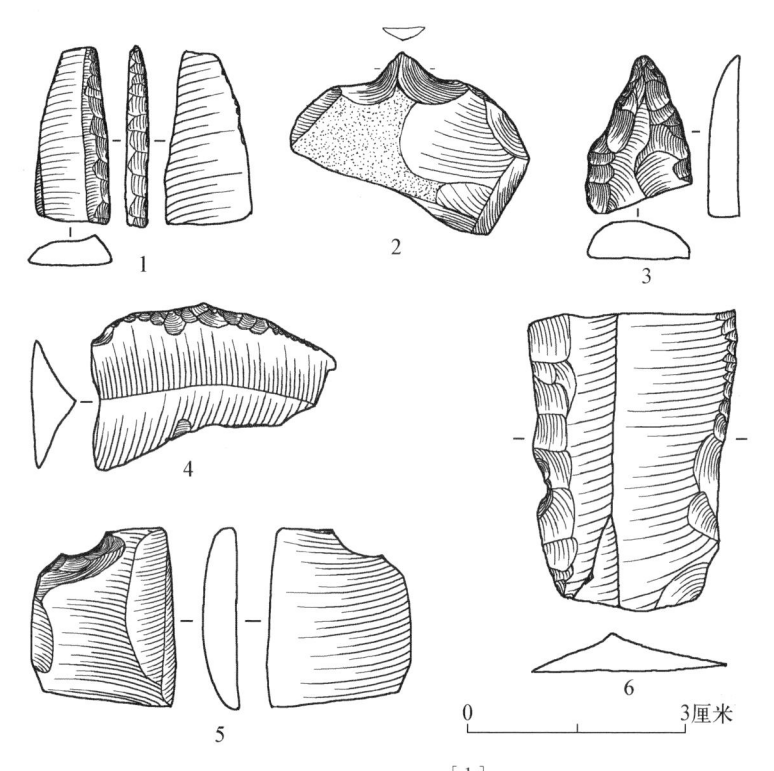

图 3-14-9 工具[1]

1. 琢背刀(07DD.C1294) 2. 钻器(07DD.C240) 3—4. 尖状器(07DD.C692、07DD.C1496)
5. 凹缺器(07DD.C2771) 6. 修理石叶(07DD.C1322)

(5)尖状器

11件。

a. 钝尖尖状器,5件,在石叶(2件)或石片(3件)的一边由劈裂面向背面修理(4件)或由背面向劈裂面修理成刃,刃缘中部突出呈一钝角。07DD.C1496,石叶毛坯,在一侧边单向修理成尖刃,修疤十分浅平,呈鱼鳞状(图3-14-9,4)。其他标本均比07DD.C1496稍小,平均重2.34克,平均长22.23毫米,平均宽18.38毫

---

[1] 李万博等:《延边和龙大洞旧石器遗址(2007)试掘简报》,《边疆考古研究》(第20辑),科学出版社,2016年,第1—11页。

米,平均厚6.11毫米。黑色纯质黑曜岩4件,黑色点质黑曜岩1件;全部为二级光泽4件;1件见有自然面。

b. 锐尖尖状器,6件,双直刃汇聚成一尖角,刃角为锐角。其中5件的侧边由劈裂面向背面修理,还有1件为通体修理,尖状器底端全部为折断面。平均重3.82克,平均长27.99毫米,平均宽23.71毫米,平均厚6.3毫米。07DD.C692,双侧边由劈裂面向背面修理,形成尖刃。黑色纯质黑曜岩1件,黑色点质黑曜岩5件;二级光泽4件,三级光泽2件;全部都不见自然面(图3-14-9,3)。所有标本的底部都为折断面,所以不排除是修边斜刃雕刻器顶部的可能。

（6）钻器

2件。石片毛坯,黑色纯质黑曜岩,光泽为二级和三级,其中一件保留自然面。07DD.C240,在石片的侧边经过两次由劈裂面向背面的打击形成的两个凹口组成了一个三棱形的尖,其他部位没有修理,在石片背面保留有自然面,重26.49克,长35.19、宽6.16、厚4.01毫米(图3-14-9,2)。另一件比07DD.C240稍小,同样为从劈裂面向背面修理,尖端微残。

（7）凹缺器

1件。07DD.C2771,黑色纯质黑曜岩,三级光泽,石片的边缘经多次打击形成一个凹口,靠近刃缘处见有细微折断疤(图3-14-9,5)。

（8）镞

2件。07DD.C2530,尖端残,凹底,右侧尾翼较长,通体修理,修疤细密,非常浅平(图3-14-10,1)。另一件为镞的尖部,通体修理,修疤细密,非常浅平。石镞的修疤与其他类型的工具差异明显,主要表现在修疤长大于宽、疤交脊不明显、片疤面不光滑。

（9）边刮器

8件。石片侧边实施修理,形状不规则,全部为单刃。黑色纯质黑曜岩6件,黑色点质黑曜岩和黑色斑质黑曜岩各1件。有1件带有自然面。共有3件直刃、3件微弧刃、2件不规则刃。重1.7—6.97克,平均重4.28克;长25.25—35.64毫米,平均长28.49毫米;宽17.69—27.82毫米,平均宽21.83毫米;厚3.75—9.05毫米,平均厚6.72毫米。直刃边刮器刃角为55度左右,弧刃边刮器刃角为40度左右。不规则刃的边刮器刃角为60度左右。弧刃边刮器的修疤分布最大达到石片背面的三分之一,直刃边刮器次之,不规则刃的边刮器最少。

(10)船形器

6件。包括两种类型,侧边修理型和周边修理型。

a. 侧边型

4件,在毛坯的侧面由腹面向背面修理,修疤相交于背面的中部形成一条纵脊,类似船形细石核的预制过程,但上下两边为不修理的横断面,属于典型的船形器。黑色纯质黑曜岩2件,黑色点质和斑质黑曜岩各1件;二级光泽和三级光泽各1件;均未见自然面。07DD.C1656,重10.8克,长22.67、宽11.63、厚41.07毫米,由腹面向背面修理,修疤大而浅平,背面的交脊较钝(图3-14-10,3),另外3件的宽度与该件相若,长度稍短。

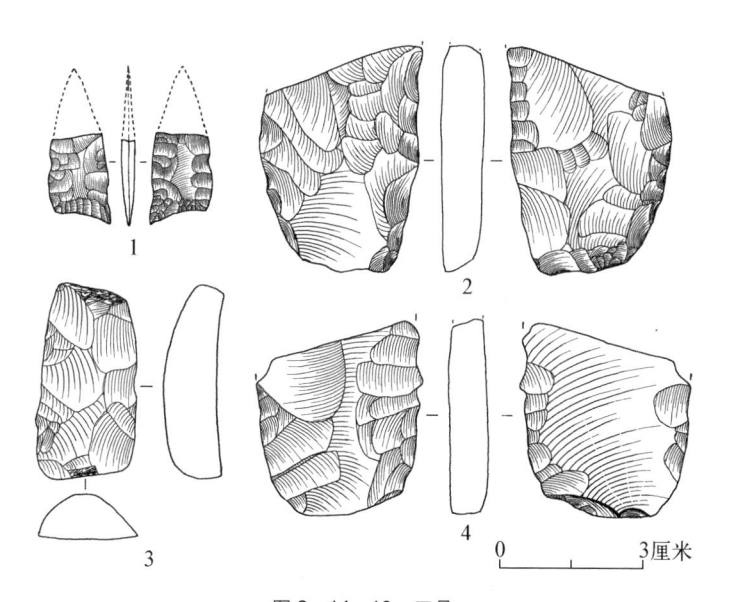

图3-14-10 工具

1. 镞(07DD.C2530) 2、4. 工具残块(07DD.C1818、07DD.C1860) 3. 船形器(07DD.C1656)

b. 周边型

2件,在侧边型的基础上,由侧面方向修理毛坯的腹面,修疤布满毛坯的腹面和背面,两件的体积比侧边型的稍大,如07DD.C1640,重29.98克,长26.99、宽24.16、厚55.66毫米。

(11) 精细修理的工具残块

共90件。保留有修边的局部,多以石片为毛坯,由于属于某些工具的小部分,难以识别属于何种类型。黑色纯质黑曜岩为主(82.2%),黑色点质(13.3%)和黑色斑质(3.3%)黑曜岩次之,黑褐色混合的黑曜岩只有1件(1.1%)。二级光泽最多(83.3%),三级光泽(16.7%)次之。仅1件标本见有自然面。修理方向以从劈裂面向背面修理为主(74.4%),两面修理(8.9%)和从背面向劈裂面修理(3.3%)的次之,不规则修理的占2.2%。重0.08—22.19克,平均重3.11克,标准差4.47克;长8.91—46.11毫米,平均长20.69毫米,标准差8.72毫米;宽4.44—57.05毫米,平均宽18.98毫米,标准差9.65毫米;厚1.33—15.56毫米,平均厚5.72毫米,标准差2.84毫米。刃角28—84度,平均53度,标准差12度,刃角主要集中在35—75度之间,占90%。绝大多数标本为边缘修理,只有2件为通体修理,修疤非常浅平。07DD.C1818,黑色斑质黑曜岩,通体修理,修疤非常浅平,疤交脊不明显,边缘实施了进一步的异向修理使得刃角变大,刃角57度,顶部为横断面(图3-14-10,2),该件标本有可能是矛头的尾部,与之类似的07DD.C1860仅在边缘实施了双面的修理(图3-14-10,4)。其余标本体积较小,形态更不规整。

(12) 粗糙修理的工具残块

共10件。保留有修边的局部,修疤大而深,刃缘呈锯齿状,以断块为毛坯,属于修理初期残断的产品。以黑色纯质黑曜岩为主(7件),单面修理和两面修理的各5件,均为边缘修理,最大长修疤25毫米。重7.53—45.58克,平均重20.7克;长16.38—39.1毫米,平均长28.73毫米;宽15.38—22.94毫米,平均宽17.48毫米;厚30.45—77.43毫米,平均厚47.12毫米。刃角58—78度,平均60度。

(13) 不规则修理的工具

共11件。石片毛坯,石片边缘实施不规则的修理,修边不连续,修疤大小不一,刃缘不平齐,该类标本属修理工具中的次品,是极初级的习作或漫无目的修理的产品。由劈裂面向背面修理的3件,由背面向劈裂面修理的5件,两面修理的

1件,不规则修理的2件。黑色纯质黑曜岩8件,黑色点质黑曜岩3件;一级光泽1件,二级光泽7件,三级光泽3件;有3件标本见有自然面。重3.84—26.63克,平均重9.32克;长23.8—53.25毫米,平均长35.26毫米;宽17.91—41.96毫米,平均宽28.09毫米;厚5.37—12.33毫米,平均厚9.24毫米;刃角40—80度,平均54度,标准差10度。

(14) 部分修理的工具

共6件。在石片的某个边缘有小段的修理,其他部位没有修理,形状不固定,该类标本属在修理初期放弃修理的产品。全部为黑色纯质黑曜岩;其中有4件为三级光泽,其他的为二级光泽;在2件标本上见有小面积自然面。重1.94—30.24克,平均重11.22克;长27.34—54.46毫米,平均长41.13毫米;宽15.39—48.51毫米,平均宽30.61毫米;厚3.72—13.15毫米,平均厚8.86毫米。全部为从劈裂面向背面修理,刃角42—58度,平均52度。

(二) 第三次试掘发现的石制品

本次试掘共获得石器4 389件,包括石核、石片、石叶、细石叶、断块、第二类工具和第三类工具(表3-14-1)。

表3-14-1 各类石器数量及其百分比[1]

名　称	数　量	百分比(%)
石核	16	0.36
石片	3 407	77.6
石叶	36	0.82
细石叶	139	3.2
断块	485	11.05

[1] 李万博等:《延边和龙大洞旧石器遗址(2007)试掘简报》,《边疆考古研究》(第20辑),科学出版社,2016年,第1—11页。

（续表）

名　　称	数　量	百　分　比(%)
第二类工具	199	4.53
第三类工具	106	2.41

1. 石核

16件,原料均为黑曜岩,可分为细石叶石核和石叶石核。

（1）细石叶石核

15件。可分为单台面和双台面两类。

单台面10件。07DD.3651,船底形。长35.81、宽9.09、厚14.45毫米,重4.75克。周边进行修理,有一个工作面,面上有7个细石叶片疤。台面角72度（图3-14-11,3）。

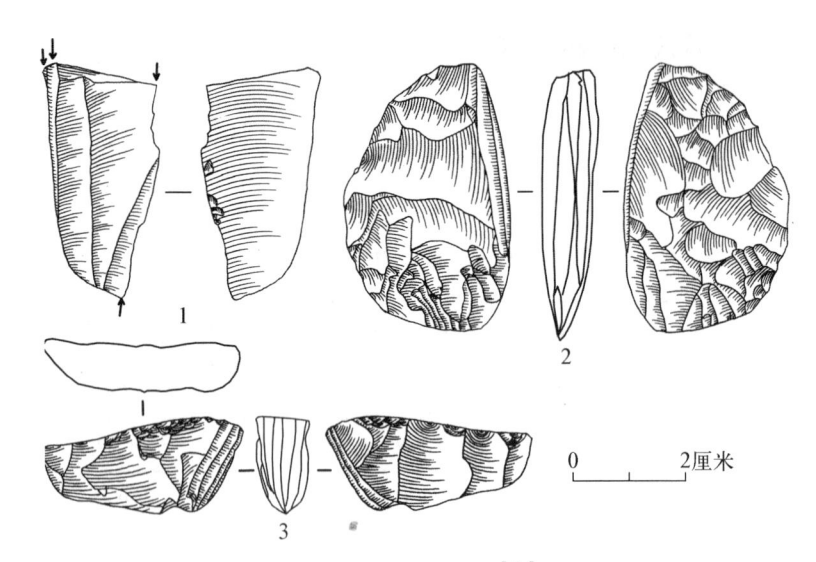

图3-14-11　细石核[1]

1. 双台面细石叶石核(07DD.37)　2. 楔形细石叶石核(07DD.3814)　3. 单台面细石叶石核(07DD.3651)

---

[1] 李万博等：《延边和龙大洞旧石器遗址(2007)试掘简报》,《边疆考古研究》(第20辑),科学出版社,2016年,第1—11页。

07DD.3814,楔形。长 44.88、宽 29.97、厚 9.79 毫米,重 14.54 克。通体进行压制修理,边缘薄锐,一个工作面,面上有 6 个细石叶片疤,片疤的末端集中并与另一边缘重合。台面角 79 度(图 3-14-11,2)。

双台面 5 件。07DD.37,近三角形。长 26.09、宽 22.77、厚 7.12 毫米,重 7.28 克。以石片为毛坯,将石片远端打制成一台面,然后以左右两侧为工作面分别进行剥片,根据细石叶片疤显示,右侧工作面剥离的细石叶多折断,左侧工作面剥离的细石叶则较为完整,且与石片的右侧边相接。左右两侧台面角分别为 70、72 度。在石片的近端,以左侧工作面剥离的细石叶所留下的疤痕为台面在石片的右侧继续剥离细石叶,该台面角为 69 度(图 3-14-11,1)。

(2)石叶石核

1 件。07DD.2653,长 59.54、宽 42.8、厚 23.26 毫米,重 60.03 克。核体还部分保留自然面,有 2 个台面,1 个为人工台面,另 1 个为自然台面,2 个台面共用一个工作面对向剥片。台面角分别为 32、43 度。

2. 石片

3 407 件,可分为完整石片、断片和废片。

(1)完整石片

55 件。长 12.03—46.43 毫米,平均长 24.84 毫米;宽 13.32—53.39 毫米,平均宽 26.19 毫米;厚 2.56—20.22 毫米,平均厚 6.21 毫米;重 0.74—30.17 克,平均重 4.43 克。原料以黑曜岩为主,占 95%。台面以素台面为主,占 49%,其次为线状和点状台面,背面全疤和半疤者分别占 87.3% 和 11%。

(2)断片

3 166 件,可分为近端、中段、远端和不可分类的碎片。

近端。289 件。黑曜岩占 97.6%。长 9.45—67.69 毫米,平均长 21.72 毫米;宽 10.48—51.41 毫米,平均宽 21.49 毫米;厚 1.63—25.58 毫米,平均厚 5.07 毫米;重 0.32—31.07 克,平均重 2.81 克。

中段。247 件。黑曜岩占 99.6%。长 9.04—58.09 毫米,平均长 21.89 毫米;宽

2.41—99.79毫米,平均宽19.56毫米;厚1.48—13.52毫米,平均厚4.83毫米;重0.27—95.27克,平均重2.7克。背面全疤者占88.6%。

远端。114件。黑曜岩占96.5%。长12.53—68.52毫米,平均长22.41毫米;宽11.14—81.11毫米,平均宽20.67毫米;厚1.72—23.42毫米,平均厚4.85毫米;重0.47—80.8克,平均重3.33克。背面全疤者占83.33%。

不可分类的碎片。一些断片由于缺失近端,同时也观察不到远端特征,因此不能辨认属于石片的哪个部位,但是还可以观察到腹面的某些特征,因此将其归入不可分类的碎片一类。此类共计2 516件,占石器总数的57.33%,黑曜岩占99.72%。形体较小,长1.26—89.58毫米,平均长12.45毫米;宽1.11—29.09毫米,平均宽8.94毫米;厚0.01—10.35毫米,平均厚2.45毫米;重0.01—31.37克,平均重0.32克。

(3) 废片

是在打片和加工石器的过程中形成的一些微小的石片,共计186件,原料全为黑曜岩。长6.92—20.76毫米,平均长8.25毫米;宽5.71—19.71毫米,平均宽11.25毫米;厚0.89—6.58毫米,平均厚2.45毫米;重0.04—2.07克,平均重0.32克。

3. 石叶

36件。原料均为黑曜岩。可分为近端,中段和远端断片三类。

近端。6件。长19.09—45.58毫米,平均长27.01毫米;宽10.38—13.97毫米,平均宽12.51毫米;厚2.13—6.58毫米,平均厚3.83毫米;重0.78—5.31克,平均重1.79克。背面均为1条脊。

中段。26件。长13.81—32.82毫米,平均长21.07毫米;宽10.06—17.23毫米,平均宽12.41毫米;厚1.96—5.95毫米,平均厚3.81毫米;重0.36—3.41克,平均重1.19克。背面均为2条脊。

远端。4件。长11.47—23.62毫米,平均长18.15毫米;宽12.06—12.16毫米,平均宽12.09毫米;厚1.84—5.36毫米,平均厚3.57毫米;重0.05—1.46克,平均重0.75克。背面均为1条脊。

4. 细石叶

139 件。原料全为黑曜岩。可分为完整细石叶和细石叶断片两类。

完整细石叶。9 件。长 13.76—38.82 毫米,平均长 23.81 毫米;宽 2.19—9.43 毫米,平均宽 6.66 毫米;厚 1.48—3.17 毫米,平均厚 2.11 毫米;重 0.11—1.48 克,平均重 0.59 克。背面 1 条脊者 2 件,2 条脊者 7 件。

细石叶断片。130 件。根据其部位可分为近端、中段和远端断片三类。

近端 27 件。长 3.52—27.51 毫米,平均长 14.87 毫米;宽 3.18—9.62 毫米,平均宽 5.29 毫米;厚 1.13—5.25 毫米,平均厚 2.15 毫米;重 0.05—2.24 克,平均重 0.67 克。

中段 90 件。长 8.28—26.97 毫米,平均长 15.5 毫米;宽 2.37—9.91 毫米,平均宽 5.4 毫米;厚 0.1—5.97 毫米,平均厚 2.26 毫米;重 0.01—1.32 克,平均重 0.29 克。背面 2 条脊者 86 件,占 95.55%。

远端 13 件。长 8.24—27.79 毫米,平均长 18.15 毫米;宽 3.17—9.94 毫米,平均宽 6.19 毫米;厚 0.91—6.24 毫米,平均厚 3.42 毫米;重 0.02—1.29 克,平均重 0.84 克。背面 1 条脊者 10 件,占 76.92%。

5. 断块

485 件。黑曜岩占 96.5%。多呈不规则形。无自然面者 361 件,占 74.43%。长 8.43—91.1 毫米,平均长 23.56 毫米;宽 4.81—55.74 毫米,平均宽 15.58 毫米;厚 2.76—35.78 毫米,平均厚 8.04 毫米;重 0.23—114.72 克,平均重 3.7 克。其中最小者 07DD.3130,长、宽、厚为 11.58×6.78×2.94 毫米,重 0.23 克。最大者 07DD.3619,长、宽、厚为 66.79×55.74×35.78 毫米,重 114.72 克。

6. 第二类工具

为直接使用石片和使用石叶及细石叶。共计 199 件,占石器总数的 4.53%,原料以黑曜岩为主,占 98.5%。根据刃口的数量,可分为单刃和双刃两类。

单刃类,132 件。根据刃口的形状可分为直、凹和凸刃三类。

单直刃。61 件。原料均为黑曜岩。

07DD.2451,使用石片,长 30.77、宽 18.68、厚 5.93 毫米,重 3.28 克。自然台面,背部平滑,有清晰的放射线、同心波,腹面半锥体隆起,有锥疤及放射线和同心波。左侧边保留有部分石皮,右侧边为使用刃缘,肉眼观察疤痕细小浅平断续分布,显微镜下观察疤痕之间还布满微小连续的小疤痕,刃长 30 毫米,刃角 15 度(图 3-14-12,3)。

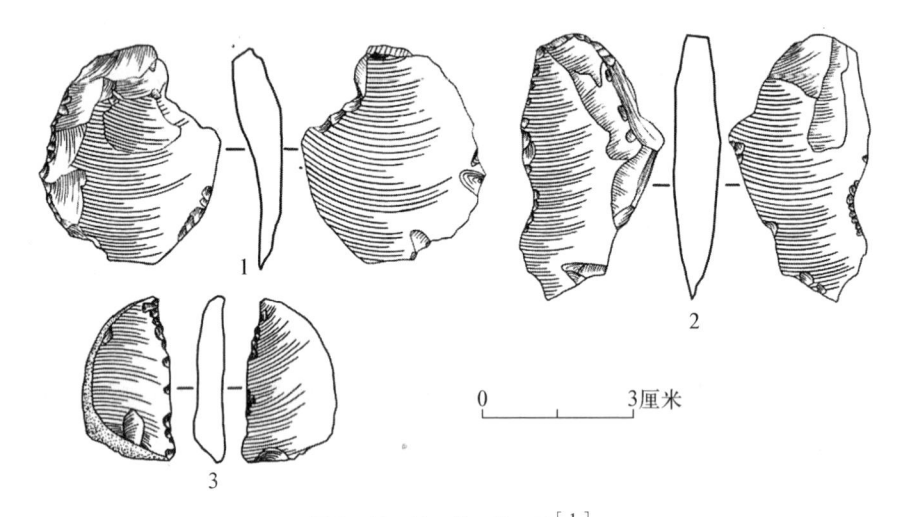

图 3-14-12　第二类工具[1]
1. 单凸刃(07DD.2876)　2. 单凹刃(07DD.4079)　3. 单直刃(07DD.2451)

单凸刃。43 件。原料以黑曜岩为主,占 97.7%。

07DD.2876,使用石片,长 35.31、宽 28.15、厚 4.42 毫米,重 6.24 克。素台面,台面后缘有细碎的小疤。背面布满疤痕,有 1 条脊,左侧边为使用刃缘,布满细小、深浅不一但较为连续的疤痕,刃角 28 度。腹面打击点集中、半锥体突起,有清晰的同心波(图 3-14-12,1)。

单凹刃。28 件。原料均为黑曜岩。

07DD.4079,使用石片,长 50.23、宽 30.52、厚 11.27 毫米,重 12.51 克。素台面,

---

[1] 李万博等:《延边和龙大洞旧石器遗址(2007)试掘简报》,《边疆考古研究》(第 20 辑),科学出版社,2016 年,第 1—11 页。

台面后缘有细碎的小疤。背面隆起,布满了疤痕,左侧边为使用刃缘,肉眼看其上布满了微小的疤痕,显微镜下可观察疤痕连续分布,刃角34度。腹面平滑,打击点集中、半锥体突起,有锥疤和清晰的同心波(图3-14-12,2)。

双刃类。67件。根据刃口的形状可以分为双直、双凹、双凸、直凸、直凹和凹凸六式。

双直刃。28件,原料均为黑曜岩。使用石片15件,占53.6%,使用石叶及细石叶13件,占46.4%。

07DD.123,使用石叶中段。长28.27、宽20.76、厚5.42毫米,重4.13克。背面2条脊,两侧边平行,其上布满了细微浅平、大小不一但较为连续的疤痕,左右侧边分别长23.1、27.5毫米,刃角分别39、46度(图3-14-13,1)。

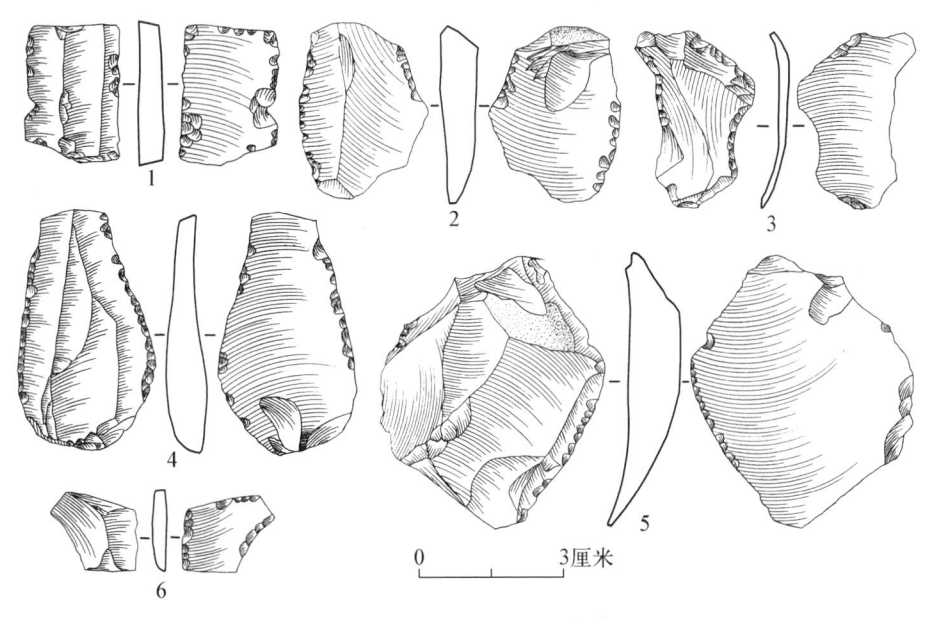

图3-14-13 第二类工具[1]
1. 双直刃(07DD.123) 2. 凹凸刃(07DD.1566) 3. 双凹刃(07DD.2764)
4. 直凸刃(07DD.3811) 5. 双凸刃(07DD.3949) 6. 直凹刃(07DD.3599)

---

[1] 李万博等:《延边和龙大洞旧石器遗址(2007)试掘简报》,《边疆考古研究》(第20辑),科学出版社,2016年,第1—11页。

双凹刃。8件。黑曜岩者7件,均为使用石片。

07DD.2764,长37.39、宽22.85、厚3.01毫米,重2.73克。背面有2片较大的疤痕相交,形成1纵脊,远端1疤痕将其打破,肉眼下可观察左右两侧边均布满了细小浅平、分布连续的疤痕,刃角分别为15、23度(图3-14-13,3)。

双凸刃。8件,原料为黑曜岩,均为使用石片。

07DD.3949,长58.27、宽47.81、厚13.91毫米,重27.05克。背面隆起,中间4片较大的疤痕相交,有1片疤将其相交点打破形成一平台,左上保留部分自然面。腹面较为平滑,有清晰的同心波,左右两侧边有细碎的疤痕,在显微镜下可见疤痕浅平,连续分布,刃角分别为39、46度(图3-14-13,5)。

直凸刃。11件,原料为黑曜岩,均为使用石片。

07DD.3811,长48.49、宽30.13、厚8.74毫米,重11.47克。素台面,台面后缘有细碎的疤痕。背面有4个同向疤痕,左侧3个相交,形成1条纵脊。左右两侧边布满细小、浅平且连续分布的疤痕。直、凸刃角分别为51、33度(图3-14-13,4)。

直凹刃。8件,原料为黑曜岩,均为使用石片。

07DD.3599,长16.61、宽19.2、厚3.71毫米,重0.96克。背面由2个片疤相交形成1纵脊,腹面平滑,有清晰的同心波,左右两侧边布满细小、浅平且连续分布的疤痕。直、凹刃角分别为13、31度(图3-14-13,6)。

凹凸刃。4件,原料为黑曜岩,均为使用石片。

07DD.1566,长37.36、宽27.87、厚9.1毫米,重7.12克。台面上保留有部分自然面,背面由2片较大的疤痕相交形成1纵脊,腹面打击点集中,半锥体突起,有锥疤和清晰的同心波。左右两侧边在肉眼下观察疤痕细小、浅平、大小不一且断续分布,显微镜下观察疤痕之间还布满微小连续的小疤痕,凹、凸刃角分别为25、36度(图3-14-13,2)。

7. 第三类工具

106件。根据器型可分为刮削器、雕刻器、凹缺器、尖状器、修背小刀、石镞、钻和工具残块八类。

刮削器。58件。根据刃口的数量可以分为单刃、双刃和复刃三型。

单刃。51件。根据刃口的形状可分为直刃、凸刃、凹刃和圆头四式。

直刃。7件,原料均为黑曜岩。长11.54—30.94毫米,平均长23.24毫米;宽10.6—31.46毫米,平均宽21.67毫米;厚3.06—7.59毫米,平均厚5.36毫米;重0.99—5.16克,平均2.79克。

07DD.4086,以石片断片为毛坯,长30.94、宽30.83、厚7.59毫米,重5.05克。背面保留部分自然面,腹面平滑,有清晰的同心波,左侧边采用压制法向背面加工成刃,疤痕较大而浅平,排列有序,刃缘平齐。刃长27.85毫米,刃角43度(图3-14-14,9)。

凸刃。21件,原料均为黑曜岩。长19.38—52.48毫米;宽7.67—45.33毫米;厚2.71—10.39毫米;重0.51—16.53克。

07DD.4424,以石片为毛坯。长52.48、宽33.24、厚8.79毫米,重16.17克。背面保留有部分自然面,腹面半锥体突起,有锥疤和清晰的同心波,左侧边采用压制法向背面加工成刃,疤痕较长而浅平,排列有序,刃缘平齐,刃长47.32毫米,刃角41度(图3-14-14,3)。

凹刃。6件,原料均为黑曜岩。长26.74—76.2毫米,平均长45.74毫米;宽21.94—31.64毫米,平均宽27.2毫米;厚6.5—15.81毫米,平均厚10.97毫米;重6.47—18.53克,平均重10.6克。

07DD.1174,以石片为毛坯。长39.28、宽25.38、厚6.5毫米,重6.47克。素台面,背部保留有部分自然面,有1片疤痕,腹面半锥体突起,有清晰的同心波,右边缘采用压制法向北面加工成刃,疤痕可分为三层。第一层疤痕较大而浅平,第二、三层疤痕较为细碎,呈连续排列,刃长37.36毫米,刃角36度(图3-14-14,6)。

圆头。17件。根据器身的形状又可分为长方形、梯形和三角形三式。

07DD.3650,以石叶远端为毛坯,整体呈长方形,长61.04、宽38.21、厚13.41毫米,重31.44克。腹面平滑,有清晰的同心波和放射线,背面中间有一条纵脊,刃缘采用压制法向背面加工而成,疤痕细长浅平,末端向脊的方向集中,最大修疤长 18.69 毫米,刃角 32 度,两侧边也进行了压制修理,疤痕浅平,排列连续(图 3-14-14,10)。

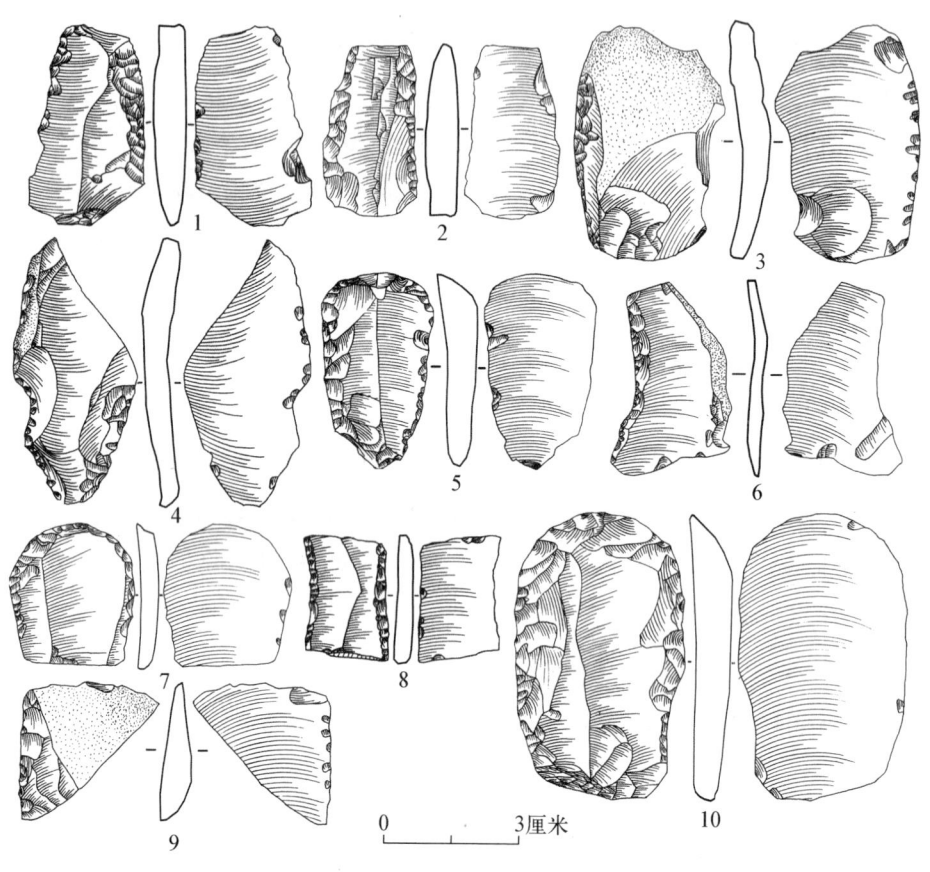

图 3-14-14　第三类工具[1]

1. 双直刃刮削器(07DD.3495)　2. 直凸刃刮削器(07DD.18)　3. 单凸刃刮削器(07DD.4424)
4. 复刃刮削器(07DD.4313)　5、7、10. 圆头刮削器(07DD.3366、07DD.2989、07DD.3650)
6. 单凹刃刮削器(07DD.1174)　8. 直凹刃刮削器(07DD.2630)　9. 单直刃刮削器(07DD.4086)

07DD.2989,以石叶远端为毛坯,整体呈梯形。长 31.43、宽 28.73、厚 5.62 毫米,

[1] 李万博等:《延边和龙大洞旧石器遗址(2007)试掘简报》,《边疆考古研究》(第 20 辑),科学出版社,2016 年,第 1—11 页。

重 5.66 克。腹面平滑,有清晰的同心波和放射线,背面左侧有 1 条脊,刃缘采用压制法向背面加工而成,疤痕细小、浅平,排列连续,最大修疤长 6.92 毫米,刃角 51 度,两侧边也进行了压制修理,疤痕排列整齐(图 3-14-14,7)。

07DD.3366,以石叶为毛坯,整体近三角形。长 40.28、宽 24.53、厚 8.64 毫米,重 7.27 克。素台面,腹面半锥体突起,有锥疤和清晰的同心波。背面隆起,有 1 条脊,在远端采用压制法向背面加工成刃,疤痕细长浅平,末端向脊的方向集中,最大修疤长 9.29 毫米,刃角 49 度。两侧边亦采用压制法进行了修理,疤痕排列整齐、连续(图 3-14-14,5)。

双刃。6 件。根据刃口的形状可分为双直、直凸刃和直凹刃三式。

双直刃。2 件。07DD.3495,长 43.36、宽 25.88、厚 5.41 毫米,重 6.49 克。以石叶为毛坯,腹面平滑,同心波、放射线清晰,背面有 1 条脊,略呈扭曲状,左侧边缘采用压制法向背面加工成刃,疤痕浅平,排列连续,加工长度 31.79 毫米,最大深度 8.31 毫米,刃角 18 度,右侧边为直接使用刃缘,疤痕细小,大小不一,显微镜下观察排列连续。刃长 40.47 毫米,刃角 22 度(图 3-14-14,1)。

直凸刃。3 件。07DD.18,以石叶为毛坯远端,腹面有清晰的同心波、放射线,背面隆起,两片疤相交形成 1 条脊,左右两侧边均采用压制法向背面加工成刃,直刃缘疤痕多细小浅平,排列紧密,加工长度 34.02 毫米,加工深度 7.01 毫米,刃角 26 度,凸刃缘疤痕较大、浅平,排列连续,加工长度 32.81 毫米,加工深度 7.96 毫米,刃角 22 度(图 3-14-14,2)。

直凹刃。1 件。07DD.2630,长 25.66、宽 18.89、厚 3.62 毫米,重 2.42 克,以石叶中段为毛坯,腹面平滑,有清晰的放射线、同心波,背面有 1 条扭曲的脊,左右两侧边均采用压制法向背面加工成刃,疤痕浅平,排列连续,左侧为直刃口,右侧为凹刃口,直、凹刃加工长度分别为 25.55、24.6 毫米,刃角分别为 15、12 度(图 3-14-14,8)。

复刃。1 件。07DD.4313,长 56.48、宽 27.69、厚 5.14 毫米,重 7.62 克。腹面平滑,有清晰的同心波和放射线,背面有 5 个片疤,左上部保留部分自然面,左侧刃口根据形状可分成三部分,皆为直接使用刃,在显微镜下可观察到微小、浅平、连续的疤痕,右侧边采用压制法向背面修理成刃,疤痕较大,排列连续(图3-14-14,4)。

雕刻器。22件。可分为屋脊形和修边斜刃雕刻器二型。

屋脊形。1件。07DD.4242,长49.16、宽28.09、厚11.62毫米,重12.12克。以石片为毛坯,在石片远端分别向左右两侧斜向削片形成刃口,削片疤与器身形成两个平台,易于把握。两侧边未进行任何修整(图3-14-15,2)。

修边斜刃。21件。其中完整者仅有5件,由于该遗址中此型雕刻器有固定的形制,因此可以根据完整器的形制辨识出残器。

07DD.60,长39.61、宽19.62、厚5.11毫米,重4.33克。以石叶为毛坯,雕刻器身周边(侧边和尾部)全部由劈裂面向背面修理,修疤细小、浅平、连续分布,雕刻面是在石叶远端一次斜向打击而成,但在正面留有2条浅平的与雕刻器削片方向一致的削片疤(图3-14-15,6)。

凹缺器。8件。原料均为黑曜岩。07DD.198,长24.25、宽16.12、厚6.73毫米,重3.07克。以石叶中段为毛坯,左侧边由腹面向背面修理成刃,疤痕浅平,连续分布,刃口中间疤痕较大,两边较小(图3-14-15,10)。

07DD.1959,长22.11、宽25.36、厚6.28毫米,重2.42克。以石片为毛坯。背面布满了疤痕,腹面平滑,半锥体突起。有清晰的同心波,远端向背面加工成刃,疤痕浅平,连续分布,刃口中间疤痕较大,两边较小(图3-14-15,9)。

尖状器。8件。07DD.2553,长30.16、宽43.17、厚8.69毫米,重10.18克。以石片为毛坯,背面隆起,左下部保留有部分自然面,将石片的远端与左侧边缘加工成刃,刃角95度(图3-14-15,1)。

07DD.4001,长161、宽48、厚15.01毫米,重111.67克。原料为凝灰岩,以石叶为毛坯,整体呈桂叶形。腹面半锥体隆起,背面较平,两侧边向背面修理在远端相接成刃。疤痕较大,浅平、连续分布,可以看出用软锤锤击和指垫法结合修整而成。刃角43度(图3-14-15,4)。

修背小刀。2件。07DD.1447,长42.91、宽21.01、厚5.8毫米,重4.83克。以石片为毛坯,腹面平滑,有清晰的同心波和放射线,背面布满疤痕,石片远端向左削片

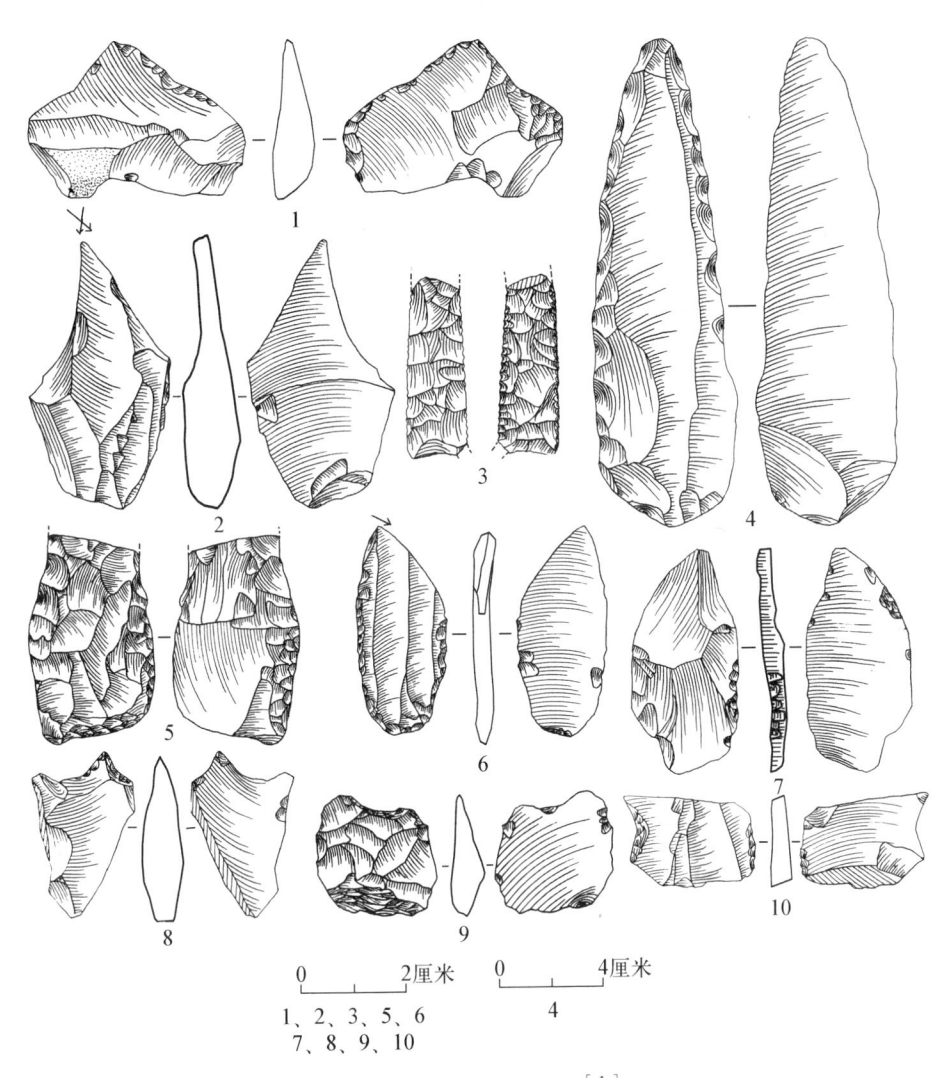

第三章 2000年以来的吉林旧石器时代考古　335

图3-14-15　第三类工具[1]
1、4. 尖状器（07DD.2553、07DD.4001）　2、6. 雕刻器（07DD.4242、07DD.60）
3. 石镞（07DD.3716）　5. 工具残块（07DD.3247）　7. 修背小刀（07DD.1447）
8. 钻（07DD.1915）　9、10. 凹缺器（07DD.1959、07DD.198）

---

[1] 李万博等：《延边和龙大洞旧石器遗址（2007）试掘简报》，《边疆考古研究》（第20辑），科学出版社，2016年，第1—11页。

形成一弧形平面,该平面末端向背面进行加工成刀背,易于把握。右侧边近端向背面加工与原先边缘相接,形成一刃口,较为薄锐,在显微镜下可以看到使用后留下的细小疤痕,刃角 30 度(图 3-14-15,7)。

石镞。1 件。07DD.3716,凹底、残。长 31.99、宽 11.6、厚 3.82 毫米,重 1.6 克。原料为硅质岩,以石叶为毛坯,通体进行加工,在边缘可以看见压制法留下的疤痕,疤痕细小,连续分布,呈锯齿状。顶部与右侧翼残缺(图 3-14-15,3)。

钻。1 件。07DD.1915,长 27、宽 18.7、厚 6.88 毫米,重 2.8 克。以石片为毛坯,远端向背面加工压制成刃。显微镜下可观察到有细小的使用疤痕,刃角 63 度(图 3-14-15,8)。

工具残块。6 件。该类器物均为残块,无法将其归入到某一类型的器物中,但是还可以观察到某些加工特征,故将其单独分出。

07DD.3247,为残断的两面器。长 36.79、宽 24.09、厚 6.79 毫米,重 6.77 克。采用压制法进行通体加工,有多层修疤,疤痕浅平,连续分布(图 3-14-15,5)。

四、结语

(一) 石器工业特征

1. 原料以黑曜岩为主。黑曜岩种类繁多,但以黑色纯净黑曜岩为主。

2. 石片断片和不可分类的碎片在石器组合中占绝对优势,石片的尺寸均以小型及微型为主,石片的平均长度和宽度接近于相等。石片的剥离主要采用锤击法,但运用砸击技术开发劣质的黑曜岩。不论在初级剥片还是工具修理(雕刻器)的过程中都娴熟地运用了背脊对剥片的控制作用。

3. 石叶和细石叶技术是剥片技术的主体,其中中段断片所占的比例最高,形制也最为规整。

4. 工具类(包括第二类工具)所占的比例偏低。以圆头刮削器和修边斜刃雕刻器为典型代表,其他类型的工具数量不多,工具的修理以边缘式正向修理为主,通体修理的工具数量不多。存在两面器技术。

(二) 年代推测

遗址位于图们江的Ⅲ级河流阶地之上,该阶地直接披覆在一层玄武岩台地上,该层玄武岩又称南坪玄武岩,它的 K-ar 稀释法年龄为 13.1±0.64 万年,在直接覆盖的砂层中取热发光样本测得的年龄是 9.6±0.7 万年[1]。覆盖在南坪玄武岩之上的砾石层可以与棕黄色的冰碛层(晚更新世早期)和新黄土对比[2]。推测大洞遗址的文化层应不早于晚更新世晚期。

与俄罗斯滨海边疆南部旧石器遗址的比较分析,在伊利斯塔耶河流域的戈维特克—5 遗址在文化面貌上与大洞遗址非常接近,俄罗斯学者将其定于旧石器时代晚期[3],这也佐证了大洞遗址应属于旧石器时代晚期。

与下川文化的比较分析,大洞遗址在文化面貌上与下川文化非常相似,但在技术水平上似乎比下川略胜一筹。下川文化的年代数据集中于距今 2.4—1.6 万年之间,因此大洞遗址的年代应不会早于下川。

与日本相关遗址的比较分析,日本北海道晚期的工业面貌和大洞遗址相似,日本学者将日本的旧石器时代晚期定于距今 1.4—1 万年左右[4]。

综上分析从大洞遗址地质层位、加工技术以及不见磨制石器和陶片等情况分析,其文化遗存的年代不会晚于旧石器时代晚期。

---

[1] 刘祥、向天元、王锡魁:《长白山地区新生代火山活动分期》,《吉林地质》1989 年第 1 期,第 30—41 页。
[2] 吉林省区域地层表编写组:《东北地区区域地层表——吉林省分册》,地质出版社,1978 年,第 124—126 页。
[3] A. 尤希塔尼等著,胡钰译:《俄罗斯远东地区中部的滨海南部地域内旧石器时代晚期遗址中出土的黑曜岩石片的原产地分析》,《历史与考古信息》2006 年第 1 期,第 61—66 页。
[4] 加藤真二著,袁靖、李伊萍译:《日本学者对日本列岛及周围地区旧石器时代考古研究现状之我见》,《北方文物》1993 年第 1 期,第 101—108 页。

第十五节　扶余市富康东山地点

一、遗址概况

富康东山旧石器地点位于吉林省扶余市社里乡富康村东山富康泡的台地上[1]，海拔197.5米，台地距泡面高约40余米。地理坐标为北纬45°03′13.1″，东经125°06′25.0″。西北距富康村约400米，西邻富康泡，南距社里乡3.5千米，面积约为500平方米。

2012年4月，吉林大学边疆考古中心与扶余市博物馆共同对扶余市社里乡进行了旧石器时代的考古调查，于富康东山发现一处旧石器地点。此次调查，在该地点共采集石器148件，其中有石核、石片、细石叶、石叶、断块和工具。

二、地貌及地层

旧石器地点所在的湖岸台地上部为黑色砂土，厚约0—0.2米；黑色砂土下部均为黄色粉砂层，厚约1.5米未见底，石器均出自黄色粉砂层（3-15-1）。

三、文化遗物

采集石器共148件，有石核、石片、细石叶、石叶、断块和工具。石器原料以玛瑙居多，占石器总量的32.44%；其次是霏细岩，为26.35%；板岩6.8%、硅质泥岩5.4%、碧玉4.7%、角岩2.7%、安山岩2.01%；石英岩、硅化木为1.4%；流纹岩最少，0.6%。

---

[1] 陈全家等：《吉林省扶余市富康东山旧石器地点调查简报》，《草原文物》2013年第2期，第8—17页。

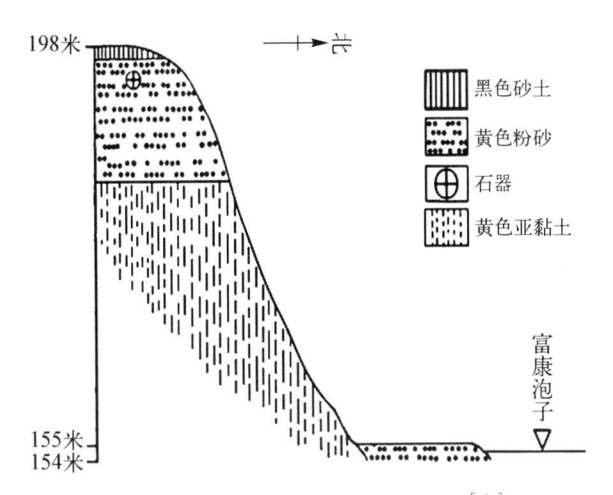

图 3-15-1 富康东山地层剖面示意图[1]

（一）石核

7件。分为锤击石核和细石叶石核。

1. 锤击石核

4件。分为单台面和多台面石核。

（1）单台面石核

3件。为板岩、玛瑙和石英岩，长3.27—3.89、宽3.05—4、厚0.97—2.83厘米，重9.19—47.23克。

标本12FFD：15，板岩，石质细腻。自然面占石核表面的70%。形状为不规则五边形。长3.89、宽3.05、厚1.05厘米，重15.2克。打制台面，长0.84、宽3.76厘米。经同向剥片产生2个剥片面。AⅠ剥片面有1个剥片疤，长1.68、宽1.08厘米。疤痕呈羽状较浅平，延伸程度接近核体的二分之一，推测剥片可作二、三类工具的毛坯。AⅡ剥片面有5个明显的剥片疤，最大剥片疤长0.89、宽1.74厘米。疤痕有

---

[1] 陈全家等：《吉林省扶余市富康东山旧石器地点调查简报》，《草原文物》2013年第2期，第8—17页。

1—3层,多为阶梯状,较小且凹深,延伸程度多小于核体的三分之一,推测剥片多为废片。剥片面有断坎,由于石核石质细腻,排除原料存在瑕疵造成断坎的可能,故推测是因剥片力度或角度不当所致。断坎阻碍了后续剥片的顺利进行,应是此石核提前被废弃的主要原因(图3-15-2,4)。

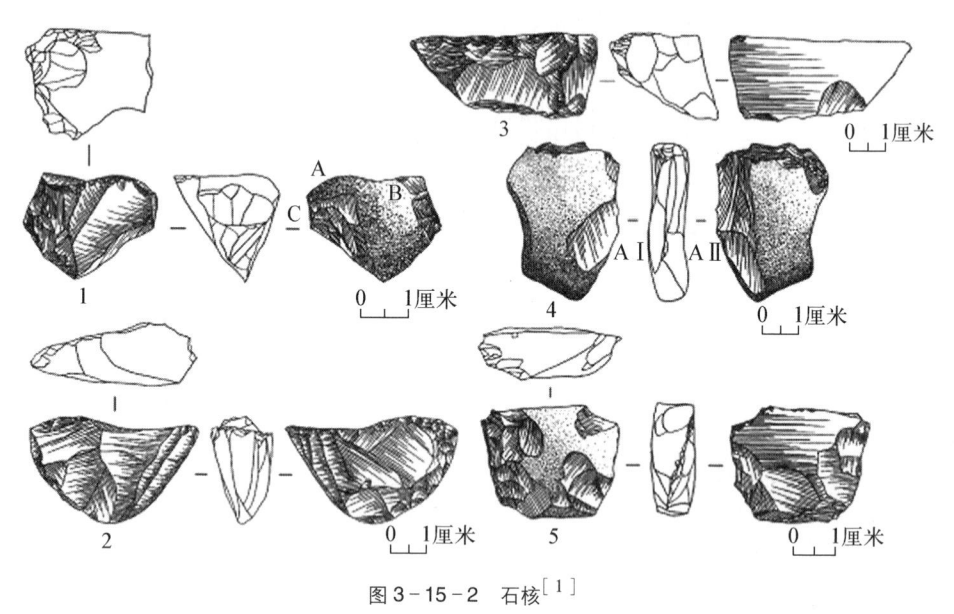

图3-15-2 石核[1]

1. 多台面石核(12FFD∶61)　2. 楔形细石核(12FFD∶5)　3. 船底形细石核(12FFD∶14)
4. 单台面石核(12FFD∶15)　5. 楔形细石核(12FFD∶11)

(2) 多台面石核

1件。标本12FFD∶61。玛瑙,形状为不规则多面体。长2.22、宽2.49、厚2.01厘米,重7.48克。共3个台面,2个自然台面,1个打制台面。A台面为自然台面,长2.06、宽2.18厘米,台面角62.58度。有1个剥片面,2个剥片疤,最大剥片疤长2.19、宽1.59厘米。片疤的延伸程度大于核体的二分之一,推测剥片可做使用石片或三类工具的毛坯;B台面为自然台面,位于AⅠ的对侧,有2个剥片面。BⅠ剥片面,台面角66.2度,有3个剥片疤,最大剥片疤长0.98、宽0.86厘米。疤痕小且较

---

[1] 陈全家等:《吉林省扶余市富康东山旧石器地点调查简报》,《草原文物》2013年第2期,第8—17页。

凹深，延伸程度小于核体的四分之一，推测剥片为废片；BⅠ剥片面，台面角78.4度，有1个剥片疤，长1.01、宽0.94厘米。疤痕的延伸程度接近核体的四分之一，推测剥片为废片；C台面为打制台面，位于A台面的左侧，有1个剥片面，台面角138.5度，至少有3个剥片疤，最大剥片疤长0.94、宽1.28厘米。疤痕呈阶梯状，延伸程度接近核体的三分之一，推测剥片为废片（图3-15-2,1）。

由于BⅠ的剥片疤打破AⅠ的剥片疤，故可知是先从A台面进行剥片，产生2个剥片面，当台面角不适合时，再调转核体从B台面开始剥片。又因CⅠ剥片面打破B台面，可知先料存在瑕疵的原因。推测是由于核体尺寸太小，不便把握，又因剥片力度过大造成操作失误，致使其剥片大多为废片，这也是此石核被废弃的原因。

2. 细石叶石核

3件。分为船底形和楔形。

（1）船底形细石核

1件。安山岩，片状毛坯。核体矮宽，核身厚，体积较小，形似船形。标本12FFD：14，长2.27、宽5.49、厚2.75厘米，重28.12克。打制台面，长2.49、宽5.37厘米。台面平坦且宽，未经调整修理形成有效台面。台面长与核体宽的比值接近1∶1。核体一侧由台面向下打片修理，底缘经两面修理形成钝棱。石核未经剥片，仍处于预制阶段（图3-15-2,3）。

（2）楔形细石核

2件。标本12FFD：11，板岩，石质细腻。片状毛坯。石核横断面呈"D"形。为"D形石核"。长2.91、宽3.82、厚1.19厘米，重16.69克。打制台面，长0.88、宽2.98厘米。核体一侧向外凸起，另一侧较为平坦。两侧均经多次修理成刃状，修疤为鱼鳞状，层叠连续。底缘经两面修理有所收缩，与台面基本平行。自然面占核体的40%。石核未见剥片，处于预制阶段（图3-15-2,5）。

标本12FFD：5，霏细岩，石质细腻。长2.93、宽4.91、厚1.71厘米，重15.51克。台面修理后，从前缘往后打片，形成一个较平坦的有效台面，呈三角形，长1.77、宽

4.89厘米,台面角73.3度。台面长与核体宽的比值小于1。剥片面较宽呈棱锥面,目的是剥落窄长的细石叶,其上遗有并排的条状阴痕。后缘修疤连续,有1—3层鱼鳞状疤痕,呈薄锐的刃状,推测是在剥片时稳固石核。底缘经加工修理而收缩,不断剥落石叶使其面积减小,仅留有向前缘倾斜的微小斜面。前缘、后缘和底缘组成了楔形细石核最具特点的楔状缘(又称"龙骨")。两侧从底缘向台面进行两面修理呈三角形,既减薄器身,控制楔状缘,又固定楔形石核的形状。此石核打制技法与涌别技法相似。石核已进入剥片使用阶段,有6个剥片疤,从阴痕可知剥片仅失败一次,且片疤窄长,最大长3.29、最大宽0.67厘米,可见剥片技术娴熟高超(图3-15-2,2)。

细石核易于携带,可以即用即剥,剥落的细石叶的适用性优越于简单的权宜工具,适合流动性大的狩猎群体,避免了因优质原料匮乏造成的风险和困境。

(二) 石片

78件。均为锤击石片。

石片原料以霏细岩居多,占38.5%;其次为燧石20.5%;玛瑙16.6%,硅质泥岩11.5%,碧玉5.1%,角岩3.9%,安山岩,2.6%;流纹岩最少,1.3%。

根据石片的完整程度,分为完整石片和断片。

1. 完整石片

30件。燧石和霏细岩各9件,硅质泥岩5件,角岩、安山岩和玛瑙各2件,流纹岩1件。有疤台面居多,10件;有脊台面次之,8件;再次为线状台面,5件;零台面和打制台面各2件;点状台面、自然台面和刃状台面最少,各1件。背面均为剥片疤者20件,有疤亦有自然面者8件,均为自然面者2件。同向剥片者居多,15件;复向剥片次之,13件;对向剥片最少,2件。均为硬锤锤击剥片。石片长0.58—3.08、宽0.66—3.54、厚0.18—0.97厘米,重0.09—7.82克。石片角88.52—136.2度。

完整石片中人工台面的比例高达96.7%,说明石核的预制台面技术非常发达。

背面均为石片疤者占66.7%,说明连续剥片较常见,非初级剥片石片居多。同向剥片和复向剥片结合使用,提高了石核的利用率。

根据Toth等学者研究非洲早期人类石器工业时使用的分类方案,该地点的完整石片有Ⅱ式、Ⅳ式、Ⅴ式和Ⅵ式四种类型。

Ⅱ式石片1件。标本12FFD:104,长1.41、宽1.49、厚0.42厘米,重0.69克。原料为硅质泥岩,形状为不规则多边形。台面长0.23、宽0.71厘米。石片角103.22度。劈裂面打击点集中,半锥体凸,放射线可见,同心波不明显。背面2个石片疤,复向剥片。侧缘一侧有疤,薄锐,一侧无疤,较钝厚。

Ⅳ式石片2件。安山岩,形状为椭圆形。零台面,同心波明显,无放射线。侧缘薄锐、无疤。标本12FFD:36,长1.61、宽2.34、厚0.23厘米,重0.92克。

Ⅴ式石片7件。标本12FFD:108,流纹岩,形状不规则。有疤台面,石片角120.48度。劈裂面打击点散漫,半锥体凸,无锥疤,同心波和放射线均不明显。背面3个石片疤,复向剥片。侧缘薄锐、有疤。长2.38、宽1.98、厚0.42厘米,重1.15克。

Ⅵ式石片20件。标本12FFD:115。燧石,质地细腻,形似羽状。有疤台面,长0.22、宽0.55厘米。石片角123.38度。劈裂面打击点散漫,无锥疤。同心波明显,放射线不可见。背面23个片疤,复向剥片。侧缘有鱼鳞状疤,一侧薄锐,一侧较圆钝长1.85、宽1.26、厚0.28厘米,重0.57克(图3-15-3,5)。

标本12FFD:136,霏细岩,形状为羽状。有脊台面,长0.21、宽0.52厘米。石片角119.2度。劈裂面半锥体凸,石片经软锤修理有唇面。同心波较清晰,放射线不明显。背面5个石片疤,同向剥片。侧缘薄锐、无微小崩疤。长1.53、宽1.03、厚0.19厘米,重0.19克(图3-15-3,2)。

2. 断片

48件。分为横向和纵向两类。

(1)横向断片

41件。分为近端断片、中段断片和远端断片。

图 3-15-3 石片[1]

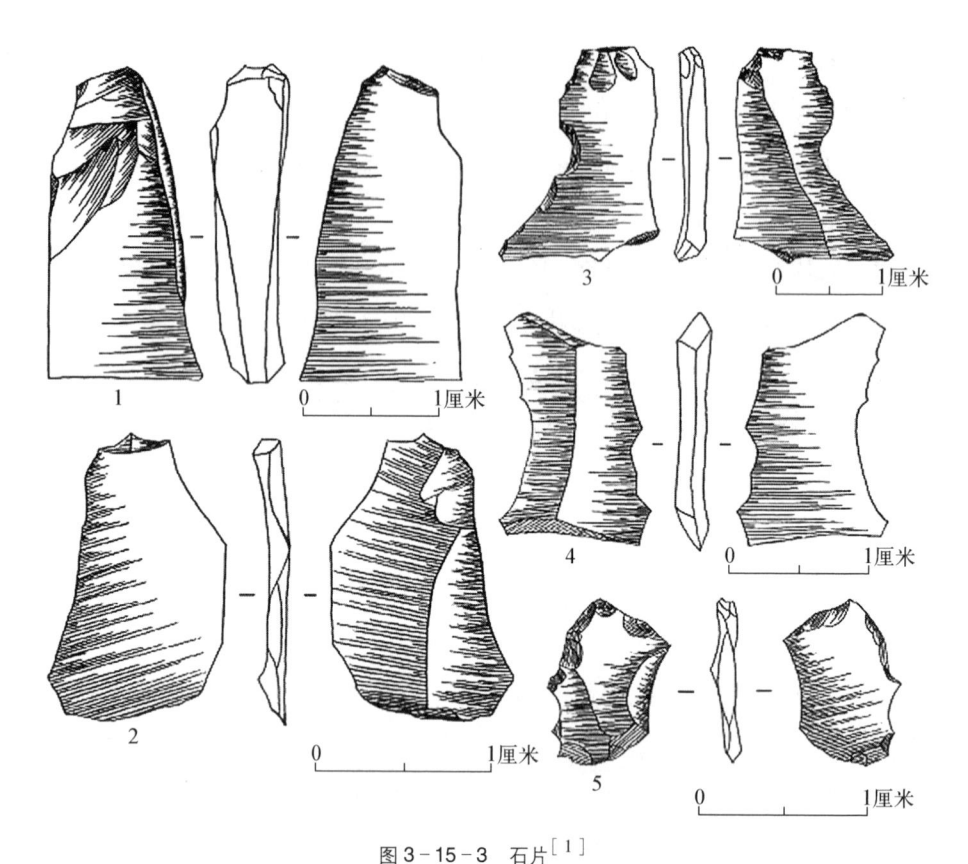

1. 右边断片(12FFD：2)　2. 完整石片(12FFD：136)　3. 近端断片(12FFD：3)
4. 中段断片(12FFD：73)　5. 完整石片(12FFD：115)

a. 近端断片 13 件。燧石和霏细岩各 5 件，玛瑙 2 件，硅质泥岩 1 件。打制台面 5 件，自然台面 3 件，线状台面和有脊台面各 2 件，有疤台面 1 件。背面为自然面者 1 件，其余背面均为石片疤。长 0.46—3.64、宽 0.52—3.08、厚 0.09—0.69 厘米，重 0.02—4.47 克，石片角 90.2—136.3 度。

标本 12FFD：3，霏细岩。长 3.64、宽 3.08、厚 0.67 厘米，重 4.47 克。打制台面，长 0.37、宽 1.06 厘米。石片角 108.8 度。劈裂面半锥体凸，有锥疤，同心波不明显，放射线不可见。背面全疤，同向剥片(图 3-15-3,3)。

---

[1] 陈全家等：《吉林省扶余市富康东山旧石器地点调查简报》，《草原文物》2013 年第 2 期，第 8—17 页。

标本 12FFD：98，霏细岩。长 0.79、宽 1.04、厚 0.17 厘米，重 0.08 克。有脊台面，长 0.13、宽 0.59 厘米。石片角 136.3 度。劈裂面半锥体微凸，经软锤修理有唇面，同心波和放射线均不明显。背面有 4 个石片疤，同向剥片（图 3-15-4，3）。

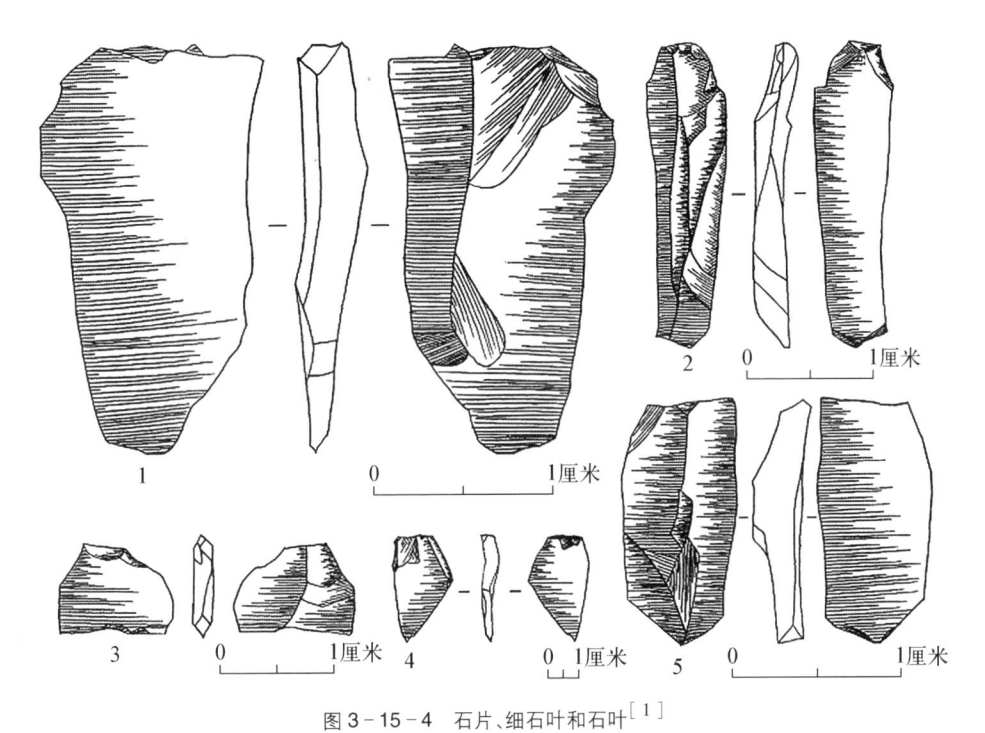

图 3-15-4 石片、细石叶和石叶[1]
1. 远端断片（12FFD：68） 2. 细石叶（12FFD：126） 3. 近端断片（12FFD：98）
4. 左边断片（12FFD：45） 5. 石叶中段（12FFD：121）

b. 中段断片 7 件。霏细岩 5 件，燧石和硅质泥岩各 1 件。长 0.81—2.36、宽 1.07—3.86、厚 0.11—0.77 厘米，重 0.09—5.99 克。背面均为石片疤。标本 12FFD：73，燧石。长 1.62、宽 1.13、厚 0.24 厘米，重 0.31 克。劈裂面同心波明显，无放射线，背面均为石片疤，同向剥片（图 3-15-3，4）。

c. 远端断片 21 件。霏细岩 7 件，玛瑙 6 件，碧玉 4 件，硅质泥岩 2 件、燧石和角岩各 1 件。背面全疤者 18 件，均为自然面者 3 件。长 0.65—3.14、宽 0.64—2.47、厚

---

[1] 陈全家等：《吉林省扶余市富康东山旧石器地点调查简报》，《草原文物》2013 年第 2 期，第 8—17 页。

0.06—0.67 厘米,重 0.13—2.22 克。

标本 12FFD:68,硅质泥岩。长 2.22、宽 1.28、厚 0.37 厘米,重 0.83 克。劈裂面平坦,同心波和放射线均不明显。背面全疤,复向剥片(图 3-15-4,1)。

(2) 纵向断片

7 件。分为左边和右边两类(根据断片的劈裂面来定位,断片中的左半边石片为左边断片,右半边石片为右边断片)。

a. 左边断片 3 件。玛瑙 2 件,霏细岩 1 件。有脊台面、打制台面和线状台面各 1 件。长 1.93—2.43、宽 0.72—1.97、厚 0.29—0.72 厘米,重 0.72—1.68 克,石片角 101.38—112.54 度。背面均为石片疤。

标本 12FFD:45,霏细岩。长 2.43、宽 1.49、厚 0.29 厘米,重 0.79 克。有脊台面。石片角 107.22 度。劈裂面有锥疤,同心波和放射线均不明显(图 3-15-4,4)。

b. 右边断片 4 件。霏细岩 3 件,玛瑙 1 件。打制台面 3 件,有疤台面 1 件。背面 3 件均为石片疤,1 件既有自然面也有石片疤。长 1.95—2.34、宽 1.27—1.77、厚 0.42—0.95 厘米,重 0.71—3.25 克,石片角 90.6—115.36 度。

标本 12FFD:2,霏细岩。长 2.34、宽 1.27、厚 0.58 厘米,重 1.69 克。石片角 103.14 度。有疤台面。劈裂面半锥体微凸,背面全疤,同向剥片(图 3-15-3,1)。

(三) 细石叶

1 件。标本 12FFD:126,霏细岩,石质细腻。长 2.29、宽 0.63、厚 0.29 厘米,重 0.31 克。刃状台面,长 0.12、宽 0.28 厘米。截面呈梯形,远端收缩内卷。劈裂面平坦,同心波不明显,放射线亦不可见。背面全疤,同向剥片(图 3-15-4,2)。

(四) 石叶

2 件。霏细岩。均为中间断片。长 0.71—1.35、宽 0.58—0.73、厚 0.08—0.32 厘米,重 0.03—0.22 克,背面均为石片疤。

标本 12FFD:121,长 1.35、宽 0.73、厚 0.32 厘米,重 0.22 克。劈裂面平坦,同心波和放射线均不可见。背面全疤,有 1 条被打断的纵脊。石叶两个截断面均呈三角形。两侧薄锐,基本平行。这种有意截取较直的中段,推测是镶嵌在复合工具上用作"刀刃"(图3-15-4,5)。

(五) 断块

42件。玛瑙为主,占69.05%;板岩16.67%,碧玉7.14%,硅化木4.76%;燧石最少,占2.38%。长0.72—2.91、宽1.16—4.72、厚0.14—1.82厘米,重0.2—26.49克。断块形状多样,大小不一,是石器加工的副产品,无法把其归于某种特定的石器类型。

(六) 工具

18件。包括二类工具(使用石片)和三类工具。燧石7件,玛瑙和霏细岩各4件,板岩、角岩和石英岩各1件。除1件外,均属小型或微型。

1. 二类工具

9件。均为刮削器。燧石6件,霏细岩2件,玛瑙1件。根据刃的数量分为单刃和双刃。毛坯除1件为细石叶近端断片,其余均为石片。以单凸刃为主,7件;单直刃和双直刃各1件。刃角以小于30度者居多,占55.56%;其次为30—50度者,占33.33%;大于50度者最少,占11.11%。长1.17—8.16、宽0.93—3.17、厚0.22—1.21厘米,重0.35—20.17克。

(1) 单刃8件。分为直刃和凸刃。

直刃1件。燧石。标本12FFD:47,长2.38、宽1.29、厚0.49厘米,重1.57克。形状为羽状。毛坯为完整石片。劈裂面微内弧。背面全疤。直接使用石片薄锐锋利的直刃a,刃长0.99厘米,刃角30.54度。刃缘分布一层不连续的鱼鳞状微小疤痕(图3-15-5,3)。

凸刃7件。燧石4件,霏细岩2件,玛瑙1件。长1.17—8.16、宽1.08—3.17、厚0.22—1.21厘米,重0.35—20.17克,刃长1.02—5.31厘米,刃角12.42—49.22度。

图3-15-5 二、三类工具[1]

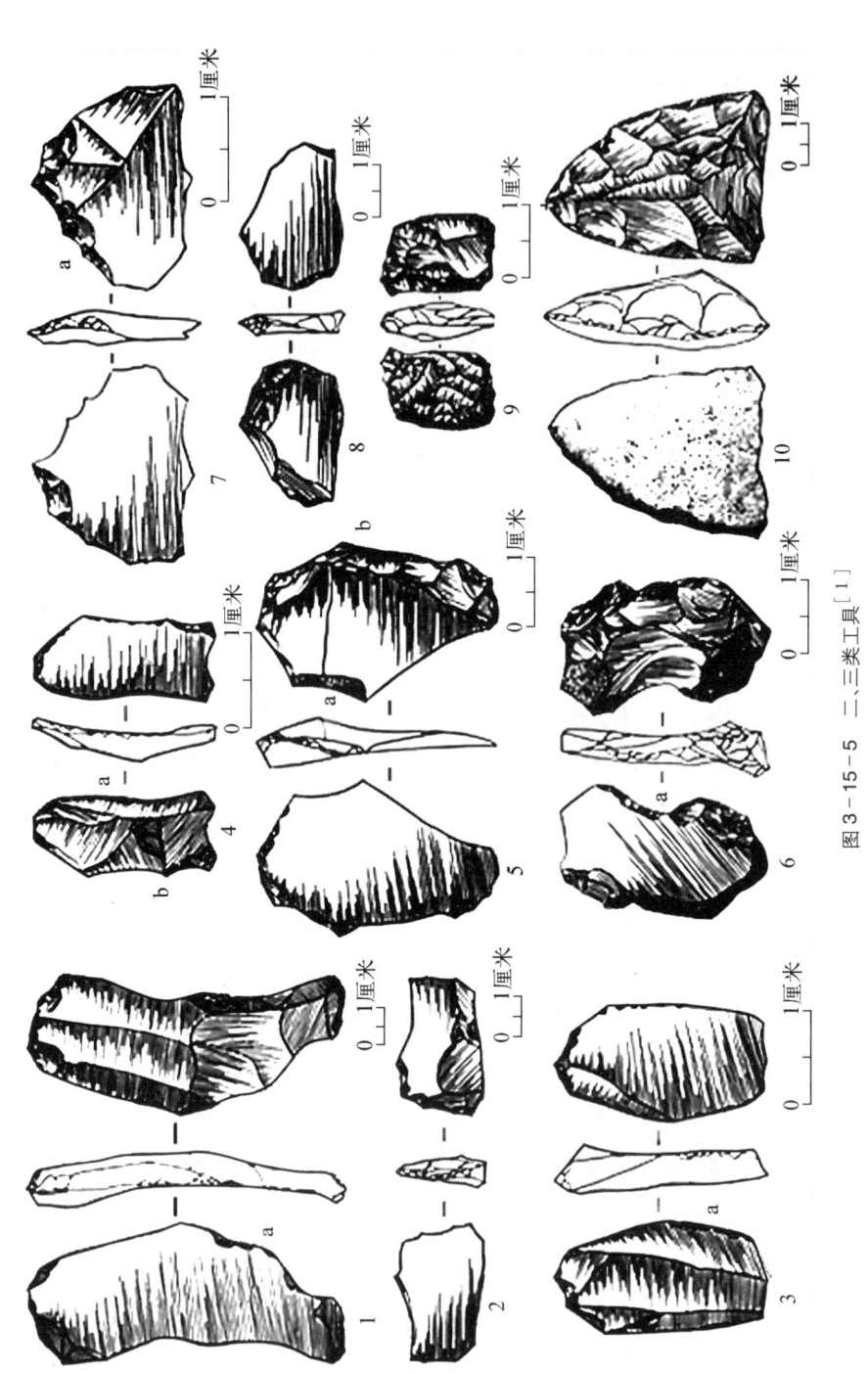

1. 单凸刃刮削器（12FFD:1) 2. 尖刃器（12FFD:16) 3. 单直刃刮削器（12FFD:47) 4. 双凹刃刮削器（12FFD:25) 5. 凹凸刃刮削器（12FFD:10) 6. 单凹刃刮削器（12FFD:103) 7. 单直刃刮削器（12FFD:55) 8. 直凸刃刮削器（12FFD:17) 9. 钻器（尖残）（12FFD:41) 10. 锛形器（12FFD:8)

[1] 陈全家等：《吉林省桦甸市寿山仙人洞乙即地点调查简报》,《华夏考古》2013年第2期,第8—17页。

标本12FFD∶1,霏细岩。长8.16、宽3.17、厚0.88厘米,重20.17克。毛坯为完整石片。劈裂面半锥体凸。背面既有节理面又有石片疤,复向剥片。直接使用石片的凸刃a,刃长3.71厘米,刃角26.26度。刃缘一侧零星分布大小不一的月牙形和鱼鳞状崩疤,疑为刮或切割中软性物体所致(图3-15-5,1)。

(2)双刃

1件。燧石。标本12FFD∶25,双凹刃刮削器。长1.99、宽0.93、厚0.27厘米,重0.47克。毛坯为细石叶近端断片。劈裂面半锥体微凸,无锥疤,不见同心波和放射线,远端平齐截断。背面全为石片疤。两侧平行,刃缘薄锐锋利,a刃长1.64厘米,刃角11.2度。b刃长1.25厘米,刃角13.48度。两刃均有零星的使用疤,推测可能是加工过中软性物体所致(图3-15-5,4)。

2. 三类工具

9件。玛瑙3件,霏细岩2件,板岩、燧石、角岩和石英岩各1件。有刮削器、尖刃器、锛形器和钻器(尖残)。

(1)刮削器

4件。分为单刃和双刃。

单刃2件。分为直、凹刃。

a. 直刃,标本12FFD∶55,板岩。长1.61、宽2.05、厚0.32厘米,重0.74克。毛坯为近端断片。劈裂面无锥疤,同心波和放射线均不明显。背面全为石片疤,复向剥片。直刃a经过正向修理,修疤1—4层,细小且密集,为鱼鳞状,可见经过多次修理。用光学显微镜观察发现修疤间棱脊较明显,应为硬锤锤击修理。直刃长1.26厘米,刃角20.32度,薄锐锋利,仍可继续使用(图3-15-5,7)。

b. 凹刃,标本12FFD∶103,燧石。长2.89、宽1.83、厚0.58厘米,重2.45克。毛坯为完整石片。背面既有自然面又有石片疤,复向剥片。凹刃a经过复向加工,修疤1—3层,为鱼鳞状,层叠连续。刃长1.13厘米,刃角18.3度,薄锐锋利,仍可继续使用。凹刃刮削器的使用特点是常用来加工圆柱状或似圆柱状物体,被加工物体的直径应小于或等于凹刃的直径(图3-15-5,6)。

双刃 2 件。分为直凸、凹凸刃。

a. 直凸,刃标本 12FFD：17,霏细岩。长 1.91、宽 2.72、厚 0.44 厘米,重 0.9 克。片状毛坯。劈裂面平坦,同心波不明显,放射线亦不见。背面全疤。直刃 a 长 0.78 厘米,刃角 38.22 度。凸刃 b 长 1.73 厘米,刃角 29.12 度。两刃均经正向修理,b 刃鱼鳞状疤痕层叠连续,可见经过多次修理。两刃均薄锐锋利,可继续使用(图 3-15-5,8)。

b. 凹凸,刃标本 12FFD：10,角岩。长 3.62、宽 2.41、厚 0.86 厘米,重 2.43 克。片状毛坯。劈裂面半锥体凸,同心波可见,无锥疤和放射线。背面全疤。a 刃内凹,长 1.04 厘米,刃角 13.12 度。b 刃外凸,长 2.94 厘米,刃角 18.28 度。a 刃修疤不连续且大小不一,是直接使用形成的刃口。b 刃经正向修理,修疤细密层叠,呈阶梯状和鱼鳞状。两刃均薄锐锋利,可继续使用(图 3-15-5,5)。

(2) 尖刃器

3 件。均为双直边尖刃器。霏细岩 1 件,玛瑙 2 件。长 1.39—2.17、宽 1.15—3.61、厚 0.24—0.73 厘米,重 0.41—2.94 克,尖角 75.42—110.4 度,刃长 0.56—2.33 厘米,刃角 7.65—24.58 度。

标本 12FFD：16,霏细岩。长 2.17、宽 3.61、厚 0.73 厘米,重 2.94 克。尖刃由两直边夹一角组成。直边长 1.69 厘米,刃角 24.58 度。另一直边长 0.76 厘米,刃角 22.18 度。毛坯为石片中段,劈裂面平坦,不见同心波和放射线。背面均为石片疤,复向剥片。两直边经正向修理相交成尖角,尖角 97.2 度,仍可继续使用。刃缘平齐,刃口锋利(图 3-15-5,2)。

(3) 钻器

1 件。标本 12FFD：41,玛瑙。长 2.12、宽 1.45、厚 0.64 厘米,重 1.93 克。片状毛坯。形小,近似长方形。尖残,推测为使用时折断,可见使用时间较长。器身经通体加工,一面平坦,一面上部凸起,加工细致,周身布满细密层叠的疤痕,疤痕呈阶梯状和鱼鳞状,最多 5 层。两侧直且平行,应为砸击修理(图 3-15-5,9)。

(4) 锛形器

1 件。标本 12FFD：8,石英岩。长 5.17、宽 3.97、厚 1.84 厘米,重 32.85 克。块状毛坯。器身被有意沿三边正向加工为三角形,是为追求美观而做的修形工作。

一面为自然面,一面为石片疤,片疤较深,层叠连续,修疤之间棱脊明显,应为锤击修理。锛形器应为复合工具的一部分,上部收缩修成钝尖便于装柄,实际使用钝厚的底缘攫取植物根茎,刨土等。底缘宽大圆钝,加大了工作面积,有利于提高工作效率(图 3-15-5,10)。

四、结语

1. 石器原料丰富,以玛瑙居多,占石器总数的 33.1%。其次为霏细岩、燧石、板岩、硅质泥岩、碧玉、角岩、安山岩、石英岩、硅化木和流纹岩。石料为就近取材,石质虽良莠不齐,但以优质的玛瑙和硅质岩占绝对优势。

2. 根据石器重量,将其分为微型(≤1 克)、小型(>1,≤10 克)、中型(>10,≤30 克)和大型(>30,≤100 克)4 个等级。经数据统计分析,石器以微型为主,占石器总数的 52.03%;其次为小型,占 41.22%;再次为中型,占 5.41%;大型最少,占 1.34%。

3. 石器种类丰富,包括石核、石片、细石叶、石叶、断块和工具。其中,石片数量最多,断块次之。

4. 锤击石核 4 件。以小型为主,仅一件为微型,均长 3.22、均宽 3.23、均重 19.77 克;形状均不规则;均为硬锤锤击石核,剥片方式包括同向和复向剥片;人工台面较多,可能是为调整台面角,也说明该地点的石器制造者已意识到去除石皮这一步骤;最多 3 个台面,4 个剥片面,片疤多较小,石核消耗率低,利用率不高。

细石叶石核 3 件。目前,有学者将细石叶石核划分为四个不同的阶段:预制阶段(Prepared stage)、剥片阶段(Flaking stage)、中止阶段(Suspended stage)和终极阶段(Exhausted stage)[1]。该地点的细石核包括预制修理和剥片使用两个阶段。推测预制修理阶段石核是被用作原料储备,由于储备过剩或其他原因未进行使用。

---

[1] 朱之勇、高星:《虎头梁遗址楔型细石核研究》,《人类学学报》2006 年第 2 期,第 129—142 页。

5. 石片占石器总数的52.7%,分为完整石片和断片。均为硬锤锤击石片。人工台面居多,说明石核的预制台面技术非常发达;背面有疤者居多,说明连续剥片常见。

6. 富康东山旧石器地点中出现细石叶石核、细石叶,说明该地点石器制造技术已较为成熟;并出现了复合工具,体现了当时古人类的预制思想和智慧。

7. 二类工具均为刮削器,三类工具以刮削器为主,尖刃器、钻器和锛形器的标本数量很少。片状毛坯居多,以硬锤锤击修理为主,偶见砸击修理,器型不甚规整,刃缘多不平齐。刮削器的刃角等级以平为主,斜次之。具有中国北方旧石器时代石器工业的特征。

总观该地点的石器可知,石器形状多不规则,加工简单随意,具有明显的权宜技术特点,然而,修整精致规整的细石核、细石叶和石叶的存在,说明该地点也存在精细加工技术。该地点不仅有船底形和楔形细石核,完整精致的细石叶和有意截断作复合工具刃部的石叶中段,而且还存在端刮器、尖刃器等有代表性的器型。这些典型的细石核、细石叶、工具组合和小石器,明显具有旧石器时代晚期的细石器工业特征。此外,在该地点附近并没有发现新石器时代以后的陶片和磨制石器,故推测地点年代为旧石器时代晚期。

第十六节　枫林遗址

一、遗址概况

长白山管委会池南区管委会为了摸清漫江一带的历史文化资源,成立以张福有为领队的野外调查队,于2014年10月10—29日开展调查。张福有在距长白山42千米的漫江镇枫林村,意外发现旧石器时代晚期的1件手斧及数十件石制品。由于意义重大,调查队随后于2015年6月23—25日,再次在抚松县漫江镇枫林村发现手斧地点附近调查,又发现近200件黑曜岩石制品。

为配合基本建设,2016 年 6 月,吉林省文物考古研究所对该遗址进行了第三次调查,随后在 8 月正式进行发掘,并命名为"枫林遗址"[1]。本节仅对 2014、2015 年的两次调查采集到的石制品进行简要介绍。

二、地貌及地层

抚松县位于吉林省东南部、长白山西北麓,全县下设 14 个乡镇,境域相对辽阔,地势东南高,西北低。漫江镇地处抚松县东南部、长白山腹地,与朝鲜民主主义人民共和国接壤。此次发现的旧石器地点位于吉林省白山市抚松县漫江镇枫林村,西距白山市约 90 千米,西北距抚松县约 45 千米,北距长白山机场 13 千米,东距长白山天池约 43 千米,东距漫江镇约 7 千米,南距中朝边境约 53 千米。地理坐标为北纬 41°57′6″,东经 127°31′20″。海拔为 935 米。

枫林遗址位于一处断崖之上,风化壳上的黄土层极薄。虽然石器为地表采集,但通过观察地形地势可判断,由于修筑前进村至枫林村"村村通"公路,此处产生断崖开口。经雨水不断冲刷,导致黄土不断脱落,手斧等石器才露出表面。因此,该地点的石器均是出于黄土层的旧石器。

三、文化遗物

该遗址所发现的石制品共 217 件。石器类型包括石核、石片、细石叶、断块和工具。

(一) 石核

共 7 件。分为锤击石核(1 件)和细石叶石核(6 件)。

单台面锤击石核,15JFMF:124,原料为泥岩。石核长 62.3、宽 73.2、厚 24.7 毫

---

[1] 李万博、陈全家、张福有:《吉林枫林旧石器遗址发现的石制品》,《人类学学报》2019 年第 2 期,第 191—199 页。徐廷:《吉林抚松发现枫林旧石器遗址》,中国文物报,2016 年 10 月 21 日,第 8 版。

米,重117.8克。台面A经过修理,台面角63—85度。剥片面有3个完整的剥片疤(图3-16-1,1)。

细石叶石核,包括单台面5件和双台面1件。原料均为黑曜岩。

单台面,15JFMF:122,长41.3、宽6.3、厚20毫米,重4.4克。台面A为修理台面,台面角63度,A1为剥片面,共3个剥片疤。剥片方式类似雕刻器技法(图3-16-1,2)。

双台面,15JFMF:123,长27.5、宽6.1、厚13.2毫米,重2.4克。台面A、B互为台面,台面角70度。剥片疤较小,宽度最小者约2毫米(图3-16-1,3)。

(二) 石片

共99件。均为锤击石片,原料除1件为燧石外,其余均为黑曜岩。根据完整程度分为完整石片(27件)和断片(72件)。

完整石片平均长18.2毫米,平均宽16.8毫米,平均厚4毫米,平均重1.3克,均为人工台面,背面均为石片疤。15JFMF:27,长18.5、宽21.3、厚3.7毫米,重1克(图3-16-1,4)。

断片包括近端25件,15JFMF:52,长15.9、宽15.9、厚3.3毫米,重0.72克(图3-16-1,5);中段18件,15JFMF:70,长19.4、宽19.6、厚2.3毫米,重0.83克(图3-16-1,8);左侧3件,15JFMF:73,长14.9、宽11.9、厚3.2毫米,重0.57克(图3-16-1,6);右侧2件,15JFMF:75,长27.1、宽21.9、厚3.7毫米,重1.7克(图3-16-1,7);远端24件,15JFMF:99,长16.9、宽17.9、厚2.3毫米,重0.64克(图3-16-1,9)。

(三) 细石叶

共18件。平均宽7.3毫米。根据断裂方式的不同分为近端(6件),平均长14.1毫米;中段(12件),平均长13.7毫米。

细石叶近端,15JFMF:105,长17.1、宽9.9、厚2.9毫米,重0.42克。背面有1条棱脊(图3-16-1,10)。

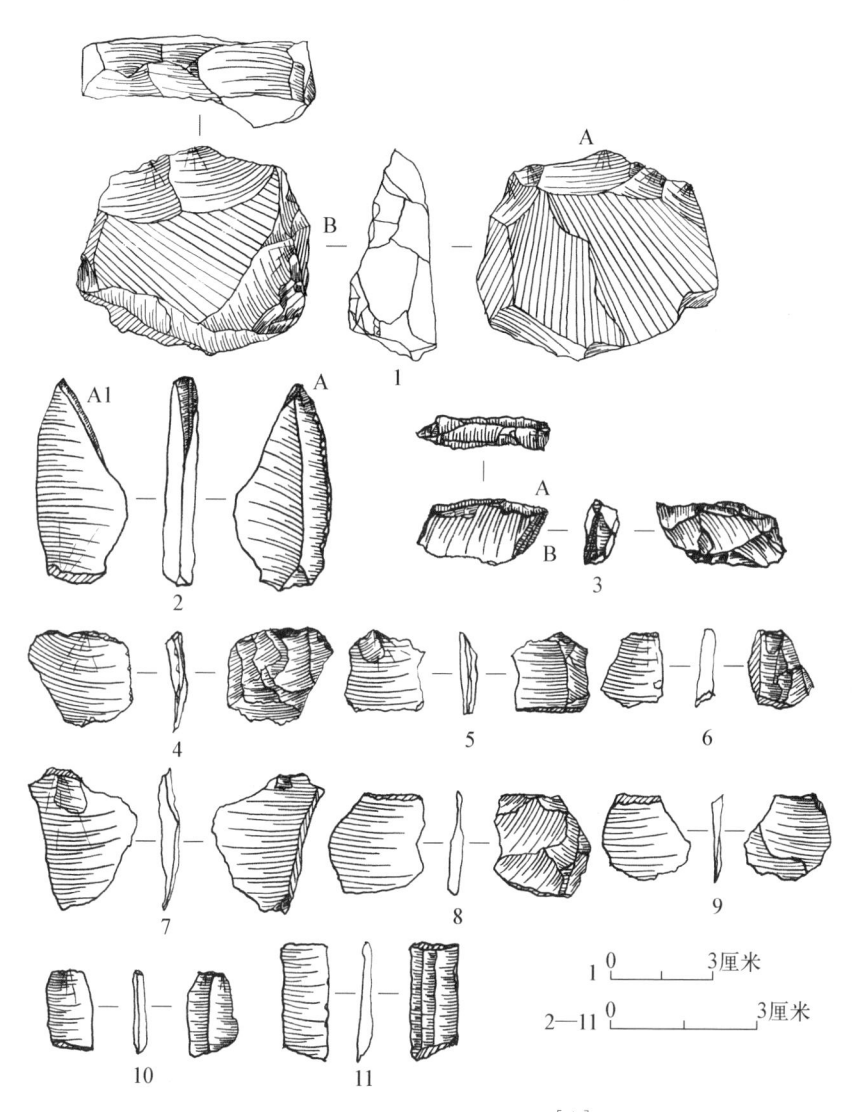

图 3-16-1　石核、石片、细石叶[1]

1. 单台面石核(15JFMF：124)　2. 细石叶石核(15JFMF：122)　3. 细石叶石核(15JFMF：123)
4. 完整石片(15JFMF：27)　5. 近端断片(15JFMF：52)　6. 左裂片(15JFMF：73)
7. 右裂片(15JFMF：75)　8. 中段断片(15JFMF：70)　9. 远端断片(15JFMF：99)
10. 近端细石叶(15JFMF：105)　11. 中段细石叶(15JFMF：117)

---

[1] 李万博、陈全家、张福有：《吉林枫林旧石器遗址发现的石制品》,《人类学学报》2019 年第 2 期,第 191—199 页。

细石叶中段,15JFMF：117,长22.7、宽9.6、厚2.2毫米,重0.52克。背面有2条棱脊(图3-16-1,11)。

(四) 断块

共33件。原料几乎都为黑曜岩,普遍较小,形状不规则。

(五) 工具

共60件。包括二类工具和三类工具,不见一类工具。

二类工具(使用石片)13件。

砍砸器1件,15JFMF：137,长94.2、宽85.6、厚42.1毫米,重275.4克。原料为砂岩,器体厚重,刃部较钝(图3-16-2,1)。

刮削器12件,原料均为黑曜岩。毛坯均为片状毛坯。可分为单刃、双刃、复刃3类。单直刃,15JFMF：130,长20、宽15.3、厚4.7毫米,重0.9克(图3-16-2,2);单尖刃,15JFMF：131,长19.3、宽15.7、厚4.5毫米,重1克(图3-16-2,3);直-凹刃,15JFMF：133,长22.1、宽11.7、厚3.8毫米,重0.7克(图3-16-2,4);尖-凹刃,15JFMF：134,长47.3、宽32.2、厚10.5毫米,重10.1克(图3-16-2,7);复刃,15JFMF：135,长27.2、宽31.6、厚5.2毫米,重3.9克,刃缘形态为直-直-直(图3-16-2,5);复刃,15JFMF：136,长44.6、宽19.7、厚5.8毫米,重3.2克,刃缘形态为直-直-凸(图3-16-2,6)。

三类工具47件。包括刮削器、尖状器、凹缺器、手斧和残器。

刮削器33件(图3-16-3,1-9、12)。分为单刃(21件)、双刃(10件)、复刃(2件)。

单直刃,15JFMF：145,长15.1、宽23.4、厚3.8毫米,重1.4克,两端为有意折断(图3-16-3,1);单凸刃,15JFMF：153,长29.7、宽23.3、厚5.3毫米,重2.6克(图3-16-3,2);单凹刃,15JFMF：157,长48.3、宽24.2、厚9毫米,重7.6克,刃部经过修理(图3-16-3,3);单尖刃,15JFMF：159,长43.6、宽20.5、厚5.5毫米,重3.3克,一侧经过修理,一侧为自然边(图3-16-3,4)。

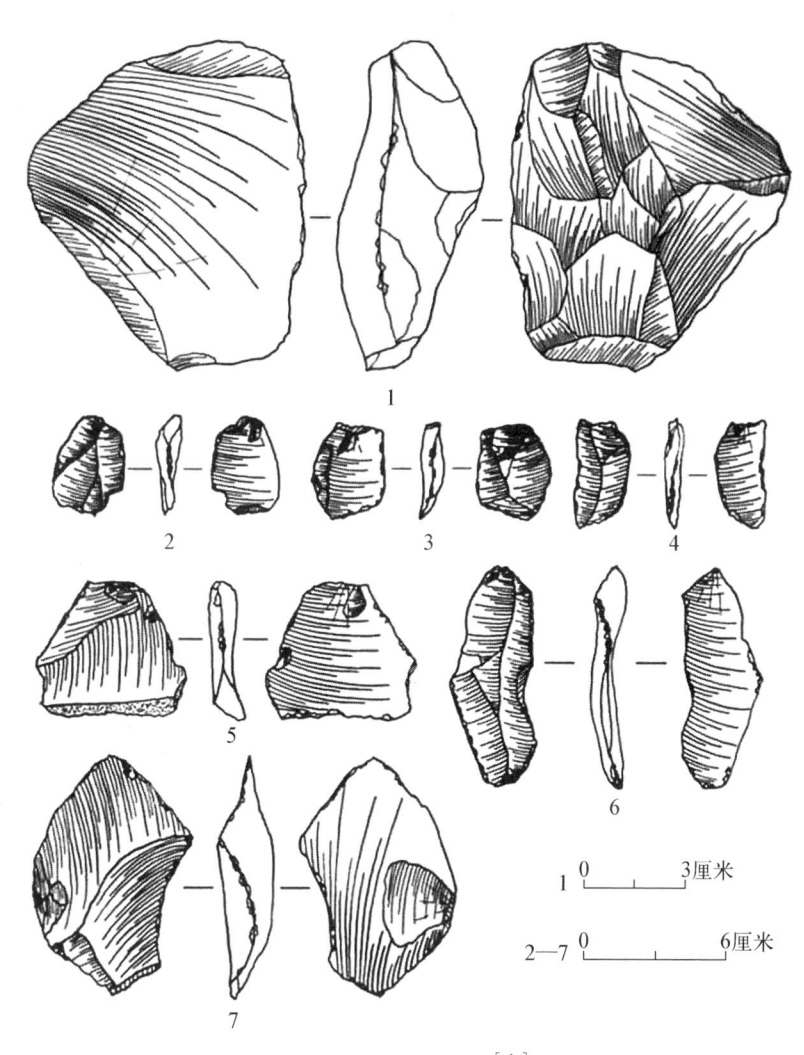

图 3-16-2　二类工具[1]

1. 单直刃砍砸器(15JFMF：137)　2. 单直刃刮削器(15JFMF：130)
3. 单尖刃刮削器(15JFMF：131)　4. 直凹刃刮削器(15JFMF：133)
5. 复刃刮削器(15JFMF：135)　6. 复刃刮削器(15JFMF：136)
7. 尖凹刃刮削器(15JFMF：134)

---

[1] 李万博、陈全家、张福有：《吉林枫林旧石器遗址发现的石制品》,《人类学学报》2019 年第 2 期,第 191—199 页。

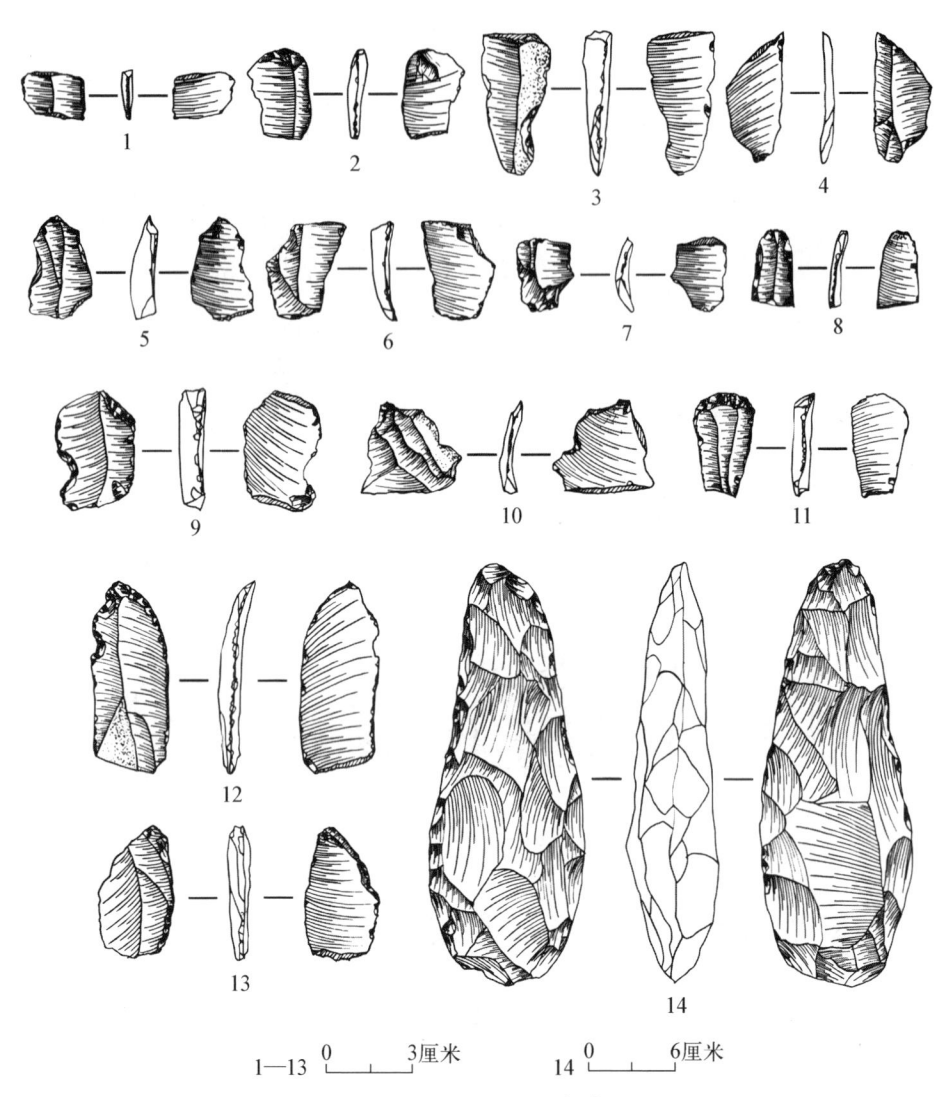

图 3-16-3　三类工具[1]

1. 单直刃刮削器(15JFMF：145)　2. 单凸刃刮削器(15JFMF：153)　3. 单凹刃刮削器(15JFMF：157)
4. 单尖刃刮削器(15JFMF：159)　5. 尖直刃刮削器(15JFMF：165)　6. 复刃刮削器(15JFMF：169)
7. 直凹刃刮削器(15JFMF：132)　8. 双直刃刮削器(15JFMF：164)　9. 直-凹缺刃刮削器(15JFMF：168)
10. 凹缺器(15JFMF：182)　11. 端刮器(15JFMF：178)　12. 复刃刮削器(15JFMF：170)
13. 残器(15JFMF：183)　14. 手斧(15JFMF：217)

---

[1] 李万博、陈全家、张福有：《吉林枫林旧石器遗址发现的石制品》，《人类学学报》2019 年第 2 期，第 191—199 页。

双直刃,15JFMF:164,长 26.1、宽 14.8、厚 3.2 毫米,重 1.5 克,远端为有意折断(图 3-16-3,8);尖-直刃,15JFMF:165,长 34.1、宽 23.2、厚 8.6 毫米,重 5.1 克,尖部两侧均经过修理(图 3-16-3,5);直-凹刃,15JFMF:132,长 24.5、宽 20.3、厚 6 毫米,重 1.7 克(图 3-16-3,7);直-凹缺刃,15JFMF:168,长 37.2、宽 28.8、厚 9.5 毫米,重 9.5 克,凹缺处经压制修理,直刃为自然边直接使用(图 3-16-3,9)。

复刃,15JFMF:169,长 32.3、宽 29.1、厚 7.4 毫米,重 4.4 克,刃缘形态为直-凸-凹(图 3-16-3,6);复刃,15JFMF:170,长 65.4、宽 27.5、厚 6.8 毫米,重 11.6 克,刃缘形态为直-凸-尖-凹缺-凹缺。此件工具刃部经压制修理,形成多个刃口,方便使用(图 3-16-3,12)。

端刮器 8 件。15JFMF:178,长 34.8、宽 22.9、厚 6.2 毫米,重 4.96 克。器体适中,刃部修理精致(图 3-16-3,11)。

凹缺器 4 件。15JFMF:182,长 31.5、宽 36、厚 6.8 毫米,重 5.6 克。毛坯为石片,刃部经过修理(图 3-16-3,10)。

手斧 1 件。15JFMF:217,原料为流纹岩,长 251.5、宽约 50—94.8、厚 48.5 毫米,重 1 318.2 克。经两面打制修理,周身布满浅平疤痕,采用软锤加工,使器身薄锐,尖部扁薄,尖部和两侧缘修疤层叠连续,器形规整匀称。跟部经多次打片做钝化处理,易于抓握。器身没有自然面保留(图 3-16-3,14)。

残器 1 件。15JFMF:183。底部有些许加工痕迹,无法具体分类(图 3-16-3,13)。

四、结语

枫林遗址的石器原料几乎全部为黑曜岩,占比达到 97.2%,其他原料包括流纹岩、燧石、玛瑙、泥岩等。石核共发现 7 件,其中细石叶石核 6 件,锤击石核 1 件。石片数量最多,断片占石片总数的 72.7%;细石叶包括近端和中段两种。二类工具以刮削器为主;三类工具器型多种多样,包括刮削器、端刮器、凹缺器、手斧等,存在软锤的修理技术。综合来看,此遗址的石器面貌应属细石叶工业类型,但大型工具并没消失,也有少量存在。

近些年,在吉林东部地区发现了多处旧石器时代晚期、以黑曜岩为主要原料的遗址(地点)[1],通过对比发现,枫林遗址无论从原料、器型、技术等方面均与吉林东部已发现的细石叶工业面貌相一致,应属同一系统,年代大致归于旧石器时代晚期。

第十七节　和龙市三处旧石器遗址

一、遗址概况

2015年吉林省文物考古研究所与中国科学院古脊椎动物与古人类研究所组成联合调查队,并于当年4月对长白山东麓的和龙市全境进行了旧石器考古专项调查,本次调查新发现旧石器遗址3处,分别为牛心村遗址、二水坪遗址和广兴遗址[2],共采集石制品123件。这些分布在河流阶地旷野遗址中的石制品,主要以黑曜石为原料,以石叶、细石叶技术为主要特征,年代多处于晚更新世晚段。

调查以吉林省1∶50 000地形图为基础,寻找适于古人类生存并具备第四纪埋藏条件的河流阶地、谷地、山丘等,结合详细的第三次文物普查资料,确定了以河流沿线为重点的考察区域,重点考察地形平缓、第四纪沉积物分布较为集中的地段,对新发现的地点或线索用GPS定位,记录地理位置、地貌特征、地层情况、遗址分布、工作潜力和标本情况。

二、地貌及地层

吉东低山丘陵以东的吉林省大部地区均属于长白山区,山地海拔在1 000米左

---

[1] 陈全家、王春雪:《东北地区近几年旧石器考古的新发现和研究》,北京大学考古文博学院编:《考古学研究(七)》,科学出版社,2008年,第183—204页。

[2] 徐廷、张恒斌:《吉林省和龙市新发现三处旧石器时代遗址》,《边疆考古研究》(第23辑),科学出版社,2018年,第1—9页。

右,为松花江、鸭绿江、牡丹江等众多水系的发源地,地貌上以平等山脉与山间盆、谷地相间分布为特征,同时熔岩高原广阔。和龙市位于吉林省东南部,隶属于延边朝鲜族自治州,地处长白山东麓,地貌特征以低山丘陵为主,地势西高东低,境内主要有图们江及其支流红旗河、海兰江等水系。

(一) 牛心村遗址

牛心村遗址位于和龙市龙城镇牛心村村东的Ⅱ级阶地上,地理坐标北纬42°25′58.3″,东经129°01′39.85″,海拔627米。遗址所在阶地高出西侧牛心河约20米,南北各有一条自山谷发育而出的河流。

地层堆积自上而下分为3层:

第1层,耕土层,厚约15—20厘米,土质疏松,可采集到大量石制品。

第2层,黄褐色亚黏土层,厚约40—45厘米。

第3层,浅黄色的砂砾石层,下为玄武岩基岩。

(二) 二水坪遗址

二水坪遗址位于和龙市崇善镇元峰村北红旗河右岸Ⅱ级阶地,地理坐标北纬42°06′48.4″,东经128°55′44.89″,海拔622米。遗址所在阶地高出红旗河约15米,东南距大洞遗址3.5千米,西北距石人沟遗址约10千米。

该遗址地层堆积与和龙大洞遗址相似,自上而下分为4层:

第1层,耕土层,厚20—30厘米。

第2层,灰黑色黏土层,厚10—15厘米。

第3层,黄褐色亚黏土层,厚40—80厘米。

第4层,灰色夹砂角砾层,下伏玄武岩基岩。

(三) 广兴遗址

广兴遗址位于图们江左岸广兴沟沟口的阶地上,地理坐标北纬42°24′31.23″,东经129°16′43.98″,海拔424米。遗址东距图们江1.8千米,阶地高出图们江水面

60米,高出广兴沟20米。

该遗址地层堆积与和龙柳洞遗址相似,自上而下分为4层:

第1层,耕土层,厚约15—20厘米,土质疏松,可采集到大量石制品。

第2层,浅黄褐色亚黏土层。厚约20—30厘米。

第3层,深黄色黏土层,夹少量碎石块,厚约20—30厘米。

第4层,夹砂角砾层。

三、文化遗物

(一) 牛心村遗址

在该遗址地表采集石制品49件,包括细石叶石核1件,细石叶近端1件,石叶远端1件,普通石片34件,砸击石片1件,凹缺器1件,边刮器3件,雕刻器3件,端刮器2件,断块残片3件。其中46件原料为黑曜石,其余为燧石。

现将部分石制品介绍如下:

细石叶石核1件,编号HNX采:06(图3-17-1,2),形状呈楔形,长27.9、高21.5、厚6.7毫米,重5.2克。以石片为毛坯,台面呈三角形,素台面,台面长7.7、宽5.4毫米,台面角127度。剥片面长26.2、宽6.1毫米,可见剥片疤1处。同时存在后缘和底缘,均为交互修理而成,底缘长18.8毫米,后缘长20.7毫米。石核应处于初级使用阶段。

细石叶近端1件,编号HNX采:39,残长13.3、宽6.8、厚1.8毫米,重0.1克。素台面,背部有1条纵脊。

石叶远端1件,编号HNX采:12(图3-17-1,1),残长56.7、宽23.7、厚7.9毫米,重10.5克。背部有1条纵脊,远端有使用痕迹。

普通石片中包括Ⅵ型石片12件,Ⅴ型石片3件,石片近端1件,石片远端14件,左裂片2件,右裂片1件,共计34件,有使用痕迹的6件。完整石片15件,平均长宽厚为25.3、26.9、6.2毫米,平均重5.2克。完整石片形态以宽薄型为主。

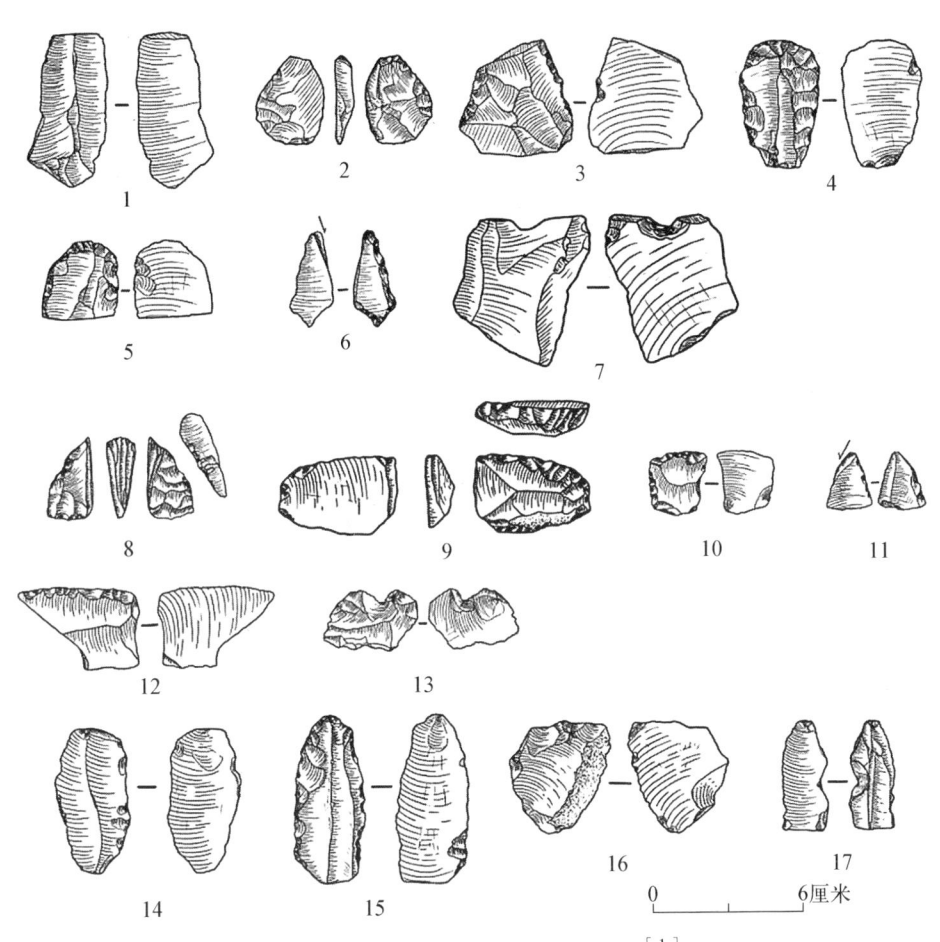

第三章 2000年以来的吉林旧石器时代考古 363

图3-17-1 调查过程中发现部分石制品[1]

牛心村遗址：1—7.（HNX 采：12、HNX 采：06、HNX 采：2、HNX 采：1、HNX 采：3、HNX 采：16、HNX 采：11）二水坪遗址：8—13.（HEP 采：2、HEP 采：1、HEP 采：5、HEP 采：18、HEP 采：3、HEP 采：14）广兴遗址：14—17.（HYH 采：6、HYH 采：3、HYH 采：4、HYH 采：5）

边刮器包括单直刃2件，双直刃1件。

HNX 采：2（图3-17-1,3）：双直刃边刮器，形状为四边形，长49.6、宽48.7、厚8.9毫米，重8.9克。以石片为毛坯，两侧边修理，正向加工，修疤形态连续，短而

[1] 徐廷、张恒斌：《吉林省和龙市新发现三处旧石器时代遗址》，《边疆考古研究》（第23辑），科学出版社，2018年，第1—9页。

平行,左侧加工刃长20.5毫米,右侧加工刃长24.4毫米,刃角为55—60度。

端刮器包括三角形和汇聚形各1件。三角形是指端刮器近端宽度小于远端宽度的一半,汇聚型是指最大宽度在近端。

HNX采:1(图3-17-1,4):三角形端刮器,长45.3、宽28.7、厚8.7毫米,重12.1克。以石片为毛坯,平面形态呈三角形,横断面形态呈梯形,台面类型为素台面,背面存在一条减薄疤痕,长35.7、宽8毫米。刃口形态为对称圆弧状,刃角80度,刃缘宽度26.8毫米,刃缘突出度6毫米,刃缘厚度8.3毫米,刃缘修疤分布为汇聚型,端刃左侧略有凹陷。右侧边修疤连续,长而平行,加工刃长37.5毫米,左侧边修疤不规则,加工刃长24.1毫米,刃角35—38度。

HNX采:3(图3-17-1,5):汇聚型端刮器,长26.5、宽26.8、厚5.5毫米,重4.5克。以石片远端为毛坯,平面形态呈倒"U"形,横断面呈梯形。刃口形态为非对称型,刃角55度,刃缘宽度22.8毫米,刃缘突出度8毫米,刃缘修疤分布为分散型,端刃左侧略有明显凹陷。左侧边修疤连续,短而平行,加工刃长18.5毫米,右侧边修疤不规则。

雕刻器3件,均为单斜刃雕刻器。

HNX采:16(图3-17-1,6):单斜刃雕刻器,长32.1、宽14.1、厚5.2毫米,重2.5克。以石片为毛坯,平面形态呈四边形,横截面形态呈梯形。雕刻器斜刃自右上向左下一次加工而成,斜刃角为30度,斜刃长24.9、宽4.2毫米。其余各边缘均经过修理,修疤连续,鳞状分布,加工刃长分别为26.2、9.4、11.6毫米,刃角50—60度。

凹缺器1件,编号HNX采:11(图3-17-1,7),梯形,长51.2、宽40.3、厚5.5毫米,重17克。以石片为毛坯,远端修理加工,凹缺刃口。凹缺刃宽18毫米,凹进深度7.4毫米,刃角45度。

(二) 二水坪遗址

在该遗址地表采集石制品51件,包括细石叶石核2件,普通石核1件,细石叶1件,石叶1件,普通石片32件,凹缺器1件,边刮器1件,雕刻器2件,端刮器1件。

石制品中仅有 1 件原料为闪长玢岩,其余原料均为黑曜石。

现将部分石制品介绍如下:

细石叶石核 2 件,均为楔形细石叶石核,依据台面生成方式的不同,可将石核划分为两类。Ⅰ类楔形细石叶石核台面存在由前至后纵击的特征,Ⅱ类楔形细石叶石核台面为横向修理,存在均匀分布的修疤,修理方向多为单向。

HEP 采:2(图 3-17-1,8):Ⅰ类楔形细石叶石核,三角形,长 36.4、高 20.3、厚 11.2 毫米,重 7.1 克。台面为纵向修理而成,台面长 35.4、宽 11.2 毫米,台面角 45 度。剥片面长 32.3、宽 11.5 毫米,可见剥片片疤 5 处,最大片疤长 29.4、宽 3.5 毫米。该石核未见后缘,底缘长 17.2 毫米,剥片面与底缘夹角 90 度,底缘与台面夹角 88 度,修理方向主要为由楔状缘向台面修理,但也可见部分由台面向底缘修理的片疤。石核利用较为充分,应处在中期或调整阶段。

HEP 采:1(图 3-17-1,9):Ⅱ类楔形细石叶石核,四边形,长 48.3、高 30.9、厚 13.9 毫米,重 14.9 克。以石片为毛坯,台面为石片腹面向背面修理而成,台面长 38.2 毫米,可见横向片疤 9 处,台面角 90 度。剥片面长 26.6、宽 6.4 毫米,可见剥片片疤 2 处,最大片疤长 21、宽 4.8 毫米。石核底缘长 39.6 毫米,修理方向与台面相同。石核应处在初级阶段。

细石叶 1 件,长 38、宽 10.8、厚 5.4 毫米,重 0.4 克。点状台面,背面有 1 条纵脊,远端内卷。

普通石核为 1 件双台面石核,长 43.9、宽 33.4、厚 24.3 毫米,重 25 克。

普通石片中包括Ⅵ型石片 15 件,Ⅲ型石片 1 件,石片近端 2 件,石片远端 13 件,石片中段 1 件,共计 32 件,其中有使用痕迹的 5 件。其中完整石片 16 件,平均长宽厚为 21.5、18.3、5.3 毫米,平均重 3 克。完整石片形态以窄薄型为主。

凹缺器 1 件,编号 HEP 采:14(图 3-17-1,13),四边形,长 29、宽 23.5、厚 6.6 毫米,重 5.2 克。以石片为毛坯,石片右侧修理加工,凹缺刃口。凹缺刃宽 9.8 毫米,凹进深度 8.2 毫米,刃角 50 度。

边刮器 1 件,编号 HEP 采:3(图 3-17-1,12),双直刃边刮器,梯形,原料为红色闪长玢岩,长 46.4、宽 32.4、厚 10.9 毫米,重 17.2 克。以石片为毛坯,两侧边修理,正向加工,修疤形态连续,鳞状,左侧加工刃长45.5毫米,右侧加工刃长21.9毫米,刃角为45—48度。

端刮器1件,编号HEP采:5(图3-17-1,10),汇聚型端刮器,长24.7、宽19.9、厚11.1毫米,重5.7克。以石片为毛坯,平面形态呈四边形,横断面呈梯形。刃口形态为对称平直型,刃角100度,刃缘宽度18毫米,刃缘修疤分布为分散型。左侧边修疤连续,短而平行,加工刃长18.9毫米。

雕刻器2件,均为单斜刃雕刻器。

HEP采:18(图3-17-1,11):单斜刃雕刻器,长22.5、宽18.8、厚7毫米,重2.5克。以石片为毛坯,平面形态呈三角形,横截面形态呈三角形。雕刻器斜刃自右上向右下二次加工而成,斜刃角50度,斜刃长13.2、宽4.6毫米。右侧缘正向加工,修疤连续,鳞状分布,加工刃长为15.3毫米,刃角74度,左侧缘疑似有使用痕迹。

(三) 广兴遗址

在该遗址地表采集石制品23件,包括普通石核3件,普通石片15件,石叶1件,边刮器3件,凹缺器2件。除2件石片原料为玄武岩外,其余原料均为黑曜石。

普通石核2件,均为单台面石核,平均长宽厚为32.5、26.5、17.4毫米,平均重14.8克。

普通石片中包括Ⅲ型石片2件,Ⅴ型石片2件,Ⅵ型石片6件,石片近端3件,石片远端1件,右裂片1件,共计15件,其中有使用痕迹的1件。10件完整石片的平均长宽厚为34、30.7、10.14毫米,平均重21.1克,完整石片形态以宽薄型为主。

石叶1件,编号HYH采:6(图3-17-1,14),长三角形,长56.4、宽28.6、厚8.1毫米,重12.3克。多疤台面,台面形状为三角形,台面宽20.6、厚8.4毫米,台面外缘有琢磨痕迹。石叶背面有1条纵脊,两侧缘薄锐,远端略有内卷。两侧边缘有使用痕迹。

边刮器3件,以刃缘数量和刃缘形态区分,包括单直刃2件,双凸刃1件。

HYH采:4(图3-17-1,16):单直刃边刮器,三角形,长43.7、宽30.2、厚12.2

毫米,重14.8克。以石片为毛坯,背面石皮比例约为20%,石片远端修理,正向加工,修疤形态连续,加工刃长24.8毫米,刃角65度。

HYH采:3(图3-17-1,15):双凸刃边刮器,长三角形,长65.6、宽28.3、厚11.6毫米,重23.8克。以石叶近端为毛坯,两侧边修理,正向加工,修疤形态连续,鳞状,左侧加工刃长45毫米,右侧加工刃长56.4毫米,刃角为35—60度。原型石叶为点状台面,台面外缘有琢磨痕迹,石叶背面有2条纵脊。

凹缺器2件。

HYH采:5(图3-17-1,17):长三角形,长42.9、宽21、厚6.1毫米,重6.9克。以石叶近端为毛坯,石叶左侧缘修理加工,凹缺刃口。凹缺刃宽16.7毫米,凹进深度7.1毫米,刃角65度。原型石叶为素台面,背面有1条纵脊,两侧边缘疑似有使用痕迹。

四、结语

本次调查在和龙市图们江、红旗河两岸阶地新发现的三处旧石器时代遗址,初步观测显示其文化面貌基本类似,故在此综合归纳如下:

1. 制作石制品的原料绝大多数为黑曜石,但均可见零星其他原料。

2. 硬锤法和软锤法均有使用,石叶产品应为软锤剥片,细石叶产品多为压制法剥片,砸击法十分少见。

3. 石制品以小型为主,残存石皮的石制品比例较低。

4. 类型以石片为主,完整石片占比较高,石片形态略有差别,但总体以宽薄型为主。部分石片有直接使用痕迹。

5. 石叶、细石叶产品均有发现,细石叶石核以楔形为主。

6. 工具毛坯以石片为主,工具修理多采用锤击法,修理方式以正向加工为主,少见反向加工。

吉林省东部地区旧石器时代晚期诸遗址中,经过测年的有和龙大洞和抚松枫林两处遗址,本次调查的三处遗址与和龙大洞遗址距离较近,石制品风格也十分接近,地层堆积中的黄褐色亚黏土层均为主要文化层。因此,根据石制品特点和和龙大洞遗址的测年结果,初步推测本次调查的三处遗址应处于晚更新世晚段,即旧石器时代晚期。

第十八节　抚松县漫江村鱼池地点

一、遗址概况

2015年7月,为进一步探寻长白山地区的历史文化,在吉林省长白山文化研究会和长白山保护开发区池南区管理委员会的组织下,由吉林省文史馆研究员张福有率队,联合池南区及当地的部分同志在抚松县漫江镇漫江村进行田野调查时,在当地名为"鱼池"的地点发现1件带孔器物,推测为1件敲击乐器。2018年5月,为了确认石磬的年代,由吉林大学考古学院、吉林省长白山文化研究会和池南区等单位对发现石磬的鱼池地点进行了全面的调查,发现了一批以黑曜岩、玄武岩为主要原料的石制品,即为抚松县漫江村鱼池[1]旧石器地点。

二、地貌及地层

鱼池地点现属吉林省长白山保护开发区管理委员会池南区辖境内,位于吉林省抚松县漫江镇漫江村东部,头道松花江的Ⅱ级阶地上,地势较高。此处为当地种植人参的耕地,四周植被茂盛,视野开阔。该地点西北距漫江镇约5千米、距枫林遗址约10千米、距抚松县城约35千米,东北距长白山天池约35千米,东距中朝边境约40千米。头道松花江在地点的西南侧自东南向西北流过。地理坐标为北纬41°54′35.93″,东经127°37′49.06″,海拔843米(图3-18-1)。

---

[1] 李万博等:《吉林抚松县漫江村鱼池地点发现的石制品》,《北方文物》2020年第5期,第3—10页。

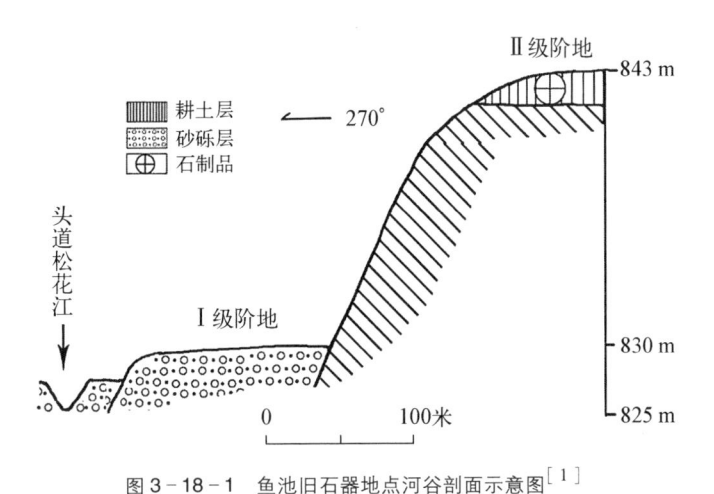

图 3-18-1　鱼池旧石器地点河谷剖面示意图[1]

三、文化遗物

鱼池地点共采集石制品 27 件。原料包括黑曜岩和玄武岩两种。类型有石核、石片、细石叶、工具、断块等。

（一）石核

5 件，包括石片石核和石叶石核。

1. 石片石核

4 件，根据台面数量分为单台面和多台面。

（1）单台面

2 件，原料均为玄武岩。长 73.4—116.33 毫米，平均长 94.87 毫米；宽 74.3—165.55 毫米，平均宽 119.93 毫米；厚 115.88—137.47 毫米，平均厚 126.68 毫米；重 1 003.44—1 122.03 克，平均重 1 062.74 克。

---

[1] 李万博等：《吉林抚松县漫江村鱼池地点发现的石制品》，《北方文物》2020 年第 5 期，第 3—10 页。

标本18FCW：1，长73.4、宽74.3、厚137.47毫米，重1 122.03克。台面A长59.21、宽131.76毫米，台面角约85度，剥片疤数量8个。根据片疤的完整程度和剥片角度判断，该石核尚处于使用阶段。自然面占比较高，约60%（图3-18-2,3）。

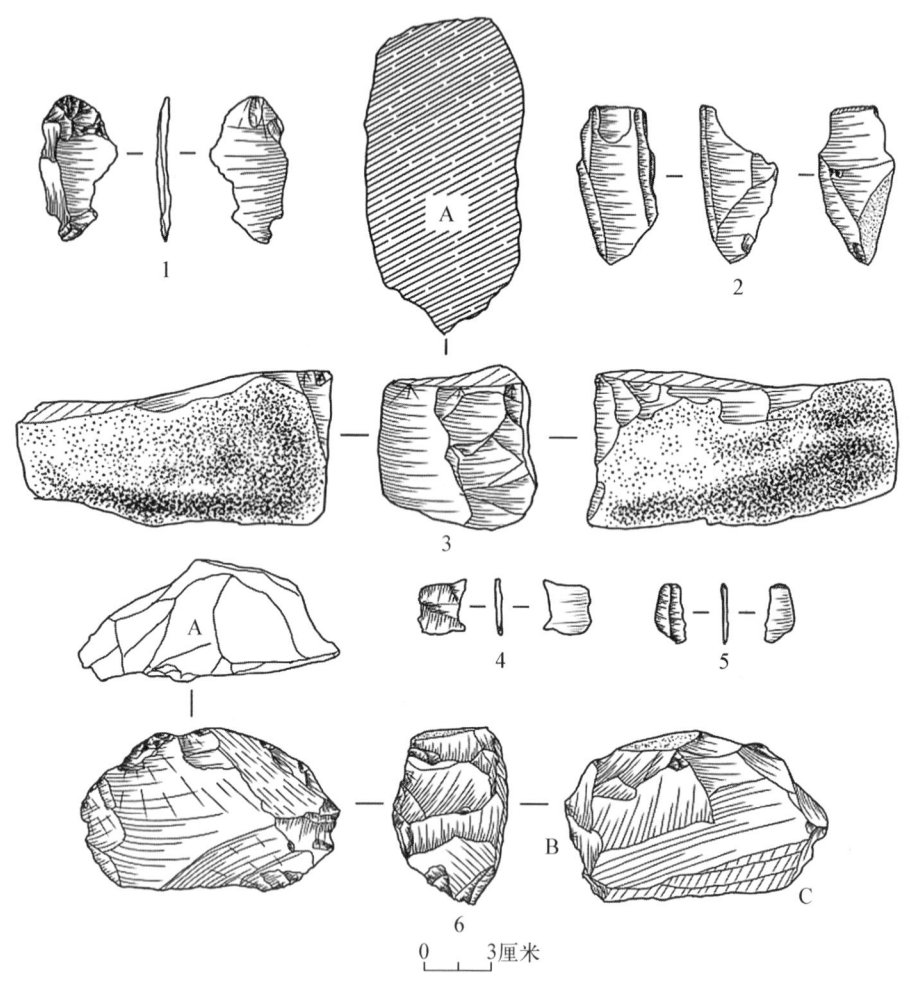

图3-18-2 石核、石片、细石叶[1]
1. 完整石片(18FCW：6)　2. 石叶石核断块(18FCW：5)　3. 单台面石片石核(18FCW：1)
4. 远端断片(18FCW：8)　5. 细石叶(18FCW：10)　6. 多台面石片石核(18FCW：3)

---

[1] 李万博等：《吉林抚松县漫江村鱼池地点发现的石制品》，《北方文物》2020年第5期，第3—10页。

(2) 多台面

2件,原料包括黑曜岩和玄武岩。长54.01—70.59毫米,平均长62.3毫米;宽100.72—111.05毫米,平均宽105.89毫米;厚53.54—70.78毫米,平均厚62.16毫米;重339.82—1 289.74克,平均重814.78克。台面数量均为3个。

标本18FCW∶3,原料为黑曜岩。长70.59、宽111.05、厚53.54毫米,重1 289.74克。台面均为人工台面。A台面长111.05、宽173.54毫米,台面角66—72度,剥片面2个,最大疤长69.51、宽42.18毫米;B台面长101.78、宽56.1毫米,台面角73—85度,剥片面1个,剥片疤数量为6个,最大疤长96.18、宽100.33毫米;C台面长75.05、宽65.14毫米,台面角79—84度,剥片面1个,剥片疤数量为7个,最大疤长64.1、宽89.11毫米。石核较厚重,质地较好,仅有少部分节理,利用率极高,剥片疤较为完整。从台面关系及片疤打破情况分析,首先以B为台面进行剥片,然后以B台面的剥片面为A进行剥片、以C为台面同时进行剥片。自然面保留较少。推测该石核尚处于使用阶段,还可以继续剥片(图3-18-2,6)。

2. 石叶石核

1件,标本18FCW∶5,为更新工作面的石叶石核断块。原料为黑曜岩。长65.68、宽33.26、厚32.86毫米,重50.29克。仅保留工作面,台面部分不见。留有剥片疤数量5个,最大疤长65.65、宽23.71毫米。石核利用率高,剥片技术成熟,底部留有少部分自然面(图3-18-2,2)。

(二) 石片

4件。均为锤击石片,根据完整程度分为完整石片和远端断片。原料全部为黑曜岩。

1. 完整石片

2件。长32.73—60.51毫米,平均长46.62毫米;宽18.06—33.39毫米,平均宽25.73毫米;厚3.53—4.4毫米,平均厚3.97毫米;重1.83—6.13克,平均重3.98克。

标本18FCW：6，长60.51、宽33.39、厚4.4毫米，重6.13克。点状台面，打击点集中，半锥体较凸，有锥疤，同心波显著，放射线清晰，背面全疤，疤数较多（图3-18-2,1）。

2. 远端断片

2件。长23.74—24.98毫米，平均长24.36毫米；宽13.77—20.63毫米，平均宽18.87毫米；厚2.88—3.83毫米，平均厚3.36毫米；重1.39—1.43克，平均重1.41克。

标本18FCW：8，长23.74、宽20.63、厚2.88毫米，重1.39克。同心波、放射线清晰，背面全疤（图3-18-2,4）。

（三）细石叶

1件。标本18FCW：10，细石叶中段，原料为黑曜岩。长25.75、宽14.07、厚2.14毫米，重0.57克。同心波显著，放射线清晰，两端有折断，背面有1条脊（图3-18-2,5）。

（四）工具

16件。

1. 二类工具

2件，均为刮削器。根据刃的数量和刃缘形态，分为单凸刃和双直刃。原料均为黑曜岩，片状毛坯。

（1）单凸刃

标本18FCW：12，长25.66、宽27.2、厚6.82毫米，重3.8克。A处以自然边做直刃，刃长19.63毫米，刃角15度，刃缘锋利，大小适中，方便使用，边缘留有细小的崩疤，为使用痕迹所致（图3-18-3,11）。

第三章　2000年以来的吉林旧石器时代考古　373

图3-18-3　工具[1]

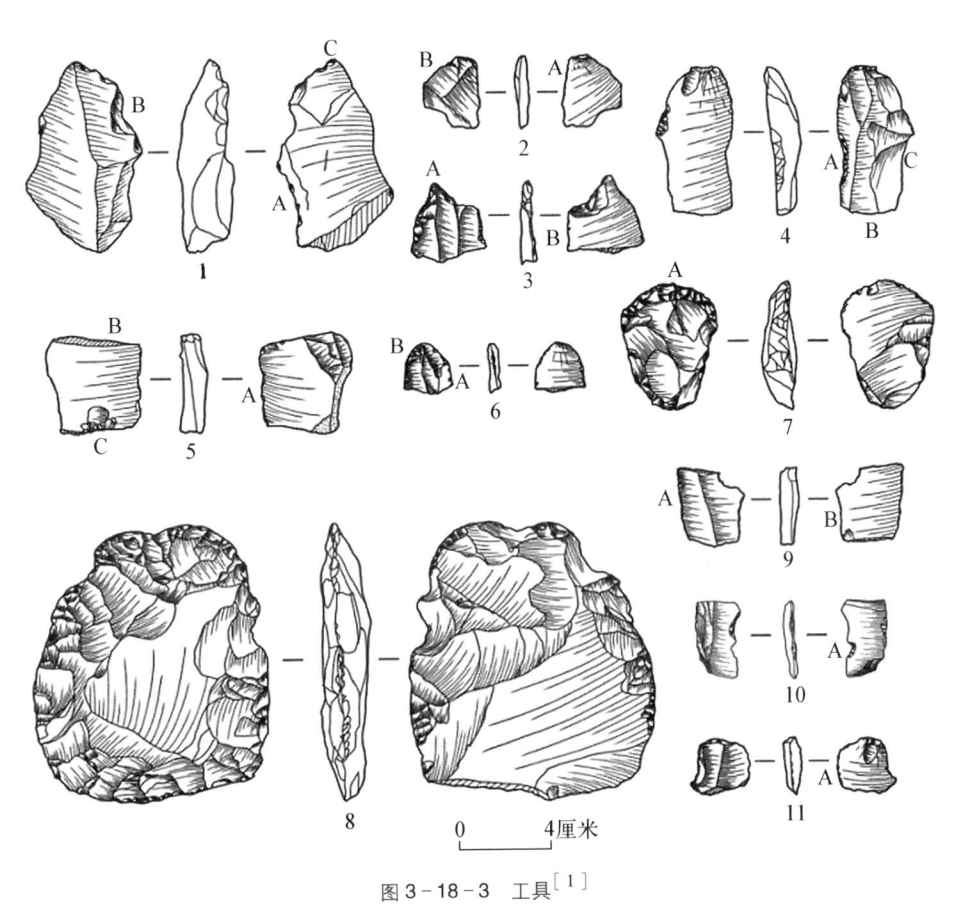

1. 三类复刃刮削器（18FCW：21）　2. 二类双直刃刮削器（18FCW：13）　3. 三类钻器（18FCW：26）
4. 三类单凹刃刮削器（18FCW：16）　5. 三类单直刃刮削器（18FCW：14）　6. 三类双凸刃刮削器（18FCW：20）
7. 三类端刮器（18FCW：22）　8. 三类两面器（18FCW：27）　9. 三类双直刃刮削器（18FCW：19）
10. 三类凹缺器（18FCW：23）　11. 二类单凸刃刮削器（18FCW：12）

（2）双直刃

标本18FCW：13，长31.39、宽25.35、厚5.84毫米，重3.3克，A处以自然边做直刃，刃长27.47毫米，刃角20度；B处以自然边做直刃，刃长18.99毫米，刃角15度。刃缘均较薄锐，留有不连续的细小的崩疤（图3-18-3,2）。

---

[1] 李万博等：《吉林抚松县漫江村鱼池地点发现的石制品》，《北方文物》2020年第5期，第3—10页。

2. 三类工具

14件。类型包括刮削器、端刮器、凹缺器、钻器和两面器。

（1）刮削器

8件。根据刃的数量和刃缘形态分为单直刃、单凹刃、双直刃、双凸刃和复刃。毛坯均包括石片和石叶。

单直刃2件，原料均为黑曜岩。标本18FCW：14，长40.27、宽39.18、厚10.63毫米，重15.95克。A处以自然边为直刃，刃长30.93毫米，刃角20度；B处经简单修整，意为修形，方便使用（图3-18-3,5）。

单凹刃3件，原料均为黑曜岩。标本18FCW：16，长60.36、宽33.77、厚12.08毫米，重15.95克。毛坯为石叶近端。A处以自然边做凹刃，刃长24.58毫米，刃角65度，使用疤细密，刃缘规整；B、C处经简单修整，为修形和修理把手，使得器身规整，方便使用。背面风化较重，但仍能看出有1条棱脊（图3-18-3,4）。

双直刃1件，原料为黑曜岩。标本18FCW：19，长33.15、宽27.95、厚7.3毫米，重5.69克。毛坯为石叶中段，A处以自然边做直刃，刃长30.28毫米，刃角25度；B处以自然边做直刃，刃长18.97毫米，刃角25度。石叶两端有整齐的断面，推测为有意折断，意为修形，方便使用（图3-18-3,9）。

双凸刃1件，原料为黑曜岩。标本18FCW：20，长22.44、宽22.35、厚4.9毫米，重2.22克。毛坯为石叶近端，A处以自然边做凸刃，刃长23.2毫米，刃角20度；B处以自然边做凸刃，刃长19.4毫米，刃角25度。石叶远端为有意折断，意为修形，方便使用（图3-18-3,6）。

复刃1件，原料为玄武岩。标本18FCW：21，长80.88、宽53.18、厚25.1毫米，重77.96克。毛坯为石片。A处以自然边做凹刃，刃长34.26毫米，刃角55度；B处经正向修理，形成凹缺形的刃口，刃长17.3毫米，刃角68度；C处为尖刃，两边长分别为28.31和26.85毫米，所夹角为88度。器体大小适中，刃口多样，有目的选择不同的刃缘形态，是一件多功能工具（图3-18-3,1）。

(2) 端刮器

1件,原料为黑曜岩。标本18FCW：22,长50.65、宽40.07、厚14.32毫米,重22.47克。A处经反向修整,形成圆弧形的刃缘,刃长约45.5毫米,刃角约60度。器身较薄,两侧和底部均经精细修整,意为修形和修理把手(图3-18-3,7)。

(3) 凹缺器

3件,原料均为黑曜岩。毛坯包括石片和石叶。标本18FCW：23,长31.2、宽18.62、厚6.51毫米,重3.28克。片状毛坯,A处经反向压制修理,形成凹缺形的刃口,刃长9.48毫米,刃角30度。器体较小,刃口较锋利(图3-18-3,10)。

(4) 钻器

1件,原料为黑曜岩。标本18FCW：26,长34.63、宽33.61、厚6.12毫米,重5.67克。片状毛坯,A处采用压制修理技术,经错向加工,形成钻头;B处有连续细小的疤,推测为直接使用的直刃,刃长16.09毫米(图3-18-3,3)。

(5) 两面器

1件,原料为黑曜岩。标本18FCW：27,长117.71、宽100.55、厚21.55毫米,重26.124克。器体厚重,接近通体加工,减薄技术成熟。器身留有多层、互相叠压的片疤。器形规整,边缘较为锋利(图3-18-3,8)。

(五) 断块

1件。标本18FCW：11,原料为黑曜岩。长30.91、宽6.58、厚5.07毫米,重1.31克。

四、结语

1. 原料包括黑曜岩和玄武岩。其中黑曜岩最多,约占82.1%。此次调查还发现有黑曜岩石料1件,最大长、宽、厚为87.35×85.84×39.94毫米,重231.03克。根据长白山地区独特的火山地质地貌,鱼池地点原料为就近取材。

2. 根据石器的最大直径,可分为微型(<20毫米)、小型(20—50毫米)、中型

(50—100 毫米)、大型(100—200 毫米)、巨型(≥200 毫米)五种类型。经统计,该地点的石器包括小型 16 件、中型 6 件和大型 5 件,不见微型和巨型。

3. 石核包括石片石核和石叶石核两种。石片石核器体较大,剥片疤多且完整,推测均处在使用阶段。石叶石核为更新工作面的断块,剥片技术成熟。

4. 石片均为锤击剥片,大部分打击点集中,有清晰的放射线,同心波明显。细石叶背面有 1 条脊。

5. 二类工具均为刮削器,以石片锋利边缘做刃,无须修理,直接使用。三类工具以刮削器为主,还包括凹缺器、钻器等。修理方法包括锤击法和压制法,压制技术相当成熟。加工方向为反向和复向加工。毛坯选择包括石叶和石片,修理的部位以修刃、修形为主,修理把手次之。这说明古人是在有意地选择合适的坯材,并对相应部位进行修理,以便于制造出适合人类使用的工具。

第十九节　汪清县发现的几处遗址

一、遗址概况

为了进一步了解长白山地区古人类生存特点,自 2015 年起,吉林省文物考古研究所有计划地对长白山地区开展了一系列旧石器考古专项调查。汪清县地处吉林省东北部山区,地理位置北纬 43°06′—42°03′,东经 128°54—130°41′,东西长 152 千米,南北宽 108 千米,东距俄罗斯 45 千米,南距朝鲜 20 千米,紧靠图们、珲春、东宁、绥芬河等边境城市。汪清县地势高低起伏,属长白山系老爷岭山脉,以山地为主的地形地貌特征显著,水利资源丰富,境内主要有图们江水系嘎呀河、珲春河、绥芬河三条河流流经。汪清县的考古工作可追溯至 20 世纪 50 年代,但境内的旧石器考古工作起步较晚。

2016 年,吉林省文物考古研究所配合抚松县漫江镇生态文化旅游综合开发项目建设,对枫林遗址开展了抢救性考古发掘,并对周边阶地进行了调查,共出土石制品800余件,采集石制品2 000余件,包括细石叶、细石核、石叶和精加工的石器等。

2017年,吉林省文物考古研究所对集安市、通化县开展了洞穴专项调查,新发现适宜人类活动的洞穴3处,试掘出土部分动物化石。

2018年,吉林省文物考古研究所与吉林大学合作,对吉林省汪清县全境进行了旧石器专项考古调查。本次调查新发现含打制石器的地点63处,采集石制品1 362件,根据地表采集遗物和裸露的地层堆积特点,综合河流年龄和下切速度等多方因素,可初步确定旧石器时代遗址12处[1]。

汪清县位于长白山东麓,境内主要有嘎呀河、绥芬河两条河流。调查以河流为依托,以过往发现的晚更新世古生物化石出土地点为线索,以河流沿岸的阳坡高阶地为重点,展开区域性系统考古调查。嘎呀河流域发现有春阳镇石头村北岗遗址、天桥岭镇东新遗址第Ⅰ地点、天桥岭镇马鹿沟遗址、大兴沟镇新兴遗址第Ⅰ、Ⅱ地点等5处;绥芬河流域发现有罗子沟镇上河遗址,创业遗址第Ⅰ、Ⅱ地点,下河遗址第Ⅰ、Ⅱ地点和绥芬遗址第Ⅱ、Ⅳ地点等7处。东新遗址第Ⅰ地点位于嘎呀河上游西侧Ⅱ级阶地,采集到石制品近百件,原料种类丰富,多为优质原料,包括燧石、玛瑙、角岩、石英、黑曜石等。石制品具有吉林东部旧石器时代晚期细石叶技术的普遍特点,其中一件带柄两面加工石器,以燧石为原料,通体对称压剥成型,外形规整,其特征与北美地区旧石器时代晚期的石器加工技术十分相似。

新兴遗址第Ⅰ地点曾发现过晚更新世哺乳动物化石,位于嘎呀河支流前河的北岸阶地。本次调查在该遗址采集到石制品数十件,石制品原料以硅质岩为主,类型包括石叶石核、石叶、长石叶加工而成的尖状器等,主要表现出石叶技术特点,极大地丰富了长白山旧石器文化的技术类型。马鹿沟遗址位于嘎呀河东侧阶地,采集到石制品30余件,以大型砾石石器为主,器型包括石核、石锤、石铲、砍砸器、盘状器等,与安图县立新遗址、图们下白龙等遗址具有相似的文化特征。

---

[1] 徐廷:《吉林汪清发现一批旧石器时代遗址》,《中国文物报》,2018年6月1日第8版。

上述三处遗址,均处于图们江流域,基本代表了长白山地区三种不同的旧石器时代工业类型,石制品原料的不同,体现出古人类对自然资源较强的适应特点。本次调查首次在绥芬河上游发现了多处旧石器时代遗址,均以细石叶技术为主要特点。罗子沟镇创业遗址第Ⅰ、Ⅱ地点位于罗子沟镇创业村东侧Ⅱ级阶地上,绥芬河上游西大河的北岸。采集到石制品近 200 件,原料种类包括燧石、石英、玛瑙、黑曜石、硅质泥岩、角岩等。石制品以小型石器为主,细石叶数量较多,器型包括石片石核、石叶石核、细石叶石核、石片、石叶、细石叶、刮削器、两面器、雕刻器等。

新兴遗址[1]第 1 地点位于吉林省汪清县大兴沟镇蛤蟆塘村以东约 1 千米,地理坐标北纬 43°25′50.757 6″,东经 129°31′19.164″,海拔 290 米。在该遗址采集到石制品数十件,石制品原料以角页岩为主,类型包括石叶石核、石叶、长石叶加工而成的尖状器等,以石叶技术为主要技术类型,极大地丰富了长白山地区旧石器时代文化的内涵。值得注意的是,根据汪清县文物管理所原始档案记载,该遗址所在台地的基岩断面因人工采石形成,20 世纪 80 年代采石过程中曾发现部分第四纪哺乳动物化石,包括驼鹿角 2 件、驼鹿牙 2 件、野牛掌骨 1 件、野牛距骨 2 件、野牛中央附骨 1 件、野牛角 1 件、披毛犀上臼齿 3 件、最后鬣狗白齿 6 件、野马脊椎骨 2 件、野马上臼齿 11 件、野马犬齿 2 件、野马上白齿 1 件。2019 年,为厘清新兴遗址第 1 地点的地层堆积情况、石制品组合、年代以及相关技术特征等重要问题,吉林省文物考古研究所对该遗址进行了复查,同时选择两个区域进行了小范围试掘工作。

二、地貌及地层

嘎呀河为图们江最大支流,发源于汪清县北部老爷岭三长山西麓,自北向南纵贯县境西部,经图们市辖境注入图们江。此河在汪清县境流经东新、天桥岭、大兴

---

[1] 徐廷、方启、赵莹等:《吉林汪清新兴遗址第 1 地点调查与试掘简报》,《人类学学报》2021 年第 5 期,第 904—916 页。

沟等9个乡镇,沿途接纳大小支流74条,前河发源于蛤蟆塘乡西部的中源沟,自西向东,在双河村与后河汇合后注入嘎呀河,流长56.9千米。新兴遗址第1地点位于前河北岸一个南北向舌状台地,高出水面25米。遗物主要分布在台地最南端东西长120米,南北长160米的范围内,面积约2万平方米。

本次试掘分两个区域,第Ⅰ发掘区位于遗址最南端,靠近自然断崖,布南北向1×1平方米探方10个,整体发掘深度约50厘米,最深处发掘深度约75厘米,从地层剖面看,可分3层,由上至下分别为:

第1层,灰褐色黏土质粉砂层(耕土层),土质较疏松,包含石块、植物根系等,厚约5—16厘米,发掘范围内未见出土遗物。

第2层,红褐色黏土层,土质疏松,包含石制品和少量夹砂陶片,石制品中可见少量磨制石器,厚约10—28厘米。第2层下开口灰坑1个,圆形、寰底,深20厘米,出土少量夹砂陶片。

第3层,黄褐色黏土质粗砂层,土质较上层略为致密,包含较多碎石块且风化较重,包含少量石制品,厚约11—20厘米,最深处可达44厘米。

第Ⅱ发掘区位于第Ⅰ发掘区东北约60米处,较第Ⅰ发掘区地势高出约5米,布南北向1×1平方米探方4个,发掘深度约70厘米,从地层剖面看,可分3层,与第Ⅰ发掘区地层堆积情况不完全相同,由上至下分别为(图3-19-1):

第1层,灰褐色黏土质粉砂层(耕土层),土质较疏松,包含石块、植物根茎等,厚约5—7厘米,发掘范围内未见出土物。

第2层,黄褐色黏土层,土质较致密,包含少量石制品,厚约15—21厘米。

第3层,黄褐色黏土质粗砂层,土质较上层疏松,包含较多碎石块且风化严重,未见石制品,厚约40—43厘米。

根据出土遗物和两个试掘区域地层堆积的埋藏情况,判断遗址地层顺序为耕土层→红褐色黏土层→黄褐色黏土层→黄褐色黏土质粗砂层。第Ⅰ发掘区黄褐色黏土层缺失,但下部黄褐色黏土质粗砂层及出土遗物表明该层之上应存在过黄褐色黏土层,但晚期剥蚀导致缺失,而红褐色黏土层中遗物早晚混杂,既有打制石器,又有圆片,叠压在晚期灰坑之上,应为扰乱堆积。总体来看,该遗址旧石器时代文化遗存应包括第Ⅱ发掘区黄褐色黏土层、第Ⅰ发掘区黄褐色黏土质粗砂层中出土的所有石制品，第Ⅰ发掘区红褐色黏土层中出土的打制石器以及地表调查采集的大部分石器。

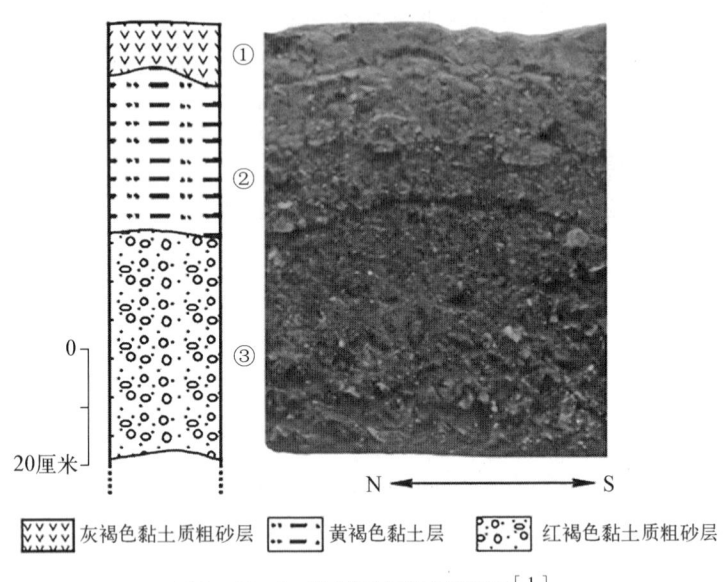

图3-19-1　第Ⅱ发掘区地层剖面图[1]

三、文化遗物

新兴遗址第1地点2018—2019年采集、试掘出土石制品142件，其中石核34件，占石制品总数的24%；石片、石叶、细石叶等剥片类产品57件，占比40%；工具（含磨制石器）36件，占比25%；断块16件，占比11%。

（一）采集石制品

2018—2019年共采集到石制品89件，类型包括石核、石片、石叶、刮削器、砍砸

---

[1] 徐廷、方启、赵莹等：《吉林汪清新兴遗址第1地点调查与试掘简报》，《人类学学报》2021年第5期，第904—916页。

器、尖状器、手斧、石锤、断块、磨制石器等。原料以角页岩和黑曜岩为主,同时还存在少量石英砂岩、流纹岩、页岩、砾岩、玄武岩和玛瑙等原料。

1. 石核

共 32 件,其中单台面石核 7 件、双台面石核 12 件、多台面石核 13 件。根据石核台面数量和剥片疤数量,将锤击石核划分为六个类型。

2019WDXXI 采:1,单台面石核,Ⅰ2 型,原料为角页岩,原型为岩块,有节理面,长 98.4、宽 74.1、厚 85 毫米,重 822.3 克。素台面,形状为四边形,宽 96.3、厚 56.3 毫米,可观察到 5 个剥片疤,位于 2 个剥片面,其中最大片疤长 57.09、宽 27.82 毫米,台面角范围 79.75—91.58 度(图 3-19-2,1)。

2019WDXXI 采:55,单台面石核,Ⅰ3 型,原料为角页岩,原型为岩块,有节理面,长 125.13、宽 87.52、厚 68.15 毫米,重 1 131.8 克。修理台面,形状近四边形,宽 66.1、厚 49.6 毫米,可观察到 7 个剥片疤,位于 3 个剥片面,台面角范围 62.75—90.58 度(图 3-19-2,2)。

2018WDXXI 采:8,双台面石核,Ⅱ2 型,原料为角页岩,原型为岩块,有节理面,长 99.4、宽 83.6、厚 57.5 毫米,重 469.4 克。台面数量为 2 个。台面 1 为修理台面,形状近四边形,台面宽 81.5、厚 92.5 毫米,可观察到 3 个剥片疤,位于同一剥片面,其中最大片疤长 59.1、宽 48.22 毫米,台面角范围 71—90 度;台面 2 为修理台面,形状不规则,宽 61.4、厚 77.4 毫米,可观察到 3 个剥片疤,位于同一剥片面,其中最大片疤长 82.85、宽 28.81 毫米,台面角范围 59.1—60.33 度(图 3-19-2,5)。

2019WDXXI 采:75,双台面石核,Ⅱ2 型,原料为角页岩,原型为岩块,有大面积节理面,表面存在风化,长 144.2、宽 51.2、厚 54.1 毫米,重 855.4 克。台面数量为 2 个。台面 1 为修理台面,形状不规则,宽 49.2、厚 34.5 毫米,可观察到 2 个剥片疤,位于同一剥片面,最大片疤长 64、宽 28 毫米,台面角范围 98.66—99.83 度;台面 2 为节理台面,形状四边形,宽 51.7、厚 57.3 毫米,可观察到一个剥片疤,长 94、宽 26 毫米,台面角 82.26 度(图 3-19-2,4)。

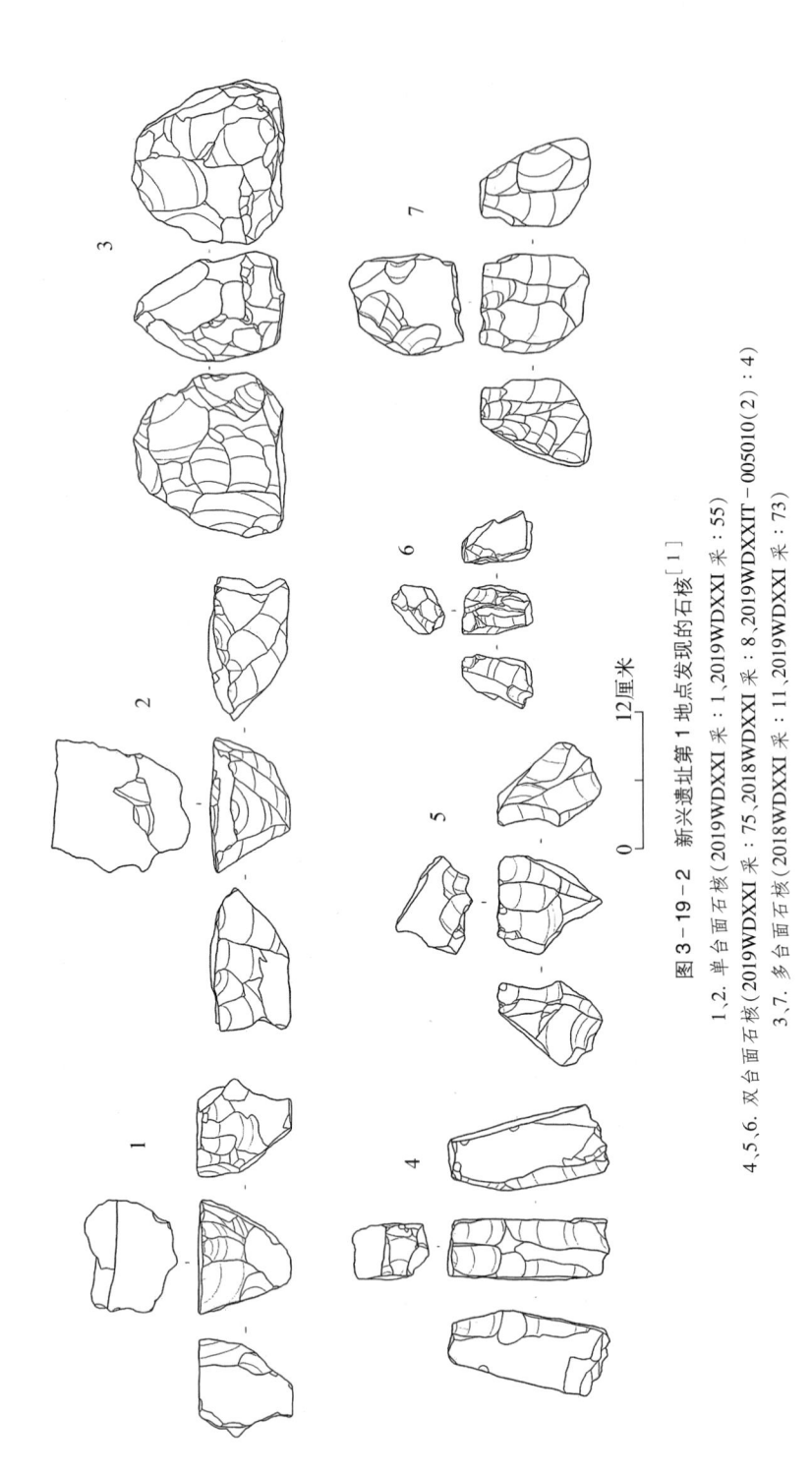

图 3-19-2 新兴遗址第 1 地点发现的石核[1]
1、2. 单台面石核（2019WDXXI 采：1，2019WDXXI 采：55）
4、5、6. 双台面石核（2019WDXXI 采：75，2018WDXXIT－005010(2)：4）
3、7. 多台面石核（2018WDXXI 采：11，2019WDXXI 采：73）

---

[1] 徐廷、方启、赵莹等：《吉林汪清新兴遗址第 1 地点调查与试掘简报》，《人类学学报》2021 年第 5 期，第 904—916 页。

2019WDXXI 采：73，多台面石核，Ⅲ型，原料为角页岩，原型为岩块，可见节理面，表面存在风化，长114.2、宽85.4、厚68.1毫米，重876.3克。台面数量为3个。台面1为修理台面，台面形状呈四边形，台面宽70.4、厚37.9毫米，可观察到剥片疤4个，位于2个剥片面上，其中最大片疤长72.9、宽34毫米，台面角范围80.10—94.16度；台面2为修理台面，形状为四边形，宽58.9、厚36.1毫米，可观察到片疤2个，位于同一剥片面，台面角范围89.9—96.33度；台面3为修理台面，形状不规则，台面宽113.2、厚88.4毫米，可观察到片疤4个，位于2个剥片面上，台面角范围94.33—96.10度（图3-19-2,7）。

2018WDXXI 采：11，多台面石核，Ⅲ型，原料为角页岩，长139.9、宽136.4、厚90.9毫米，重2 314克。台面数量为3个。台面1为多疤台面，形状不规则，台面宽137.9、厚153.85毫米，可观察到4个剥片疤，位于2个剥片面，其中最大片疤长77.25、宽57.96毫米，台面角范围90.36—96.36度；台面2为多疤台面，形状不规则，台面宽136.3、厚126.7毫米，可观察到6个剥片疤，位于3个剥片面，其中最大片疤长62.35、宽47.62毫米，台面角范围86.1—105度；台面3为节理台面，形状不规则，台面宽124.8、厚83.7毫米，可观察到1个剥片疤，台面角72.01度（图3-19-2,3）。

2. 石片

共18件，包括完整石片8件、近端石片8件、远端石片2件。其中完整石片根据台面性质和背面特征，可划分为六个类型。

2018WDXXI 采：2，Ⅵ型石片，原料为黑曜岩，长41.2、宽44.5、厚8毫米，重12克。素台面，石片角109.83度，背缘角59.9度。台面宽17.2、厚6.8毫米，石片背面可观察到右侧向片疤3个（图3-19-3,1）。

2018WDXXI 采：7，Ⅱ型石片，原料为角页岩，包含少量节理面，长75.7、宽61.3、厚13.9毫米。自然台面，重78.1克。石片角115度，背缘角113度。台面宽32.6、厚9.4毫米，石片背面修疤数量为2个，左侧向和右侧向修疤各1个（图3-19-4,2）。

2019WDXXI 采：48，ⅡⅢ型石片，原料为角页岩，包含少量节理面，长45.21、宽61.76、厚15.37毫米，重51.7克。自然台面，石片角116.67度，背缘角59.5度。

台面宽44.02、厚16.85毫米,石片背面可观察到右侧向片疤1个(图3-19-4,3)。

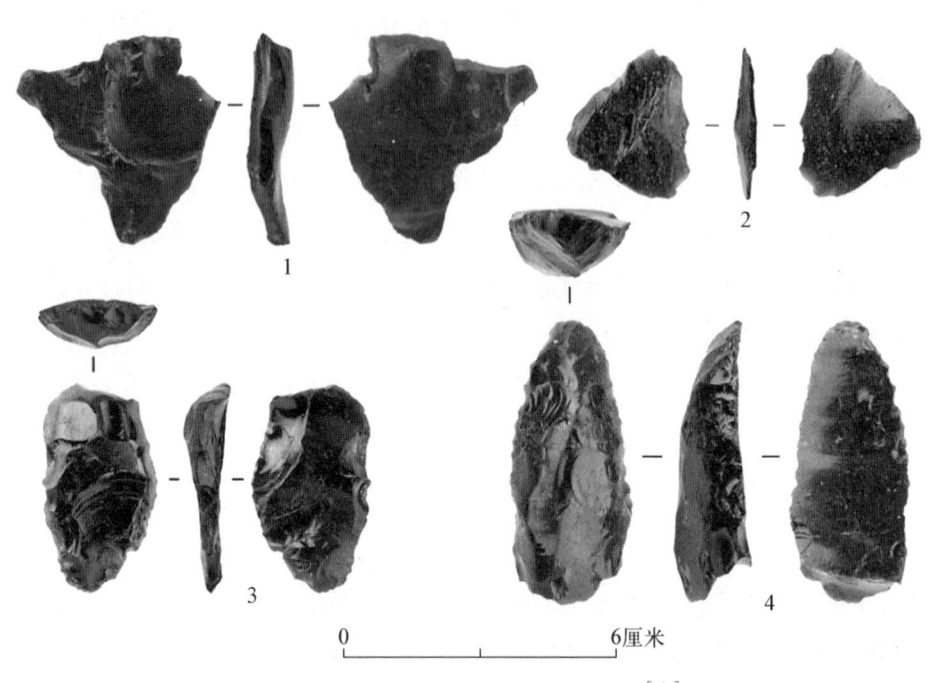

图3-19-3　新兴遗址第1地点石制品(1)[1]
1.完整石片(2018WDXXI采:2)　2.凹刃刮削器(2019WDXXI采:44)
3、4.端刮器(2019WDXXI采:6、2018WDXXI采:9)

3. 石叶

1件,为完整石叶。

2019WDXXI采:78,原料为角页岩,表面风化情况较重,长117、宽51.8、厚21.1毫米,重192.4克。修理台面,石片角100度,背缘角93.66度。台面宽38.2、厚17.1毫米。石叶远端羽状外卷,背面片疤数量为3,其中左侧向片疤数量1,右侧向片疤数量2,可观察到1条纵脊(图3-19-4,1)。

---

[1] 徐廷、方启、赵莹等:《吉林汪清新兴遗址第1地点调查与试掘简报》,《人类学学报》2021年第5期,第904—916页。

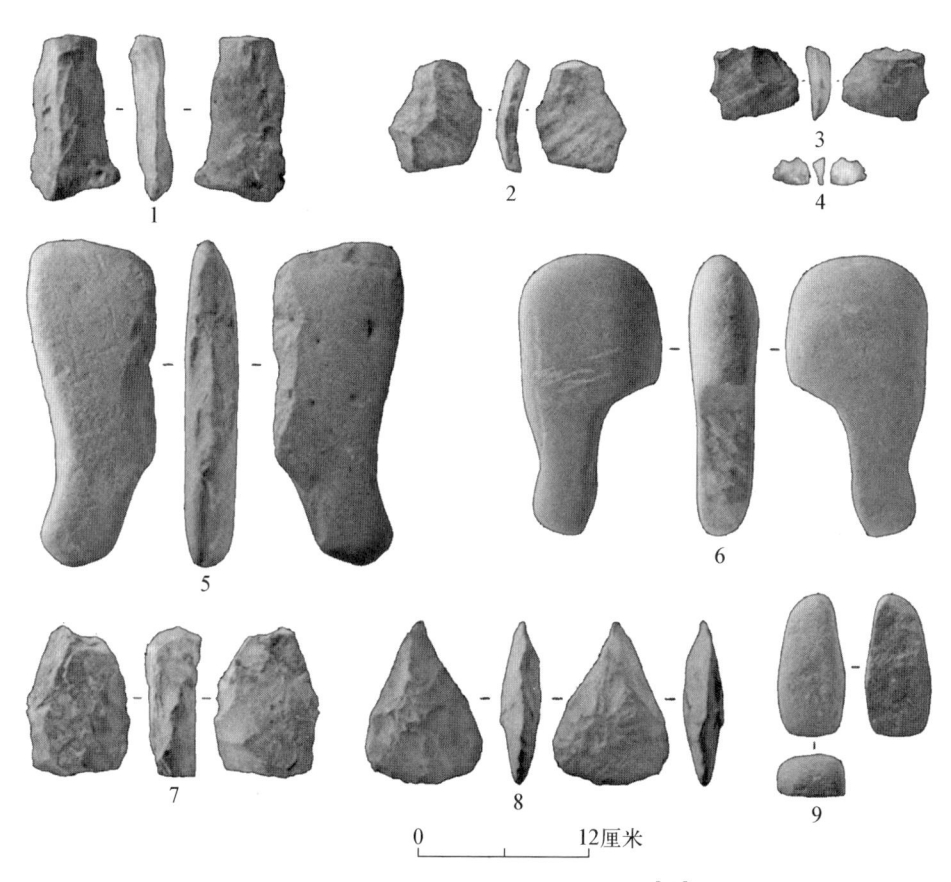

图 3-19-4　新兴遗址第 1 地点石制品(2)[1]

1. 石叶近端(2019WDXXI 采:78)　2、3. 完整石片(2018WDXXI 采:7、2019WDXXI 采:48)
4. 尖状器(2019WDXXI 采:19)　5、7. 砍砸器(2019WDXXI 采:32、2019WDXXI 采:14)
6、9. 石锤(2019WDXXI 采:59、2018WDXXI 采:6)　8. 手斧(2019WDXXI 采:16)

4. 断块、碎屑

断块 8 件、碎屑 2 件,除了 1 件原料为角页岩,其他均为黑曜岩断块和碎屑,少量可以看出原型为石片,个体均较小。

---

[1] 徐廷、方启、赵莹等:《吉林汪清新兴遗址第 1 地点调查与试掘简报》,《人类学学报》2021 年第 5 期,第 904—916 页。

5. 工具

共21件,包括刮削器12件、端刮器2件、砍砸器2件、尖状器2件、手斧1件、石锤2件。其中刮削器根据加工位置和刃缘形态可分为单直刃刮削器8件、单凸刃刮削器1件、单凹刃刮削器1件、双刃刮削器2件。

2019WDXXI采:44,凹刃刮削器,原料为黑曜岩,片状毛坯,三角形,长26.08、宽31.25、厚4.08毫米,重3克。刃缘位于石片远端,正向加工,单层修疤,修疤数量为3,修疤连续,刃缘略凹,长10.14毫米,刃角21度(图3-19-3,2)。

2018WDXXI采:9,窄型端刮器,原料为黑曜岩,毛坯为石叶,三角形,长59.7、宽24.8、厚13.8毫米,重23克。端刃位于石叶近端,长9毫米,端刃角60度;侧边刃1位于石片腹面左侧,正向加工,多层修疤,片疤较宽,刃缘平齐,长53.8毫米,刃角64.25度;侧边刃2位于石片腹面右侧,正向加工,多层修疤,片疤较宽,刃缘较平齐,长43.5毫米,刃角72.92度(图3-19-3,4)。

2019WDXXI采;6,宽型端刮器,原料为黑曜岩,毛坯为石叶,似椭圆形,长43.2、宽25.4、厚9.5毫米,重9.1克。刃缘位于石片远端,正向加工成凸刃,修疤连续,刃缘外突,长20.3毫米,端刃角77.75度。石片背面存在修薄,甚至装柄使用的可能性(图3-19-3,3)。

2019WDXXI采:19,尖状器,原料为玛瑙,片状毛坯,形状不规则,长27.67、宽20.82、厚8.27毫米,重3.3克。刃1位于石片腹面右侧,正向加工,单层修疤,修疤断续,刃缘不平齐,长10.1毫米。刃2位于石片远端,正向加工,单层修疤,修疤断续,刃缘不平齐,长8.91毫米。两条修理边交汇,尖刃角108.58度(图3-19-4,4)。

2019WDXXI采:14,砍砸器,原料为角页岩,块状毛坯,形状近四边形,长103.81、宽73.1、厚35.18毫米,重442.5克,有部分节理面。刃缘平直,交互加工,长42.42毫米,刃角78.17度(图3-19-4,7)。

2019WDXXI采:32,砍砸器,原料为砾岩,原型为砾石,形状呈刀形,长245.7、宽94.13、厚38.5毫米,重1 325.6克。刃缘平直,交互加工,修疤较大,长140.24毫米,刃角范围85.08—92.33度(图3-19-4,5)。

2019WDXXI 采：16，手斧，原料为角页岩，三角形，长114.74、宽84.11、厚30.67毫米，重253.6克，表面存在风化情况。通体加工减薄，刃缘数量3；刃1交互加工，刃长108毫米，刃角40度；刃2与刃1相连，交互加工，刃长90毫米，刃角30度；刃3与刃2相连，交互加工，加工刃长占刃长的三分之一，刃长114毫米。刃3与刃1形成尖刃，尖刃角60度(图3-19-4,8)。

2019WDXXI 采：6，石锤，原料为石英砂岩，原型为砾石，长101.5、宽48.8、厚28.8毫米，重248.9克。该石锤有受反作用力形成的纵向破裂的崩疤，应属于废弃阶段(图3-19-4,9)。

2019WDXXI 采：59，石锤，原料为石英砂岩，原型为砾石，刀形，长205、宽98.4、厚46.7毫米，重1 255.5克。保存完整，且窄缘存在使用痕迹(图3-19-4,6)。

（二）试掘出土石制品

2019年通过对两个发掘区域进行试掘，共发掘出土石制品53件。第Ⅰ发掘区出土石制品48件，其中地层第2层出土物包括石核、石片、石叶、细石叶、刮削器、断块、磨制石器；地层第3层出土物包括石片、刮削器、断块。第Ⅱ发掘区地层第2层出土石制品5件，包括石核、细石叶、刮削器、断块。石制品原料以黑曜岩为主，同时也存在角页岩、石英岩、石英砂岩、砂岩、流纹岩、燧石等。

1. 石核

2件。2019WDXXIT-005010(2)：4，双台面石核，Ⅱ2型，原料为角页岩，原型为岩块，长125.1、宽84.63、厚63.03毫米，重1 070.6克。台面数量为2；台面1为修理台面，形状为四边形，台面宽49.36、厚62.35毫米，剥片疤数为4，位于同一剥片面，最大片疤长87.98、宽20.38毫米，台面角范围90.96—94.33度；台面2为修理台面，形状不规则，台面宽80.04、厚59.47毫米，剥片疤数为2，位于同一剥片面，最大剥片疤长53.72、宽41.27毫米，台面角范围87.33—91.1度(图3-19-2,6)。

2. 石片

共31件,其中第Ⅰ发掘区地层第2层出土17件,包括完整石片5件、近端石片5件、中段石片6件、远端石片1件;地层第3层出土14件,包括近端石片3件、中段石片9件、远端石片2件。第Ⅱ发掘区未发现石片。

2019WDXXIT－009010(2)：4,Ⅱ型石片,原料为流纹岩,保留少量自然石皮,长29.96、宽26.13、厚4.16毫米,重0.1克。自然台面,台面角129.33度,背缘角66.92度,台面宽12.89、厚3.96毫米。石片远端形态呈羽状外卷,石片背面可观察到右侧向片疤1个(图3－19－5,1)。

3. 石叶

1件,位于第Ⅰ发掘区地层第2层,石叶近端。

2019WDXXIT－006009(2)：1,石叶近端,原料为角页岩,长31.61、宽24.18、厚9.42毫米,重9.2克。石片角109.33度,背缘角70.02度,修理台面,台面宽17.06、厚6.77毫米。远端缺失,石叶背缘进行过修理,背面可观察到左侧向片疤3个和右侧向片疤2个,有一条纵脊(图3－19－5,2)。

4. 细石叶

5件,其中第Ⅰ发掘区地层第2层出土4件,包括近端细石叶2件、中段细石叶2件;第Ⅱ发掘区地层第2层出土近端细石叶1件。

2019WDXXIT－005010(2)：2,细石叶近端,原料为黑曜岩,长13.57、宽5.38、厚1.41毫米,重0.1克。修理台面,石片角99.83度,背缘角85.1度,台面宽3.83、厚1.03毫米。远端缺失,背面有两条平行的纵脊(图3－19－5,4)

2019WDXXIT－009010(2)：5,细石叶中段,原料为黑曜岩,长16.1、宽5、厚1.48毫米,重0.1克。近端和远端均缺失,背面可见两条平行的纵脊(图3－19－5,6)。

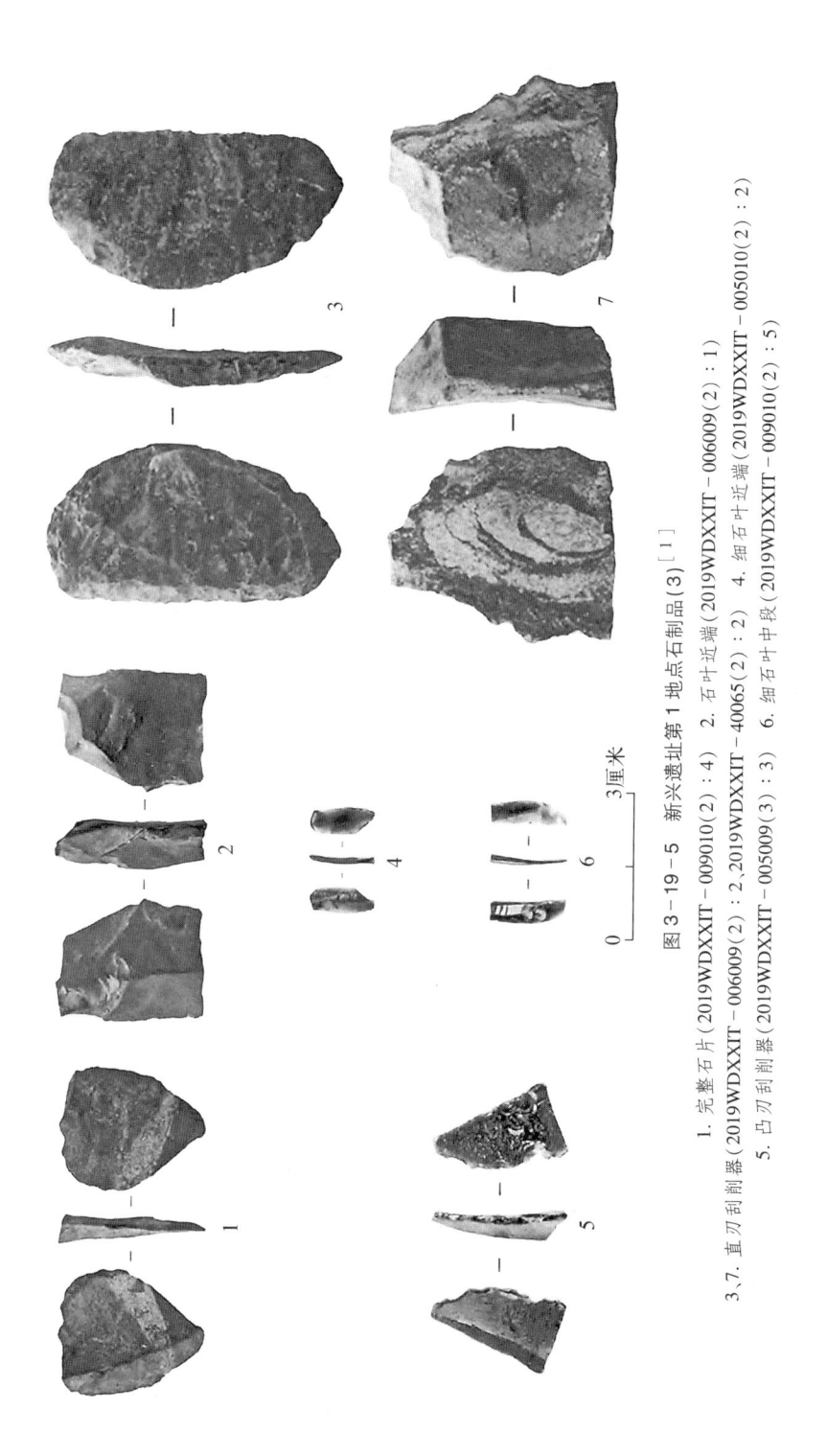

图 3-19-5 新兴遗址第 1 地点石制品（3）[1]

1. 完整石片（2019WDXXIT-009010(2):4） 2. 石叶近端（2019WDXXIT-006009(2):1）
3、7. 直刃刮削器（2019WDXXIT-006009(2):2，2019WDXXIT-40065(2):2） 4. 细石叶近端（2019WDXXIT-005010(2):2）
5. 凸刃刮削器（2019WDXXIT-005009(3):3） 6. 细石叶中段（2019WDXXIT-009010(2):5）

---

[1] 徐廷、方启、赵莹等：《吉林汪清新兴遗址第1地点调查与试掘简报》，《人类学学报》2021年第5期，第904—916页。

5. 断块

6件，原料以石英岩为主，少量可以看出原型为石片，个体均较小，因受石英岩材质节理发育的影响，表面痕迹无法观察到。

6. 工具

6件，其中第Ⅰ发掘区地层第2层出土单直刃刮削器1件、单凹刃刮削器1件；地层第3层出土单凸刃刮削器2件、单直刃刮削器1件；第Ⅱ发掘区地层第2层出土单直刃刮削器1件。

2019WDXXIT-006009（2）：2，单直刃刮削器，原料为角页岩，片状毛坯，长63.02、宽34.04、厚6.05毫米，重19.8克。刃缘位于石片腹面右侧，正向加工，单层修疤，修疤连续，刃缘平齐，长55.8毫米，刃角49.58度（图3-19-5,3）。

2019WDXXIT-040065（2）：2，单直刃刮削器，原料为砂岩，片状毛坯，长48.96、宽40.26、厚19.72毫米，重45.5克。刃缘位于石片腹面左侧靠近远端处，正向加工，单层修疤，修疤连续，刃缘较平齐，长22.65毫米，刃角61.5度（图3-19-5,7）。

2019WDXXIT-005009（3）：3，单凸刃刮削器，原料为黑曜岩，片状毛坯，长27.15、宽15.4、厚5.05毫米，重2.2克。刃缘位于石片腹面右侧，交互加工，存在少量破损，规整度一般，刃缘外突，长29.45毫米，刃角28度（图3-19-5,5）。

四、结语

（一）石器工业特征

调查和试掘获取的石制品，基本反映了该遗址石器工业的主要特征。石制品原料以角页岩和黑曜岩为主体，与以往长白山地区以黑曜岩原料占绝对比重的情况有所区别，该遗址距离长白山主峰较远，这可能与黑曜岩原料获取便宜程度有关。而角页岩石制品原型几乎全部是棱角分明的岩块，与遗址下部基岩的粗砂岩明显有别,这类原料细腻,硬度和脆性适中,显示出当地人群对于这一优质原料的有意获取。

在剥片技术方面,新兴遗址第1地点旧石器时代基本显示了石叶和细石叶两大技术体系。石叶技术体系以角页岩为原料的石制品为代表,特别是所发现石核的最大剥片面的长宽比都超过2,符合石叶的传统定义,部分石核有预制台面和预制剥片面的技术,长宽比大于2的剥片面为主剥片面,应为典型的石叶石核。细石叶技术以黑曜岩为原料的石制品为代表,显示出吉林东部长白山地区旧石器时代晚期遗存的普遍特征。

工具种类不多,兼有端刮器、刮削器等小型工具和砍砸器等大型工具,特别是以黑曜岩为原料,以石叶为毛坯的端刮器,修理精细,属于长白山地区高度定制化的代表性器型。

(二) 考古学意义

新兴遗址第1地点是汪清县首次发现的旧、新石器时代过渡时期遗址,虽然地层堆积保存状况不甚理想,但仍包含了大量古人类行为信息。特别是以角页岩为原料的石制品组合,与以往在长白山地区发现的遗址具有明确区别,也是石叶技术体系产品较为独立的出现,而非作为细石叶产品的技术准备(毛坯)而出现。就其年代而言,近年来发现的黑龙江省穆棱市康乐遗址或可作为参考,该遗址石制品原料以燧石为主,在剥片技术中,石叶和细石叶技术的使用是其突出的特点,其两个可用的碳十四年代数据为距今9 000—9 600年之间。值得注意的是,试掘出土石制品与地表调查石制品在技术体系上还存在较大的差异性,这类差异代表的是同一人群对不同原料利用方式的适应还是代表截然不同的两类文化类型,尚不能完全得到解决。

第二十节 长春地区发现的几处遗址

长春地区新发现的几处旧石器遗址均来自农安县,农安县位于吉林省长春市市区北部。农安县的地理位置在北纬 43°54′—44°56′,东经 124°32′—125°45′之间,东接德惠县,西邻公主岭市与长岭县,南与长春市郊区接壤,北与前郭尔罗斯蒙古族自治县为邻,东北隔扶余县隔江相望。县境南北长 115 千米,东西宽 98 千米,总面积达 5 274.6 平方千米。下辖 10 个镇、21 个乡。农安市隶属于吉林省长春市,位于吉林省中部,地处松辽平原凹陷的东北隆起带的西部边缘,在燕山和喜山构造运动的影响下,形成一平缓的向斜构造,轴向北东,两翼倾角平缓,四周受青山口、登娄库、杨大城子等隆起构造环扼。

农安县历史文化底蕴深厚,东晋时期即为夫余族的王城遗址,唐代是渤海的扶余府,北宋时期则作为军事重镇黄龙府而存在。直到 20 世纪 80 年代,左家山和元宝沟等一批重要的新石器时代遗址的发现与发掘,则将农安县有人类活动遗迹的历史又向前追溯了几千年。建国以来,文物工作者在农安县西部的沼泽草原地带和东部江、河岸的一、二级台地上发现化石地点 11 处,采集到少量的猛犸象、披毛犀等晚更新世的哺乳动物化石,由此推测农安县境内可能存在旧石器时代晚期的文化遗存。2020 年 5 月,吉林大学考古学院、农安县文物管理所联合组队,首次对农安县境内开展了旧石器考古调查。此次调查在波罗泡、敖宝图泡、松花江农安段的 Ⅱ、Ⅲ 级阶地上发现 8 处旧石器地点。包括田家屯夏西山、后金家沟东山、后金家沟北山、巴吉垒敖宝吐下坎、五台山、朱家炉北山、前下河洼子南山和长山子北山等地点。

一、田家屯西山遗址

(一) 地理位置

永安艾干吐田家屯西山地点位于吉林省农安县永安艾干吐村田家屯西山,隶属于农安县永安乡艾干吐村田家屯,地理坐标为北纬 44°45′9 239″,东经 124°69′8 729″。北距田家屯 339 米,东南距谷家屯 400 米,西距朝阳屯 865 米,东距 306 米,东距波罗湖 1 000 米。

(二) 地貌及地层

农安县境大部分地面为海拔200—220米的台地平原。西部为台地平原区的南北向隆起带,隆起带在伏龙泉至新阳一线,呈海拔250—260米的高台地,多由红色砂砾组成,由于切割强烈,个别地方已成丘陵状态。高台地西缓东陡,东坡以下有波罗泡子和洼中高等大片湖积平原。波罗泡子以东还有元宝洼,敖宝吐和莫波等几个大型湖泡,湖滨均有不同规模的湖滨平原,平原海拔在140—150米。

该遗址所在地貌为波罗湖五台山地点,湖西岸分布有一个侵蚀阶地,地点位于Ⅱ级阶地上,无地层。地表散落有打制石器,分布面积约17 774平方米。调查共采集石器21件(图3-20-1)。

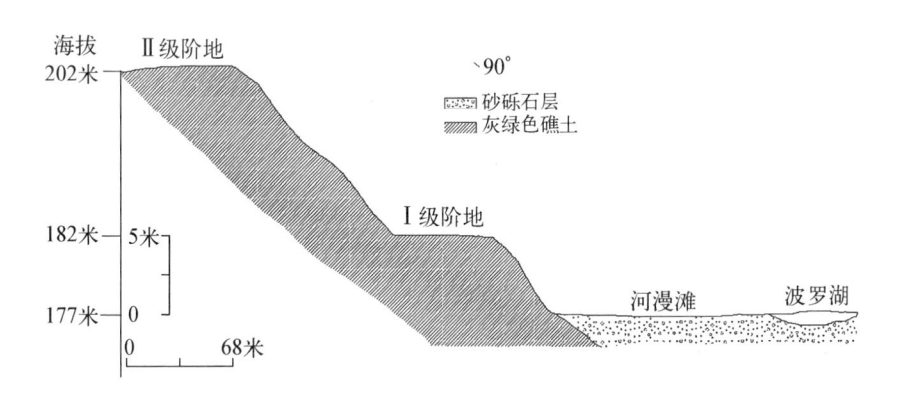

图3-20-1 田家屯西山河谷剖面示意图

(三) 文化遗物

1. 石核

共4件。锤击石核3件、砸击石核1件(图3-20-2)。

锤击石核,根据台面数量可分为单台面、双台面,多台面三类。

单台面石核1件。20NTX:12,长70.36、宽43.41、厚29.7毫米,重108.56克。岩性为石英岩。毛坯为一面凸出的三棱状砾石。选择从平坦的一面向凸起的一面打击。1个台面,1个剥片面。台面为平坦规整的断面,磨蚀风化后较光滑。台面长 30.51、宽 23.13 毫米,台面角 78 度。剥片面一侧为凸起的砾石面,可见 11 个片疤,较为完整的有 3 个,相对完整最大片疤长 20.12、宽 10.95 毫米,最小片疤长 5.29、宽 12.52 毫米。核体保留有大部分的砾石面,比例约 60%。剥片程度很低,仍有较大的开发利用空间(图 3-20-2,1)。

图 3-20-2 田家屯西山遗址石核
1. 单台面石核(20NTX:12) 2. 双台面石核(20NTX:16) 3. 砸击石核(20NTX:21)

双台面石核,2 件。原料分别为石英、石英岩。毛坯都为自然砾石。台面都为砾石台面。台面较平坦,向核体凸出的一面进行剥片。石核剥片面片疤 3—5 个。核体石皮比例 60%—80%,平均 70%,石核开发利用程度很低。长 40.74—50.94 毫米,平均45.84毫米;宽35.46—37.92毫米,平均36.69毫米;厚28.96—36.27毫米,平均32.615毫米;重73.36—79.16克,平均76.26克。台面角80—104度,平均92度。20NTX:16,长50.94、宽35.46、厚36.27毫米,重73.36克。岩性为石英岩。毛坯为一椭圆状砾石。选择其中一较平坦面作为台面,台面角80度,剥片面可见1片疤。相对完整,最大片疤长42.78毫米,宽23.89毫米。B台面为砾石面,台面角87度。剥片面可见2片疤,1完整片疤。相对完整最大片疤长42.26、宽21.2毫米。最小片疤长23.06、宽12.16毫米(图3-20-2,2)。

砸击石核,1件。20NTX:21,长47.72、宽46.17、厚31.45毫米,重63.98克。岩性为石英岩。毛坯为椭圆形扁平状的石英岩砾石。在石核较窄一端沿长轴方向进行砸击。直接受力端呈刃状,两侧面分布8个明显的砸击片疤(图3-20-2,3)。

2. 工具

(1)二类工具

4件。以锤击石片锋利的边缘作为刃口直接使用。包括3件刮削器,1件尖刃器。刮削器根据刃缘形态分为1件单凸刃刮削器、1件双直刃刮削器、1件单凹刃刮削器。

20NTX:1,单凸刃刮削器。长23.5、宽19.66、厚8.25毫米,重4.52克。石英。石皮占比50%。石片台面、背面均为砾石面,右侧刃缘处可见连续分布的细小疤痕,推测为直接使用形成,刃缘正、侧视均平直。左侧缘前端有磕碰痕迹,中端处有一较小片疤,有打击痕迹,无法利用。刃口分布在石片侧缘,刃缘长24.12毫米,刃宽1.67—2.42毫米,刃角39度(图3-20-3,1)。

20NTX:4,双直刃刮削器。长26.21、宽18.59、厚7.09毫米;重4.18克。石英岩。石皮占比50%。石片台面为素台面,背面均为砾石面,劈裂面左侧刃缘处可见几个连续分布的细小疤痕,推测为直接使用形成,右侧相同。刃口分布在石片两侧缘,左侧刃缘长6.13、右侧刃缘长12.48毫米。刃角左侧41度,右侧56度(图3-20-3,2)。

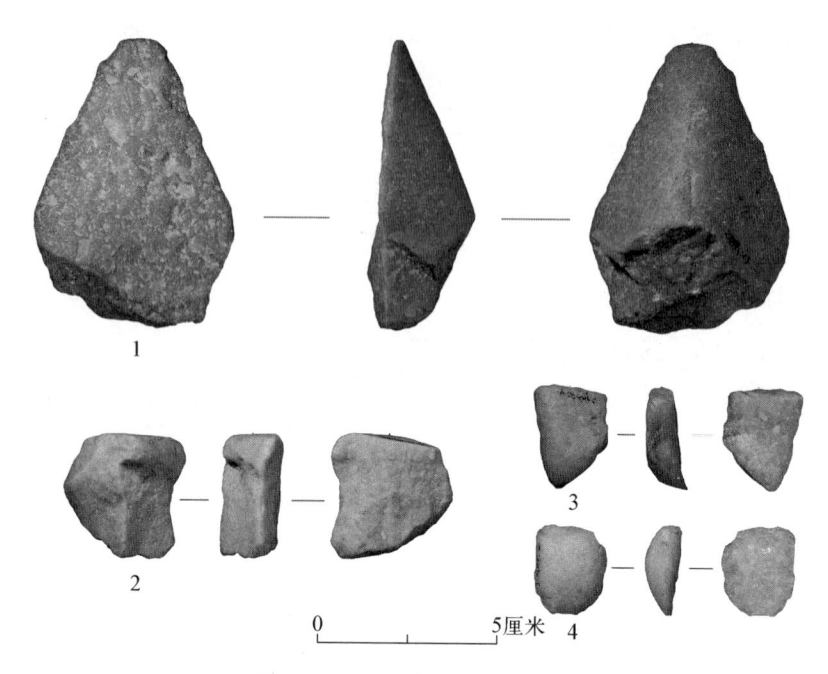

图 3-20-3　田家屯西山二类工具
1. 单凸刃刮削器(20NTX:1)　2. 双直刃刮削器(20NTX:4)
3. 单凹刃刮削器(20NTX:8)　4. 双直刃尖刃器(20NTX:13)

20NTX:8,单凹刃刮削器。长 35.88、宽 32.74、厚 18.23 毫米,重 25.61 克。石英岩。石皮占比 40%。石片台面为素台面,背面可见少量同向片疤,保留有较多的砾石面。右侧刃缘中端有一细小崩疤,推测为使用形成的磨损。劈裂面左侧刃缘处有一剥片疤。刃口分布在石片右侧缘,较圆钝,刃缘长 18.23 毫米。刃角 70 度(图 3-20-3,3)。

20NTX:13,双直刃尖刃器。长 75.08、宽 54.04、厚 26.16 毫米,重 87.39 克。石英岩。石皮占比 40%。石片台面为有疤台面,背面可见较多不规则剥片疤,保留有较多的砾石面。劈裂面左侧及右侧刃缘伴有少量间隔分布的疤痕,推测为使用或磕碰所形成。左侧刃长 56.45、右侧刃长 60.26 毫米。左、右侧刃角均为 53 度(图 3-20-3,4)。

(2) 三类工具

12 件。包括刮削器、尖刃器、凹缺器、析器、砍砸器。

a. 刮削器

5件。根据刃缘数量与形态分为单直刃,单凸刃,单凹刃。

单直刃。3件。岩性为燧石1件及石英岩2件。长54.45—76.82毫米,平均65.635毫米;宽20.84—46.37毫米,平均33.605毫米;厚11.45—11.68毫米,平均11.565毫米;重16.17—57.57克,平均36.87克。刃角39—47度,平均43度。

20NTX:5,长54.45、宽20.84、厚11.68毫米,重16.17克。燧石。毛坯为块状毛坯,石皮占比50%。A—B段为刃部,刃长16.56毫米,刃宽2.12毫米。能观察到少数细小崩疤,推测为直接使用形成。刃缘正、侧视较平齐,刃口平齐。A—C段分布有复向锤击修理形成的不规则修理痕迹,推测作用为修理器物形制使其更加规整。D—E段分布有较多同向连续陡坎,刃角44度(图3-20-4,1)。

单凹刃。1件。标本20NTX:3,长25.39、宽22.48、厚9.39毫米,重6.23克。石英。毛坯为锤击石片。在毛坯的右侧边A处进行正向加工,形成凹刃。刃缘正视缓凹,侧视弯曲,刃口较平齐,刃长15、刃宽3.03毫米。刃角49度。石制品正面有三处较明显的片疤。最大片疤长13.12毫米(图3-20-4,2)。

单凸刃。1件。20NTX:17,长54.63、宽27.47、厚21.27毫米,重47.37克。石英岩。毛坯为块状毛坯,石皮占比70%。石制品右侧经正向加工,连续修整形成凸刃。刃缘较宽,近似剥片面。刃长33.47、刃宽19.48毫米,刃角73度。与刃缘相对的一侧可见两片较明显的剥片痕迹(图3-20-4,3)。

b. 尖刃器

2件。岩性都为石英岩。刃缘形态两件都为双凸刃。长36.54—45.62毫米,平均41.08毫米;宽30.26—35.9毫米,平均66.16毫米;厚13.68—13.3毫米,平均13.49毫米;重16.81—20.37克,平均15.59克。刃角39—75度,平均43度。

20NTX:7,长45.62、宽35.9、厚13.68毫米,重20.37克。石英岩。毛坯为锤击石片,石皮占比25%。石片背面左侧近端正向加工形成一刃边A—B,刃长12.4、刃宽2.53毫米,刃角40度。右侧近端同样正向加工形成另一刃边B—C,刃长34.45、刃宽10.75—18.1毫米,刃角58度,此两边形成尖刃(图3-20-4,4)。

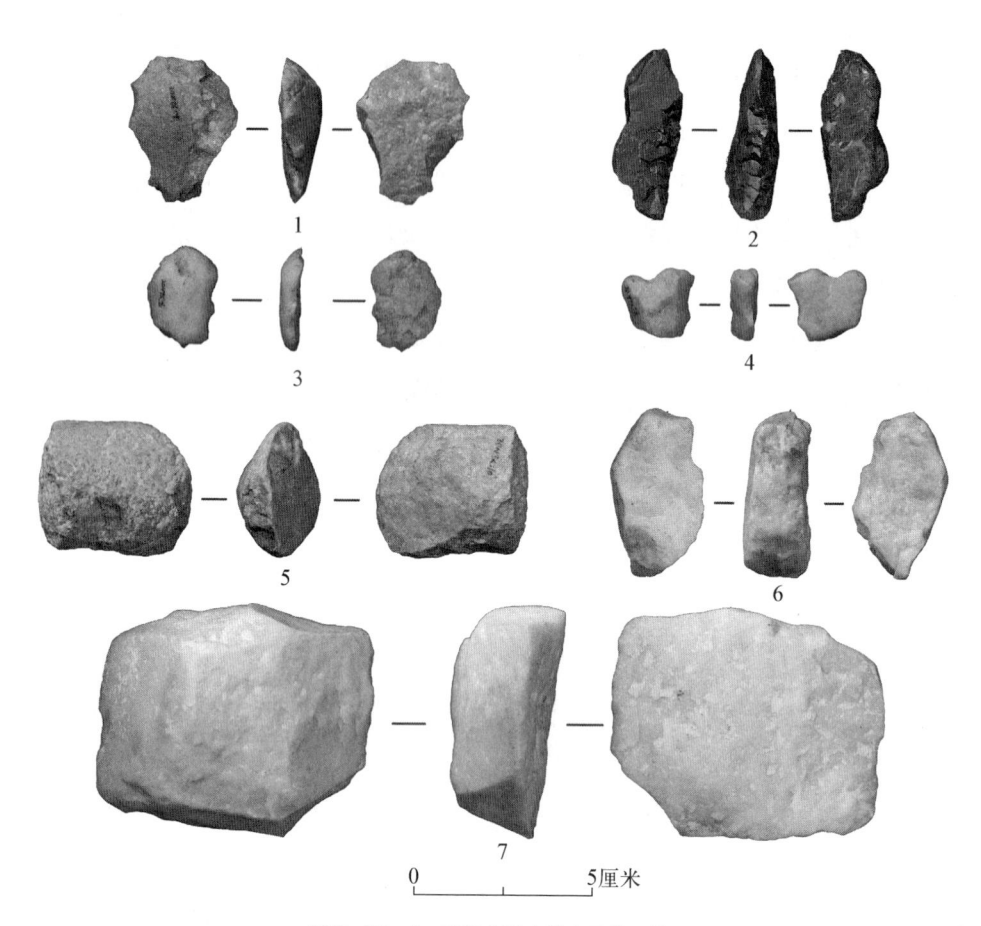

图 3-20-4　田家屯西山地点三类工具
1. 单直刃刮削器(20NTX：5)　2. 单凹刃刮削器(20NTX：3)　3. 单凸刃刮削器(20NTX：17)
4. 双凸刃尖刃器(20NTX：7)　5. 双刃凹缺器(20NTX：2)
6. 单边析器(20NTX：10)　7. 单直刃砍砸器(20NTX：14)

c. 凹缺器

2件。岩性分别为石英岩及泥岩。长 31.25—60.01 毫米,平均 45.625 毫米;宽 21.93—43.51 毫米,平均 32.72 毫米;厚 6.64—14.04 毫米,平均 10.34 毫米;重 5.22—31.76 克,平均 18.49 克。刃角 38—45 度,平均 41.5 度。

20NTX：2,长 31.25、宽 21.93、厚 6.64 毫米,重 5.22 克。石英岩。毛坯为锤击石片,石皮占比 50%。砾石面右侧进行正向加工,形成两处凹缺刃缘。两刃缘形态相近,AB 段刃长 11.8 毫米,BC 段刃长 8.7 毫米,刃角均为 38 度(图 3-20-4,5)。

d. 析器

1 件。岩性为石英岩。20NTX：10,长 42.82、宽 36.86、厚 25.26 毫米,重 44.51 克。石英岩。毛坯为块状毛坯,石皮占比为 60%。砾石面占比较多一面前端偏右侧正向加工对刃缘进行修理,可见 2—3 处修理疤,刃长 21.91、刃宽 8.12—9.87 毫米,刃角 75 度。相反侧前端偏右侧反向加工对同一刃缘进行修理,约有两层修理疤,可见 3—4 处修理疤,刃宽 6.18—13.2 毫米,刃角 55 度。整体修刃近似交互加工,刃口侧视形成略 S 形,刃缘相对一侧(尾侧)整体粗糙,有频繁打击的痕迹,因此推测为析器,使用方法为将刃部嵌入事先切割好的(骨等材料)缝隙,并用其他工具锤击该器物尾部,以达撬开目标物的作用。该标本整体风化磨蚀较严重(图 3-20-4,6)。

e. 砍砸器

2 件。岩性都为石英岩。长 52.42—84.5 毫米,平均 68.46 毫米;宽 60.67—67.81 毫米,平均 64.24 毫米;厚 24.3—32.48 毫米,平均 28.39 毫米;重 107.91—219.11 克,平均 163.51 克。刃角 49—79 度,平均 64 度。

20NTX：14,长 84.50、宽 67.81、厚 32.48 毫米,重 219.1 克。石英岩。毛坯为锤击石片,石皮占比为 50%。石片背面右侧边缘有交互加工所形成的类 S 形刃,刃长 39.78、刃宽 2.53—4.69 毫米,刃角约 43 度,左侧边缘有疑似使用或磕碰痕迹,有作为刃使用的可能性,刃长 49.92、刃宽 5.19 毫米,刃角 45 度(图 3-20-4,7)。

(四) 结语

1. 石器工业特点

根据上述分类特征描述和定量分析,对田家屯西山遗址石器工业的特点可以归纳为以下几个方面:

(1) 石制品原料以石英岩为主,其余原料(石英、白云岩、燧石、泥岩)较少。原料颜色以棕色为主,浅灰色次之,深棕色较少。原料颜色分布与其岩性分布大体一致。不同类型石制品在原料利用上又有所差异,小型工具以石英、白云岩为主,体积较大的则以石英岩为主。

（2）石制品组合类型简单,包括石核、石片、断片和工具。

（3）石器尺寸根据最大直径将石器划分为微型(<20毫米)、小型(≥20毫米,<50毫米)、中型(≥50毫米,<100毫米)、大型(≥100毫米,<200毫米)和巨型(≥200毫米)等五类。统计表明：以小型为主,占15.7%,中型次之,占4.2%,无微型、大型。从不同类型来看,石核以小型(n=7)、中型各占一半;石片以小型为主,中型1件;三类工具同样以小型(n=7)、中型(n=3)各占一半;断片1件小型。

重量的统计表明：石器总体以中型(≥25克,<100克)为主,占47.6%,其次为轻型(≥1克,<25克),占42.8%,重型占比最少(≥100克),占9.6%。从不同类型来看,石核只有中型(n=5);石片中型与轻型比重相同,无重型;三类工具以中、轻型为主,重型最少。

（4）石核数量以锤击石核为主,砸击石核次之。锤击石核中以双台面石核为主,都为自然台面石核,石核开发利用程度较低。从石核的剥片痕迹大小来看,剥取的石片较小,剥片失败的痕迹较多。

（5）石片中完整石片数量多于不完整石片,背面为砾石面的石片数量远多于背面为石片疤的。完整石片中台面受风化磨蚀影响难以判断类型。

（6）工具类型简单,包括石锤、刮削器、砍砸器、斫器、尖刃器,大部分为小型。其中以刮削器数量最多。工具毛坯以片状毛坯为主,块状次之。

（7）工具修理方法为锤击法,加工部位主要集中在毛坯的单侧边或单端。加工方式主要以单向加工为主,以正向加工居多。

（8）在12件三类工具中,其中有9件存在修刃痕迹,单纯修刃为7件。存在修理把手4件,修形1件。根据比例来看,加工修理方式还是比较简单的。

2. 遗址性质

从石器原料情况来看,该遗址的石器原料种类集中,以石英、石英岩为主,品质较差,但其中也可见使用如燧石等较好的原料打制的石器,可反映该地区古人类对原料有一定选择性;石器中工具所占比例比较大,工具类型比较简单;从石材消费情况和石器加工技术上看,石核使用率不高,可能跟剥片技术不成熟以及石料品质较差有关,工具中对刃部进行修理的工具占比较大,修理加工技法较简单;从周围的环境来看,该地点位于波罗湖西岸的Ⅱ级阶地上,地势平坦,适合居住,有足够区域能够进行相关活动,且便于获取水源及其他资源。综上可以判断,该地可能作为临时居住区或狩猎加工场所。

二、后金家沟东山遗址

(一) 地理位置

后金家沟东山地点位于吉林省长春市农安县青山口乡后金家沟屯北的松花江南岸,隶属于农安县青山口乡南台村后金家屯东山,地理坐标为北纬44°52′7.50″,东经125°31′55.57″,西南距后金家沟303米,东南距金家沟1千米,北距松花江1.5千米,东距公路812米。遗址所在的地表耕土层内散落有大量的打制石器、辽金时期的陶片,分布面积约2千平方米。

(二) 地貌及地层

后金家沟东山旧石器地点坐落于松花江南岸的Ⅱ级阶地上,松花江在地点北侧由西南至东北流过。河床宽约576米,发育有多个心滩,河床南侧漫滩宽约1.2千米,北侧漫滩宽约6.9千米。南北两侧均分布有多个牛轭湖。阶地谷坡较陡。阶地最高点约206米,阶地面上有多条大小不等的冲沟,冲沟最长为78米。地层堆积自上而下分为(图3-20-5):

第1层,耕土层,厚10—15厘米,分布有辽金时期陶片。

第2层,砂砾石层,厚30—40厘米,砾石较小,磨圆度较好,发现有石器,为河湖相堆积。

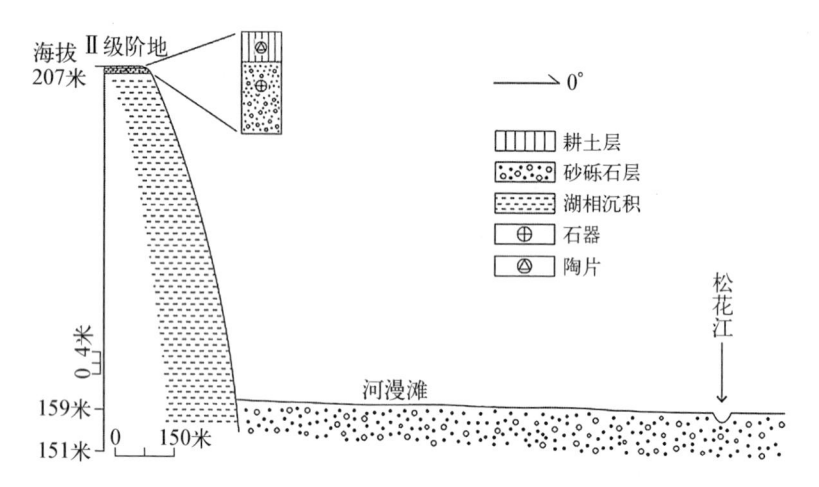

图 3-20-5　后金家沟东山遗址河谷剖面图

第3层,灰绿色河湖相堆积,未见底。

(三) 文化遗物

该地点本次调查共采集石器标本39件,可分为石核、工具和断块三类。工具数量最多,石核次之。需要说明的是,由于该地点的石片均被作为工具使用,所以不见石片类;原生层位为砂砾石层,石器表面棱脊清晰,边缘锋利,未见磨蚀严重的标本,证明石器未进行搬运。

1. 石核

共15件,锤击石核12件,砸击石核3件。

(1) 锤击石核

根据台面数量可将石核分为单台面(n=7)、双台面(n=4)和多台面(n=1)三类。

20NQHD:1,单台面石核。长72.61、宽50.13、厚43.12毫米,重212克。岩性为燧石,棕黄色。毛坯为一面扁平的椭圆状砾石。选择从平坦的一面向凸起的一面打击。1个台面,1个剥片面,另一面为一不规则非人工打制砾石面。台面为较平坦规整的砾石面,台面长73.43、宽35.43毫米,台面角55度。剥片面一侧为凸起的砾石面,仅有1个片疤,较为完整,片疤长23.01、宽21.81毫米。核体保留有大部分的砾石面,比例约85%。有效剥片程度很低,仍有较大的开发利用空间(图3-20-6,4)。

20NQHD:7,单台面石核。长52.36、宽45.43、厚27.76毫米,重94.3克。岩性为石英岩。选取一棕黄色椭圆形扁平状砾石作为毛坯,底部可以观察到经砸击留下的痕迹,不光滑且不规整,由此推测该石核曾作为石锤首先使用过,后在使用过程中断裂又经修理过后作为石核开始进行剥片。台面为经规划过的修理台面,核体环绕台面进行剥片,可见前、后两个剥片面和较为明显的片疤10余个,前一剥片面长48.1、宽28.22毫米;后一剥片面长49.23、宽20.67毫米,最大片疤长20.48、宽14.88毫米,有效剥片程度较高(图3-20-6,3)。

20NQHD:14,双台面石核。长46.37、宽31.65、厚25.98毫米,重48.7克,浅灰色,岩性为石英岩。采用近似矩形的扁平砾石作为毛坯。2个台面,2个剥片面,且两个台面互为台面进行打制。A台面为核体窄端的一面,长30.76、宽20.16毫米,台面角69度。B台面长38.16、宽22.57毫米,台面角72度。剥片面1长37.85、宽21.11毫米,可见4个片疤;剥片面2长27.96、宽11.55毫米,其上可见两个较大片疤。最大片疤长15.12、宽9.94毫米。核体保留有10%—40%左右的砾石面,但整体剥片利用效率较低(图3-20-6,1)。

(2)砸击石核

20NQHD:9,砸击石核。长41.36、宽31.81、厚28.98毫米,重65克,黄色,岩性为石英岩。采用近似矩形的椭圆形砾石作为毛坯。2个台面,2个剥片面,且两个台面互为台面进行打制。A台面为主台面,长41.45、宽25.19毫米,台面角84度。B台面长38.6、宽29.52毫米,台面角85度。剥片面1为主剥片面,长43.45、宽24.28毫米,可见3个较大片疤;剥片面2长37.05、宽30.23毫米,其上可见4个较大片疤。最大片疤长30.12、宽24.34毫米。核体保留有40%—60%左右的砾石面,但整体剥片利用效率较高(图3-20-6,2)。

404　吉林旧石器时代考古

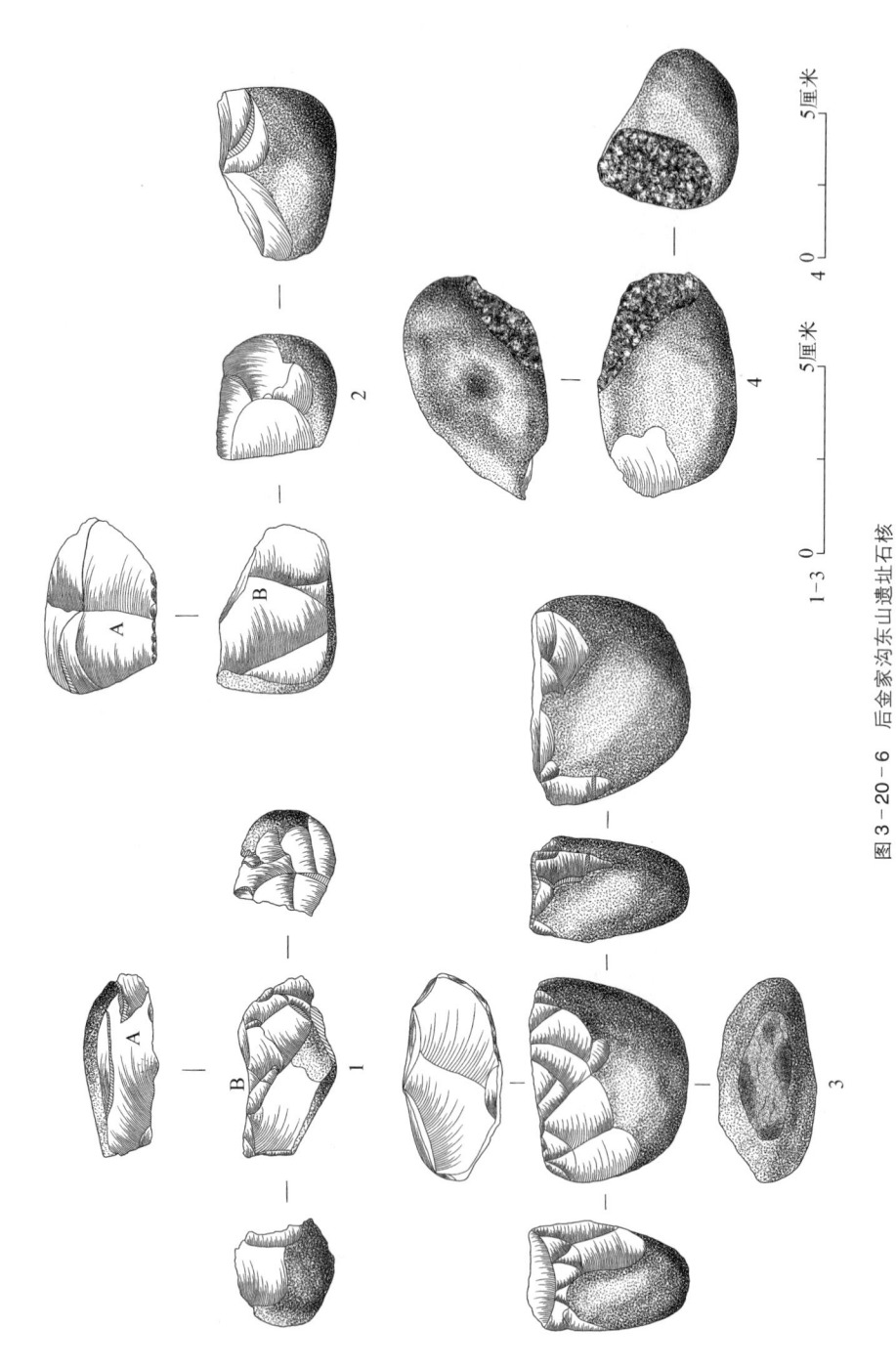

图 3-20-6　后金家沟东山遗址石核
1. 双合面石核（20NQHD：14）　2. 砸击石核（20NQHD：9）　3. 单合面石核（20NQHD：7）　4. 单合面石核（20NQHD：1）

2. 工具

共 22 件。包括二类工具 2 件、三类工具 20 件。

(1) 二类工具

2 件。以锤击石片锋利的边缘作为刃口未经修理,直接使用的,均可称作二类工具,即使用石片。该地点中二类工具,均为单刃刮削器。根据刃缘形态可进一步分为单直刃和单凸刃两类。

20NQHD：31,单凸刃刮削器。长 33.93、宽 21.74、厚 7.08 毫米,重 6.6 克。岩性为石英岩,白色。为石片远端断片,刃缘长度 47 毫米,刃角 37 度,刃口平齐且薄锐锋利,分布有 3 个较小且非连续性的疤痕,由此推测为使用痕迹而非经修理的片疤(图 3-20-7,7)。

(2) 三类工具

20 件。包括刮削器 17 件、尖刃器 1 件、凹缺器 1 件和钻器 1 件。

刮削器 17 件。岩性包括石英岩 9 件,燧石 6 件,碧玉、安山岩各 1 件。根据刃缘数量与形态分为单凸刃、单凹刃、双刃和双凸刃四类。

单凸刃 12 件。20NQHD：27,长 27.98、宽 18.98、厚 9 毫米,重 4.9 克。岩性为燧石,白色。毛坯为完整石片。在毛坯背面一侧边进行正向修理,以使刃缘锋利平齐,整条侧边修疤 1—2 层;毛坯的劈裂面可见 2 个较为明显的小片疤,未见修理刃缘的痕迹,大部均被风化磨蚀,表面平整光滑。刃缘正视凸出,侧视曲折较小,形态近平行,刃口略带齿凹,刃缘长度 37 毫米,刃角 41 度(图 3-20-7,4)。

20NQHD：13,长 50.89、宽 31.12、厚 13.13 毫米,重 26 克。毛坯为一扁平状椭圆形石英岩砾石。首先在毛坯一侧正面及相对一面分别打击,剥离几个较大的石片,再以片疤为台面两面修理成刃口,以使刃缘锋利平齐,可见修疤 1 层。毛坯的背面可见 4 个明显片疤,均被风化磨蚀,因此变得平整光滑,刃缘正视凸出,侧视较为曲折,刃口略带齿凹,刃缘长 31.23 毫米,刃角 41 度。另一侧边可见两面分布的单层片疤,正向修理,尺寸较大,刃缘形态不甚规则,推断可能是修理把手便于执握所致(图 3-20-7,8)。

406　吉林旧石器时代考古

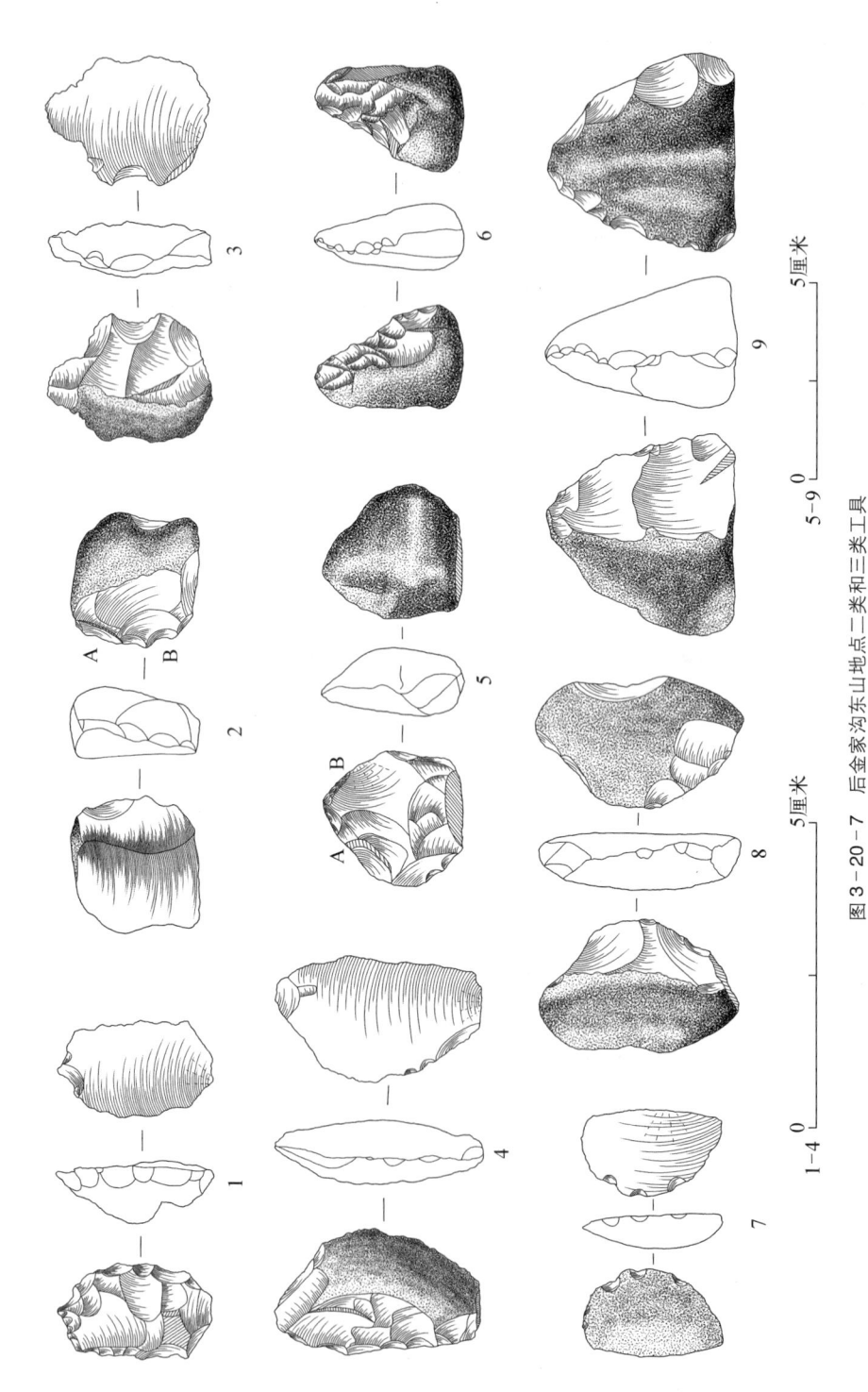

图3-20-7　后金家沟东山地点二类和三类工具

1. 钻器（20NQHD：33）　2. 双刃刮削器（20NQHD：30）　3. 凹缺器（20NQHD：29）　4. 单凸刃刮削器（20NQHD：27）　5. 尖刃器（20NQHD：19）
6. 单凹刃刮削器（20NQHD：20）　7. 单凸刃刮削器（20NQHD：31）　8. 单凸刃刮削器（20NQHD：13）　9. 双凸刃刮削器（20NQHD：4）

单凹刃3件。20NQHD：20，长41.1、宽23.53、厚15.77毫米，重15.4克。选择不规则形的红色碧玉砾石作为毛坯。首先在毛坯一侧正面及相对一面分别打击，剥离几个较大的石片，再以片疤为台面两面修理成凹入的刃口，刃缘可见2—3层修疤，修疤连续且细密，刃缘形态呈鱼鳞状。但毛坯整体经过风化，修理痕迹不甚清晰。刃缘正视缓凹，侧视弯曲，刃口较平齐，刃缘长22.95毫米，刃角39度（图3-20-7,6）。

双刃（凸刃、凹刃）1件。20NQHD：30，长20.47、宽20.89、厚9.49毫米，重5.7克。岩性为石英岩，灰白色。毛坯为石片断片。在毛坯的一侧边A处（上部）进行两面修理，以使刃缘锋利平齐，多数区域修疤1—2层，初级修疤尺寸均较大，次级修疤较小限于边缘。刃缘正视凸出，侧视较为曲折，刃口略带齿凹，最大修疤长16.6毫米，刃角46度。B处（下部）刃缘长15.52毫米，刃角36度。另一侧边可见两面分布的片疤，片疤单层，正向修理，尺寸较大，刃缘形态不甚规则，推断可能是修理把手便于执握所致（图3-20-7,2）。

双凸刃1件。20NQHD：4，长48.03、宽45.35、厚30.4毫米，重64.1克。岩性为燧石，浅绿色。毛坯为一面扁平的椭圆状砾石。首先打击毛坯背面，剥离了几个较大石片，再对毛坯两侧缘进行修理。两侧缘均可见修理痕迹，片疤连续。左侧缘采用两面加工，修疤单层，腹面片疤较大，背面片疤细密，刃缘正视平直，侧视较弯曲，刃口近平齐，刃缘长46.75毫米，刃角71度。右侧缘正向加工，修疤单层，片疤较大，长度多在8—13毫米。刃缘正视平直，侧视较弯曲，刃口平齐（图3-20-7,9）。

尖刃器，1件。20NQHD：19，长35.15、宽31.51、厚15.23毫米，重19.3克。岩性为石英岩，棕黄色。毛坯为一扁平状椭圆形砾石。背面可见有3条较为清晰的背脊。A、B两条侧边经正向修理相交于一点，两直边夹一角组成尖刃，尖部完整，尖角64度。刃缘A长21.62毫米，其刃角46度；刃缘B长19.95毫米，刃角55度，修疤层数为1—2层（图3-20-7,5）。

凹缺器1件。20NQHD：29，长27.52、宽20.26、厚7.83毫米，重4克。原料为玛瑙，毛坯为锤击完整石片，节理发育，质地较差。石片右侧边正中交互修理一个凹缺刃口，刃口内部可见细碎的修理疤，刃长 9.51 毫米，刃角 35 度（图 3-20-7,3）。

钻器 1 件。20NQHD:33，长 25.54、宽 15.04、厚 9.45 毫米，重 3.6 克，原料为玛瑙。毛坯为锤击完整石片，左、右两侧边均经过修理，修疤层数为 1—2 层。石片侧缘经过交互修理打击远端形成由两个凹口组成的一个三棱形锐尖，尖角 39 度（图 3-20-7,1）。

3. 断块

共 2 件，原料为石英岩与燧石两类。

20NQHD:26，原料为石英岩，颜色为黄色，毛坯为砾石一端，整体呈块状，长 29.94、宽 19.07、厚 10.48 毫米，重 8.5 克。

20NQHD:32，原料为燧石，颜色为灰白色，毛坯为砾石的一段，整体近块状，长 22.25、宽 21.99、厚 11.46 毫米，重 7.2 克，表面较为光滑，可能是风化所致。

（四）结语

1. 原料方面。原料类型比较多样，包括石英岩、燧石、玛瑙、碧玉和安山岩 5 种。石英岩占比最多（n=20,50%），燧石次之（n=16,40%），其他原料数量很少。该地点的石器虽为调查采集所得，但仍可反映古人使用石器时对原料的选择情况。从石英岩和燧石占据主导地位的情况来看，这两种材料可能为当时较易获得的石器原料。另一方面，从采集所得石器的磨圆度和表面砾石面被风化和磨蚀的程度来看，这些原料应为古人在居所附近或河漫滩就近取材所得。有些石器内部节理发育，空隙较大，材质粗糙，可以推测当时可能优质原料较少，可选取的石料有限。古人的生产和生活受自然环境因素的影响和制约较大，即使自身存在着自我选择的意识，但仍不得不考虑自然环境因素。

2. 石制品组合方面。该地点调查发现的石器共计 39 件，有石核、工具、断块三类。工具数量最多，石核次之。石器尺寸大多较小。根据石器的最大直径可将其分为微型（<20 毫米）、小型（≥20 毫米，<50 毫米）、中型（≥50 毫米，<100 毫米）、

大型(≥100毫米,<200毫米)和巨型(≥200毫米)五类。该地点的石器以小型为主(n=30,76.9%),中型次之(n=7,18.0%),微型(n=2,5.1%)数量很少,不见大型和巨型标本。从不同类型来看,石核与工具绝大多数为小型;个别石核与工具尺寸稍大,为中型;少数几个三类工具为微型。

3. 剥片技术。该地点采集的石核数量较多,占石器总量的38.5%,均属中、小型,类型丰富,包含锤击石核和砸击石核两类。其中,锤击石核可分为单台面石核、双台面石核和多台面石核三类。原料均为石英岩和燧石。石核的剥片多非常充分,绝大多数核体均拥有2个及以上剥片面,片疤数量在3至6片之间。多数剥片疤延伸程度大于剥片面的二分之一,观察片疤的深浅后发现,剥片有一定厚度,推测剥离的石片极有可能会被用作二类和三类工具的毛坯。整体来看,石核剥片效率很高,古人对原料的利用很充分。

锤击石核均采用硬锤锤击法剥片,均为简单剥片石核,核体为不规则多面体。台面包括自然台面(n=7)、素台面(n=5)、修理台面(n=1)、线台面(n=1)和节理台面(n=1)五类。从采集的石核来看,未见预制石核,由此可以推测古人在利用石核进行剥片时,几乎没有进行过详细的计划和安排,当时石器打制技术仍存在很大的发展进步空间,当地极有可能是一处简单石核石片技术的遗址。

该地点采集的工具数量较多。占石器总数的56.4%,包括二类和三类工具,一类工具在调查中未发现。其中,片状毛坯占绝对优势,偶见块状毛坯。

二类工具均为单直刃、单凸刃刮削器,毛坯为锤击石片,尺寸均属小型,标本的边缘见有细微的疤痕,有的疤痕连续而有的则呈隔离状态分布,有分布在刃缘两侧的疤痕,也有分布在刃缘单侧面的疤痕,重要的是疤痕的光泽与石片本身的光泽一致。这些石片均薄锐锋利,不经加工修理即可直接使用。三类工具占工具总数的90.9%,类型丰富,包括大量的刮削器和少量的尖刃器、凹缺器和钻器。刮削器又含有较多的次级类别。原料多数较为优良,以石英岩居多,还有少量的燧石、碧玉和安山岩。大多为锤击石片毛坯,也存在直接修理自然砾石的标本。少量石器存在修形与修理把手的现象,以修理把手居多。刃缘修疤较小,利于控制刃缘形态。

修理把手的修疤多大于刃缘的修疤,这样更有利于打薄器身和持握。工具的修理普遍存在只锐化修理边缘圆钝处且修理深度很浅的情况。由此可以推测,古人在加工修理工具时存在很大的灵活性。

三、后金家沟北山遗址

(一) 地理位置

该地点位于吉林省长春市农安县青山口乡后金家沟屯北的松花江南岸,隶属于农安县黄鱼圈乡八里营子村,地理坐标为北纬44°52′19.71″,东经125°31′24.67″,南距后金家沟屯0.6千米,西南距八里营子村1.7千米,北距松花江1.1千米。遗址所在的地表耕土层内散落有大量的打制石器、战国秦汉时期的陶片,分布面积约1.1万平方米。

(二) 地貌及地层

后金家沟北山旧石器地点坐落于南岸现存Ⅱ级阶地的前缘部位,海拔高度约191米。此处阶地面地形呈波状起伏,沟蚀作用比较严重,边缘被多条南北走向的大型冲沟切割破碎,阶地谷坡较陡。松花江在地点北侧由东向西流过,河道弯曲,河床较宽约420米,江心洲岛发育,南、北两侧各分布有宽约900、5 800米的河漫滩,其上可见多个牛轭湖。地层堆积自上而下分为(图3-20-8):

第1层,耕土层,厚10—15厘米。

第2层,黄色砂砾石层,砾石均为细砾,厚30—40厘米。

第3层,黄绿色湖相沉积,未见底。

遗址地表为缓坡地形,雨水冲刷剥蚀造成第2层的黄色砂砾石层在地势低洼处出露地表,部分石器直接采自该层。其他遗物均来自第1层耕土层。耕土层为黑土与黄色砂砾石的混杂堆积,战国秦汉时期的陶片应来自原生的黑土层,石器则是耕地时随黄色砂砾石翻动至地表所致。

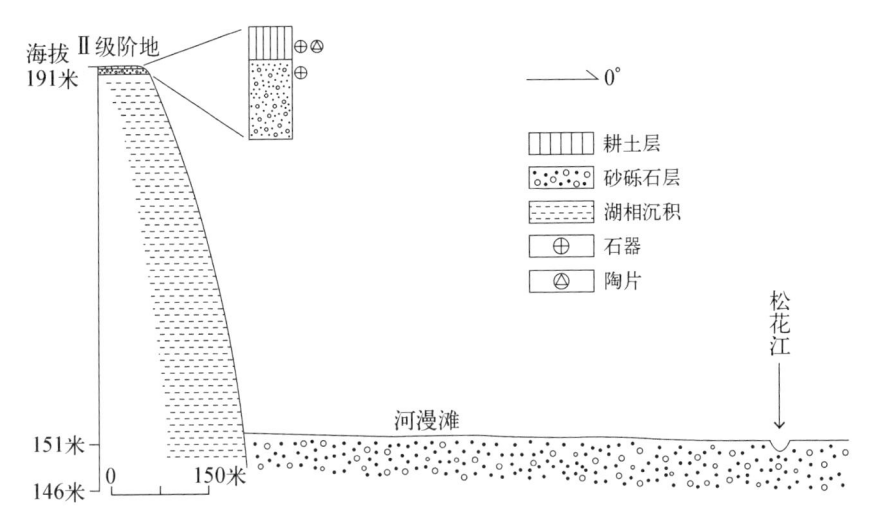

图 3-20-8　后金家沟北山地点河谷剖面图

（三）文化遗物

该地点共采集石器标本 36 件，包括石核 13 件、石片 4 件、工具 19 件。原生层位虽为砂砾石层，石器表面棱脊清晰，边缘锋利，未见磨蚀严重的标本。风化程度均较轻微。

1. 石核

共 13 件。锤击石核 12 件、砸击石核 1 件。根据台面数量锤击石核可分为单台面、多台面两类。

（1）单台面石核

9 件。单剥片面 6 件、双剥片面 1 件、多剥片面 2 件。剥片面的数量能反映石核沿固定台面旋转剥片的次数。原料包括石英岩 8 件、燧石 1 件。毛坯多选用近椭圆形或短长条形的扁平状自然砾石。打制台面 1 件，其余皆为砾石面。台面均平坦规整，向核体凸出的一面进行剥片。单剥片面石核表面仅有 1 个片疤，双、多剥片面石核片疤 3—9 个。同一剥片面上片疤仅 1—3 个。核体石皮占比 66%—

93%,平均84%。石核开发利用程度很低。长19.9—54.1毫米,平均29.8毫米;宽41.3—83.6毫米,平均57.9毫米;厚30.7—65.3毫米,平均50.9毫米;最大长53.3—83.4毫米,平均66.2毫米;重66.4—128.9克,平均100.3克。台面角47—79度,平均59度。

20NQHB:15,长28.1、宽63.8、厚53.6毫米,最大长67.5毫米,重102.4克。岩性为石英岩。毛坯为一面凸出的扁平状砾石。选择从平坦的一面向凸起的一面打击。1个台面,1个剥片面。A台面为平坦规整的砾石面,台面角61度。AⅠ剥片面一侧为凸起的砾石面,仅有1个片疤,较为完整,长23.1毫米,宽26.7毫米。核体保留有大部分的砾石面,比例约90%。剥片程度很低,仍有较大的开发利用空间(图3-20-9,1)。

20NQHB:3,长54.1、宽45.5、厚30.7毫米,最大长59.1毫米,重98.5克。岩性为石英岩。选取短长条形的扁平状砾石作为毛坯。以砾石窄端作为台面端沿砾石的长轴方向进行剥片。1个台面,1个剥片面。A台面为侧向打击去掉砾石一端后产生的打制台面,平坦规整,台面角72度。AⅠ剥片面可见3个片疤,尺寸均较小,最大的长17.3、宽22.9毫米。石皮占比90%。片疤延伸较短,局限在近台面边缘,片疤较深且有断折,台面角较大,无法继续剥片。但转换台面与剥片面,仍可生产少量石片(图3-20-9,2)。

20NQHB:2,长19.9、宽58.5、厚54.8毫米,最大长64.5毫米,重75克。石英岩。以近椭圆形的扁平状砾石为毛坯。1个台面,3个剥片面。A台面为规整的砾石面。AⅠ剥片面,台面角48度,有2个片疤,最大的长23.2、宽25.9毫米;AⅡ剥片面,台面角53度,有3个片疤,最大的长19.6、宽15.9毫米;AⅢ剥片面,台面角56度,有2个片疤,最大的长23.5、宽26.1毫米。3个剥片面均分布在同一个微鼓的弧面上,彼此相连,形成了近似向心的片疤关系。石皮占比75%。剩余核体厚度适中,台面角合适,尚有较大的剥片潜力(图3-20-9,3)。

(2)多台面石核

3件。原料分别为石英岩、硅质灰岩、流纹岩。前两者毛坯均为自然砾石,后者通体布满石片疤,难以明确。共12个台面,13个剥片面。其中3个台面为砾石

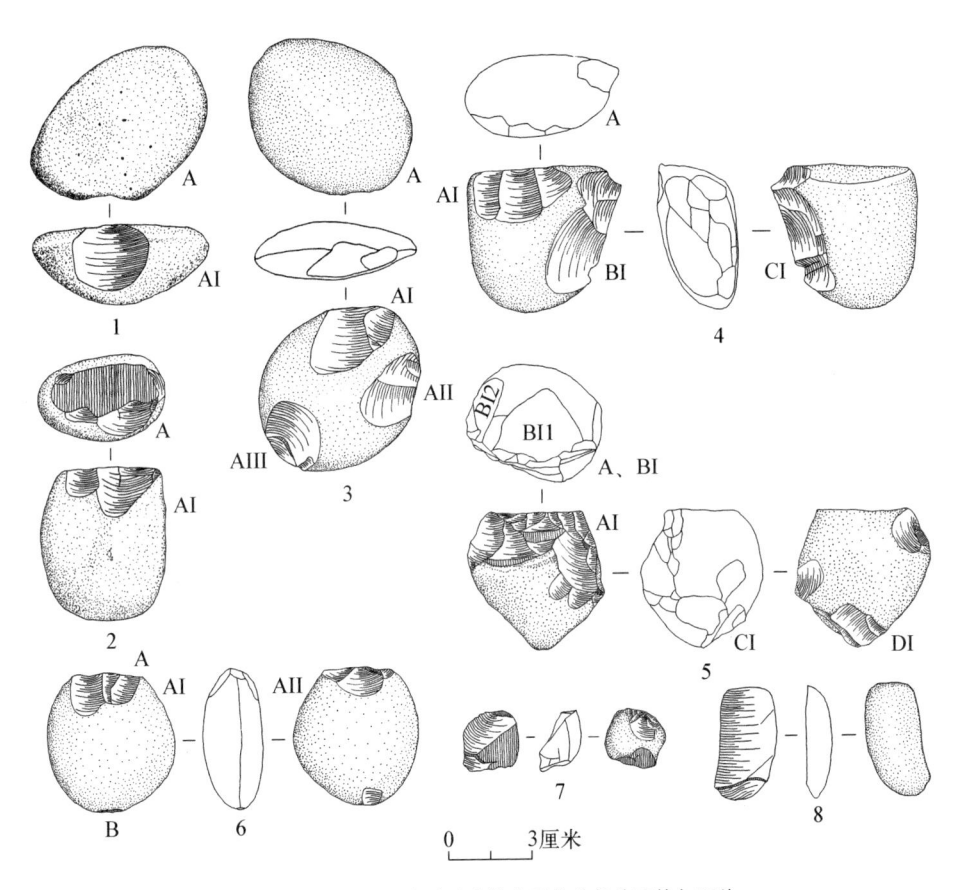

图 3-20-9 后金家沟北山地点采集的部分石核与石片
1—3. 单台面石核(20NQHB：15、20NQHB：3、20NQHB：2) 4、5. 多台面石核(20NQHB：8、20NQHB：12)
6. 砸击石核(20NQHB：13) 7. 锤击石片(20NQHB：34) 8. 砸击石片(20NQHB：30)

面,其余均为打制台面,部分为互为台面。核体表面片疤数量较多,均 11—21 个,部分片疤很小或仅为打击痕迹。石核石皮占比 70%—75%。长 30.3—50.9 毫米,平均 43.1 毫米;宽 40.9—55.2 毫米,平均 48.4 毫米;厚 24.8—41.5 毫米,平均 31.7 毫米;最大长 41.8—60.9 毫米,平均 51.2 毫米;重 33.9—95.6 克,平均 74.4 克。台面角 69—88 度,平均 77 度。

20NQHB：8,长 50.9、宽 55.2、厚 28.8 毫米,最大长 60.9 毫米,重 93.6 克。岩性为石英岩。采用近似矩形的扁平砾石作为毛坯。3 个台面,3 个剥片面。

A台面为核体窄端的平坦砾石面,沿石核的长轴方向剥片,台面角78度。AⅠ剥片面可见3个延伸较短的小尺寸片疤,最大的长18.1、宽18.4毫米。旋转核体,在毛坯右侧缘两面剥片。以石核背面的砾石面作为B台面向正面打击。BⅠ剥片面与AⅠ剥片面分布在同一平面,原始台面角因破坏不可测量,其上可见4个较大片疤,最大的长25.2、宽34.1毫米。再以BⅠ剥片面的石片疤作为C台面向核体背面剥片,部分打击点落在片疤相交的棱脊处,台面角77度。CⅠ剥片面有5个较短片疤,分为2层,最大的长13.6、宽30毫米。核体保留有70%的砾石面,两侧缘及底部均有适合继续剥片的条件,可生产少量石片(图3-20-9,4)。

20NQHB：12,长48.1、宽48.9、厚41.5毫米,最大长50.8毫米,重95.6克。岩性为质地细腻的硅质灰岩。毛坯为不规则的块状砾石。4个台面,4个剥片面。首先沿毛坯的一条边缘以互为台面的方式进行两面剥片,形成A、B两个台面及AⅠ、BⅠ两个剥片面。根据片疤打破关系,可判断其剥片顺序。以砾石面为台面打击形成BⅠ剥片面上的较大片疤BⅠ1,再以该较大片疤为台面进行剥片,形成AⅠ剥片面,再以AⅠ剥片面上的片疤为台面进行打击,在BⅠ剥片面上产生片疤BⅠ2。AⅠ剥片面有17个片疤,因毛坯的形态与质地,多数片疤尺寸很短且严重断折或仅为打击痕迹,最大的长17.8、宽19.5毫米。另有4个后期埋藏磕碰形成的小疤。BⅠ剥片面上可见4个片疤,BⅠ1长27.8、宽30.5毫米,BⅠ2长23.9、宽16毫米。AⅠ与BⅠ两剥片面夹角86度。石核背面还有两次剥片过程。C台面为砾石面,台面角86度,CⅠ剥片面有1个片疤,长19.5、宽16.9毫米。D台面为砾石面,台面角83度,DⅠ剥片面打破CⅠ剥片面,有4个片疤,最大的长18.3、宽16.1毫米。还有1个后期自然磕碰的小疤。核体保留有75%的砾石面,但毛坯形态圆钝,基本无继续剥片的技术条件(图3-20-9,5)。

（3）砸击石核

20NQHB：13,长48.7、宽45.9、厚21.5毫米,最大长50.5毫米,重63.1克。毛坯为椭圆形扁平状的石英岩砾石。在石核较窄一端沿长轴方向进行砸击。A直接受力端呈刃状,两侧面分布6个明显的砸击片疤,AⅠ面3个,AⅡ面3个,均较短小,最大的长 15.9、宽 13.8 毫米,附近可见细碎小疤。B 端接受反作用力破损,疤痕轻微,分布较集中,仅见 1 个崩疤,长 6.6、宽 7.2 毫米,其余均为点状痕迹。石皮比例 80%,利用率不高(图 3-20-9,6)。

2. 石片

共 4 件。锤击、砸击石片各 2 件。锤击石片原料为石英岩、燧石。均为完整石片。台面分别为砾石面、素台面,石片角 94 度、121 度,背缘角 50 度、60 度,背面皆由砾石面、片疤组成,背疤均为 2 个同向。砸击石片原料为石英岩、玛瑙。长 12—39.5 毫米,平均 27.8 毫米;宽 6.4—38.4 毫米,平均 21.7 毫米;厚 5.8—16.2 毫米,平均 11.5 毫米;最大长 24.7—41.9 毫米,平均 29.9 毫米;重 0.5—21.1 克,平均 9 克。

20NQHB:34,锤击石片。长 20.6、宽 19.7、厚 14.4 毫米,最大长 24.7 毫米,重 5.76 克。岩性为燧石。素台面,石片角 121 度,背缘角 66 度。打击点清楚,半锥体显著,同心波较明显。背面可见 2 个自台面端打击形成的同向小疤及较多碎疤,远端处存在节理面,其余均为砾石面,无背脊。两侧缘不规则,远端呈阶梯状(图 3-20-9,7)。

20NQHB:30,砸击石片。长 39、宽 22.4、厚 9.4 毫米,最大长 40.6 毫米,重 8.8 毫米。岩性为石英岩。刃状台面,腹面平坦,无半锥体、同心波及放射线,背面均为砾石面。两侧缘近平行,远端近阶梯状剥离(图 3-20-9,8)。

3. 工具

共 19 件。包括一类工具 4 件、二类工具 6 件、三类工具 9 件。

(1) 一类工具

4 件。均为石锤。原料 1 件为玄武岩,3 件为石英岩。皆选择长条形或短长条形的扁平状砾石作为毛坯(图 3-20-10,1)。

(2) 二类工具

6 件。以锤击石片锋利的边缘作为刃口直接使用。均为单刃刮削器。根据刃

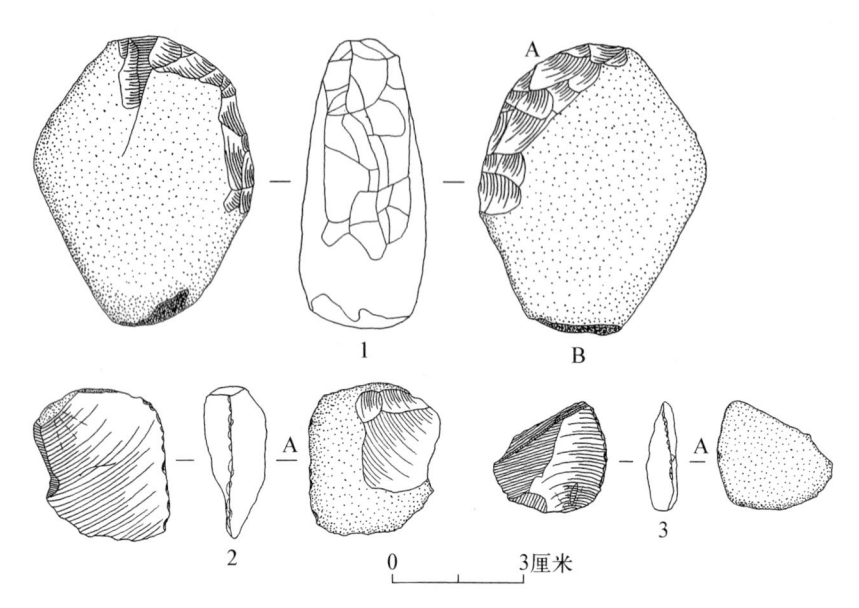

图 3-20-10　后金家沟北山地点采集的一类与二类工具
1. 石锤（20NQHB：4）　2. 单直刃刮削器（20NQHB：28）　3. 单凸刃刮削器（20NQHB：18）

缘形态分为单直刃、单凸刃两类。

单直刃 3 件。岩性分别为燧石、石英、石英岩。长 15.6—34.1 毫米，平均 25.1 毫米；宽 13.2—31.2 毫米，平均 22.4 毫米；厚 5.3—13.8 毫米，平均 8.2 毫米；最大长 17—38.3 毫米，平均 27.6 毫米；重 0.9—14.6 克，平均 6.5 克。刃口分布在石片侧缘和远端。刃缘长 13.8—28.6 毫米，平均 19.5 毫米。刃角 30—46 度，平均 36 度。

20NQHB：28，单直刃刮削器。长 34.1、宽 31.2、厚 13.8 毫米，最大长 38.3 毫米，重 14.6 克。燧石。石片台面为砾石面，背面可见少量同向片疤，保留有较多的砾石面。右侧缘折断且圆钝，无法利用，左侧缘 A 薄锐锋利，可见连续分布的细小崩疤，应为直接使用形成。刃缘正侧视均平直，刃口近平齐，长 28.6 毫米，刃角 30 度（图 3-20-10，2）。

单凸刃 3 件。岩性包括燧石 2 件、石英岩 1 件。长 24—32.2 毫米，平均 28.5 毫米；宽 18.3—24.7 毫米，平均 21.9 毫米；厚 5.2—8.3 毫米，平均 6.7 毫米；最大长

28.7—32.2毫米,平均30.1毫米;重2.8—6.2克,平均4.4克。刃口在石片侧缘和远端。刃缘长22.7—30.7毫米,平均26.9毫米。刃角34—46度,平均38度。

20NQHB:18,单凸刃刮削器。长24、宽24.7、厚6.7毫米,最大长28.7毫米,重4.3克。燧石。石片台面、背面均为砾石面,左侧缘折断,右侧缘A锋利薄锐且分布有连续的细小使用疤痕。刃缘正侧视缓凸,刃口平齐,长22.7毫米,刃角34度(图3-20-10,3)。

(3)三类工具

9件。包括刮削器、尖刃器、凹缺器、舌形器残段。

刮削器,6件。岩性包括石英岩4件,角页岩、硅质灰岩各1件。毛坯砾石3件、锤击石片2件、石叶1件。根据刃缘数量与形态分为单直刃、单凸刃、单凹刃、双直刃和复刃五类。

单直刃1件。20NQHB:19,长79.6、宽45.3、厚11.1毫米,最大长79.1毫米,重46.9克。角页岩。毛坯为两侧缘较长且近平行的锤击完整石片。选择左侧缘作为刃缘,A、C段可见直接使用产生的连续细小疤痕,B段分布有连续正向锤击修理形成的单层规整修疤,以使刃缘更加规整平齐。修疤很小,限于边缘,最大的长3.2、宽4.5毫米。刃缘正视较平直,侧视缓凸,刃口较平齐,总体长46.9毫米,刃角56—66度(图3-20-11,1)。

单凸刃2件。毛坯均为石英岩砾石。均在一侧边两面修理。长52.5—62.3毫米,平均57.4毫米;宽35.3—59.9毫米,平均47.6毫米;厚18.5—22.9毫米,平均20.7毫米;最大长53.1—62.4毫米,平均57.5毫米;重49—70.1克,平均59.6克。刃缘长45.1—62.3毫米,平均53.7毫米。刃角60—72度,平均66度。

20NQHB:11,长62.3、宽59.9、厚18.5毫米,最大长62.3毫米,重70.1克。石英岩。毛坯为扁平状砾石。在毛坯的一侧边A处进行两面修理,以使刃缘锋利平齐,多数区域修疤2—3层,初级修疤尺寸均较大,最大的长24.3毫米,次级修疤较小限于边缘。刃缘正视凸出,侧视较为曲折,刃口略带齿凹,长62.3毫米,刃角60—76度。B、C、D处均可见两面分布的片疤,片疤单层,尺寸较大,刃缘形态不甚规则,推断可能是修理把手便于执握所致(图3-20-11,2)。

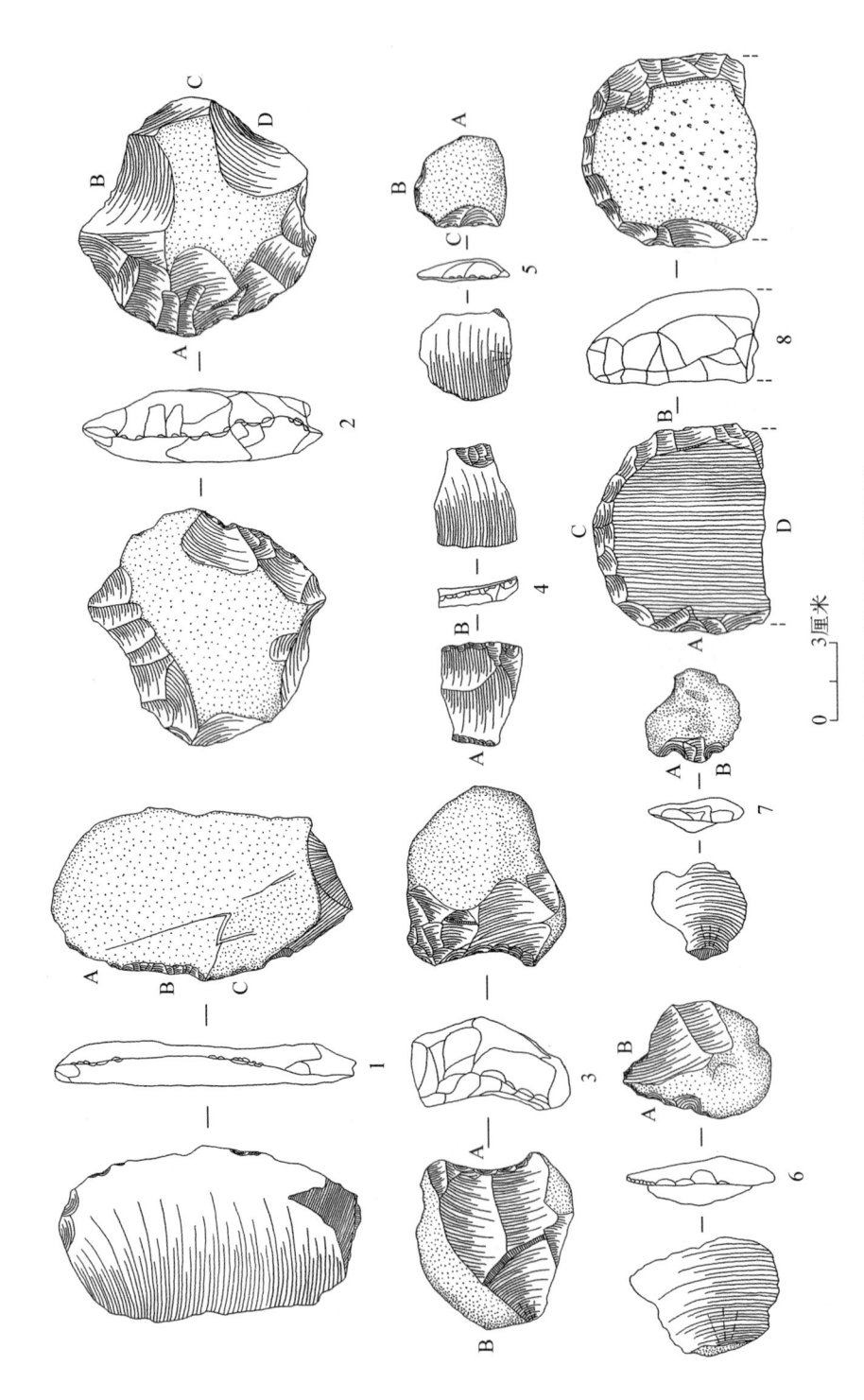

图 3-20-11 后金家沟北山山地点采集的部分三类工具

1. 单直刃刮削器（20NQHB：19） 2. 单凸刃刮削器（20NQHB：11） 3. 单凹刃刮削器（20NQHB：7） 4. 双直刃刮削器（20NQHB：36）
5. 复刃刮削器（20NQHB：29） 6. 尖刃器（20NQHB：17） 7. 凹缺器（20NQHB：16） 8. 舌形器残段（20NQHB：35）

单凹刃1件。20NQHB：7，长41.1、宽44.6、厚22.7毫米，最大长48.5毫米，重50.8克。选择不规则形的石英岩砾石作为毛坯。首先在刃缘端A及相对的一端B分别打击，剥离几个较大的石片，再以片疤为台面在A处单向锤击修理成凹入的刃口。刃缘可见3层修疤，初级片疤尺寸较大，最大的长24.7毫米。刃缘正视缓凹，侧视弯曲，刃口较平齐，刃缘长24.6毫米，刃角60度(图3-20-11,3)。

双直刃1件。20NQHB：36，长20.7、宽26.1、厚6.1毫米，最大长28.7毫米，重3.2克。硅质灰岩。毛坯为两端截断的石叶中间断片。两侧缘均压制修理。A左侧缘采用两面加工，修疤单层，腹面片疤较大，背面片疤细密，最大的长2.6毫米。刃缘正视平直，侧视较弯曲，刃口近平齐，刃缘长11.4毫米，刃角47度。B右侧缘正向加工，修疤单层，片疤连续细密，长度多在2.2毫米。刃缘正视平直，侧视较弯曲，刃口平齐，刃角50度(图3-20-11,4)。

复刃1件。20NQHB：29，长23.1、宽22.5、厚5.5毫米，最大长25毫米，重3.4克。毛坯为石英岩锤击石片。3个刃缘。石片A左侧缘、B远端均分布有较连续的直接使用产生的细小疤痕，两刃缘正视缓凸，侧视较平直，远端刃口存在浅的凹缺，左刃缘长18.3毫米，刃角26度，远端刃缘长15.6毫米，刃角24度。C右侧缘正向单层锤击修理，修疤最大长6.1毫米，刃缘正侧视均平直，刃口平齐，长15.5毫米，刃角49度(图3-20-11,5)。

尖刃器，1件。20NQHB：17，长38、宽29.2、厚11.9毫米，最大长37.8毫米，重9.8克。燧石原料。毛坯为锤击完整石片。A远端、B左侧缘经过正向锤击修理相交成尖刃，修疤均单层。A远端刃缘长23.8毫米，刃角46度，B左侧缘刃缘长7.9毫米，刃角30度。尖刃角57度(图3-20-11,6)。

凹缺器，1件。20NQHB：16，长23.8、宽23.8、厚8.6毫米，最大长25.3毫米，重3.9克。原料为玛瑙。毛坯为锤击完整石片。石片远端正向修理大小两个凹缺刃口，均为克拉克当型，刃口内部可见细小碎疤。A刃口宽6.4、深2.3毫米，刃角59度，B刃口宽3.8、深1.2毫米，刃角66度(图3-20-11,7)。

舌形器残段，1件。20NQHB：35，长45.6、宽53.7、厚24.7毫米，最大长54.3毫米，重65.9克。石英原料，节理发育，质地差。块状毛坯。A、B两侧及C端部均经过两面打击修整,刃缘连接成舌状,边缘刃角63—80度。片疤延伸很短,形成明显的断坎,中部区域仍保留大部分的砾石面及毛坯原始的断裂面未被开发。D底端因断裂残缺(图3-20-11,8)。

(四) 结语

1. 石器工业特征分析

(1) 原料类型比较多样,包括石英岩、燧石、硅质灰岩、流纹岩、玛瑙、玄武岩、石英和角页岩8种。石英岩占据绝大多数21件,比例58.3%,燧石次之6件,占比16.7%,其他原料数量很少。石器虽为采集获得,从地表散落的大量标本来看,石英岩占据主导地位应是该地点客观存在的情况。石英岩、燧石、硅质灰岩、玛瑙、玄武岩、石英、角页岩表面均有明确的砾石面,应是古人类在当时的河漫滩或其他古砾石层就近取材所得。仅有的1件流纹岩石核周身布满石片疤,原型无法确知,推断可能也是自然砾石。绝大多数原料质地比较优良,颗粒粗大或裂隙发育的劣质原料少见,表明古人类在采集石料时有意对岩性与质量进行了挑选。

(2) 根据最大直径可将石器分为微型(<20毫米)、小型(≥20毫米,<50毫米)、中型(≥50毫米,<100毫米)、大型(≥100毫米,<200毫米)和巨型(≥200毫米)五类。该地点的石器以中型为主(n=19,52.8%),小型次之(n=14,38.9%),微型、大型数量很少,不见巨型标本。从不同类型来看,石核绝大多数为中型,石片、二类工具均为微型与小型,一类工具的尺寸整体最大,均为中型与大型,三类工具均为小型和中型标本。

(3) 石核打击方法主要采用硬锤直接锤击,偶见砸击法。石核原料绝大多数为石英岩,存在少量的燧石、硅质灰岩与流纹岩。由于绝大多数核体保留有较多的砾石面,可知毛坯原始的形态与尺寸。绝大部分毛坯为扁平状的自然砾石,平面形状多呈近椭圆形或不规则的矩形。此类毛坯常具有适合作为台面与剥片面的较为规整的表面,以及良好的自然剥片角度。毛坯尺寸均为中型,未发现其他尺寸标本的大量存在。整体反映古人类对毛坯的形态与尺寸应有一定的考虑与偏好,倾向于选择大小适中且有较好剥片条件的扁平状砾石。

（4）锤击石核均为简单剥片石核。台面包括自然台面（n=12）、打制台面（n=5）、互为台面（n=4）三类。自然台面均利用毛坯平整的砾石面；打制台面中存在将砾石一端整体打掉以创造平整台面的情况，颇具特色；互为台面则是利用上一级片疤作为台面，表现出古人类对台面、台面角意义的认知及灵活的处理行为。剥片面没有明显的选择与技术处理，长度适中、表面规整者皆可利用。尤其对于扁平状砾石石核，其剥片面均较短，分布在20—40毫米，表明古人类对预期毛坯的长度没有过多的要求。单台面石核均采用对单一剥片面或围绕固定台面水平旋转剥片面的方式进行剥片，多台面石核主要为单面单向与局部两面剥片（互为台面）的组合以及复向剥片。多数石核台面与剥片面较少，简单转换几次即被废弃。单台面石核中绝大多数剥片面仅有1个片疤，多台面石核片疤也不多，且均为同向剥片，不见典型的对向、向心与多向的组织方式，显示缺少对同一剥片面的持续开发利用。核体石皮比例多分布在66%—90%，利用率较低，应与原料丰富且易于获得有关。质地细腻的硅质灰岩、流纹岩均为多台面石核，利用率稍高于其他原料。三类工具中有1件用石叶中间断片制作的刮削器，说明该地点存在典型的石叶技术因素，但目前尚未发现石核等其他相关的产品。

（5）锤击、砸击石片各2件。均为微型和小型。锤击石片中自然、素台面各1件，背面均保留有较多砾石面，应为初级剥片的产品。

（6）一类工具均为单端、两端石锤，选用长条形与短长条形的自然砾石作为毛坯。尺寸整体大于石核等其他类型标本。主要存在竖握、横握两种不同的使用方式。部分使用部位反映可能存在锤击处理动物骨骼等软性材料的情况。

（7）二类工具均为单直刃、单凸刃刮削器，原型为锤击与砸击石片，尺寸均属微型和小型，边缘锋利，质地优良。

（8）三类工具类型比较丰富，包括刮削器、尖刃器、凹缺器、舌形器残段，刮削器又含有较多的次级类别。原料多数优良，以石英岩居多，还有少量的燧石、玛瑙、硅质灰岩和石英。大多为锤击石片毛坯，也存在直接修理自然砾石的标本。少量石器存在修形与修理把手的现象。工具修理主要采用锤击法，1件石叶刮削器为压制修理。以正向修理为主，少量为局部两面修理，舌形器为周缘两面加工。修疤多1—2层，疤痕较浅。尺寸均属小型和中型。

后金家沟北山地点发现的石器绝大多数属于剥坯概念下简单石核石片技术体系的产品，石核剥片相对简约，石器类型主要是以刮削器为代表的小型工具组合，不见砍砸器等大型工具，但又带有一定比例的石叶技术因素，是一处简单石核石片与石叶技术并存的遗址。

2. 学术意义

此次调查是在农安县境内开展的首次旧石器考古工作，填补了以往相关工作的空白，发现的多处旧石器地点及文化遗物充分证明此地至少在旧石器时代晚期已有人类生存活动，并留下了比较丰富的历史文化遗存。后金家沟北山地点地表散落有大量的石器标本，类型丰富完整，层位明确，可为研究该地区晚更新世晚期古人类的石器工业面貌、适应生存行为提供重要的资料。石叶技术是一套包含多种程序复杂的技术体系，具有重要的人群与文化的指示意义。该地点石叶技术因素的发现，扩大了其地理分布范围，为寻找更多的相关遗存提供了有价值的线索，其深入研究对于探讨东北亚地区石叶技术的时空分布、技术扩散与人群迁徙等问题具有重要的学术意义。

四、巴吉垒敖宝吐下坎遗址

（一）地理位置

敖宝吐下坎旧石器地点位于吉林省农安县巴吉垒镇敖宝图泡西侧的Ⅱ级阶地上，海拔186米，隶属于吉林省农安县巴吉垒镇敖宝吐下坎村，地理坐标为北纬44°22′45.94″，东经124°54′9.54″。敖宝吐下坎旧石器地点北距元宝沟村320米，东距敖宝吐下坎45米，东距敖宝图湖1千米，西距东铁村2千米，公路在该地点西侧通过。

(二) 地貌及地层

敖宝吐下坎旧石器地点周围,波罗湖、敖宝图泡、莫波泡三个湖(泡)呈品字形分布。其中距离地点最近的敖宝图泡西北—东南长7.93千米,西南—东北长5.78千米,总面积约为35.6平方米,敖宝图泡西岸最高点海拔为210米,该泡西侧距波罗湖3.9千米,西南距莫波泡4.6千米。地层剖面由上到下依次为(图3-20-12):

第1层,局部分布黑土层,厚0—10厘米。

第2层,黄色亚黏土层,厚50—60厘米,石制品出自此层。

第3层,黄色砂土层,为河湖相堆积,未见底。

采集石制品的区域内为果树种植区,在翻土及雨水作用下,黄色土层暴露出来,石制品即出自该层。

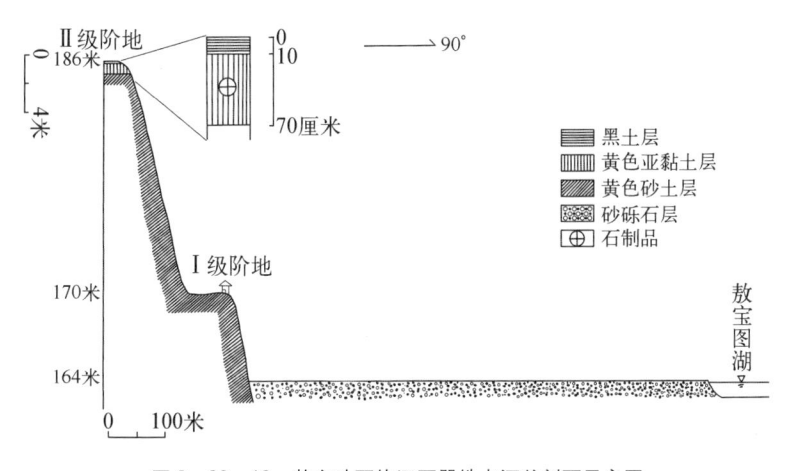

图3-20-12 敖宝吐下坎旧石器地点河谷剖面示意图

(三) 文化遗物

本次调查共获得石制品36件,石制品原料以石英岩和燧石为主,器物类型包括石核、石片、工具和断块。其中石核2件,石片4件,工具27件,断块3件。大部分石制品保存良好,特征清晰。下面对上述石制品进行具体的分类描述。

1. 石核

2件,均为石片石核且均为多台面石核。

NBA：20,长23.56、宽27.17、厚17.31毫米,重10.9克。原料为燧石,形状不规则。该石核共有3个台面,其中A台面为主台面,台面宽16.62、厚15.48毫米,台面角为74度,A台面为自然台面,有1个剥片面AⅠ,只有1个剥片疤,剥片方法为硬锤锤击法,片疤长16.35、宽13.08毫米,延伸长度为长,片疤深入程度为中等。在AⅠ剥片面附近可观察到使用者曾尝试继续以台面A为台面进行剥片,但未能成功。旋转核体,以与AⅠ剥片面位于同一平面的砾石面为台面(即为B台面),采用硬锤锤击法进行剥片,BⅠ剥片面上有1个片疤。随后有以BⅠ剥片面为台面(即为台面C),采用硬锤锤击法剥片,留下1个片疤。在完成上述核体依然保有55%的砾石面,但石核本身形状不规则,难以获得较为理想的剥片角度,推测在无法继续获得理想石片后被废弃(图3-20-13,3)。

NBA：19,长31.05、宽21.62、厚13.14毫米,重9.8克,原料为燧石,形状不规则。石核本身以石片为毛坯,毛坯台面为D。石核共有3个台面。A台面为主台面,为自然台面,台面宽14.87、厚11.83毫米,台面角为71度,有1个剥片面AⅠ,首先采用硬锤锤击的方式进行剥片,产生最大片疤AⅠ1,片疤长12.31、宽8.92毫米,片疤延伸程度为中等,深入核体程度为浅;随后继续剥片,依次产生片疤AⅠ2、AⅠ3,最后用间接剥片法剥片,产生片疤AⅠ4。随后,旋转核体360度,尝试以AⅠ剥片面为台面进行剥片,在台面A上留下了很多细小的片疤,但未能成功获得较为理想的石片。旋转核体180度,以台面B为台面,采用硬锤锤击法进行剥片,先后产生片疤BⅠ1、BⅠ2,随后以剥片面BⅠ为台面(即为台面C),采用硬锤锤击法进行剥片,产生1个片疤。标本表面轻微风化,保留的自然面约占55%,推测仍可以继续剥片(图3-20-13,4)。

2. 石片

共4件,按照完整程度可分为完整石片和断片两类。

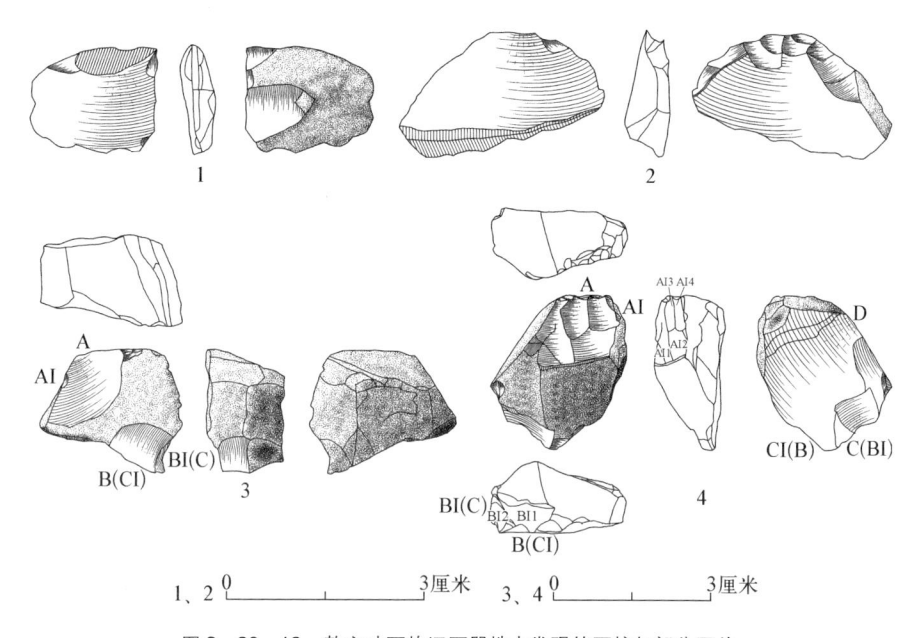

第三章 2000年以来的吉林旧石器时代考古 425

图 3-20-13 敖宝吐下坎旧石器地点发现的石核与部分石片
1. 完整石片(NBA:34) 2. 近端断片(NBA:21)
3. 双台面石核(NBA:20) 4. 多台面石核(NBA:19)

完整石片共2件,原料分别为石灰岩和花岗细晶岩,长15.62—18.38毫米,平均17毫米;宽18.94—24.21毫米,平均21.58毫米;厚4.44—5.95毫米,平均5.2毫米;重1.2—2.5克,平均1.9克;台面宽12.87—20.34毫米,平均16.61毫米;台面厚4.33—4.45毫米,平均4.39毫米;石片角134—136度,平均135度。

NBA:31,长15.62、宽18.94、厚4.44毫米,重1.2克。形状近似梯形。原料为花岗细晶岩。台面为自然台面,长12.74、宽4.74毫米,石片角为136度。打击点散漫,半锥体平,无锥疤,同心波不明显,无放射线。背面一半为石片疤,一半为自然面,共3个疤,两边关系为近平行,侧缘轻微磨蚀,远端状态为尖灭,表面轻微风化(图3-20-13,1)。

断片共2件,均为近端断片。原料均为石英岩,长17.57—20.38毫米,平均18.98毫米;宽22.32—30.42毫米,平均26.37毫米;厚6.03—6.19毫米,平均6.11毫米;重2.7—3.4克,平均3.1克。

NBA：21，长17.57、宽30.42、厚6.03毫米，重3.4克。形状为半圆形，原料为石英岩。台面为线状台面，长13.2毫米，石片角为91度。打击点集中，半锥体微凸，未见锥疤，同心波不明显，有放射线。两边关系为扩散，侧缘轻微磨蚀，表面轻微风化（图3-20-13，2）。

3. 工具

共27件，包括一类、二类和三类工具。

（1）一类工具

1件，石锤。标本NBA：8，长59.78、宽47.25、厚44.03毫米，重172.9克。原料为石英岩，形状不规则，毛坯为砾石，自然面约占80%，为两端使用，标本B、C端和E侧均有明显的砸击痕迹，同时在石锤的A、B、D、E四侧均观察到有剥片痕迹，其中B、E两侧的砸击痕迹均覆盖于剥片痕迹上，因此可以推测该石锤曾作为石核使用，在难以继续剥片后作为石锤继续使用（图3-20-14，1）。

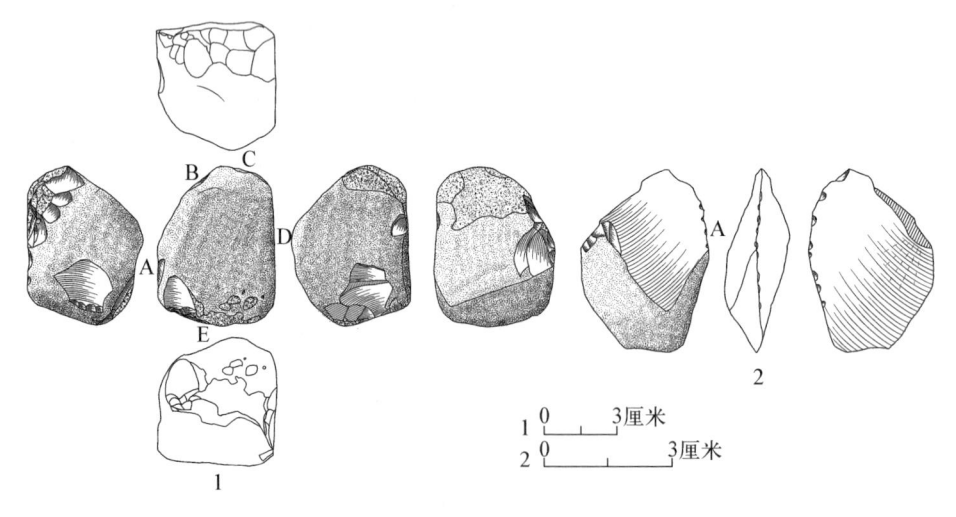

图3-20-14　敖宝吐下坎旧石器地点发现的一类与和部分二类工具
1. 石锤（NBA：8）　2. 单凸刃刮削器（NBA：24）

（2）二类工具

共5件，均为单凸刃刮削器，长16.01—42.08毫米，平均26.04毫米；宽11.46—

37.39 毫米，平均 25.53 毫米；厚 6.76—13.99 毫米，平均 9.31 毫米；重 1.2—14.6 克，平均 6.9 克；刃角 20—58 度，平均 41.2 度；刃长 15.04—48.26 毫米，平均 30.62 毫米。

标本 NBA：24，长 33.12、宽 37.39、厚 13.99 毫米，重 14.6 克。原料为石英岩，形状近四边形，毛坯为石片。A 侧为凸刃，刃缘薄锐，刃长 48.26 毫米，刃角为 58 度。刃上零星分布大小不一的使用疤。背面为半疤半自然，表面轻微风化，自然面约占 25%（图 3-20-14,2）。

（3）三类工具

均为刮削器，共 12 件，根据刃缘数量可以分为单刃刮削器、双刃刮削器和复刃刮削器。

单刃刮削器，共 9 件，可根据刃的形态分为单凸刃刮削器和单直刃刮削器。

NBA：23，单凸刃刮削器。长 39.63、宽 23.48、厚 16.05 毫米，重 33.25 克。形状不规则，原料为硅质灰岩，毛坯为块状毛坯。A 侧刃缘为凸刃，刃长 33.25 毫米，刃角 61 度，刃部采用硬锤锤击法进行复向加工，修疤为多层，呈叠压状，疤间关系为连续，加工距离为远。石制品表面轻微风化，自然面约占 60%（图 3-20-15,4）。

NBA：33，单直刃刮削器。长 31.08、宽 47.29、厚 7.65 毫米，重 9.5 克。形状不规则，原料为石英岩，毛坯为石片。A 侧刃缘为直刃，刃长 40.52 毫米，刃角 33 度，该刃未经修理直接使用。B 处修理痕迹为修形，该处采用硬锤锤击法进行反向加工，修疤为单层，呈普通状，加工距离为近，石制品表面轻微风化，自然面约占 3%（图 3-20-15,5）。

双刃刮削器，1 件，为直凸刃刮削器，NBA：12，长 20.56、宽 23.18、厚 10.22 毫米，重 4.5 克。原料为花岗细晶岩，毛坯为石片，形状近似于梯形。BC 段为直刃，长 16.95 毫米，刃角为 52 度，直刃采用硬锤锤击法进行复向加工，修疤层数为多层，呈叠压状，疤间关系为连续，加工距离远；AD 段为凸刃，长 20.99 毫米，刃角为 44 度，凸刃采用硬锤锤击法进行反向加工，修疤为 1—2 层，呈普通状。AB 段采用硬锤锤击的方法对石制品进行修形，修理方式为正向加工，CD 段为毛坯台面，为修理

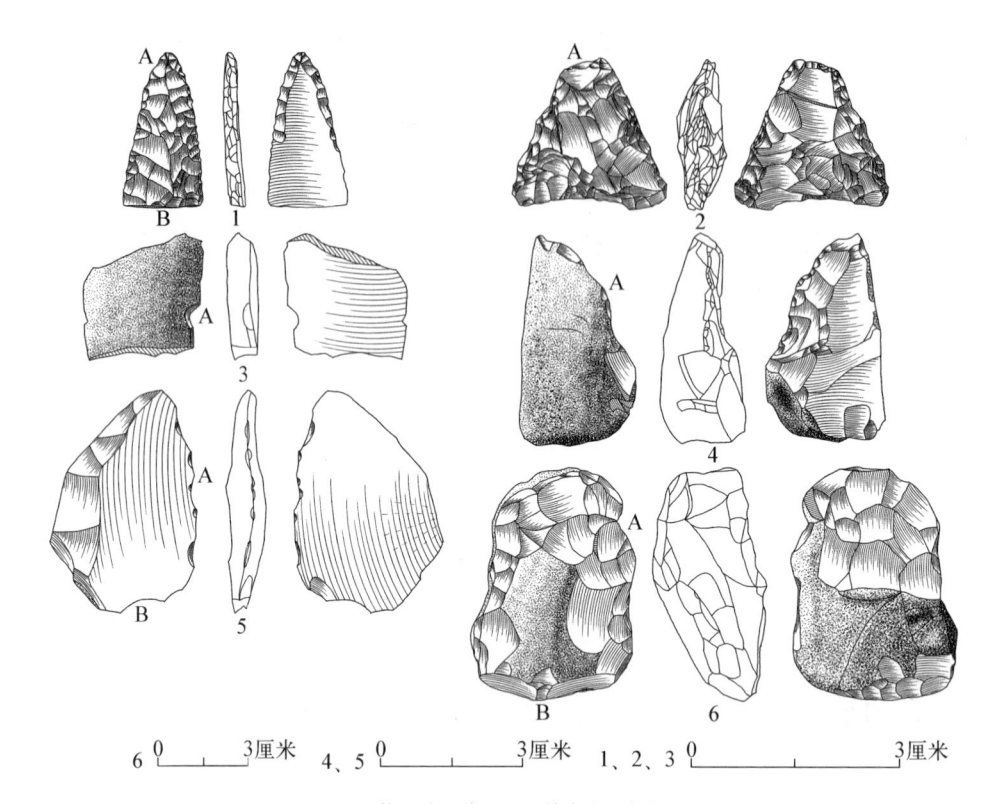

图 3-20-15　敖宝吐下坎旧石器地点发现的部分三类工具
1. 平底压制石镞(NBA:3)　2. 凹底打制石镞(NBA:35)　3. 凹缺器(NBA:30)
4. 单凸刃刮削器(NBA:23)　5. 单直刃刮削器(NBA:33)　6. 砍砸器(NBA:36)

台面。石制品表面轻微风化,自然面约占 25%(图 3-20-16,1)。

复刃刮削器,共 2 件。NBA:11,长 26.06、宽 29.41、厚 8.26 毫米,重 6.6 克。原料为石英岩,毛坯为石片,形状近似于四边形。AD 端为直刃,长 23.12 毫米,刃角为 40 度,未经加工直接使用;AB 端为直刃,长 25.55 毫米,刃角为 48 度,AB 端应为使用硬锤锤击法截断,同时在 AB 端可以观察到零星散布的大小不一的使用疤,推测是因为 AB 端在截断修形后也可以作为刃使用。BC 端为直刃,长 24.35 毫米,刃角为 41 度,分布有零星的修疤,可能是使用或埋藏过程中产生的痕迹而非古人有意加工。该石制品毛坯背面为半疤半自然,石制品表面轻微风化,自然面约占 50%(图 3-20-16,2)。

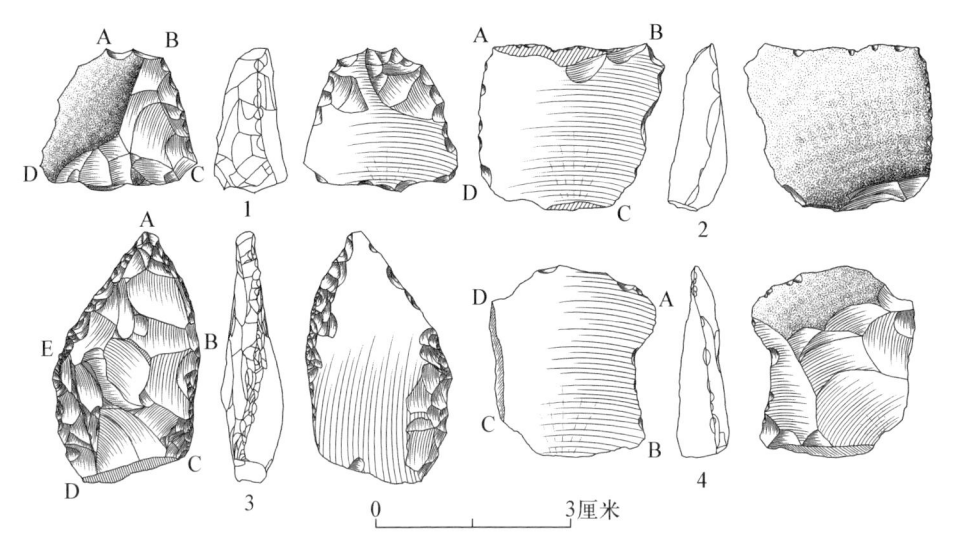

图 3-20-16 敖宝吐下坎旧石器地点发现的部分三类工具
1. 直凸刃刮削器(NBA：12) 2. 复刃刮削器(NBA：11) 3. 尖状器(NBA：4) 4. 尖状器(NBA：27)

尖状器，共5件。NBA：4，长39.72、宽23.02、厚9.32毫米，重6.9克。原料为硅质灰岩，毛坯为石片，形状近似于矛形。A处即为尖状器的尖部，尖部两侧边AC长35.4毫米，刃角为38度；AD长43.85毫米，刃角41度，两边所夹尖角为74度，修理方式包括压制法、软锤锤击法和硬锤锤击法，其中AB段和AE段为压制法进行修理，修疤为多层，呈叠压状，疤间关系为连续，加工距离远，CD端为截断修形，毛坯背面为全疤，石制品表面轻微风化，自然面约占45%（图3-20-16，3）。

NBA：27，长29.27、宽26.26、厚6.89毫米，重5.5克。原料为石英岩，毛坯为石片，形状不规则。A处为尖状器尖部，尖部两侧边AB长21.14毫米，刃角为27度；AD长27.69毫米，刃角29度，两边所夹尖角为104度，CD段为截断修形，采用硬锤锤击法进行正向加工，修疤为单层，呈普通状。该石制品背面为半疤半自然。石制品表面轻微风化，自然面约占20%（图3-20-16，4）。

凹缺器，1件。NBA：30，长16.52、宽16.69、厚4.75毫米，重1.5克。原料为石英砂岩，毛坯为石片，整体形状近似于四边形。A处为凹刃，刃长5.95毫米，刃角为

81度。刃部采用软锤锤击法进行正向加工,修疤为单层,呈普通状,疤间关系为连续,加工距离为中等,表面中等风化,自然面约占45%。凹刃处修疤不完整,且断口处风化程度虽不及毛坯的劈裂面和背面严重,但是相交之下断口产生的时间应不会比工具制作成功的时间晚太多,因此推断,毛坯的近端和远端的断裂部分不应该是截断修形,也不是在埋藏过程中断裂,有可能是在使用过程中工具发生断裂并被废弃(图3-20-15,3)。

石镞,2件。按照石镞底部的形状不同可分为凹底石镞和平底石镞。

NBA:35为凹底打制石镞。长21.94、宽22.46、厚7.35毫米,重2.7克。原料为燧石,毛坯为石片,整体趋近于矛形。A处为石镞尖部,已残缺,尖部左侧残留刃缘长度为20.34毫米,右侧残留刃缘长22.4毫米,石镞刃角应为58度。石镞采用软锤锤击法进行通体加工,修疤为多层,呈叠压状,疤间关系为连续,加工距离为远,但未见打磨痕迹。石镞表面轻微风化,自然面占0%(图3-20-15,2)。

NBA:3为平底压制石镞。长21.69、宽11.59、厚2.81毫米,重0.6克。原料为硅质灰岩,毛坯为石片,整体趋近于矛形。A处为石镞尖部,尖部左侧刃缘长度为22.12毫米,右侧刃缘长度为21.62毫米,刃角为47度,刃缘呈矛形,采用压制法修理,修理方向为复向加工,修疤为多层,呈平行状,疤间关系为连续,加工距离为远。B处为截断修形,石镞表面轻微风化,自然面占0%(图3-20-15,1)。

砍砸器,1件。NBA:36,长71.09、宽50.64、厚35.73毫米,重139.7克。原料为石英岩,毛坯为块状毛坯,形状不规则。B侧为凸刃,刃长41.58毫米,刃角74度。刃部采用硬锤锤击法进行复向加工,修疤为1—2层,呈普通状,疤间关系为连续,除刃缘外,B处修理痕迹应为修理把手,根据砍砸器形态推断,使用者很有可能是左利手,石制品表面其余位置的修理痕迹大部分应为修理形状,少部分修理把手,均采用硬锤锤击法进行复向加工,修疤为多层,呈普通状(图3-20-15,6)。

4. 断块

共3件。长13.81—38.19毫米,平均24.38毫米;宽13.88—17.38毫米,平均15.06毫米;厚6.54—10.93毫米,平均8.97毫米;重0.9—9.1克,平均重量为3.9

克。原料种类分别为石英岩、玛瑙和硅质灰岩。

(四) 结语

1. 石器工业特征

(1) 石制品原料主要为石英岩,共19件,约占发现石制品总数的53%;其次是燧石(n=6)和硅质灰岩(n=4),分别占17%和11%;再其次是玛瑙和花岗细晶岩,分别占5%;最后是玄武岩、灰岩、石英砂岩、硅质砂岩,分别占3%。该地点采集的石制品中大部分保留了一定的砾石面,应采集自地点附近的河漫滩和古砾石层,所选原料绝大部分质地良好,未见颗粒粗大或裂隙发育的劣质原料,说明当时的人类已经有意识地选择合适的原料用于制作石器。

(2) 按照卫奇先生的方法,可以根据石制品的最大长或宽将所发现的石制品分为微型(n<20毫米)、小型(20≤n<50毫米)、中型(50≤n<100毫米)、大型(100≤n<200毫米)和巨型(n≥200)5个等级。该地点发现的石制品包括微型、小型和中型三类,不见大型和巨型。其中小型数量最多,共29件,约占80%;微型其次,共5件,约占14%;中型数量最少,仅2件,约占6%。由此可见,该地点的石器是以小型石器为主的工业类型。

(3) 该地点石器类型丰富,包括石核、石片、断块和工具。其中工具数量最多,共27件,占石器总数的75%,其次是石片(共4件)和断块(共3件)。石核数量最少(仅2件)。工具包括一、二、三类工具。二类工具均为刮削器,三类工具类型相对丰富,包括刮削器、尖状器、凹缺器、石镞和砍砸器。

(4) 该地点石核和石片数量较少,但呈现出相对丰富的剥片方式,包括硬锤锤击法、软锤锤击法以及间接打击法,该地点并未发现石叶类或与石叶相关的石制品。大部分工具以锤击石片作为毛坯,由此可以判断该地点的主要剥片方式为硬锤锤击法,其次为软锤锤击法,再其次是间接打击法。

(5) 该地点发现的一类工具为两端使用的石锤,在作为石锤使用前曾作为石核使用,难以继续剥片后剩余部分质量仍然较大,因此被作为石锤继续使用。

(6)该地点发现的二类工具类型单一,均为单凸刃刮削器,其中以石英岩为原料的刮削器占了绝大部分,且尺寸均属小型,只有一件刮削器以燧石为原料,尺寸属于微型。

(7)该地点的三类工具大部分采用硬锤锤击的方法进行修理,偶用软锤锤击法和压制法进行修理。修理方式多采用复向加工,其次为正向加工,最少的为反向加工。修疤层数为1—2层和多层的三类工具在整体数量上相差不多,分别占三类工具总数的60%和40%。

该地点发现的三类工具中,除了对刃部进行修理外,部分石器进行了修形和修理把手。这说明当时的人类在修理可供使用的刃缘的同时,也对工具的形状和把手的部位进行修理,以达到使工具形状更为规整和便于执握使用的目的。

2. 遗址性质

总观该地点的石器类型,工具数量最多,占总数的75%,工具的种类也相对丰富,包括刮削器、尖状器、凹缺器、石镞和砍砸器。而石核、石片和断块的数量较少,且所发现的石核的台面数量和剥片疤数量均相对较少。因此可以推测,当时的人们在此进行了短期的生产活动。

该地点距离敖宝图湖较近,方便取水。该地点位于敖宝图湖西侧的Ⅱ级阶地上,地势较高,地面开阔平坦,适合古人类活动。通过对敖宝吐下坎旧石器地点石器工业特征的分析,推测此地点应为当时人类进行狩猎、采集活动的临时场所。

五、五台山遗址

(一)地理位置

五台山旧石器地点位于吉林省长春市农安县永安乡波罗泡西北Ⅲ级阶地上,隶属于农安县永安乡艾干吐村刘宝山屯,地理坐标为北纬44°28′29.54″,东经124°41′35.12″,海拔240米,东南距刘宝山屯0.4千米,东北距羊角沟村0.8千米,东距波罗泡 1.8 千米,东距公路 0.5 千米。该遗址分布面积约为 53 平方米。

(二)地貌及地层

五台山旧石器地点所在的松辽平原,平均海拔 150—200 米,三面环山,西部为大兴安岭,北部为小兴安岭,东部为长白山脉。最初受中生代燕山运动的影响,形成一断陷盆地,水系为向心状内陆水系,白垩纪早期形成松辽大湖,白垩纪中期湖水范围最广,至白垩纪晚期大湖萎缩。受新构造运动的影响,至中、晚更新世之交,松辽分水岭开始抬升,松辽平原被分隔成两个盆地,大湖衰亡,形成了如今的黑龙江水系与辽河水系。

波罗泡位于五台山旧石器地点的东南方,因其形状像筐罗,故称筐罗泡子,后来演变为波罗泡。南北长约 5 千米,东西宽约 15 千米,流域面积为 1 016 平方千米,正常水面面积约 67 平方千米,湖泊东侧和西侧有老虎沟与娘娘庙沟等河流流入。湖的西岸高出湖面 75 米,发育成Ⅲ级阶地,均为侵蚀而成。西岸被多条冲沟分割。该地点地层堆积自上而下分为(图 3-20-17):

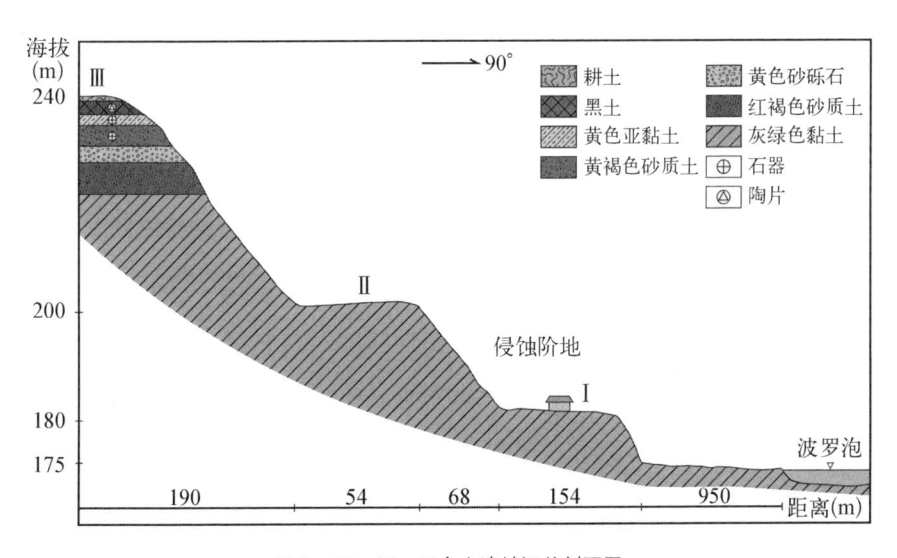

第 1 层,耕土层,厚 10 厘米。

图 3-20-17 五台山遗址河谷剖面图

第2层,黑土层,厚30—40厘米,出土有新石器陶片。

第3层,黄色亚黏土层,厚40—45厘米,出有石器。

第4层,黄褐色砂质土层,夹小砾石,厚40—45厘米,出土有石器。

第5层,黄色砂砾石层,厚30—40厘米。

第6层,红褐色砂质土层,厚100—120厘米。

第7层,灰绿色黏土层,未见底。

此地点曾于2017年发掘,最终被确认为包含新石器时代和青铜时代两个时期的遗址,本次调查的石器位于出土新石器陶片层位之下的黄褐色砂质土层中。

(三) 文化遗物

该地点共采集石器46件,包括石核13件、石片1件、工具31件、断块1件。大部分石器风化和磨蚀程度较轻,石器表面片疤清晰、边缘锋利。有个别受到风化或磨蚀。

1. 石核

共13件。锤击石核11件、砸击石核2件。根据台面数量,锤击石核可分为双台面石核和多台面石核。

双台面石核,3件。原料均为石英岩砾石。20NW:14,长108.7、宽78.3、厚64.5毫米,最大长108.7毫米,重580克。岩性为石英岩。毛坯为略扁椭球形砾石(图3-20-18,1)。

20NW:25,长76.9、宽47.2、厚33.5毫米,最大长77.1毫米,重144.2克。岩性为石英岩。毛坯为近椭圆形扁平状砾石。2个台面,3个剥片面。在毛坯上侧缘两面剥片。核体剩余部分为石皮面,台面角较大且圆钝,无法继续剥片(图3-20-18,2)。

多台面石核,8件。20NW:07,长91.6、宽97.7、厚71.9毫米,最大长104.4毫米,重820克。岩性为石英岩。毛坯为略扁圆形砾石。残存最大片疤长为15.6、宽15.7毫米。石皮占比40%。未经磨蚀,没有风化。仍有少量合适的台面角,可产生少量石片(图3-20-18,6)。

20NW：22,长61.3、宽61.3、厚36.1毫米,最大长65.9毫米,重146克。岩性为石英岩。毛坯为近椭球体砾石。残存最大片疤长24.2、宽27.1毫米。石皮占比35%。未经磨蚀,没有风化。剩余台面角较大或已变圆钝,无法继续剥片(图3-20-18,3)。

20NW：34,长28.2、宽65.3、厚49.8毫米,最大长65.3毫米,重119.9克。岩性为石英岩。毛坯为近椭圆形扁平状砾石。残存最大片疤长为16.6、宽17.7毫米,未经磨蚀,没有风化。石皮比例40%(图3-20-18,4)。

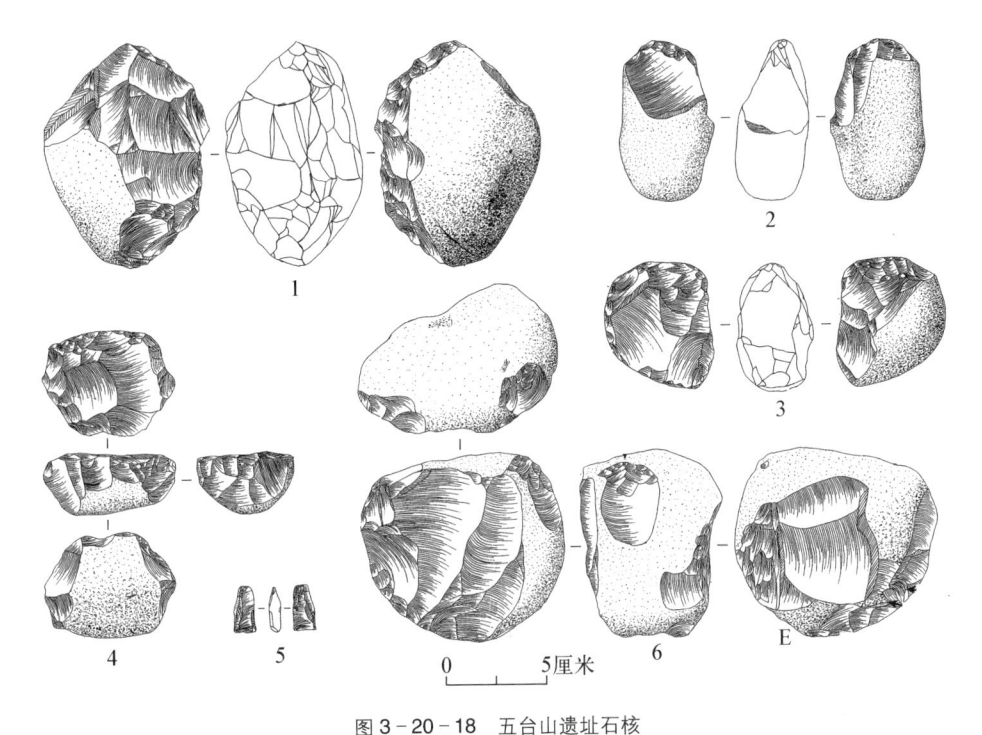

图3-20-18　五台山遗址石核
1、2. 双台面石核(20NW：14、20NW：25)　3、4、6. 多台面石核(20NW：22、20NW：34、20NW：07)　5. 砸击石核(20NW：42)

砸击石核,2件。原料1件为石英岩,1件为玛瑙。毛坯1件为砾石,1件为石片。石皮占比30%和90%。都未经磨蚀,没有风化。长22.6和70.3毫米,宽10.9和51.3毫米,厚6.4和19.5毫米,最大长23.1和70.3毫米,重2.3和112.2克。

20NW：42，长22.6、宽10.9、厚6.4毫米，最大长23.1毫米，重2.3克。岩性为玛瑙。毛坯为石片。在石核顶部沿长轴方向进行砸击。石皮占比30%。未经磨蚀，没有风化（图3-20-18，5）。

2. 石片

共1件。20NW：27，中端石片，长48.6、宽46.8、厚17.6毫米，最大长61毫米，重77.1克。岩性为石英岩。近端和远端缺失，背面为石皮。石皮占比45%。未经磨蚀，没有风化。

3. 工具

共31件。包括一类工具9件、三类工具22件。

(1) 一类工具

9件。均为石锤。包括单端石锤3件、双端石锤4件和多端石锤2件。破损部位皆位于顶部。

单端石锤，3件。原料都为石英岩。毛坯都为椭球形或近球形自然砾石。在端部或侧部有因打击而产生的密集细小凹坑及崩疤。

20NW：09，长104.6、宽53.1、厚46.2毫米，最大长104.9毫米，重349.9克。岩性为石英岩。毛坯为长条形椭球形砾石。顶部A为石锤使用端，有冠状分布的因打击而产生的密集小凹坑，在顶部及背面的凹坑外部，有因使用石锤而产生的崩疤，崩疤大而浅，A端长68.8毫米，石皮占比80%。未经磨蚀，没有风化。根据使用端的部位及崩疤的方向，推测石锤采用过横握和纵握两种方式（图3-20-19，5）。

双端石锤，4件。原料3件为石英岩，1件为安山岩。毛坯都为椭球形或近球形自然砾石。在端部和侧部或端部和底部有因打击而产生的密集细小凹坑及崩疤。根据坑疤位置推测，除20NW：13因个体较小，采用直接捏在手指间使用，其余都采用过纵握的方式，20NW：08有过两次使用，底部的凹坑和崩疤已被风化破坏，使用时间较早，为第一次使用，采用横握的方式。石皮占比80%—90%。除

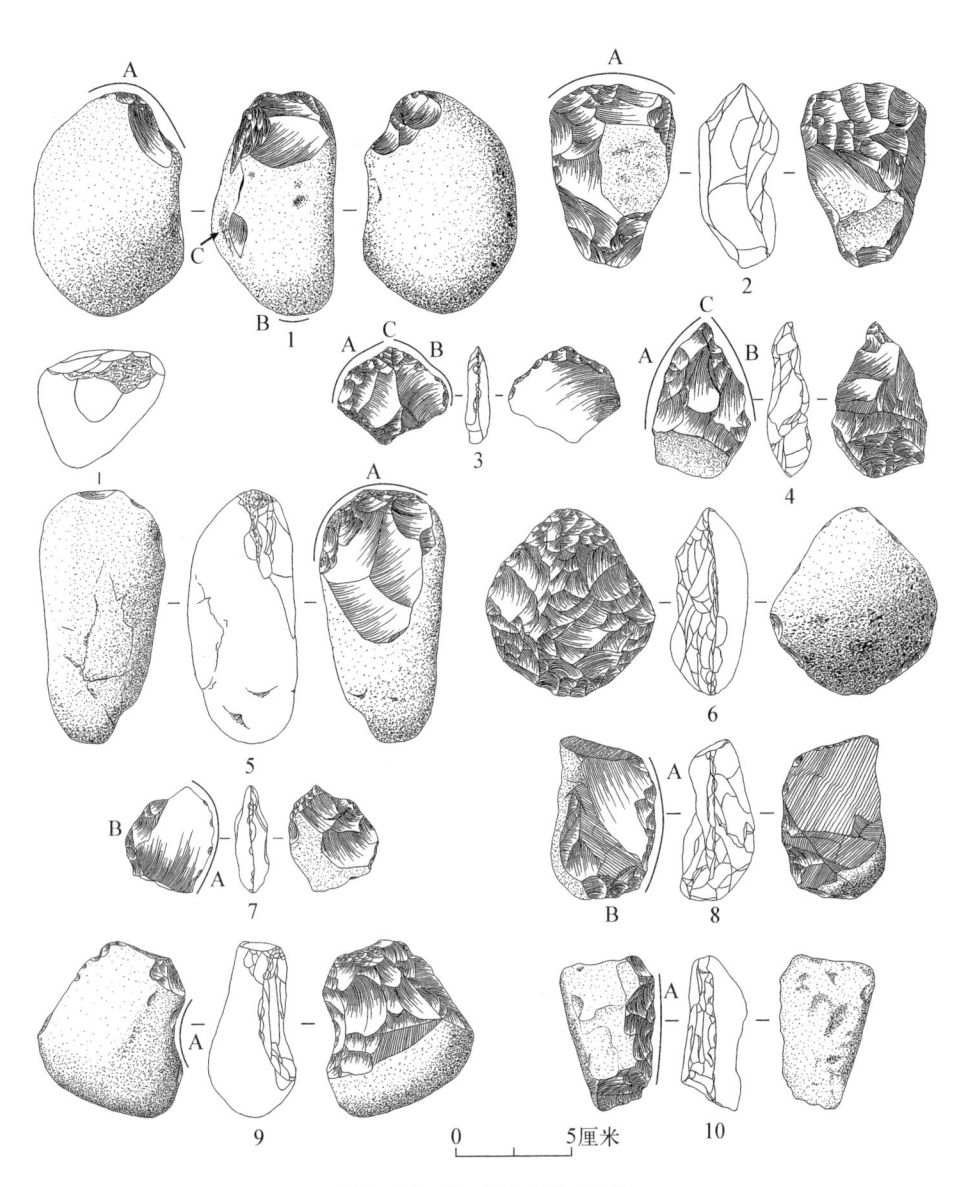

第三章　2000 年以来的吉林旧石器时代考古　437

图 3-20-19　五台山地点工具
1. 多端石锤（20NW：04）　2. 锛形器（20NW：21）　3、4. 尖刃器（20NW：36、20NW：33）
5. 单端石锤（20NW：09）　6. 手斧（20NW：11）　7、8. 单凸刃刮削器（20NW：35、20NW：30）
9. 单凹刃刮削器（20NW：17）　10. 单直刃刮削器（20NW：31）

20NW：08底部的早期使用痕迹为中等风化外,都未经磨蚀,没有风化。长38.4—88.5毫米,平均62.9毫米;宽39.7—60.3毫米,平均49.3毫米;厚34.6—41.7毫米,平均39.4毫米;最大长40.9—88.5毫米,平均64.6毫米;重70.8—275.3克,平均164.6克。

多端石锤,2件。原料都为石英岩。毛坯都为椭球形和近球形自然砾石。20NW：04,长92.8、宽63、厚51.9毫米,最大长93毫米,重441.7克。岩性为石英岩。毛坯为近椭球形砾石。在顶部A、底部B和右侧部C为石核使用端。顶部A有冠状分布的因打击而产生的密集小凹坑,在顶部及背面的凹坑外部,有因使用石锤而产生的崩疤,A端长48.9毫米。底部B有因打击而产生的密集小凹坑,B端长14.1毫米。右侧部C有因打击而产生的密集小凹坑,并产生了一个崩疤,C端长20.1毫米。石皮占比80%。未经磨蚀,没有风化。根据使用端的部位及崩疤的方向,推测石锤A端采用横握和纵握两种方式,B端采用纵握方式,C端采用横握方式(图3-20-19,1)。

(2) 三类工具

22件。包括刮削器、尖刃器、砍砸器、锛形器和手斧。

刮削器,12件。原料11件为石英岩,1件为流纹岩。毛坯砾石3件、石片8件、断块1件。根据刃缘数量和形态可分为单凹刃、单直刃和单凸刃三类。

单凹刃2件。原料都为石英岩。毛坯为扁平状砾石。刃部都为双向修理,都有修形。石皮占比60%和50%。20NW：17的主要片疤有轻微磨蚀和中等风化,为第一时期的石制品,有少量第二时期的剥片,未经磨蚀,没有风化。另一件未经磨蚀,没有风化。

20NW：17,长73.4、宽62.4、厚32.3毫米,最大长73.7毫米,重164.6克。岩性为石英岩。毛坯为扁平形砾石。A刃为凹刃,有从正面向背面修理的3层修理片疤,还有少量向正面修理的片疤,刃长34.1毫米,刃角69度10分。顶部被截断,推测为修形。石皮占比60%。片疤的风化中等及有轻微磨蚀,推测属于第一个时期的产品,在正面的上部有少量第二时期的剥片。在左侧有后期埋藏形成的破损(图3-20-19,9)。

单直刃4件。原料都为石英岩。毛坯3件为石片,1件为砾石。刃部都为单向修理,部分修理把手或修形。石皮占比30%—80%。都未经磨蚀,没有风化。

20NW：31,长65.5、宽41.5、厚24.4毫米,最大长67.3毫米,重74.7克。岩性为石英岩。毛坯为略扁砾石。A刃为直刃,单向加工,从毛坯背面向正面加工,有2—3层修理片疤,刃长43毫米,刃角64度44分。下部被截断修理,从毛坯背面向正面加工。石皮占比80%。未经磨蚀,没有风化(图3-20-19,10)。

单凸刃6件。原料5件为石英岩,1件为流纹岩。毛坯5件为石片,1件为断块。3件刃部两面修理,2件单面修理,1件刃部没有修理。没有修理刃部的刮削器有修形,其他存在修理把手或修形。石皮占比25%—45%。除20NW：38中等磨蚀外,其他都未经磨蚀,没有风化。

20NW：30,长65.9、宽42.7、厚36.8毫米,最大长69.6毫米,重80克。岩性为石英岩。毛坯为断块。断块左侧、下侧为石皮,背面为节理面。A刃为凸刃,正反面有1—2层连续修理片疤,刃长61.5毫米,刃角35度4分。B侧缘有修理片疤,推测为修理把手所产生。石皮占比30%。未经磨蚀,没有风化(图3-20-19,8)。

20NW：35,长43.7、宽37.3、厚13.7毫米,最大长43.9毫米,重23.4克。岩性为石英岩。毛坯为石片,台面已缺失。A刃为凸刃,两面修理,正反面有1层不连续的修理片疤,刃长51.9毫米,刃角42度34分。B侧缘有两面修理的片疤,推测为修理把手所产生。下部截断,推测为修形。石皮占比30%。未经磨蚀,没有风化(图3-20-19,7)。

尖刃器,6件。原料都为石英岩。毛坯都为石片。根据尖刃数量可分为单尖刃和双尖刃两类。

单尖刃4件。按刃的形态分,直凸刃2件,凸凸刃、凹凹刃各1件。

20NW：33,长64.7、宽41.8、厚17.7毫米,最大长64.7毫米,重42.3克。岩性为石英岩。毛坯为石片。单尖刃,A、B两刃夹一尖刃C,为锐角,尖刃角72度12分。A刃为左侧刃,两面修理,较凸,刃长50.4毫米,刃角46度10分。B刃为右侧刃,两面修理,较平直,刃长46毫米,刃角38度48分。尖刃器底部把手部位被修整,从石皮向背面剥片。石皮占比10%。未经磨蚀,没有风化(图3-20-19,4)。

20NW:36,长39.2、宽46.8、厚8.4毫米,最大长46.8毫米,重15.8克。岩性为石英岩。单尖刃,A、B两刃夹一尖刃C,为钝角,尖刃角123度40分。毛坯为石片,人工台面,位于尖刃器左下部。A刃为左侧刃,两面修理,靠近尖部修理片疤较多,刃缘较凸,刃长35毫米,刃角49度52分。B刃为右侧刃,两面修理,上部较平直,下部变凸,刃长39.4毫米,刃角39度30分。尖刃器底部把手部位被修整,向背面加工。没有石皮。未经磨蚀,没有风化(图3-20-19,3)。

双尖刃2件。按刃的形态分,直直直刃和直凹直刃各1件。按尖刃分,1件尖刃都为钝角、1件尖刃为一个钝角一个锐角。都存在修理把手。石皮占比10%和30%。都未经磨蚀,没有风化。长56.1毫米和40.6毫米,宽70.7毫米和30.7毫米,厚16.9毫米和9.1毫米,最大长70.7毫米和40.9毫米,重66.2克和11.3克。刃缘长17—42.1毫米,平均28.4毫米;尖刃角81度38分—139度34分,平均115度48分。

砍砸器,2件。原料都为石英岩。毛坯都为砾石。刃部都为单直刃,单向修理,1件存在修理把手。石皮占比都为50%。20NW:02上部截断部分及劈裂面中等风化,为第一时期的剥片。刃部为第二时期的修理剥片,未经磨蚀,没有风化。20NW:16把手部位有简单的修理,因石料的质地太差,无法辨认出具体数目,未经磨蚀,没有风化。长92.5毫米和70.5毫米,宽66.9毫米和60.7毫米,厚39.1毫米和32.9毫米,最大长92.9毫米和70.5毫米,重323.4克和171克。刃缘长69.2毫米和41.6毫米,刃角69度4分和73度20分。

锛形器,1件。20NW:21,长75.3、宽51.2、厚32.1毫米,最大长75.3毫米,重166.2克。岩性为凝灰岩。毛坯为断块。A刃为从断块顶部两面打制,正面有4层片疤,最外一层小疤深且短,推测为使用时产生的崩疤,3层为修疤,背面有1—2层修疤,刃长47.5毫米,刃角76度8分。除刃部外的其他片疤不完整,正面左侧和底部为节理面,且无打击痕迹,为毛坯形成之前打制。石皮占比20%。未经磨蚀,没有风化(图3-20-19,2)。

手斧,1件。20NW:11,长77.8、宽70.7、厚32.5毫米,最大长77.8毫米,重

167.3 克。岩性为石英岩。毛坯为扁圆形砾石,石皮占比 50%,石皮较粗糙。未经磨蚀,没有风化。器形整体对称,较规整。制作时把砾石较平一面作台面,向较鼓一面剥片,正面石皮被完全剥离,石片疤呈向心状汇聚到砾石中心,有 4—5 层修疤,左右两侧第三层的大部分片疤较深且折断,未能将器物减薄。背面剥片数量少,仅有个别修疤且都为一层。推测因背面本身已经很平整,刃部已经很平直且处于器物的中轴线上的缘故,而无须继续加工(图 3 - 20 - 19,6)。

(四) 结语

1. 石器工业特征

(1) 原料类型以石英岩为主,有 40 件,占比 87%,还有少量其他类型,包括流纹岩、安山岩、凝灰岩、硅化木和玛瑙,流纹岩 2 件,其他各 1 件。根据石器毛坯的形状多为略扁的椭球形或扁圆形,且有石皮表面光滑,应是从附近的河漫滩或砾石层取得的河卵石。

(2) 根据石器最大长划分,该地点的石器有小型(≥20 毫米,<50 毫米)、中型(≥50 毫米,<100 毫米)和大型(≥100 毫米,<200 毫米)三类。以中型占多数(n = 32,69.6%),小型次之(n = 11,23.9%),大型很少(n = 3,6.5%)。石核中多为中型,在双台面石核和单台面石核中有大型,砸击石核中有小型。在工具中,一类工具多为中型,单端石锤有 1 件大型,双端石锤有 1 件小型;三类工具没有大型工具,在刮削器和尖刃器中,小型和中型各占一半。

(3) 根据风化和磨蚀情况,可以判断出石器可分出两个时期,剥片疤上有风化和磨蚀现象的可以判断为第一个时期的剥片,没有风化和磨蚀的可以判断为第二个时期的剥片。20NW：12、20NW：17 和 20NW：38 的主要剥片为第一个时期,20NW：02、20NW：08 和 20NW：14 在两个时期都有剥片,其他石器的剥片皆为第二个时期。因此可推测此地点的旧石器应该有两个阶段,相隔时间较长。因是采集品,无法做出具体的年代判断。

(4) 石器打制方法主要为硬锤直接打击,存在砸击技术。石核都为多台面和双台面,有的台面达到了7个,剥片面达到了11个,对石核的利用程度较高,在一些石核上采用了对向剥片技术、预制台面技术,有一定的加工流程,但一些石核上出现了台面角过大剥片失败,但仍尝试继续剥片,导致台面变钝并产生细碎小疤的情况,说明石器打制技术掌握程度还不是很高。石锤使用时存在横握和纵握两种方式。三类工具中,存在修理刃部、修理把手和修型,在对刃部修理时,有单向修理和双向修理,加工较简单,多为1—2层修疤。

(5) 石器组合上,以石核和工具为主。石核中,以多台面石核占多数(n=8,61.5%),工具中,以刮削器(n=12,38.7%)为主、石锤(n=9,29%)和尖刃器(n=6,19.4%)次之,其他器类占比较少。第一个时期器物数量较少,且种类也不多,无法判断工具组合类型,第二个时期的属于以刮削器为代表的小型工具组合。

2. 学术意义

此次调查在五台山地点发现了比之前年代更早的人类文化遗物,将五台山乃至农安县有人类活动的记录提早到旧石器时代晚期,填补了这一地区从旧石器晚期至新石器时代地层连续堆积或古人类连续活动的空白,为伊通河文明探源工程做出了贡献,也为探索东北地区古人类活动和文化传播路线提供了新的资料。

六、朱家炉北山遗址

(一) 地理位置

朱家炉北山旧石器地点位于吉林省长春市农安县伏龙泉镇兴隆沟村朱家炉屯北侧紧邻的山坡上,南距朱家炉屯14米,东北距西坎下村337米,西北距柴家屯996米,南距公路170米。地理坐标为北纬44°19′11.40″,东经124°43′7.53″,海拔约185米。遗址分布范围较大,面积约6 436平方米。

(二) 地层情况

遗址地表及附近剖面显示(图3-20-20):

第 1 层,为耕土层,厚约 10—15 厘米,分布有新石器时代陶片与打制石器。

第 2 层,为黄色亚黏土层,厚约 40—45 厘米,是石器的原生层位。

第 3 层,为灰绿色黏土层,湖相沉积物,未见底,无文化遗物。

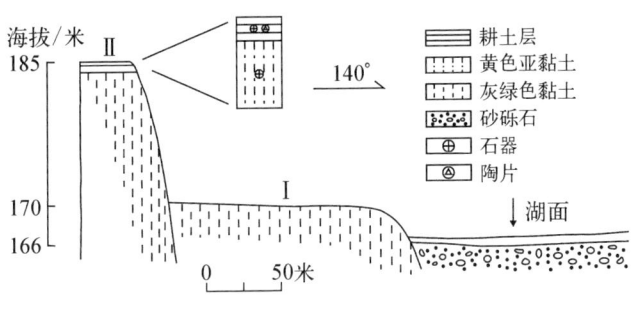

图 3-20-20　朱家炉北山遗址河谷剖面图

(三) 文化遗物

调查对遗址地表出露的石器标本进行了比较全面地收集,不做任何筛选。共获得 46 件,类型包括石片石核、细石核、石片、细石叶、碎块/片、一类工具、二类工具和三类工具。石器表面大多较为新鲜,片疤轮廓清楚,无严重的风化与磨蚀。

1. 石核

(1) 石片石核

共 5 件,占石器总数的 10.87%。根据台面数量分为单台面 1 件、双台面 2 件、多台面 2 件。原料包括燧石 3 件、玛瑙和石英岩各 1 件。台面均为砾石面、打击台面。尺寸变异较小,仅 1 件中型,其余皆小型。

NFZB:4,单台面石核,长 26.3、宽 37.64、厚 37.36 毫米,重 35.93 克。原料为玛瑙,块状毛坯。沿自然台面一周进行连续单向剥片,台面角 80—115 度,工作面可见至少 26 个片疤,分为上下两层。片疤多不规整,大小不一,最大的长 21.8、宽 20.33 毫米。核体石皮比例 35%,剥片比较充分,利用率较高(图 3-20-21,1)。

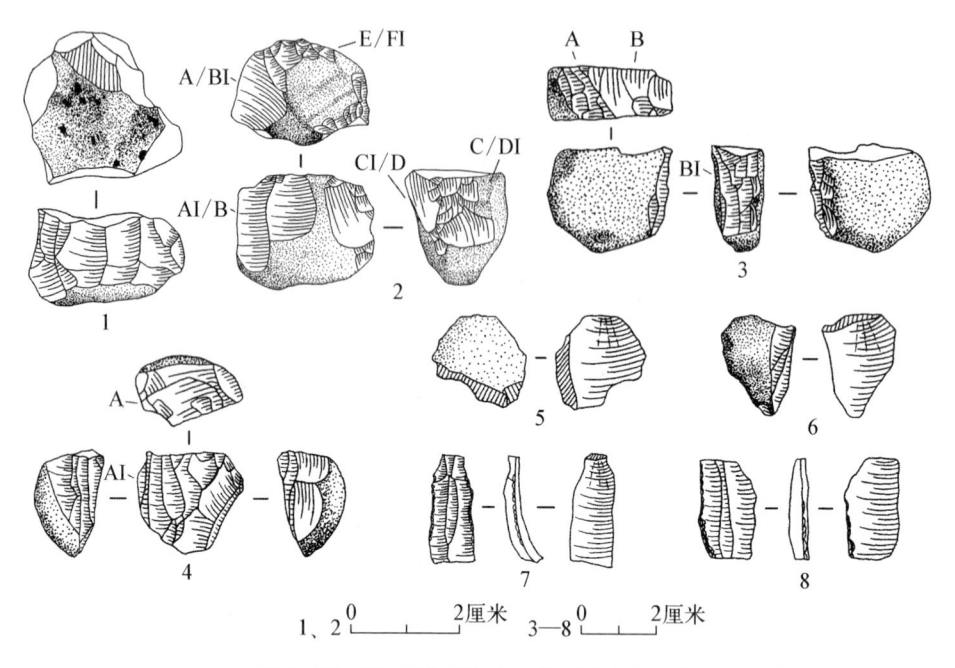

图 3-20-21　石片石核、细石核、石片与细石叶
1. 单台面石核(NFZB：4)　2. 多台面石核(NFZB：6)　3. 不规则块状细石核(NFZB：9)
4. 半锥形细石核(NFZB：8)　5、6. 石片(NFZB：22、NFZB：23)　7. 完整细石叶(NFZB：13)
8. 细石叶断片(NFZB：14)

标本 NFZB：6,多台面石核,长 31.64、宽 35.88、厚 26.82 毫米,重 36.52 克。原料为燧石,毛坯选用不规则块状砾石。4 个台面,4 个工作面。可区分为 3 组剥片过程,均采用两面剥片。第 1 组以 A 砾石面为台面进行剥片形成 AⅠ 工作面,其上有 2 个片疤,最大的长 24.51、宽 11.26 毫米;再以 AⅠ 工作面片疤为台面 B 进行剥片形成 BⅠ 工作面,仅 1 个较大片疤,长 18.22、宽 14.9 毫米;两面夹角 79 度。第 2 组在核体右侧,以 C 砾石面为台面剥片形成 CⅠ 工作面,可见 1 个较大片疤及 8 个小崩疤,大疤长 14.12、宽 19.7 毫米;再以 CⅠ 工作面片疤为台面 D 剥片形成 DⅠ 工作面,其上有 9 个片疤,但多数形态不规整,尺寸很小,最大的长 14.68、宽 9.9 毫米;两面夹角 88 度。第 3 组在核体背面,亦采用两面的方式进行剥片,形成台面 E、F 及 EⅠ、FⅠ 工作面,分别有 5、2 个片疤,但形态均不规整,尺寸很小,最大的长 10.5、宽 6.97 毫米;两面夹角 96 度。需要说明,AⅠ 与 CⅠ、BⅠ 与 FⅠ 分别共用同一工作面。核体保留较多

的砾石面,比例65%,但石核尺寸较小,进一步剥片空间很小(图3-20-21,2)。

(2)细石核

共2件,占石器总数的4.35%。按照技术分为不规则块状、半锥形两类。原料均为燧石。尺寸非常细小,均属微型。

NFZB:9,不规则块状,长18.98、宽9.12、厚21毫米,重5.27克。处于剥片阶段。原料为燧石,毛坯为厚片状的小砾石。整体形状类似"楔形",但核身、底部及后部均为砾石面,无任何修整。台面在毛坯较窄的一侧细致加工,首先侧向修理出基础台面A,然后自台面前缘向后打击生成有效台面B,台面B局部区域存在侧向修理的情况以使其形态更加规整。遗留片疤方向显示,BⅠ工作面在利用前存在侧向预制加工,具体细节暂不清楚,工作面长16.35、宽7.61毫米,台面角74度,表面可见至少7条压剥的不规则细石叶片疤,部分片疤断折严重,最大的长15.85、宽4.05毫米。核体石皮比例80%,仍有一定的剥片潜力,但工作面断折较重、不甚平整,导致石核最终被废弃(图3-20-21,3)。

NFZB:8,半锥形,形制规整,长18.56、宽19.81、厚12毫米,重4.72克。处于废止阶段。原料为燧石,块状毛坯。台面A自前缘向后细致修理,可区分出3层修疤。台面角73度,AⅠ工作面是否存在预制尚不清楚,长18.55、宽19.83毫米,至少有8条自台面端打击的细石叶片疤,形态多不规整,最大的长11.72、宽5.92毫米;工作面远端可见5条对向疤痕,尺寸较小,核体背面存在5个以对向片疤为台面打击的微小疤痕,这些片疤应为修理工作面远端形态及石核底部而成。石核背面全为砾石面,约占石核表面40%。核体尺寸细小,利用充分,基本无剥片空间(图3-20-21,4)。

2. 石片

共8件,占石器总量的17.39%。均为锤击石片。根据完整程度分为完整石片和断片。

完整石片,7件。原料燧石3件、石英岩2件、凝灰岩和玛瑙各1件。台面主要为素台面4件、砾石面2件、修理台面1件。两侧缘形态以扩展与汇聚为主,共5件,其余2件不规则。形态宽薄型。尺寸均属微型和小型。

按照台面与背面性质可将完整石片分为六种类型。采集的完整石片包括Ⅰ型2件、Ⅳ型2件、Ⅴ型4件,不见其他类型。

NFZB:22,Ⅳ型,修理台面,背面全为砾石面。原料为燧石,长18.1、宽17.83、厚5.56毫米,重1.36克。石片角96度,背缘角80度。两侧缘扩展,腹面打击泡明显,无同心波与放射线,背面较平坦,均为砾石面,远端为阶梯状(图3-20-21,5)。

NFZB:23,Ⅴ型,素台面,背面由砾石面和片疤组成。原料为燧石,长18、宽17.83、厚6.05毫米,重1.29克。石片角116度,背缘角80度。两侧缘汇聚,腹面打击泡较凸出,无同心波与放射线,背面有1条较规整的纵脊,左侧为砾石面,占比60%,右侧为3个同向片疤,羽状远端(图3-20-21,6)。

细石叶,5件,占石器总量的10.87%。根据完整程度分为完整细石叶和细石叶断片两类。

完整细石叶,2件。原料包括燧石、玛瑙各1件。台面1件经过修理,1件为素台面。两侧缘1件平行,1件较弯曲。1件标本边缘可见明显的修理与使用痕迹。尺寸皆微型。

NFZB:13,长20.77、宽8.71、厚2.81毫米,重0.63克。原料为燧石。素台面,两侧缘近平行,侧视弯曲,腹面打击泡较明显,无同心波与放射线,背面有1条纵脊引导剥片,有5个同向片疤,部分片疤断折,远端呈羽状。两侧缘背面可见修理与使用留下的连续分布的微小疤痕(图3-20-21,7)。

细石叶断片,3件。近端1件、中段2件。原料均为燧石。素台面。残存部分两侧缘均较平行。其中1件标本可见修理与使用痕迹。皆微型。

NFZB:14,中段,长17.34、宽10.34、厚3.51毫米,重0.75克。燧石。两侧缘较平行,侧视平直,腹面平坦,无同心波与放射线,纵向背脊,背面可见3个细石叶片疤。两侧缘背、腹面可见局部连续分布的修理与使用疤痕(图3-20-21,8)。

3. 工具

(1) 一类工具

2件。占石器总量的4.35%。均为石锤。毛坯皆石英岩块状砾石。使用部位均位于砾石凸出的端部。尺寸皆中型。

　　NFZB：10，长55.4、宽37.2、厚33.93毫米，重91.32克。选择石英岩砾石为毛坯，形态呈不规则块状。有3个使用部位，均位于凸出的端部。使用痕迹主要为密集的点状砸痕，不见尺寸较大的崩裂片疤，分布范围轮廓清晰，其中A处为长条形，B处为三角形，C处延伸范围较大，呈不规则长条形。使用程度普遍较高，初始明显凸出的端部砸击后多变为比较平坦的平面（图3-20-22，1）。

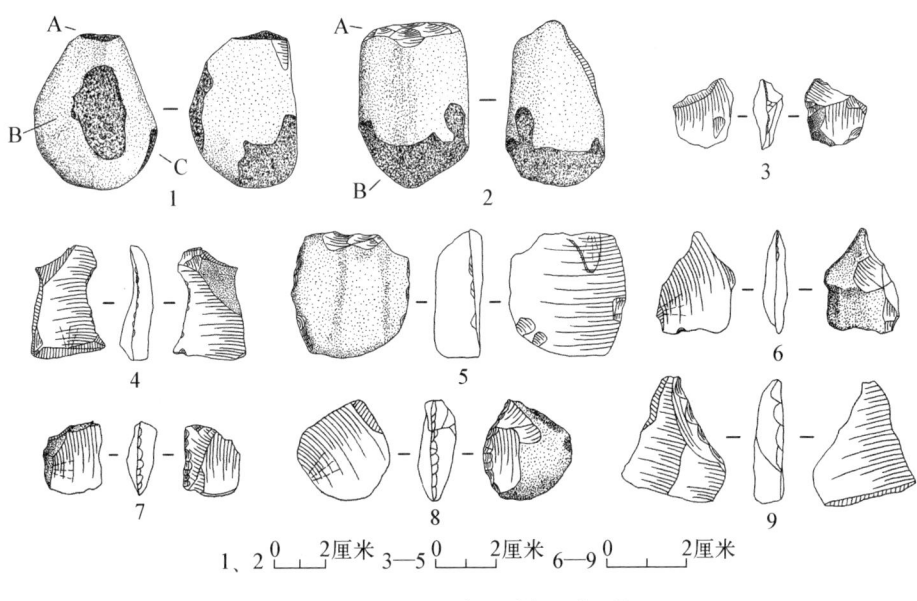

图3-20-22　一类、二类与三类工具
1、2. 石锤（一类）（NFZB：10、NFZB：11）　3. 单凸刃刮削器（二类）（NFZB：28）
4. 单凹刃刮削器（二类）（NFZB：25）　5. 双刃刮削器（二类）（NFZB：29）
6. 尖刃器（二类）（NFZB：26）　7. 单直刃刮削器（三类）（NFZB：33）
8. 单凸刃刮削器（三类）（NFZB：32）　9. 尖刃器（三类）（NFZB：34）

　　NFZB：11，长56.33、宽47.18、厚38.74毫米，重124.59克。毛坯为短长条形石英岩砾石。有2个使用部位，位于毛坯上下两个较窄的端部。A处为使用后形成的1条横向棱脊，表面比较圆钝，两侧分布有大的崩裂片疤，部分片疤延伸至石锤的中部，B处使用部位主要表现为由密集点状砸痕组成的左右两个平面，痕迹集中，轮廓清楚，附近剥离部分小型崩疤，两面相交为1处纵向棱脊，表面有明显的砸击痕迹(图3-20-22,2)。

(2) 二类工具

6件。占石器总数的13.04%。包括刮削器、尖刃器2类。

刮削器,4件。根据刃缘数量可分为单刃、双刃2类。刃缘形状包括直刃、凸刃、凹刃3种。原料中燧石、玛瑙、石英岩、板岩各1件。毛坯均为普通石片。刃缘位于毛坯侧缘与远端。边缘刃角33—60度。尺寸主要为小型,仅1件微型。

单凸刃2件。NFZB:28,长21.94、宽20.71、厚10.12毫米,重3.12克。原料为燧石。使用部位在石片毛坯的羽状远端,背面边缘可见密集分布的连续微小疤痕,腹面不见任何同类片疤,刃缘平视呈缓凸状,不甚平齐,侧视较平直,刃角59度。毛坯其他两侧缘均为较厚的断面,无法直接进行利用,未发现有使用的痕迹(图3-20-22,3)。

单凹刃1件。NFZB:25,长33.7、宽23.72、厚9.69毫米,重6.39克。原料为板岩。以石片为毛坯,在右侧边缘背腹两面可见使用形成的断续分布的微小崩疤,刃缘平视凹入,刃口平齐,侧视较平直,刃角33度。左侧缘为厚且陡直的片疤断面,远端呈阶梯状,缺少直接利用的薄锐边缘(图3-20-22,4)。

双刃(直凸刃)1件。NFZB:29,长37.93、宽37.16、厚13.68毫米,重24.42克。原料为石英岩。石片毛坯的远端是厚钝的砾石平面,角度接近90度,无法作为刃口使用。左、右两侧边缘薄锐锋利,背面分布有连续的使用疤痕,最大片疤长2.15毫米,左侧缘平视缓凸,较平齐,侧视较平直,刃角53度,右侧缘为直刃,刃口平齐,侧视较平直,刃角67度(图3-20-22,5)。

尖刃器,2件。均为单尖刃。原料皆石英岩。石片毛坯。尖端分别位于侧缘交汇、侧缘与远端交汇部位。尖刃角53、76度。尺寸皆小型。

NFZB:26,长23.73、宽18.73、厚5.48毫米,重2.09克。原料为石英岩。石片毛坯的左侧缘与远端相交成尖刃,其中左侧缘较为厚钝,远端薄锐,靠近尖部处可见少量微小疤痕,尖部横截面呈三角形,尖刃角53度(图3-20-22,6)。

(3) 三类工具

5件。占石器总数的10.87%。包括刮削器、尖刃器两类。

刮削器,4件。均为单刃。刃缘形状包括直刃、凸刃2种。燧石2件、石英岩和流纹岩各1件。石片毛坯3件、断块1件。修理部位均位于侧缘与远端。边刃角35—66度。尺寸1件为大型外,其余均为微型和小型。

单直刃1件。NFZB：33,长16.67、宽14.41、厚5.51毫米,重1.39克。原料为燧石。石片毛坯的左侧缘为陡直的自然砾石面,完全无法通过修理获取薄锐的有效刃缘,右侧缘靠近远端部分为节理破碎产生的缺口,整体可利用的潜在刃缘很短,因而未对其加工使用。标本刃缘位于较长且具备修理条件的毛坯远端,其背面为前期剥片形成的斜面,刃缘以此为基础正向单层修理而成,修疤密集连续、整齐规则,刃缘平侧视均较平直,刃口平齐,刃角60度(图3-20-22,7)。

单凸刃3件。NFZB：32,长23.96、宽22.97、厚8.37毫米,重4.93克。原料为石英岩。利用石片作为毛坯在其远端进行正向加工,修疤可区分出两个层次,首先通过打击较大片疤生成刃缘的弧形轮廓及更加薄锐的边缘,在此基础上以连续密集微小片疤的方式对刃缘进行细致修整,刃缘自远端延伸至毛坯的右侧缘,平视凸出,刃口较平齐,侧视近平直,角度56度。石片左侧缘为厚钝的砾石面,难以作为刃缘加工利用(图3-20-22,8)。

尖刃器,1件。NFZB：34,长28.5、宽25.46、厚7.29毫米,重4.57克。原料为花岗岩。石片毛坯。两侧缘相交于远端形成尖部。毛坯左侧缘呈缓凹形,经过正向两层修理而成,修疤较为连续,右侧缘未修理,但近尖部可见少量破碎的微小疤痕,尖部横截面呈三角形,尖刃角49度(图3-20-22,9)。

(四) 结语

石器工业面貌

基于上述分析与描述,可对朱家炉北山地点的石器工业特征进行总结。

1. 原料种类丰富,燧石在全部石器及石片石核、细石核等主要类型中占据主导地位,一类工具中石锤均采用质地坚硬的石英岩砾石,二类、三类工具中的尖刃器也倾向于使用石英岩和花岗岩等硬度与韧性较高的石料。反映遗址使用者对石料的岩性具有多样化的需求,但对燧石等优质原料表现出明显的青睐,同时对不同石料的性质特征应有比较清晰的认知,能根据目的与功能不同,灵活选择合适的石料进行利用。

2. 石器个体多属小型、微型,不见任何大型和巨型标本。

3. 石片石核包括单台面、双台面和多台面几类,台面多是不加修整的自然砾石面,工作面片疤基本为同向,存在少量垂直及对向剥片的情况,但片疤之间没有明显的功能关系,不见向心剥片标本;部分石核采用简单的两面剥片方法,但序列很短,局限在部分边缘。总体上石核剥片比较简单,缺少复杂的组织性。

4. 石片均属锤击石片,台面多为素台面与砾石面,修理极少,背面具有片疤和砾石面者数量最多,背疤多同向,反映连续剥片的情况比较普遍。石片形态均为宽薄型。

5. 细石核包括不规则块状、半锥形2类,不规则块状石核,利用砾石毛坯原生的片状形态结构,仅对台面与剥片面进行修理,核身部分不加工,半锥形石核的工作面存在修理远端凸度的技术处理。未见典型楔形细石核技术的使用。细石核呈现出复杂的组织性与规划性,是遗址使用者具备较高技艺水平的重要体现。

6. 细石叶形态多不规整,两侧缘不甚平行,长宽比仅略超过2倍,宽度较大,部分标本边缘存在明确的修理及使用微疤。完整细石叶长度分别为14.42、20.77毫米。

7. 石片石核皆硬锤直接锤击,细石核为压制剥片,不见砸击法产品。

8. 石锤选择不规则块状、短长条形砾石为毛坯,尺寸中型,便于执握,使用部位位于凸出的端部,痕迹集中,分点状与砸疤两类,使用程度较高,均属石核剥片石锤。

9. 二类工具包含刮削器、尖刃器,皆小型,均选择在石片毛坯锋利的边缘直接使用。

10. 三类工具分为刮削器和尖刃器两类,在片状毛坯的侧缘或远端正向修理出刃口,部分刃口借用毛坯边缘原始的斜面进行加工,部分标本修疤具有明确的层级区分,修疤多连续细密。尺寸多属小型与微型。

七、宝泉堂南山地点和张家炉北山地点

(一) 地理位置

小城子宝泉堂南山地点位于农安县小城子乡西王家村宝泉堂屯,地理坐标为北纬44°48′2.98″,东经125°20′40.15″,该地点北距宝泉堂屯350米,西距公路912米、距西王家村675米,东南距无名村1.5千米,南距公路1.5千米、距小城子乡3千米。

青山口江东王村张家炉北山旧石器地点位于农安县青山口乡江东王村张家炉屯,地理坐标为北纬44°53′49.25″,东经125°36′55.91″,南距张家炉屯517米,北距松花江362米,东距公路451米。

(二) 地层情况

宝泉堂南山旧石器地点坐落在松花江南岸的Ⅲ级阶地上,南岸呈东北至西南走向,有40米高的陡坎分布,地点西南侧有南北长约1.1千米,东西宽约459米冲沟,沟内有很多人工林。地点的北侧分布有宽约8.5千米的松花江海岩,主流位于漫滩的北侧自西向东流过。河床南侧有很宽的河漫滩,约6.7米,河漫滩上分布有多处牛轭湖。地点的南侧分布有大面积平整的耕地。地层自上而下可分为3层(图3-20-23):

第1层,黑灰色堆积,厚0—10厘米。

第2层,黄色亚黏土,厚100—150厘米,少量石器处于此层。

第3层,黄褐色砂砾层,夹有板状泥岩或黏土透镜体,未见底。

张家炉北山旧石器地点坐落在松花江南岸的Ⅱ级阶地上,地点的北侧江面形成阶地陡坎。松花江由地点西南向东北流过,在此段形成多个较大的江滩,最大的江心滩长3.1千米,河床最宽为638米,河岩的北侧有较发育的河漫滩,并有多个牛轭湖分布,阶地最高点208米。地层自上而下可分为3层(图3-20-24):

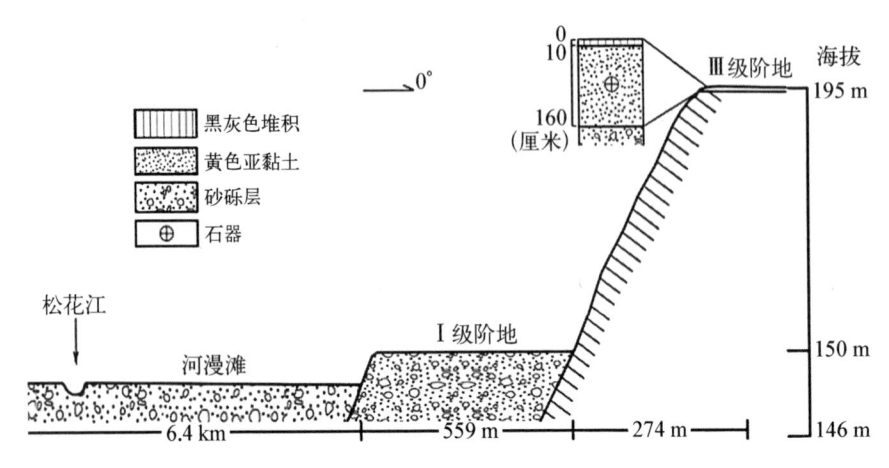

图 3-20-23　宝泉堂南山旧石器地点河谷剖面图

第1层,耕土层,厚10—15厘米。

第2层,黄色亚黏土(马兰黄土),厚约5—8厘米,石器处于此层。

第3层,灰绿色湖相沉积,未见底。

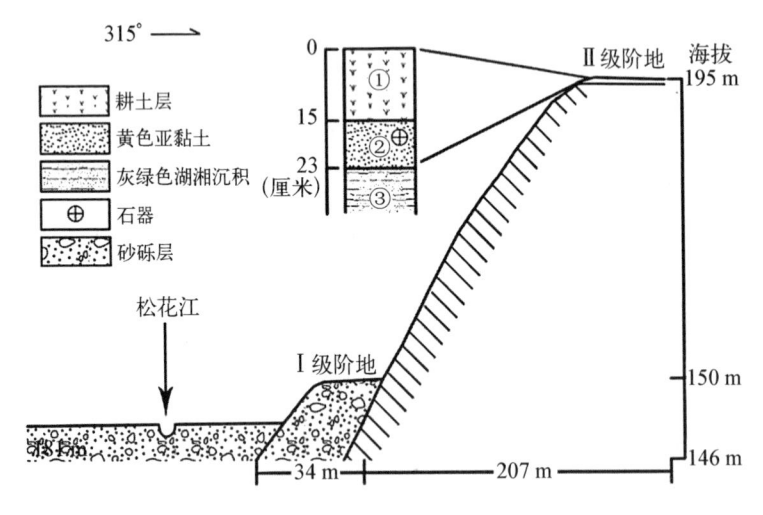

图 3-20-24　张家炉北山旧石器地点河谷剖面图

(三) 文化遗物

宝泉堂南山地点共采集到石器6件,其中石核1件,石片3件,工具2件。

20NBN：3，细石叶石核，岩性为凝灰岩，整体形状呈船型，核体长38.5、宽15.1、厚9.9毫米，重5.53克。台面为修理台面，台面长39.4、宽10毫米，台面角为73.3度，石核成功剥取了1片细石叶，石核的开发利用程度较低，轻微风化（图3－20－25，3）。

20NBN：4，完整石片。岩性为蛋白石，石片长21.6、宽13.1、厚8毫米，重2克，石片角为37.1度。经过观察可见石片的打击点，且打击点集中，半椎体较平，无锥疤，同心波和放射线皆不清晰，石片的背面为自然面，两侧边形态基本平行，侧缘较直，自然面约占60%，轻微风化（图3－20－25，5）。

20NBN：5，完整石片。原料岩性为玛瑙，石片长20.1、宽9.3、厚4.1毫米，重0.92克。石片角为129度，打击点集中，半椎体微凸，同心波和放射线皆不清晰，石片背面为半疤半自然面，背面存在两个石片疤，两侧边接近平行，侧缘较直，自然面约占30%，轻微风化（图3－20－25，6）。

20NBN：6，中段断片。岩性为霏细岩，形状不规则，石片长11、宽13、厚2.1毫米，重0.4克。石片近端以及远端均已缺失，同心波和放射线不清晰，石片背面为半疤半自然面，背面可见3个小片疤，自然面约占30%，轻微风化（图3－20－25，4）。

20NBN：1，单凸刃刮削器。片状毛坯，岩性为玄武岩，刃部可见修理痕迹，形状规整，推测存在修形处理，石器存在一个凸刃，刃长83.6毫米，刃角为33度。石器长80.9、宽69.8、厚18.9毫米，重116.48克。采用硬锤锤击的方法对石器进行反向修理，可见一层连续的片疤，石器自然面较少，约占10%。轻微风化（图3－20－25，1）。

20NBN：2，尖刃器。块状毛坯，岩性为燧石，整体呈三棱状，石器长44.7、宽24.3、厚13.7毫米，重12.87克，两条边修理形成一尖角，刃角约为72.4度，左侧刃长52.5毫米，刃角约为44.1度，右侧刃长29.1毫米，刃角约为65.9度。主要采用硬锤锤击的方法对石器进行正向修理，可见一层连续的片疤，石器的自然面约占60%，轻微风化（图3－20－25，2）。

张家炉北山地点共采集到石器9件，其中石核2件，石片3件，工具4件。

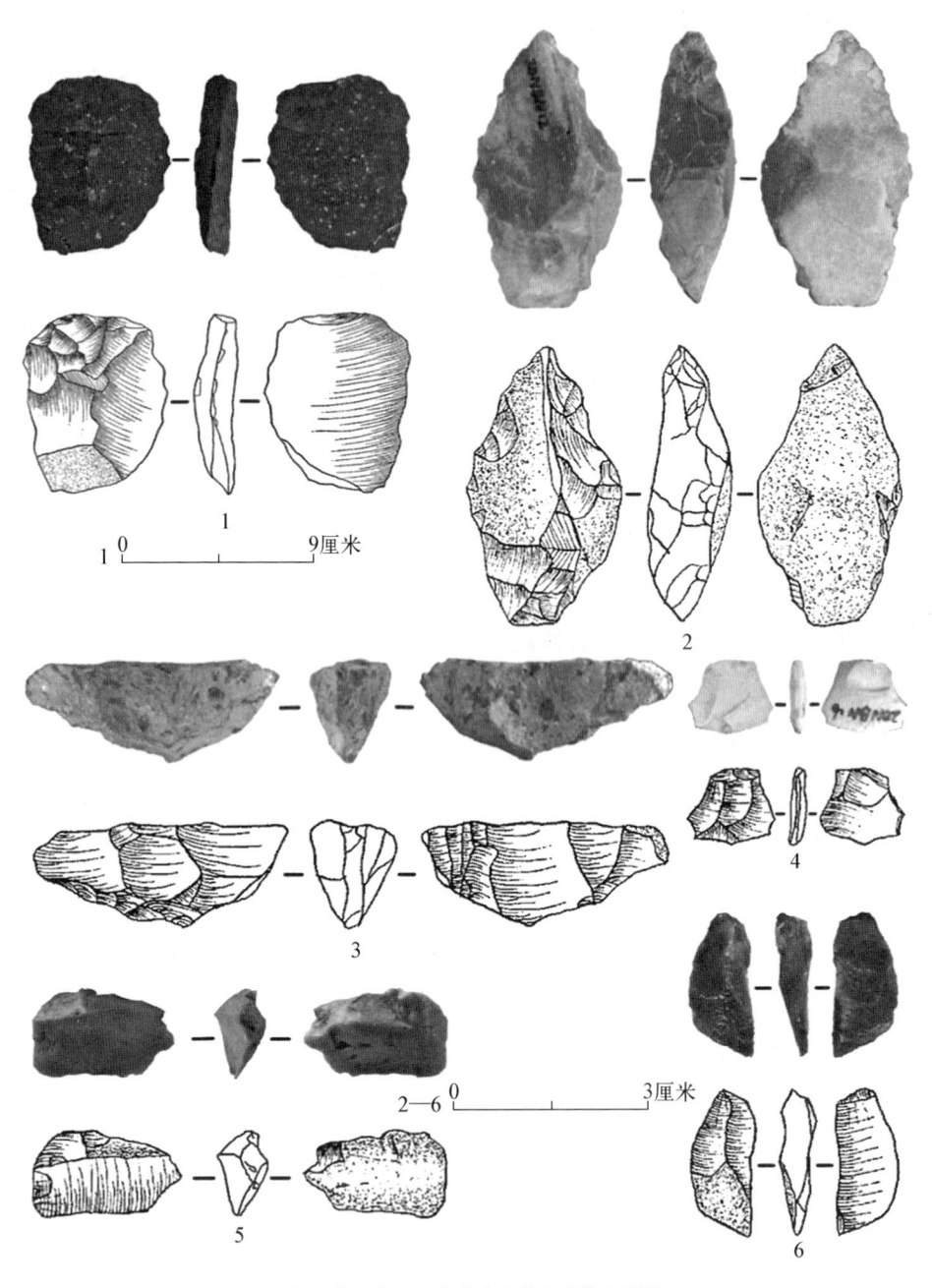

图 3-20-25 宝泉堂南山地点采集的石器
1. 凸刃刮削器(20NBN:1) 2. 尖刃器(20NBN:2) 3. 细石叶石核(20NBN:3)
4. 中段石片(20NBN:6) 5. 完整石片(20NBN:4) 6. 完整石片(20NBN:5)

20NQZB：4，砸击石核，岩性为石英岩，整体形状不规则，石核长32、宽20.6、厚18.7毫米，重13.97克。台面角为50.1度，主剥片面最大片疤长17.2、宽31.7毫米，主要采用砸击法进行剥片，片疤深入程度较浅，自然面约占30%，轻微风化（图3-20-26,4）。

20NQZB：2，锤击盘状石核，岩性为石英岩，石核长57.1、宽58.1、厚36.4毫米，重149.22克。石核主台面长49.6、宽16.1毫米，台面角92.8度，共有8个片疤，主剥片面最大片疤长18.6、宽24.5毫米，采用硬锤锤击的方法进行剥片，片疤深入程度中等，自然面约占50%，轻微风化（图3-20-26,2）。

20NQZB：9，完整石片，岩性为玛瑙，片状毛坯，整体形制不规则，石片长17.2、宽15.1、厚2.7毫米，重0.59克。石片角约23.4度。打击点集中，半锥体微凸，无锥疤，同心波放射线清晰，背面为全疤，有6个片疤，侧缘较直，无自然面，轻微风化（图3-20-25,9）。

20NQZB：8，石片近端，岩性为玄武岩，片状毛坯，整体形制成舌状。石片长20.6、宽17、厚15.1毫米，重1.74克。石片角为31度，打击点集中，半锥体较平，无锥疤，同心波和放射线皆不清晰，背面为自然面，自然面约占50%，轻微风化（图3-20-26,8）。

20NQZB：7，石片中段，整体形制不规则，岩性为安山岩，石器长21.4、宽20.4、厚6毫米，重2.87克。同心波和放射线皆不清晰，背面皆为片疤，石片两侧接近平行，侧缘较直，自然面约占10%，轻微风化（图3-20-26,7）。

20NQZB：1，岩性为石英岩，块状毛坯，长73.1、宽68.6、厚37.1毫米，重240.48克。通过观察可见石器有明显的经过使用遗留的锤击痕迹，并且存在一个直刃，刃长41.6毫米，刃角约为51.1度，推测是一器多用，主要作石锤使用。刃部采用硬锤锤击的方法进行复向修理，可见一层连续的片疤，自然面约占50%，轻微风化（图3-20-26,1）。

20NQZB：3，尖刃器。岩性为石英岩，片状毛坯，形状不规则，石器长39.1、宽32、厚12.4毫米，重16.4克。存在两个刃，主刃为尖刃，两边汇聚成一尖刃角，尖角约为117.2度。左侧存在一个凹刃，长17.2毫米，刃角约为23.3度，主要

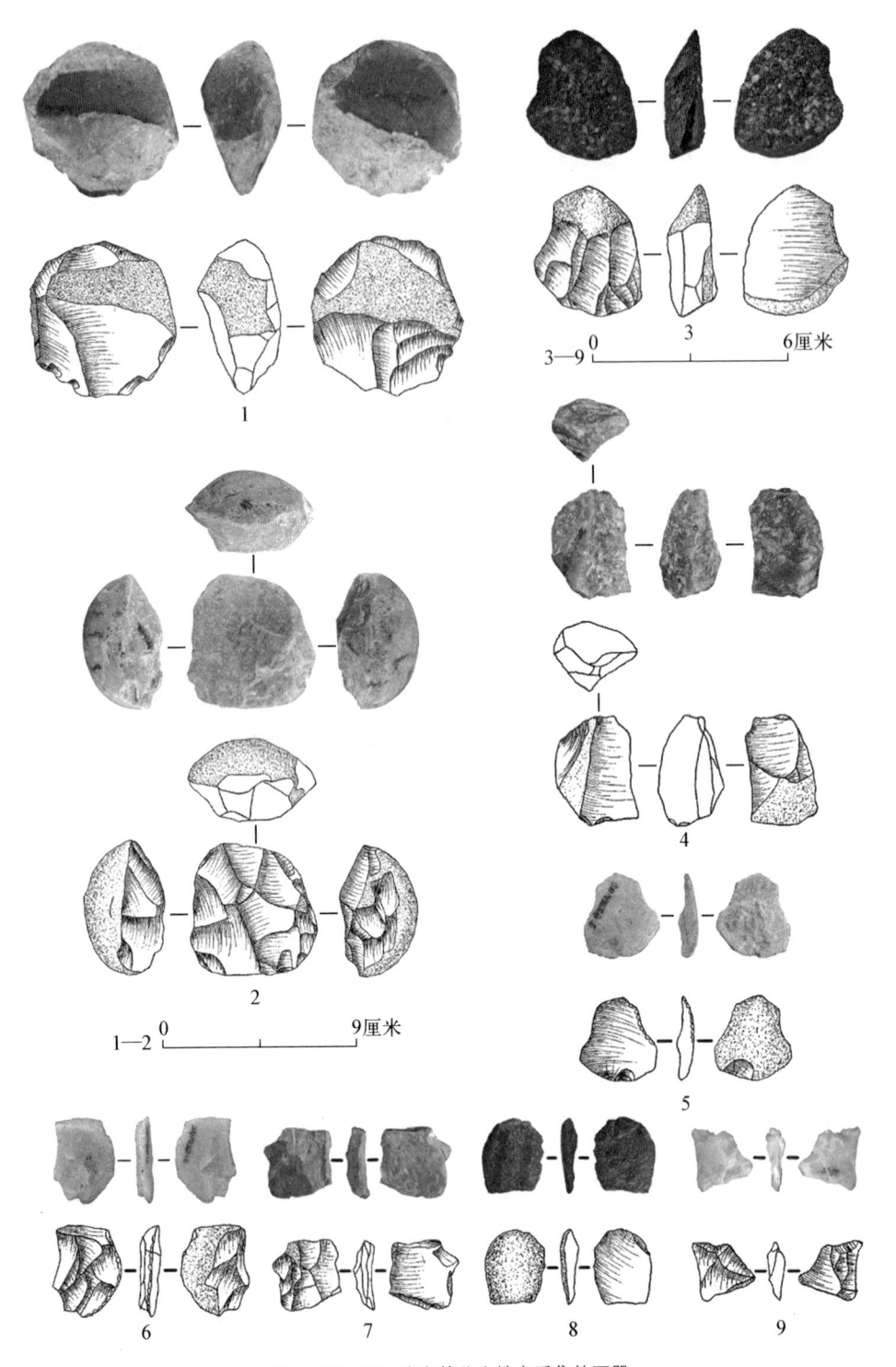

图 3-20-26 张家炉北山地点采集的石器

1. 石锤(20NQZB：1)　2. 盘状石核(20NQZB：2)　3. 尖刃器(20NQZB：3)　4. 单台面石核(20NQZB：4)
5. 尖刃器(20NQZB：5)　6. 凸刃刮削器(20NQZB：6)　7. 中段石片(20NQZB：7)
8. 近端石片(20NQZB：8)　9. 完整石片(20NQZB：9)

采用硬锤锤击的方法对石器进行反向修理,自然面约占 30%,轻微风化(图 3-20-26,3)。

20NQZB:5,尖刃器。岩性为石英岩,片状毛坯,整体形状不规则,石器长 21.3、宽 24、厚 5.6 毫米,重 3.26 克。两直刃汇聚成一尖角,刃角约为 118.1 度,左侧直刃长约为 7.5 毫米,刃 27.1 度;右侧直刃长约为 8 毫米,刃角约为 27.5 度。石器刃部主要采用硬锤锤击的方法进行反向修理,自然面约占 50%,风化较严重(图 3-20-26,5)。

20NQZB:6,凸刃刮削器。岩性为石英岩,片状毛坯,石器长 25.6、宽 19.2、厚 4.6 毫米,重 3.18 克。存在一个凸刃,刃长 32 毫米,刃角约 30 度。主要采用压制法对石器进行反向修理,可见一层连续细密的修疤,推测为了方便使用,将石器顶部进行截断处理,自然面约占 30%,轻微风化(图 3-20-26,6)。

(四) 结语

1. 石器工业特征

石器原料种类多样,宝泉堂南山地点原料包括玄武岩、凝灰岩、玛瑙、霏细岩等,张家炉北山地点原料包括玄武岩、玛瑙、安山岩、石英岩等,主要以石英岩为主。

石制品类型丰富,包括石核、石片、断片、工具等,主要以工具为主,且小型石制品较多。宝泉堂南山地点石核所占比例最少,约为 17%,其次是三类工具,约占 33%,占比最大的是石片,约占 50%。张家炉北山地点石核所占比例约为 22%,石片所占比例约为 33%,三类工具所占比例约为 45%。

剥片技术主要采用锤击法,以简单的锤击剥片技术为主,台面多是自然台面和打击台面,未见修理台面。在张家炉北山地点见一砸击石核,总体来看,石核的利用率较低。

在石器组合中工具所占比重最大,主要以小型为主。工具主要以石片为毛坯,修理时主要采用硬锤锤击法进行修理,包括正向修理、反向修理和交互修理,以反向修理为主,修疤层数 1 层,刃缘规整。

2. 遗址性质

石器未见严重的风化痕迹,也未见有流水冲磨的痕迹,应属于原地埋藏,且遗址中工具组合都以三类工具为主,推测两个遗址点可能都是临时的居住场所。

八、前下河洼子南山和长山子北山遗址

(一) 遗址概况

2018 年 4 月,吉林大学边疆考古研究中心和长春博物馆组成旧石器考古队,对长春境内进行了系统的旧石器考古专项调查工作。主要调查区域为饮马河西岸、石头口门水库沿岸和长春市北部松花江南岸。其中前下河洼子南山和长山子北山遗址是此次调查发现的遗址。

(二) 地理位置

前下河洼子南山、长山子北山地点位于吉林省长春市双阳区下河村东外环线附近饮马河西岸的Ⅱ级阶地上。前下河洼子南山地理坐标为北纬 43°33′49.91″,东经 125°52′23.19″,遗址面积约 4 400 平方米,海拔 238 米。遗址南距饮马河 200 米,西北距东外环线 700 米,距前下河洼子村 600 米。

长山子北山地点地理坐标为北纬 43°33′38.17″,东经 125°51′37.67″,海拔高度为 230 米,遗址面积约 16 000 平方米。遗址东距饮马河 600 米,南距长山子村约 100 米。

(三) 地貌及地层

前下河洼子南山、长山子北山地点所属的长春市地处中国东北平原腹地松辽平原,西北与松原市毗邻,西南和四平市相连,东南与吉林市相依,东北同黑龙江省哈尔滨市接壤,是东北地区天然地理中心。

前下河洼子南山、长山子北山地点位于长春市双阳区下河村东外环线附近饮马河西岸的Ⅱ级阶地上,地势较高,地面开阔平坦。前下河洼子南山、长山子北山地点位于饮马河的凹岸。河道弯曲,沿岸为台地和平原,地表呈波状,冲沟发育,河口附近有沼泽及风成沙丘。

前下河洼子南山、长山子北山地点无文化层,石器分布在石头口门水库西岸的Ⅱ级侵蚀阶地上(图 3-20-27、图 3-20-28)。

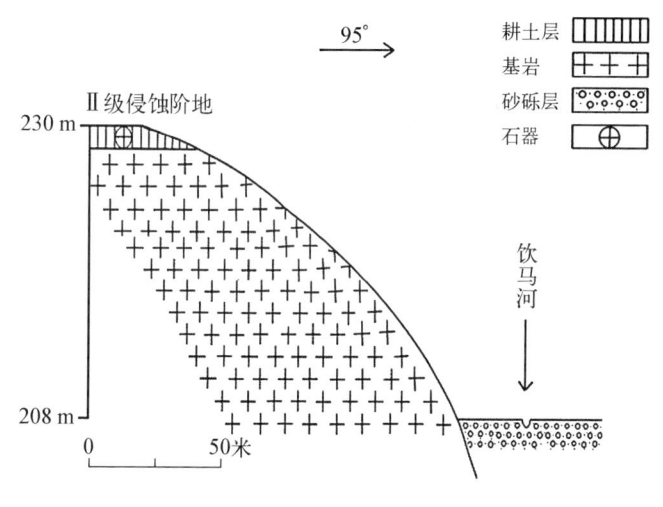

图 3-20-27 前下河洼子南山地点河谷剖面示意图

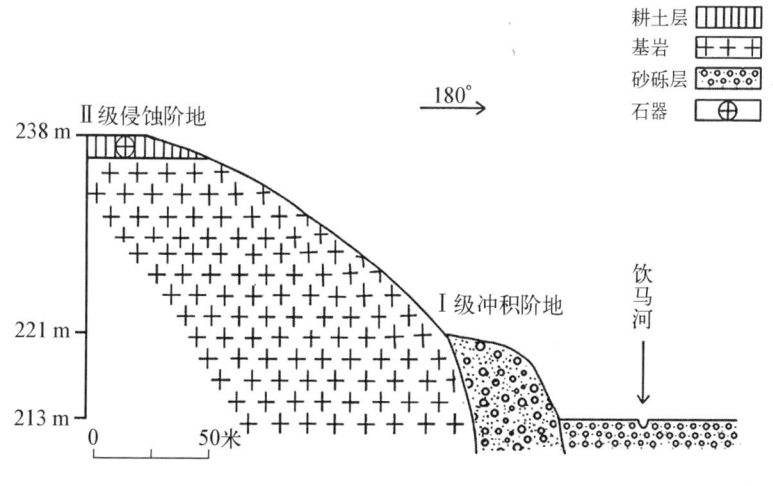

图 3-20-28 长山子北山地点河谷剖面示意图

（四）文化遗物

本次调查获得石器 32 件。其中前下河洼子南山地点 23 件，长山子北山地点 9 件。包括石核、断块、碎屑和工具。下面对石器进行具体的分类描述：

1. 前下河洼子南山地点

（1）石核

2 件。根据台面数量可分为单台面锤击石核和多台面锤击石核。

18CQN：1，单台面石核。长 34.2、宽 74.21、厚 39.11 毫米，重 81.7 克。原料为安山岩。台面为自然台面，长 73.93、宽 39.09 毫米，台面角为 60—98 度。共 2 个剥片面，A1 剥片面 8 个剥片疤；A2 剥片面 6 个剥片疤，最大疤长 21.66、宽 20.73 毫米，延伸程度为远，片疤深入核体深度为中等（图 3-20-29,5）。

18CQN：9，多台面石核。长 38.75、宽 32.22、厚 35.94 毫米，重 52.35 克。原料为燧石。共 5 个台面，AB 台面互为台面，均为打制，台面角为 100 度。A 台面长 17.54、宽 19.51 毫米，共 2 个剥片面，A1 剥片面 3 个剥片疤，A2 剥片面 1 个剥片疤，A 台面最大剥片疤长 30.93、宽 12.2 毫米。B 台面长 25.6、宽 34.24 毫米，共 1 个剥片面，4 个剥片疤，最大疤长 17.33、宽 13.37 毫米。CD 台面互为台面，台面角为 85 度。C 台面长 20.24、宽 16.98 毫米，共 1 个剥片面，3 个剥片疤，最大疤长 23.28、宽 15.51 毫米。D 台面长 25.28、宽 30.69 毫米，共 1 个剥片面，4 个剥片疤，最大疤长 18.32、宽 21.3 毫米。E 台面为自然台面，台面角为 110 度。台面长 19.73、宽 24.21 毫米，共 1 个剥片面，1 个剥片疤，疤长 17.69、宽 9.96 毫米，延伸程度为远，片疤深入核体深度为中等。石核利用率很高，核体接近球体（图 3-20-29,3）。

（2）石片

8 件。根据完整程度分为完整石片，石片近端和石片中段。

完整石片，4 件。18CQN：8，长 30.37、宽 26.81、厚 5.48 毫米，重 4.02 克。原料为硅质泥岩。台面为打击台面，长 17.81、宽 5.7 毫米，石片角为 112 度。打击点散漫，半锥体平，无锥疤，同心波明显，无放射线。背面一半为石片疤，一半为自然面，

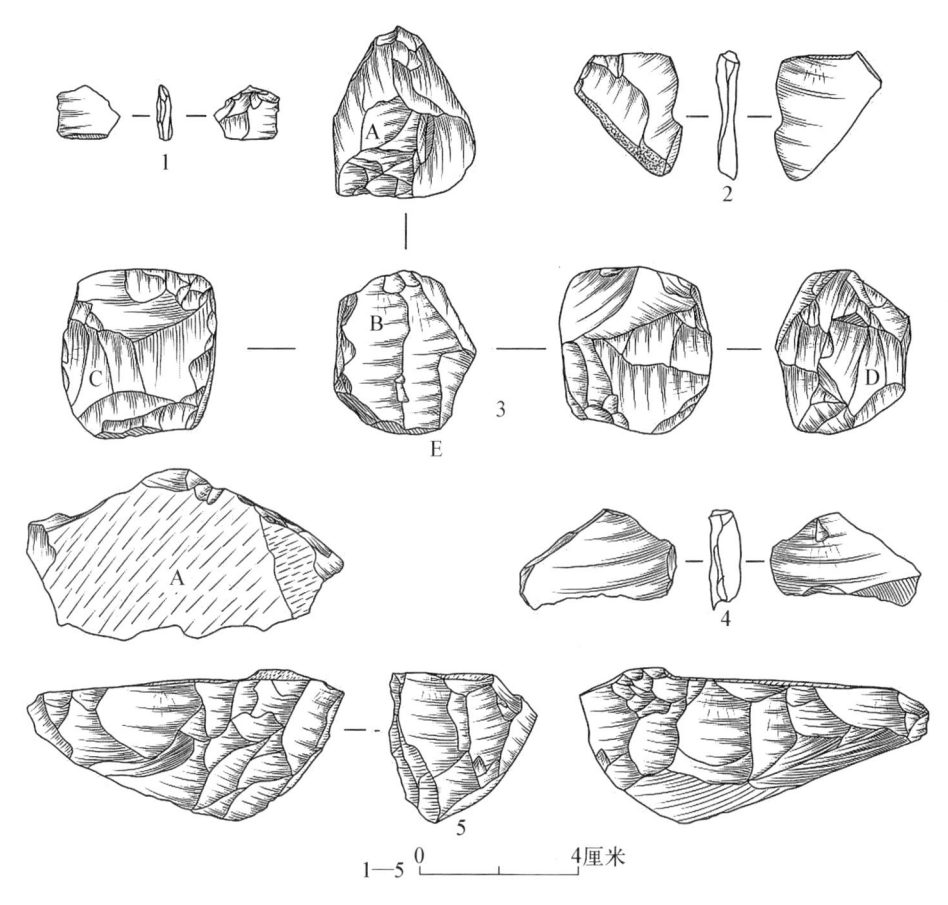

图 3-20-29 前下河洼子南山地点石核与石片
1. 石片中段(18CQN：21)　2. 完整石片(18CQN：8)　3. 多台面石核(18CQN：9)
4. 石片近端(18CQN：11)　5. 单台面石核(18CQN：1)

共3个疤，远端状态为外翻，自然面比为10%（图3-20-29,2）。

石片近端，3件。18CQN：11，长29.44、宽39.57、厚7.54毫米，重5.64克。原料为安山岩。台面为打击台面，长11.32、宽6.1毫米，石片角为103度。打击点散漫，半锥体凸，有锥疤，同心波明显，放射线清晰。背面均为石片疤，共1个疤（图3-20-29,4）。

石片中段，1件。18CQN：21，长14.73、宽17.31、厚3.03毫米，重0.66克。原料为燧石，背面均为石片疤（图3-20-29,1）。

(3) 断块

1件。长 45.1、宽 32.4、厚 12.1 毫米,重 16.74 克。原料为硅质灰岩。

(4) 工具

前下河洼子南山地点发现的工具共 8 件,包括二类工具 3 件、三类工具 5 件。工具类型主要为刮削器,另外还有凹缺器。

二类工具共 3 件。均为单刃刮削器。根据刃缘形态可分为单直刃和单凸刃刮削器。

单凸刃刮削器,2 件。18CQN:6,长 43.57、宽 57.94、厚 13.94 毫米,重 30.76 克。原料为花岗岩,毛坯为石片。A 侧为刃,刃缘薄锐,刃长 22.50 毫米,刃角为 40 度。刃上零星分布大小不一的使用疤(图 3-20-30,1)。

单直刃刮削器,1 件。标本 18CQN:15,长 24.55、宽 17、厚 4.21 毫米,重 1.59 克。原料为硅质泥岩,毛坯为石片。A 侧为刃,刃缘薄锐,刃长 22.22 毫米,刃角为 30 度。刃上零星分布大小不一的使用疤(图 3-20-30,4)。

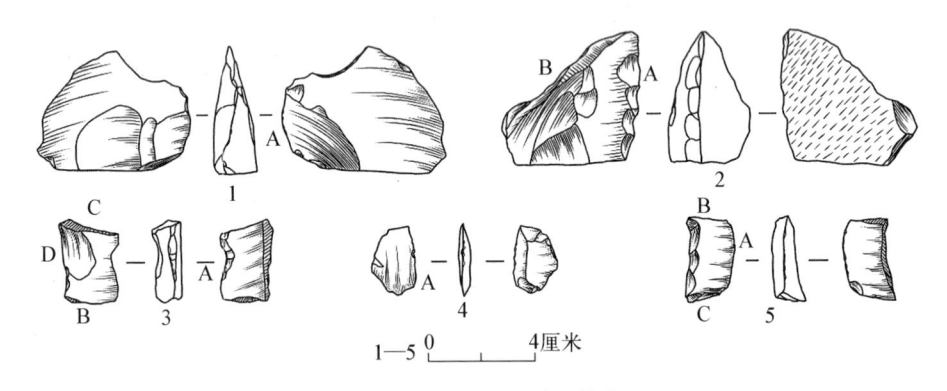

图 3-20-30　前下河洼子南山地点工具

1. 二类单凸刃刮削器(18CQN:6)　2. 三类单直刃刮削器(18CQN:2)　3. 三类凹缺器(18CQN:10)
4. 二类单直刃刮削器(18CQN:15)　5. 三类单凸刃刮削器(18CQN:4)

三类工具共 5 件,包括 4 件刮削器和 1 件凹缺器。

刮削器,4 件。均为单刃,根据刃缘形态可分为凸刃和直刃刮削器。

单凸刃刮削器,3 件。18CQN:4,长 28.89、宽 17.41、厚 11.71 毫米,重 4.9 克。A 侧为凸刃,长 26.85 毫米,刃角约 30 度。B 处为修形(图 3-20-30,5)。

单直刃刮削器,1件。18CQN：2,长42.16、宽44.93、厚26.43毫米,重46.82克。原料为玄武岩,以石片为毛坯。A侧为直刃,刃长40.34毫米,刃角55度(图3-20-30,2)。

凹缺器,1件。18CQN：10,长30.27、宽22.33、厚10.17毫米,重6.74克。原料为石英砂岩,以石片为毛坯。采用硬锤正向加工,修疤为多层,呈普通状,疤间关系为部分,加工距离近(图3-20-30,3)。

2. 长山子北山地点

（1）石核

1件。18CCSZ：1,单台面石核。长30.92、宽56.16、厚55.61毫米,重109.29克。原料为石英砂岩。台面为打击台面,长47.92、宽54.46毫米,台面角为68—72度。共1个剥片面,5个剥片疤,最大疤长24.33、宽19.48毫米,延伸程度为远,片疤深入核体深度为中等(图3-20-31,4)。

（2）碎屑

1件。长6.97、宽4.88、厚2.8毫米,重0.12克。原料为燧石。

（3）工具

本文沿袭陈全家先生的分类方案,将工具分为三类：一类,制作石器的工具(石锤和石砧)；二类,未经加工直接使用的工具；三类,将片状或块状毛坯经过加工修理(修刃、修形和修理把手)的工具。

长山子北山地点发现的工具包括二类工具和三类工具,器形为刮削器和凹缺器。

二类工具3件,均为刮削器。根据刃的数量可分为单刃和双刃。

18CCSZ：4,单尖刃刮削器。长27.83、宽39.55、厚5.86毫米,重6.66克。原料为角岩。A侧刃长30.34毫米,B侧刃长23.57毫米,刃角约107度(图3-20-31,2)。

18CCSZ：5,双凹刃刮削器。长23.21、宽23.33、厚5.44毫米,重2.88克。原料为玄武岩,毛坯为石片。A侧刃长17.14毫米,刃角约30度；B侧刃长11.96毫米,刃角约25度(图3-20-31,3)。

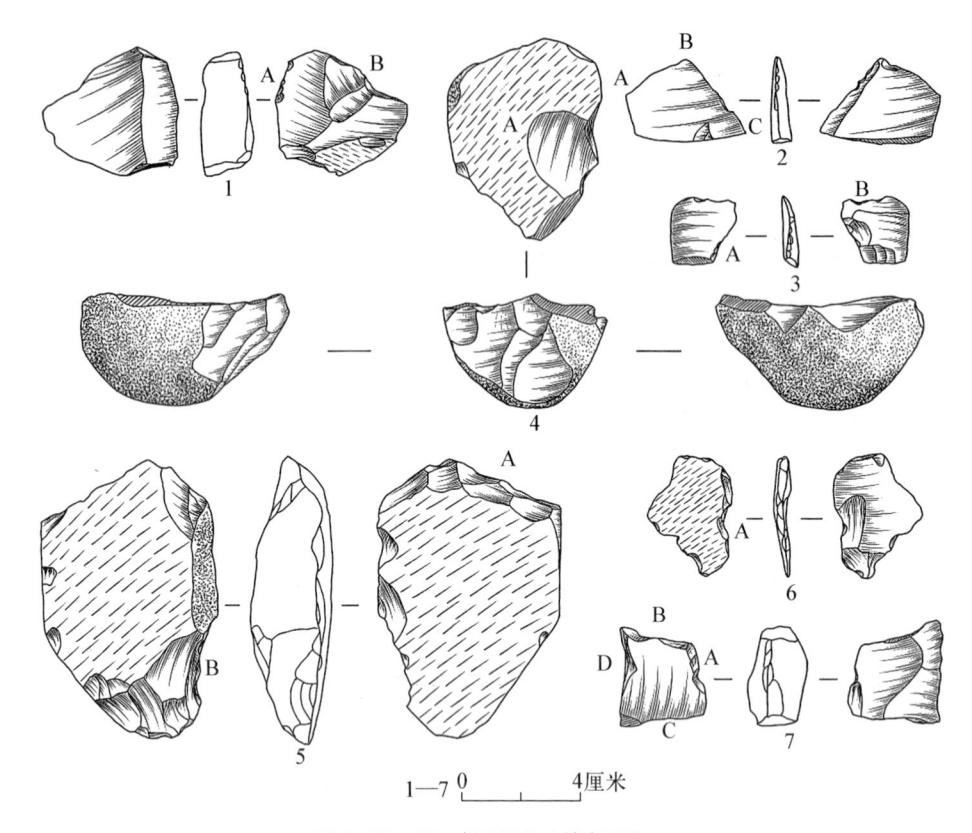

图 3-20-31　长山子北山地点石器
1. 三类单凸刃刮削器(18CCSZ：6)　2. 二类单尖刃刮削器(18CCSZ：4)
3. 二类双凹刃刮削器(18CCSZ：5)　4. 单台面石核(18CCSZ：1)
5. 三类直凸刃刮削器(18CCSZ：2)　6. 三类凹缺器(18CCSZ：3)
7. 三类单直刃刮削器(18CCSZ：7)

三类工具4件。为刮削器和凹缺器。

18CCSZ：7，单直刃刮削器。长32.04、宽30.87、厚19.19毫米，重16.58克。原料为安山岩。A侧为直刃，刃长21.69毫米，刃角40度。B处修疤是修型（图3-20-31，7）。

18CCSZ：6，单凸刃刮削器。长39.43、宽39.69、厚18.18毫米，重22.86克。原料为石英砂岩。A侧为凸刃，刃长34.3毫米，刃角70度，B侧修疤为修理把手（图3-20-31，1）。

18CCSZ：2，直凸刃刮削器。长66.98、宽84.71、厚25.23毫米，重154.31

克。原料为安山岩。A侧为直刃,刃长31.22毫米,刃角70度,正向修理。多层修疤,相互叠压,疤间关系为连续,加工距离近;B侧为凸刃,刃长41.03毫米,刃角80度,反向修理,多层修疤,相互叠压,疤间关系为连续,加工距离近(图3-20-31,5)。

凹缺器1件。标本18CCSZ∶3,长40.59、宽29.39、厚5.55毫米,重5.13克。原料为玄武岩。A侧为凹缺刃,刃长13.71毫米,刃角35度,正向修理,多层修疤,修疤形态为普通,疤间关系为连续,加工距离中(图3-20-31,6)。

(五)结语

1. 石器工业特征

(1)两个地点发现石器数量少,种类也较单一,而制作石器的原料也较为分散,有流纹岩、角岩、玄武岩、燧石和石英岩,另外还发现黑曜岩。但这些原料都属于较为优质的原料,因此虽然原料种类分散,但依旧说明该地区古人类对于石制品原料选择有着一定的考虑。

(2)该遗址仅出现锤击石核与锤击石片为毛坯的工具,未发现砸击石核和砸击石片,也就是说从石片上(包括以石片为毛坯的工具)观察到的剥片方法和石核上辨认出的剥片方法一致,说明锤击法剥片为最主要的剥片方式,而且该石器工业从原料开发到石器生产存在连续性和一致性。其中绝大多数以石片为毛坯的工具半椎体凸而且修疤较深,因此,前下河洼子南山和长山子北山地点石器剥片和修理的主要方法为硬锤锤击。

(3)工具修理。三类工具的修理方式以正向修理为主,其次为反向。其中精修类工具较少,多为简单修理。修理的部位有刃部,也有对工具形状和把手部位的修理。

(4)前下河洼子南山和长山子北山地点工具类型较为单一,均为各种刃缘的刮削器。二类工具有单尖刃刮削器、单凸刃刮削器、单直刃刮削器和双凹刃刮削器。三类工具包括单直刃刮削器、单凸刃刮削器、直凸刃刮削器和凹缺器。

2. 遗址性质

该遗址原料种类分散,但品质较好,反映出该地古人类已经从"拿来就用"的低级阶段发展到了"择优取材"的高级阶段;石器中工具比例很大,工具类型组合简单,且发现有碎屑;从周围环境来看,前下河洼子南山和长山子北山地点位于饮马河凹岸,地势较高,有一定的活动区域,取水方便,位于Ⅱ级侵蚀阶地,地表平坦,较适合人类居住。但未发现其他居住遗迹和文化层。综上,推断此地可能为工具的遗弃地或使用地。

3. 发现意义

此次对长春市境内的旧石器考古调查发现的黑曜岩、细石叶和细石叶石核等多种石器类型皆为长春市首例,不仅填补了该地区旧石器考古工作的空白,为长春市旧石器考古研究提供了新的材料,而且结合以往东北地区的旧石器考古发现,为系统研究中国东北地区旧石器文化面貌提供了可能,随着后续研究工作的深入,将逐步深化对该地区在东北亚石器技术发展和传播扩散过程中所起作用的认识。对古人类的分布、迁徙、适应方式和文化交流具有重要的研究意义和学术价值。

九、葛家屯北山和亮子街地点

2018年4月,吉林大学边疆考古研究中心和长春博物馆组成旧石器考古队,对长春境内进行了系统的旧石器考古专项调查工作。主要调查区域为饮马河西岸、石头口门水库沿岸和长春市北部松花江南岸。此次调查中发现葛家屯北山和亮子街地点两处。

(一) 地理位置

葛家屯北山地点和亮子街地点位于吉林省长春市二道区四家乡莫家村东的石头口门水库西岸的Ⅱ级阶地上,海拔202米。地理坐标为北纬43°54′53.41″,东经

125°45′58.34″,遗址面积约 40 000 平方米。遗址东南距葛家屯 634 米,北距石头口门水库约 80 米,西南距莫家村约 1 000 米。

亮子街地点地理坐标为北纬 43°55′20.58″,东经 125°46′47.55″,海拔高度为 205 米,遗址面积约 20 000 平方米。遗址西南距亮子街 100 米,北距石头口门水库约 150 米。

(二) 地貌及地层情况

葛家屯地点所属的长春市地处中国东北平原腹地松辽平原,西北与松原市毗邻,西南和四平市相连,东南与吉林市相依,东北同黑龙江省哈尔滨市接壤,是东北地区天然地理中心。

葛家屯北山地点和亮子街地点位于长春市二道区石头口门水库西岸的Ⅱ级侵蚀阶地上,地势较高,地面开阔平坦。葛家屯北山地点和亮子街地点以半岛的形式向石头口门水库伸出。石头口门水库位于饮马河中游,沿岸为台地和平原,地表呈波状,冲沟发育,河口附近有沼泽及风成沙丘。葛家屯北山地点和亮子街地点无文化层,石器分布在石头口门水库西岸的Ⅱ级侵蚀阶地上(图 3 - 20 - 32、图 3 - 20 - 33)。

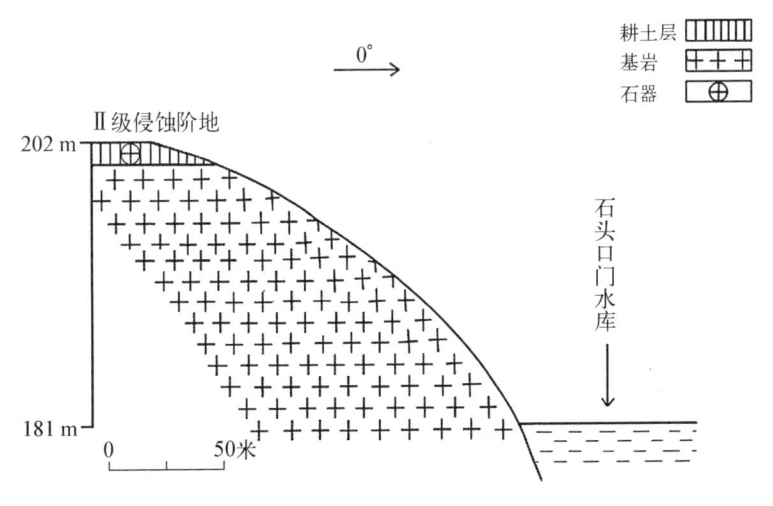

图 3 - 20 - 32 葛家屯北山地点河谷剖面示意图

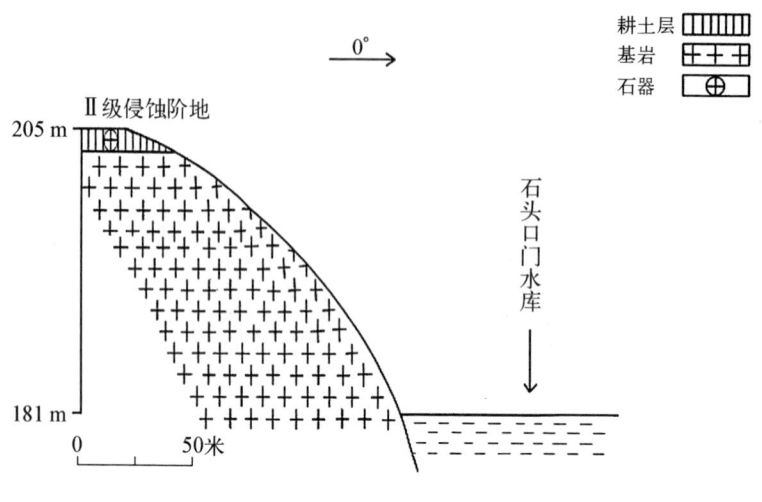

图 3-20-33　亮子街地点河谷剖面示意图

（三）文化遗物

本次调查获得石器 19 件。其中葛家屯北山地点 11 件，亮子街地点 8 件。包括石片、断块和工具。

1. 葛家屯北山地点

（1）石片

4 件，均为完整石片。长 15.7—30.76 毫米，平均 24.61 毫米；宽 12.15—38.24 毫米，平均 26.55 毫米；厚 2.72—8.63 毫米，平均 5.78 毫米；重 0.44—4.96 克，平均 3.51 克。

18CGB：8，长 30.76、宽 32.26、厚 5.35 毫米，重 3.82 克。原料为花岗细晶岩。台面为打击台面，长 12.19、宽 3.89 毫米，石片角为 111 度。打击点散漫，半锥体平，无锥疤，同心波明显，无放射线。背面均为石片疤，共 4 个疤（图 3-20-34,3）。

（2）工具

葛家屯北山地点发现的工具共 7 件，包括二类工具 2 件、三类工具 5 件。工具类型主要为刮削器，另外还有两面器。

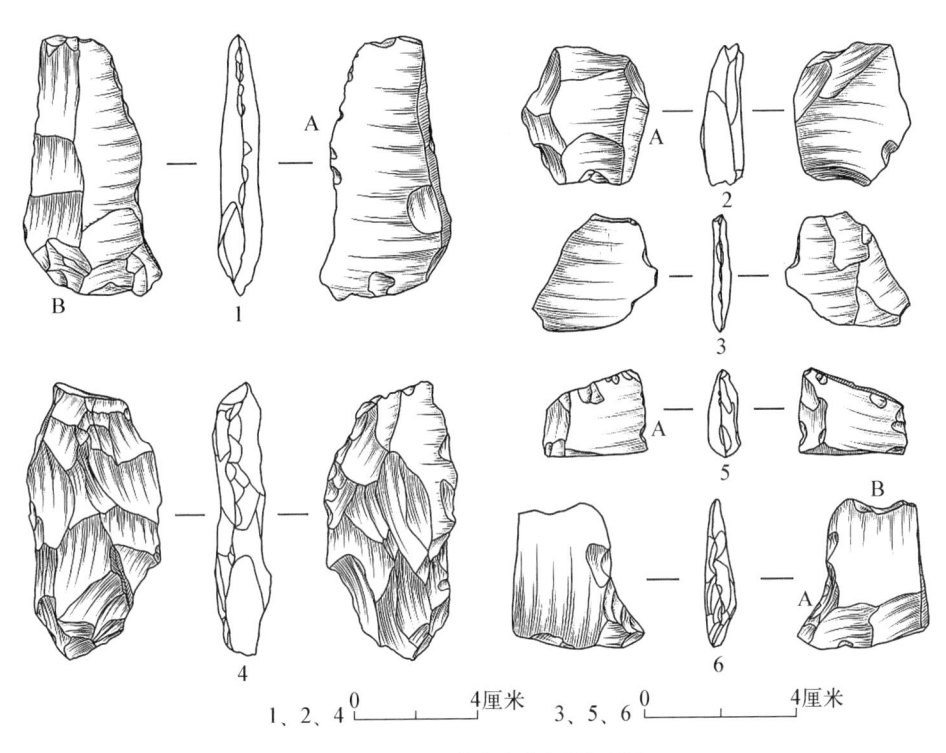

图 3-20-34 葛家屯北山地点石器
1. 三类单凸刃刮削器(18CGB：5) 2. 二类单直刃刮削器(18CGB：3) 3. 完整石片(18CGB：8)
4. 两面器(18CGB：2) 5. 三类单直刃刮削器(18CGB：1) 6. 三类单凹刃刮削器(18CGB：7)

二类工具2件。均为单直刃刮削器。18CGB：3,长51.69、宽44.94、厚14.21毫米,重38.82克。原料为流纹岩,毛坯为石片。A侧为刃,刃缘薄锐,刃长30.12毫米,刃角为50度。刃上零星分布大小不一的使用疤(图3-20-34,2)。

三类工具5件,包括4件刮削器和1件两面器。

刮削器4件。均为单刃,根据刃缘形态可分为凸刃、直刃和凹刃刮削器。

18CGB：5,单凸刃刮削器。长83.68、宽43.49、厚13.79毫米,重53.11克。A侧为凸刃,长59.74毫米,刃角约40度。B处为修理把手(图3-20-34,1)。

18CGB：1,单直刃刮削器。长21.32、宽28.67、厚9.2毫米,重5.28克。原料为黑曜岩,以石片为毛坯。A侧为直刃,刃长19.38毫米,刃角40度(图3-20-34,5)。

18CGB：7，单凹刃刮削器。长 39.81、宽 31.59、厚 7.26 毫米，重 10.32 克。原料为砂岩，片状毛坯。A 侧为凹刃。刃长 27.46 毫米，刃角 50 度。刃部使用硬锤锤击复向修理，修疤为多层，呈叠层状，疤间关系为叠压，加工距离为中。B 处有连续的修疤，目的是修理把手(图 3-20-34,6)。

18CGB：2，两面器。长 89.96、宽 43.93、厚 17.41 毫米，重 60.26 克。原料为安山岩，以石片为毛坯，形状近半月形。采用硬锤通体加工，修疤为多层，呈阶状，疤间关系为叠压，加工距离远(图 3-20-34,4)。

2. 亮子街地点

(1) 石片

18CL：6，远端断片。长 23.14、宽 22.09、厚 4.93 毫米，重 1.74 克。原料为流纹斑岩。背面全疤，共 5 个疤。侧缘轻微磨蚀，表面中等风化(图 3-20-34,4)。

(2) 工具

本处沿袭陈全家先生的分类方案，将工具分为三类：一类，制作石器的工具(石锤和石砧)；二类，未经加工直接使用的工具；三类，将片状或块状毛坯经过加工修理(修刃、修形和修理把手)的工具。

亮子街地点发现的工具包括二类工具和三类工具，器形均为刮削器。

二类工具 4 件，均为刮削器。根据刃的数量可分为单刃和双刃。

18CL：3，单直刃刮削器。长 29.2、宽 21.66、厚 5.11 毫米，重 3.28 克。原料为安山岩。A 侧为直刃，刃长 20.29 毫米，刃角约 15 度(图 3-20-35,1)。

18CL：1，双直刃刮削器。长 67.11、宽 37.45、厚 9.94 毫米，重 22.63 克。原料为玄武岩，毛坯为石片。A 侧刃长 63.08 毫米，刃角约 20 度；B 侧刃长 31.55 毫米，刃角约 30 度(图 3-20-35,6)。

18CL：2，双凹刃刮削器。长 50.1、宽 33.1、厚 6.97 毫米，重 10.31 克。原料为玄武岩，毛坯为石片。A 侧刃长 38.93 毫米，刃角约 10 度；B 侧刃长 25.72 毫米，刃角约 20 度(图 3-20-35,5)。

三类工具 2 件。为单凸刃刮削器和端刮器。

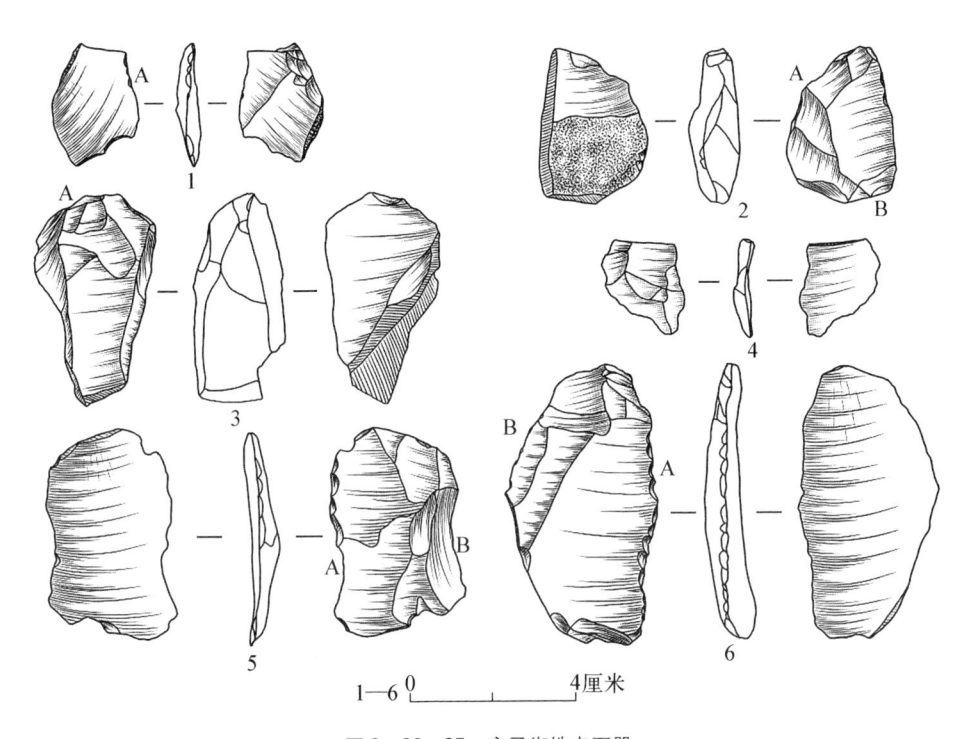

图 3-20-35 亮子街地点石器

1. 二类单直刃刮削器(18CL:3) 2. 三类单凸刃刮削器(18CL:4) 3. 三类端刮器(18CL:7)
4. 石片远端(18CL:6) 5. 二类双凹刃刮削器(18CL:2) 6. 二类双直刃刮削器(18CL:1)

18CL:4,单凸刃刮削器。长37.39、宽29.91、厚11.74毫米,重11.66克。原料为玄武岩。A侧为凸刃,刃长43.3毫米,刃角65度。使用硬锤反向修理,单层修疤,形态为普通状,疤间关系为连续,加工距离远。B处为修型(图3-20-35,2)。

18CL:7,端刮器。长45.91、宽30.48、厚24.67毫米,重27.79克。原料为石英。A侧为端凸刃,刃长19.7毫米,刃角72—90度。使用硬锤正向修理,单层修疤,形态为普通状,疤间关系为连续,加工距离为中(图3-20-35,3)。

(四) 结语

1. 石器工业特征

(1) 两个遗址发现石器数量少,种类也较单一,而制作石器的原料也较为分散,有流纹岩、石英、玄武岩、安山岩等。另外,还发现有黑曜岩。但这些原料都属于较为优质的原料,因此虽然原料种类分散,但依旧说明该地区古人类对于石制品原料选择有着一定的考虑。

(2) 该遗址仅出现锤击石核与锤击石片为毛坯的工具,未发现砸击石核和砸击石片,也就是说从石片上(包括以石片为毛坯的工具)观察到的剥片方法和石核上辨认出的剥片方法一致,说明锤击法剥片为最主要的剥片方式,而且该石器工业从原料开发到石器生产存在连续性和一致性。其中绝大多数以石片为毛坯的工具厚度较大,半锥体凸而且其上修疤较深,因此,葛家屯北山地点和亮子街地点石器剥片和修理的主要方法为硬锤锤击。

(3) 工具修理。三类工具的修理方式有反向、正向、复向和通体加工。其中精修类工具较少,多为简单修理。修理的部位主要为刃部,也有对工具形状和把手部位的修理。

(4) 葛家屯北山地点和亮子街地点工具类型较为单一,均为各种刃缘的刮削器。二类工具有单直刃刮削器、双直刃刮削器和双凹刃刮削器。三类工具包括单直刃刮削器、单凸刃刮削器、单凹刃刮削器、两面器和端刮器。

2. 遗址性质

该遗址原料种类分散,但品质较好,反映出该地古人类已经从"拿来就用"的低级阶段发展到了"择优取材"的高级阶段;石器中工具比例很大,工具类型组合简单,无碎屑;从周围环境来看,葛家屯北山地点和亮子街地点位于石头口门水库西岸,地势较高,有一定的活动区域,取水方便,位于Ⅱ级侵蚀阶地,地表平坦,较适合人类居住。但未发现其他居住遗迹和文化层。综上,推断此地可能为工具的遗弃地或使用地。

第四章
结语及展望

一、吉林旧石器时代文化

　　吉林地区发现的旧石器遗址或地点，代表了从旧石器时代早期到晚期的各个不同时期。从分布地域来看，这些遗址或地点主要分布在吉林东部山区。在已发现的遗址或地点的石制品中，完整或比较完整的器物组合所占石制品比例较少，因此，准确地划分工业类型及其系是较为困难的。目前就仅有材料，或许可以对该地区的工业类型作一粗线条地划分，并在此基础上对相关问题提出一些初步看法。从文化特点、技术传统等方面分析，该地区发现的旧石器文化遗存可以划分为三种工业类型：

　　第一种工业类型以粗大的砾石（石核）石制品为代表。该类型以图们下白龙、延边安图立新为代表，与辽宁本溪庙后山、黑龙江饶河、吉林抚松仙人洞等遗址的文化面貌相近。突出特点就是工具整体器型较大，砍砸器在工具组合中所占比例较高，工具修理相对简单，加工较为粗糙。

　　第二种工业类型以小的石片石器为代表。该类型以桦甸仙人洞、辉南邵家店、图们岐新 B、C 地点和龙井后山为代表，与辽宁营口金牛山、海城小孤山、哈尔滨阎家岗等遗址的文化面貌较为相近。主要特点是剥片以锤击法为主，偶见砸击法。工具以刮削器为主，其次为尖状器，砍砸器等器形较少。工具修理较精致，并以中、小型为主。

　　第三种工业类型是细石叶及石叶工业类型，此类型以和龙石人沟、珲春北山、和龙柳洞、抚松新屯西山、安图沙金沟、和龙青头为代表。剥片技术除锤击法和砸击法外，还使用了间接剥片技术。工具修理上采用了压制法、指垫法及间接法。工具类型以刮削器和尖状器为主,雕刻器、琢背小刀、石钻等较少,还出现了复合工具,整个器型加工规整,大多数工具小而精致。此外,值得注意的是,从和龙西沟遗址发现的石叶、细石叶以及某些工具上存有的浅平、细长有序的压制疤痕等来看,可以说明存在间接剥片技术和已趋成熟的压制技术。该地点石叶和细石叶形体明显大于华北和东北典型的细石叶传统,同时细石叶与石叶共存,而且本地点尚未发现细石叶工业传统中典型的细石叶石核,也缺乏典型细石器地点常见的工具类型,可能受到了华北细石器工业传统的影响,但更多地表现为地方类型面貌。因而,原研究者认为其应为以小石器为主体的工业向以细石器为主体的工业过渡的类型,或者说是混合类型。但该类型材料过于单薄,因而暂将其归入细石叶工业类型中。

有学者提出,从东北地区诸遗址的年代和发展关系可以看出东北地区石器工业类型的发展脉络。东北地区的大石器和小石器工业传统至少从旧石器时代中期开始,就应该是同时存在并行发展的。细石叶工业自旧石器时代晚期才开始出现,它很可能是从小石器工业传统中派生出来的一种新的"变体类型",但是这种"变体类型"并没有完全取代原有的小石器工业传统,而是与其并行发展。在吉林省地区,情况也较为类似。桦甸仙人洞遗址从旧石器时代中期的下文化层直到旧石器时代晚期的上文化层,无论从原材料选择、剥片技术、石器个体大小、石器类型组合、石器加工技术及毛坯选择等方面,均较为一致,体现出该遗址的文化是一脉相承的。而与该遗址上文化层同时代的其他遗址,有的仍然使用小型的石片石器,有的已经开始采用直接法或间接法剥制石叶或细石叶来加工工具。

根据以上的工业类型的分析,我们似乎可以看到吉林省境内旧石器时代工业类型自旧石器时代中期至晚期有趋于多样性的迹象。那么,吉林省境内这三个工业类型与我国旧石器时代其他地区工业的关系如何?这也是我们需要讨论的一个问题。

吉林地区乃至整个东北地区的旧石器工业的发展脉络与华北地区的泥河湾盆地较为相似。在旧石器时代晚期的泥河湾盆地内,小石器工业和细石叶工业无论从数量多少,还是从器型的复杂程度看,二者均存在着较大差距,而后者在技术上具有质的飞跃。但仔细比较却不难发现二者之间仍存在许多相同之处。从典型工具如圆头刮削器到雕刻器,小石片制成的所谓"小三棱尖状器"、凹缺刮器,无论是中国旧石器文化传统中主流的、代代传承的文化因素、加工技法,还是它们之间所存在的特殊器型,都存在着渊源关系。另外,吉林地区和泥河湾盆地石器工业发展脉络相似,究竟是类同还是趋同,也是一个值得注意的问题。

细石器从分类过程中,常常被包括在"细小石器"内,其实细石器与细小石器是不同的,细小石器中是没有"真正"细石叶技术的,而细石叶工业遗存中却存在着许多小石器。从石器的内涵分析,二者可以归入一个大的文化系统的两个分支。在比较的过程中,发现存在一定差异,小石器不似细石器那样类型丰富多样,且不够稳定,加工较为简单、原始,如圆头刮削器,仅修理刃部,而在细石叶工业中虽然也存在只修刃的情况,但还包括加工细致的同类工具和一批器身压制的复合工具。另外,还有一些器物如舌形器、桂叶形尖状器等都为细石叶工业内所特有的典型器物。

因此可以得出这样的结论:二者同属于中国北方主工业类型,是主工业类型下的两个分支——分别以小石器和细石器为主体的工业类型。当一种文化面貌在某一地区根深蒂固的时候,另一种面貌—新的文化被理解被接受显然是需要一段时间的,细石叶工业是从小石器工业中派生出来的,并与其并行发展,二者有过一段共存的时间,二者表现在文化上,就是石器的原始性与相似性。到了新石器时代早期,细石叶工业则完全取代了小石器工业,成为主流工业。

有学者分别对小石器、细石叶两种工业进行分析,认为小石器工业所反映的居住系统相对稳定,流动主要局限在遗址附近,但也携带一些精致性工具外出从事一些其他活动,且大多靠近水源;细石叶工业所反映的居住形态多为流动性的,堆积较薄,从石制品来看,在遗址中楔形石核的预制品、预制过程中的废品在石制品中占有重要地位,大多数细石叶工业遗址中都有发现被废弃的楔形石核,明显反映了一种流动性极高的生活方式。

因此,从环境变化来看,在整个晚更新世时期,由于全球性冷暖气候交替频繁,海水进退的次数也相应增多,使得这时的中国东北气候进一步恶化,出现了干冷-温凉-干冷的变化。冰缘植被在这一地区有大面积的分布,而且与猛犸象-披毛犀动物群组成了冰缘气候条件下的生物群体。因而，由于晚更新世末期细石叶工业所处的环境的不稳定性较以前大大增加，人类赖以生存的食物资源也不似以前那样丰富而稳定，土地的供养能力下降，人们的生存前景变得难以预测，迫使他们必须改变原来的生存方式，由一个在较小范围内相对稳定的生存方式转变为在一个较大范围内进行频繁迁徙的生存方式，只有这样，才能在相对恶劣的环境下获得足够的食物资源。

迄今为止，吉林地区已发现的旧石器时代遗址或地点已经超过三十处，但是就全省范围来看，密度较小。但可以说明，至少自旧石器时代中期开始，就有古人类在此生存繁衍，历史悠久，绵延不绝。

二、对吉林旧石器考古未来的展望

无论从已有的成果，还是从吉林乃至整个东北亚地区的发现和第四纪研究成果来看，都说明在吉林地区研究旧石器文化和古人类化石有着良好前景。目前已发现的旧石器遗址或地点主要分布在吉林东部山区，主要是因为近年来旧石器考古调查工作主要着重于吉林东部的长白山地区；邻近的朝鲜半岛、日本、俄罗斯远东地区、蒙古南部和东南部都有不同时期、数量众多而丰富的旧石器时代文化遗物和人类化石的发现；况且，高纬度地区自然环境恶劣，不适合早期人类生活，在我国以北的亚洲地区，没有发现人类化石和人类早期生活的遗址，所以有学者认为，我国应该是蒙古人种的起源地，东北亚北部高纬度地区的蒙古人种应该是从我国中纬度地区向北迁移扩散后，适应当地环境发展形成的，最后迁移到北美洲阿拉斯加（Alaska）等地区。从中国向与美洲对接点的楚科奇半岛迁徙的主要路线有2条，第一条路线是：从中国北方，经过东北和蒙古高原到达贝加尔湖（Lake Baikal）附近，循着勒拿河（Lena）进入雅库特（Yakutiya）地区，再向东进入楚科奇半岛。海岸路线是从我国东北扩散到俄国远东的南部，向北经鄂霍次克海岸（Okhotsk Coast）、堪察加半岛（Kamchatka Peninsula）到楚科奇半岛（Chukchi Peninsula）。第四纪末次冰期时期生活在楚科奇地区的人们凭借陆桥与群岛向北美洲的阿拉斯加迁徙。

以上都可以说明，吉林省乃至东北地区是旧石器文化交流的重要地区，如果以此为契机，深入地工作下去，应该能够在该地区发现比已知更丰富的文化遗物，必将拓展和加深东北地区旧石器考古的研究认识。

目前，吉林地区旧石器考古研究的基础还是比较薄弱的，在一定程度上影响了东北地区旧石器考古的发展，无论是研究旧石器文化的区域发展、文化交流以及新旧石器时代过渡等方面，由于吉林省境内缺少旧石器时代早期遗址以及延续时间长的旧石器遗址，使得一些旧石器考古综合性研究或专题研究难以开展。以旧石器遗址的年代学研究为例，由于一部分遗址或地点的石制品均出自Ⅱ级阶地的黄色亚黏土层内，缺乏动物化石，无法进行古生物上的断代，而Ⅱ级阶地也被近现代人类利用耕作种田，所以堆积破坏较为严重。因而，地层年代难以确定或者断代依据可信度可能存在着问题，这样将会使遗址研究缺乏可信性。

综上所述，近年来吉林地区旧石器遗存的新发现表明，该区域在晚更新世之末人类活动频繁，这些遗存不仅是研究旧石器时代晚期文化的重要资料，而且又将旧石器时代晚期和新石器时代早期连接起来。上述遗址或地点出土的石制品等遗物对于研究东北地区旧石器时代晚期以来人类生活的环境背景、旧石器文化内涵、东北亚地区旧石器文化之间的关系以及旧石器时代向新石器时代过渡具有重要的学术意义。同时，也为恢复古人类的生存环境、探讨人类与环境的互动关系、人类在特定环境下的行为特点和适应方式等提供了丰富的资料。随着该区域旧石器考古调查和研究工作的深入，我们期待着能有更大的突破，使得东北地区的旧石器时代考古工作向着更深的层次发展。

三、未来的研究方向

吉林地区旧石器考古研究已有几十年历史。经过几代人几十年的努力，取得了较好的成果，为东北地区旧石器考古学的发展奠定了初步基础。但依目前已发表的材料来看，东北地区旧石器考古工作空间的不平衡性十分突出，从整体来看，大部分遗址或地点集中于吉林东部地区，因此要想取得突破，就必须增大野外工作

的力度,增加重点遗址发掘和深入研究的必要性,因而东北地区未来工作的重点主要集中于以下几个方面:

1. 吉林省存在不少以黑曜岩为主要原料的旧石器遗址,应着手于对以黑曜岩为原料的工具操作进行模拟实验以及相应的考古标本的微痕分析。着手建立起自己一套完整的石器微痕分析的参考标本,并将每件标本的实验数据信息汇总,制成数据库,以备其与考古标本相对比,进而帮助我们判明遗址中出土石器的使用方法及功能。石器使用痕迹观察分析(Use-wear Analysis)研究[1]作为一种行之有效的研究手段一直为考古学家们所关注。目前,微痕研究在我国尚属起步阶段。近年来,我国考古学者进行了一系列比较系统的微痕分析实验。为推动微痕分析研究方法在中国的发展,中国科学院古脊椎动物与古人类研究所于2004年7—8月在北京举办了中国首次"石器微痕分析培训-研讨班"[2],吉林地区应主要着手于对以黑曜岩为原料的工具操作进行模拟实验以及相应的考古标本的微痕分析。着手建立起自己一套完整的石器微痕分析的参考标本,并将每件标本的实验数据信息汇总,制成数据库,以备其与考古标本相对比,进而帮助我们判明遗址中出土石器的使用方法及功能。

2. 进行野外调查获取更多的旧石器考古新材料。对新老材料的研究确认该地区旧石器文化类型的种类。通过器物类型学的研究,确认出旧石器时代向新石器时代过渡时期的文化遗存,填补该段研究的空白。通过该地区旧石器文化特征和勒瓦娄哇技术的研究,探讨该地区旧石器文化与朝鲜半岛、日本和俄罗斯滨海地区间的文化交流与传播。

3. 进行第四纪地貌与地层堆积的岩性,石制品的埋藏层位及分布的位置,动物生活习性,植物孢粉种类,石制品原料的岩性、产地及开发利用的研究,恢复和重建当时人类的生存环境。

---

[1] 沈辰、陈淳:《微痕研究(低倍法)的探索与实践——兼谈小长梁遗址石制品的微痕观察》,《考古》2001年第7期,第62—73页。
[2] 陈福友:《中国科学院古脊椎动物与古人类研究所举办"石器微痕分析培训-研讨班"》,《人类学学报》2004年第3期,第238+254页。

4. 目前,国外有学者对俄罗斯滨海南部地区旧石器时代晚期遗址出土的黑曜岩制品通过微量元素分析进行原材料的原产地分析[1]。我们未来也可以通过微量元素分析等方法找到其根本来源,从而探究当时古人类的活动范围及路线。

5. 在这些遗址中石叶与细石叶并存,与日本涌别川、朝鲜半岛的垂杨界[2]和俄罗斯滨海地区的乌斯季诺夫卡[3]遗址特征相似,可以看出它们之间在文化上有着密切的联系,应存在着一定的文化交流。基于目前资料有限,还很难作出合理的解释,待以后在更多发现和研究深化的基础上作进一步的探讨。

6. 遗址内石制品所用黑曜岩的来源还需作进一步工作,通过微量元素分析等方法找到其根本来源。从而探究当时古人类的活动范围及路线,证明当时与邻近地区是否存在着文化交流。

---

[1] A. 尤西塔尼等著,胡钰译:《俄罗斯远东地区中部的滨海南部地域内旧石器时代晚期遗址中出土黑曜岩石片的原产地分析》,《历史与考古信息·东北亚》2006年第1期,第61—66页。

[2] 李隆助著,李占扬译:《朝鲜半岛的旧石器文化——主要记述秃鲁峰和水杨介遗址》,《华夏考古》1992年第2期,第106—112页。

[3] Р.С. Васильевский С.А. Гладышев. ВерхнийПалеолит южного приморьяя. Наука, сибирское отделение 1989:pp.99-106.